Mathias Bös

Rasse und Ethnizität

Mathias Bös

Rasse und Ethnizität

Zur Problemgeschichte
zweier Begriffe in der
amerikanischen Soziologie

VS VERLAG FÜR SOZIALWISSENSCHAFTEN

VS Verlag für Sozialwissenschaften
Entstanden mit Beginn des Jahres 2004 aus den beiden Häusern
Leske+Budrich und Westdeutscher Verlag.
Die breite Basis für sozialwissenschaftliches Publizieren

Bibliografische Information Der Deutschen Bibliothek
Die Deutsche Bibliothek verzeichnet diese Publikation in der Deutschen Nationalbibliografie;
detaillierte bibliografische Daten sind im Internet über <http://dnb.ddb.de> abrufbar.

1. Auflage Juni 2005

Alle Rechte vorbehalten
© VS Verlag für Sozialwissenschaften/GWV Fachverlage GmbH, Wiesbaden 2005

Lektorat: Frank Engelhardt

Der VS Verlag für Sozialwissenschaften ist ein Unternehmen von Springer Science+Business Media.
www.vs-verlag.de

 Das Werk einschließlich aller seiner Teile ist urheberrechtlich geschützt. Jede Verwertung außerhalb der engen Grenzen des Urheberrechtsgesetzes ist ohne Zustimmung des Verlags unzulässig und strafbar. Das gilt insbesondere für Vervielfältigungen, Übersetzungen, Mikroverfilmungen und die Einspeicherung und Verarbeitung in elektronischen Systemen.

Die Wiedergabe von Gebrauchsnamen, Handelsnamen, Warenbezeichnungen usw. in diesem Werk berechtigt auch ohne besondere Kennzeichnung nicht zu der Annahme, dass solche Namen im Sinne der Warenzeichen- und Markenschutz-Gesetzgebung als frei zu betrachten wären und daher von jedermann benutzt werden dürften.

Umschlaggestaltung: KünkelLopka Medienentwicklung, Heidelberg
Druck und buchbinderische Verarbeitung: MercedesDruck, Berlin
Gedruckt auf säurefreiem und chlorfrei gebleichtem Papier
Printed in Germany

ISBN 3-531-14552-5

Kurzinhaltsverzeichnis

Rasse und Ethnizität
Einführung 15

1 **Rasse und Ethnizität in der amerikanischen Soziologie:**
  Problem und Methode 19

2 **Afroamerikaner und Immigrantengruppen in den USA von 1920 bis 1944:**
  Die Etablierung der "race and ethnic relations"-Forschung 55

3 **Assimilation und Polarisierung von 1945 bis 1968:**
  Erfolge und Frustrationen einer sich demokratisierenden Gesellschaft 107

4 **Der Aufstieg des Multikulturalismus von 1969 bis 1989:**
  Partizipation und Zergliederung in einer Gesellschaft auf dem Weg zur
  "Normalität" 177

5 **"Postethnic America"? Von 1990 bis 2000:**
  Die Fragilität von Mitgliedschaften und das "ethnic racial pentagon" 245

6 **Rasse oder Ethnizität?**
  Abstammung und Mitgliedschaft als Thema in Soziologie und Gesellschaft 289

Anhänge 337

Ausgewählte und verwendete Literatur 343

Inhalt

1 Rasse und Ethnizität in der amerikanischen Soziologie: Problem und Methode 19

1.1 Probleme der "race and ethnic relations"-Forschung 20
*1. Problem: Die Definition von Rasse und Ethnizität;
2. Problem: Die Vielschichtigkeit der Begriffe Rasse und Ethnizität;
3. Problem: Die Zeitgebundenheit der Begriffe Rasse und Ethnizität*

1.2 Die Geschichte der "race and ethnic relations"-Forschung als Untersuchungsgegenstand 35

    1.2.1 Historische Soziologie und die Geschichte der "race and ethnic relations"-Forschung 36
*Wissenschaftsgeschichte und Gesellschaftsgeschichte;
Zugänge zur Soziogie- und Gesellschaftsgeschichte; Afroamerikaner und Immigrantengrupen in der "race and ethnic relations"-Forschung;
Phasen der Wissenschafts- und Gesellschaftsgeschichte*

    1.2.2 Quellen zur Beschreibung der "race and ethnic relations"-Forschung 43
*Zur Erstellung des Samples der Textquellen;
Zu den verschiedenen Quellen*

1.3 Fragestellung der Untersuchung und Struktur der Kapitel 51
*Theoriesystematische Fragen der Untersuchung;
Theoriehistorische Fragen der Untersuchung*

2 Afroamerikaner und Immigrantengruppen in den USA von 1920 bis 1944: Die Etablierung der "race and ethnic relations"-Forschung 55

2.1 Die zwanziger Jahre, der New Deal und der Zweite Weltkrieg 57
*Die neue Immigrationsgesetzgebung; Afroamerikaner und "Jim Crow" in den 1920ern; Demographische Prozesse in der Zwischenkriegszeit;
Kultur und Gesellschaft in den 1920ern; Die ökonomische Situation;
Der New Deal; Der Krieg*

2.2 Von der "race relations"-Forschung zur "race and ethnic relations"-Forschung .. 70

    2.2.1 Immigration, Amerikanisierung und Ethnizität 71
*Amerikanisierung und die Multidimensionalität des Einwanderungsproblems; Die unspektakuläre Revolution: die "Entdeckung" der ethnischen Gruppe; Ethnische Gruppen in Yankee City: Warners Studie
Exkurs: Der Kampf gegen den wissenschaftlichen Rassismus*

2.2.2 Afroamerikaner als Gegenstand der Soziologie 87
*Die "race relations"-Forschung und Howard Odum; Neue Ansätze zur
Erforschung von Afroamerikanern;
Ein Großprojekt zum "Negro-Problem": Myrdals Studie*

2.3 "race and ethnic relations"-Forschung Mitte der 1940er Jahre 100
*Begrifflichkeit von Rasse und Ethnizität; Dimensionen der Ungleichheit
als Gegenstand der Analyse; Aspekte der Assimilation*

3 Assimilation und Polarisierung von 1945 bis 1968: Erfolge und Frustrationen einer sich demokratisierenden Gesellschaft 107

3.1 Die erfolgreiche Assimilation von Immigranten und Ethnizität als Perspektive
bis Mitte der 1950er Jahre 108

3.1.1 Ethnische Gruppenbildung und das neue Flüchtlingsproblem 109
*Einwanderung und der Beginn des McCarthyismus; Ethnische Gruppen
in den USA nach 1944; Ökonomischer Erfolg und Integration;
Der Koreakrieg, neue Einwanderungsgesetze, Höhepunkt und Ende des
McCarthyismus*

3.1.2 Analytische Zwillinge: Assimilation und Ethnizität 115
*Exkurs: "The social systems of American ehtnic groups" von W. Lloyd
Warner und Leo Srole, 1945
Der neue Begriff der Ethnizität in der Soziologie*

3.2 Rasse und der Kampf um Assimilation in Gesellschaft und Soziologie bis
Brown v. Board of Education 121

3.2.1 Die Folgen des Krieges und die Diskriminierung von Afroamerikanern ... 122
*Die gesellschaftliche Delegitimation von "Jim Crow" als Folge des
Krieges; Ökonomischer Aufstieg und erste Erfolge sichtbarer Integration;
Die Gruppe der Afroamerikaner; Der Kalte Krieg und Brown v. Board of
Education 1954*

3.2.2 Rasse oder: Warum findet Assimilation nicht statt? 127
*Exkurs: "An American Dilemma" von Gunnar Myrdal, 1944
Der neue Begriff der Rasse in der Soziologie; Cox' Kritik an Myrdal;
Soziologie und Bürgerrechtsbewegung*

3.3 Der "melting pot" und amerikanische Ethnizität in den 1960er Jahren 140

3.3.1 Integration und die Entstehung der amerikanischen Ethnizität 141
*Situation der ethnischen Gruppen in der amerikanischen Gesellschaft;
Lyndon B. Johnson: Der Hart Celler Act und der Vietnamkrieg*

3.3.2 Ethnizität als Teil des "melting pot"? Kultur und Struktur in der "race
and ethnic relations"-Forschung 144
*Exkurs: "Beyond the Melting Pot" von Nathan Glazer und Daniel P.
Moynihan, 1963
Exkurs: "Assimilation in American Life" von Milton M. Gordon, 1964
Was heißt amerikanische Ethnizität Mitte der 1960er Jahre?*

3.4 Full Citizenship for All? Rasse in Gesellschaft und Soziologie der 1960er Jahre 154
    3.4.1 Afroamerikaner: Das wachsende Selbstbewusstsein einer Gruppe 155
        Die Gruppe der Afroamerikaner und ihre ökonomische Situation;
        Politik und die Erfolge der Bürgerrechtsbewegung;
        Die politische Radikalisierung
    3.4.2 Soziologie und volle Staatsbürgerschaft für Afroamerikaner 162
        Rassenvorurteile und Gruppenpositionen; Kritik an Myrdal geht weiter
        Exkurs: "Full Citizenship for the Negro American?"
        von Talcott Parsons, 1966
        Mitgliedschaft und Full Citizenship
3.5 Rasse und Ethnizität: Vom Fall des Assimilationismus 171
    Ethnizität in der Soziologie; Rasse in der Soziologie;
    Bürgerrechtsbewegung, gesellschaftliche Turbulenzen und die Soziologie

4 Der Aufstieg des Multikulturalismus von 1969 bis 1989: Partizipation und Zergliederung in einer Gesellschaft auf dem Weg zur "Normalität" 177

4.1 Die "unmeltable symbols" der Ethnizität: Ende der 1960er bis Ende der 1970er Jahre 178
    4.1.1 Immigranten in einer frustrierten Gesellschaft 179
        Nixon, der Vietnamkrieg und die Demoralisierung einer Nation;
        Die Situation ethnischer Gruppen und das "white ethnic movement";
        Die neue Phase der Einwanderung
    4.1.2 Zur symbolischen Stabilität von Ethnizität 184
        Exkurs: "Ethnicity: Theory and Experience" von Nathan Glazer und
        Daniel P. Moynihan, 1975
        Ethnizität als Mitgliedschaft;
        Ethnizität als symbolische Mitgliedschaft;
        Die Idee des Multikulturalismus gewinnt an Plausibilität
4.2 Die Zeit enttäuschter Hoffnungen: Afroamerikaner in Forschung und Gesellschaft 194
    4.2.1 Hohe Erwartungen und wenig Fortschritt 195
        Rechtsprechung und Politik; Afroamerikaner in der amerikanischen
        Gesellschaft; Die ökonomische Situation und ein demokratisches
        Intermezzo im Weißen Haus
    4.2.2 Das Konzept der Rasse in der neuen schwarzen Soziologie 200
        Der stabile Zwang der ökonomischen Verhältnisse
        Exkurs: "The Declining Significance of Race"
        von William J. Wilson, 1978
        Hatte sich die Relevanz von Rasse wirklich verringert? Rasse,
        Ethnogenese und Multikulturalismus
4.3 Alte und neue Probleme der Immigration 211
    4.3.1 Immigrantengruppen: Konflikte und Polarisierung 211
        Hispanics und Asian-Americans als neue ethnische Großgruppen;
        European-Americans oder einfach Americans?
        Wirtschaftliche Verbesserungen und eine Reform der Einwanderungsgesetze

4.3.2 Die Expansion "ethnischer Buchführung" 215
      Die Harvard Encyclopedia of American Ethnic Groups
      Exkurs: "The Ethnic Phenomenon" von Pierre L. van den Berghe, 1981
      Omnipräsenz von Ethnizität? Nation und Migration;
      Ethnizität und "rational choice"

4.4 Politik oder Abstammung? Neue Schwierigkeiten in den 1980er Jahren 227
   4.4.1 "Verlorene" Jahre für Afroamerikaner? 227
      Der Wandel in der Gruppe der Afroamerikaner;
      Die Polarisierung der amerikanischen Gesellschaft
   4.4.2 Rasse und "racial projects" 230
      Exkurs: "Racial Formation in the United States" von Michael Omi und Howard Winant, 1986
      Was ist rassisch an "racial formations"? Einige systematische
      Perspektiven auf das Feld; The Truly Disadvantaged African Americans

4.5 Rasse und Ethnizität in den zwei Jahrzehnten des Multikulturalismus 239
      Die Entwicklung der "race and ethnic relations"-Forschung;
      Rasse und Ethnizität; Multikulturalismus als Problem

5 "Postethnic America"? Von 1990 bis 2000: Die Fragilität von Mitgliedschaften und das "ethnic racial pentagon" 245

5.1 Zeiten der Prosperität und Verunsicherung: Afroamerikaner und Immigrantengruppen in den 1990ern 246
      Die Gruppenstruktur in der amerikanischen Gesellschaft;
      Immigranten und Afroamerikaner in Recht und Politik;
      Die ökonomische Situation von Afroamerikanern und Immigrantengruppen

5.2 Wege zur Neuorientierung? Ethnizität und Rasse in der Soziologie der 1990er 256
   5.2.1 Die Definition von Rasse und Ethnizität als Bezeichnung von Kollektiven? 256
      Was bedeutet Mitgliedschaft in einer ethnischen Gruppe?
      Wer ist Schwarz? Wie biologisch sind Rassen?
   5.2.2 Die immerwährende Ungleichheit von rassischen und ethnischen Gruppen 268
      Immigranten und die Ökonomie; Eine Frage der Kultur?
      Sind Afroamerikaner letztlich doch auf dem Weg zur Integration?
   5.2.3 Die neue amerikanische Gesellschaft 273
      Das Amerikanische an Rasse und Ethnizität;
      Pluralismus oder Assimilation?

5.3 Soziologie von Rasse und Ethnizität jenseits des Nationalstaates? 278
      Welt-System und Migration; Verstreut und doch verbunden: Diasporas;
      Die "race and ethnic relations"-Forschung in den 1990ern;
      Das Konzept Rasse: notwendig oder nicht?

6 Rasse oder Ethnizität? Abstammung und Mitgliedschaft als Thema in Soziologie und Gesellschaft 289

- 6.1 Mitgliedschaft und sozialer Wandel: Zur Dynamik von Rasse und Ethnizität in der amerikanischen Gesellschaft 290
  - 6.1.1 Zur Definition von Rasse und Ethnizität: Die Aspekte des Mitgliedschaftsglaubens 293
    Die Entwicklung des Ethnizitätsbegriffs;
    Die Entwicklung des Rassebegriffs
  - 6.1.2 Rasse, Ethnizität und weitere Mitgliedschaften: Die Dimensionen der Mitgliedschaftsstruktur 301
    Rasse und Ethnizität als Aspekte der Mitgliedschaftsstruktur
  - 6.1.3 Rasse, Ethnizität und Gesellschaft: Die Konstitution gesamtgesellschaftlicher Mitgliedschaft 308
    Rasse und Ethnizität als Komponenten der Gesamtgesellschaft;
    Übersicht zur Entwicklung der Begriffe Rasse und Ethnizität
  - 6.1.4 Zur Dynamik der unterschiedlichen Verwendung der Begriffe Rasse und Ethnizität 314
    Zur Verwendungshäufigkeit der Begriffe Rasse und Ethnizität;
    Zur Unterscheidung der Begriffe Rasse und Ethnizität in der Geschichte der "race and ethnic relations"-Forschung
- 6.2 Rasse oder Ethnizität? Probleme abstammungsorientierter Mitgliedschaft 321
  - 6.2.1 Probleme von Mitgliedschaftsglaube und Mitgliedschaftsstruktur 322
    Der abstammungsorientierte Mitgliedschaftsglaube als Definitionskriterium von Rasse und Ethnizität; Rasse und Ethnizität als Mitgliedschaftskonfigurationen;
    Zur Dynamik von Mitgliedschaftsglaube und Mitgliedschaftsstruktur
  - 6.2.2 Rasse und Ethnizität in einer demokratischen Gesellschaft 329
    Assimilation vs. Multikulturalismus; Rasse oder Ethnizität?

Abbildungen und Tabellen

Abbildung 1: Entwicklung der Verwendungshäufigkeit der Begriffe Rasse und Ethnizität in Zeitschriftenaufsätzen 48

Abbildung 2: Entwicklung der Titelhäufigkeit von Buchpublikationen zu "race and ethnic relations" nach Erscheinungsjahren (Anzahl pro fünf Jahre).........50

Abbildung 3: Warners Kasten- und Klassenmodell 92

Abbildung 4: Entwicklung der soziologischen Perspektiven auf Afroamerikaner und Immigrantengruppen von ca. 1900 bis 1944 105

Abbildung 5: Gordons Modell: Zusammensetzung der ethnischen Identifikationen ...150

Abbildung 6: Greeleys Modell der Ethnogenese...185

Abbildung 7: Van den Berghes Verwandtschaftskarte einer prototypischen Ethnie....218

Abbildung 8: Modell abstammungsorientierter Mitgliedschaft...................................292

Abbildung 9: Entwicklung der Verwendungshäufigkeit der Begriffe Rasse oder Ethnizität in Zeitschriftenaufsätzen zu "race and ethnic relations" 315

Abbildung 10: Entwicklung der soziologischen Perspektiven auf Afroamerikaner und Immigrantengruppen von ca. 1945 bis 2000 320

Tabelle 1: Definition der Begriffe Ethnizität und Rasse nach Cornell und Hartmann...24

Tabelle 2: Fragestellung und Struktur der Arbeit..34

Tabelle 3: Phaseneinteilung der historischen Darstellung in den Kapiteln 2–5........53

Tabelle 4: Die logische Struktur verschiedener Gesellschaftsmodelle 312

Tabelle 5: Soziologische Perspektiven abstammungsorientierter Mitgliedschaft in den verschiedenen Phasen der amerikanischen Gesellschaft............313

Tabelle 6: Zusammensetzung der Bevölkerung der USA nach Rasse und Hispanics 1850–2000 (nach Zensusdaten)..337

Tabelle 7: Phasen der Sozialpolitik 1865–1990 nach Skocpol..............................341

Rasse und Ethnizität

> Herein lie buried many things which if read with patience
> may show the strange meaning of being black
> here in the dawning of the Twentieth Century.
> This meaning is not without interest to you, Gentle Reader;
> for the problem of the Twentieth Century is the problem of the color-line.
> (W.E.B. Du Bois, 1903)[1]

Der in den USA an der Harvard University lehrende Soziologe Orlando Patterson stellte 1997 die Frage, ob Rasse als soziologisches Konzept überhaupt noch zeitgemäß sei:

> Almost all social scientists, social commentators, and journalists, not to mention ordinary Americans, now routinely use the terms *race* and *ethnicity* as if they referred to different, if related, social things. My question is, why do we need the term *race* at all? What explains its non-redundancy in the phrase "race and ethnic relations"?[2]

Was also verbindet oder unterscheidet die Begriffe Rasse und Ethnizität? Welcher "Gewinn" liegt darin, beide Begriffe zu verwenden? Michael Omi, ein prominenter Soziologe im Feld der "race and ethnic relations"-Forschung, weist darauf hin, dass das Ende des 20. Jahrhunderts eine Chance bietet, diese Fragen klarer zu beantworten:

> Over the past 50 years, White supremacy has been significantly challenged, not only in the United States but on a global scale. Since the end of World War II, there has been an epochal shift in the logic, organization, and practices of the centuries-old global racial order. ... In the United States ... antiracist initiatives have become crucial elements of an overall project to extend political democracy. These developments provide a unique historical context for understanding the meaning we impart to race. ... [W]hile older paradigms of race can help us understand what's going on today, *it is important to historically situate various models of race and ethnicity,* and see them as reflective of historically specific concerns.[3]

Die Antwort auf die Frage, ob die Begriffe Rasse oder Ethnizität angemessen zur soziologischen Analyse der amerikanischen Gesellschaft verwendet werden können, liegt in der Rekonstruktion der gesellschaftsgeschichtlichen und der wissenschaftsgeschichtlichen Entwicklung beider Begriffe. Kein geringeres Ziel, als diese Geschichten zu skizzieren, hat

---

1   Dies sind die ersten Zeilen in William E. B. Du Bois, *The Souls of Black Folk: Essays and Sketches*, Chicago, 1903. Wiederabdruck in Eric J. Sundquist (Hg.), *The Oxford W.E.B. Du Bois Reader*, Oxford, 1996, S. 97–240, S. 100.
2   Orlando Patterson, *The Ordeal of Integration: Progress and Resentment in America's "Racial" Crisis*, Washington, D.C., 1997, S. 72.
3   Michael A. Omi, "The Changing Meaning of Race", in *America Becoming Vol. 1*, hrsg. von Neil J. Smelser, William J. Wilson und Faith Mitchell, 243–263. Washington, D.C., 2001, S. 258, Hervorhebung durch den Autor.

diese Arbeit. Ausgehend von der Analyse der Gesellschaftsgeschichte der Vereinigten Staaten von Amerika und der soziologischen Wissenschaftsgeschichte der "race and ethnic relations"-Forschung sollen die jeweiligen Bedeutungen der Begriffe Rasse und Ethnizität rekonstruiert werden, um so zu beantworten, ob und wozu eine Verwendung beider Termini heute noch notwendig ist. Der Schwerpunkt der Rekonstruktion liegt dabei auf der Zeit nach dem Ersten Weltkrieg (1920–2000), in der das Thema "race and ethnic relations" zu einem der wichtigsten Forschungsgebiete der amerikanischen Soziologie wurde. Die zahlreichen Arbeiten, Forschungsergebnisse und Konzeptionalisierungen, die in den letzten achtzig Jahren innerhalb dieses Feldes entstanden sind, bilden damit den Fundus, aus dem diese Arbeit schöpft.

Entstehung des Buches

Den ersten Anstoß zum Thema erhielt ich durch Diskussionen in der internationalen Forschungsgruppe *Comparative Charting of Social Change in Advanced Industrialized Societies*. Im Jahre 1996 begannen wir die Arbeit an einem Kapitel zu Migration und Ungleichheit in verschiedenen westlichen Industriestaaten.[4] Ich war sehr erstaunt über die Verwendung der Begriffe Rasse und Ethnizität durch die nord-amerikanischen Kollegen. Der Begriff Rasse wurde von ihnen völlig problemlos gebraucht, während ich diesen historisch besetzten Begriff als völlig unangemessen empfand. Auch bezeichneten Soziologen aus den USA bestimmte Gruppen in der amerikanischen Gesellschaft als ethnisch, die in meinen Augen kaum ethnische Besonderheiten aufwiesen. So wurde von der ethnischen Gruppe der Italiener in den USA gesprochen, obwohl nur wenige der Mitglieder dieser Gruppe die italienische Sprache beherrschen und sie darüber hinaus in ihren Einstellungen und Verhaltensweisen kaum von der amerikanischen Gesamtgesellschaft zu unterscheiden sind. Der Wunsch diesem, meiner Meinung nach spezifischen Sprachgebrauch von Soziologen in den USA nachzugehen, führte mich in den Jahren 1998/99 als *John F. Kennedy Memorial Fellow* an das *Center for European Studies* der Harvard University, wo sich die dieser Arbeit zugrunde liegende Fragestellung entwickelte.[5] Zur Durchführung der notwendigen empirischen Forschungsarbeiten ermöglichte mir die Deutsche Forschungsgemeinschaft im Jahr

---

4   Mein Dank für zahlreiche Diskussionen und Anregungen gilt hier insbesondere Susanne von Below, Howard Bahr, Lance Roberts und Simon Langlois. Das Buchkapitel, das in diesem Zusammenhang entstand, ist inzwischen erschienen: Howard M. Bahr et al., "International Migration and Inequality", in *Changing Structures of Inequality: A Comparative Perspective*, hrsg. von Yannick Lemel und Heinz-Herbert Noll, 275–332. Montréal-Kingston, 2002. Danken möchte ich auch für viele anregende Gespräche und mancherlei Hinweise Hans-Joachim Schubert und Oliver Schmidke, sowie Klaus-Peter Köpping. Jürgen Kohl, M. Rainer Lepsius, Wolfgang Schluchter, Agathe Bienfait, Gerhard Neumeier, Werner Sollors, Walter und Maria Bös, sowie Nicole Piroth haben in ganz unterschiedlicher Weise zur Entstehung des Manuskripts beigetragen, auch Ihnen gilt mein Dank, ebenso wie meinem Mitarbeiter Kai Hebel, der Zitate und Bibliographie überprüfte. Alle Fehleinschätzungen, Ungenauigkeiten und Fehler, die sich in dieses Manuskript eingeschlichen haben, habe ich natürlich ganz alleine zu verantworten.
5   Erste Ergebnisse, die auch kleinere Teile des Texts aus Kapitel 3 und 6 dieser Arbeit einschließen, wurden veröffentlicht in: Mathias Bös, "Sozialwissenschaften und Civil-Rights-Bewegung in den USA: Der Einfluß von Gunnar Myrdals 'An American Dilemma' 1944 bis 1968", in *Zeitperspektiven. Studien zu Kultur und Gesellschaft. Beiträge aus der Geschichte, Soziologie, Philosophie und Literaturwissenschaft*, hrsg. von Uta Gerhardt, 104-142. Stuttgart, 2003 und Mathias Bös, "Reconceptualizing Modes of Belonging: Advancements in the Sociology of Ethnicity and Multiculturalism", in *Advances in Sociological Knowledge over Half a Century*, hrsg. von Nikolai Genov, 254-283. Paris, 2002.

2001 einen viermonatigen Aufenthalt an der Library of Congress in Washington D.C. Die mehr als 18 Millionen Bücher dieser größten Bibliothek der Welt reflektieren in beeindruckender Weise das intellektuelle Erbe einer Nation. Zugleich dokumentiert diese Bibliothek auch die Unüberschaubarkeit und die Beharrlichkeit der Bemühungen einer Gesellschaft, die Themen Rasse und Ethnizität zu bearbeiten. Seit ihren Anfängen waren die Texte der amerikanischen Soziologie ein Teil dieses riesigen an- und abschwellenden Stroms von Publikationen.[6]

Gang der Arbeit

Das Spannungsverhältnis zwischen den Begriffen Rasse und Ethnizität zeichnet die amerikanische Soziologie seit ihren Anfängen aus. Das vorliegende Buch verbindet in der Untersuchung der "race and ethnic relations"-Forschung eine wissenschafts- und eine gesellschaftsgeschichtliche Perspektive in theoriesystematischer Absicht. Wie sich das Problem von Rasse und Ethnizität heute darstellt und mit welcher Methode es soziologiegeschichtlich bearbeitet werden kann, ist Gegenstand von *Kapitel 1* des Buches.

Die Kapitel 2 bis 5 im Mittelteil des Buches enthalten jeweils Darstellungen von Entwicklungen in der amerikanischen Gesellschaft und Beschreibungen der Verwendung der Konzepte Rasse und Ethnizität in der "race and ethnic relations"-Forschung seit 1920 bis zum Jahr 2000. Am Ende jedes Kapitels werden beide Perspektiven zusammenfassend miteinander verbunden. Der Ausgangspunkt dieser Entwicklung, die Phase von 1920 bis 1944, wird in *Kapitel 2* dargestellt. Hier stehen die grundlegenden Arbeiten zu Afroamerikanern und Immigranten im Mittelpunkt, die die Basis für die Entwicklung des Feldes der "race and ethnic relations"-Forschung legten. Die dramatischen Veränderungen der amerikanischen Gesellschaft nach dem Zweiten Weltkrieg sowie der Aufstieg der Bürgerrechtsbewegung sind Gegenstand von *Kapitel 3*. In dieser Zeit dominierten in der amerikanischen Soziologie die Idee der Assimilation und die damit einhergehenden Vorstellungen von einer mehr oder minder homogenen Gesamtgesellschaft. Die "race and ethnic relations"-Forschung betonte – ebenso wie die frühe Bürgerrechtsbewegung – die Gleichheit *aller* amerikanischen Bürger und Bürgerinnen. Einen symbolischen Endpunkt findet diese Entwicklung mit der Ermordung Martin Luther Kings 1968. Nach dem für die amerikanische Gesellschaft desaströsen Ende des Vietnamkrieges sind die kommenden zwei Dekaden bis

---

6   Inzwischen ist es für mich genauso normal geworden wie für meine nord-amerikanischen Kollegen, die Begriffe "race" und "ethnicity" zu verwenden. In diesem Manuskript werden die Begriffe schlicht als Rasse bzw. Ethnizität übersetzt. Die Begriffe werden weder kontinuierlich in Anführungszeichen gesetzt, wie es insbesondere bei amerikanischen Historikern hin und wieder zu beobachten ist, noch werden beide Begriffe in der Originalsprache belassen. Die Verwendung von Anführungszeichen und der Originalsprache dient vielfach dazu auszudrücken, dass die Begriffe nicht das meinen, was Leserinnen und Leser vielleicht unterstellen, oder dass sich der Autor von den Begriffen distanziert. Beide Begriffe haben zahlreiche historische und emotionale Konnotationen. Zu beschreiben, welche unterschiedliche Bedeutungsschattierung diese Begriffe in der Geschichte der amerikanischen "race and ethnic relations"-Forschung hatten und haben, ist jedoch ein *Ergebnis* dieser Arbeit und sollte nicht durch vermeintlich politisch korrekten Sprachgebrauch vorweg genommen werden. (Die Verwendung von Anführungszeichen zur Hervorhebung etwa von Begriffen aus anderen Sprachen bleibt davon unberührt.) Vgl. zu einem ähnlichen Standpunkt Matthew F. Jacobson, *Whiteness of a Different Color: European Immigrants and the Alchemy of Race*, Cambridge, Mass., 1998, S. ix–x. Zur Problematik im Deutschen siehe Elisabeth Beck-Gernsheim, *Juden, Deutsche und andere Erinnerungslandschaften: Im Dschungel der ethnischen Kategorien*, Frankfurt, 1999, S. 11ff. Meist wird in diesem Buch die männliche Form von Personen- und Gruppenbezeichnungen verwendet, auch wenn Männer *und* Frauen gemeint sind.

1989 durch wirtschaftliche Probleme gekennzeichnet (*Kapitel 4*). In dieser Zeit verändert die amerikanische "race and ethnic relations"-Forschung ihre Perspektive grundlegend und beginnt unter dem Blickwinkel des Multikulturalismus Gruppenunterschiede zum Ausgangspunkt ihrer Analyse der amerikanischen Gesellschaft zu machen. In *Kapitel 5* wird dargestellt, wie sich in der letzten Dekade des 20. Jahrhunderts diese Perspektive wieder zu ändern beginnt: Unter dem positiven Einfluss ökonomischer Prosperität schreitet die Inklusion verschiedener ethnischer Gruppen in die amerikanische Gesellschaft weiter fort, und in der Soziologie werden neue Modelle der flexiblen Wahl ethnischer Zugehörigkeiten mit "neo-assimilationistischen" Vorstellungen verbunden.

Die Arbeit schließt in *Kapitel 6* mit dem Versuch einer synthetischen Darstellung der wichtigsten Aspekte der aufgezeigten Entwicklungen anhand eines Modells abstammungsorientierter Mitgliedschaften in modernen Gesellschaften. Mitgliedschaft wird hier unter den drei Perspektiven des Mitgliedschaftsglaubens, der Mitgliedschaftsstruktur und der gesamtgesellschaftlichen Mitgliedschaft thematisiert. Dieses Modell erlaubt die Diskussion der Implikationen der in diesem Buch aufgezeigten Trends für die Verwendung der Begriffe Rasse bzw. Ethnizität in der heutigen Soziologie.

1 Rasse und Ethnizität in der amerikanischen Soziologie: Problem und Methode

> Wandering around the stacks of a good American library,
> one is amazed at the huge amount of printed material on the Negro problem.
> A really complete bibliography would run up to several hundred thousand titles.
> Nobody has ever mastered this material exhaustively, and probably nobody ever will.
> The intellectual energy spent on the Negro problem in America should,
> if concentrated in a single direction, have moved mountains.
> (Gunnar Myrdal, 1944)[7]

Die immense "intellektuelle Energie", die in die Lösungsversuche des Problems von Rasse und Ethnizität in der amerikanischen Gesellschaft geflossen ist, hat nicht zu einer Klärung der Begrifflichkeit geführt. So bemerkt der Sozialhistoriker David A. Hollinger in seinem Bestseller *Postethnic America*:

> Exactly where ethnicity ends and race begins has been much contested in our time, when zoologists and anthropologists have found so little scientific utility in the concept of race, and when humanists and social scientists have found so much evidence for the socially constructed character of race as well as ethnicity. ... Yet the term *race* continues to have great currency, even among people who deny that races exist as anthropological entities and who know that genetic variation from one race to another is scarcely greater than genetic variation within races. ... A host of critics warn against conflating of race with ethnicity on the grounds that a vital distinction would be lost. But the continued use of the word *race* to distinguish ... any groups of people from one another in any context whatsoever, is highly problematic ...[8]

Offensichtlich wird die Frage nach der wissenschaftlichen Haltbarkeit der Begriffe Ethnizität und Rasse sehr unterschiedlich beantwortet. Der Begriff der Rasse, von Biologie und Anthropologie als wissenschaftliches Konzept desavouiert, genießt trotzdem bis heute eine breite Verwendung in den USA. Während einerseits Sozialwissenschaftler auf der Ununterscheidbarkeit von Rasse und Ethnizität insistieren und des Öfteren dazu auffordern, den Begriff Rasse ganz fallen zu lassen, wird mit eben solcher Vehemenz die genau gegenteilige Meinung vertreten, dass Rasse und Ethnizität nicht aufeinander reduzierbar seien und Rasse damit eine unverzichtbare soziologische Kategorie darstelle.[9]

Im Folgenden soll zuerst versucht werden, die Frage nach der Verwendung der Begriffe Rasse und Ethnizität in ihre verschiedenen Aspekte aufzulösen und damit die Problem-

---

7 Gunnar Myrdal, *An American Dilemma: The Negro Problem and Modern Democracy Vol. 1*, New Brunswick, N.J., 1998 [1944], S. 27.
8 David A. Hollinger, *Postethnic America: Beyond Multiculturalism*, New York, 1995, S. 33–34.
9 Vgl. zu diesem Argument auch Werner Sollors (Hg.), *Theories of Ethnicity: A Classical Reader*, New York, 1996, S. xxixff.

stellung der Arbeit klarer zu explizieren. Dazu werde ich beispielhaft auf vorhandene aktuelle Veröffentlichungen innerhalb der "race and ethnic relations"-Forschung eingehen (1.1). Im zweiten Teil des Kapitels werde ich den methodischen Zugang der Arbeit diskutieren, sowohl im Hinblick auf das Verhältnis von Wissenschafts- und Gesellschaftsgeschichte in verschiedenen Entwicklungsphasen der amerikanischen Gesellschaft, als auch im Hinblick auf die in dieser Untersuchung angewandte Methode der Auswahl und Sicherung der Quellen (1.2). Das Kapitel schließt mit einer kurzen Darstellung der Forschungsfragen, die den darauf folgenden Kapiteln die innere Struktur geben (1.3).

1.1 Probleme der "race and ethnic relations"-Forschung

Ausgangspunkt dieser Arbeit sind die Begriffe Rasse und Ethnizität und damit auch die Frage nach der Verwendung beider Begriffe. Diese Frage kann Verschiedenes beinhalten: (1) Im einfachsten Falle bezieht sie sich darauf, ob ein soziales Phänomen entweder mit dem Begriff Rasse oder dem Begriff Ethnizität zu benennen sei. (2) Die Frage "Rasse oder Ethnizität?" kann auch hinsichtlich der Relevanz beider Phänomene gestellt werden, also ob Rasse einerseits oder Ethnizität andererseits der bedeutendere Faktor bzw. die wichtigere Dimension in einer gegebenen Gesellschaft ist. (3) Ebenso kann sich die Frage auf eine Entwicklung beziehen – etwa ob etwas, das früher Rasse war, heute Ethnizität ist oder umgekehrt. (4) Und last not least lässt sich die Fragestellung normativ wenden, also ob in Wissenschaft oder Gesellschaft die Begriffe Rasse oder Ethnizität weiterhin Verwendung finden sollten oder nicht.

Dass diese Fragen nicht leicht zu beantworten sind, dokumentiert auch eine aktuelle Veröffentlichung, die versucht, ein Gesamtbild des Wissens in den Sozialwissenschaften zu den verschiedenen rassischen und ethnischen Gruppen der amerikanischen Gesellschaft zu zeichnen: *America Becoming: Racial Trends and Their Consequences;* 2001 herausgegeben von zwei der bekanntesten Soziologen der USA, Neil J. Smelser und William Julius Wilson, sowie Faith Mitchell.[10] Diese zweibändige, knapp 1000 Seiten umfassende Studie entstand im Rahmen der von Präsident William J. Clinton angestoßenen *Initiative on Race*.[11] In 29 Kapiteln fassen führende Experten das jeweilige Wissen zur Situation von Rassen und ethnischen Gruppen, z.B. in der amerikanischen Ökonomie, im Gesundheitssystem, im Rechtssystem und vielen weiteren gesellschaftlichen Bereichen, zusammen. Dieser enzyklopädische Ansatz eines Forschungsprojekts – Wissen für politisches Handeln zu sammeln und zur Verfügung zu stellen – steht in einer langen Tradition, begonnen von Gunnar Myrdal und seinem Team mit dem berühmten *An American Dilemma*, fortgeführt u.a. von Gerald D. Jaynes und Robin M. Williams, Jr. mit *A Common Destiny*.[12] Zwei wichtige Aspekte unterscheidet *America Becoming* von seinen Vorgängern: Die Herausge-

---

10 Faith Mitchell ist Director der Division on Social and Economic Studies der Commission on Behavioral and Social Sciences and Education des National Research Council.
11 Für eine Beschreibung der Initiative siehe: John H. Franklin (als chairman des Advisory Board), *One America in the 21st Century: Forging a New Future. The President's Initiative on Race, the Advisory Board's Report to the President*, Washington, D.C., 1998, sowie Kapitel 5 in diesem Buch.
12 Siehe Myrdal, *An American Dilemma* und Gerald D. Jaynes und Robin M. Williams, Jr. (Hg.), *A Common Destiny: Blacks and American Society*, Washington, D.C., 1989. Letzteres wurde wie *America Becoming* vom National Research Council betreut.

ber versuchen (über eine Einleitung hinaus) nicht, die Ergebnisse der anderen Wissenschaftler und Wissenschaftlerinnen zusammenzufassen, ebenso schließt *America Becoming* alle Gruppen des "ethnic racial pentagon"[13] ein und beschränkt sich nicht wie seine Vorgänger auf Afroamerikaner. Das Vorwort der Herausgeber dieses monumentalen Werkes beginnt mit den Sätzen:

> The United States is, perhaps more than any other industrialized country, distinguished by the size and diversity of its racial and ethnic populations; and current trends promise that these features will endure. ... Considerable behavioral and social science research has chronicled the remarkable evolution of our multiracial society, its patterns of discrimination, and its progress in reducing racial bias.[14]

Im Lichte der zusammengetragenen reichhaltigen Forschungsergebnisse sehen sich die Herausgeber jedoch gezwungen, auf einige offene Fragen der "race and ethnic relations"-Forschung hinzuweisen. Diese Fragen lassen sich grob in drei Problempunkten zusammenfassen, die mit drei der zu Beginn genannten vier Teilfragen korrespondieren, die sich aus der Frage "Rasse oder Ethnizität?" ableiten lassen: (1) Smelser, Wilson und Mitchell weisen auf das Problem der Kriterien für die Definition von Rasse oder Ethnizität hin. (2) Als zweites Problem orten die Autoren die Vielschichtigkeit ethnischer und rassischer Phänomene. Dieser Aspekt deckt sich weitgehend mit der Frage, ob Rasse oder Ethnizität der bedeutendere Faktor bzw. die wichtigere Dimension in einer gegebenen Gesellschaft sei. (3) Das dritte angesprochene Problem – die Geschichtlichkeit von Wissenschaft und Gesellschaft – spiegelt sich in der Frage wider, wann und unter welchen historischen Umständen Rasse oder Ethnizität als Kategorie in Soziologie oder Gesellschaft verwendet wurden. Die letzte von mir eingangs gestellte Frage nach dem Sollen, also einer möglichst optimalen "Begriffsstrategie" für die Zukunft in Wissenschaft oder Gesellschaft, wird von Smelser, Wilson und Mitchell nicht angesprochen. Dieser Frage widmet sich kurz das letzte Kapitel des Buches.[15]

1. Problem: Die Definition von Rasse und Ethnizität

In ihrem Vorwort zu *America Becoming* weisen Smelser, Wilson und Mitchell auf die Schwierigkeiten hin, Rasse und Ethnizität zu definieren:

> Because race and ethnicity contain such a complex array of sustaining mechanisms and overlapping connotations, consistent definitions are hard to come by. Even the great sociology master, Max Weber, was frustrated in his efforts to deal with them.[16]

---

13 Dieser Ausdruck stammt aus Hollinger, *Postethnic America: Beyond Multiculturalism* und wird im Fortgang der Studie noch ausführlich diskutiert werden.
14 Neil J. Smelser, William J. Wilson und Faith Mitchell, "Introduction", in *America Becoming*, hrsg. von Neil J. Smelser, William J. Wilson und Faith Mitchell, 1–20. Washington, D.C., 2001a, S. 1.
15 Die folgenden Ausführungen sollen nur kurz, jeweils von Smelser, Wilson und Mitchell ausgehend, Grundfragen der Arbeit an wenigen Fallbeispielen explizieren, spezifische theoretische Argumente werden in den jeweiligen Kapiteln aufgenommen und diskutiert.
16 Smelser, Wilson und Mitchell, "Introduction", S. 3.

In Ermangelung angemessener neuerer Definitionen wenden sich die Autoren also der Definition von Max Weber zu, die er – wohl nach seiner Amerikareise – fast 100 Jahre vor *America Becoming* verfasste. Die erste Textstelle bei Max Weber, auf die sie sich beziehen, lautet:

> Wir wollen solche Menschengruppen, welche auf Grund von Aehnlichkeiten des äußeren Habitus oder der Sitten oder beider oder von Erinnerungen an Kolonisation und Wanderung einen subjektiven Glauben an eine Abstammungsgemeinsamkeit hegen, derart, daß dieser für die Propagierung von Vergemeinschaftungen wichtig wird ... "ethnische" Gruppen nennen, ganz einerlei, ob eine Blutsgemeinsamkeit objektiv vorliegt oder nicht.[17]

Ethnisch ist also eine Gruppe dann, wenn der Glaube an eine Abstammungsgemeinschaft verwendet wird, um Gruppenhandeln zu fördern. Der Glaube an die Abstammungsgemeinschaft leitet sich dabei aus einem oder mehreren der folgenden Merkmale her: Aussehen, Sitten, Kolonialisierungs- und Wanderungserfahrung. Aussehen ist in diesem Kontext im Übrigen auch auf Merkmale bezogen, die zur Feststellung der Rassenzugehörigkeit dienen können.[18] Bezug nehmend auf diese nicht sonderlich schwierig anmutende Definition bemerken Smelser, Wilson und Mitchell bedauernd, dass die amerikanische Soziologie nicht in der Lage war, einen grundsätzlichen Konsens darüber zu erreichen, über welche Merkmale Rasse und Ethnizität überhaupt zu definieren sind:

> [W]e must nevertheless acknowledge that the terms "race" and "ethnicity" comprise such complex social phenomena that they pose enormous problems of both description and measurement. With respect to description, what is the principle identifying characteristic: physical marker? attributed physical marker? common descent? legal definition? others' attribution? self-identification?[19]

Das erste methodische Problem liegt also nach Meinung der Autoren in der Festlegung der Kriterien, die bestimmen, was als ethnische Gruppe bzw. Rasse zu sehen ist und was nicht. Besonders eindrücklich zeigen sich diese Definitionsprobleme in soziologischen Einführungen, von denen ja zu erwarten wäre, dass ihre Verfasser um besondere Klarheit bemüht sind. Kurse zu "race and ethnic relations" sind ein fester Bestandteil des Curriculums vieler US-amerikanischer Studiengänge, so kommen immer wieder neue oder neu überarbeitete Versionen von Lehrbüchern zum Thema auf den Markt.[20] Die zwei häufigsten Typen sind zum einen enzyklopädische Werke, die sich bemühen, so viele Informationen wie möglich zu verschiedenen Aspekten des Themas zusammenzufassen, zum anderen Einführungen, die eher am aktuellem Forschungsstand oder an aktuellen Problemen orientiert sind und danach streben, insbesondere neuere theoretische Perspektiven zu vermitteln.

---

17 Max Weber, *Wirtschaft und Gesellschaft*, Tübingen, 1985 [1922], S. 237.
18 Weber verwendet hier durchgängig den Begriff des "äußeren Habitus". Obwohl nicht explizit diskutiert, geht er wohl davon aus, dass Rasse als Spezialfall der ethnischen Gruppe zu sehen ist. Dies ist auch daran abzulesen, dass der Paragraph *Die "Rassen"zugehörigkeit* im Kapitel mit dem Titel *Ethnische Gemeinschaftsbeziehungen* zu finden ist. Vgl. ibid., S. 234–244. Dies ist ein wichtiger Punkt, der im Schlusskapitel ausführlich diskutiert wird.
19 Smelser, Wilson und Mitchell, "Introduction", S. 4.
20 Als Studie über die Expansion und Implementierung dieser Kurse in den 1950ern und 1960ern sowie über die Rolle von Lehrbüchern vgl. Peter I. Rose, *The Subject Is Race*, New York, 1968.

Eine der lesenswerteren enzyklopädischen Einführungen ist die in der zweiten Auflage erschienene Arbeit von Joseph F. Healey, *Race, Ethnicity, Gender, and Class: The Sociology of Group Conflict and Change*.[21] Healey ordnet seinen Gegenstand innerhalb der Soziologie der Ungleichheit ein und beschreibt dann verschiedene Aspekte von Minderheiten in den Vereinigten Staaten. Hinsichtlich unserer Fragestellung ist von Interesse, dass im Abschnitt über Rasse weder eine Definition von Rasse gegeben wird noch diese eindeutig von Ethnizität abgegrenzt wird.[22] Healey verlässt sich also darauf, dass ein intuitives Verständnis dessen, was als ethnisch bzw. rassisch zu definieren sei, bei seinen Lesern vorliegt. Bei der Prominenz, die diese Unterscheidungen insbesondere auf einem amerikanischen Campus haben, ist dies wohl eine durchaus angemessene Unterstellung. Immerhin bietet das Glossar dem Studierenden, der eine Definition der Begriffe sucht, eine kurze Explikation an. Hier findet sich unter Rasse: "Socially: the term is used loosely and reflects patterns of inequality and power"[23] und unter "ethnic minority groups: minority groups identified by cultural characteristics as language or religion".[24] Erstaunlich ist, dass der Autor es in einem Lehrbuch für angemessen hält, den Begriff Rasse mit einer Erklärung zu versehen, die genauso auf Begriffe wie Geschlecht und Klasse anwendbar ist, die ebenfalls im selben Lehrbuch behandelt werden. Auch ethnische Minderheiten sind in einer Weise definiert, die sie weder gegenüber Subkulturen – wie z.B. Jazzmusikern – oder aber Organisationen – wie etwa der Kirche der Mormonen – abgrenzbar macht. Rasse und Ethnizität geben zwar Anlass zur Produktion sorgfältig strukturierter Lehrbücher, die Begriffe selbst werden aber oft als selbstverständlich unterstellt, ungenau definiert und kaum hinterfragt. Damit verharren diese Begriffe in einem Zustand großer Diffusität.[25]

Theoretisch etwas anspruchsvoller gehen Cornell und Hartmann in *Ethnicity and Race: Making Identities in a Changing World* vor.[26] Sie sind damit ein Beispiel für den zweiten, eher an aktueller Theoriediskussion orientierten Typus von Lehrbüchern. Ausgangspunkt ist hier eine kriterienhafte Gegenüberstellung der Begriffe Rasse und Ethnizität, die so oder so ähnlich auch anderen Lehrbüchern entnommen sein könnte.

---

21 Siehe Joseph F. Healey, Race, Ethnicity, Gender, and Class: *The Sociology of Group Conflict and Change*, Thousand Oaks, Calif., 1998.
22 Vgl. ibid., S. 17ff.
23 Ibid., S. 619.
24 Ibid., S. 612.
25 Healey wurde hier als Beispiel herangezogen, weil er versucht, die sehr unterschiedlichen Verwendungsweisen der Begriffe Rasse und Ethnizität in der Soziologie zu reflektieren. Das vermutlich am weitesten verbreitete Lehrbuch, das von Feagin und Feagin schon in der siebten Auflage erschienene *Racial and Ethnic Relations*, stellt Diskriminierung und den Rassebegriff, oft mit stark politischen Untertönen, in den Vordergrund. Margers ebenso weit verbreitetes, in der fünften Auflage erschienenes, Buch *Race and Ethnic Relations: American and Global Perspectives* "löst" das Problem genau andersherum als Feagin und Feagin, indem es in Anlehnung an Alba (Richard D. Alba, "Ethnicity", in *Encyclopedia of Sociology*, hrsg. von Edgar F. Borgatta und Marie L. Borgatta, 575–584. New York, 1992) Ethnizität als Oberbegriff verwendet.
26 Siehe Stephen E. Cornell und Douglas Hartmann, *Ethnicity and Race: Making Identities in a Changing World*, Thousand Oaks, Calif., 1998.

Tabelle 1: Definition der Begriffe Ethnizität und Rasse nach Cornell und Hartmann[27]

Ethnic Group	some groups are both	*Race*
• Identity is based on putative common descent, claims of shared history, and symbols of peoplehood		• Identity is based on perceived physical differences
• Identity may originate in either assignment by others or assertion by selves		• Identity typically originates in assignment by others
• Identity may or may not reflect power relations		• Identity typically reflects power relations
• Identity may or may not imply inherent differences in worth		• Identity implies inherent differences in worth
• Identity usually constructed by both selves and others		• Identity is constructed by others (…)

Diese Übersicht steht am Anfang des Buches und soll sowohl die Begriffe Rasse und Ethnizität definieren, als auch einen Überblick über deren Gemeinsamkeiten und Unterschiede geben. Schon eine kurze Durchsicht der Auflistung irritiert den aufmerksamen Leser. So wird beispielsweise als Kriterium für Rasse angegeben: "Identity implies inherent differences in worth", dies ist offensichtlich ein Spezialfall des Kriteriums für Ethnizität. Dieses lautet: "Identity may or may not imply inherent differences in worth". Die Aussage, eine spezifische Identität impliziere inhärente Unterschiede im Wert möglicherweise oder auch möglicherweise nicht, ist jedoch zur Definition von Ethnizität kaum geeignet, da diese Aussage offensichtlich für jede Form der Identität gelten kann.[28] Zur Unterscheidung von Rasse und Ethnizität sind diese Kriterien ebenso wenig geeignet, da Ethnizität "möglicherweise" auch durch den unter Rasse subsumierten Aspekt charakterisiert ist. Diese logische Form gilt für alle Kriterien außer dem ersten, das sich auf Herkunftsmerkmale bezieht. Rasse wird definiert als zugeschrieben von anderen, als Ausdruck einer Machtbeziehung, indem der Begriff einen Unterschied im "Wert" beschreibt, und ist "konstruiert" durch andere; Ethnizität kann durch dies alles auch bestimmt sein, muss aber nicht. Wohlwollend interpretiert sind diese Kriterien ein Versuch, Rasse zu definieren. Den Autoren gelingt es aber nur schwer, den Rassebegriff vom Begriff der ethnischen Gruppe zu unterscheiden. Hinsichtlich der Unterscheidung von Rasse und Ethnizität schrumpft die gesamte Tabelle auf das erste Definitionskriterium zusammen, das für Ethnizität auf die gemeinsame ge-

---

27 Ibid., S. 35.
28 Auch die Hoffnung, dass die Autoren den Begriff Identität genauer definieren, wird leider nicht erfüllt, obwohl Ethnizität als eine Form der Identität gesehen wird. Zu den Irrungen und Wirrungen des oft im Zusammenhang mit Ethnizität verwendeten Begriffs der Identität vgl. Philip Gleason, "Identifying Identity: A Semantic History", in *Theories of Ethnicity*, hrsg. von Werner Sollors, 460–488. New York, 1996 [1983].

glaubte Herkunft bzw. Geschichte rekurriert, die Definition der Rasse konzentriert sich auf den Aspekt wahrgenommener physischer Merkmale.

Die Tabelle zeigt, dass Rasse nach rein physischen Merkmalen, also der biologischen Abstammung, bestimmt wird, während sich Ethnizität aus der Zuschreibung einer gemeinsamen Abstammung und einer gemeinsamen Geschichte sowie über "peoplehood" ergibt. Alle anderen Kriterien für Rasse sind Sonderkriterien für eine ethnische Gruppe. Die definitorischen Aspekte der ethnischen Gruppe, über die Abstammungsmerkmale hinaus, sind so formuliert, dass sie nicht notwendigerweise vorhanden sein müssen. Gemein ist allen Kriterien für Rasse, dass sie einen jeweils besonders deprivierten Status als gegeben annehmen: Rasse zeichnet sich dadurch aus, dass sie *immer* durch andere konstruiert ist und dass sie *immer* einen Unterschied in der Macht und im "Wert" einer Gruppe impliziert. Es deutet sich also an, dass eine Gruppe sich durch das erhöhte Ausmaß an Diskriminierung, der sie ausgesetzt ist, als Rasse auszeichnet. Oder andersherum formuliert: Eine ethnische Gruppe ist ein Kollektiv, dass einige, aber eben nicht alle Merkmale einer Rasse hat. Ethnizität wird so zu einer "schwachen Form" von Rasse. Diese diffuse Ununterscheidbarkeit scheint für die Autoren kein Problem:

> Ethnicity and race are the main subjects of this book; however, our interest in race is largely, although not entirely, in races as ethnic groups ...[29]

Die sich hier schon andeutenden Differenzierungsschwierigkeiten kulminieren dann im letzten Satz des Buches:

> The critical issue for the 21st century is not whether ethnicity or race will continue to serve as categories of collective identity but what kinds of ethnic and racial stories groups tell and how those stories are put to use.[30]

Dieser Satz enthüllt das gesamte Dilemma der "race and ethnic relations"-Forschung. Zum einen wird behauptet, es sei egal, ob die Kategorie Rasse oder Ethnizität Verwendung findet – ein erstaunlicher Standpunkt für ein Lehrbuch, das just beide Begriffe im Titel führt – andererseits wird dann festgestellt, dass die Art und Weise, wie "Geschichten" von Gruppen erzählt werden – und zwar sowohl "ethnische" *als auch* "rassische" – relevant sei. Die zu Beginn des Satzes für irrelevant erklärte Unterscheidung wird also am Ende wieder eingeführt.

Die erste Frage, die aus der Grundfrage der Arbeit nach der Verwendung der Begriffe Rasse und Ethnizität folgt, ist die Frage, in welchem Falle ein soziales Phänomen mit dem Begriff Rasse oder Ethnizität zu benennen sei. Leider wird diese Frage in der amerikanischen Soziologie nicht klar beantwortet. Der kurze Blick in zwei weit verbreitete Lehrbücher der "race and ethnic relations"-Forschung sollte gezeigt haben, was Smelser, Wilson und Mitchell meinen, wenn sie darauf hinweisen, dass die Definitionskriterien für Rasse bzw. Ethnizität alles andere als eindeutig sind. Von der begrifflichen Klarheit der Definition von Weber scheint nichts mehr übrig geblieben zu sein. *Als erster Problempunkt, der im*

---

29 Cornell und Hartmann, *Ethnicity and Race: Making Identities in a Changing World*, S. 37.
30 Ibid., S. 252.

Fortgang der Arbeit bearbeitet werden muss, sind also die Kriterien zu nennen, über die Rasse bzw. Ethnizität definiert werden können.

2. Problem: Die Vielschichtigkeit der Begriffe Rasse und Ethnizität

Doch nicht nur die Kriterien, wie eine ethnische Gruppe oder Rasse zu bestimmen sei, sind unklar. Nach Smelser, Wilson und Mitchell sind auch die vielen unterschiedlichen Phänomene, die unter den Begriff Ethnizität oder Rasse fallen bzw. mit diesem einhergehen, nur schwer zu konzeptionalisieren. Auch in diesem Punkt beziehen sich die Autoren auf eine Stelle bei Weber, in der dieser auf die vielen unterschiedlichen Aspekte hinweist, die unter der Bezeichnung "ethnisch" analysiert werden:

> Alles in allem finden wir in dem "ethnisch" bedingten Gemeinschaftshandeln Erscheinungen vereinigt, welche eine wirklich exakte soziologische Betrachtung ... sorgsam zu scheiden hätte: die faktische subjektive Wirkung der durch Anlage einerseits, durch Tradition andererseits bedingten "Sitten", die Tragweite aller einzelnen verschiedenen Inhalte von "Sitte", die Rückwirkung sprachlicher, religiöser, politischer Gemeinschaft, früherer und jetziger, auf die Bildung von Sitten, das Maß, in welchem solche einzelnen Komponenten Anziehungen und Abstoßungen ... wecken, ... – dies alles wäre einzeln und gesondert zu untersuchen. Dabei würde der Sammelbegriff "ethnisch" sicherlich ganz über Bord geworfen werden. Denn er ist ein für jede wirklich exakte Untersuchung ganz unbrauchbarer Sammelname.[31]

Auch wenn die Autoren die pessimistische Einschätzung von Weber hinsichtlich des Begriffs "ethnisch" nicht teilen, so schließen sie sich doch seinem Argument an.

Ein zweites methodisches Problem liegt für Smelser, Wilson und Mitchell darin, klar zu trennen, welche verschiedenen sozialen Prozesse unter Ethnizität bzw. Rasse zusammengefasst werden und welche davon zu trennen sind, u.U. diese aber nachhaltig beeinflussen. Sie weisen darauf hin, dass Rasse und Ethnizität im komplexen Zusammenhang mit anderen sozialen Prozessen, insbesondere sozialer Ungleichheit stehen; Prozessen, die oft ganz eigenen Logiken gehorchen, vom Heiratsverhalten über den Erfolg im Bildungssystem bis hin zur Integration in den Arbeitsmarkt. All das ist wiederum zu trennen von den jeweiligen gesellschaftlichen Erwartungshaltungen verschiedener Gruppen, die für die Autoren den Kontext darstellen, die ethnische und rassische Gruppenbildung befördern oder nicht.[32]

Jede größere Abhandlung oder Monographie über eine rassische Gruppe wie etwa Afroamerikaner oder über verschiedene ethnische Gruppen in den USA, muss mit diesem Problem der Vielschichtigkeit umgehen. Blickt man in die Inhaltsverzeichnisse von Monographien zu rassischen oder ethnischen Gruppen in den USA, so zeigen sich, bei aller Kreativität der jeweiligen Autoren, oft starke strukturelle Ähnlichkeiten. Die Kapitel in Andrew Hackers viel zitiertem *Two Nations: Black and White, Separate, Hostile, Unequal* aus dem Jahre 1992 lauten z.B.:

---

31 Weber, *Wirtschaft und Gesellschaft*, S. 241–242.
32 Vgl. Smelser, Wilson und Mitchell, "Introduction", S. 6–12.

> Parents and Children; The Racial Income Gap; Equity in Employment; Education; Segregated Schooling; Crime; Two Nations, Two Verdicts; The Politics of Race.[33]

In ihrem weit verbreiteten Buch *Immigrant America: A Portrait* von 1990 wählen Alejandro Portes und Rubén G. Rumbaut folgende Überschriften:

> Patterns of Immigrant Settlement and Spatial Mobility; Occupational and Economic Adaptation; Identity, Citizenship, and Political Participation; Immigration, Mental Health, and Acculturation; Language and the Second Generation.[34]

Offensichtlich führt die Analyse ethnischer und rassischer Gruppen dazu, viele unterschiedliche Dimensionen in Betracht zu ziehen. Schnell lässt sich eine Liste der Bereiche zusammenstellen, die in den meisten Monographien zu rassischen oder ethnischen Gruppen als wichtig erachtet werden. Meist beginnen Abhandlungen mit der Selbstbeschreibung von Gruppen, um dann die Situation dieser Gruppen nach verschiedenen Aspekten darzustellen, typisch sind dabei: Eheschließung und Familie, Schule und Bildungssystem, Nachbarschaften und räumliche Segregation, Arbeitsplätze und die allgemeine ökonomische Situation, politische Partizipation und politisches System. In älteren Büchern sind auch oft noch Einträge zu Sprache und Religion zu finden. Insbesondere neuere Werke schließen mit Überlegungen über ein gesamtgesellschaftliches Modell ab, das versucht, die Beziehungen ethnischer Gruppen zueinander zu beschreiben. Zwei Aspekte bleiben festzuhalten: (1) Trotz der riesigen Zahl der Veröffentlichungen zu Rasse und Ethnizität sind die Teilbereiche der Gesellschaft, die es zu betrachten gilt, um rassische und ethnische Gruppen zu beschreiben, scheinbar wenig umstritten. (2) Darüber hinaus fällt auf, dass diese Bereiche praktisch das gesamte Feld soziologischer Analyse umspannen.

Dieser erstaunliche Konsens der "race and ethnic relations"-Forschung endet jedoch, wie Smelser, Wilson und Mitchell bemerken, wenn es um die Frage geht, welche Faktoren mit ethnischen oder rassischen Gruppen interagieren bzw. diese konstituieren. Diese Faktoren besitzen selbst wiederum eine Eigenlogik, zum Beispiel wenn die deprivierte Situation einer rassischen Gruppe über "farbenblinde" ökonomische Prozesse stabilisiert wird. Diese besondere Strukturierung der Bereiche oder Faktoren, die verschiedene Autoren so unterschiedlich vornehmen, ist vor allem deshalb wichtig, weil die meisten Werke versuchen, einen besonders relevanten Faktor, eine entscheidende Dimension oder eine wichtige Ursache für die Entstehung bzw. Stabilisierung ethnischer und rassischer Gruppen zu isolieren. Wie unterschiedlich die Definitionen und Herangehensweisen sind, wird im Fortgang des Buches ausführlich dargestellt. Hier seien nur kurz drei Beispiele für den Begriff Rasse genannt.

Pierre van den Berghe definiert Rasse in seinem Buch *The Ethnic Phenomenon* von 1981 wie folgt:

> If phenotypic criteria are socially used to categorize groups ... then races are said to exist in that society, ...[35]

---

33 Andrew Hacker, *Two Nations: Black and White, Separate, Hostile, Unequal*, New York, 1995 [1992], S. vii, Auswahl von Kapitelüberschriften des Mittelteils des Buches.
34 Alejandro Portes und Rubén G. Rumbaut, *Immigrant America: A Portrait*, Berkeley, 1990, Auswahl aus S. vii–viii.

Howard Winant definiert in seinem Buch *The World is a Ghetto* von 2001:

> [Race is] a concept that signifies and symbolizes sociopolitical conflicts and interests in reference to different types of human bodies.[36]

Und in seinem Klassiker von 1948 *Caste, Class, and Race* führt Oliver C. Cox aus:

> [Racial antagonism] is the phenomenon of the capitalist exploitation of peoples and its complementary social attitude.[37]

Diese drei Definitionsversuche zeigen drei typische Strategien, Rasse zu definieren. Van den Berghe definiert Rasse einzig und allein über die soziale Relevanz phänotypischer Merkmale: Wenn eine Gesellschaft glaubt, die Pigmentierung der Haut konstituiere eine Rasse, dann existiert eine Rasse in dieser Gesellschaft. Winant kombiniert phänotypische Merkmale (Typen menschlicher Körper) mit einem spezifischen Aspekt, in seinem Fall soziopolitische Konflikte und Interessen, und Cox verweist nur auf einen spezifischen Ungleichheitsmechanismus, und zwar die kapitalistische Ausbeutung. Diese Liste ließe sich beliebig erweitern. Hier ist nur wichtig festzuhalten, dass keine Einigkeit darüber besteht, welche Aspekte und Dynamiken als konstitutiv für Rasse bzw. Ethnizität gesehen werden.

Bei allen Differenzen, welche Aspekte als rassisch oder ethnisch zu bezeichnen sind, und welche Faktoren als besonders relevant einzustufen sind, einigt die "race and ethnic relations"-Forschung die Tendenz, ethnische Gruppen als in ein gesamtgesellschaftliches Gefüge eingebettet zu analysieren. Besonders eloquent beschreibt diesen Punkt einer der Nestoren der amerikanischen "race and ethnic relations"-Forschung, J. Milton Yinger in seinem Buch *Ethnicity: Source of Strength? Source of Conflict?*:

> To understand ethnicity ... we shall have to look at it through a wide-angle lens, with respect to both to theory and to policy. An excessively sharp focus on ethnicity per se will blur the contexts within which it is embedded.[38]

Nach einer über 400-seitigen Analyse des Phänomens formuliert er als entscheidende Frage seines Forschungsgebietes:

> The basic analytic question is this: To what degree, in what ways, under what conditions, and with what consequences do ethnic groups occupy an important place in a society; and under what conditions are they relatively less salient?[39]

Tatsächlich widmen sich auch die meisten Monographien zu ethnischen Gruppen genau dieser Frage und beantworten sie, indem sie zahlreiche gesellschaftliche Bereiche analysieren, Einflussfaktoren und Bedingungen gewichten und dann in ein Bild der Gesamtgesell-

---

35   Pierre L. Van den Berghe, *The Ethnic Phenomenon*, New York, 1987 [1981], S. 29.
36   Howard Winant, *The World Is a Ghetto: Race and Democracy since World War II*, New York, 2001, S. 317 FN 1. Wenn nicht anders angemerkt, stammen Hinzufügungen in eckiger Klammer vom Verfasser.
37   Oliver C. Cox, Caste, Class, and Race: A Study in Social Dynamics, New York, 1970 [1948], S. 321.
38   J. Milton Yinger, *Ethnicity: Source of Strength? Source of Conflict?*, Albany, 1994, S. 199. Siehe zu diesem Punkt insbesondere Kapitel 6.
39   Ibid., S. 347.

schaft einfügen. Vermutlich wurden die ideologisch aufgeladensten Konflikte im Feld der "race and ethnic relations"-Forschung in diesem Bereich ausgefochten. In den letzten dreißig Jahren lief hier wohl die Hauptfrontlinie zwischen Vertretern des Multikulturalismus und Assimilationstheoretikern – ein Streit der uns in den historischen Kapiteln dieser Arbeit immer wieder beschäftigen wird.

Der zweite Aspekt der Frage nach der Verwendung der Begriffe Rasse und Ethnizität bezog sich darauf, ob Rasse bzw. Ethnizität der bedeutendere Faktor bzw. die wichtigere Dimension in einer gegebenen Gesellschaft ist. Auch hier sind die Antworten der amerikanischen "race and ethnic relations"-Forschung nicht eindeutig. Ein erster Blick in die zahlreichen Monographien zu rassischen und ethnischen Gruppen zeigt zwei Aspekte deutlich: (1) Es besteht Dissens über die zentralen Dimensionen der Ungleichheit, die als die Ursachen für die Entstehung und Stabilisierung rassischer und ethnischer Gruppen gelten können. (2) Es zeigt sich ein Konsens über eine breite gesamtgesellschaftliche Perspektive, die es ermöglicht, die Relevanz von Rasse und Ethnizität in ein gesellschaftliches Gefüge einzuordnen. Damit lässt sich das von Smelser, Wilson und Mitchell im Anschluss an Weber formulierte zweite methodische Problem der Vielschichtigkeit von Rasse und Ethnizität präziser fassen: *Die zwei Probleme, die als Orientierungspunkte im Fortgang der Arbeit dienen, sind: (1) der Umgang mit dem Problem der Vielschichtigkeit ethnischer und rassischer Prozesse hinsichtlich der Beschreibung zentraler Dimensionen der Situationen ethnischer und rassischer Gruppen; (2) das Problem der Beschreibung der Gesellschaftsformationen als Ganze, die den Rahmen der Strukturierung ethnischer und rassischer Gefüge bilden.*

3. Problem: Die Zeitgebundenheit der Begriffe Rasse und Ethnizität

Das letzte Problem, auf das Smelser, Wilson und Mitchell hinweisen, ist, dass Forschungsperspektiven nicht statisch sind, sondern selbst im Laufe der Zeit Veränderungen unterliegen. Sie stellen fest, dass die methodischen Probleme der Festlegung des Gegenstandes und die Beschreibung der subsumierten bzw. kovariierenden Prozesse sich mit dem Wandel der amerikanischen Gesellschaft verändern. Sei es der Sieg über den wissenschaftlichen Rassismus[40] und das damit verbundene Zurückdrängen biologischer Rassebegriffe in den USA oder die "Mutation" der Hispanics, also der spanisch-sprechenden Minderheit, von einer ethnischen zu einer beinahe rassischen Gruppe, immer ist die jeweilige Kategorisierung nur aus der zeitgeschichtlichen Perspektive verständlich. Damit kommen wir zum letzten Punkt, den Smelser, Wilson und Mitchell andeuten: *Mit Beispielen belegt vermuten die Autoren eine Zeitbezogenheit der jeweiligen Bestimmungen der Begriffe Rasse und Ethnizität.*[41]

Dieser geschichtliche Aspekt der "race and ethnic relations"-Forschung sollte insbesondere in historischen Arbeiten zum Ausdruck kommen. Diese Arbeiten widmen sich dem Wandel verschiedener Gesellschafts- und Theorieformationen oft im Rückbezug auf ihren jeweiligen zeitlichen Kontext. Der Fokus der meisten Werke liegt dabei auf dem Begriff

---

40 Dieser Begriff ist die Übersetzung des im Englischen oft verwendeten Begriffs "scientific racism". Wie später ausgeführt, wäre die Bezeichnung *pseudo*wissenschaftlicher Rassismus wohl angemessener.
41 Vgl. Smelser, Wilson und Mitchell, "Introduction", S. 2f.

der Rasse.⁴² Als Beispiele für diese Gattung seien hier drei Werke genannt, auf die oft in der Literatur verwiesen wird: Wilsons *Power, Racism, and Privilege: Race Relations in Theoretical and Sociohistorical Perspectives*⁴³, McKees *Sociology and the Race Problem: the Failure of a Perspective*, sowie das weit verbreitete Werk *Racial Formation in the United States* von Michael Omi und Howard Winant.⁴⁴

Wilson führt schon in seinem frühen Werk zwei Argumente an, die auch später seine Perspektive bestimmen. Zum ersten bezweifelt er, dass es ein eigenständiges Feld der "race relations" überhaupt geben kann:

> Much of the behavior usually defined as "race relations" could be treated as subject matter in other recognized areas of sociology, e.g., social stratification, social movements, and urban sociology.⁴⁵

Die Eigenständigkeit der soziologischen Subdisziplin "race relations" wird bestritten, trotzdem aber am Konzept der Rasse festgehalten:

> [R]acial groups have some experiences often quite distinct from those groups that can be distinguished only by their ethnicity. In this study the concept of racism will be used to help identify and explain such experiences.⁴⁶

Obwohl "race relations" für Wilson also etwas sind, das in anderen Forschungsfeldern, etwa der sozialen Ungleichheit, aufgehen kann, ist für ihn jedoch Rassismus ein Beweis dafür, dass es besondere Erfahrungen rassischer Gruppen geben muss. Wilson beschreibt dann im zweiten Teil seines Buches systematisch die sozialstrukturellen Veränderungen der Situation der Afroamerikaner in den USA; er verzichtet jedoch darauf, die dadurch für die soziologische Theoriebildung entstehende Dynamik klar herauszuarbeiten. Stattdessen dienen ihm die Defizite, die er in spezifischen Perspektiven diagnostiziert, lediglich dazu, ausschließlich seinen eigenen, machtorientierten Ansatz zu begründen. Diese Blindheit gegenüber der Zeitgebundenheit von Begriffen führt zu eigenartigen Engführungen seiner Argumentation. Orientiert an der Unterscheidung, dass rassische Gruppen durch physische

---

42 Als Beispiel für eines der wenigen Werke, die sich mit den Konzept der Ethnizität historisch auseinandersetzen, kann Orlando Patterson, *Ethnic Chauvinism: The Reactionary Impulse*, New York, 1977 gelten. Dieses Werk hat allerdings die Geistesgeschichte des gesamten christlichen Abendlandes in Blick, so dass die Bemerkungen zu den USA eher knapp ausfallen. Nichtsdestoweniger enthält dieses kaum noch zitierte Werk schon viele Gedankengänge und Ideen, die heute wieder in der Theorieproduktion zu Afroamerikanern und Immigrantengruppen verwendet werden.
43 Siehe William J. Wilson, *Power, Racism, and Privilege: Race Relations in Theoretical and Sociohistorical Perspectives*, New York, 1973.
44 Siehe James B. McKee, *Sociology and the Race Problem: The Failure of a Perspective*, Urbana, Ill., 1993 und Michael Omi und Howard Winant, *Racial Formation in the United States: From the 1960s to the 1990s*, New York, 1994 [1986]. Natürlich gibt es noch andere Formen der Herangehensweise, etwa Lymans *The Black American* (Stanford M. Lyman, *The Black American in Sociological Thought: New Perspectives on Black America*, New York, 1972), das eher an verschiedenen soziologischen Schulen interessiert ist. Oder Wackers *Ethnicity* (R. Fred Wacker, *Ethnicity, Pluralism, and Race: Race Relations Theory in America before Myrdal*, Westport, Conn., 1983), das nur eine bestimmte Phase und in diesem Falle auch nur die Chicago School darstellt. Auf die interessante Tatsache, dass gerade die Geschichte der Forschung zu Afroamerikanern und Immigrantengruppen vor Myrdal schnell auf die Chicago School verkürzt wird, wird noch einzugehen sein.
45 Wilson, *Power, Racism, and Privilege: Race Relations in Theoretical and Sociohistorical Perspectives*, S. 3.
46 Ibid., S. 7.

Merkmale und ethnische Gruppen durch kulturelle Merkmale zu erkennen sind, geht er davon er aus, dass diese Kategorisierungen jeweils spezifisch für eine Gesellschaft sind:

> Whereas racial groups are distinguished by socially selected physical traits, ethnic groups are distinguished by socially selected cultural traits. ... The classification of a particular group as either racial or ethnic is dependent on the perceptions and definitions of members of the larger society. Whereas Jews, Italians, Poles, and Irishmen are all distinguished as ethnic groups in the United States, they are not differentiated as distinct racial minorities. As members of the dominant racial group in American society, neither do they regard themselves as racial minorities nor are they so regarded by other groups in society.[47]

Gerade Juden bzw. Iren wurden jedoch bis in die 1930er Jahre hinein sowohl von der amerikanischen Bevölkerung als auch in der Wissenschaft als Rassen bezeichnet und es war in der Wissenschaft und im Alltagsdiskurs üblich, sofort physische Merkmale aufzuzählen, die die Zugehörigkeit einer Person zu der jüdischen oder irischen Rasse erkennen lassen sollten.[48] Wenn also Wilson über die Machtverhältnisse z.B. nach dem Bürgerkrieg schreibt, so sind in dieser Zeit Iren und Juden keine ethnischen Gruppen, sondern Rassen, die auch Opfer von Rassismus wurden.[49] Nimmt man also die von Wilson geforderte historische Perspektive auch in begrifflicher Hinsicht ernst, so verlieren Rasse und Rassismus ihre unhinterfragte Kopplung an Afroamerikaner. Damit soll nicht unterstellt werden, die historische Erfahrung von Iren und Juden sei einfach mit der von Afroamerikanern gleichzusetzen, insbesondere vor dem Hintergrund der Sklaverei ist die Besonderheit der Erfahrung der Afroamerikaner kaum zu leugnen. Allerdings darf nicht vergessen werden, dass die Unterscheidung von ethnisch und rassisch, mit all ihren Implikationen für die Lage einer Gruppe in der amerikanischen Gesellschaft, eine Erfindung der "race and ethnic relations"-Forschung im 20. Jahrhundert war, die erst nach dem Zweiten Weltkrieg in die amerikanische Alltagssprache Eingang fand. Wie so viele andere Autoren beschreibt Wilson kenntnisreich den historischen sozialstrukturellen Wandel der Situation von Afroamerikanern. Er übersieht aber völlig die Zeitgebundenheit seiner eigenen Begrifflichkeit. Seine spezifischen Unterscheidungen zwischen Rasse und Ethnizität werden zu zeitlosen allgemeingültigen Kategorien. Ihm entgeht damit, dass nicht nur die Mitgliedschaft in der Gruppe der Afroamerikaner, Iren oder Juden gesellschaftlichem Wandel unterliegt, sondern auch allgemeinere soziologische Begriffe wie Rasse und Ethnizität in ihren jeweiligen zeitlichen Kontext eingebettet sind.

In den wenigen Arbeiten, in denen diese historische Gebundenheit von Begriffen genauer analysiert wird, herrscht große Uneinigkeit, ob Rasse oder Ethnizität als angemessene Analysekategorien verwendet werden sollen. Beispielhaft sollen hier kurz die Thesen von McKee, *Sociology and the Race Problem,* und von Omi und Winant, *Racial Formation,* angeführt werden. McKee ist zwar stärker an der immanenten Interpretation von verschiedenen Theorieansätzen interessiert, beschreibt aber auch ihr Verhältnis zu historischen

---

47 Ibid., S. 6.
48 Als eine unter inzwischen zahlreichen historischen Studien zum Thema siehe Jacobson, *Whiteness of a Different Color: European Immigrants and the Alchemy of Race.*
49 Vgl. Wilson, *Power, Racism, and Privilege: Race Relations in Theoretical and Sociohistorical Perspectives,* vgl. darin Kapitel 6.

Prozessen, beides aber nur bis zum Ende der sechziger Jahre. Hauptargument von McKee ist, dass die gesamte "race relations"-Forschung als gescheitert zu betrachten sei:

> The time has come to rethink the sociology of race relations and to undertake its reconstruction. Changes in the social definition and interpretation of race relations in the United States over the last two decades [the seventies and eighties] make that task imperative.[50]

Allerdings gelingt es dem Autor selbst zwanzig Jahre nach dem festgestellten Scheitern der "race relations"-Forschung kaum, neue Wege aufzuzeigen – ein erstaunliches Defizit für eine Arbeit, die ansonsten als eine der besten theoriehistorischen Aufarbeitungen des Feldes gelten kann. Auf den letzten Seiten seines Buches spricht McKee von einem "new ethnic pluralism"[51], mit dem er offenbar die Erwartung verbindet, die Ethnizitätsperspektive könne der Weiterentwicklung soziologischer Theorien befördern. Genau den gegenteiligen Standpunkt vertreten Omi und Winant:

> Ethnicity theory emerged in the 1920s as a challenge to then predominant biologistic and Social Darwinist conceptions of race. Securing predominance by World War II, it shaped academic thinking about race, guided public policy issues, and influenced popular "racial ideology" well into the mid-1960s. ... Although it has sustained major attacks and required reformulation in certain respects, the dominant paradigm of ethnicity has not been supplanted. ... We argue that, in the absence of a clear conception of race itself ... existing racial theories – both dominant and challenging – have all missed the manner in which race has been a *fundamental* axis of social organization in the U.S.[52]

Für diese Autoren liegt die Chance soziologischer Theorieentwicklung im Rassebegriff. Sie versuchen dann in einigen Kapiteln, ihr Konzept der "racial formation" insbesondere als Erklärung für politische Prozesse zu plausibilisieren, wobei sie sich auf Afroamerikaner konzentrieren und Vergleiche mit Immigrantengruppen strikt ablehnen. Sowohl McKee als auch Omi und Winant sind sich einig darüber, welche Autoren für die dominanten Forschungsperspektiven in der "race and ethnic relations"-Forschung zwischen 1920 und 1960 stehen (insbesondere Robert E. Park und Gunnar Myrdal) und einig sind sich beide auch, dass diese Perspektiven gescheitert seien. Omi und Winant geben dieser Forschungsphase das Etikett "Ethnizitäts-Paradigma" und sehen die Zukunft der "race and ethnic relations"-Forschung im Begriff der Rasse. McKee bezeichnet diese Periode als "Rasse-Paradigma" und setzt seine Hoffnung in den Begriff der Ethnizität.

So schwierig es sein mag zu prognostizieren, welcher dieser Begriffe "zukunftsträchtiger" ist, so ist es doch durchaus möglich zu fragen, ob für die von den Autoren betrachteten historischen Entwicklungen in den Perspektiven der Soziologie die Begriffe Rasse oder Ethnizität angemessener sind. Dabei sollte die Fixierung der meisten hier genannten Werke auf den Rassebegriff überwunden werden. Im Rahmen dieser Arbeit wird also der Frage nachgegangen, ob und welche Anhaltspunkte die Geschichte der Begriffe Rasse und Ethnizität und ihres Wechselverhältnisses liefert, die "sociology of race relations" produktiv zu überdenken.

---

50   McKee, *Sociology and the Race Problem*, S. 361.
51   Ibid., S. 363.
52   Omi und Winant, *Racial Formation in the United States: From the 1960s to the 1990s*, S. 12–13.

Als dritte Frage der Arbeit, die sich aus jener nach der Verwendung von Rasse und Ethnizität ableiten lässt, stellt sich, wann in der Geschichte Rasse und Ethnizität als Kategorien in Soziologie und Gesellschaft verwendet wurden. Nachhaltiger Wandel der Inhalte, wie auch permanente Kritik sind die Gemeinsamkeiten der ungleichen Begriffsbrüder Rasse und Ethnizität. Schon Webers Vermutung, dass das Konzept der ethnischen Gruppe bei sorgsamer Analyse von der Soziologie bald "über Bord geworfen" würde, legt die Frage nahe, warum dies nicht geschehen ist.[53] Sowohl der Rasse- wie der Ethnizitätsbegriff haben trotz andauernder Kritik eine erstaunliche Überlebensfähigkeit bewiesen, deren Gründen es nachzuspüren gilt. *Damit lässt sich im Anschluss an Smelser, Wilson und Mitchell als drittes Problem die Zeitgebundenheit der Begriffe Rasse und Ethnizität bestimmen. Zum einen ist die historische Bedingtheit abstrakterer Kategorien wie Rasse und Ethnizität zu beachten, zum anderen ist zu beschreiben, wann Rasse oder Ethnizität die zentrale Perspektive in der Geschichte der "race and ethnic relations"-Forschung bildeten.*

Dieser kurze Durchgang durch die "race and ethnic relations"-Forschung, orientiert an den möglichen Bedeutungen, die die Frage nach der Verwendung der Begriffe Rasse und Ethnizität haben kann, ermöglicht es, die Fragestellung dieser Arbeit vor dem Hintergrund der beispielhaft erwähnten Autoren und Definitionen genauer zu formulieren (vgl. Tabelle 2).

Die zentrale Frage dieser Arbeit nach der Verwendung der Begriffe Rasse und Ethnizität wird in der Analyse von Stabilität und Wandel der wissenschaftlichen Perspektiven in der "race and ethnic relations"-Forschung beantwortet werden. Wissenschaftsgeschichte wird dabei immer als ein Teil der Gesellschaftsgeschichte aufgefasst. Untersucht werden sollen diese historischen Prozesse anhand dreier Fragen, die sich in jeder Phase der amerikanischen Geschichte neu stellen und die sich im Anschluss an Smelser, Wilson und Mitchell formulieren lassen: (1) Wie werden Rasse und Ethnizität definiert? (2) Was sind die zentralen Dimensionen der Ungleichheit, die analysiert werden? (3) Wie wird die amerikanische Gesellschaft als Ganzes gesehen?

---

53 Weber, *Wirtschaft und Gesellschaft*, S. 242.

Tabelle 2: Fragestellung und Struktur der Arbeit

Ausgangsfrage: Rasse oder Ethnizität?	*Probleme der "race and ethnic relations"-Forschung*		*Analysedimensionen der Arbeit*
	Theoriesystematische Dimension[54]		
1. Teilfrage: Was wird mit Rasse oder Ethnizität bezeichnet?	*1. Problem:* Die Definition von Rasse und Ethnizität.	*Beispiel Lehrbücher:* a) Beide Begriffe werden als intuitiv gegeben vorausgesetzt. b) Ethnizität wird als "schwache Form" von Rasse definiert.	*1. Wie werden Rasse und Ethnizität definiert?*
2. Teilfrage: Was ist wichtiger, Rasse oder Ethnizität?	*2. Problem:* Die Vielschichtigkeit der Begriffe Ethnizität und Rasse.	*Beispiel Monographien:* a) Beide Begriffe werden im Kontext der verschiedensten gesellschaftlichen Bereiche thematisiert. b) Es wird meist eine Dimension als die Rasse oder Ethnizität bestimmende Variable herausgegriffen. c) Rasse oder Ethnizität werden vor dem Hintergrund eines gesamtgesellschaftlichen Modells gewichtet.	*2. Was sind die zentralen Dimensionen der Ungleichheit, die analysiert werden?* *3. Wie werden Rasse und Ethnizität im Bezug auf die amerikanische Gesellschaft als Ganzes gesehen?*
	Theoriehistorische Dimension		
3. Teilfrage: War etwas früher Rasse, das heute Ethnizität ist, oder umgekehrt?	*3. Problem:* Die Zeitgebundenheit der Begriffe Rasse und Ethnizität.	*Beispiel historische Arbeiten:* a) Die historische Bedingtheit abstrakter Kategorien wie Rasse oder Ethnizität wird übersehen. b) Es ist unklar, ob Rasse oder Ethnizität die zentrale Perspektive in der Geschichte der "race and ethnic relations"-Forschung beschreibt.	*4. Wie wurden die Fragen 1-3 in der Geschichte der "race and ethnic relations"-Forschung beantwortet?*

---

54 Zur Unterscheidung zwischen der theoriesystematischen und theoriehistorischen Dimension vgl. an späterer Stelle in diesem Buch, Kapitel 1.2.1.

1.2 Die Geschichte der "race and ethnic relations"-Forschung als Untersuchungsgegenstand

Wie eben ausformuliert, ist der Ausgangspunkte dieser Arbeit die Frage, in welcher Weise die amerikanische Soziologie die Begriffe Rasse und Ethnizität verwendet. Der Versuch einer Antwort auf diese Frage liegt in der wissenschaftshistorischen Rekonstruktion der Entwicklung dieser Konzepte auf dem Hintergrund des Wandels der amerikanischen Gesellschaft. Schon der Soziologe McKee bemerkt in seinem Buch *Sociology and the Race Problem*, dass es nahe läge, sich bei Fragen zur Soziologiegeschichte an Historiker zu wenden, zumal das eigene Fach die Geschichtlichkeit seiner Konzepte kaum thematisiere. Allerdings sind auch hier Untersuchungen für den Zeitraum seit den 1920er Jahren rar:

> Historians did not extend to the later social scientific work in race relations the engrossed interest they have long displayed – and still do – in the earlier era of scientific racism. They have undertaken no comparable reading of the later texts, no detailed scrutiny of scholarly performance. It is not to historians, then, that one can look for a critical examination of the sociological scholarship in race relations since the 1920s ...[55]

Ein Großteil der wissenschaftsgeschichtlichen Literatur zur Soziologie bezieht sich auf die Zeit vor 1920 und ist praktisch ausschließlich auf das Konzept der Rasse konzentriert.[56] In diesem Buch wird deshalb vor allem die Geschichte der "race and ethnic relations"-Forschung seit 1920 bis heute in den Blick genommen, dabei liegt der erste Schwerpunkt der Arbeit auf dem Vergleich der Konzepte Rasse und Ethnizität. Die daraus folgenden Aufgaben beschreibt McKee:

> These tasks required the reading of a large body of literature, much of it now forgotten. The sociologists of race relations wrote and published papers and books, read and reviewed each other's work, and met in conventions and conferences to engage in face-to-face discussion. ... From that discourse came their perspective on race relations. But any act of textual interpreta-

---

55 McKee, *Sociology and the Race Problem*, S. 2.
56 Beispiele für den Mainstream der Literatur zur Wissenschaftsgeschichte sind etwa Thomas F. Gossett, *Race: The History of an Idea in America*, New York, 1997 [1963] oder Audrey Smedley, *Race in North America: Origin and Evolution of a Worldview*, Boulder, Colo., 1999. Bei den wenigen Werken, die teilweise ihre Beschreibungen bis in die 1950er Jahre ausdehnen, liegt das Hauptgewicht auf der Entwicklung der Ethnologie, z.B. Vernon J. Williams, *Rethinking Race: Franz Boas and His Contemporaries*, Lexington, Ky., 1996, oder Lee D. Baker, *From Savage to Negro: Anthropology and the Construction of Race, 1896–1954*, Berkeley, 1998. Zu den wenigen Ausnahmen einer Wissenschaftsgeschichte zur jüngeren Soziologie siehe z.B. Vernon J. Williams, *From a Caste to a Minority: Changing Attitudes of American Sociologists toward Afro-Americans, 1896–1945*, New York, 1989. Zwei eingeschränktere Themen erfreuen sich jedoch relativ großer Aufmerksamkeit; zum einen gibt es in den vielen Werken zur "Chicago School" vor dem Zweiten Weltkrieg auch einige, die sich insbesondere mit "race relations" beschäftigen, z.B. Wacker, *Ethnicity, Pluralism, and Race: Race Relations Theory in America before Myrdal*, zum anderen sind Gunnar Myrdal und sein *An American Dilemma* insbesondere unter Historikern ein beliebtes Thema, etwa: Walter A. Jackson, *Gunnar Myrdal and America's Conscience: Social Engineering and Racial Liberalism, 1938–1987*, Chapel Hill, 1990, David W. Southern, *Gunnar Myrdal and Black-White Relations: The Use and Abuse of An American Dilemma, 1944–1969*, Baton Rouge, 1987, aus eher soziologischer Perspektive Obie Clayton, Jr. (Hg.), *An American Dilemma Revisited: Race Relations in a Changing World*, New York, 1996.

tion must also recognize that the perspective being interpreted is embedded in a social context, and context can limit, constrain, and even intimidate discourse.[57]

Diese Einbettung der Konzepte Rasse und Ethnizität in ihre Zeit stellt damit den zweiten besonderen Fokus dieser Arbeit dar. Dabei soll weder rein auf theorieimmanente Faktoren der Entwicklung dieses Feldes noch auf die biographischen Dimensionen der Arbeit einzelner Soziologen abgehoben werden. Vielmehr wollen wir dem schon von Kurt Wolff 1946 formulierten Ansatz folgen, einen Beitrag zur "sociocultural interpretation of American sociology"[58] zu liefern. Eine solche sozial-kulturelle Interpretation der Entwicklung der amerikanischen Soziologie steht in Abgrenzung zu einer rein immanenten Interpretation, die ausschließlich an den zentralen theoretischen bzw. empirischen Argumenten des Faches interessiert wäre und einer psychologisierenden bzw. personalisierenden Interpretation, die insbesondere auf den persönlichen Lebenslauf, auf das Engagement und auf die Einstellungen einzelner Soziologen[59] abheben würde.

Damit stellen sich zwei methodische Probleme, die im Folgenden kurz behandelt werden sollen: (1) das der Darstellung und Analyse von Wissenschafts- und Gesellschaftsgeschichte in ihren historischen Phasen; (2) und das der Bestimmung und Sicherung des Materials, in dem sich die "race and ethnic relations"-Forschung historisch ausdrückt.

1.2.1 Historische Soziologie und die Geschichte der "race and ethnic relations"-Forschung

Wissenschaftsgeschichte und Gesellschaftsgeschichte

Zum Verhältnis von Wissenschaftsgeschichte und Gesellschaftsgeschichte schreibt Uta Gerhardt:

> Gesellschaft wird dabei als historischer Bezugshorizont und zugleich politisches Regime vorgestellt. Die Gesellschaft eines Landes, einer Nation und/oder einer Zeitepoche ... steht "hinter" einer jeweiligen Soziologie. Das heißt: Jeder soziologische Ansatz ist *in* einer Gesellschaft und *in* einer bestimmten Zeit entstanden – selbst wenn die dabei entstandene Konzeption darlegt, sie handele von Gesellschaft schlechthin und gelte für Sozialbeziehungen aller Art(en) und Zeiten.[60]

Soziologische Studien sind also immer zurückgebunden an den Zeitpunkt und damit den gesellschaftlichen Kontext ihrer Entstehung. Im Normalfall trifft diese Aussage im doppelten Sinne zu: Einerseits ist der Gegenstand der meisten soziologischen Untersuchungen ein Aspekt der eigenen Gesellschaft zu einem gegebenen Zeitpunkt, andererseits sind der For-

---

57 McKee, *Sociology and the Race Problem*, S. 3. Diese Arbeit bezieht sich allerdings nur auf die 1950er und 1960er und beschränkt sich auf die Soziologie der Afroamerikaner.
58 Vgl. Kurt H. Wolff, "Notes toward a Sociocultural Interpretation of American Sociology", *American Sociological Review* 11, 1946: 545–553.
59 Ein Autor, der um diese Perspektive große Verdienste hat, ist sicherlich John H. Stanfield II, mit Werken wie: John H. Stanfield (Hg.), *A History of Race Relations Research: First-Generation Recollections*, Newbury Park, Calif., 1993.
60 Einleitung in Uta Gerhardt, *Soziologie und Gesellschaft: Aufsätze zu Georg Simmel, Max Weber, Talcott Parsons und der Diskussion heute*, Heidelberg, unveröffentlichtes Manuskript, 2002, S. 11.

schende selbst und die Rahmenbedingungen, in denen er arbeitet, vom gegebenen gesellschaftlichen Kontext beeinflusst. Diese Eingebundenheit gilt natürlich auch für die hier vorliegende Studie. Gerade da die Perspektivität sozialwissenschaftlicher Wissensproduktion unumgänglich ist, wird es umso wichtiger, sie in die methodische Herangehensweise mit einzubringen. Die vorliegende Arbeit versteht sich dabei als selbst in der Tradition der historischen Soziologie verankert. Ziel des Durchgangs durch die Soziologiegeschichte und Gesellschaftsgeschichte der USA ist dabei eine modellhafte Rekonstruktion der Begrifflichkeit von Rasse und Ethnizität.[61] Die Rekonstruktion der Studien verfolgt dabei das Ziel, "typische" Argumentationsstrukturen zu den Begriffen Rasse und Ethnizität in den verschiedenen Phasen der historischen Entwicklung des Faches Soziologie zu erarbeiten, um sie dann unter der Perspektive der Mitgliedschaft sinnhaft zuzuspitzen. Damit geht diese Arbeit mit ihrem stark typisierenden Programm über die in den amerikanischen Geschichtswissenschaften vertretenen Ansätze der Beschreibung historischer Prozesse im Kontext eines moderaten Realismus hinaus und wird damit zur soziologischen Analyse.[62] Der Zugang über typische Argumentationsstrukturen respektiert zum einen die Rückgebundenheit einzelner Perspektiven in ihren Entstehungszusammenhang, führt aber zugleich aus der rein historischen Betrachtung in eine systematische Betrachtung hinein, der es um die Fortentwicklung der Soziologie geht.[63]

Da es nach dem Zweiten Weltkrieg innerhalb der Soziologie üblich wurde, soziologische Theorien über die Bezugslinie auf ausgewählte klassische Texte darzustellen, könnte der Eindruck entstehen, gerade Abhandlungen auf dem Gebiet der theoretischen Soziologie seien hauptsächlich theoriegeschichtlich orientiert. Dieses ist jedoch nicht der Fall: Innerhalb der amerikanischen Soziologie, insbesondere im Anschluss an die Werke Talcott Parsons, stehen Klassiker wie etwa Max Weber oder Emile Durkheim als Metaphern für typische soziologische Theoriestrategien, die kommentiert oder weiter entwickelt werden sollen.[64] Diese "systematische" Verwendung von klassischen Texten unterscheidet sich grundsätzlich von einer "historischen" Zugangsweise, worauf schon Merton hinweist:[65] *Systematische Aspekte* der Theoriegeschichte beziehen sich auf theoretische Konzepte, die auch heute noch zum verwendeten Theoriebestand der Soziologie gehören. *Historische Aspekte* beziehen sich auf Theoriebestandteile, die zwar historisch für die Entwicklung der Soziolo-

---

61 Das so rekonstruierte Modell der Begriffe Rasse und Ethnizität wird dann im Schlusskapitel verwendet, um in den Abweichungen von diesem Modell spezifische Probleme der "race and ethnic relations"-Forschung zu verstehen. Zur Diskussion, inwieweit dies dann der Übergang zur idealtypischen Analyse im Anschluss an Max Weber ist, siehe Uta Gerhardt, *Idealtypus: Zur methodischen Begründung der modernen Soziologie*, Frankfurt am Main, 2001.

62 Vgl. hierzu wohl am besten zusammenfassend Joyce Appleby, Lynn Hunt und Margaret Jacob, *Telling the Truth About History*, New York, 1994. Die im Zuge des moderaten Realismus geforderten einfacheren methodischen Anforderungen wie methodische Handhabung des Gegenstands, Konsistenz oder Einfachheit von Theorien, werden natürlich auch zur Überprüfung der hier untersuchten Studien verwendet und können ebenso auf die hier vorliegende Studie selbst angewendet werden, sind also in einer typisierend verfahrenden historischen Soziologie gleichsam aufgehoben.

63 Zu Beispielen typisierender Analysen und wie sie zum Konzept des Idealtypus zu relationieren sind vgl. Gerhardt, *Idealtypus*, Kapitel XI und XII.

64 Vgl. Robert W. Connell, "Why Is Classical Theory Classical?", *American Journal of Sociology* 102, 1997: 1511–1557.

65 Vgl. Robert K. Merton, "On the History and Systematics of Sociological Theory", in *On Theoretical Sociology*, hrsg. von Robert King Merton, 1–37. New York, 1967.

gie relevant waren, die aber heute als überholt gelten.⁶⁶ Damit wird auch deutlich, was in diesem Buch mit dem Projekt einer Wissenschaftsgeschichte in theoriesystematischer Absicht gemeint ist: Einerseits ist der folgende Text der historisch angemessenen Darstellung der Entwicklung der Ideen der "race and ethnic relations"-Forschung verpflichtet, andererseits soll diese typisierende Darstellung am Ende der Arbeit systematisch in ihren Implikationen für die moderne Soziologie analysiert werden.

Zugänge zur Soziologie- und Gesellschaftsgeschichte

Zur Eingrenzung des Gegenstands der Arbeit ist von Vorteil, dass die Soziologie selbst ein institutionalisiertes Feld ist,⁶⁷ innerhalb dessen sich seit den 1920er Jahren der Bereich der "race and ethnic relations"-Forschung herausgebildet hat. Damit stellt das Fach selbst Markierungen bereit, welche Quellen, wie etwa Bücher oder Zeitschriften, zur Soziologie und ihren Teildisziplinen gehören und welche nicht. Somit ist ein plausibel abgegrenztes empirisches Feld definiert. Das soll natürlich nicht bedeuten, dass die Soziologiegeschichte einen geschlossenen Diskurs darstellt. Ganz im Gegenteil, sehr oft werden Konzepte verwendet, die außerhalb des Feldes generiert wurden. So ist das Kriterium zur Inklusion oder Exklusion von Material nicht, ob es von Soziologen oder Soziologinnen produziert wurde, sondern nur, ob es innerhalb der Soziologie verwendet wird.⁶⁸

Eine weitere Eingrenzung besteht darin, inwieweit versucht wird, ganze Theorien oder Begriffssysteme in ihrer Geschichte nachzuzeichnen oder ob sich die Untersuchung auf spezifische Begriffe bezieht. In seiner Diskussion möglicher Zugänge einer historischen Rekonstruktion des Feldes hält Harry Bash die Beschreibung einer Abfolge von Theorieformationen gerade im Feld der "race and ethnic relations" für nur schwer möglich, da es hier kaum gelang, Theorien oder kohärente Begriffssysteme zu entwickeln, die diese Forschung in bestimmten Phasen ihrer Geschichte fokussierten oder dominierten:

> Whether or not the paucity of low order or highly abstract theory is a debility resulting from the parochial manner in which the field may have been analytically structured, the fact of a poverty of theory in the sociology of racial and ethnic relations is difficult to dispute. That the field has not generated an integrated body of reasonably systematic theory, is *beyond* dispute.⁶⁹

Natürlich sieht auch Bash, dass es in der Geschichte der "race and ethnic relations"-Forschung dominante Strömungen oder Schulen gab, deren Dominanz drückt sich aber nur in einigen wenigen bevorzugten Perspektiven und Forschungsstrategien aus und nicht in einer kohärenten Theorie. Daraus folgt, dass eine Geschichte der "race and ethnic relati-

---

66 Zu einer Literaturübersicht verschiedener Werke unter diesem Aspekt siehe Robert Alun Jones, "The New History of Sociology", *Annual Review of Sociology* 9, 1983: 447–469.
67 Als eine der wenigen neueren Arbeiten, die die amerikanische Soziologie unter diesem Blickwinkel betrachten vgl. Stephen P. Turner und Jonathan H. Turner, *The Impossible Science: an Institutional Analysis of American Sociology*, Newbury Park, 1990, bzw. als älteren Text hierzu Howard W. Odum, *American Sociology: The Story of Sociology in the United States through 1950*, New York, 1951.
68 Sinngemäß gilt dieses Argument auch für die nationale Herkunft der Forscher und Forscherinnen zu diesem Thema. Diese sind zwar meist US-Amerikaner – aber nicht notwendigerweise, so war z.B. Gunnar Myrdal Schwede, Maldwyn Jones Engländer oder Werner Sollors Deutscher.
69 Harry H. Bash, *Sociology, Race, and Ethnicity: A Critique of American Ideological Intrusions Upon Sociological Theory*, New York, 1979, S. 48.

ons"-Forschung auf die Rekonstruktion der Geschichte von Konzepten im engeren Sinne, wie etwa Assimilation oder Rasse und Ethnizität, zurückgeworfen ist. Konzepte sind dabei nicht nur eingebaut in ein theoretisches Begriffsystem, sondern sie bilden gleichzeitig eine Brücke hin zu einem Aspekt der sozialen Welt, auf den sich beziehen sollen.

> Scientific concepts, as intellectual abstractions, occupy a logical space somewhere between their ostensible empirical referents and the range of theory purporting to constitute the explanatory frame. The role that concepts play in the conduct of scientific inquiry is unavoidably dependent upon the nature and the quality of linkage that is sustained between the concept and its referent at one end, and the concept and its theoretical frame at the other.[70]

Wie schon festgestellt, ist die Einbindung der Begriffe Rasse und Ethnizität auf der theoretischen Seite aufgrund fehlender ausgearbeiteter und dominanter Theorien nicht besonders stark, andererseits scheint eine – oft intuitive – Kopplung dieser Begriffe mit bestimmten Gruppen in der amerikanischen Gesellschaft, wenn auch nur im Alltagsverständnis vieler Wissenschaftler, zu bestehen.

Die Wahl soziologischer Studien aus dem Bereich der "race and ethnic relations"-Forschung und aus den verschiedenen Phasen der amerikanischen Geschichte, die die Begrifflichkeit von Rasse und/oder Ethnizität verwenden, hat noch weitere spezifische Implikationen. Meist versuchen Soziologen und Soziologinnen, Aussagen über beobachtbare Trends in der Gesellschaft zu formulieren. Die Feststellungen beziehen sich also auf Wandlungsprozesse von Gruppen in der Gesellschaft, die als Rassen oder ethnische Gruppen bezeichnet werden. Damit ist es in dieser Untersuchung möglich, auch Aussagen über sozialstrukturelle Wandlungsprozesse in der amerikanischen Gesellschaft zu treffen, die in den verschiedenen Studien festgestellt werden. Diese Wandlungsprozesse betreffen einerseits Gruppen innerhalb der USA wie etwa Deutschamerikaner oder Afroamerikaner, andererseits relevante Ungleichheitsstrukturen, in denen sich diese Gruppen unterscheiden, wie etwa bei Einkommensverhältnissen oder beim Bildungsniveau. Darüber hinaus reduziert sich zumindest prinzipiell der Fokus soziologischer Wissensproduktion nicht "nur" auf einen Bereich innerhalb von Gesellschaften, wie Politik, Ökonomie oder Kultur, sondern bezieht tendenziell auch immer die Gesamtgesellschaft mit ein. Damit ist es teilweise möglich, ein sehr heterogenes Feld von Ursachenhinweisen gleichzeitig zu beobachten, wie auch die Gesamtformation der amerikanischen Gesellschaft. Die Beschreibung des gesellschaftlichen Wandels in den USA wird also im Weiteren unter der Optik soziologischer und sozialhistorischer Studien erfolgen.

Afroamerikaner und Immigrantengruppen in der "race and ethnic relations"-Forschung

Gegenstand dieser Arbeit ist nur ein Teilgebiet der Soziologie. Wie schon mehrfach erwähnt, bilden Perspektiven oder Konzepte, die unter der Verwendung der Begriffe Rasse bzw. Ethnizität der amerikanischen Soziologie insbesondere seit den 1920er Jahren entwickelt wurden, den Untersuchungsgegenstand dieser Arbeit. Der Schwerpunkt der "race and ethnic relations"-Forschung liegt auf der Frage, warum bestimmte Gruppen von Lebenschancen innerhalb der amerikanischen Gesellschaft ausgeschlossen bleiben und andere

---

70 Ibid., S. 87.

nicht. Deshalb konzentriere ich mich in dieser Studie auf zwei Kollektive, die sich insbesondere hinsichtlich dieses Merkmales unterscheiden. Es wird eine Gruppe gewählt, die als Erfolgsgeschichte der Produktion von Mitgliedschaft in der amerikanischen Gesellschaft gilt: Immigranten.[71] Als Vergleich wird eine Gruppe gewählt, deren Lebenssituation immer noch bestimmt wird durch die Versagung von Mitgliedschaft in vielen Bereichen der amerikanischen Gesellschaft: Afroamerikaner. Afroamerikaner und Immigranten sind beide insofern Einwanderer, als auch frühere Generationen der Afroamerikaner über Zwangsmigration in die USA gekommen sind.[72]

Dieser Fokus auf verschiedene Gruppen freiwilliger oder erzwungener Einwanderung schließt Studien über autochthone Gruppen in den USA aus, insbesondere werden damit Natives, die wir im Anschluss an die Fehleinschätzung von Kolumbus "Indianer" nennen, ausgeschlossen. Der Umgang der amerikanischen Soziologie mit dieser Gruppe, der auch eine genauere Untersuchung verdienen würde, kann hier nur am Rande gestreift werden.[73] Ebenfalls nicht in die USA "eingewandert" sind Teile der spanischen Minoritäten im Süd-Westen der USA, sie wurden im Zuge der "Westerweiterung" durch Gebietsankauf bzw. durch Eroberung Amerikaner.[74] Allerdings konstituieren Hispanics heute auch einen großen Teil der Einwanderer, so dass sie unter diesem Aspekt auch in dieser Untersuchung behandelt werden. Des Weiteren ist oft unklar, wie die verschiedenen Einwanderungswellen vor der Gründung der USA eingeordnet werden, dominierend war hier die Einwanderung aus Großbritannien. Mit der zunehmenden "Ethnisierung" dieser Gruppe als WASP (White Anglo Saxon Protestant) wird auch diese Gruppe stärker zum Untersuchungsgegenstand der Ethnizitätsforschung.[75]

Die Verwendung der Begriffe "Immigranten" und "Afroamerikaner" ist nicht ohne Probleme. Die Kategorien Immigranten und Afroamerikaner sind selbst schon starke Generalisierungen, die kaum auf eine homogene Gruppe von Individuen Bezug nimmt. Nichtsdestoweniger werden beide Beschreibungen oft zur Analyse der amerikanischen Gesellschaft verwendet, beide Gruppenbezeichnungen stimulieren verschiedenste Beobachter zu Spekulationen über Rasse und Ethnizität und eignen sich somit besonders gut als Fokus der Arbeit. Das Forschungsgebiet "race and ethnic relations" ist vielschichtig und umfasst als Gegenstand international vergleichende Studien ebenso wie die verschiedenen Bevölkerungsgruppen innerhalb der USA. Der überwiegende Teil der Forschung bezieht sich jedoch auf die USA selbst.[76] Die Entscheidung in dieser Untersuchung, nur solche Studien zu

---

71 Der Schwerpunkt liegt hier insbesondere auf der europäischen Einwanderung.
72 Dieser Vergleich ist durchaus üblich, der überwiegende Teil der Literatur bezieht sich aber meist nur auf eine spezifische ethnische oder rassische Gruppe. Ein klassisches Beispiel für die hier gewählte Vorgehensweise ist Talcott Parsons, "Full Citizenship for the Negro American? A Sociological Problem", in *The Negro American*, hrsg. von Talcott Parsons und Kenneth B. Clark, 709–754. Boston, 1966a. Dieser zentrale Text wird später noch detailliert besprochen.
73 Zusammenfassend und als Einstieg in die breite Literatur zu dieser Gruppe vgl. Russel Thorton, "Trends among American Indians in the United States", in *America Becoming Vol. 1*, hrsg. von Neil J. Smelser, William J. Wilson und Faith Michels, 135–169. Washington, D.C., 2001.
74 Zu dieser sehr heterogenen Gruppe als Einstieg Albert M. Camarillo und Frank Bonilla, "Hispanics in a Multicultural Society: A New American Dilemma", ibid., 103–134.
75 Wobei auch diese Gruppe historisch eine starke interne Differenzierung aufweist, für die geschichtliche Perspektive besonders instruktiv ist hier David H. Fischer, *Albion's Seed: Four British Folkways in America*, New York, 1989.
76 Vgl. Martin Marger, *Race and Ethnic Relations: American and Global Perspectives*. Belmont, Calif., 2000.

verwenden, die sich auf die USA selbst beziehen, hat deshalb wohl kaum einen verzerrenden Einfluss. Auch der Fokus auf Afroamerikaner und Immigrantengruppen ist insofern unproblematisch, als diese Forschung den überwiegenden Teil der "race and ethnic relations"-Forschung ausmacht. Ideen und Konzepte, die im internationalen Vergleich bzw. in der Analyse anderer Gruppen entwickelt wurden, diffundieren darüber hinaus relativ schnell in die Forschung zu Afroamerikanern und Immigranten.

Phasen der Wissenschafts- und Gesellschaftsgeschichte

Gegenstand dieser Arbeit ist die Rekonstruktion der soziologischen Studien zu Afroamerikanern und Immigrantengruppen auf dem Hintergrund der Entwicklung dieser Gruppen innerhalb der amerikanischen Gesellschaft, wie sie in soziologischen und sozialhistorischen Werken dargestellt werden. Dabei sollen sowohl die gesellschaftliche wie die wissenschaftliche Entwicklung in verschiedenen Phasen dargestellt werden.

> The study of minority relations in America has moved through several distinctive phases.[77]

Mit diesem Satz beginnen Turner und Singleton ihren Aufsatz, in dem sie versuchen, die gesellschaftliche Entwicklung des Denkens über "race relations" in Phasen aufzuteilen. Die nachfolgende Phaseneinteilung folgt soweit als möglich diesem Vorschlag.[78] Dabei wird in der Darstellung nicht zwischen der amerikanischen Gesellschaftsgeschichte im Allgemeinen und der Geschichte der ausgewählten Gruppen getrennt. Auf die enge Verknüpfung der verschiedenen Formen der Einwanderung und der amerikanischen Gesellschaftsgeschichte weist schon der Sozialhistoriker Oskar Handlin in den berühmten ersten Zeilen seines Klassikers *The Uprooted* hin:

> Once I thought to write a history of the immigrants in America. Then I discovered that the immigrants *were* American history.[79]

Die Gesellschaftsgeschichte der USA ist also immer auch eine Geschichte der Situation von Immigrantengruppen.

Franklin F. Frazier, der erste afroamerikanische Präsident der Amerikanischen Soziologenvereinigung, bemerkte in seiner "presidential address" vom Dezember 1948, dass die

---

77 Vgl. Jonathan H. Turner und Royce Singleton Jr., "A Theory of Ethnic Oppression: Toward a Reintegration of Cultural and Structural Concepts in Ethnic Relations Theory", *Social Forces* 56, 1978: 1001–1018, S. 1001. Eine fast deckungsgleiche Einteilung findet sich auch in Jonathan H. Turner, Royce Singleton Jr. und David Musick, *Oppression: A Socio-History of Black-White Relations in America*, Chicago, 1984. S. 170–176.
78 Da der Artikel 1978 veröffentlicht wurde, mussten die 1980er und 1990er Jahre neu zugeordnet werden. Erstaunlicherweise sind die Phasenaufteilungen sowohl der Wissenschaftsgeschichte als auch der Gesellschaftsgeschichte wenig umstritten und decken sich weitgehend mit den von Turner und Singleton vorgeschlagenen. Als Beispiel für gesellschaftsgeschichtliche Phasen, die ähnlich abgegrenzt sind vgl. Mary B. Norton et al., *A People and a Nation: A History of the United States, Volume B since 1865*, Boston, 1999, zu Afroamerikanern und Immigrantengruppen John H. Franklin und Alfred A. Moss, Jr., *From Slavery to Freedom: A History of African Americans*, New York, 1994 und Roger Daniels, *Coming to America: A History of Immigration and Ethnicity in American Life*, New York, 1990; für die Entwicklung der "race and ethnic relations"-Forschung Cornell und Hartmann, *Ethnicity and Race: Making Identities in a Changing World*, besonders der Überblick S. 69.
79 Oscar Handlin, *The Uprooted: The Epic Story of the Great Migrations That Made the American People*, Boston, 1979 [1951], S. 3.

Gründergeneration der amerikanischen Soziologie – Ward, Sumner, Giddings, Cooley, Small und Ross – sich kaum mit "race relations" beschäftigte.[80] Einer der Hauptgründe hierfür lag wohl in der bis zum Ersten Weltkrieg vorherrschenden Dominanz sozialdarwinistischen Denkens im Anschluss an Spencer.[81] Erst nach dem Ersten Weltkrieg wurde langsam der wissenschaftliche Rassismus zurückgedrängt, und zumindest ein Teil der amerikanischen "race relations"-Forschung begann sich stärker mit den sozialen Grundlagen rassischer Gruppen zu beschäftigen.

Die erste historische Phase, die hier dargestellt wird, ist die Zeit zwischen *1920 und 1944*. Gesellschaftlich sind die 1920er Jahre der Ausgangspunkt vieler Entwicklungen des modernen Amerikas. Zugleich bildet sich das Feld der "race relations" als eigenständiges Forschungsgebiet heraus. Während der Wirtschaftskrise und des New Deal beginnt sich der Fundus an Forschung über Immigrantengruppen und Afroamerikaner langsam zu mehren, sodass mit dem Ende des Zweiten Weltkrieges das Konzept der ethnischen Gruppe weitestgehend ausgearbeitet ist. Parallel hierzu wird der Begriff der Rasse zunehmend auf Afroamerikaner beschränkt.

Die zweite historische Phase, *1945 bis 1968*, ist bestimmt durch die Aufbruchstimmung nach dem Zweiten Weltkrieg und den Auf- und Abstieg der Bürgerrechtsbewegung. In der ersten Hälfte dieser Phase, 1945–1954, feierte die Bürgerrechtsbewegung erste große Erfolge. Die Soziologie zu Afroamerikanern ist durch die optimistische Weltsicht von Myrdal bestimmt. Immigrantengruppen verschwinden als soziales Problem praktisch vollständig. Im zweiten Teil dieser Phase, 1955–1968, kann die Bürgerrechtsbewegung weitere Ziele durchsetzen, ein Teil der afroamerikanischen Bevölkerung radikalisierte sich jedoch weiter. In der Soziologie werden die positiven Prognosen à la Myrdal immer fragwürdiger.

Die dritte historische Phase kann für die Zeit zwischen *1969 und 1989* angesetzt werden. Diese Zeit ist durch große Unsicherheiten und teilweise ökonomische Rezession gekennzeichnet. Im ersten Teil dieser Phase, 1969–1980, liegen das Ende des Vietnam-kriegs und der Watergate-Skandal ebenso wie die Revitalisierung des Selbstbewusstseins vieler ethnischer Gruppen aus der europäischen Immigration. Den zweiten Teil der Phase, 1981–1989, prägen wieder ökonomische Probleme, die sich vor allem für die afroamerikanische Gemeinde nachteilig auswirken. Darüber hinaus diversifiziert sich die Einwanderung zunehmend.

Die vierte historische Phase, *1990 bis 2000,* ist gekennzeichnet durch wieder entfachte ökonomische Prosperität und eine positive Aufbruchstimmung. Die weiterhin starke Immigration hält Immigrantengruppen im Fokus der soziologischen Analyse. Darüber hinaus wird die Homogenität von Afroamerikanern als gesellschaftliche Gruppe hinterfragt.

Diese vier Phasen zwischen 1920 und 2000 bilden gleichsam den Rahmen, in dem sich die Analyse der verschiedenen Ansätze der "race and ethnic relations"-Forschung gemäß den im Kapitel 1.1 entwickelten Analysefragen vollziehen soll.

---

80 Vgl. Edward Franklin Frazier, "Sociological Theory and Race Relations", *American Journal of Sociology* 12, 1947: 265–271. Zur selben Einschätzung vgl. Thomas F. Pettigrew (Hg.), *The Sociology of Race Relations: Reflection and Reform*, New York, 1980b, S. 2ff. Folgerichtig kommen Überlegungen zu Rasse in zusammenfassenden Darstellungen der Theorien dieser Gründergeneration oft gar nicht vor, z.B. Roscoe C. Hinkle, *Founding Theory of American Sociology 1881–1915*, Boston, 1980.
81 Klassisch vergleiche hierzu Richard Hofstadter, *Social Darwinism in American Thought*, Boston, 1992 [1944], Kapitel 8.

1.2.2 Quellen zur Beschreibung der "race and ethnic relations"-Forschung

Die soziologische Literatur zu Afroamerikanern und zu Immigrantengruppen in den USA füllt ganze Bibliotheken. Sucht man im Zentralkatalog der Library of Congress in Washington, D.C. unter dem Begriff "Afroamerikaner", so versagt das Programm seinen Dienst, da die Einträge die Zahl 10.000 übersteigt. Dies ändert sich auch nicht, wenn die Suche nach Afroamerikanern mit den Schlagworten "race and ethnic relations", den Schlagworten für die hier relevanten Teildisziplinen der Soziologie, eingeschränkt wird. Erst die Einschränkung auf die Neuerscheinungen der letzten fünf Jahre bringt eine Liste zustande, die zumindest die Grenzen des Ausgabesystems nicht sprengt. Aber auch die 5.918 Einträge für diesen Zeitraum sind eine nur schwer überschaubare Menge von Büchern.[82] Leider ist kein Schlagwort vorgesehen für Bücher, die sich hauptsächlich systematisch oder historisch mit soziologischen Begriffen wie etwa Rasse oder Ethnizität beschäftigen, je nach Zählung liegt deren Anzahl in der Geschichte der gesamten amerikanischen Soziologie sicherlich weit unter 200.[83] Der immensen soziologischen Buchproduktion über Afroamerikaner und Immigrantengruppen steht also eine eher geringe Menge von Arbeiten über die verwendete theoretische Begrifflichkeit von Rasse und Ethnizität gegenüber.

Zur Erstellung des Samples der Textquellen

Da in dieser Untersuchung die soziokulturelle Interpretation der historischen Entwicklung der Verwendung der Konzepte Rasse und Ethnizität innerhalb des Feldes der Soziologie im Mittelpunkt steht, geht es weniger um einzelne Forscher und Forscherinnen, sondern um die dokumentierten Ergebnisse ihrer Arbeit. Aus methodischer Sicht ist also zu fragen, welche Texte für diese Untersuchung relevant sind. Leider sind die wenigen empirischen Studien zur wissenschaftlichen Textproduktion überwiegend der Entwicklung naturwissenschaftlicher Fächer gewidmet, und deren Ergebnisse sind aufgrund der unterschiedlichen Strukturen von Natur- und Sozialwissenschaften nur schwer übertragbar.[84] Einer der wichtigsten Unterschiede besteht insbesondere in der Rolle des Buches zur Vermittlung neuer Forschungsergebnisse. Beginnend mit der Physik Ende des 19. Jahrhunderts ist in fast allen Naturwissenschaften praktisch ein völliges Verschwinden des Buches als Medium der Publikation von aktuellen Forschungsergebnissen zu verzeichnen, zumindest der interne Dialog

---

82 Die Suche im Zentralkatalog der Library of Congress bereitet diverse technische Probleme. Die hier verwendeten Begriffe sind die veröffentlichten "subject headings" aus: Library of Congress, *Subjcet Headings*, Washington, D.C., 2000. Gesucht wurde im Mai 2001 mit dem Katalogprogramm, das innerhalb der Bibliothek verwendet wird, nach "Afr? Americans" (der Katalog wird im Moment von "Afro Americans" auf "African Americans" umgestellt), nach "race relations" und "ethnic relations". Nach Immigrantengruppen kann nicht in so einfacher Weise gesucht werden, da diese zuerst unter ihrer Bezeichnung verschlagwortet sind, die Anzahl dieser Bezeichnungen liegt wohl über hundert und die Bezeichnungen sind im Zeitverlauf nicht immer einheitlich.
83 Die Liste der soziologischen Bücher, die sich ausschließlich mit diesem Thema beschäftigen, ist erheblich geringer, vgl. hierzu McKee, *Sociology and the Race Problem*, S. 9ff. Allerdings gibt es einige Autoren, die sich in Teilen ihrer Werke ausführlicher historischen Betrachtungen widmen, etwa Pierre van den Berghe, Stanford Lyman oder Howard Winant.
84 Vgl. Elisabeth S. Clemens et al., "Careers in Print: Books, Journals, and Scholarly Reputations", *American Journal of Sociology* 101, 1995: 433–494.

über Forschungsergebnisse verläuft anhand von Zeitschriftenartikeln.[85] Demgegenüber haben die Geschichtswissenschaften eine fast völlig am Buch orientierte Publikationspraxis, die Soziologie nimmt hier eine Zwischenstellung ein.[86] Innerhalb der Soziologie werden Bücher und Zeitschriften jedoch in unterschiedlicher Weise verwendet: Während quantitative Projekte dazu neigen, Ergebnisse in Artikelform darzustellen, wird qualitative Forschung und Theorieproduktion meist in Buchform dokumentiert. Eine Analyse soziologischer Texte muss also sowohl Zeitschriftenartikel wie Bücher in den Blick nehmen, wobei zu vermuten ist, dass praktisch alle relevanten theoretisch-konzeptionellen Argumente, zumindest auch in Büchern zu finden sind.

Um relevante Zeitschriftenartikel und Bücher für die hier vorliegende Arbeit aufzufinden, wurden zwei Wege gewählt. Zum einen wurden Texte untersucht, inwieweit diese schon Hinweise bzw. Bibliographien zur historischen Entwicklung der "race and ethnic relations"-Forschung enthielten. Zum anderen wurde über Kataloge und Datenbanken nach unter relevanten Suchbegriffen subsumierten Texten gesucht.

Ausgangspunkt der Arbeit war die Analyse von Texten selbst und die jeweils in diesen Texten gegebene Darstellung bzw. Nennung von "relevanten Vorgängern". Als besonders effektiver Zugang zu diesen "Starttexten" erwies sich die Teilnahme an zwei Seminaren zum Thema während meines Aufenthalts an der Harvard University: *Ethnicity: Comparative and Historical Perspectives* von Orlando Patterson und *Sociological Perspectives on Racial Inequality* von William Julius Wilson. So entstand ein erster Überblick über wichtige Texte. Zu den Kriterien der Auswahl der Textgrundlagen, auf die sich insbesondere theoretische Werke der Soziologie beziehen, wird in den Werken selbst selten etwas gesagt. Historisch orientierte Texte scheinen sich im Normalfall an etablierte Autoren in einem Feld oder an besonders originellen Ideen zu einem spezifischen Themenbereich zu orientieren. Diese Vorgehensweise ist insofern legitim, als sie auf der Relevanzstruktur eines Faches, in diesem Fall der Soziologie, beruht und damit eine historisch gewachsene, oft auch kontrovers diskutierte Einordnung von wichtigen und weniger wichtigen Texten als Maßstab verwendet. Diese Vorgehensweise, also die Orientierung an "etablierten Stammbäumen" soziologischer Perspektiven, wurde unter anderem auch in dieser Untersuchung angewandt. Ein wichtiges Mittel zur Kontrolle der Auswahl der Texte zu Afroamerikanern und Immigrantengruppen war die Sammlung von Seminarplänen der *American Sociological Association* (ASA). Die ASA bittet in regelmäßigen Abständen Mitglieder der "subcommittees", beispielhafte Seminarpläne aus verschiedenen Universitäten des Landes zu sammeln. Eine Basis dieser Untersuchung waren die Sammlungen zu *Ethnicity and Race* und zu *Immigration*. Teilweise wurden auch die Sammlungen *Political Sociology* und *Theories of Social Change* ausgewertet. Eine spezielle Sammlung für *African American Studies* existiert nicht, wohl aber zu *Chicano and Latino Studies*, *Jewry* und *Native Americans*. Normalerweise sind Seminarpläne für "undergraduate" und "graduate courses" aufgeführt, unterteilt nach verschiedenen Herangehensweisen, etwa allgemeine Einführungen oder historische und komparative Zugänge, leider kommen rein wissenschaftshistorische

---

85 Vgl. Charles Bazermann, *Shaping Written Knowledge: The Genre and Activity of the Experimental Article in Science*, Madison, Wis., 1988.
86 Die referierten empirischen Ergebnisse zu der Publikationspraxis in der Soziologie sind überwiegend einem umfangreichen Forschungsprojekt entnommen, das von Elisabeth S. Clemens u.a. an der University of Arizona mit Publikationsdaten amerikanischer Soziologen Ende der 1980er/Anfang der 1990er Jahre durchgeführt wurde, vgl. Clemens et al., "Careers in Print".

Seminare nicht vor.[87] Allgemeine Texte und Seminarpläne führten schnell zu einer Liste von Büchern und Artikeln, die selbst natürlich wieder Hinweise zu relevanten Texten enthielten. So wurde in einer Art Schneeballverfahren das Feld erschlossen.

Zwar lässt sich über umfassende Buchkataloge, wie etwa dem der Library of Congress, und über Verzeichnisse von Zeitschriftenartikeln, wie den *Sociological Abstracts*, mit erheblichem Aufwand ein Art "Urliste" aller in diesem Zusammenhang interessierenden Texte erstellen, allein deren Titel würden aber mehrere Bände füllen. Die hohe Zugänglichkeit von Werken über moderne Informationstechnologie wird somit selbst zum Hindernis, ein Feld zu strukturieren. Der nahe liegende, und vor allen Dingen automatisierbare Weg, die Relevanz eines Textes über Zitationshäufigkeiten festzustellen, erwies sich als kaum fruchtbar. Eigene Auswertungen mit dem *Social Science Citation Index* (SSCI) sind erst für Publikationen ab 1972 (teilweise 1967) möglich. Leider ermitteln gängige Informationssysteme wie der SSCI nur Zitationshäufigkeiten innerhalb von Zeitschriftenartikeln, sodass eine Messung des Einflusses von Autoren ausschließlich über diesen Weg starke Verzerrung aufweist, da ja die insbesondere für das Feld der theoretischen Soziologie wichtigen Bücher nicht selbst mit einfließen. Auch wird immer wieder bemerkt, dass die Anzahl der Zitationen nur als ein schwacher Indikator für den "Einfluss" eines Autors gelten kann. So ist es zum einen möglich, dass ein nur einmal zitierter Autor, etwa Max Weber, den Verfasser eines Werkes stärker beeinflusst hat als verschiedene empirische Untersuchungen eines viel öfter zitierten anderen Autors. Zum anderen gibt es jedoch viel häufiger den Fall der "ritualisierten Zitation", in der z.B. auf Emile Durkheim verwiesen wird, der Autor aber offensichtlich völlig losgelöst von einer "durkheimisch" zu nennenden Perspektive operiert. Insbesondere für ältere Publikationen gilt, dass bei mancher zentralen Hypothese überhaupt kein Literaturverweis gegeben wird, da der Autor davon ausgeht, dass dem Leser dieser Zusammenhang bekannt ist.[88] Aufgrund der Zwitterstellung der Soziologie, buch- *und* zeitschriftenorientiert zu sein, sowie aufgrund der immanenten Interpretationsprobleme von Zitationshäufigkeiten, ist deren Analyse zur Informationsreduktion in diesem Feld nur schwer anwendbar. Leider kann über die Relevanz von anderen Textformen neben Büchern und Zeitschriftenartikeln, wie Beiträgen in Sammelbänden oder Einführungen, noch weniger ausgesagt werden, da diese Textformen von den meisten empirischen Untersuchungen ausgeschlossen sind. Als Grund wird hierfür in den Studien oft angegeben, dass sie zur Einstellung und Bewertung von Akademikern im amerikanischen Sprachraum kaum verwendet werden. Gerade im US-amerikanischen Sprachraum sollte jedoch der Einfluss von Lehrbüchern nicht unterschätzt werden, da deren Verwendung zumindest in den Anfängerkursen üblich ist.

Aus den eben genannten Gründen werden in dieser Untersuchung Zitationshäufigkeiten nur sehr selten verwendet. Zur Erstellung von Bibliographien für wichtige Autoren ebenso wie für die Suche nach spezifischen Gebieten innerhalb der "race and ethnic relati-

---

87 Siehe Rosalie Cohen (Hg.), *Teaching Social Change. Course Designs, Syllabi and Instructional Materials*, Washington, D.C., 1996, Donald Cunnigen (Hg.), *Teaching Race and Ethnic Relations. Syllabi and Instructional Materials*, Washington, D.C., 1997, Charles Jaret (Hg.), *Issues in U.S. Immigration: Resources and Suggestions for High School Teachers and College Instructors*, Washington, D.C., 1995, Beth Mintz (Hg.), *Political Sociology: Syllabi and Instructional Materials*, Washington, D.C., 1996.
88 Ein Beispiel hier ist der Titel *An American Dilemma*, bis in die 1960er Jahre hatte allein die Verwendung des Begriffs in Zusammenhang mit Rasse eine eindeutige Verknüpfung mit den Thesen Gunnar Myrdals zur Folge, ohne dass ausdrücklich darauf verwiesen werden musste.

ons"-Forschung wurden einerseits der Katalog der Library of Congress und andererseits die seit 1953 erscheinenden *Sociological Abstracts* verwendet.[89]

Geleitet durch Texte des Gebiets selbst und durch Seminarpläne wurde eine Datenbank erstellt und teilweise mit elektronischen Katalogen abgeglichen.[90] Abgesichert wurde die von mir getroffene Auswahl durch Experteninterviews.[91] Interessanterweise bildete sich nach der Analyse der Seminarpläne und Bibliographien im Vergleich mit den Experteninterviews schnell ein "Kernsample" von ca. vierzig Büchern, die immer wieder als besonders relevant genannt wurden.[92] Dies stellt eine erstaunliche Reduktion von Komplexität dar, wenn man bedenkt, dass, wie eingangs erwähnt, im Durchschnitt etwa 1.000 Bücher pro Jahr erscheinen, die im weiteren Sinne für das Feld relevant sein könnten.

Zu den verschiedenen Quellen

Der empirische Zugang zu soziologischen Perspektiven auf Afroamerikaner und Immigrantengruppen geschah über verschiedene Textgattungen. Im Folgenden werden kurz die wichtigsten Quellen dieser Studie beschrieben.[93]

Einführungen, Reader, Handbücher und Bibliographien: Da Forschungen zu Rasse und Ethnizität eines der zentralen Gebiete innerhalb der amerikanischen Soziologie darstellen, gibt es zahlreiche Einführungen. Teilweise für Lehrzwecke, teilweise als Textsammlungen für ein größeres Publikum, werden wichtige Texte zu relevanten Gebieten, besonders Rasse und Ethnizität, herausgegeben. Entweder versuchen diese Werke, das gesamte Gebiet in irgendeiner Weise abzudecken und werden zu einem kaum überschaubaren Flickenteppich kurzer Textpassagen,[94] oder sie konzentrieren sich auf einen Aspekt, wie etwa kollektive Identität, und schließen damit weite Teile der Theorietradition aus.[95] Darüber hinaus können Reader auch das Produkt von Tagungen und Workshops sein, enthalten dann aber keine einheitliche Perspektive, sondern eben die vielen Perspektiven der Teilnehmenden.[96] Ebenso bieten Handbücher und Lexika Überblicke und Zusammenfassungen.[97] Nütz-

---

89 Für die Zeitschriften-Jahrgänge vor 1953 wurde JSTOR verwendet, siehe unten im Abschnitt "Journals".
90 Die im Laufe der Jahre erstellte Datenbank umfasst ca. 2.100 Artikel und Bücher. Alle hier verwendeten Quellen (Zeitschriften und Bücher) sind in der Library of Congress auffindbar. Für Werke vor 1986 gilt, dass in einigen wenigen Fällen die Einträge im elektronischen Katalog nicht vorhanden oder (orthographisch) unrichtig sind, hier muss auf den Kartenkatalog zurückgegriffen werden.
91 Diese Gespräche wurden zumeist während meines Aufenthaltes an Harvard University, Cambridge, M.A. 1998/99 durchgeführt (zu danken ist hier insbesondere Werner Sollors, Mary C. Waters und Orlando Patterson). Darüber hinaus habe ich auch mit den Fachleuten innerhalb des Projekts *Comparative Charting of Social Change in Advanced Industrialized Societies*, Howard Bahr, Simon Langlois und Lance Roberts viele Gespräche über relevante Texte geführt. Die zahlreichen Diskussionen, die ich insbesondere nach Vorträgen mit Fachleuten und Nicht-Fachleuten in den USA geführt habe, erwiesen sich gleichfalls oft als sehr hilfreich.
92 Vgl. hierzu die Liste der ausführlich besprochenen Literatur (L 1) im Anhang, neben den letztendlich ausgewählten 51 Büchern sind noch neun wichtige Aufsätze aufgelistet.
93 Für eine ausführlichere Darstellung zu Techniken und Quellen, die bei der Erstellung von Bibliographien in der Soziologie nützlich sind vgl. Stephen H. Aby, *Sociology: A Guide to Reference and Information Sources*, Englewood, Colo., 1997.
94 Etwa John Hutchinson und Anthony D. Smith, *Ethnicity*, Oxford, 1996.
95 Zum Beispiel Sollors (Hg.), *Theories of Ethnicity: A Classical Reader*.
96 Zum Beispiel John H. Stanfield und Rutledge M. Dennis (Hg.), *Race and Ethnicity in Research Methods*, Newbury Park, Calif., 1993.
97 Vgl. beispielsweise Edgar F. Borgatta und Rhonda J. V. Montgomery (Hg.), *Encyclopedia of Sociology*, Detroit, 2000 und die *Encyclopaedia of the Social Sciences*, New York, 1935.

lich sind auch Handbücher und Enzyklopädien, die speziell für das Gebiet "race and ethnic relations" herausgegeben wurden,[98] ein wichtiges Hilfsmittel sind auch Bibliographien.[99] Alle diese Textformen stellen versuchte Kanonisierungen und Strukturierungen des Feldes dar, einen besonders guten Überblick gibt die *Sociology Series* des *Survey of Social Science*.[100] Da spätestens seit den 1950er Jahren praktisch alle diese Textformen zur Verfügung stehen, ist es möglich, in den jeweiligen Dekaden diese Textformen als Ausgangspunkte ausfindig zu machen.

Journals: Soziologie in den USA ist in zunehmendem Maß zeitschriftenorientiert. Der Output von vielen, insbesondere empirisch orientierten Forschungsprojekten wird meist gar nicht mehr in Buchform, sondern ausschließlich in renommierten Zeitschriften veröffentlicht. Darüber hinaus nimmt auch die Anzahl der Diskussionen und Dispute in soziologischen Zeitschriften zu, seit den 1960er Jahren werden dabei auch Fragen von "race relations" immer stärker diskutiert.[101] Die Anzahl soziologischer Zeitschriften oder anderer Periodika, in denen soziologische Themen behandelt werden, ist groß, so listet z.B. Johnson 782 relevante Zeitschriften von *Addiction* bis *Youth and Society* auf.[102] Dieselben Autoren bemerken aber auch, dass die wesentlichsten Trends und Inhalte an den drei wichtigsten soziologischen Zeitschriften der USA abzulesen sind: dem *American Journal of Sociology (AJS)*, dem *American Sociological Review (ASR)* und *Social Forces (SF)*.[103] Um die Forschung zu Immigrantengruppen besser zu repräsentieren, wurden teilweise noch der *International Migration Review* und *Racial and Ethnic Studies* in die Untersuchung mit eingeschlossen. Analysiert wurden Artikel, die die Stichworte Rasse, Ethnizität, Immigranten oder Afroamerikaner beinhalten. Natürlich wurden auch wichtige Artikel aus anderen Zeitschriften behandelt, soweit sie entweder in Texten oder in *Sociological Abstracts* auftauchten, die oben genannten Zeitschriften wurden aber systematisch für jeden Jahrgang ausgewertet.[104]

---

98 Etwa Susan Auerbach (Hg.), *Encyclopedia of Multiculturalism*, New York, 1994, David Levinson, *Ethnic Relations: A Cross-Cultural Encyclopedia*, Santa Barbara, Calif., 1994, Jay A. Sigler (Hg.), *International Handbook on Race and Race Relations*, New York, 1987.
99 Zum Beispiel Halford H. Fairchild et.al. (Hg.), *Discrimination and Prejudice: An Annotated Bibliography*, San Diego, Calif., 1992, Meyer Weinberg, *Racism in the United States: A Comprehensive Classified Bibliography*, New York, 1990; außerdem die Reihe des Institute of Race Relations (Hg.), "Sage Race Relations Abstracts", Beverly Hills, Calif., verschiedene Jahrgänge.
100 Vgl. Frank N. Magill und Héctor L. Delgado (Hg.), *Survey of Social Science: Sociology Series*, Pasadena, Calif., 1994.
101 Vgl. Graham C. Kinloch, "Sociology's Academic Development as Reflected in Journal Debates", in *International Handbook of Contemporary Developments in Sociology*, hrsg. von Raj P. Mohan und Arthur S. Wilke, 277–289. Westport, Conn., 1994.
102 Vgl. William A. Johnson et.al., *The Sociology Student Writer's Manual*, Upper Saddle River, N.J., 1998.
103 Vgl. ibid., S. 130. In der heute noch vorbildlichen Untersuchung von Pettigrew (Hg.), *The Sociology of Race Relations: Reflection and Reform*, wurden die Zeitschriften The American Journal of Sociology, Social Forces, American Sociological Review und Social Problems analysiert.
104 Ein einzigartiges Hilfsmittel zur Erforschung der amerikanischen Soziologiegeschichte ist JSTOR. Diese Datenbank enthält unter anderem den Volltext der 22 wichtigsten amerikanischen soziologischen Zeitschriften für den gesamten Erscheinungszeitraum. Nur die jeweils letzten zwei bis fünf Jahrgänge sind aus rechtlichen Gründen nicht enthalten. Es ist also z.B. möglich, eine Liste aller Artikel des AJS zu erstellen die den Begriff Ethnizität irgendwo im Text verwenden und diese Texte auch gleich auf den Computer zu laden. Neben zahlreichen interessanten Funden bietet sich somit eine weitere Möglichkeit, eine riesige Menge von Texten aufzufinden, die allerdings in dieser Anzahl praktisch nicht mehr rezipierbar sind.

Abbildung 1: Entwicklung der Verwendungshäufigkeit der Begriffe Rasse und Ethnizität in Zeitschriftenaufsätzen (Anteile der Zeitschriftartikel in wichtigen Periodika pro fünf Jahre)

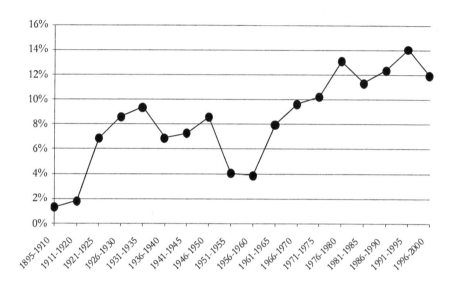

In den drei zentralen soziologischen Zeitschriften erschienen insgesamt 13.496 Artikel in ihrem Erscheinungszeitraum von 1896–2000. Falls der Begriff "race" oder "ethnicity" in Titel oder Abstract vorkommen, wurde der Artikel als ein Artikel gezählt, der zumindest prominent diese Begriffe verwendet und insofern mit in die Untersuchung eingeschlossen werden sollte.[105] Unter dieser Definition erschienen im betreffenden Sample insgesamt 1.161 (also 9 %) relevante Artikel: im *AJS* 363; *ASR* 287 und in *SF* 511. Die hohe Zahl in *Social Forces* zeigt, dass diese Zeitschrift mit einem inhaltlichen Fokus auf "race and ethnic relations"-Forschung gegründet wurde. Es ist bemerkenswert, dass nur 98 der 1.161 Texte sowohl den Begriff Rasse als auch den Begriff Ethnizität verwenden. Ein deutliches Übergewicht haben mit 880 solche Artikel, die sich auf Rasse konzentrieren, gegenüber solchen mit dem Schwerpunkt Ethnizität mit 379 Artikeln. Interessant ist die Feststellung, dass sich die Phaseneinteilung, die für die historischen Kapitel dieses Buches vorgenommen wird, auch in der quantitativen Artikelproduktion niederschlägt. Einen ersten Boom

---

105 Gesucht wurde in Titel und Abstract mit Hilfe der Volltextdatenbank JSTOR. Da in den ersten Jahrgängen Abstracts noch nicht üblich waren, wird hier die Anzahl der Artikel die sich hauptsächlich um "race" bzw. "ethnicity" drehen, unterschätzt. Als Artikel über "race" und "ethnicity" werden auch die Artikel mit den jeweiligen Adjektiven in Titel bzw. Abstract gezählt. Es wurde ausgewertet: American Journal of Sociology von 1895 bis 1999; American Sociological Review von 1936 bis 1995; Social Forces von 1925 bis 1997 (Vorgänger Journal of Social Forces von 1922 bis 1925). Searchstrings für "race" ("race"/title OR "race"/abstract OR "racial"/title OR "racial"/abstract); für "ethnicity" ("ethnic"/title OR "ethnic"/abstract OR "ethnicity" /title OR "ethnicity"/abstract); für beide Begriffe ("race"/title OR "race"/abstract OR "racial"/title OR "racial"/abstract OR "ethnic"/title OR "ethnic"/abstract OR "ethnicity"/title OR "ethnicity"/abstract).

hat die "race and ethnic relations"-Forschung zwischen 1920 und 1944. In den turbulenten Jahren zwischen 1945 und 1968 sinkt die Artikelproduktion, um erst gegen Ende dieses Zeitraumes wieder anzusteigen. In den 1970er Jahren beginnt ein erneuter Boom, der dann in den 1990ern seinen Höhepunkt erreicht.

Bücher: Zentraler Fundus der Studie ist die überwältigende Zahl der Buchpublikationen zum Thema. Basierend auf den oben beschriebenen verschiedenen Suchstrategien wurden wichtige Bücher ausgewählt. Beste Fundquellen waren dabei Überblicksartikel und Bibliographien, die die Forschung im Gebiet der "race relations" der jeweiligen Zeit zusammenfassen. Während meines Forschungsaufenthaltes an der Library of Congress (2001) habe ich diese Titel sukzessive gesichtet und hinsichtlich ihres Typus klassifiziert.

Es entstand ein Sample von ca. 2.100 Büchern, von denen ca. 130 Bücher genauer ausgewertet wurden. Die wichtigsten Kriterien bei dieser Reduktion waren neben Reputation und Bekanntheitsgrad des Buches – die über die oben erwähnten Wege festgestellt wurden – vor allem die Ausführlichkeit, in der sich das Buch mit der Begrifflichkeit von Rasse oder Ethnizität auseinandersetzt, und ob es dem Buch gelingt, neue Einsichten gegenüber seinen Vorgängern zu vermitteln.[106]

Beispielhaft werden in den folgenden Kapiteln neun Bücher in Exkursen dargestellt, die anderen Werke werden, oft in speziellen Abschnitten, in den jeweiligen Darstellungen der wissenschaftshistorischen Phasen beschrieben.[107] Einen Überblick über die Gesamtzahl der relevanten Bücher zu bekommen, scheint im Moment kaum möglich. Zwar ist der Bestand der Library of Congress eine gute Annäherung für die Bücher, die in den USA erschienen sind,[108] aber eine eindeutige Erschließung nach Themengebieten liegt nicht vor.[109] Als Beispiel wurde hier die Anzahl der Erscheinungen unter den Stichworten "race relations" und "ethnic relations" aufgeführt (vgl. Abbildung 2).[110]

---

106 Vgl. Literaturliste L.1 im Anhang. Insgesamt wurden in dieser Untersuchung ca. 450 Bücher und Artikel verwendet.
107 Zu den Titeln dieser Bücher siehe Tabelle 3.
108 Die Library of Congress erfüllt insofern die Funktion einer Nationalbibliothek, als alle nordamerikanischen Bücher mit Urheberrechten hier angemeldet werden müssen. Nach Auskunft der Bibliothek werden jedoch nicht alle Exemplare gesammelt, nach Schätzungen werden ca. 20% des eingesendeten Materials wieder zurückgeschickt. Allerdings sind dies normalerweise nicht Bücher von etablierten Verlagen, um die es hier geht.
109 Die Library of Congress führt selbst keine verlässlichen Statistiken, weder über den Gesamtbestand noch über Teilgebiete, nach Auskunft der Bibliothekare ist nur eine Schätzung über den Stichwortkatalog möglich.
110 Gesucht wurde im Juni 2001 unter den Stichworten "Rac* Relation?" or "Ethnic Relation?" or "Rac* and Ethnic Relation?" in der Library of Congress, leider sind diese komplexeren Abfragen nicht über das Internet möglich. Da die Verschlagwortung nicht einheitlich ist, unterschätzt diese Zählung sicher die tatsächliche Anzahl der relevanten Bücher.

Abbildung 2: Entwicklung der Titelhäufigkeit von Buchpublikationen zu "race and ethnic relations" nach Erscheinungsjahren (Anzahl pro fünf Jahre)

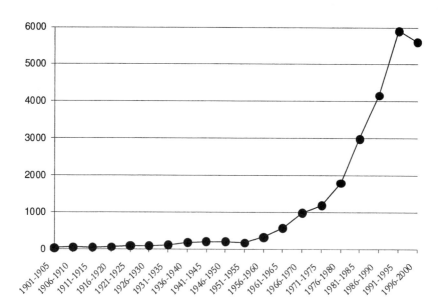

In den Jahren 1901–1906 erschienen 43, in den Fünfjahresabschnitten bis 1920 waren es jeweils unter 100. Erst 1961–1965 beginnt mit 577 ein starker Anstieg, in 1971–1975 hat sich dann die Zahl auf 1.190 verdoppelt. Die "Explosion" der Buchproduktion findet dann 1981–1985 mit 3.003, bis 1991–1995 mit 5.912 statt. Insgesamt sind bis zum Jahr 2000 ca. 25.000 Einträge mit dem Stichwort "race and ethnic relations" im Katalog der Library of Congress enthalten.

Natürlich erschöpfen die eben kurz skizzierten Textformen nicht alle Werke, die Aussagen über theoretische Perspektiven treffen. Neben soziologischen Werken im engeren Sinne können auch wissenschaftsgeschichtliche oder literaturgeschichtliche Abhandlungen von Interesse sein.[111] Auch diese Werke werden in den folgenden Kapiteln besprochen, insofern sie für die Geschichte der Soziologie wichtig waren.

Die nach der eben beschriebenen Methode gefundenen Werke wurden hinsichtlich der oben genannten Forschungsfragen analysiert und den verschiedenen Phasen der gesellschaftlichen Entwicklung in der amerikanischen Gesellschaft zugeordnet.

---

111 Vgl. beispielsweise Gossett, *Race: The History of an Idea in America*, Werner Sollors, *Beyond Ethnicity: Consent and Descent in American Culture*, New York, 1986, Williams, *Rethinking Race: Franz Boas and His Contemporaries*.

1.3 Fragestellung der Untersuchung und Struktur der Kapitel

Die in der Einleitung gestellte Frage nach der Verwendung der Begriffe Rasse und Ethnizität soll also beantwortet werden, indem die analytischen Stärken und Schwächen beider Konzepte in den verschiedenen Perspektiven der "race and ethnic relations"-Forschung herausgearbeitet werden und diese Perspektiven in ihren jeweiligen Zeithorizont gesetzt werden. Aus den Vorüberlegungen zu Problem und Methode ergeben sich folgende Fragen, die den Fortgang der Arbeit strukturieren.[112] Die Fragen lassen sich dabei grob in eine theoriesystematische und in eine theoriehistorische Dimension einteilen.

Theoriesystematische Fragen der Untersuchung

Die theoriesystematische Dimension bezieht sich auf Fragen zur Analyse der Texte der "race und ethnic relations"-Forschung innerhalb einer historischen Phase:

1. *Wie werden Rasse und Ethnizität definiert?* Ausgangspunkt war hier die Beobachtung, dass beide Begriffe oft als intuitiv gegeben vorausgesetzt werden und eine saubere Trennung von Rasse und Ethnizität nicht geleistet bzw. Ethnizität oft als eine "schwache Form" von Rasse gesehen wird. Neben der Frage nach den direkten Definitionsstrategien ist hier auch wichtig, welche Gruppen besonders mit den Begriffen Rasse oder Ethnizität in Verbindung gebracht werden.

2. *Was sind die zentralen Dimensionen der Ungleichheit, die im Zusammenhang mit Rasse und Ethnizität analysiert werden?* Die Begriffe Rasse und Ethnizität werden im Kontext der verschiedensten gesellschaftlichen Bereiche thematisiert. Oft wird eine Dimension als eine Rasse oder Ethnizität bestimmende Variable herausgegriffen. Grob lassen sich diese Aspekte in vier Gruppen teilen: (1) demographische Aspekte, z.B. Gruppengrößen, Heiratsverhalten oder Familienstruktur; (2) kulturelle Aspekte, hierunter sind etwa Sprache oder Religion zu verstehen; (3) ökonomische Aspekte, wie Beruf oder Einkommen; (4) und politische Aspekte, etwa die Bürgerrechtsbewegungen oder Affirmativ Action.

3. *Wie werden Rasse und Ethnizität im Bezug auf die amerikanische Gesellschaft als Ganzes gesehen?* Rasse oder Ethnizität werden meist auf dem Hintergrund eines gesamtgesellschaftlichen Modells gewichtet. Dabei werden Rasse und Ethnizität unterschiedliche Rollen im gesamtgesellschaftlichen Gefüge zugeschrieben, wie etwa in der Diskussion um Assimilation und Multikulturalismus.

Stellvertretend sollen in Exkursen wichtige Werke nach den drei genannten Fragen in den jeweiligen historischen Phasen analysiert werden. Darüber hinaus werden weitere wichtige Perspektiven und zentrale Argumente in den jeweiligen Phasen diskutiert.

Theoriehistorische Fragen der Untersuchung

Der zweite Fragenkomplex dreht sich um die Analyse der Zeitlichkeit von Perspektiven in der "race and ethnic relations"-Forschung. Hier steht die Veränderung soziologischer Perspektiven im Zeitverlauf im Mittelpunkt.

4. *Wie wurden die Fragen 1–3 in der Geschichte der "race and ethnic relations"-Forschung beantwortet?* Diese Frage resultiert aus der Beobachtung, dass die historische

---

[112] Vgl. hierzu auch Tabelle 2 in diesem Buch.

Bedingtheit auch abstrakter Kategorien wie Rasse oder Ethnizität teilweise übersehen wird. Im Vergleich der verschiedenen Werke bleibt es auch unklar ob Rasse oder Ethnizität die zentrale Perspektive in der Geschichte der "race and ethnic relations"-Forschung beschreibt.

Aus den oben angestellten Überlegungen zur Wissenschafts- und Gesellschaftsgeschichte folgt, dass die verschiedenen Entwicklungen der "race and ethnic relations"-Forschung vor dem Hintergrund der *Geschichte der amerikanischen Gesellschaft* gesehen werden müssen. In jeder Phase wird deshalb zuerst kurz die Geschichte von Afroamerikanern und Immigrantengruppen in ihren wichtigsten demographischen, kulturellen, ökonomischen und politischen Aspekten beschrieben. Danach werden in den jeweiligen Phasen die Fragen 1–3 bearbeitet. Die vierte Frage zur Dynamik der Entwicklung innerhalb der Soziologie und der Interaktion von Soziologie und Gesellschaft werden jeweils am Ende der Kapitel 2–5 skizziert.

Tabelle 3: Phaseneinteilung der historischen Darstellung in den Kapiteln 2–5

Phase	Beschreibung der Phasen für Gesellschaft und Soziologie	Exemplarisch in Exkursen dargestellte Werke	
1920–1944	Gesellschaft: Das moderne Amerika beginnt; New Deal und Krieg führen zu drastischen Veränderungen im amerikanischen Gesellschaftsgefüge. Soziologie: Das Feld "race relations" etabliert sich; umfangreiche Literatur zu Immigrantengruppen und Afroamerikanern entsteht; Sieg im Kampf gegen den wissenschaftlichen Rassismus.		Kapitel 2
1945–1954	Gesellschaft: Zeit des Aufbruchs; Demokratisierung der amerikanischen Gesellschaft vor allem im Zuge der Bürgerrechtsbewegung, ökonomischer Aufstieg für viele Gruppen. Soziologie: Integrationshemmnisse von Afroamerikanern und Integrationsprozesse von ethnischen Gruppen werden beschrieben. Assimilation als multidimensionaler Prozess und "citizenship" als zentraler Integrationsmodus demokratischer Gesellschaften.	Warner/ Srole 1945: *The Social Systems of American Ethnic Groups* Myrdal 1944: *An American Dilemma*	Kapitel 3
1955–1968		Glazer/ Moynihan 1963: *Beyond the Melting Pot* Gordon 1964: *Assimilation in American Life* Parsons/ Clark 1966: *The Negro American*	
1969–1980	Gesellschaft: Zeit der enttäuschten Hoffnungen; Vietnamkrieg; "affirmative action" und Bekämpfung sozialer Ungleichheit. Soziologie: Konzeptionalisierungen im Spannungsfeld zwischen der "Ultrastabilität" von Rasse und Ethnizität und der Erodierung der Vorhersagekraft der "Variablen" Rasse und Ethnizität.	Glazer/ Moynihan 1975: *Ethnicity* Wilson 1978: *The Declining Significance of Race*	Kapitel 4
1981–1989		Van den Berghe 1981: *The Ethnic Phenomenon* Omi/ Winant 1986: *Racial formation in the United States*	
1990–2000	Gesellschaft: Prosperierende Ökonomie und Verfestigung des "ethnic racial pentagon". Soziologie: Ethnizität wird als Wahlakt, Rasse als Konstrukt beschrieben, "Neo-Assimilationismus".		Kapitel 5

Das letzte Kapitel widmet sich dem Versuch, die Entwicklungen der amerikanischen "race and ethnic relations"-Forschung in einer modellhaft formulierten Mitgliedschaftsperspektive abzubilden. Die Frage nach der Definition der Begriffe Rasse und Ethnizität wird dabei auf den auf Abstammung basierenden Mitgliedschaftsglauben bezogen. Die Frage nach den zentralen Dimensionen der Ungleichheit thematisiert den Aspekt der Mitgliedschaftsstruktur einer Gesellschaft. Wie Rasse und Ethnizität sich für die amerikanische Gesellschaft als Ganzes darstellt, wird in der Perspektive gesamtgesellschaftlicher Mitgliedschaft gefasst.

Durch die strukturierte Analyse der Werke und Perspektiven in Rückbezug auf ihre jeweilige Phase ist es möglich, diese in ihrem Beitrag zur Entwicklung der "race and ethnic relations"-Forschung zu würdigen. Diese Arbeit wendet damit die gängige Perspektive vieler Abhandlungen auf diesem Gebiet: Es geht nicht darum nachzuweisen, wie falsch bzw. unangemessen alle anderen Perspektiven waren, um dann die eigene als neue und bessere aus dem Hut zu zaubern.[113] Ziel dieser Arbeit ist die angemessene Würdigung jedes Beitrages, um die gemeinsamen und produktiven Aspekte der zahlreichen Perspektiven zu sammeln und zu systematisieren. Nur so lassen sich die Fortschritte eines ganzen Feldes klarer herausarbeiten.

---

113 Als beißende Polemik gegen dieses "critique-and-rejection-to-a-new-racial-perspective genre" vgl. Leonard Gordon, "Racial Theorizing: Is Sociology Ready to Replace Polemic Causation Theory with a New Polemic Model?", *Sociological Perspectives* 32, 1989: 129–136.

2 Afroamerikaner und Immigrantengruppen in den USA von 1920 bis 1944: Die Etablierung der "race and ethnic relations"-Forschung

> So far I have spoken of "race" and race problems
> as a matter of course without explanation or definition.
> That was our method in the nineteenth century.
> Just as I was born a member of a colored family,
> so too I was born a member of the colored race.
> That was obvious and no definition was needed. ...
> The world was divided into great primary groups of folk
> who belonged naturally together through
> heredity of physical traits and cultural affinity.
> (W.E.B. Du Bois, 1940)[114]

Heute sind "race" und "ethnicity" zwei der meist verwendeten Begriffe in der amerikanischen Soziologie. Dies war nicht immer so. Zu Beginn des 20. Jahrhunderts stand der amerikanischen Soziologie, wie auch der amerikanischen Öffentlichkeit, nur der Begriff "Rasse" zur Verfügung. So schreibt 1920 einer der populärsten Soziologen seiner Zeit, Edward Alsworth Ross, in seinem *Principles of Sociology*[115]:

> Races certainly appear to differ in the strength of their native propensities. There is an imposing stock of facts which seem to prove that the Negro has a fiercer sex appetite than other men, that the South Italian has a bent for murder, that the Irishman has an uncommon taste for fighting, the Jew for money-making, the gypsy for wandering, the Levantine for lying, the Slav for anarchy, the Frenchman for gesticulation, the Yankee for asking personal questions. The trait is there to be sure; but is it because the owner has a stronger proclivity then we, or because he lacks the idea or social standard which prompts us to inhibit our proclivity?[116]

---

114 William E. B. Du Bois, "The Concept of Race", in *The Oxford W.E.B. Du Bois Reader*, hrsg. von Eric J. Sundquist, 76–96. Oxford, 1996 [1940], S. 78.
115 Ross (1866–1951) studierte Ökonomie und Philosophie, lehrte überwiegend an der University of Wisconsin und begründete den Ruf des Departments als eines der wichtigsten für Soziologie in den USA. Er war nach Ward, Sumner, Giddings und Small der fünfte Präsident der American Sociological Society und der letzte, der zwei Jahre präsidierte (seitdem beträgt die Amtszeit ein Jahr), vgl. Odum, *American Sociology*, S. 98ff. Zur Soziologie von Ross, die zumindest in Teilen inhaltlich Cooley nahe stand vgl. Dorothy Ross, *The Origins of American Social Science*, Cambridge, 1991, S. 229ff. Ross hat als Erster das Konzept der "social control" ausgearbeitet und damit wohl ein auch heute noch wichtiges Element zum Fundus der Soziologie beigetragen. Für eine kritische Würdigung aus soziologischer Sicht siehe William L. Kolb, "The Sociological Theories of Edward Alsworth Ross", in *An Introduction to the History of Sociology*, hrsg. von Harry Elmer Barnes, 819–832. Chicago, 1948.
116 Edward A. Ross, *The Principles of Sociology*, New York, 1920, S. 60. In der Einleitung führt Ross aus, dieses Buch stelle gleichsam die Zusammenfassung seines soziologischen Wissens dar.

Für den soziologischen Beobachter in den 1920ern war es eine unhinterfragte und durch zahlreiche Beobachtungen belegbare Tatsache, dass die Menschheit sich in Rassen einteilen lässt. Ross gab sich als Liberaler seiner Zeit zu erkennen, weil er offen ließ, ob die bekannten Neigungen der verschiedenen Rassen auf Vererbung oder Kultur zurückzuführen seien; in den *Principles* führte er selbst überwiegend kulturelle Erklärungen an, gab aber auch biologischen Unterschieden in Temperament und Intelligenz einen Stellenwert.

Weit wichtiger als die Gründe für die Unterschiede der Rassen waren für Ross deren Folgen für die Beziehungen zwischen den Rassen, die "race relations". Die Konflikte zwischen verschiedenen Rassen etwa erklärten für Ross den Aufstieg und Abstieg von Nationen. Besonders bedenklich stimmte ihn in dieser Hinsicht die hohe chinesische Einwanderung nach Südamerika, die in Zukunft ein Problem für die Vormachtstellung der USA auf dem amerikanischen Kontinent sein würde.[117] Als zentrales Problem, das er in dem Kapitel *The Race Factor* diskutierte, ergab sich für Ross, welcher Rasse der größte Anteil an der amerikanischen Gesellschaft zukommen sollte. Hinsichtlich der Einwanderung führte er verschiedene "Problemrassen" an, etwa die als unterdurchschnittlich intelligent geltenden Türken oder die Süditaliener mit ihrem ungezügelten Temperament. Aber auch Rassen innerhalb der USA konnten zum Problem werden, so schien ihm die hohe Fruchtbarkeit von Afroamerikanern langfristig die aus seiner Sicht erwünschte Dominanz der nordeuropäischen Rassen zu gefährden.[118] Als wichtigster Weg, die Zusammensetzung der Rassen Amerikas zu steuern, bot sich für Ross die Einwanderungspolitik an.

> The conclusion of the whole matter is that what we know about the comparative value of races gives no people grounds for oppressing, dispossessing or exterminating any portion of mankind. On the other hand, we *do* know enough to have warrant for preferring one race to another in disposing of opportunities to expand and for discriminating among races in admitting strangers to the national society.[119]

Diese Sicht der Dinge des ehemaligen Präsidenten der American Sociological Society war durchaus typisch für den Großteil der Zunft. Die amerikanische Bevölkerung bestand in den Augen der überwiegenden Mehrzahl der Soziologen zu Beginn des 20. Jahrhunderts aus zahlreichen Rassen, denen, aufgrund biologischer oder kultureller Unterschiede, ein unterschiedlicher Wert für die amerikanische Gesellschaft zuzuordnen war. Der Begriff der Rasse bezog sich nicht spezifisch auf Afroamerikaner, Asiaten oder Indianer, auch Iren, Franzosen oder Deutsche waren ebenso Rassen. Auch die Dichotomisierung der amerikanischen Gesellschaft in Schwarz und Weiß war noch nicht mit dem Rassebegriff verknüpft.

---

117 Dies begründet Ross wie folgt: Die chinesische Einwanderung nach Südamerika verdränge die Ureinwohner und bringe damit das Bevölkerungsgleichgewicht auf dem amerikanischen Kontinent durcheinander, da Chinesen, im Gegensatz zu den Ureinwohnern, fähig seien, mit den europäischen Einwanderern der USA erfolgreich zu konkurrieren und somit die Dominanz der USA auf dem amerikanischen Kontinent langfristig gefährdet sei. Ibid., S. 65.
118 Zur Widerlegung dieses in der Eugenik prominenten Typus von Argumenten vgl. die Diskussion von Richard J. Herrnstein und Charles Murray, *The Bell Curve: Intelligence and Class Structure in American Life*, New York, 1994 in Kapitel 5.2.1 in diesem Buch, Abschnitt *Wie biologisch sind Rassen?*.
119 Ross, *The Principles of Sociology*, S. 66.

Das Nachdenken und Forschen über "race relations" begann erst langsam in den Fokus der Soziologie dieser Zeit zu rücken.[120] Ross sah sein *Principles of Sociology* als eine Art Grundlegung der Soziologie an. In seinem fast 700-seitigen Werk nehmen sich die sieben Seiten zur Diskussion von Rassen in den USA nach heutigen Standards etwas dürftig aus. Immigrantengruppen und Afroamerikaner waren ein Randthema in der amerikanischen Soziologie zu Beginn des 20. Jahrhunderts. Obwohl die Forschung zu Immigranten im Zuge der Amerikanisierungsforschung zugenommen hatte, waren Soziologen gerade erst dabei, die Soziologie der Immigrantengruppen als eigenständiges Forschungsgebiet zu definieren. Die Fokussierung auf Afroamerikaner als zentralen Gegenstand der entstehenden "race relations"-Forschung stand noch aus.

Beides sollte sich bis zum Ende des Zweiten Weltkrieges geändert haben: (1) Das Gebiet der "race relations" hatte sich fest in der amerikanischen Soziologie etabliert und (2) Afroamerikaner waren zu einem wichtigen Gegenstand soziologischer Analyse geworden. Mit beiden Prozessen hatte sich die Ausarbeitung des Konzepts der ethnischen Gruppe eng verbunden, sodass Mitte der 1940er Jahre der amerikanischen Soziologie neben dem Konzept der Rasse auch das der ethnischen Gruppe zur Verfügung stand.

Um diese Geschichte zu erzählen, teilt sich das Kapitel in drei Teile: Es beginnt mit einer kurzen Skizze der Entwicklung der amerikanischen Gesellschaft zwischen 1920 und 1944. Wie nach dem Ersten Weltkrieg die "race relations"-Forschung unter den beiden dominanten Soziologen Robert E. Park und Howard Odum entwickelt wurde, ist im zweiten Teil beschrieben. Dieser Hauptabschnitt des Kapitels enthält auch einen Exkurs über das Zurückdrängen des wissenschaftlichen Rassismus, weitgehend eine Leistung der Kulturanthropologie, die jedoch auf die Soziologie zurückwirkte. Das Kapitel endet mit einer Zusammenfassung zum Stand der Begrifflichkeit von Rasse und Ethnizität in der amerikanischen Soziologie in der Mitte des letzten Jahrhunderts.

2.1 Die zwanziger Jahre, der New Deal und der Zweite Weltkrieg

Die 1920er waren eine ambivalente Zeit für die amerikanische Gesellschaft, gekennzeichnet durch Prosperität und Verunsicherung. Arthur M. Schlesinger sen. veröffentlichte 1921 im *American Journal of Sociology* eine Skizze Amerikas als Gesellschaft von Immigranten. Eine Gesellschaft, die insbesondere in den urbanen Gebieten auf dem Weg von der "anglo-saxon domination" zum "melting pot" war:

> Whatever of history may be made in the future in these parts of the country will not be the result primarily of an "Anglo-Saxon" heritage but will be the product of the interaction of these more recent racial elements upon each other and their joint reaction to the American scene. Unless the unanticipated should intervene, the stewardship of American ideals and culture is destined to pass to a new composite American type now in the process of making.[121]

---

120 Vgl. Pettigrew (Hg.), *The Sociology of Race Relations: Reflection and Reform*, S. 2ff. Siehe hierzu auch die quantitativen Auswertungen am Ende von Abschnitt 1.2.2.
121 Arthur M. Schlesinger, "The Significance of Immigration in American History", *American Journal of Sociology* 27, 1921: 71–85, S. 82.

Dieser "new American type" entstand nicht ohne Spannungen. Amerika war aus dem Ersten Weltkrieg als eine Gesellschaft mit vielen Konfliktlinien hervorgegangen.[122] Thomas Woodrow Wilson (1856–1924) war mit seinen Plänen einer League of Nations insofern gescheitert, als er es nicht schaffte, sein eigenes Land zum Beitritt zu bewegen. Wilsons Demokratische Partei hatte dramatisch an Popularität verloren und der Republikaner Warren Gamaliel Harding (1865–1923) errang 1920 mit seinem schlichten Slogan "return to normalcy" einen erdrutschartigen Wahlsieg. Calvin Coolidge (1872–1933) wurde nach dem frühen Tod von Harding 1923 Präsident und setzte unter anderem auch dessen wirtschaftsfreundliche Politik fort. In der Nachfolge des Krieges verstärkte sich die Frontstellung zwischen Pazifisten und Nationalisten bzw. Interventionisten und Internationalisten wieder. Durch eine erstarkte Großindustrie gewann der Konflikt zwischen Arbeitnehmern und Arbeitgebern wieder an Brisanz. Der Druck der Frauenbewegung nahm zu und setzte einige politische Reformen in Gang, insbesondere nachdem 1920 das Wahlrecht für Frauen eingeführt worden war. Die Diskussion um die Prohibition polarisierte die Öffentlichkeit und führte zu Konflikten zwischen einigen Staaten der USA. Interessenverbände – Ausdruck einer immer komplexer werdenden Gesellschaft – versuchten verstärkt, auf Regierungshandeln Einfluss zu nehmen. Es begann die Blüte der politischen Interessenverbände, des sog. "new lobbying". Die Nachkriegszeiten waren unruhig und insbesondere kommunistische Verschwörungsfantasien weit verbreitet.[123] Großes öffentliches Aufsehen erregte das Todesurteil gegen Nicola Sacco und Bartolomeo Vanzetti 1921. Im Prozess konnte zwar die Teilnahme der beiden an einem Raubmord nicht nachgewiesen werden, für Richter und Jury waren aber italienische Herkunft und anarchistische politische Einstellung der Angeklagten Grund genug für ein Todesurteil.

Die neue Immigrationsgesetzgebung

Einwanderung wurde im Amerika des 20. Jahrhunderts zunehmend zum Problem. Die Ende des 19. Jahrhunderts einsetzende "new immigration" führte zur Einwanderung von Süd- und Osteuropäern in einem bis zu diesem Zeitpunkt unbekannten Maße.[124] Im Vergleich zu den früheren Immigrationsschüben aus Mittel- und Nordeuropa wurden diese Einwanderungsgruppen als "minderwertig" angesehen. In seiner zeitgenössischen Analyse sieht auch Schlesinger hier ein zentrales Problem:

> The new immigration from Southern and Eastern Europe, with its lowered standard of living and characteristic racial differences has intensified many existing social problems and created a number of new ones ... The modern programs for organized and scientific philanthropy had their origin very largely in the effort to cure these spreading social sores. Out of this situation

---

122 Wie in allen weiteren Kapiteln ist auch hier die historische Darstellung auf wenige Punkte eingeschränkt, zur umfangreicheren Information und Einordnung der dargestellten Sachverhalte sollte deshalb immer auf historische Literatur zurückgegriffen werden. Als wohlinformierte sozialhistorische Skizze der 1920er vgl. z.B. Lynn Dumenil, *The Modern Temper: American Culture and Society in the 1920s*, New York, 1995.
123 Insbesondere angeregt durch Berichte über die Bolschewiki in Russland kam es 1919 und 1920 zu einer zunehmenden Angst vor einer kommunistischen Unterwanderung („Red Scare"). Trauriger Berühmtheit erlangten die sog. "Palmer Raids" 1920, Attorney General A. Mitchell Palmer ließ im Januar 1920 über 4.000 Menschen in 33 Städten als "Radikale" verhaften.
124 Die beste soziologische Analyse dieses Prozesses ist wohl bis heute Stanley Lieberson, *A Piece of the Pie: Blacks and White Immigrants since 1880*, Berkeley, 1980.

has also grown a new anti-immigration or nativist movement, unrelated to similar phenomena of earlier times and indeed regarding with approval the very racial groups against which the earlier agitation had been directed.[125]

Im Amerika der 1920er Jahre gewann eine starke einwanderungsfeindliche Strömung immer mehr die Oberhand und setzte die Frage auf die Tagesordnung, was es bedeutete, Amerikaner zu sein und wie mit Immigration und den verschiedenen Bevölkerungsgruppen umzugehen sei. Eine Antwort wurde in einer Politik der Amerikanisierung der amerikanischen Bevölkerung gesucht, d.h. der Vermittlung der englischen Sprache und der "zentralen Werte" Amerikas.[126] Zum Konzept der Amerikanisierung schrieb der Ökonom John R. Commons 1920 im neuen Vorwort zu seinem Buch *Races and Immigrants in America*:

> The war suddenly made the Americanization of immigrants a national problem. ... The results are gradually working around to the conclusion that the immigrant is not to be treated as a special case but that Americans also need Americanizing. The backward schools of America are the schools for Americans, not for immigrants and their children. ... Americanization is a special problem only because fresh immigrants pour in each year. It ceases to be a special problem in the second generation. All of the numerous restrictions on immigration, except the Chinese exclusion law, are *not restrictive* but *selective*. They have not limited immigration, but have improved it. The next steps needed are real restrictions.[127]

Amerikanisierung stellte sich also als ein doppeltes Problem dar: als Problem, das sich aus der weitgehend restriktionsfreien Einwanderung ergab, und als Problem der amerikanischen Gesellschaft selbst, denn auch die Amerikaner bedurften offensichtlich einer Amerikanisierung.

Der "new American type", den Schlesinger prognostizierte, war wohl im Entstehen begriffen, aber wie er aussehen sollte, war noch höchst unklar. Auf die Frage, was nun eigentlich amerikanisch sei, hatte schon eine Umfrage unter 250 wichtigen Persönlichkeiten des öffentlichen Lebens, die Albion Small im Rahmen des *American Journal of Sociology* 1915 durchgeführt hatte, keine zufrieden stellende Antwort gegeben.[128] Das Bild des "melting pot" war zwar schon erfunden, aber die Möglichkeit der "Einschmelzung" von Rassen und Kulturen erschien noch höchst unplausibel. Die rassischen Differenzen innerhalb der amerikanischen Gesellschaft waren Besorgnis erregend. Rassen, also Juden, Deutsche, Slawen, Iren oder Italiener, waren im Bewusstsein der Bevölkerung direkt mit einer bestimmten meist unamerikanischen Kultur verknüpft. Für den heutigen Beobachter mag es erstaunlich klingen, aber noch in den zwanziger Jahren des 20. Jahrhunderts waren Rassen wie Kelten oder Juden offensichtliche Realität für die Gruppenzusammensetzung der ame-

---

125 Schlesinger, "The Significance of Immigration in American History", S. 83–84.
126 Für eine zeitgenössische Zusammenfassung der Amerikanisierungsbewegung vgl. Read Lewis, "Americanization", in *Encyclopaedia of the Social Sciences*, hrsg. von Edwin R.A. Seligman, 33–34. New York, 1937 [1934]. Zu den Implikationen für die Soziologie vgl. den zweiten Teil des Kapitels.
127 John R. Commons, *Races and Immigrants in America*, New York, 1967 [1907], S. xxviii–xxix.
128 Small bemerkt etwas ungehalten, dass, obwohl extra frankierte Rückumschläge dem Anschreiben beigelegt wurden, nur ca. zwanzig der Angeschriebenen auch geantwortet haben – und dies, wo doch die gestellte Frage so zentral für die Zukunft der USA sei. Albion W. Small, "What Is Americanism?", *American Journal of Sociology* 20, 1915: 433–486, S. 435. (Small tritt zwar nicht namentlich als Autor des Aufsatzes auf, war zu dieser Zeit aber federführender Herausgeber der Zeitschrift und damit auch für die Zusamnmenstellung dieses Textes verantwortlich.)

rikanischen Gesellschaft. In seiner eindrücklichen Beschreibung der damaligen Zeit weist der Historiker Jacobson auf diesen Aspekt hin:

> The Celts *were* Celtic during these years, and Hebrews *were* racially Hebrew. The Slavs were Slavic in ways that even Madison Grant's political enemies perceived. It was not just a handful at the margins who saw certain immigrants as racially distinct; nor did the eugenic view of white races emerge in a vacuum. The consensus on this point was impressive.[129]

Es setzte sich die Meinung durch, dass in einem Zuviel an Immigration eines der zentralen Probleme läge. 1921 wurde ein System nationaler Quoten eingeführt (Johnson Act), die jährliche Einwanderung sollte 3 % des Volumens der jeweiligen Immigrantengruppe nicht übersteigen, die 1910 in den USA wohnten. Dieses Gesetz führte vor allen Dingen zu einer Begrenzung der Einwanderung aus Süd- und Osteuropa, da diese Gruppen aufgrund ihrer jüngeren Einwanderungsgeschichte noch relativ kleinere Immigrantenminderheiten bildeten. 1924 wurde dieses Gesetz weiter verschärft (Johnson Reid Act) auf Quoten von 2 % mit Bezugsgröße 1890, um noch stärker "the old stock" in der Einwanderung zu favorisieren. Da der Johnson Reid Act keine Beschränkung für die westliche Hemisphäre beinhaltete, wurden Kanadier, Mexikaner und Menschen aus Puerto Rico schnell zur größten Einwanderungsgruppe. Diese Gesetzgebung gilt als erster großer Einschnitt in der Geschichte der amerikanischen Immigrationsgesetzgebung und als Beginn einer neuen Phase der amerikanischen Immigrationsgeschichte:

> The passage of restrictive immigration legislation and the phasing in of the national origins system in the 1920s brought an entire era of American immigration history to an end. The century of immigration was over.[130]

Der Erfolg der Einwanderungsgesetzgebung, im Sinne einer starken Reduktion der Einwanderung, war ein wichtiger Schritt, der Angst vor den verschiedenen Rassen der Einwanderer die Grundlage zu nehmen.

Afroamerikaner und "Jim Crow" in den 1920ern

Die Angst vor einer Überschwemmung der USA mit als minderwertig eingeschätzten Rassen war durch ein diskriminierendes Einwanderungsgesetz gebändigt worden. Die Angst, insbesondere der weißen Bevölkerung im Süden, davor, dass Afroamerikaner sich gegen ihre unterdrückte Stellung auflehnen würden, blieb jedoch erhalten und manifestierte sich in der rechtlichen Diskriminierung der Afroamerikaner in der sog. Jim-Crow-Gesetzgebung[131]. Der wohl scharfsinnigste Chronist dieser Gesetzgebung, C. Vann Woodward,[132] charakterisiert die rechtliche Situation der Afroamerikaner in dieser Zeit:

---

129 Jacobson, *Whiteness of a Different Color: European Immigrants and the Alchemy of Race*, S. 88. Zu M. Grant vgl. Kapitel 2.1 in diesem Buch, Abschnitt Kultur und Gesellschaft in den 1920ern.
130 Roger Daniels, *Coming to America: A History of Immigration and Ethnicity in American Life*, New York, 1990, S. 287.
131 "Jim Crow" bezeichnet die diskriminierende Gesetzgebung insbesondere im Süden der USA zwischen dem Ende des 19. Jahrhunderts und den 1960er Jahren. Die Bezeichnung Jim Crow stammt vermutlich von einem Charakter der Minstrelsy, den im 19. Jahrhundert überaus populären volkstümlichen Gesangsdarbietungen, in denen weiße Künstler, als Afroamerikaner verkleidet, diese lächerlich machten oder nachäfften.

There was no apparent tendency toward abatement or relaxation of the Jim Crow code of discrimination and segregation in the 1920's, and non in the 'thirties until well along in the depression years. In fact the Jim Crow laws were elaborated and further expanded in those years. Much social and economic history is reflected in the new laws.[133]

Der Gesetzgeber in den Südstaaten war bemüht, die Segregation zwischen Weißen und Schwarzen aufrechtzuerhalten bzw. sie noch weiter zu verstärken. Als mit der Verbreitung des Autos in den Städten des Südens das Taxigewerbe zunahm, wurde 1922 in Mississippi ein Gesetz erlassen, das die Trennung von Taxis für Euroamerikaner und Afroamerikaner im ganzen Land vorschrieb.[134] Als zu Beginn der 1930er der Boxsport zu einem der ersten wichtigen medialen Sportereignisse wurde, verbot die Bundesregierung 1933 die Verbreitung von Filmen, die gemischtrassisches Boxen zeigten. Texas verbot gänzlich Boxen und Ringen zwischen Kaukasiern und Negroiden. 1935 sah sich der Gesetzgeber von Oklahoma genötigt zu verhindern, dass Weiße und Schwarze gemeinsam fischten.

Die Diskriminierung und Gewalt im Süden der USA, aber auch in den Städten des Nordens, provozierte eine Radikalisierung der Afroamerikaner. Marcus Garvey, ein Immigrant aus Jamaika, bot mit seiner Universal Negro Improvement Association (UNIA) der aufstrebenden afroamerikanisch-nationalistischen Bewegung eine wirkungsvolle Plattform. Garvey, dem es unmöglich erschien, innerhalb der USA Gleichberechtigung zwischen Afroamerikanern und Euroamerikanern zu erreichen, propagierte deshalb die "Rückführung" der Afroamerikaner nach Afrika. Diese neueren Bewegungen machten Organisationen wie etwa dem NAACP (The National Association for the Advancement of Colored People) Konkurrenz. Diese von Weißen und Schwarzen gegründete Organisation hatte das Erbe des 1905 gegründeten Niagara Movements angetreten, das W.E.B. Du Bois[135] organisierte hatte. Im Gegensatz zu Booker T. Washington[136] plädierte Du Bois für Gleichberechtigung zwischen Weiß und Schwarz in allen Bürgerrechten.

Der 1915 von William Simmons in Atlanta neu gegründete Ku Klux Klan machte sich neue Werbestrategien zu Nutze und brachte 1924 seine Mitgliederzahl mit 3 Millionen auf einen Höchststand. Im Unterschied zu seinem Vorgänger beschränkte sich der neue Klan nicht darauf, befreite Afroamerikaner zu verfolgen, sondern er schwang sich zum Sittenwächter der gesamten Gesellschaft auf. Schulen wurden dazu gezwungen, Bibelunterricht einzuführen, Politiker katholischen oder jüdischen Glaubens verfolgt, und Mexikaner an der amerikanischen Grenze verprügelt. Die beliebteste Terroraktion des Klans blieb jedoch das Lynchen meist von Afroamerikanern.

Die Ungleichbehandlung der verschiedenen Rassen in der Einwanderungsgesetzgebung wie auch die Diskriminierung von Afroamerikanern durch Jim-Crow-Gesetze erschienen damals als Fortführung der alten Tradition der "anglo-saxon dominance". Zahlreiche Gerichtsurteile, wie auch viele politische Kommentatoren reklamierten den Einklang dieser Verhältnisse mit der "althergebrachten" Interpretation der amerikanischen Verfassung. So konstatierte der schon oben zitierte Commons 1920:

---

132 Siehe C. Vann Woodward, *The Strange Career of Jim Crow*, New York, 1974 [1955].
133 Ibid., S. 116.
134 Ähnliche Vorschriften erließen die Städte Jacksonville (1929), Birmingham (1930) und Atlanta (1940). Zu diesen und den anderen folgenden Beispielen vgl. ibid., S. 116ff.
135 Zu dem wichtigen afroamerikanischen Soziologen und Bürgerrechtler W.E.B. Du Bois vgl. Kapitel 2.2.2.
136 Booker T. Washington (1856–1915) galt als Führer der Afroamerikaner vor Du Bois.

"All men are created equal." So wrote Thomas Jefferson, and so agreed with him the delegates from the American colonies. But we must not press them too closely nor insist on the literal interpretation of their words. They were not publishing a scientific treatise on human nature nor describing the physical, intellectual, and moral qualities of different races and different individuals, but they were bent upon a practical object in politics.[137]

Dass alle Menschen gleich seien, war also in Commons Augen gar nicht so gemeint gewesen, sondern eher eine Formulierung, die dem politischen Tagesgeschäft geschuldet war. Doch der Weg war vorgezeichnet zu einer neuen Interpretation der amerikanischen Verfassung und zu einem "new American type", in dem zumindest die weißen Rassen zum einheitlich weißen Amerikaner verschmelzen sollten.

Demographische Prozesse in der Zwischenkriegszeit

Schon Mitte des 19. Jahrhunderts wurde das Interesse der amerikanischen Gesellschaft an der Größe der neu eingewanderten Nationen oder Rassen so groß, dass in der Volkszählung von 1850 eine Frage nach dem Geburtsort des Befragten und 1871 eine Frage über den Geburtsort der Eltern des Befragten aufgenommen wurden.[138] Die Einwanderungszahlen verschiedener Herkunftsländer wurden gerade im Zuge der Amerikanisierungsstudien extensiv untersucht, wobei das Herkunftsland meist auch als Rassenbezeichnung diente. "Foreign borns", also im Ausland Geborenen, und "foreign stock", Menschen die selbst oder deren Eltern im Ausland geboren waren, wurden beliebte Indikatoren, um die Größe von Einwanderungsminderheiten zu bestimmen. Der Anteil des "foreign stock" hatte mit weit über einem Drittel (35,1 %) gemäß der Volkszählung von 1910 einen Höchststand erreicht und begann bis 1930 leicht abzusinken (32,8 %). Unter den Einwanderern jüngeren Datums, also den "foreign borns", zeichnete sich ein Strukturwandel ab: Zwischen 1880 und 1900 stammten die fünf größten Einwanderungsminderheiten aus Deutschland, Irland, Kanada, Großbritannien und Schweden. 1930 waren Italiener und Polen in diese Ränge aufgestiegen.[139]

Die oben beschriebene neu eingeführte Einwanderungsgesetzgebung hatte zwischen 1921 und 1924 nur einen relativ geringen Einfluss auf das Wanderungsgeschehen.[140] Größte Gruppen dieser Einwanderung waren Deutsche, also Einwanderer aus dem Land des Kriegsgegners von vor wenigen Jahren, sowie Polen und Italiener. Die verschärften Quotenregelungen führten zwischen 1925 und 1930 dazu, dass einerseits die Einwanderung aus Polen und Italien zurückging, die Einwanderung aus Deutschland jedoch weiterhin sehr stark blieb. In dieser Phase schien der Johnson Reid Act wie intendiert zu funktionieren. In den 1930ern hatte die Einwanderung einen Tiefpunkt erreicht. Zwischen 1931 und 1940 verloren die USA mehr Menschen durch Auswanderung als durch Einwanderung ausgegli-

---

137 Commons, *Races and Immigrants in America*, S. 1.
138 Vgl. Reynolds Farley, "The New Census Question About Ancestry: What Did It Tell Us?", *Demography* 28, 1991: 411–429, S. 411.
139 Zu diesen Angaben vgl. A. Dianne Schmidley und Campbell Gibson, *Profile of the Foreign-Born Population in the United States: 1997*, Washington, DC, 1999. Die diversen Probleme bei der Messung von ethnischen Gruppen werden ausführlicher bei der Beschreibung der Zensusergebnisse in den folgenden Kapiteln diskutiert. Einen generellen Überblick über die Messproblematik gibt Farley, "The New Census Question About Ancestry: What Did It Tell Us?".
140 Vgl. hierzu und für das Folgende insbesondere Daniels, *Coming to America*, 287ff.

chen werden konnte.[141] Insgesamt wurden zwischen 1930 und 1947 nur 23 % der restriktiven Einwanderungsquoten ausgenutzt.[142] Einwanderungszahlen sind ein schlechter Indikator, um die Größe von Einwanderungsminderheiten zu bestimmen, da insbesondere um die Jahrhundertwende die Rückwanderungsquoten in den USA sehr hoch und darüber hinaus nach Einwanderergruppen sehr unterschiedlich waren. Zwischen 1899 und 1924 wanderten ca. 17,5 Millionen Menschen in die USA ein und ca. 6 Millionen, also über ein Drittel, verließen das Land wieder. Niedrige Rückwanderungsquoten hatten etwa Iren (12 %) oder Deutsche (19 %), hohe Süditaliener (56 %) und insbesondere Chinesen. In dieser Gruppe wanderten mehr Menschen in ihr Herkunftsland zurück als einwanderten (129 %), wobei die Anzahl chinesischer Einwanderer in dieser Zeit überhaupt nur bei knapp 60.000, ca. 0,3 % der Gesamteinwanderung, lag.[143]

Mit den Veränderungen in der Außenwanderung wandelte sich auch die *räumliche Verteilung und die Binnenwanderung* dramatisch. Nach der Volkszählung von 1920 lebte zum ersten Mal die Mehrheit der Amerikaner in Städten. Auch wenn schon Orte mit mehr als 2500 Einwohnern als städtische Gebiete definiert wurden, so stellt dieses Datum doch eine Trennlinie in der Entwicklung der amerikanischen Gesellschaft dar. Die wachsende Industrie- und Dienstleistungsbranche war eng mit der Urbanisierung verbunden. Die Boomzeit zwischen 1920 und 1929 machte das an Industriearbeit gekoppelte Leben in der Stadt zur überwiegenden Erfahrung der amerikanischen Bevölkerung.[144] In den 1920er und 1930er Jahren sank die durchschnittliche Familiengröße und die Scheidungsraten stiegen.

Neben dieser kontinuierlichen Land-Stadtwanderung war die große Nordwanderung der überwiegend im Süden lebenden Afroamerikaner, die sog. "great migration", einer der folgenreichsten Binnenwanderungsprozesse. Sie erhöhte die Sichtbarkeit von Afroamerikanern insbesondere im Norden erheblich; war vorher der größte Teil der afroamerikanischen Bevölkerung meist in den abgelegenen ländlichen Siedlungen des Südens wohnhaft, stieg nun der Anteil von Afroamerikanern in den prosperierenden Zentren des Nordens erheblich an und begann zu sozialen Problemen zu führen.

Schon im ersten Zensus von 1790 wurde erfragt, ob die betreffende Person ein freier Weißer oder Sklave sei. Aus dieser Frage entwickelte sich in nachfolgenden Erhebungen die Frage nach der Rassenzugehörigkeit und nach *Afroamerikanern*. Seit 1850 wurde nach Weißen, Schwarzen, Mulatten und Sklaven gefragt, nach dem Bürgerkrieg entfiel die Kategorie für Sklaven.[145] Mit dem 1930er-Zensus entwickelte sich die Grundstruktur der Frage nach "rassischer Abstammung", die trotz unterschiedlicher Begrifflichkeit und unterschiedlicher Anzahl der Kategorien auch heute noch gilt: Es wurde nach Weißen und Schwarzen gefragt sowie danach, ob jemand Indianer, Japaner, Philippine, Hindu oder

---

141 Vgl. Richard A. Easterlin, "Immigration: Economic and Social Characteristics", in *Harvard Encyclopedia of American Ethnic Groups*, hrsg. von Stephan Thernstrom, Ann Orlov und Oscar Handlin, 476–486. Cambridge, Mass., 1980, S. 426.
142 Vgl. Reed Ueda, *Postwar Immigrant America: A Social History*, Boston, 1994, S. 32.
143 Zu diesen Zahlen vgl. Charles A. Price, "Methods of Estimating the Size of Groups", in *Harvard Encyclopedia of American Ethnic Groups*, hrsg. von Stephan Thernstrom, Ann Orlov und Oscar Handlin, 1033–1044. Cambridge, Mass., 1980, S. 1036.
144 Vgl. Norton et al., *A People and a Nation: A History of the United States*, Volume B since 1865, S. 454f.
145 Zur historischen Entwicklung des Fragenkatalogs vgl. United States Department of Commerce, *Measuring America: The Decennial Censuses from 1790 to 2000*, Washington, D.C., 2002. Zur Frage nach Rassenzugehörigkeit vgl. Joan Ferrante und Prince Brown, Jr., "Classifying People by Race", in *Race and Ethnic Conflict: Contending Views on Prejudice, Discrimination, and Ethnoviolence*, hrsg. von Fred L. Pincus und Howard J. Ehrlich, 14–23. Boulder, Colo., 1999.

gefragt sowie danach, ob jemand Indianer, Japaner, Philippine, Hindu oder Koreaner sei – eine etwas skurrile Kombination von vermeintlich rassischen, regionalen bzw. nationalen und religiösen Merkmalen. Die grobe Rasseneinteilung nach Weißen, Schwarzen, Indianern und Asiaten war vor allem durch alte administrative Kategorien geformt, die der Zensus abbildete. Die Kategorie der Schwarzen ("Negroes") entstand aus der Kategorie der Sklaven und war eine wichtige rechtliche und administrative Kategorie. Indianer, heute Natives, bekamen erst Ende des 19. Jahrhunderts volle Bürgerechte und wurden von der Regierung lange Zeit als "nationals" ohne "citizenship rights" definiert. Chinesen waren die erste Gruppe, die von der Einwanderung ausgeschlossen wurden.

Die historischen Statistiken der USA weisen für 1920 9,9 % Afroamerikaner aus, dies war der ungefähre Tiefpunkt des Anteils von Afroamerikanern an der Gesamtbevölkerung, ab 1950 begann er wieder zu steigen.[146] Für den 1920er-Zensus ist diese Zahl jedoch nur bedingt richtig. Dieser Zensus war der letzte, in dem nach Mulatten gefragt wurde. Etwa ein Sechstel der Afroamerikaner (15,9 %) galten als Mulatten, also Menschen, die offensichtlich (so die Anweisung an den Zähler) weiße Vorfahren hatten. Wenn man bedenkt, was zeitgenössische Schätzungen begründet vermuteten, dass ca. 75 % der afroamerikanischen Bevölkerung weiße Vorfahren hatten, zeigt dies, dass die soziale Definition des Afroamerikaners sehr weit gefasst war, bzw. als Mulatten Menschen nur bezeichnet wurden, wenn sie sehr hellhäutig waren.[147] Ab der Volkszählung von 1930 wurde nur noch nach Negro und White gefragt. Die 1920er waren also auch amtlich der Endpunkt der Durchsetzung der sog. "one-drop rule". Dieser Begriff zur Definition von Afroamerikanern bezieht sich auf die Annahme, schon ein Tropfen "schwarzen Blutes" in der Ahnenreihe mache einen US-Bürger zum Afroamerikaner.

> The one-drop rule appeared early and eventually became the dominant rule, but for a long time it had a vigorous competitor, a rule that defined mulattoes not as blacks but as a racially mixed group between blacks and whites. ... The one-drop rule did not become uniformly accepted until during the 1920s, but before that there had been more than two and a half centuries of miscegenation, most occurring during slavery.[148]

Kultur und Gesellschaft in den 1920ern

Viele Aspekte, die heute als typisch amerikanisch gelten, hatten in mancherlei Hinsicht ihren Ursprung in den Zwanziger Jahren. Wellen musikalischer Moden durchzogen das Land, von denen der Charleston und der Jazz auch bis nach Europa hinüberschwappten. Die Filmindustrie hatte ihren ersten großen Boom. Sport wurde zu einem prosperierenden Geschäftszweig. Am Ausgangspunkt dieser "typisch amerikanischen" Kultur stand eine vehemente Bewegung gegen alle kulturellen Äußerungen von Immigrantenminderheiten während des Ersten Weltkrieges und in der Nachkriegszeit. Oder wie Reimers es am Beispiel der deutschen Minderheit ausdrückt:

---

146 Vgl. Tabelle 6 im Anhang.
147 Vgl. Edward Byron Reuter. The Mulatto in the United States. Richard G. Badger. 1918, zitiert nach Mark E. Hill, "Color Differences in the Socioeconomic Status of African American Men: Results of a Longitudinal Study", *Social Forces* 78, 2000: 1437–1460, S. 1438.
148 F. James Davis, *Who Is Black? One Nation's Definition*, University Park, 1991, S. 31–32. Das Buch ist eine der wenigen guten soziologischen Abhandlungen über dieses Phänomen.

> It seemed as if the war against Germany in Europe had degenerated into a "War against German America."[149]

In der Zwischenkriegszeit war es einfach nicht besonders vorteilhaft, seine deutsche Abstammung zu demonstrieren. Viele Deutsche hatten ihre Namen anglisiert, die meisten Pastoren der Lutheranischen Kirche gingen dazu über, den Gottesdienst in Englisch zu halten, viele deutsche Schulen beendeten ihren muttersprachlichen Unterricht, teilweise unter heftigem Druck der Regierungen in einzelnen Staaten.[150] Dieser Homogenisierungsdruck war nicht auf Deutsche beschränkt. Praktisch alle nicht angelsächsischen Einwanderer wurden als suspekt angesehen. Seinen eloquentesten Ausdruck fand die Angst vor dem Niedergang der eigentlichen "weißen Rasse" Amerikas, also den Angel-Sachsen, in Madison Grants *The Passing of the Great Race*.[151] Für Grant war jede Vermischung von Rassen ein Übel, somit auch die Vermischung der verschiedenen Einwandererrassen in Amerika:

> Whether we like it to admit or not, the result of the mixture of two races, in the long run, gives us a race reverting to the more ancient, generalized and lower type. The cross between a white man and an Indian is an Indian; the cross between a white man and a negro is a negro; the cross between a white man and a Hindu is a Hindu; and the cross between any of the three European races and a Jew is a Jew.[152]

Die landläufigen eugenischen Theorien, die Grant hier vertritt, postulieren also ein Art generalisierte "one-drop rule". Jede Form der Mischung von Rassen führt dazu, dass aus höher stehenden Angel-Saxen niedrigere Rassen werden. Dass in einem solchen gesellschaftlichen Klima viele Rassen dazu tendierten, ihre spezifischen kulturellen Äußerungen – zumindest im öffentlichen Raum – zurückzuschrauben, schien nur logisch.

Parallel zum Niedergang der kulturellen Äußerungen europäischer Einwanderungsgruppen zeigte sich zur gleichen Zeit eine eigenständige, zumindest teilweise öffentlich anerkannte afroamerikanische Kultur, heute bekannt als *Harlem Renaissance*. Die 1920er waren auch eine schwere Zeit für afroamerikanische Künstler, zwar war es einigen möglich, in Minstrelsy-Shows[153] aufzutreten, doch waren auch hier die Ausdrucksmöglichkeiten sehr eingeschränkt.[154] In diesem restriktiven Klima entstand die Harlem Renaissance mit so wichtigen Poeten wie Langston Hughes, Countee Cullen oder Claude McKay. Jean Toomers Novelle *Cane* von 1923 porträtierte das Leben von Afroamerikanern in klarstem Realismus. Wichtiger Aspekt dieser Kulturbewegung war auch die damals revolutionäre Idee "black is beautiful". Das Schönheitsideal schwankt hier von braun ("Brown America") bis zu Marcus Garveys Idee, nur Menschen, die "rein afrikanisch" aussahen, seien schön.[155]

---

149 David M. Reimers, *Unwelcome Strangers: American Identity and the Turn against Immigration*, New York, 1998, S. 19.
150 Vgl. hierzu und zu anderen Beispielen ibid., S. 18ff.
151 Die Erstausgabe wurde zwar schon 1916 veröffentlicht, seine größte Verbreitung fand dieses Buch jedoch in den 1920ern, hierzu ausführlicher Jacobson, *Whiteness of a Different Color: European Immigrants and the Alchemy of Race*, S. 81ff.
152 Grant zitiert nach ibid., S. 81.
153 Vgl. Fußnote 131.
154 Josefine Baker war übrigens eine Minstrelsy-Darstellerin, die ihre Chance in Europa suchte und in Paris große Erfolge feierte.
155 Vgl. Davis, *Who Is Black?*, S. 58ff.

Die ökonomische Situation

Ein wichtiger Faktor für die Blüte neuer kultureller Muster in den 1920er Jahren war die ökonomische Prosperität dieser Zeit. Nachdem Coolidge 1923 die Präsidentschaft angetreten hatte, erholte sich die amerikanische Wirtschaft allmählich wieder. Der Elektromotor begann seinen Siegeszug. Neue Produkte wie Radio, Waschmaschine und Kühlschrank belebten die Konsummärkte. Aufgrund steigender Löhne und relativ stabiler Preise konsumierte der Durchschnittsamerikaner mehr als je zuvor. Symbol dieser prosperierenden Konsumentenkultur war das Auto. Autotypen wie der Ford Model T waren für ca. 300 Dollar auch für Industriearbeiter erschwinglich. Die florierende Kleidungsindustrie fand neue Märkte insbesondere in der sich ausbreitenden Freizeitkleidung, in der Amerikaner ihre zunehmende Freizeit genossen.

Die organisierte Arbeiterschaft erlitt schwere Rückschläge in den 1920ern, der Supreme Court ließ u.a. zu, Gewerkschaften nach Streiks wegen illegaler Handelsbehinderungen zu belangen. Restriktionen zur Kinderarbeit und der Mindestlohn für Frauen wurden aufgehoben. Andererseits entstand der "welfare capitalism": große Unternehmen organisierten Pensionsfonds und beteiligten die Arbeiter am Unternehmensgewinn, besonders beliebt waren auch vom Unternehmen gesponserte Betriebsfeste und Ausflüge, oft verbunden mit Picknicks und Sportereignissen.

Die Wahl Herbert Clark Hoovers (1874–1964) 1928 fand noch in einer Phase allgemeiner Prosperität statt, seine Amtszeit fiel mit dem Ende der auch für America "goldenen zwanziger Jahre" zusammen, die in die schwere ökonomische Krise einmündeten. 1929 begannen die ersten schweren Einbrüche am Börsenmarkt. Die Arbeitslosigkeit stieg von 3,2 % 1929 auf 24,9 % 1933.[156] Die ökonomische Situation der USA war desolat und die Unzufriedenheit mit der republikanischen Regierung wuchs.

Der New Deal

Die Wahl von 1932 war ein durchschlagender Erfolg für Franklin D. Roosevelt (1882–1945) und die Demokratische Partei. Roosevelt sollte mit zwölf Jahren und vier Wahlperioden der amerikanische Präsident mit der längsten Amtszeit werden (von 1932 bis 1945).[157] Er war einziges Kind einer insbesondere durch das Vermögen seiner Mutter (Sara Delano Roosevelt) reichen Familie. Selbst ein Geschäftsmann mit nur mäßigem Erfolg, war er als konservativer Demokrat Assistant Secretary of the Navy unter Woodrow Wilson gewesen. Obwohl 1920 an Polio erkrankt, kehrte er trotz einer dauerhaften Behinderung, die ihn meist an den Rollstuhl fesselte, in die Politik zurück und wurde 1928 Governor von New York. Nach seiner Wahl zum Präsidenten begann die erste Phase des New Deals. 1933 wurden die ersten wichtigen Gesetze implementiert. Der Agricultural Adjustment Act (AAA) reduzierte mit Subventionen die Überproduktion der Landwirtschaft, mit dem National Industrial Recovery Act wurde eine Verwaltung geschaffen, die – von konservativer Seite heftig bekämpft – mit ähnlichen Steuerungsmaßnahmen in die Industrie eingriff. Nur

---

156 Vgl. United States Census Bureau, *Statistical Abstracts of the United States: 20th Century Statistics*, Washington, D.C., 1999, Tabelle 1430.
157 Nach seinem Tod wurde mit dem 22. Verfassungszusatz die Anzahl der Amtszeiten von amerikanischen Präsidenten auf zwei begrenzt.

langsam stabilisierte sich die wirtschaftliche Lage. Die ökologische Katastrophe der Dust Bowl[158] verstärkte die Wanderung von bankrotten Kleinfarmern aus dem Mittleren Westen an die Westküste.

1935 begann die Phase des zweiten New Deal. Wie sich insbesondere an der Arbeitsgesetzgebung zeigte, versuchte Roosevelt in dieser Phase die Rechte der Arbeiter gegenüber der Industrie zu stärken. Mit Hilfe des Emergency Relief Appropriation Act konnten Arbeitsbeschaffungsprogramme aufgelegt und Millionen von Arbeitslosen insbesondere für den Bau von Straßen eingesetzt werden. Epoche machend war sicherlich der Social Security Act von 1935, der u.a. eine Old Age Insurance (OAI) und eine Unemployment Insurance (UI) implementierte.[159] Die Depression hatte den Arbeitslosen zu einem "respektablen" Wohlfahrtsempfänger gemacht. Doch auch die neue Phase des New Deals brachte nur mäßige Erfolge. 1939 begann eine neue Rezession, und mit der schwindenden Zuversicht in den USA stieg die Bedrohung von Außen durch Hitlerdeutschland und die Achsenmächte. Auch für Immigranten brachte der New Deal keine Erleichterung. Roosevelt hielt die Grenzen geschlossenen gegenüber Einwanderung aus Europa – insbesondere gegenüber der steigenden Zahl von Flüchtlingen.

Roosevelt war unter *Afroamerikanern* sehr beliebt. Insbesondere seine Frau Eleanor Roosevelt (1884–1962) empfing zahlreiche afroamerikanische Besucher im Weißen Haus und der Präsident selbst hatte einige Afroamerikaner unter seinen Beratern. Spezielle Gesetze zum Schutz von Afroamerikanern erließ er jedoch nicht. Um die Koalition mit den Politikern der Südstaaten für den New Deal nicht zu gefährden, verzichtete er darauf, das schon lange in der Administration vorgehaltene "Anti-Lynching Bill" und die Gesetzgebung gegen "poll taxes"[160] vor den Kongress zu bringen.

1931 war Walter F. White (1893–1955), ein ehemaliger Student von W.E.B. Du Bois, Führer des NAACP geworden. Die 1930er Jahre waren spannungsreiche Zeiten insbesondere für Afroamerikaner. Große öffentliche Aufmerksamkeit erregte der Scottsboro Trial, in dem neun Afroamerikaner wegen der Vergewaltigung zweier weißer Frauen zum Tode verurteilt wurden. Einige junge weiße Männer hatten sich am 25. März 1931 bei der Polizei in Scottsboro, Alabama, beschwert, Schwarze hätten sie aus dem Zug geworfen. Beim nächsten Halt waren neun Afroamerikaner festgenommen worden, mit ihnen zwei weiße Frauen in Männerkleidern. Von der Polizei unter Druck gesetzt, hatten diese behauptet, von den Afroamerikanern vergewaltigt worden zu sein. Dem schließlichen Nachweis der Falschaussage hatte sich eine lange Serie von Prozessen angeschlossen, die den Fall national und international zum Paradebeispiel für den Rassismus im Rechtssystem der Südstaaten machte, denn unter dem Vorwand, weiße Frauen vor schwarzen Vergewaltigern schüt-

---

158 Durch extensive Landwirtschaft im Süden der Great Plains, die den natürlichen Gras- und Steppenbewuchs zerstörte, war es nach einer Trockenheit zu Beginn der 1930er zu Staubstürmen gekommen, die teilweise bis zu zehn Zentimeter der Bodenkrume abgetragen hatten. Folge war u.a. eine Migration von Farmern insbesondere aus Oklahoma (Oakies) an die Westküste. Diesem Strom von Migranten schlossen sich auch verarmte Bauern aus nicht betroffenen Gebieten an, etwa Arkansas (Arkies). John Steinbeck setzte diesen Migranten 1939 mit *The Grapes of Wrath* ein literarisches Denkmal.
159 Hierzu und im Folgenden vgl. Theda Skocpol, "African Americans in U.S. Social Policy", in *Classifying by Race*, hrsg. von Paul E. Peterson, 129–155. Princeton, N.J., 1995, generell zu den Phasen der amerikanischen Sozialpolitik, vgl. Tabelle 7 im Anhang.
160 Poll Taxes sind Steuern, die entrichtet werden mussten, um an der Wahl teilzunehmen. Mit diesen Geldforderungen umgingen die meisten Südstaaten den 15. Verfassungszusatz, der ehemaligen Sklaven das Wahlrecht garantierte, da es den meisten Afroamerikanern nicht möglich war, dieses Geld zu bezahlen.

zen zu müssen, waren Afroamerikaner wahllos zum Tode verurteilt worden. 1937 kamen vier der neun Inhaftierten frei, zwischen 1943 und 1950 die restlichen fünf. Erst 1976 wurden alle Angeklagten vom Governor of Alabama (George Wallace) begnadigt und ihre Unschuld festgestellt.

1939 gründete die NAACP den Legal Defense and Educational Fund. Seit ihrer Gründung versuchte die NAACP Einfluss auf das Rechtssystem zu nehmen – eine Strategie, die unter White verstärkt wurde. Zum Leiter der neuen Abteilung wurde der spätere Richter am Supreme Court, Thurgood Marshall (1908–1993), ernannt. Er versuchte, den Kampf der Organisation vor den Gerichten für die Gleichberechtigung der Afroamerikaner zu koordinieren. Es begann mit einer Welle von Klagen gegen zu geringen Wohnraum für Afroamerikaner in den segregierten Nachbarschaften: Durch die Landflucht führten diskriminierende Praktiken von Hausbesitzern zu überfüllten afroamerikanischen Stadtvierteln. In dieser Kampagne zog Thurgood Marshall sozialwissenschaftliche Erkenntnisse zur Begründung der Klagen heran.[161] Die Klagen wurden jedoch in allen Instanzen bis hinauf zum Supreme Court abgewiesen. Nach dem Krieg sollte dem Legal Defense Fund jedoch eine große Bedeutung zufallen.

Der Krieg

Als am frühen Morgen des 7. Dezember 1941 Pearl Harbour von Japan angegriffen wurde, war vollends klar geworden, dass die Hoffnung der 1920er Jahre, Frieden und Wohlstand auf der gesamten Welt zu schaffen, völlig gescheitert war. Amerika hatte sich schon in den Krieg gegen Hitler eingeschaltet, z.B. mit dem Schutz von britischen Konvois, aber nun wurden die USA auch offiziell ein Teil der Alliierten.

Mit der Verschärfung des Krieges hatten die USA auch eine neues Problem vor der Haustür: *Flüchtlinge*. Gemäß der Volkszählung von 1940 hatte sich die Zusammensetzung der Einwanderungsminderheiten gegenüber 1930 kaum geändert. Die größte ethnische Gruppe im "foreign stock" waren Deutsche mit 15,1 %, gefolgt von Italienern (13,3 %), Polen (8,4 %), Russen (7,5 %), Anglokanadiern (5,8 %) und Engländern (5,7 %).[162] Aber diese Minderheiten waren kaum noch in der Öffentlichkeit sichtbar. Aus Angst, es könnten sich die Ausschreitungen des Ersten Weltkriegs wiederholen, fühlte sich insbesondere die deutschen Minderheit zu besonderem patriotischem Verhalten verpflichtet. Doch nicht allen Immigranten gelang es, die amerikanische Öffentlichkeit von ihrer Loyalität zu überzeugen. Als ein letztes Aufflammen der Angst vor Immigrantengruppen können wohl die Internierungen von über 100.000 japanischen Einwanderern an der Westküste der USA 1941 gewertet werden.[163] Schon 1943 wurde der als Inbegriff intoleranter Immigrationspolitik geltende Chinese Exclusion Act aufgehoben. Als Reaktion auf japanische Kriegspropaganda über amerikanischen Rassismus wurde dieses Gesetz annulliert und China, Amerikas Ver-

---

161 Vgl. Robert Fay, "NAACP Legal Defense and Educational Fund", in *Encarta Africana: The Encyclopedia of the African and African American Experience (CD-Version)*, hrsg. von Anthony K. Appiah und Henry Louis Gates. Redmond, Wa., 2000.
162 Vgl. hierzu Francis J. Brown und Joseph S. Roucek (Hg.), *One America: The History, Contributions, and Present Problems of Our Racial and National Minorities*, New York, 1952 [1945], Tabellenanhang, S. 671–672.
163 Als detailreiche Studie hierzu siehe Dorothy Swaine Thomas und Richard S. Nishimoto, *The Spoilage*, Berkeley, 1974 [1946]. Die Internierung von Einwanderern war während des Zweiten Weltkriegs wohl ein übliches Verfahren, vergleichbar etwa mit der deutscher Emigranten in England oder Lateinamerika.

bündeter in Asien gegen die Achsenmächte, wurde nun unter dem normalen nationalen Quotensystem geführt. Dass dies auch nur 105 Visa pro Jahr bedeutete, war bei diesem politisch-symbolischen Akt kaum relevant.[164] Da Einwanderungsquoten ihre Höhe an der Stärke der jeweiligen ethnischen Minderheit innerhalb der USA orientierten, war diese geringe Zahl im Sinne des Gesetzes durchaus fair.[165]

In der Diskussion zur Einwanderungsgesetzgebung in den zwanziger Jahren war nicht zwischen Immigranten und Flüchtlingen unterschieden worden – ein Sachverhalt, der während des Zweiten Weltkriegs zur Tragödie wurde:

> It is hard to improve on the judgment made by Vice President Walter Mondale in 1979 that the United States and other nations that could have offered asylum "failed the test of civilization."[166]

Es würde den Rahmen dieser Arbeit sprengen, die vielen Ungereimtheiten im Zusammenhang mit der Flüchtlingspolitik der Vereinigten Staaten während des Zweiten Weltkriegs zu diskutieren. In ihrem pausenlosen Einsatz, Juden die Einreise in die USA zu ermöglichen, gewannen viele jüdische Organisationen auch Mitstreiter in der Administration; deren Erfolge wurden aber immer wieder, und insbesondere durch Abteilungen im State Department, konterkariert. Aber auch ein Gesetz zu Erleichterungen der Einwanderung von jüdischen Flüchtlingen versackte in den Ausschüssen, da unterstellt wurde, die jüdische Lobby wollte nur die Quoten der Einwanderungsgesetze umgehen. Tatsächlich wurden die Einwanderungsquoten für Deutschland zwischen 1933 und 1940 noch nicht einmal zur Hälfte ausgeschöpft.[167]

So wenig die USA bereit waren, ihre Einwanderungsgesetzgebung zu lockern, so wurde auch das Jim-Crow-System weiter ausgebaut. In den Vierzigern wurde der aufkommende Flugverkehr zum Problem, die Fluggesellschaften richteten deshalb in den Südstaaten separate Gebäude für Afroamerikaner auf den Flughäfen ein. Allerdings schrieb nur Virginia seit 1944 diese auch gesetzlich vor.[168]

Unter dem Eindruck der rassistisch motivierten nationalsozialistischen Verbrechen, die das vorrückende amerikanische Militär in Deutschland enthüllte, setzte in den USA selbst eine Debatte über den hauseigenen Rassismus ein, der sich nicht zuletzt in der Segregation der Armee ausdrückte. Noch zu Kriegszeiten hatten viele führende amerikanische Militärs große Bedenken, die Armee als "soziales Laboratorium" zu gebrauchen. Truppen sollten segregiert bleiben und Afroamerikaner unter euroamerikanischen Offizieren dienen. So sagte etwa Verteidigungsminister Henry Stimson:

> [L]eadership is not imbedded in the negro race yet and to try to make commissioned officers lead men into battle – colored man – is only to work a disaster to both.[169]

---

164 Vgl. Thomas J. Archdeacon, *Becoming American: An Ethnic History*, New York, 1983, S. 181.
165 Die Festsetzung der Quoten basierte auf Schätzung von 1920, die vermutlich jedoch kaum repräsentativ waren, vgl. Stanley Lieberson und Mary C. Waters, *From Many Strands: Ethnic and Racial Groups in Contemporary America*, New York, 1990 [1988], S. 41–42.
166 Daniels, *Coming to America*, S. 296.
167 Für eine zusammenfassende Diskussion der Vorgänge siehe ibid., S. 296–302.
168 Vgl. Woodward, *The Strange Career of Jim Crow*, S. 117.
169 Zitiert nach Jackson, *Gunnar Myrdal and America's Conscience: Social Engineering and Racial Liberalism, 1938–1987*, S. 235.

Doch innerhalb der Armee stieg der Druck hin zu größerer Gleichberechtigung. Der zu Ende gehende Krieg machte es immer greifbarer, dass Afroamerikaner zwar in Europa für die Demokratie ihr Leben ließen, zu Hause aber nur Bürger zweiter Klasse waren. Eine Tatsache, die den öffentlichen Diskurs nach dem Zweiten Weltkrieg bestimmen sollte. Doch dazu mehr in Kapitel 3. Den Entwicklungen in der amerikanischen Soziologie während dieser turbulenten Zeit zwischen den 1920er und Mitte der 1940er Jahre ist der nächste Abschnitt gewidmet.

2.2 Von der "race relations"-Forschung zur "race and ethnic relations"-Forschung

Zwischen 1920 und 1944 schritt die Etablierung der Soziologie als universitäres Fach weiter fort. Ein zeitgemäßes Abbild des Faches zu Beginn dieser Phase ist sicherlich das am weitesten verbreitete Lehrbuch in der Zwischenkriegszeit[170] von Park und Burgess, *Introduction to the Science of Sociology*.[171] Das Buch ist eine Sammlung von Texten verschiedenster Autoren, nach theoretischen Gesichtspunkten geordnet[172], die Spanne reicht von biologistischen bzw. sozialdarwinistischen Autoren wie Spencer, Darwin und Davenport[173] bis zu Autoren, die auch heute noch als Begründer der modernen Soziologie gelten – wie Durkheim, Thomas und Simmel.[174] Das Kapitel über "Assimilation" leiten die Autoren mit dem Verweis auf das Bühnenstück *The Melting Pot* des jüdischen Immigranten Israel Zangwill (1864–1926) ein.[175]

> America is God's Crucible, the great Melting-Pot where all the races of Europe are melting and re-forming. ... Germans and Frenchmen, Irishmen and Englishmen, Jews and Russians – into the Crucible with you all! God is making the American.[176]

---

170 Vgl. Ross, *The Origins of American Social Science*, S. 359.
171 Siehe Robert E. Park und Ernest W. Burgess, *Introduction to the Science of Sociology*, Chicago, 1921.
172 Wie auch im Vorwort ibid., S. vii erwähnt, stammt die an sozialen Prozessen orientierte Einteilung in weiten Teilen von W. I. Thomas.
173 Charles Benedict Davenport (1866–1944) war einer der bekanntesten Biologen und Eugeniker der USA. Er lehrte in Harvard und Chicago und verfasste zahlreiche Werke zur Vererbung, auch von "Verhaltensdispositionen" wie Unehrlichkeit und Armut.
174 Afroamerikaner und verschiedene Immigrantengruppen werden vor allen Dingen unter den allgemeinen Kategorien Wettbewerb, Konflikt, Akkomodation und Assimilation abgehandelt. Sklaverei wie auch das stabile System der "Unterordnung" von Afroamerikanern nach der Abschaffung der Sklaverei werden insbesondere in dem Kapitel über Akkommodation ausgearbeitet, Immigration wird vor allen Dingen mit Assimilation verbunden. Zwei Aspekte sind dabei erwähnenswert: (1) sozialstrukturelle Kategorien, etwa aus dem Gebiet der Forschung zur sozialen Ungleichheit, wie Klasse oder Schicht werden kaum zur Strukturierung des Materials verwendet; (2) auch hier wird der Begriffe Rasse auf praktisch jede abgrenzbare Gruppe von Menschen angewendet, allerdings zeigt die primäre Zuordnung von Immigrantengruppen auf das Kapitel "Assimilation" und das verstärkte Auftauchen der Kategorie "Afroamerikaner" ("Negro") in den Kapiteln "Konflikt" und "Akkomodation" die fortschreitende Zuspitzung soziologischer Fragestellungen darauf, warum Immigrantengruppen sich assimilieren und warum Afroamerikaner dies nicht tun.
175 Erschienen 1908, vgl. Park und Burgess, *Introduction to the Science of Sociology*, S. 734. Für eine Darstellung und Interpretation des Stückes, sowie dessen Einordnung in eine Abfolge verschiedener amerikanischer "melting pot"-Vorstellungen vgl. Sollors, *Beyond Ethnicity: Consent and Descent in American Culture*, S. 66–101.
176 Israel Zangwill, *The MeltingPot: Drama in Four Acts*, New York, 1932, S. 33. Die Kritik an diesem Ideal, die dann auch schnell Einzug in die soziologischen Studien fand, wurde von Horace Kallen in seinem berühmten Essay von 1915 verfasst, Horace M. Kallen, "Democracy Versus the Melting-Pot: A Study of American Nationality", in *Theories of Ethnicity*, hrsg. von Werner Sollors, 67–92. New York, 1996 [1915]. Dieser Essay wird zwar

Das Bühnenstück war Ausdruck für die Umstellung des amerikanischen Gründungsmythos vom Volk der rechtgläubigen Angeln und Sachsen, der "anglo-saxon domination", zu einem Volk, das sich aus den besten Elementen europäischer Völker zusammensetzt, zum "melting pot". Zwei Dinge sind an dem berühmten Stück von Zangwill auffällig: (1) Ganz im Sprachgebrauch der Zeit werden europäische Einwanderer als "einschmelzbare Rassen" bezeichnet und (2) Afroamerikaner sind nicht Teil des "melting pot"![177]

Martindale[178] weist wohl zur Recht darauf hin, dass die 1920er Jahre insofern eine neue Phase der amerikanischen Soziologie darstellen, als sich nun die Soziologie, insbesondere in den Departments des Mittleren Westen, aus dem Griff einer spencerianischen Soziologie zu lösen beginnt. Paradebeispiel ist hier das Department in Chicago: Hier wie an anderen modernen Universitäten waren Soziologen vor allem an Lösungen für die aktuellen sozialen Probleme ihrer Zeit interessiert und begannen sich von einer essentialistischen und einer Einstellung der "laissez faire" huldigenden Soziologie à la Spencer abzuwenden; in den Eliteuniversitäten des Ostens sollte der Wandel noch etwas auf sich warten lassen. Für das Feld der "race relations"-Forschung war es aber vor allem das Zurückdrängen des wissenschaftlichen Rassismus in der Anthropologie, das essentialistisches Denken auch in der Soziologie obsolet machte.

2.2.1   Immigration, Amerikanisierung und Ethnizität

Die Diskussion um die Folgen der Einwanderungswelle um die Jahrhundertwende, die "new immigration", brachte die Assimilation von Einwanderergruppen in den Fokus öffentlicher Debatten. Im Lehrbuch von Park und Burgess 1921 zeigt sich,[179] dass sowohl in der Soziologie als auch in der öffentlichen Diskussion Immigration mit dem Problem der Assimilation fest verknüpft wurde.

> The concept assimilation, so far as it has been defined in popular usage, gets its meaning from its relation to the problem of immigration.[180]

Park und Burgess ging es beim Konzept der Assimilation jedoch nicht um eine einfache Anpassung etwa an ein dominantes angelsächsisches Kulturmodell. Die Wechselseitigkeit und Langsamkeit dieses Prozesses wurde in der amerikanischen Soziologie schon von Beginn an betont:

> Assimilation is a process of interpenetration and fusion in which persons and groups acquire the memories, sentiments, and attitudes of other persons or groups, and, by sharing their experience and history, are incorporated with them in a common cultural life. In so far as assimilation de-

---

von Park und Burgess, *Introduction to the Science of Sociology* in der Materialsammlung (S. 782) zu Assimilation erwähnt, aber selbst nicht mehr im Text interpretiert.
177   Dies als Ausdruck von Zangwills Rassismus zu lesen ist wohl übertrieben, da er selbst in Veröffentlichungen nach 1908 auch Afroamerikaner in seinen "melting pot" mit einschloss, Sollors, *Beyond Ethnicity: Consent and Descent in American Culture*, S. 71.
178   Vgl. hierzu Don Martindale, "American Sociology before World War II", *Annual Review of Sociology* 2, 1976: 121–143, S. 138f.
179   Vgl. Park und Burgess, *Introduction to the Science of Sociology*, S. 734ff.
180   Ibid., S. 734.

notes this sharing of tradition, this intimate participation in common experiences, assimilation is central in the historical and cultural processes.[181]

Zwei Aspekte an Parks und Burgess' *Introduction* sind bemerkenswert: (1) Assimilation wird als einer der Grundprozesse des Sozialen definiert, dabei wird der Assimilation ein deutliches Übergewicht gegenüber dem Konzept des Konflikts gegeben. In ihrer Grundlegung der amerikanischen Soziologie spiegeln die Herausgeber damit den vor allem mit dem Namen Albion Small verbundenen Trend wider, von der Grundkategorie des Konflikts, insbesondere als Rassenkonflikt, abzugehen.[182] (2) Assimilation wird im Kontext von kultureller Diffusion und Kulturkreisen diskutiert, die Autoren nehmen damit eine Diskussion insbesondere aus der Ethnologie auf.[183] In dieser Perspektive sind Nationalstaaten nicht klar separierte Einheiten, sondern permanent interagierende Großgruppen. Die Herausgeber fordern programmatisch, die Struktur dieser Diffusions- und Interaktionsprozesse zu untersuchen und nehmen damit viele Aspekte der Globalisierungsdiskussion der 1990er vorweg.[184] Im Abschnitt über Assimilation drucken die Herausgeber zu diesem Problem einen Text des englischen Ethnologen W.H.R. Rivers ab, der darauf hinweist, dass bei Assimilationsprozessen zwischen kultureller Assimilation und den meist erheblich stabileren Mustern der Sozialstruktur zu unterscheiden ist.[185]

Im selben Zeitraum, gleichsam parallel zur Diskussion um die Assimilation, nahm das Konzept der ethnischen Gruppe in der amerikanischen Soziologie seinen Aufstieg. Um die Jahrhundertwende wurde in soziologischen Texten der Begriff ethnische Gruppe hin und wieder als Ersatz für den Begriff Rasse verwendet. Zwischen 1895 und 1918 tauchten die synonym verwendeten Begriffe "ethnic group" oder "ethnic community" zwölfmal in den Texten des *American Journal of Sociology* auf.[186] Park und Burgess, die die Amerikanisierungsdiskussion reflektieren, führen diesen Begriff allerdings noch nicht in ihrem langen Index.[187] Im *American Journal of Sociology* wie im Buch von Park und Burgess wird der Report der *United States Immigration Commission* von 1910 immer wieder sehr kritisch diskutiert. 1907 setzte der amerikanische Kongress eine "Immigration Commission" ein und gab ihm als Themenstellung vor:

> [S]ources of recent immigration in Europe, the general character of incoming immigrants, the methods employed here and abroad to prevent immigration of persons classed as undesirable in

---

181 Ibid., S. 735–736.
182 Vgl. ausführlich hierzu Bash, *Sociology, Race, and Ethnicity: A Critique of American Ideological Intrusions Upon Sociological Theory* S. 37ff. Die vier zentralen Prozesse nach Park und Burgess mit ihrem jeweiligen Hauptanwendungsbereich sind "Competition" in der Ökonomie, "Conflict" in der Politik, "Accommodation" in sozialen Organisationen und "Assimilation" in Bezug auf das Individuum und das Kulturerbe, vgl. ibid., S. 39.
183 Vgl. Klaus-Peter Köpping, *Adolf Bastian and the Psychic Unity of Mankind: The Foundations of Anthropology in Nineteenth Century Germany*, St. Lucia, 1983, Kap. 10.
184 Vgl. Park und Burgess, *Introduction to the Science of Sociology*, S. 18–20.
185 Vgl. ibid., S. 746–750. Diese wichtige analytische Unterscheidung wird in den 1950ern wider prominent: Alfred L. Kroeber und Talcott Parsons, "The Concepts of Culture and of Social System", *American Sociological Review*, 1958: 582–583, siehe auch Kapitel 3.3.2 in diesem Buch.
186 Vgl. darunter so unterschiedliche Texte wie z.B. Paul Monroe, "An American System of Labor Pensions and Insurance", *American Journal of Sociology* 2, 1897: 501–514, Edward A. Ross, "Moot Points in Sociology. II. Social Laws", *American Journal of Sociology* 9, 1903: 105–123, Definitionen des Begriffs werden hier nicht gegeben.
187 Vgl. Park und Burgess, *Introduction to the Science of Sociology*, S. 1025–1040.

the United States immigration law, and finally a thorough investigation into the general status of the more recent immigrants...[188]

1910 veröffentlichte die Kommission einen Report, der 41 Bände umfasste.[189] Die Kommission trug zahlreiches Datenmaterial zusammen und schloss mit der Empfehlung zu restriktiveren Einwanderungsgesetzen. Schon früh wurde von Kritikern bemerkt, dass diese Zusammenfassung mehr der politischen Tendenz der Kommission als der im Bericht dokumentierten Datenlage entsprach[190] Die Sammlung von Informationen zu tatsächlichen Assimilationsprozessen hatte die Kommission weitgehend vermieden. Gerade der Erste Weltkrieg fokussierte aber die Aufmerksamkeit auf dieses Problem der Amerikanisierung.[191] Dies führte, so Park und Burgess, zu zahlreichen "superficial investigations" insbesondere zum Problem der Loyalität von Einwanderern.[192] Zu Beginn der 1920er war es ein Gemeinplatz in der amerikanischen Soziologie, dass gute empirische Forschung zum Amerikanisierungsproblem dringend notwendig war.

Amerikanisierung und die Multidimensionalität des Einwanderungsproblems

1919 kam Robert Ezra Park (1864–1944), der Einladung von W.I. Thomas folgend, als Vollzeitdozent nach Chicago. 1923 wurde er Professor in Chicago, wo er als eines der zentralen Mitglieder der so genannten "Chicago School"[193] eines der führenden Departments zur "race relations"-Forschung in den USA etablierte. Wie er selbst berichtet, waren die Vorlesungen, die er in Berlin bei Georg Simmel hörte, die einzige formale Einführung in das Fach Soziologie, die er erhalten hatte.[194] Sein Zusammentreffen mit Booker T. Washington, hatte sein Interesse an der Rassenfrage und seine Einstellung zu dieser geprägt, ab 1905 arbeitete er für Washington insbesondere in Tuskegee[195]. Eine der zentralen Komponenten für Parks Erfolg war sicherlich das LCRC (Local Community Research Committee)

---

188 Commission zitiert nach ibid., S. 773.
189 Siehe United States Immigration Commission, *Statement and Recommendations Submitted by Societies and Organizations Interested in the Subject of Immigration*, Washington, 1911.
190 Vgl. Joseph M. Gillman, "Statistics and the Immigration Problem", *American Journal of Sociology* 30, 1924: 29–48. Zu den politisch gewollten Implikationen des Berichts sowie der hoch selektiven Auswahl der Kommission vgl. Dietrich Herrmann, *"Be an American": Amerikanisierungsbewegung und Theorien zur Einwanderungsintegration*, Frankfurt am Main, 1996, S. 61ff.
191 Vgl. beispielsweise Heinrich H. Maurer, "The Earlier German Nationalism in America", *American Journal of Sociology* 22, 1917: 519–543.
192 Vgl. Park und Burgess, *Introduction to the Science of Sociology*, S. 773. Besonders für die gut organisierte deutsche Minderheit wurden unterstellte Loyalitätskonflikte zum Problem, nach Boykottaufrufen für deutsche Geschäfte und einigen Reden von Theodor Roosevelt, die den Deutschamerikanern Illoyalität unterstellten, lösten sich während und nach dem Ersten Weltkrieg viele deutsche Vereine und Zeitungen auf, so dass in den zwanziger Jahre die vorher stark sichtbare deutsche ethnische Minderheit aus der amerikanischen Öffentlichkeit verschwand, vgl. auch Kapitel 2.1 in diesem Buch.
193 Es wird davon abgesehen, die zu dieser Zeit entstehende "Chicago School of Sociology" als eine einheitliche Schule zu betrachten, gerade im Hinblick auf Rasse und Ethnizität liegen die verschiedenen mit Chicago assoziierten Autoren so weit methodisch und theoretisch auseinander, bzw. ändern ihren eigenen Standpunkt so stark, dass es nicht sinnvoll wäre, diese als einheitliche Schule zu betrachten. Vgl. hierzu auch Lee Harvey, *Myths of the Chicago School of Sociology*, Aldershot, 1987.
194 Vgl. Robert E. Park, *Race and Culture*, Glencoe, Ill., 1950, S. vi.
195 Tuskegee Institute (später University) war ein von Booker T. Washington organisiertes College zur Förderung der Bildung von Afroamerikanern.

der Rockefeller-Familie. Da die University of Chicago mit Rockefellerspenden gegründet worden war, hatte die Familie ein besonderes Verhältnis zu dieser Universität und förderte vielerlei Aktivitäten. Mit dem ihm zur Verfügung stehenden Geld gelang es Park, die Soziologie in Chicago zu revitalisieren.

> Park was a distinctive intellect, but it was something of an accident that his ideas became as important as they did. The department might have gone in a quite different direction in the early 1920s, but the LCRC was established at a time when the sociology department was in a plastic state. It had lost most of its early members to death, departure, or promotion to administrative positions and had not recovered from the severe trauma of W. I. Thomas's forced resignation in 1918.[196]

Park hatte also genügende Ressourcen, um empirische Studien zu Immigrantengruppen insbesondere als Problem in Städten und Gemeinden zu untersuchen. Sein Vorhaben wurde auch dadurch begünstigt, dass Chicago stark an der ersten Großstudie, die im Kontexte der "race relations"-Forschung zum Problem der Immigrantengruppen entstand, beteiligt war. 1918 wurde von der Carnegie Corporation of New York City eine Studie in Auftrag gegeben – *Study of the Methods of Americanization or Fusion of Native and Foreign Born* –, die in elf Bänden veröffentlicht wurde und entscheidend das Bild von ethnischen Minderheiten in den amerikanischen Sozialwissenschaften prägen sollte.[197]

Wie Park und Burgess selbst betonen, war es Ziel der Studie, die unterschiedlichen Bereiche abzudecken, in denen Immigranten in der amerikanischen Gesellschaft in Erscheinung traten.[198] An dem ersten Band der Studie des Sozialarbeiters John Daniels *America Via the Neighborhood*[199] wird der Akzentwechsel in der Amerikanisierungsforschung deutlich: Es stand nicht mehr Homogenisierung und Loyalität im Vordergrund, sondern Partizipation und Selbstbestimmung in einer demokratischen Gesellschaft.[200] Daniels denkt Amerikanisierung als einen Prozess innerhalb einer im Fluss befindlichen Gesellschaft, Amerikanisierung entsteht durch Partizipation nicht nur im politischen Bereich sondern in allen Bereichen des Lebens. Er analysiert extensiv die verschiedenen Vereine, die Einwandererpresse und kirchlichen Strukturen als Ausdruck ethnischer Solidarität innerhalb von Immigrantengruppen, deutet diese Solidarität jedoch als ersten Schritt zur Integration: Auch politische Organisationen, die politische Bildung und natürlich auch die Einbürgerung sind für Daniels zentrale Mechanismen:

---

196 Turner und Turner, *The Impossible Science: an Institutional Analysis of American Sociology*, S. 46.
197 Siehe William S. Bernard (Hg.), *Americanization Studies: The Acculturation of Immigrant Groups into American Society*, Montclair, N.J., 1971, Sophonisba P. Breckinridge, New Homes for Old, New York, 1921, Kate H. Claghorn, *The Immigrant's Day in Court (Americanization Studies)*, Montclair, N.J., 1971 [1923], John Daniels, *America Via the Neighborhood*, New York, 1920, Michael M. Davis, *Immigrant Health and the Community*, New York, 1921, John P. Gavit, Americans by Choice, New York, 1922, William M. Leiserson, Adjusting Immigrant and Industry *(Americanization Studies)*, Montclair, N.J., 1971 [1924], Robert E. Park, *The Immigrant Press and Its Control*, New York, 1922, Robert E. Park und Herbert A. Miller, *Old World Traits Transplanted*, New York, 1921, Peter A. Speek, *A Stake in the Land,* New York, 1921, Frank V. Thompson, *Schooling of the Immigrant (Americanization Studies)*, New York, 1920.
198 Vgl. Park und Burgess, *Introduction to the Science of Sociology*, S. 773ff.
199 Siehe John Daniels, *America Via the Neighborhood*, New York, 1920.
200 Vgl. hierzu und im Folgenden Herrmann, *"Be an American": Amerikanisierungsbewegung und Theorien zur Einwanderungsintegration*, S. 301–343.

Das Hervorstechende an Daniels' Ansatz ist seine dezidierte Definition von Amerikanisierung als Demokratisierung im Sinne von Partizipation und Selbstbestimmung.[201]

In dem Buch *Old World Traits Transplanted*[202] werden sowohl Methode als auch Material aus dem *Polish Peasant* (siehe nächster Abschnitt) verwendet. Der Autor der Studie, William I. Thomas, konnte aufgrund seiner "skandalumwitterten" Entlassung an der University of Chicago nicht in Erscheinung treten, so dass Park und Miller die Autorenschaft übernahmen. Unter dem Aspekt der Amerikanisierung weist Thomas darauf hin, dass die schrittweise Aneignung eines amerikanischen Lebensstils durch die Immigranten zur Integration in die amerikanische Gesellschaft führt. Auch Thomas sieht die Amerikanisierung in Verbindung mit Demokratie, allerdings zeichnet er von der amerikanischen Demokratie nicht gerade ein positives Bild, so lässt z.B. die Partizipation der lang-eingesessenen Amerikaner für Thomas einiges zu wünschen übrig. Für Thomas sind ethnische Enklaven Puffer, die den Einwanderungsschock abmildern und gleichzeitig den Eingewanderten die Chance eröffnen, gemeinsame Erfahrungen mit den Ansässigen zu machen. Diese Erfahrungen sind dann der Boden, auf dem gemeinsame Werte und Vorstellungen entstehen. Dass ethnische Enklaven durchaus ambivalente Effekte haben können, stellte Park in seinem *The Immigrant Press and Its Control* fest.[203] Gerade das Selbsterhaltungsmotiv der Einwandererpresse führte dazu, dass diese Presse immer wieder das Interesse am Herkunftsland hochhielt. Mit den *Americanization Studies* hatte sich das Bild vom dynamischen, demokratischen und unaufhaltsamen "melting pot" in der amerikanischen Soziologie verfestigt:

> With all our rich heritages, Americanism will develop through a mutual giving and taking of contributions from both newer and older Americans in the interest of the common weal. This study will follow such an understanding of Americanization.[204]

In diesen Studien wird der Begriff der ethnischen Gruppe zwar hin und wieder verwendet, aber nicht definiert. Zentrale Bestimmung für eine Gruppe, die untersucht wurde, war ein zugrunde liegender Immigrationsprozess und die Wahrnehmung dieser Gruppe in der Öffentlichkeit; Italiener, Polen oder Deutsche waren unhinterfragt vorgegebene Kollektive, die es zu untersuchen galt. Wichtig für die Geschichte der "race relations"-Forschung ist, dass zu Beginn der Ausarbeitung des Konzepts der ethnischen Gruppe in der amerikanischen Soziologie sowohl der Bezug dieser Gruppen zur Gesamtgesellschaft wie zur Demokratie als zentral angesehen wurde. Der progressive Inhalt dieser Studien war, dass Assimilation möglich, ja notwendig ist. Damit war die Angst vieler Amerikaner, von Immigranten überschwemmt zu werden, aus soziologischer Sicht bestenfalls kurzfristig begründet, auf lange Sicht würden sich Immigranten assimilieren, egal wie fremd ihr Auftreten für den Amerikaner der Jahrhundertwende auch war.

In der Perspektive dieser "aufgeklärten" Amerikanisierungsstudien formulierte Park 1926 in einem Artikel seinen berühmten *"race relations cycle"*[205], der in seiner Zeit durch-

---

201 Ibid., S. 310.
202 Siehe Park und Miller, *Old World Traits Transplanted*.
203 Siehe Park, *The Immigrant Press and Its Control*.
204 Allen T. Burns Leiter der Americanization Studies zitiert nach Park und Burgess, *Introduction to the Science of Sociology*, S. 773.

aus den Rahmen für einige Studien bildete, aber nach dem Zweiten Weltkrieg vor allem als negativer "Strohmann" Verwendung fand:

> From the 1920s until the onset of a new generation and a new situation after World War II, Park's conception of a race relations cycle provided an influential model for studying the assimilation of racial minorities into modern society.[206]

Park selbst hat sein Konzept, das er in einer viel zitierten Einleitung zu einem Buch über Mischehen in Hawaii noch einmal aufgriff[207], nicht sehr oft verwendet. Es wurde aber gerade in der Soziologie zu ethnischen Minderheiten zu einem Paradigma hochstilisiert, das dann zumindest seit den 1960er Jahren als obsolet dargestellt werden konnte. Der Artikel von 1926, den er nicht für ein soziologisches Publikum verfasst hatte, ist in klarer Sprache geschrieben und verrät Parks Herkunft aus dem Journalismus. In diesem Artikel gibt er einen globalen Überblick über den Stand der "race relations" auf dem gesamten Globus, im letzten Abschnitt geht er dann dazu über, seinen "race relations cycle" zu entwickeln:

> The impression that emerges from this review of international and race relations is that the forces which have brought about the existing interpenetration of peoples are so vast and irresistible that the resulting changes assume the character of a cosmic process. ... Everywhere there is competition and conflict; but everywhere the intimacies which participation in a common life enforces have created new accommodation, and relations which were merely formal or utilitarian have become personal and human. ... The race relations cycle which takes the form, to state it abstractly, of contacts, competition, accommodation and eventual assimilation, is apparently progressive and irreversible.[208]

Der dynamische Prozess des Kulturkontakts wurde als universal-lineares Gesetz der Angleichung formuliert, in gewisser Weise stellt dies eine logische, theoretische Überhöhung des von Zangwill formulierten Ideals des "melting pot" dar. Obwohl inzwischen ein Hauptteil seiner Studien auf europäische Immigranten konzentriert war, war für Park der "race relations cycle" universal gültig für alle Rassen, seien sie nun aus Europa oder Afrika.

Die unspektakuläre Revolution: die "Entdeckung" der ethnischen Gruppe

So wichtig die Americanization Studies und Parks Arbeiten für die Entwicklung der "race relations"-Forschung waren, so behielt doch der Rassebegriff weiterhin seinen zentralen Stellenwert, wie sich wohl am Eindrücklichsten an der Verwendung des Begriffs "race relations cycle" zeigt. Parks Forschung enthielt aber in ihrem Fokus auf Assimilation schon

---

205 Natürlich hat Park selbst sein Konzept des "race relations cycle" auch auf Afroamerikaner angewandt, vgl. zu einer solchen Einordnung McKee, ibid. S. 109ff. und Lyman, *The Black American in Sociological Thought*, S. 27–70, allerdings hatte er schon selbst festgestellt, dass dieses Konzept gerade im Falle von Afroamerikanern aufgrund der von ihm festgestellten "Assimilationshindernisse" kaum funktionieren konnte, vgl. Lyman, *The Black American in Sociological Thought*, S. 36.
206 McKee, *Sociology and the Race Problem*, S. 109.
207 Siehe Robert E. Park, "Our Racial Frontier on the Pacific", in *Race and Culture*, hrsg. von Robert E. Park, 138–151. Glencoe, Ill., 1950 [1926] und Robert E. Park, "The Race Relations Cycle in Hawaii", in *Race and Culture*, hrsg. von Robert E. Park, 189–195. Glencoe, Ill., 1950 [1937]. Vgl. hierzu auch McKee, *Sociology and the Race Problem*, S. 111.
208 Park, "Our Racial Frontier on the Pacific", S. 149–150.

viele Aspekte, die für die Ausformulierung des Konzeptes der ethnischen Gruppe notwendig waren. Der Begriff "ethnische Gruppe" kommt dann in den 1920er Jahren stärker in Gebrauch. 1927 taucht er zum dreizehnten Mal im *American Journal of Sociology* auf, zum ersten Mal auch in einer Artikelzusammenfassung: Louis Wirth verwendet ihn, um seine Forschung zum jüdischen Ghetto einzuordnen.[209] Im Text selbst wird er nicht verwendet, nur ein einziges Mal werden Juden als "racial group" bezeichnet, in der sehr ausgewogenen Zusammenfassung ersetzt er diesen Begriff jedoch durch "ethnic group".

Die zunehmende Beschäftigung mit Immigrantengruppen in den USA schlägt sich zu Beginn der 1930er in Zeitschriftenpublikationen nieder, in denen insbesondere Mexikaner und Asiaten Beachtung finden.[210] 1934 wird den Begriffen "ethnic group" bzw. "ethnic community" ein sechsseitiger ausführlicher Eintrag in der *Encyclopaedia of the Social Sciences*[211] gewidmet. Der Lexikonartikel in der "Encyclopaedia" von Caroline F. Ware stützt sich für die USA auf drei Werke: Thomas und Znaniecki, *The Polish Peasant in Europa and America*, zitiert in der Ausgabe von 1927; Thomas, *Old World Traits Transplanted*, noch unter Park und Miller zitiert; und *The Ghetto* von Louis Wirth.[212]

Louis Wirths Studie über das jüdische Viertel in Chicago, die im Rahmen seiner Doktorarbeit an der University of Chicago entstand, arbeitet den Begriff des Ghettos aus.[213] Dieser Begriff wird später oft auf afroamerikanische Siedlungsgebiete in Großstädten angewandt. Wirth gibt eine interessante sozialstrukturelle Erklärung hierfür: Geringere rassische Vorurteile von Juden erleichterten es neu hinzuziehenden Afroamerikanern, sich im jüdischen Viertel niederzulassen und mit der Verminderung der Einwanderung von europäischen Juden füllten Afroamerikaner gerade in ärmeren Gebieten des Ghettos die entstehende Lücke aus. In dem Gebiet, dass hin und wieder Ghetto genannt wurde, weil Juden dort wohnten, waren immer mehr Afroamerikaner anzutreffen. Versinnbildlicht ist dieser dynamische "Durchfluss" durch das Siedlungsgebiet in den Geschäftsbezeichnungen an den Häuserfronten:

> Under the latest coat of paint of a store-front colored mission there are vestiges of signs reading "Kosher Butchershop" and "Deutsche Apotheke."[214]

Wirth leitet die Siedlungsform des Ghettos aus den historisch entstandenen jüdischen Vierteln und deren Veränderungen ab. Ein ganzes Kapitel ist dabei der gut dokumentierten Geschichte des jüdischen Viertels in Frankfurt am Main gewidmet. Unter den Überschriften

---

209 Vgl. Louis Wirth, "The Ghetto", *American Journal of Sociology* 34, 1927: 57–71.
210 Vgl. Pettigrew (Hg.), *The Sociology of Race Relations: Reflection and Reform*, S. 88ff.
211 Vgl. Caroline F. Ware, "Ethnic Communities", in *Encyclopaedia of the Social Sciences*, hrsg. von Edwin R.A. Seligman, 607–613. New York, 1937 [1934].
212 Siehe William Isaac Thomas und Florian Znaniecki, *The Polish Peasant in Europe and America*, New York, 1958 [1918-1920]; William Isaac Thomas, Robert Ezra Park und Herbert Adolphus Miller, *Old World Traits Transplanted (Americanization Studies)*, Montclair, N.J., 1971 [1921]; Louis Wirth, *The Ghetto*, Chicago, 1982 [1928].
213 Auch zum Ghetto existiert ein Eintrag in der "Encyclopaedia", Jakob Lestschinsky, "Ghetto", in *Encyclopaedia of the Social Sciences*, hrsg. von Edwin R.A. Seligman, 646–650. New York, 1937 [1934], der aber im Gegensatz zum Eintrag zu "ethnic community", Ware, "Ethnic Communities", kaum soziologisch-analytische Aspekte enthält und die analytischen Stärken von Wirths Arbeit ignoriert, obwohl sie in der Liste der Referenzen aufgenommen wurde.
214 Wirth, *The Ghetto*, S. 231.

"The Jewish Type" and "The Jewish Mind" führt er vermeintlich rassische Unterschiede auf die Geschichte des Judentums zurück.[215]

> If students of human nature have learned to be cautious about any one thing more than another in recent years, it is to be cautious about attributing the character of a people and of an individual to human nature without a scrutiny of the historical experiences of the group or the individual. It may be a platitude to say that the Jews are what their history has made them, but it is a platitude worth reiterating.[216]

In einer scharfsinnigen Analyse des zwischen Selbstauflösung und Selbsterhaltung schwankenden Ghettos entwickelt Wirth ein Bild einer durch Migration entstandenen kulturellen Gruppe:

> The Jewish community is a cultural community. ... It is his [the Jew's] historical isolation – it is the ghetto, voluntary or compulsory, medieval or modern, which not only accounts for his character, but for the fantastic conception that others have of him. The history of the Jews and the history of the ghetto are in essence a history of migrations.[217]

Migrationserfahrung und räumliche Separation sind für Wirth die Ursache für eine spezifische Lebensweise in der jüdischen Gemeinde, der Gestaltwechsel von der biologisch begründeten rassischen Differenz zur kulturell begründeten ethnischen Differenz war vollzogen.

Thomas' *Old World Traits Transplanted*[218] arbeitete insbesondere die politischen Implikationen für die Amerikanisierung des *Polish Peasant* aus. In *The Polish Peasant in Europe and America*[219] entwickelte er zusammen mit Znaniecki eine Perspektive auf Immigrationsprozesse, die nachhaltig auf die amerikanische Soziologie wirken sollte. Obwohl der Begriff ethnische Gruppe nicht systematisch verwandt wird, gilt dieses Werk heute als ein Klassiker der Ethnizitätsforschung. Der Historiker Zaretsky qualifiziert es als "the discovery of ethnicity".[220] Thomas hatte seit einer Europareise 1896 an der Verwirklichung eines Forschungsprojektes gearbeitet, das verschiedene Migrantengruppen in ihren europäischen Herkunftsländern mit deren Situation in den USA vergleichen sollte.[221] Die Studie ist in vielerlei Hinsicht ein Klassiker: in methodischer Hinsicht aufgrund der – durch theoretische Perspektiven geleiteten – qualitativen Analyse von Briefen, in inhaltlicher Hinsicht aufgrund der Analyse von De- und Reorganisationsprozessen in einer Einwanderungsgemeinde im Kontext ihrer "super-territorialen" Struktur. Der Begriff ethnische Gruppe oder gar Ethnizität wird nicht verwendet, der Begriff Rasse hin und wieder, aber eher unspezi-

---

215 Vgl. ibid., S. 63–95.
216 Ibid., S. 288.
217 Ibid., S. 290–291.
218 Siehe Thomas, Park und Miller, *Old World Traits Transplanted (Americanization Studies)*.
219 Siehe Thomas und Znaniecki, *The Polish Peasant in Europe and America*.
220 Vgl. Eli Zaretsky, "The Polish Peasant in Europe and America. A Classic Work of Immigration History", in *The Polish Peasant in Europe and America*, hrsg. von Eli Zaretsky. Urbana, 1996 [1918-1920], S. 105ff.
221 Vgl. Matthias König, "The Polish Peasant in Europe and America", in *Hauptwerke der Soziologie*, hrsg. von Dirk Kaesler und Ludgera Vogt, 470–477. Stuttgart, 2000.

fisch.²²² Alle diese Phänomene sind nach Thomas und Znaniecki nur verständlich, wenn Immigration als kollektives Phänomen verstanden wird:

> It must be always remembered that very little can be achieved by dealing with the immigrant sporadically and individually ... The Polish immigrant is an essentially social being – not "man," not "woman," not "child," in the abstract, but a group member, to be dealt with *in groups*.²²³

Mitgliedschaft und Zugehörigkeitsgefühle sind die entscheidenden Aspekte, unter denen sich die Situation von Immigranten definiert und ihr Verhalten erklärt. Wirth hatte dieselben Argumente verwendet, um am Beispiel der Juden das Konzept der Rasse für Einwanderungsminderheiten als problematisch zu entlarven. Diese geschärfte Problemsicht einer entstehenden Stadtsoziologie sollte ihre Tragfähigkeit im Zuge der zunehmenden Probleme der amerikanischen Gesellschaft während der Großen Depression beweisen.

Während viele Forschungsgebiete unter der Wirtschaftskrise litten, waren die Folgen der *Großen Depression* für die Soziologie teilweise sogar positiv. Dies beschreibt Don Martindale lebhaft:

> While the American universities went into a holding pattern during the Depression, the 1930s where not hard on sociology. The Depression brought new demands for social workers, a large number of whom had to be trained by sociologists. Large numbers of young people crowded into the universities because of an inability to find employment and with the assistance of the NRA. Many young people, out of serious concern for what was happening to society, were turning to the social sciences rather than the humanities for orientation. The foundations were expanding their programs for social science research. The federal government was making more use of social scientists than ever before.²²⁴

Die 1930er Jahre waren in anderer Hinsicht eine problematische Zeit für die amerikanische Soziologie.²²⁵ Die Anzahl der Mitglieder in der American Sociological Society (ASS) sank Mitte der 1930er auf etwa 1.000 Personen. Viele regionale soziologische Gesellschaften wurden gegründet, deren Mitglieder nur zu einem geringen Teil der nationalen Organisation beitraten. Starke Zweige der Soziologie, wie etwa die Agrarsoziologie, gründeten eigene Gesellschaften (Rural Sociological Society, 1938). Das *American Journal of Sociology* wurde vom neu gegründeten *American Sociological Review* als Zeitschrift der ASS abgelöst. Die Fronten zwischen den Departments der führenden Universitäten verhärteten sich und der ohnehin nicht besonders starke Austausch des Personals schwächte sich weiter ab. Der beginnende Siegeszug der neuen Survey-Methoden, verbunden mit den Namen Samuel Stouffer und Paul Larzarsfeld, war eine der positiven neuen Bewegungen, wurde aber sehr ambivalent bewertet. Konzentriert auf fremdfinanzierte Meinungsumfragen und Marktforschung konnte diese Forschung zu Beginn jedoch auf die Förderung durch das Establish-

---

222 Eine Ausnahme bildet das methodologische Vorwort in Thomas und Znaniecki, *The Polish Peasant in Europe and America*, hier wird "races" mit "nationalities" gleichgesetzt.
223 Ibid., S. 1826.
224 Martindale, "American Sociology before World War II", S. 140.
225 Vgl. hierzu und im Folgenden Turner und Turner, *The Impossible Science: an Institutional Analysis of American Sociology*, S. 57ff. Beide Autoren betonen auch, dass die Soziologie in den 1930er Jahren große Finanzierungsprobleme hatte. Dies mag zwar stimmen, aber diese waren geringer als in anderen Wissenschaften, so dass hier eher der Einschätzung von Martindale zu folgen ist.

ment der Disziplin verzichten. Beide Forscher waren im Übrigen davon überzeugt, dass die Konfliktlinien zwischen qualitativer und quantitativer Forschung in der amerikanischen Soziologie inhaltlich nicht haltbar waren. Später gelang es dann insbesondere Samuel Stouffer, durch seine pragmatische und undogmatische Herangehensweise auch viele Stiftungsmanager auf seine Seite zu ziehen.[226]

Wie man trotz geringer finanzieller Ausstattung brillante soziologische Forschung realisieren konnte, zeigt die wohl letzte wichtige Studie zu ethnischen Gruppen, die diesen Begriff selbst noch nicht problematisiert: William Foote Whytes *Street Corner Society*.[227] Die Studie mit dem Untertitel "The Social Structure of an Italian Slum" ist ein Klassiker der soziologischen Forschung, da sie insbesondere durch den später angefügten Appendix über die Entstehung der Studie zum Modell stadt-ethnographischer Forschung wird. Ursprünglich hatte Whyte eine Studie nach dem Vorbild der Gemeindestudie des Ehepaares Lynd *Middletown*[228] beantragt, die immensen dafür notwendigen Mittel wurden aber nicht gewährt, so dass er den Zugang der teilnehmenden Beobachtung wählte.[229] Die Studie wurde mit einem kleinen Stipendium der *Harvard Society of Fellows* mit der Beratung von Elton Mayo und Lawrence Henderson im damals noch fast durchgehend italienischen Nordend von Boston durchgeführt, nachdem Whyte an die University of Chicago gewechselt hatte, wurde das Manuskript unter der Betreuung von W. Lloyd Warner und Everett Hughes noch einmal stark revidiert. Wichtig ist an dieser Studie, dass sie den bei Thomas und Znaniecki angelegten Perspektivenwechsel voll durchführt: Für Whyte hat eine ethnische Enklave keinerlei Anzeichen von "desorganization". Er zeichnet das Bild einer klar strukturierten Welt, in der verschiedene Institutionen unterschiedliche Wertsysteme und Handlungsopportunitäten zur Verfügung stellen.

Sowohl Wirth, Thomas und Znaniecki als auch Whyte verwenden in ihren klassischen Studien zu "ethnischen Gruppen" bzw. "ethnischen Vierteln" den Begriff Ethnizität nicht. Immigrantengruppen und ihre städtischen Enklaven waren der intuitiv einsichtige empirische Bezug dieser Forschung. Auch wenn der Begriff der Ethnizität noch nicht gefunden war, so war zu Beginn der 1940er Jahre doch das Konzept der ethnischen Gruppe ausgearbeitet und begann den Rassebegriff in den soziologischen Analysen zu verdrängen.

Ethnische Gruppen in Yankee City: Warners Studie

William Lloyd Warner war einer der wenigen Soziologen, denen auch in den 1930ern die finanzielle Sicherung eines Großprojektes gelang. Warner war nicht nur einer der Ersten, die das Konzept der ethnischen Gruppe als ein sozialwissenschaftliches Konzept systematisch in seiner soziologischen Analyse verwendet hatten, sondern wohl auch der, der den

---

226 Vgl. ibid., S. 70.
227 Siehe William F. Whyte, *Street Corner Society: The Social Structure of an Italian Slum*, Chicago, 1993 [1943]. Er verwendet diesen Begriff übrigens in seinem, im gleichen Jahr erschienenen Artikel über Geschlechterbeziehungen, der auch auf Material aus dem Bostoner Nordend beruht William F. Whyte, "A Slum Sex Code", *American Journal of Sociology* 49, 1943: 24–31.
228 Siehe Robert S. Lynd und Helen M. Lynd, *Middletown: A Study in Contemporary American Culture*, New York, 1930 [1929], Robert S. Lynd und Helen M. Lynd, *Middletown in Transition. A Study in Cultural Conflicts*, New York, 1937.
229 Vgl. Rolf Lindner, "Street Corner Society", in *Hauptwerke der Soziologie*, hrsg. von Dirk Kaesler und Ludgera Vogt, 464–468. Stuttgart, 2000, S. 464f.

Begriff Ethnizität ("ethnicity") prägte.²³⁰ Die *Yankee City Series* war eine weitere groß angelegte Gemeindestudie in einer Stadt in New England (Newburyport in Massachusetts, damals ca. 17.000 Einwohner). Die Studie wurde hauptsächlich vom *Committee of Industrial Physiology* der Harvard University gefördert, zu den vielen Beratern gehörten namhafte Soziologen wie Elton Mayo, John Dollard oder Samuel A. Stouffer. Die Feldphase währte von 1930 bis 1935, zeitweise waren über 25 Mitarbeiter mit dem Sammeln und Interpretieren der Daten beschäftigt.²³¹ Die Hauptautoren neben Warner waren Leo Srole, Paul S. Lunt und Josiah O. Low. Im Kern ging es bei *Yankee City* darum, die Methoden der Sozialanthropologie auf eine amerikanische Stadt anzuwenden. Die Serie war auf sechs Bände angelegt, von denen jedoch nur fünf erschienen. Der erste Band mit dem Schwerpunkt auf der Analyse der Kultur in Beziehung zu Mustern sozialer Ungleichheit, zusätzlich mit ausführlichen methodischen Bemerkungen, hieß *The Social Life of a Modern Community*. Band II, *The Status System of a Modern Community*, gibt eine genaue Betrachtung des institutionellen Settings in der Gemeinde. *The Social Systems of American Ethnic Groups* stellt eine detaillierte Arbeit darüber dar, wie ethnische Gruppen innerhalb der Kultur der Yankees kulturelle Eigenheiten bewahren. Der vierte Band, *The Social System of the Modern Factory*, ist eine Beschreibung industrieller Beziehungen. Der letzte Band der Serie erschien erst 1959: *The Living and the Dead: a Study of the Symbolic Life of Americans* ist eine kulturanthropologische Studie der Symbolstruktur von "Yankee City".²³² Die meisten Besprechungen und Kritiken beziehen sich nur auf die ersten vier Bände. Schon der erste enthält ein Kapitel über ethnische Minoritäten. Warner scheint hier das Substantiv "Ethnizität" zum Adjektiv "ethnic" zu verwenden, um nicht immer von "ethnic group" oder "ethnics" reden zu müssen.²³³ In den ersten drei Bänden geht er explizit in verschiedenen Kapiteln auf ethnische Gruppen als Merkmal der Ungleichheitsstruktur in "Yankee City" ein, obwohl sich zumindest die ersten beiden Bände vor allem dem Konzept der Klasse widmen. Schon hier verwendet er den Begriff Ethnizität, allerdings hin und wieder in Anführungszeichen, was darauf hindeutet, dass auch Warner selbst diesen Begriff noch für ungewöhnlich hält.²³⁴ Der Inhalt dieser Studie, die erst 1945 erschien und die wegweisend für die Soziologie nach dem Zweiten Weltkrieg werden sollte, wird im nächsten Kapitel beschrieben.

So wie die Kulturanthropologie durch Warner wichtige Innovationen für die Forschung zur Ethnizität in die Soziologie brachte, so waren es auch vor allem Anthropologen,

---

230 Vgl. hierzu Sollors (Hg.), *Theories of Ethnicity: A Classical Reader*, S. x und xxxviii FN 3. Nennungen des Begriffs in W. Lloyd Warner und Paul Sanborn Lunt, *The Social Life of a Modern Community*, New Haven, 1941, z.B. S. 220 "the concept of ethnicity" und W. Lloyd Warner und Paul S. Lunt, *The Status System of a Modern Community*, New Haven, 1942, S. 5, 66, 73 (hier die Nennung in Anführungszeichen), bzw. zum Konzept W. Lloyd Warner und Leo Srole, *The Social Systems of American Ethnic Groups*, New Haven 1945.
231 Siehe J. M. Mogey, "Review of the "Yankee Series" Vol. 1–3", *Man* 47, 1947: 16–17.
232 Siehe W. Lloyd Warner, *The Living and the Dead: a Study of the Symbolic Life of Americans*, New Haven, 1959, W. Lloyd Warner und Josiah O. Low, *The Social System of the Modern Factory. The Strike: A Social Analysis*, New Haven, 1947, Warner und Lunt, *The Social Life of a Modern Community*, Warner und Lunt, *The Status System of a Modern Community*, Warner und Srole, *The Social Systems of American Ethnic Groups*. Als weiterer Band war ein "Data Book for the Yankee City Series" geplant.
233 Vgl. Warner und Lunt, *The Social Life of a Modern Community*, S. 213 FN 3 (auch hier wird die Verbindung zwischen Abstammung und Ethnizität betont).
234 Siehe ibid., S. 213 FN 3, vgl. hierzu auch Sollors (Hg.), *Theories of Ethnicity: A Classical Reader*, S. xxxvii FN 2.

die den wissenschaftlichen Rassismus zu Fall brachten. Bevor wir deshalb die soziologische Forschung zu Afroamerikanern zwischen 1920 und 1944 etwas genauer betrachten, folgt ein Exkurs über das Zurückdrängen des wissenschaftlichen Rassismus.

CR ВО

Exkurs: Der Kampf gegen den wissenschaftlichen Rassismus

Die bis dahin selbstverständliche Kopplung von Aussehen, Kultur und Rasse war in der entstehenden Soziologie ethnischer Gruppen fragwürdig geworden. Dies wurde auch ermöglicht durch das Zurückdrängen des wissenschaftlichen Rassismus in der Anthropologie. Der wissenschaftliche Rassismus hatte immer zwei Aspekte: Aus der Ableitung individueller Fähigkeiten aus der genetischen Ausstattung folgte ihre weitgehende Unveränderlichkeit; zugleich wurden auch die Kulturen von minderwertigen Rassen als ebenso minderwertig angesehen und es wurde unterstellt, dass diese Rassen nicht zu höheren zivilisatorischen Leistungen fähig seien. Diese Kopplung von biologischen und kulturellen Argumenten zeigt sich etwa bei Johan Friedrich Blumenbach (1752–1840), der als einer der Begründer der physischen Anthropologie gilt. Er prägte die heute noch in den USA verwendete Bezeichnung von Weißen als Kaukasier. Auch wenn er heute als Rassist gilt, ist seine Rolle in der Wissenschaftsgeschichte zwiespältig. Er wies nach, dass Afrikaner keine Tiere waren (eine gängige Lehrmeinung des 18. Jahrhunderts), sondern Menschen wie Europäer, und legte die erste Sammlung von Büchern mit Autoren schwarzer Hautfarbe an, um nachzuweisen, dass Schwarze auch zu hohen Intelligenzleistungen fähig sind.[235]

Bevor wissenschaftlich zwischen Umwelteinflüssen und Vererbung getrennt wurde, war eine Beschreibung der eigenen Geschichte in biologischen Herkunftskategorien über Rasse oder ähnliche Begriffe auch in der Wissenschaft durchaus üblich:

> All societies resort to the use of genealogy. The genealogical myth is the first form of historical thought and metaphysical enquiry. The concept of race dominated modes of thought when research into the origins of man developed in scientific terms.[236]

Das Kennzeichen des wissenschaftlichen Rassismus bestand nun darin, aufgrund der zur damaligen Zeit modernsten Überlegungen zu Vererbung, normativen Urteilen über den Wert von Menschenrassen die Weihen naturwissenschaftlicher Fakten zu geben. Paradigmatisch in der Soziologie ist dieses Denken sicher mit Spencer verbunden.[237] Eines der frühen einflussreichen Werke wurde von Gobineau verfasst, der neben Spencer auf die amerikanische Eugenikbewegung starken Einfluss hatte, ein wichtiger Vertreter zu Beginn des 20. Jahrhunderts war hier z.B. Davenport. Wie ich schon zu Beginn dieses Kapitels andeutete, ging diese vermeintlich wissenschaftliche Weltsicht direkt in den Diskurs der amerikanischen Öffentlichkeit ein, in dem essentialistisch die Merkmale der verschiedenen

---

235 Vgl. Gossett, *Race: The History of an Idea in America*, S. 37ff.
236 Dominique Schnapper, "Race: History of the Concept", in *International Encyclopedia of the Social & Behavioral Sciences*, hrsg. von Neil J. Smelser, 12700–12703. Amsterdam, 2001, S. 12700–12701.
237 Als klassische historische Abhandlung zum Thema und insbesondere der Rolle William Graham Sumners vgl. Hofstadter, *Social Darwinism in American Thought*.

Einwandererrassen diskutiert wurden. Dieses Zusammenspiel endete nachhaltig erst nach dem Zweiten Weltkrieg. Wobei hier der abschreckende Einfluss von Nazideutschland wohl im Bezug auf die öffentliche Meinung fast noch höher zu veranschlagen ist als das Zurückdrängen des Rassekonzepts in der Wissenschaft.[238] So wie der wissenschaftliche Rassismus in der Soziologie nach dieser Entwicklung bleibend desavouiert war, so waren und sind rassistische Vorstellungen in der amerikanischen Bevölkerung davon jedoch weitgehend unbeeinflusst. Die wichtigsten Werke, die dem wissenschaftlichen Rassismus in den USA den Boden entzogen, verfassten Franz Boas und seine Schüler.[239]

Das biologische Argument gegen den wissenschaftlichen Rassismus

Der entscheidende Schlag gegen den wissenschaftlichen Rassismus wurde außerhalb der Soziologie geführt. Es war Franz Boas (1858–1942), ein aus Deutschland stammender Physiker und Geograph, der durch seinen Aufenthalt bei den Eskimos zum Ethnologen wurde, der dem wissenschaftlichen Rassismus die empirische Grundlage entziehen sollte.[240] 1887 wanderte er in die USA aus, auch hier hatte er, nicht zuletzt aufgrund seiner jüdischen Herkunft, große Schwierigkeiten, sich im akademischen Milieu zu etablieren, erst 1896 erhielt er eine Position an der Columbia University. Boas wendete in mehreren Artikeln die von Sir Francis Galton in England neu entwickelten Maße der Häufigkeitsverteilung an, und stellte fest, dass sich möglicherweise die Mittelwerte von Schwarzen und Weißen hinsichtlich verschiedener physiologischer Maße unterscheiden, dass sich aber trotzdem beide Verteilungen stark überlappen. Wenn man aber, wie damals üblich, unterstellt, dass physiologische Merkmale ein Indikator für menschliche Leistungen wie etwa Intelligenz sein können, bedeutet dies unter anderem auch, dass es viele Afroamerikaner geben müsse, die intelligenter als viele Weise sind. Diese nach heutigen Standards noch eher rassistische Aussage war ein schwerer Schlag für den wissenschaftlichen Rassismus. So schrieb Boas 1905:

---

238 Zu diesem wichtigen Punkt der tiefen Verankerung des Konzepts Rasse in der amerikanischen Kultur vgl. die exzellente Darstellung von Smedley, *Race in North America: Origin and Evolution of a Worldview*.
239 Natürlich gab es auch in der Soziologie Versuche, gegen den Rassismus vorzugehen. Im Jahre 1896 veröffentlichte William Isaac Thomas (1863–1947) einen Artikel: William I. Thomas, "The Scope and Method of Folk-Psychology", *American Journal of Sociology* 1, 1896: 434–445; dort wies er unter anderem mit den Daten zum Hirnvolumen verstorbener wichtiger weißer Persönlichkeiten nach, dass augenscheinlich das Volumen des menschlichen Hirns in großem Maße unabhängig von der Intelligenz eines Menschen variiert. So verweist er z.B. auf Topinard, der feststellte, dass das Hirnvolumen von Gambetta nur knapp 100 Gramm über der damals festgestellten Schwachsinnigkeitsgrenze lag, oder dass das Hirnvolumen von Cuvier, eines damals bekannten französischen Anthropologen, weniger Volumen hatte als das eines Tagelöhners, vgl. ibid., S.436–437. Thomas bezog sich natürlich implizit auf eines der zentralen Argumente bei Spencer, das die evolutionäre Höherwertigkeit von Westeuropäern durch ihr höheres Hirnvolumen stützen sollte. Vgl. Uta Gerhardt, "National Socialism and the Politics of the Structure of Social Action", in *Agenda for Sociology*, hrsg. von Bernhard Barber und Uta Gerhardt, 87–166. Baden-Baden, 1999, S. 112. Thomas stellte fest, dass seit Blumenbach trotz immenser Forschungsanstrengungen keine wissenschaftlich haltbaren Ergebnisse in der Rassenforschung produziert wurden, vgl. Thomas, "The Scope and Method of Folk-Psychology", S. 438. Allerdings schloss er daraus nur, dass Intelligenz und intellektuelle Leistung nicht über "Rasse" erklärbar waren, er spekulierte jedoch darüber, inwieweit das "Temperament" von Völkern genetisch bestimmt sei und dies bestimmte historische "instinkthafte" Reaktionen, wie etwa Revolutionen, erklären könnte, vgl. ibid., S. 443.
240 Boas erhielt auch eine Ausbildung als Ethnologe in Berlin, besonders bei Adolf Bastian; eindeutig von Bastian beeinflusst ist Boas fester Glaube an die "mental unity of mankind", vgl. Köpping, *Adolf Bastian and the Psychic Unity of Mankind*, S. 124f.

> There is every reason to believe that the Negro when given the facility and opportunity will be perfectly able to fill the duties of citizenship as well as his white neighbor. It may be that he will not produce as many great men as the white race, and his average achievement will not quite reach the level of the average achievement of the white race, but there will be endless numbers who will do better than the [white] defectives whom we permit to drag down and retard the healthy children of our public schools.[241]

Boas erarbeitete seine Ergebnisse mit den damals neuesten verfügbaren naturwissenschaftlichen Methoden. Er argumentierte mit diesen Ergebnissen für die jeweils individuelle Bewertung der Leistungen eines Afroamerikaners oder eines Weißen und entzog damit der in Schule, Nachbarschaft und Arbeitsplatz durchgehenden Trennung von Schwarz und Weiß die wissenschaftliche Legitimation. 1911 veröffentlichte er sein Buch, *The Mind of the Primitive Man*. Auch hier, ganz seinem Schreibstil entsprechend, vermeidet er scharfe oder zugespitzte Aussagen, argumentiert aber überzeugend gegen rassistischen Determinismus und legt nahe, dass eine Integration von Afroamerikanern in die amerikanischen Gesellschaft durchaus möglich sei. Viele dieser Argumente greift er in seinem Werk von 1928, *Anthropology and Modern Life*, wieder auf; auch hier verneint er die Vorhersagekraft von "Rasse" zur Bestimmung der Fähigkeiten einzelner Individuen. Boas ist aber insofern noch im Denken des 19. Jahrhunderts gebunden, als er für Großgruppen von Menschen Messungen von Hirnvolumina für sinnvoll hält und auch eine "durchschnittliche Unterlegenheit" von Afroamerikanern gegenüber Weißen vermutet. Trotzdem ist es mit den wissenschaftlichen Ergebnissen von Boas nicht mehr möglich, rassische Segregation und Diskriminierung in der amerikanischen Gesellschaft als wissenschaftlich begründbar anzusehen. Die praktischen Folgen dieser Erkenntnisse für das Alltagsleben von Afroamerikanern waren jedoch zu dieser Zeit noch dürftig, wie Williams konstatiert:

> Boas' thought on African Americans reflected both the strengths and weaknesses of the "American conscience" during the years before 1945. In seeking to reform white America's attitudes by developing the science of culture, Boas provided that conscience with a "scientific" antiracist foundation. The United States would only gradually accommodate an antiracist critique. African Americans would have to await the Second Reconstruction.[242]

Boas hatte mit seiner streng methodisch fundierten Wissenschaft eine neue Schule der Kulturanthropologie geschaffen, seine Schüler Melville Herskovits, Margaret Mead und Otto Klineberg wurden führende Kulturanthropologen im Kampf gegen das rassistische Denken.

Eine neue Perspektive, die wohl ihren elaboriertesten Ausdruck in dem Buch seines Schülers Ashley Montagu, *Man's Most Dangerous Myth: the Fallacy of Race*, von 1942 fand.[243] Montagu verbindet die Ergebnisse der physiologischen und kulturellen Anthropologie und dekonstruiert damit die Vorstellung von Rasse als einer Entität, die sinnvoll in Bezug auf Menschen zu definieren sei. Viel wichtiger ist jedoch, dass er auf die sozialen

---

241 Franz Boas, "The Negro and the Demands of Modern Life", *Charities* 15, 1905: 85–88, S. 87. Zitiert nach Williams, *Rethinking Race: Franz Boas and His Contemporaries*, S. 17.
242 Williams, *Rethinking Race: Franz Boas and His Contemporaries*, S. 36. Mit "reconstruction" wird die Einführung der Bürgerrechte während der Besetzung des Südens durch den Norden nach dem Bürgerkrieg bezeichnet. "Second Reconstruction" bezieht sich meist auf die frühe Zeit der Bürgerrechtsbewegung.
243 Ähnliche Bedeutung für den europäischen Bereich hatte wohl Julian S. Huxley und A. C. Haddon, *We Europeans: A Survey of 'Racial' Problems*, London, 1935.

Folgen der wissenschaftlichen Verwendung des Konzepts der Rasse verweist: Pseudowissenschaftliche Legitimation, verbunden mit den dumpfen Ressentiments in der Bevölkerung, stellt eine gefährliche, von politischen Hasardeuren nutzbare Mischung dar, die es ermöglicht, politisch alles zu legitimieren, von der einseitigen Bevorzugung über die Diskriminierung bis zur Ausrottung von Menschen. Gerade für eine demokratische Staatsform sei es deshalb nicht zulässig, mit der Kategorie der Rasse politisch zu arbeiten.

> As we have seen, there is nothing in the nature of any group, ethnic or otherwise, which gives it less weight in the balance of democracy than any other. That being the case, we must recognize and act upon this first principle set out in our Declaration of Independence that "All men are created equal. They are endowed by their Creator with certain unalienable rights. Among these are life, liberty, and the pursuit of happiness. To secure these rights governments are instituted among men, deriving their just powers from the consent of the governed." After almost two centuries science joins hands with humanity to ask Americans whether they will accept the challenge of those words.[244]

Das historische Argument gegen den wissenschaftlichen Rassismus

Aber Boas beeinflusste noch in anderer Hinsicht die amerikanische Soziologie entscheidend, und zwar über Du Bois. Seit 1897 Professor für Soziologie in Atlanta, beschäftigte sich Du Bois damit, die soziologische Forschung zu Afroamerikanern auf eine stärkere empirische Grundlage zu stellen. 1905 bat er Boas um Hilfe bei einer groß angelegten Studie zur physischen Anthropologie von Schwarzen.[245] Boas kam 1906 zu einer aus diesem Anlass veranstalteten Tagung nach Atlanta und hielt zwei Tage später die "commencement address"[246] an der University of Atlanta. Diese Rede bewog Du Bois dazu, sich stärker mit der Geschichte der Afroamerikaner zu befassen.[247] In seinem 1915 veröffentlichten Bändchen *The Negro*,[248] einer essayistischen Skizze der Geschichte der Afroamerikaner, stellte er fest, dass Afroamerikaner genauso zu epochemachenden Erfindungen und der Bildung politischer Gemeinwesen fähig seien wie Weiße. So hatten nach damaligen archäologischen Funden Afrikaner die Metallverarbeitung vor den Europäern entdeckt, und es wurden immer mehr Belege gesammelt, dass auch vor der Missionierung Afrikas durch den Islam Afrika mehrere Reiche und Königtümer gekannt hatte. In dieser Zeit nahm auch die Diskussion an Bedeutung zu, ob die altägyptische Kultur nicht eigentlich eine Kultur von Schwarzen sei. Afroamerikaner hatten also genauso ihren Anteil an den wichtigen Erfindungen und Zivilisationsleistungen in der Evolution der Menschheit wie andere Rassen.

Auch dieses Argument mag aus heutiger Sicht nicht sonderlich überraschend erscheinen. Es ist jedoch insofern relevant, als insbesondere innerhalb der Soziologie neben biolo-

---

244 Die heute meist verwendete Ausgabe ist die Taschenbuchausgabe: Ashley Montagu, *Man's Most Dangerous Myth: The Fallacy of Race*, New York, 1997 [1942]. Dieses Zitat stammt aus dem Abschnitt "Race and Democracy" in der Ausgabe von 1952, S. 272–273. Damit gibt Montagu genau die umgekehrte Interpretation von jener, die Commons 22 Jahre vorher gab.
245 Vgl. Williams, *Rethinking Race: Franz Boas and His Contemporaries*, S. 41.
246 Hierbei verwies er übrigens auch auf Monroe N. Work, dessen Studien zur physischen Anthropologie von Afroamerikanern die Grundlage für den ersten Artikel eines Afroamerikaners im *American Journal of Sociology* war (1900).
247 Siehe Williams, *Rethinking Race: Franz Boas and His Contemporaries*, S. 78.
248 Siehe William E. B. Du Bois, *The Negro*, Oxford, 1915.

gischen Begründungen einer Minderwertigkeit von Afroamerikanern gerade auch permanente kulturelle Defizite immer wieder herangezogen wurden. Wenn aber in der Geschichte der Menschheit Afroamerikaner zu den führenden Zivilisationen der Erde gehört hatten, so verlieren kulturelle Differenzen zwischen Rassen ihren ultrastabilen, ewigen Charakter und werden zu Unterschieden, die nur aus der aktuellen historischen Situation heraus begründbar sind.

Gegen Ende der Dreißiger schien also sowohl aus kulturhistorischen als auch aus biologischen Erkenntnissen das Konzept der Rasse nicht mehr haltbar. In seinem 1940 in *The Dusk of Dawn* veröffentlichten Aufsatz *The Concept of Race*[249] schilderte Du Bois am Beispiel seiner persönlichen Biographie die sich abwechselnden und oft widersprechenden Begründungen verschiedener Rassenlehren, mit denen er sowohl persönlich als auch in seiner Rolle als Soziologe zu kämpfen hatte. Er kommt zu dem Schluss, dass es vermutlich sinnlos ist, überhaupt von einem "Konzept der Rasse" zu sprechen:

> It [the race concept] had as I have tried to show all sorts of illogical trends and irreconcilable tendencies. Perhaps it is wrong to speak of it at all as "a concept" rather than as a group of contradictory forces, facts and tendencies.[250]

Damit war sowohl das biologische als auch das historische Argument für den wissenschaftlichen Rassismus desavouiert, darüber hinaus hatte Rasse als soziologische Kategorie erheblich an Plausibilität verloren.

> Still, although the Progressive era was one of the lowest points in the history of black-white relations in the United States, it did foster a rational, scientific approach to the problem of race relations. This approach found sufficient evidence to support the idea that African Americans were descendants of peoples who had made, and were perfectly capable of making in the present and future, achievements essential to human progress. This point of view, presented most eloquently by Franz Boas and W.E.B. Du Bois, countered the political mythology that defended the status quo.[251]

Anfangs blieb die amerikanische Soziologie noch unbeeindruckt, aber mit dem Ende der 1940er Jahre sollte die Niederlage des wissenschaftlichen Rassismus auch die theoretischen Argumente der "race relations"-Forschung grundlegend verändert haben.

CG 8O

---

249 Siehe Du Bois, "The Concept of Race" in Eric J. Sundquist (Hg.), *The Oxford W.E.B. Du Bois Reader*, Oxford, 1996, S. 76–96.
250 Ibid., S. 96.
251 Williams, *Rethinking Race: Franz Boas and His Contemporaries*, S. 85. Die "progressive era" bezeichnet die Zeit etwa zwischen 1900 und 1920, insbesondere die Präsidentschaften von Theodore Roosevelt (1901–1909) wie auch Woodrow Wilson (1913–1921). So wichtig beide Präsidenten für die Modernisierung der USA waren, so waren sie doch in Bezug auf Afroamerikaner eher konservativ.

2.2.2 Afroamerikaner als Gegenstand der Soziologie

Die soziologische Forschung zu Afroamerikanern zwischen 1920 und 1944 kreiste, wie am Beispiel des Lehrbuches von Park und Burgess[252] zu sehen, um zwei Probleme: Wie sind einerseits die zahlreichen Konflikte, aber auch Vorurteile, zwischen Afroamerikanern und Euroamerikanern zu erklären, und wie ist andererseits die immense Stabilität der Unterordnung von Afroamerikanern unter Weiße, insbesondere im Süden des Landes, zu begründen? In der Beschreibung der verschiedenen Rassen sehen Park und Burgess das Hauptproblem im besonderen Aussehen der japanischen und der negroiden Rasse:

> [T]he chief obstacle of the assimilation of the Negro and the Oriental are not mental but physical traits. It is not because the Negro and the Japanese are so differently constituted that they do not assimilate. ... The trouble is not with the Japanese mind but with the Japanese skin. The Jap is not the right color.[253]

Haupterklärung für die unterschiedlichen Assimilierungschancen der Rassen in den USA ist also laut dem Standardlehrbuch der Soziologie in den 1920ern das Aussehen bestimmter Rassen. In der Weiterentwicklung der Soziologie wird diese Erklärung zentral für eine Definition von Rasse werden, die in den Zwanzigern noch nicht gebräuchlich war. Für Park und Burgess war Rasse noch eine Kombination von physischen und kulturellen Merkmalen. Rassen waren Kollektive, die so offensichtlich in der amerikanischen Gesellschaft waren, dass sie nicht definiert wurden.

Im Unterschied zur Forschung zum Einwanderungsproblem flossen die Mittel zur Forschung über Afroamerikaner nach der Jahrhundertwende eher spärlich. Diese Forschung ist deshalb vor allem mit dem Namen W.E.B. Du Bois und dessen rastlosem Engagement für eine soziologische Aufklärung über Afroamerikaner verbunden. In einer Liste der neunzehn wichtigsten Bücher zu Afroamerikanern, die Howard Odum für die Zeit vor 1920 angibt stammen zwölf von insgesamt 19 von Du Bois.[254] Der soziologische Klassiker, den Du Bois in dieser Zeit verfasste, ist sein *The Philadelphia Negro*.[255] Dieses Werk steht am Beginn eines langen Soziologenlebens, das bis in die sechziger Jahre des 20. Jahrhunderts hinein wichtige Beiträge zur Diskussion der Rassenfrage in der amerikanischen Soziologie lieferte. Auch wenn Du Bois nicht vollständig von der amerikanischen Soziologie ignoriert wurde, so kommt es doch erst in den letzten fünfzehn Jahren zu Versuchen, sein umfangreiches und oft innovatives Werk angemessen zu berücksichtigen.
Mit seiner durch die Stadtväter von Philadelphia geförderten Studie beginnt Du Bois seinen Kampf gegen das Unwissen über das Leben von Afroamerikanern in den USA.

---

252 Vgl. Park und Burgess, *Introduction to the Science of Sociology*.
253 Ibid., S. 760–761. Achtung, Teile der Seitenangaben im Index des Buches zu "Negro" sind falsch.
254 Vgl. Odum, *American Sociology*, S. 339–343. Aus dieser Liste geht auch hervor, dass nach 1920 ein Boom der Forschung zu Afroamerikanern begann. Während in den betrachteten 25 Jahren vor 1920 19 Bücher zu Afroamerikanern erschienen, waren es zwischen 1920 und 1945 55.
255 Siehe William E. B. Du Bois und Isabel Eaton, *The Philadelphia Negro: A Social Study*, Philadelphia, 1996 [1899].

[T]he work still stands, an entire century later, as a magisterial survey of the unique racial dementia of the United States: the country's foundational involvement with African enslavement and the permanent consequences of that involvement.[256]

In seiner über 500 Seiten umfassenden Studie zeichnet Du Bois mit allen ihm zur Verfügung stehenden Methoden, von qualitativen Interviews bis zur deskriptiven Statistik, ein umfassendes Bild des Lebens von Schwarzen in einer amerikanischen Großstadt. Schritt für Schritt analysiert er alle Aspekte der afroamerikanischen Bevölkerung: Demographie, Bildung, Arbeitsmarkt, Familie, Kirche, Gesundheit, Kriminalität, Armut, Nachbarschaften, Beziehungen zwischen Schwarz und Weiß, sowie politische Partizipation. Immer wieder mahnt er zur Differenzierung: Es gibt nicht "den Schwarzen" sondern viele verschiedene Lebenslagen in der schwarzen Bevölkerung, die sich in ihren Problemen und Chancen stark unterscheiden. Damit gibt Du Bois eine frühe Version des zentralen sozialstrukturellen Arguments zu Afroamerikanern: Afroamerikaner werden zunehmend im 20. Jahrhundert eine Abstraktion im politischen Diskurs, denen sozialstrukturell kaum eine homogene Einheit zugeordnet werden kann.[257] Du Bois' Werke wurden zwar in der amerikanischen Soziologie der 1920er wahrgenommen, sein Einfluss im Sinne einer Übernahme seiner Methoden und Analysen war aber sehr gering, dominant in der Forschung zu Afroamerikanern sollte in der amerikanischen Soziologie eine andere Persönlichkeit werden: Howard Odum.

Die "race relations"-Forschung und Howard Odum

In dem Maße, in dem Afroamerikaner sowohl in den urbanen Zentren des Nordens als auch in der niedergehenden Plantagenökonomie des Südens als soziales Problem gesehen wurden, nahm auch die Forschung zu Afroamerikanern langsam zu. Howard Odum (1884–1954) gründete 1920 in Chapel Hill das später sehr einflussreiche Department of Sociology und war Begründer der Zeitschrift *Social Forces*, die zu einem der wichtigsten Foren zur Forschung über Afroamerikaner in der amerikanischen Soziologie werden sollte.[258] Odum gelang es, sich die finanzielle Unterstützung verschiedener Stiftungen, darunter auch der Rockefeller Foundation zu sichern.[259] Durch die regionale Orientierung seiner Soziologie konnte er aber vor allem mit Geldern der Regierung arbeiten, die explizit Sozialforschung zu Problemen in Agrarregionen förderte (insbesondere durch den Purnell Act von 1925). Zu den positiven Auswirkungen dieses gesamten Programms auf die Soziologie schreibt Martindale:

---

256 Howard Winant, "Race and Race Theory", *Annual Review of Sociology* 26, 2000: 169–85, S. 175. Winant gibt eine gleiche Einschätzung.
257 Du Bois' wichtige Studie fand allerdings als Vorläufer soziologischer Gemeindestudien kaum Beachtung. Ein wichtiger Schritt für die Etablierung von Gemeindestudien war sicherlich die vom Institute for Social and Religious Research finanzierte Studie von Lynd und Lynd, *Middletown: A Study in Contemporary American Culture*, in der Immigrantengruppen und Afroamerikaner aber nur eine untergeordnete Rolle spielten.
258 Vgl. Pettigrew (Hg.), *The Sociology of Race Relations: Reflection and Reform*, S. 48.
259 Rockefeller förderte Soziologie auch in Columbia, Harvard, Stanford, Yale, Texas und Virginia. All diese Departments sollten zu wichtigen Standorten der amerikanischen Soziologie werden. Der Hauptteil des Geldes ging nach Chicago. Vgl. hierzu Turner und Turner, *The Impossible Science: an Institutional Analysis of American Sociology*, 51ff.

In the 1920s in response to the farm crisis, the Department of Agriculture made systematic use of social science research. In the land grant schools, agricultural economics and rural sociology developed rapidly as a result. Under the Purnell Act of 1925, the Department was authorized to make grants to state agricultural experiment stations for research in the economic and sociological aspects of agriculture. Government funds were being routinely made available for sociological research for the first time.[260]

Zentral war Odums Rolle auch bei der Gründung des Social Science Research Councils (SSRC). Da viele Stiftungen dazu übergingen, besondere Bedingungen an die Vergabe von Mitteln zu knüpfen, versuchten Fachwissenschaftler, mit dem SSRC eine Institution zu schaffen, die zwar Mittel von Stiftungen erhielt, deren Vergabe aber nach fachinternen Kriterien steuern konnte. Allerdings wurde der SSRC fast ausschließlich von der Rockefeller Foundation gefördert, sodass der SSRC sich praktisch nie aus dieser Abhängigkeit löste. Als dezidiert interdisziplinäres Projekt konzentrierte sich der SSRC insbesondere auf methodische bzw. problemorientierte Forschung, Theorie galt als fachspezifisch.[261] Neben der inhaltlichen Orientierung an sozialen Problemen war es also auch die Förderstruktur, die dazu führte, dass theoretische Soziologie in den USA zu dieser Zeit nicht als zentrales Feld betrieben wurde.

1930 wurde Odum der erste Präsident der American Sociological Society aus dem Süden des Landes. Seine Forschung war stark regional orientiert und er gründete das heute nach ihm benannte *Institute for Research in Social Sciences*, das derzeit das drittgrößte Archiv für quantitative Daten in den USA beherbergt. Odum war führende Figur der Chapel Hill School für Rassenbeziehungen und schrieb allein über zwanzig Bücher, die sich implizit oder explizit mit der Situation der Schwarzen im Süden beschäftigte. Im ersten seiner zahlreichen Werke, *Social and Mental Traits of the Negro*,[262] vertrat er die Auffassung, dass Afroamerikaner aufgrund ihrer ererbten Unfähigkeit, mit Weißen effektiv in Wettbewerb zu treten, immer eine getrennte Kaste bleiben müssten. Er vertrat sozusagen die soziologische Version von Booker T. Washingtons "zwei Finger einer Hand"-Theorie[263]. Diese Trennung von Afroamerikanern und Euroamerikanern in zwei Welten wurde nicht zuletzt durch die unterschiedlichen "mores" sichergestellt, die Odum, sich konzeptionell auf Sumner[264] stützend, sah.

In seinen späteren Werken arbeitete Odum mit den Ergebnissen von Intelligenztests und kulturellen Argumenten, um der Kastengesellschaft des amerikanischen Südens eine wissenschaftliche Legitimation zu geben. Dieser Wechsel der wissenschaftlichen Begründungen zur Legitimation bestehender Diskriminierung war durchaus nicht

---

260 Martindale, "American Sociology before World War II", S. 135.
261 Vgl. Odum, *American Sociology*, S. 430.
262 Siehe Howard W. Odum, *Social and Mental Traits of the Negro: Research into the Conditions of the Negro Race in Southern Towns, a Study in Race Traits, Tendencies and Prospects*, New York, 1910.
263 Am 18. September 1895 hielt Washington seine Rede auf der Cotton States and International Exposition in Atlanta, die ihn als neuen Führer der African-American community etablierte; Finzsch, Horton und Horton Norbert Finzsch, James O. Horton und Lois E. Horton, *Von Benin nach Baltimore: Die Geschichte der African Americans*, Hamburg, 1999, S. 358f. "In all things that are purely social we can be as separate as the fingers, yet one as the hand in all things essential to mutual progress" Booker T. Washington, "Atlanta Cotton States and International Exposition Address 1895", in *African-American Social Political Thought 1850–1920*, hrsg. von Howard Brotz, 356–359. New Brunswick, 1995 [1966], S. 358. Diese Aussage wurde als Unterstützung der in dieser Zeit zunehmenden Rassentrennung gesehen und deshalb vom weißen Establishment gern aufgenommen.
264 Siehe William G. Sumner, *Folkways: A Study of the Sociological Importance of Usages, Manners, Customs, Mores, and Morals*, Boston, 1907 [1906].

dungen zur Legitimation bestehender Diskriminierung war durchaus nicht untypisch. So schreibt Du Bois:

> The first thing which brought me to my senses in all this racial discussion was the continuous change in the proofs and arguments advanced. ... It was not until I was long out of school and indeed after the World War that there came the hurried use of the new technique of psychological tests, which were quickly adjusted so as to put black folk absolutely beyond the possibility of civilization. By this time I was unimpressed. I had too often seen science made the slave of caste and race hate. And it was interesting to see Odum, McDougall and Brigham eventually turn somersaults from absolute scientific proof of Negro inferiority to repudiation of the limited and questionable application of any test which pretended to measure innate human intelligence.[265]

Auch wenn Park in Chicago hauptsächlich mit dem Einwanderungsproblem beschäftigt war, so war er auch weiterhin beeinflusst von seiner Arbeit unter Booker T. Washington, die im Großen und Ganzen auch Parks Einstellung zum "Negro Problem" bestimmte. Als Park in Chicago seine Arbeit aufnahm, war er sich sicher, dass mit der Veränderung von Gesetzen nichts gegen die verhärteten Fronten zwischen Schwarz und Weiß auszurichten sei. Beeinflusst durch Boas sah Park, im Gegensatz zu Odum, das Kastensystem des amerikanischen Südens nicht in den zurückgebliebenen mentalen Fähigkeiten von Afroamerikanern begründet, sondern in dem vor allem durch ökonomische Interessen bestimmten sozialen Umgang beider Rassen miteinander. Darüber hinaus werde diese Trennung jedoch auch unterstützt durch die unterschiedlichen Temperamente beider Rassen und die instinkthaften gegenseitigen Vorurteile. Noch bis in die dreißiger Jahre war Park überzeugt, die Trennung beider Rassen nach einer "separate but equal"-Doktrin sei für beide Gruppen vorteilhaft.[266] Später in seinem Leben, mit dem sich verändernden Klima innerhalb der amerikanischen Soziologie, maß er jedoch der Klasse eine wichtigere Position zu.[267] So Frazier:

> Up to about 1930, Park's sociological theory in regard to race relations in the United States did not go beyond the theory of a biracial organization in which vertical social distance between the two races would become a matter of horizontal social distance.[268]

Bis in die dreißiger Jahre hinein war der "main stream" der amerikanischen Soziologie zu Afroamerikanern einer "separate but equal"-Doktrin verhaftet. Allerdings ergaben sich wichtige Unterschiede in der Begründung: Während Odum noch stark in biologistischen und ultrastabilen kulturellen Kategorien dachte, zeichnete sich bei Park eine gewisse Ambivalenz ab. Zwar war er, durch Washington beeinflusst, noch stark politisch konservativ, d.h. für Segregation, dennoch nahm er aber die aufkommenden Argumente über das Verhältnis von Klasse und Kaste in seine Soziologie auf.

---

265 Du Bois, "The Concept of Race", S. 77–78. William McDougall war ein britischer Sozialpsychologe und Carl Brigham Psychologe in Princeton, der maßgeblich an der Entwicklung des Scholastic Assessment Tests (SAT) in den 1920ern beteiligt war.
266 Neben dem "konservativen" Einfluss der politischen Einstellungen von Booker T. Washington ist es vor allem die, an den damaligen Naturwissenschaften orientierte, problematische methodologische Fundierung, die Park im Anschluss an seine Ausbildung bei Windelband der Soziologie gibt, die seine Soziologie heute kaum noch verwendbar macht.
267 Vgl. Williams, *Rethinking Race: Franz Boas and His Contemporaries*, S. 95ff.
268 Frazier, "Sociological Theory and Race Relations", S. 269.

Neue Ansätze zur Erforschung von Afroamerikanern

Die 1920er und 1930er Jahre sind auch eine Phase, in der sich das Bild der amerikanischen Soziologie, wie auch das Bild, das sich diese Soziologie von Afroamerikanern macht, drastisch änderte. Die wichtigen Studien dieser Zeit, die zu dieser Veränderung beitrugen, lassen sich in drei Felder aufteilen: (1) Gemeindestudien, die vor allem mit der von Warner propagierten Unterscheidung zwischen Klasse und Kaste arbeiten, (2) Studien zu afroamerikanischen Jugendlichen und zur afroamerikanischen Familie, die insbesondere kulturelle Probleme in den Fokus rücken, und (3) umfangreiche, auch staatlich geförderte, Untersuchungen zur ökonomischen Situation von Afroamerikanern.[269]

Die neu aufkommenden *Gemeindestudien* arbeiteten zunehmend mit einem Klassen- und Kasten-Modell. Seit den 1920ern kam es verstärkt zu sorgfältigen, empirisch oft sozialstrukturell orientierten Forschungen zu Afroamerikanern in den USA. Die Perspektive, Afroamerikaner als Kaste zu analysieren, ist mit dem Namen des Soziologen und Anthropologen William Llyod Warner (1898–1970) verbunden.[270] Gemeinsam mit seinen Mitarbeitern entwickelte und verwendete er diesen Ansatz in der Analyse von Gemeinden des Südens der USA.[271] Er beschreibt, wie diese Gemeinden des Südens in zwei Kasten zerfielen, die Kaste der Afroamerikaner und die Kaste der Euroamerikaner. Er skizziert dieses Konzept in einem kurzen Aufsatz[272], der das wichtigste theoretische Ergebnis seiner Arbeiten mit den Gardners und Allison Davis vorweg veröffentlichte.

In diesem Modell (vgl. Abbildung 3) bedeutet c die "cast-line" zwischen Weißen und Schwarzen, innerhalb beider Kasten gibt es eine Klasseneinteilung, angedeutet durch U. (Upper-), M. (Middel-) und L. (Lowerclass). Klasse und Kaste als Konzepte sozialer Ungleichheit unterscheidet, dass Kasten sowohl Endogamie befördern als auch Exogamie verbieten, darüber hinaus ist soziale Aufwärts- oder Abwärtsmobilität zwischen Kasten nicht möglich, beides ist im Klassensystem zumindest erlaubt. Für Warner stellte das Kastensystem die permanente Unterdrückung von Afroamerikanern im Süden sicher, Analphabetentum, zerstörte Familien und Kriminalität waren nur Beispiele dafür, wie das Kastensystem die Lebenschancen von Afroamerikanern vernichtete.

---

269 Ein wichtiges Werk, das auch diesen Aufbruch kennzeichnete, war die Übersichtsdarstellung der Situation von Afroamerikanern von Charles S. Johnson, *The Negro in American Civilization*, New York, 1930. Zur wichtigen Rolle, die Johnson in dieser Zeit spielte und auf die hier nicht weiter eingegangen werden kann vgl. Richard Robbins, "Charles S. Johnson", in *Black Sociologists: Historical and Contemporary Perspectives*, hrsg. von James E. Blackwell und Morris Janowitz, 56–84. Chicago, 1974.
270 Vgl. McKee, *Sociology and the Race Problem*, S. 153–180.
271 Siehe Allison Davis et al., *Deep South: A Social Anthropological Study of Caste and Class*, Chicago, 1941.
272 Vgl. W. Lloyd Warner, "American Class and Caste", *American Journal of Sociology* 42, 1936: 234–237.

Abbildung 3: Warners Kasten- und Klassenmodell [273]

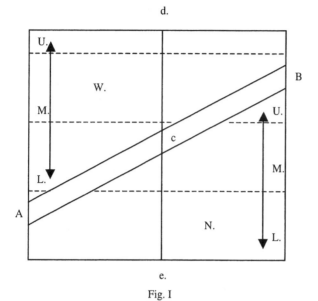

Fig. I

Warners Analyse der Situation von Afroamerikanern als einer Kaste implizierte, dass Parks "race relations cycle", den Park zwar am Beispiel von Einwanderungsminderheiten entwickelt hatte, den er aber auch auf Afroamerikaner angewendet sehen wollte, wohl nicht auf die Situation von Afroamerikanern anzuwenden war.

Nachhaltigen Einfluss gewannen Warners Ideen innerhalb der amerikanischen Soziologie, durch das an seinen Begriffen orientierte Buch *Class and Caste in a Southern Town* von John Dollard.[274] Der Soziologe und Sozialpsychologe Dollard[275] war daran interessiert, welche Auswirkungen die Sozialstruktur, konzeptionalisiert als Kaste, auf die emotionale Struktur der Einwohner einer Gemeinde hatte. Beeinflusst durch seine psychoanalytische Ausbildung beschreibt er die psychosozialen Gewinne von Weißen und Afroamerikanern im Kontext sexueller und aggressiver Triebe.[276] Im Mittelteil seines Buches geht Dollard

---

273 Warner, "American Class and Caste", S. 235
274 Siehe John Dollard, *Caste and Class in a Southern Town*, Madison, 1988 [1937].
275 Später war er stark durch den Psychologen Clark L. Hull (1884–1952) beeinflusst. Inzwischen fast zum Allgemeingut geworden ist die von ihm mit einer Gruppe von Psychologen entwickelte "Frustrations-Aggressions-Hypothese" John Dollard et al., *Frustration and Aggression*, New Haven, 1939.
276 Dollard führt aus, dass es für Weiße durch das Kastensystem möglich war: (1) ökonomische Gewinne zu erzielen, indem sie einerseits die harte Arbeit in den Plantagen vermieden, andererseits aber den durch Verkauf von Baumwolle erzeugten Gewinn den Afroamerikanern vorenthielten; (2) weiße Männer hatten sexuelle Gewinne, indem sie einerseits Zugriff sowohl auf weiße als auch schwarze Frauen hatten und insbesondere schwarze Frauen sexuell ausbeuten konnten; (3) Prestigegewinne lagen für alle Weißen insofern auf der Hand, als sie ohne Rücksicht auf ihre Position oder ihre Leistung Kontrolle über das Verhalten von Afroamerikanern ausüben konnten (vgl. Dollard, *Caste and Class in a Southern Town*, insbesondere Kapitel 6 bis 8). Afroamerikaner profitierten von ihrem Status als niedrigere Kaste, indem sie in viel geringerem Maße Triebverzicht leisten mussten als Weiße:

2 Afroamerikaner und Immigrantengruppen in den USA von 1920 bis 1944

darauf ein, wie das Kastensystem Erziehung, Politik und Religion strukturiert. Hier wird offensichtlich, wie er seine sozialpsychologische Analyse in einen sozialstrukturellen Rahmen stellt. Insbesondere im Kapitel zur Politik wird deutlich, dass auch Dollard Machtunterschiede, wie sie sich zum Beispiel in der Wahlgesetzgebung ausdrückten, als entscheidenden Faktor sieht, der das Kastensystem stützt.[277] In Bezug auf die psychosozialen Gewinne ist überdeutlich, dass die Gewinne die Dollard Afroamerikanern innerhalb des Kastensystems zuweist, mit den Vorteilsstrukturen von Euroamerikanern gegenüber Afroamerikanern kongruent sind. Sein Argument war unmittelbar einsichtig, auch wenn die Kastenstruktur des Südens ganz offensichtlich den demokratischen Werten der amerikanischen Verfassung widersprach, so war dieses System doch funktional für beide Bevölkerungsgruppen und insofern effektiv und stabil. Im Gegensatz zu vielen anderen Studien dieser Zeit wurde Dollards Studie zu einem vielgelesenen Klassiker, der die soziologische Diskussion über Afroamerikaner bis weit in die sechziger Jahre hinein beeinflusste.

Als Kontrast zu Dollards Studie erschien 1941 *The Deep South*[278] von Warner und seinen Mitarbeitern Allison Davis, Burleigh Gardener und Mary Gardener. In dieser Studie kam die stärker sozialstrukturell orientierte Anwendung der Kasten- und Klassenidee auch zu anderen Ergebnissen als Dollard. Im Studium der Gemeinde und der umgebenden Plantagen betonen die Autoren den extremen Zwangscharakter des Kastensystems. Sie fanden in der Beschreibung des brutalen Ausbeutungssystems von schwarzen Kleinbauern keine glücklichen Kinder, die "nur" ein halbes Jahr arbeiten mussten, wie Dollard sie beschrieb. Sie beschreiben das arbeitsreiche harte Leben einer schwarzen Bevölkerung, die durch Weiße ihrer Hände Arbeit beraubt wurden und in vielen Fällen nahe dem Hungertod waren. Die Autoren machten auch zwei wichtige weitere Beobachtungen, zum einen sahen sie, wie Marktbeziehungen das Kastensystem teilweise auflösten und in seltenen Fällen Afroamerikanern ein höheres Einkommen ermöglichte, dies allerdings zum anderen im Kontext einer zerfallenden Plantagenökonomie. Mit der Betonung zunehmender Klassenunterschiede und generationalem Wandel wies die Studie darüber hinaus auf zwei wichtige Prozesse der inneren Delegitimierung des Kastensystems der Südstaaten hin.[279]

---

(1) Afroamerikaner hatten relativ höhere sexuelle Freiheiten innerhalb ihrer eigenen Gruppe; (2) Afroamerikanern war es möglich, Aggression und unkontrolliertes Verhalten freier auszuleben, wobei Dollard durchaus bemerkte, dass das höhere Aggressionspotential von Afroamerikanern durch die Frustration innerhalb des Kastensystems entstand; (3) darüber hinaus war es Afroamerikanern möglich, sich ihrer eigenen Lebensverantwortung zu entziehen und sich auf die Versorgung durch Weiße zu verlassen (vgl. Kapitel 12 bis 15).
277 Vgl. ibid., Kapitel 10.
278 Siehe Davis et al., *Deep South: A Social Anthropological Study of Caste and Class*.
279 Zu ähnlichen kritischen Ergebnissen in Bezug auf Dollard kommt die Kulturanthropologin Hortense Powdermaker, *After Freedom: a Cultural Study in the Deep South*, Madison, 1993 [1939]. Powdermakers "Cottonville" ist das gleiche Städtchen wie Dollards "Southerntown". Die Gemeinde heißt Indianola und liegt in den fruchtbaren Niederungen des Mississippideltas (vgl. Daniel P. Moynihan, "Foreword", in *Caste and Class in a Southern Town*, von John Dollard, vii–xii. Madison, 1988 S. x.). Powdermaker hatte einen erheblich besseren Zugang zur afroamerikanischen Bevölkerung (Vgl. Brackette F. Williams und Drexel G. Woodson, "Hortense Powdermaker in the Deep South", in *After Freedom*, von Hortense Powdermaker, ix–xl. Madison, 1993.). Sie teilte die negative Einschätzung, die Dollard von der Lebensweise der Afroamerikaner auf den Plantagen hatte, nicht. Ihre Untersuchungen zur afroamerikanischen Familie zeigen, wie relativ gut funktionierende Familien versuchen, unter extrem schlechten Bedingungen trotzdem ein Familienleben sicherzustellen, viele der Vorstellungen von Weißen im Süden über das Leben von Afroamerikanern entlarvt sie als schlichtes Nichtwissen (Kapitel 8 bis 10). Am Ende ihres Buches geht sie auch auf die Idee ein, dass Afroamerikaner aufgrund ihrer als infantil dargestellten Persönlichkeitsstruktur besondere Gewinne aus dem Kastensystem hätten. Im Lichte ihrer Studie kam sie zu dem Ergebnis, dass die Mitglieder der schwarzen Gemeinden in ähnlich rigiden Normkodizes, hinsichtlich z.B. sexuellen

Die letzte große Studie, die unter Warners Einfluss ein Markstein in der Soziologie von Afroamerikanern werden sollte, war St. Clair Drakes und Horace R. Caytons *Black Metropolis: A Study of Negro Life in a Northern City*.[280] Obwohl die Feldphase des von Warner und Cayton geleiteten Projekts schon in den 1930ern begann, wurde dieses Werk erst 1945 veröffentlicht. Es stellt in zweierlei Hinsicht eine entscheidende Neuerung dar. Zum einen sind die zwei Hauptautoren Afroamerikaner, zum anderen sind es die schwarzen Bewohner Chicagos, die hier untersucht werden, d.h. es werden nach Du Bois' *The Philadelphia Negro* erneut nachdrücklich die "Große Migration" von Afroamerikanern in den Norden und die sozialen Probleme, die sie aufwarf, auch in den Gemeindestudien reflektiert. Die Autoren zeichnen dabei nicht nur das Leben von Menschen nach, die mit Diskriminierung kämpften und große Schwierigkeiten hatten, ihr Dasein zu fristen, sie stellten auch eine Gemeinde von Afroamerikanern mit eigener Kultur, eigenen Lebensstilen und eigenen Zielvorstellungen vor, die sich von denen der Weißen unterschieden. Obwohl diese Studie Park gewidmet ist, hatte sich mit ihr die amerikanische Gemeindesoziologie weitgehend von dessen inhaltlicher Perspektive gelöst.

Die zweite wichtige Gruppe von Studien bezog sich auf *die afroamerikanische Kultur insbesondere am Beispiel von Familie und Jugend*. Auch wenn die Gemeindestudien neuen Typs die Besonderheiten von Afroamerikanern auch in kultureller Hinsicht betonten, so waren es vor allem die Studien über die afroamerikanische Familie, die die afroamerikanische Kultur als spezifisches Herkunftsmerkmal bestimmten. Schon 1908 veröffentlichte W.E.B. Du Bois sein Buch *The Negro American Family*,[281] in dem er Argumente von Melville Herskovits zur Kontinuität afroamerikanischer Kultur vorwegnahm.[282] Die einflussreichste Studie zur afroamerikanischen Familie, die vor 1945 veröffentlicht wurde, war aber sicherlich Edward Franklin Fraziers (1894–1962) *The Negro Family in the United States*.[283] Dieses Buch eröffnete die Karriere des ersten einflussreichen afroamerikanischen Soziologen in den USA, denn im Gegensatz zu Du Bois war Frazier in der soziologischen Gemeinde akzeptiert. 1931 bekam er sein Doktorat in Soziologie von der University of Chicago, 1934 wurde er Leiter des Departments of Sociology at Howard. Frazier schrieb zahlreiche Werke zu Afroamerikanern, Rasse und Kultur. Zugleich engagierte er sich politisch[284] und wurde 1948 der erste afroamerikanische Präsident der *American Sociological Society*.[285]

In *Negro Family*[286] arbeitete Frazier mit einem zentralen Argument, das nachhaltig das Denken der amerikanischen Soziologie beeinflusste. Er betonte nicht nur, dass es praktisch

---

Verhaltens, lebten wie Weiße (vgl. ibid., S. 143–196). Sie beobachtete aber auch hier starke Klassenunterschiede innerhalb der afroamerikanischen Gemeinde. Die Charakterisierung von Afroamerikanern als besonders glücklich oder fröhlich führt sie auf die von Weißen nicht gewohnten spezifischen Arten der Äußerung von Gefühlen zurück. Der wichtigste Befund dieser Studien war sicherlich, dass die jungen Mitglieder der afroamerikanischen Gemeinde immer weniger dazu bereit waren, das geforderte unterwürfige Verhalten zu zeigen und sich in die Kastensituation einzupassen.

280 Siehe St. Clair Drake und Horace R. Cayton, *Black Metropolis: a Study of Negro Life in a Northern City*, Chicago, 1993 [1945].
281 Siehe William E. B. Du Bois, *The Negro American Family*, Atlanta, Ga., 1908.
282 Vgl. Williams, *Rethinking Race: Franz Boas and His Contemporaries*, S. 74.
283 Siehe Edward Franklin Frazier, *The Negro Family in the United States*, Chicago, 1939.
284 So wurde er z.B. bei Protesten gegen den, den Ku Klux Klan verherrlichenden, Film von Griffith, "The Birth of a Nation", festgenommen und war Mitglied der Comission on Conditions in Harlem, die nach den Rassenunruhen 1935 in New York eingesetzt wurde.
285 Vgl. McKee, *Sociology and the Race Problem*, S. 200–212.
286 Siehe Frazier, *The Negro Family in the United States*.

keinerlei Kontinuitäten zwischen der Kultur der Herkunftsgebiete der afrikanischen Sklaven und der der Afroamerikaner in der USA der 1930er Jahre gab, sondern auch, dass die Lebensweise der Afroamerikaner jeweils bestimmt wurde durch die sozialstrukturelle Situation, in der sie sich befanden: Zum einen Verschleppung und Sklaverei, die zu unterdrückten und von Machtwillkür abhängigen isolierten Gemeinden in meist ländlichen Gebieten führten und zum anderen die "Große Migration" um die Jahrhundertwende, die zu den zwar freien, aber diskriminierten Gemeinden von Afroamerikanern in amerikanischen Großstädten führte.[287] Es waren also weder biologische Merkmale, noch eine als ultrastabil imaginierte Kultur von Afroamerikanern, die das Leben dieser Gruppe bestimmten, sondern die afroamerikanische Kultur war, wie jede Kultur, Ausdruck und vor allem Mittel zur Bewältigung der aktuellen Lebenssituation. So erklärt Frazier das oft kolportierte Matriarchat in afroamerikanischen Familien durch die Situation in der Sklaverei, in der Eheleute immer in Gefahr standen, auseinander gerissen zu werden, während die Kinder zumindest anfänglich bei der Mutter blieben. Auch die Abschaffung der Sklaverei führte in den isolierten ländlichen Gemeinden nur dazu, dass die sowieso schon schwachen familiären Bande schnell gelöst wurden, um im "Norden" ein besseres Leben zu führen. Nach der "Großen Migration" traf diese in der ländlichen Isolation entwickelte Lebensweise auf die städtische Umwelt, die sie nicht bewältigen konnte, was unter männlichen Afroamerikanern zu den typischen kriminellen Karrieren führte und weiterhin die Verantwortung für die Kinder bei der Mutter beließ. Aber auch ein ganz anderer Pfad war möglich. Die von Frazier aufgrund ihrer hohen Zahl von Mischlingen als "braun" bezeichnete schwarze Mittelklasse war gekennzeichnet durch "funktionierende" patriarchale Familienstrukturen. Manche Afroamerikaner aus dem Süden bildeten schnell mit den immer schon frei gewesenen schwarzen Familien des Nordens eine neue schwarze Mittelklasse; Frazier kritisierte jedoch auch deren oft ökonomisch risikoreiche und auf demonstrativen Konsum ausgerichtete Lebensweise. Für ihn war weder das schwarze Ghetto noch die afroamerikanische Mittelklasse der Weg zur längerfristigen stabilen Verbesserung der Lage von Afroamerikanern. Dagegen setzte er seine Hoffnungen auf die Entwicklung der Industriearbeit, die einer wachsenden Zahl von stabil beschäftigten Afroamerikanern ermöglichte, unter ökonomisch gesicherten Verhältnissen dauerhafte Familienstrukturen aufzubauen und mit Euroamerikanern erfolgreich um Arbeitsplätze in Konkurrenz zu treten.

In der späteren fachinternen Diskussion sollten vor allem Fraziers Ideen von Slums und von Teilen der afroamerikanischen Familien als desorganisiert in die Kritik geraten. In seiner Zeit zentral war aber sicher die Kontroverse mit dem Kulturanthropologen Melville Herskovits[288] um die Rolle der ursprünglichen afrikanischen Kultur im Leben der Afroamerikaner. Herskovits betonte die Elemente des afroamerikanischen Familienlebens, die seiner Meinung nach auf die afrikanische Herkunft zurückzuführen waren. Auch wenn diese Sichtweise insbesondere innerhalb der Soziologie der dreißiger und vierziger Jahre nie viele Anhänger fand, so war sie doch für den allgemeinen politischen Diskurs und insbesondere für das erwachende Selbstbewusstsein der Afroamerikaner von großer Bedeutung:

---

287 Zusammenfassend hierzu siehe auch Edward Franklin Frazier, "The Changing Status of the Negro Family", in *The Sociology of Race Relations: Reflection and Reform*, hrsg. von Thomas F. Pettigrew, 99–108. New York, 1980 [1931].
288 Siehe Melville J. Herskovits, *Thy Myth of the Negro Past*, New York, 1941.

Herskovits, as an anthropologist, emphasized the causal power of culture. ... [T]he reader will note that Herskovits is interested in the cross-Atlantic transmission of place-names, superstitions, dance steps, singing forms, speech patterns, and religious folk customs. These are cultural items of more limited scope than the broad structural features of black families that intrigued Frazier.[289]

Ebenso wichtig wie die Studien zur afroamerikanischen Familie waren die neu erscheinenden Studien zu der Situation von afroamerikanischen Jugendlichen – insbesondere die im Auftrag der 1935 vom American Council on Education eingesetzte *American Youth Commission*.[290] *Children of Bondage* von Allison Davis und John Dollard erschien als erster von vier Bänden der Serie und ist eine sozialpsychologische Studie über afroameri-kanische Jungendliche in New Orleans und Natchez, Mississippi.[291] Sie beschäftigt sich mit der starken Differenz in der Sozialisation von afroamerikanischen Jugendlichen aus Familien der Unterklasse und jenen der Mittelklasse. Während Mittelklassejugendliche eine erfolgreiche Sozialisation durchliefen, war die Sozialisation der Jugendlichen aus der Unterklasse, die etwa zwei Drittel aller Familien umfasste, höchst defizitär. Dies hatte vor allem Folgen für die Schule, in denen Jugendliche der Unterklasse nicht in der Lage waren, den Verhaltensanforderungen zu genügen. Von der Anlage her ist diese qualitative Studie von acht ausgesuchten Lebensläufen eine Studie zum Verhältnis von familiärer, klassenspezifischer Sozialisation und Schulerfolg. Damit rückte sie ein Problem in den Vordergrund, das in anderer Weise auch schon in den Gemeindestudien anklang: Wie ist es möglich, die afroamerikanische Unterklasse in eine erfolgreiche Mittelklasse zu verwandeln?

Einen etwas anderen Fokus setzte das zweite Buch der Reihe von E. Franklin Frazier, *Negro Youth on the Crossways*.[292] Auch hier werden die starken Klassenspaltungen innerhalb der afroamerikanischen Gemeinde analysiert, die sich auf Nachbarschaften, Schule und auch Kirche auswirkten. Aus theoretischer Perspektive erarbeitete Frazier eine Konzeptionalisierung des Zusammenhangs zwischen sozialer Welt und Persönlichkeit. Basierend auf Mead entwickelte er eine kulturelle Interpretation von Persönlichkeit, die sich in einem spezifischen sozialen und kulturellen Kontext formt. Auffallend an den Ergebnissen dieser Studie ist die weitgehende Isolation von Afroamerikanern innerhalb der amerikanischen Gesellschaft, auch wenn Afroamerikaner dieselben Kleider trugen und dieselbe Sprache sprachen wie Euroamerikaner, so lebten sie doch in einer Welt spezifischer sozialer Definitionen und Sinngehalte mit jeweils eigenen sozialen Bewertungen.[293]

Das dritte Buch der Serie war Johnsons *Growing up in the Black Belt*, eine groß angelegte Studie zur Situation der Jugendlichen im Süden, durchgeführt in einer Mischung aus Surveymethoden und Leitfadeninterviews.[294] Für Johnson bestätigte sich der starke generationale Wandel, der schon in den Gemeindestudien zu erkennen war, insbesondere die Ju-

---

289 Pettigrew (Hg.), *The Sociology of Race Relations: Reflection and Reform*, S. 91.
290 Vgl. McKee, *Sociology and the Race Problem*, S. 181ff.
291 Siehe Allison Davis und John Dollard, *Children of Bondage: the Personality Development of Negro Youth in the Urban South*, Washington, D.C., 1946 [1940].
292 Siehe Edward Franklin Frazier, *Negro Youth at the Crossways: Their Personality Development in the Middle States*, Washington, D.C., 1940. "Crossways" meint hier die Grenz- oder Mittelstaaten der USA im Gegensatz zum Norden und tiefen Süden McKee, *Sociology and the Race Problem*, S. 187.
293 Vgl. McKee, *Sociology and the Race Problem*, S. 192.
294 Siehe Charles S. Johnson, *Growing up in the Black Belt: Negro Youth in the Rural South*, Washington, D.C., 1941.

gend des tiefen Südens war sehr unzufrieden mit ihrer Situation und nicht mehr bereit, den Erwartungen von Weißen zu entsprechen. Eine typische Reaktion auf das extrem diskriminierende Verhalten der Weißen in den Südstaaten war, sich völlig aus dem Kontakt mit der weißen Bevölkerung zurückzuziehen; aufgrund ihrer Unzufriedenheit beabsichtigten viele Jugendliche, in den Norden zu migrieren. Auch wenn er in seinem reichen Fundus oft widersprüchlicher Daten kaum Evidenzen für eine zunehmende Militanz schwarzer Jugendlicher fand, so wird doch eines klar: Die zu dieser Zeit gerade auch von Südstaatensoziologen geäußerte Idee, dass es sich bei dem Kastensystem um eine weiterhin stabile und noch lang andauernde soziale Struktur handeln würde, war wohl falsch:

> If one cannot safely predict progress in race relations, he can at least predict change.[295]

Die letzte Studie der Serie *Color and Human Nature* – eine Analyse, die sich auf 805 Personen, unter ihnen ein Drittel Jugendliche, bezieht – beschäftigt sich mit Chicago als einer Stadt im Norden.[296] Warner und seine Koautoren kamen hier zu dem Schluss, auch Chicago stelle sich als Kastensystem dar, wenn die Situation auch nicht gänzlich mit der im Süden vergleichbar sei. Die Studie konzentriert sich hauptsächlich auf die Strategien von Afroamerikanern, mit den Diskriminierungen im Alltagsleben umzugehen, einerseits innerhalb des Klassensystems der afroamerikanischen Gemeinschaft, aber natürlich noch stärker im Kastensystem im Verhältnis zu den Euroamerikanern.

So unterschiedlich auch die verschiedenen Studien zu afroamerikanischen Familien und Jugendlichen in Anlage und Struktur sind, führen sie doch zu einem gemeinsamen Ergebnis: Die Lebensweise, die kulturellen Muster der überwiegenden Zahl von afroamerikanischen Herkunftsfamilien unterschied sich drastisch von denen der Euroamerikaner, und viele dieser Verhaltensmuster erklärten sich als direkte Reaktion auf die starke Diskriminierung durch Euroamerikaner. Entscheidend war die bei allen festgestellte Differenz kultureller Muster; die Begründungen variierten leicht darin, ob sich diese Differenz auf langfristig erhaltene, auch afrikanische, Muster zurückführen ließ oder eher auf die aktuelle Anpassung an das Leben als Minderheit.

Der dritte Bereich, in dem in den 1920ern und 1930ern Forschungsergebnisse produziert wurden, die die amerikanische "main stream"-Forschung zu Afroamerikanern unter Druck setzten, waren Studien zur *ökonomischen Situation von Afroamerikanern* in den USA. Eine Position zwischen den Gemeindestudien und Studien zur ökonomischen Situation bezieht Charles Spurgeon Johnsons *Shadow of the Plantation*.[297] Untermauert durch die Selbstberichte von Afroamerikanern zerstörte auch dieses Werk den Mythos vom leichten und einfachen Leben im Süden. Insbesondere seine historischen Herleitungen machen deutlich, dass der Süden noch in den dreißiger Jahren nichts anderes als ein feudales Ausbeutungssystem war, das sich gradlinig aus der Sklaverei herleiten ließ. Doch neben dem fortwährenden Niedergang der Plantagenökonomie und der "Großen Migration" war es vor allen Dingen die Große Depression nach 1929, welche gerade die ökonomische Situation in den Vordergrund rückte.

---

295 Johnson 1941, S. 327 nach McKee, *Sociology and the Race Problem*, S. 194.
296 Siehe W. Lloyd Warner, Buford Helmholz Junker und Walter A. Adams, *Color and Human Nature: Negro Personality Development in a Northern City*, Washington, D.C., 1941.
297 Siehe Charles S. Johnson, *Shadow of the Plantation*, Chicago, 1934.

> The stock market crash of 1929 was followed by a full decade of extremely lean and difficult times. A proud, confident, optimistic nation was disoriented; high aspirations for the future gave way to hopes for just getting by. ... [R]acial minorities were particularly vulnerable to the full force of the economic collapse. Necessarily, then, the chief race relations issues centered upon attainment of equal access to jobs and relief benefits.[298]

Für die zahlreichen weiteren Studien sei hier exemplarisch der Artikel des afroamerikanischen Ökonomen John P. Murchison genannt, der für die amerikanische Bundesregierung arbeitete.[299] Systematisch weist der Autor die Diskriminierung anhand von Lohnstatistiken nach. Andere Arbeiten über die Folgen der Großen Depression in North Carolina[300] oder darüber, wie Rassismus die Anstellung und die Situation von schwarzen Industriearbeitern beeinflusste,[301] waren weitere wichtige Schritte auf dem Weg zu einer umfassenden Beschreibung der Lebenssituation von Afroamerikanern.

Die eben kurz skizzierten Studien über Gemeinden, Familien und die ökonomische Situation von Afroamerikanern hinterließen nachhaltigen Einfluss in der amerikanischen Soziologie und in der Forschung zu Afroamerikanern:

> The recent unprecedented provision of resources and encouragement in the field of race and culture has produced good work. But nothing has occurred and nothing is in prospect to equal the *oeuvre* of these dozen or so social scientists, about half of them black, half of them white, frequently working together, who created the field in the midst of the Great Depression: they had little money, little encouragement, and a very considerable amount what I believe has come to be known as negative reinforcement.[302]

In der Mitte der vierziger Jahre hatte sich also die soziologische Forschung zu Afroamerikanern als eigenes Feld, mit für die gesamte amerikanische Soziologie innovativen Ansätzen, etabliert. Auf diesem Material konnte eine soziologische Studie aufbauen, die ein schwedischer Ökonom – Gunnar Myrdal – im Auftrag der Carnegie Foundation durchführte, und die die Diskussion um Afroamerikaner in der amerikanischen Soziologie nach dem Zweiten Weltkrieg bestimmen sollte.

Ein Großprojekt zum "Negro-Problem": Myrdals Studie

Die Studie wurde durch die Carnegie Foundation initiiert und gefördert.[303] Gunnar Myrdal erschien als gute Wahl, weil er nicht nur einen Lehrstuhl für Ökonomie an der Universität

---

298 Pettigrew (Hg.), *The Sociology of Race Relations: Reflection and Reform*, S. 88.
299 Vgl. John P Murchison, "Some Major Aspects of the Economic Status of the Negro", in *The Sociology of Race Relations: Reflection and Reform*, hrsg. von Thomas F. Pettigrew, S.94–98. New York, 1980 [1935]. Siehe hierzu auch Pettigrew (Hg.), *The Sociology of Race Relations: Reflection and Reform*, S. 88.
300 Siehe Guy B. Johnson, "The Negro and the Depression in North Carolina", *Social Forces* 12, 1933: 103–115.
301 Siehe Charles S. Johnson, "Incidence Upon the Negroes", *American Journal of Sociology* 40, 1935: 737–745.
302 Daniel P. Moynihan, "Foreword", in *Caste and Class in a Southern Town,* von John Dollard, vii-xii. Madison, 1988, S. xi–xii.
303 Diese Entscheidung hatte im Übrigen auch zur Folge, dass der von W.E.B. Du Bois gestellte Antrag auf Finanzierung einer "Encyclopedia of the Negro" endgültig abschlägig beschieden wurde, vgl. David L. Lewis, *W.E.B. Du Bois: The Fight for Equality and the American Century, 1919–1963*, New York, 2000, S. 448–453. Zu den genaueren Details der Entstehungsgeschichte vgl. insbesondere Jackson, *Gunnar Myrdal and America's*

in Stockholm hatte, sondern auch Mitglied des schwedischen Senats war. Keppel hoffte daher, dass Myrdal nicht nur exzellente wissenschaftliche Arbeit leisten würde, sondern seine Ergebnisse auch in sozialpolitische Vorschläge umsetzen könnte. Charles Dollard, Bruder des berühmten Sozialpsychologen John Dollard, war von Keppel als "Projektbetreuer" Myrdal zugeordnet worden und sollte sich in vielerlei Situationen als wichtig für den Erfolg der Studie erweisen. Nach einer Informationsreise[304] durch den Süden der USA konstituierte Myrdal sein Team.[305]

Louis Wirth, den Myrdal sehr schätzte, wurde schon in dieser Phase des Projekts als externer Kritiker herangezogen. Obwohl er dem gesamten Projekt sehr positiv gegenüberstand, übte Wirth insbesondere an der für Myrdals Studie zentralen These Kritik, "the American Creed" sei ein mehr oder minder homogenes Wertesystem. In seiner Kritik am amerikanischen Empirismus und geschult an der Lektüre von Max Weber, war Myrdal klar, dass Werturteile des Forschers explizit gemacht werden müssen. Da er den von Weber vorgeschlagenen Weg über den Idealtypus, für nicht gangbar hielt, löste er das Problem, indem er eine innerhalb der amerikanischen Gesellschaft durchformulierte Werthaltung als Grundlage und als Messlatte für sein Forschungsprojekt nahm. Für Myrdal war "the American Creed" die in Aufklärung und Christentum wurzelnde Vorstellung von Freiheit und Demokratie für alle Menschen, wie er sie z.B. im Werk von John Dewey beschrieben sah.[306] Mit dieser Wahl traf der politisch nicht unerfahrene Myrdal eine methodische Entscheidung, die zentral für die Rezeption seiner Studie wurde: Er nahm das Bild, das amerikanische Bürger von sich selbst haben oder wenigstens haben möchten, als Maßstab für deren Handeln – sicherlich ein harter Maßstab, aber einer, gegen den sich gerade amerikanische Bürger kaum wehren können.

Als 1940 Myrdal aufgrund der zunehmenden Kriegswirren mit seiner Familie nach Schweden zurückkehrte, gewann Keppel Samuel Stouffer als Direktor des Projekts. Dieser schloss bis Ende 1941, als Myrdal die Arbeit wieder aufnahm, über 90 % der geplanten Projektarbeit ab. Ein knappes Jahr lang kämpfte sich Myrdal durch die Berge von Forschungsberichten, bis im September 1942 die Rohfassung des Manuskripts fertig gestellt war. Es bedurfte noch weiterer zwei Jahre intensiver Bemühungen von Arnold Rose und Caroline Baer Rose, das Manuskript sorgfältig durchzuarbeiten und vor allem den akademischen Apparat auf Vordermann zu bringen. So war *An American Dilemma* das Produkt

---

Conscience: Social Engineering and Racial Liberalism, 1938–1987 und Southern, *Gunnar Myrdal and Black-White Relations: The Use and Abuse of An American Dilemma, 1944–1969.*

304 Früh traf Myrdal auf dieser Reise auf Widerstände in der soziologischen Gemeinde der USA. Diese Widerstände bezogen sich jedoch vor allen Dingen auf ihn als "Außenseiter", da Myrdals Kritik an den impliziten Werturteilen des amerikanischen Empirismus seinen Kritikern kaum bekannt gewesen sein dürfte. Auch seine sozialdemokratischen politischen Ideen waren ihnen wohl kaum gegenwärtig. Myrdal entschloss sich zu einer Art Werbefeldzug für seine Studie, indem er viele bekannte Sozialwissenschaftler zu "Beratern" des Projekts machte. Myrdal kontaktierte unter anderem Franz Boas, Robert E. Park, Ruth Benedict, Melville J. Herskovits, Howard W. Odum, W.E.B. Du Bois, Louis Wirth und E. Franklin Frazier. Insbesondere mit Herskovits, Odum und Park kam es jedoch zu Spannungen. Wichtig für das Projekt war es, dass es Myrdal gelang, zum einen Guy Johnson, einen Mitarbeiter Odums in Chapel Hill, und zum anderen Ralph J. Bunche, über seine Kontakte zur Howard University, als Mitarbeiter zu gewinnen. Vgl. Southern, *Gunnar Myrdal and Black-White Relations: The Use and Abuse of An American Dilemma, 1944–1969*, S. 29–48.

305 Das Kern-Team bestand aus Guy Johnson, Dorothy Thomas, Ralph Bunche und Richard Sterner, zusätzlich wurden auch Thomas J. Woofter, Donald Young, Charles Johnson und Charles Dollard genannt. Insgesamt arbeiteten seit Juni 1939 22 Mitarbeiter und Mitarbeiterinnen in New York an dem Projekt.

306 Vgl. Myrdal, *An American Dilemma*, S. 3–25.

einer kollektiven Anstrengung einer großen Gruppe von Sozialwissenschaftlern und Sozialwissenschaftlerinnen. Myrdals entscheidender Beitrag ist wohl in dreifacher Hinsicht zu würdigen. Erstens war er in der Lage, ein hervorragendes Team junger Menschen zusammenzubringen, die auf ihrem jeweiligen Fachgebiet exzellente Arbeit leisteten. Zweitens gelang es ihm, einen Forschungsplan zu entwickeln, der tatsächlich als Rahmen für die zahlreichen sehr heterogenen Forschungen dienen konnte. Drittens war er es, der in der Endphase in der Lage war, die Ergebnisse zu einem geschlossenen Manuskript zusammenzufügen.

Die Studie prägte die "race relations"-Forschung nach dem Zweiten Weltkrieg. Die zentralen Argumente dieses Buches werden deshalb im nächsten, dem dritten Kapitel besprochen.

2.3 "race and ethnic relations"-Forschung Mitte der 1940er Jahre

Blickt man zusammenfassend auf den bis jetzt beschriebenen Zeitraum zurück, so lässt sich sagen, dass sich in der Zwischenkriegszeit die soziologische Forschung der USA den Afroamerikanern und Immigrantengruppen als wichtigen Themen zum ersten Mal systematisch annahm. Trotz einer Dominanz des Kasten- und Klassenmodells entstand eine Vielzahl von unterschiedlichen Studien und Perspektiven. Die Etablierung dieses Forschungssektors spiegelt sich auch in der zunehmenden Beachtung, die er in der akademischen Lehre fand. So wurden seit Ende der 1920er Jahre Kurse zu "race relations" angeboten, nach dem Zweiten Weltkrieg stieg dann ihre Anzahl drastisch.[307] Wie Turner und Turner aus heutiger Sicht schreiben, bildete damit das Feld der "race relations" innerhalb der gesamten Soziologie keine Ausnahme:

> The interwar years set the stage for much that was to make American sociology unique. Slowly, sociology penetrated the curriculum of colleges and universities, but this occurred without any widely accepted standardization of theory and method.[308]

Was die thematische Gewichtung betrifft, ist sowohl in der Lehre als auch in der "race relations"-Forschung selbst eine starke Asymmetrie festzustellen, etwa zwei Drittel der veröffentlichten Artikel und Bücher beziehen sich auf Afroamerikaner, nur ein Drittel beschäftigt sich mit allgemeinen Problemen der Immigration bzw. mit anderen ethnischen Gruppen.[309]

Darüber hinaus vollzog sich in dem neu entstandenen Feld eine begriffliche Binnendifferenzierung: (1) Afroamerikaner wurden mit ehemaligen Sklaven gleichgesetzt und unter der Perspektive "Rasse" untersucht; (2) als Immigrantengruppen galten Einwanderer aus Europa, die nun immer öfter unter dem Begriff "ethnische Gruppe" thematisiert wurden. Zunehmend wurde nun die Bezeichnung "race and ethnic relations" gebraucht. Zugleich stellte sich damit das Definitionsproblem für "Rasse" und "Ethnizität" deutlicher. Welcher

---

307 Vgl. Rose, *The Subject Is Race*, S. 3ff.
308 Turner und Turner, *The Impossible Science: an Institutional Analysis of American Sociology*, S. 74.
309 Vgl. Abraham D. Lavender und John M. Forsyth, "The Sociology of Minority Groups as Reflected by Leading Sociological Journals", *Ethnicity* 3, 1976: 388–398, Pettigrew (Hg.), *The Sociology of Race Relations: Reflection and Reform*, S. xxix.

dieser Begriffe war in welcher Weise für welche Bevölkerungsgruppe angemessen zu verwenden? In den drei nachfolgenden Abschnitten werden die Ergebnisse dieser Diskussion unter dem Gesichtspunkt der drei eingangs formulierten Hauptfragen zusammengefasst.

Begrifflichkeit von Rasse und Ethnizität

Im 19. und zu Beginn des 20. Jahrhunderts stand der amerikanischen Gesellschaft und Soziologie als Kategorie für die Zuordnung von Immigrantengruppen nur der Begriff der Rasse zur Verfügung. Viele Soziologen, die über diese Zeit schreiben, verweisen darauf, dass er in der damaligen Verwendung vorwiegend eine "kulturelle" Bedeutung hatte. Dass dies nur eingeschränkt zutrifft, belegt Jacobson im Falle der Geschichtsschreibung:

> [H]istorians have most often cast the history of nineteenth-century immigration in the logic of twentieth-century "ethnic" groups – "race" did not really *mean* "race" back then, in other words. This blithe disbelief not only distorts the historical record but also carries with it some troubling baggage. Tacitly assuming that "race" did not mean "race" – that Hebrews, Celts, Mediterraneans, Iberics, or Teutons were *really* Caucasians – is worse than merely underestimating the ideological power of racialism: it is surrendering to that power.[310]

Wie die Gesellschaft, so setzte auch der soziologische Beobachter die Einwanderungsgruppen Rassen gleich, subsumierte sie also unter dem selben Oberbegriff wie die Afroamerikaner. Dies bedeutet allerdings keineswegs, dass das Schicksal der Rasse der Afroamerikaner etwa mit dem der Rasse der Iren gleichgesetzt worden sei. Ein kurzer Blick in die Geschichte und vor allem in die Gesetzbücher der USA machen das ungleiche Schicksal auf drastische Weise deutlich. Aber nur wenn die Omnipräsenz des Rassebegriffs klar gesehen wird, lässt sich erkennen, dass es die Umdefinition europäischer Einwanderungsgruppen von Rassen in ethnische Gruppen war, welche die Erfolgsgeschichte der Integration europäischer Einwanderer in die USA sowohl beförderte als auch spiegelte. Ein Erfolg, der sich zumindest zu einem Teil der strikten gemeinsamen Abgrenzung dieser Einwanderergruppen gegenüber der Rasse der Afroamerikaner verdankte.

Das "Rasseproblem" sowie die *Definition des Begriffs Rasse* standen bis in die 1920er Jahre nicht im Fokus soziologischer Analyse, wie E. Franklin Frazier 1948 in seiner "presidential address" vor der American Sociological Society feststellte:

> The ... so-called fathers of American sociology – Ward, Sumner, Giddings, Cooley, Small and Ross, who established sociology as an academic discipline – did not deal specifically with the problem of race relations.[311]

Die soziologische Forschung zu Afroamerikanern und Immigrantengruppen beginnt mit eher kursorischen Bemerkungen in den Werken verschiedener Gründerväter der amerikanischen Soziologie, die, oft im Kontext einer spencerianisch inspirierten Soziologie, den Rassebegriff sehr diffus verwenden. Vor allem Franz Boas und den Arbeiten seiner Schüler ist zu verdanken, dass sowohl biologisch als auch kulturell begründete wissenschaftliche

---

310 Jacobson, *Whiteness of a Different Color: European Immigrants and the Alchemy of Race*, S. 6.
311 Edward Franklin Frazier, "Race Contacts and the Social Structure", *American Sociological Review* 14, 1949: 1–11, S. 2.

Rassismen spätestens mit Beginn der 1940er Jahre in der amerikanischen Soziologie kaum noch akzeptabel waren. Dies änderte jedoch nichts daran, dass kaum hinterfragt wurde, ob Afroamerikaner selbst eine Rasse seien bzw. der Rasse der Afrikaner angehören. Allerdings war es jetzt nicht mehr möglich, eine "intrinsische" biologische Begründung zu konstruieren. Die Gründe für die Relevanz des Begriffs Rasse wurden vielmehr von nun an vor allem in den sozialstrukturellen Bedingungen für diese Gruppenformation gesucht.

Das *Konzept der ethnischen Gruppe* hingegen wurde für Immigrantengruppen reserviert. Von Anfang an hatte die Forschung zu ethnischen Gruppen und Ethnizität zwei Wurzeln: zum einen die vorwiegend qualitativ, teilweise ethnographisch orientierten Studien zu ethnischen Gruppen in der Folge von W. I. Thomas und W. F. Whyte, zum anderen die kulturell orientierten Beschreibungen von Ungleichheitsstrukturen in der Tradition von Warner. In den 1940er Jahren drängten die sozialstrukturell orientierte Sichtweise von Warner und die damals hochmodernen quantitativen Methoden den Einfluss von Thomas und Znanieckis *The Polish Peasant* zurück. Der Einfluss dieses Klassikers minderte sich u.a. auch deshalb, weil der "symbolische Interaktionismus", wie sich die Schule qualitativ orientierter Sozialforschung im Gefolge von Blumer nannte, von diesem Werk distanzierte.[312] In beiden Perspektiven war Mitgliedschaft in einer ethnischen Gruppe jedoch etwas, das als gegeben vorausgesetzt wurde. Zwar wird hier eine sinnvolle soziologische Perspektive auf Leben und Kultur in ethnischen Enklaven entwickelt, die Definition des Gegenstandes wird aber noch nicht als Problem gesehen. Zusammenfassend lässt sich sagen, dass ganz im Sinne des Zitats von Du Bois zu Beginn dieses 2. Kapitels der Begriff der Rasse noch in den 1920er und 1930er Jahren nur selten ausdrücklich definiert wurde. Auch der immer mehr gebrauchte Begriff der ethnischen Gruppe wurde kaum genauer expliziert. Rassische und ethnische Gruppen waren offensichtliche Kollektive innerhalb der amerikanischen Gesellschaft, die auch undefiniert als Forschungsgegenstand plausibel waren.

Dimensionen der Ungleichheit als Gegenstand der Analyse

In einer biologistischen Rassenperspektive schien es nur logisch, dass alle vorstellbaren Dimensionen der Ungleichheit, sei es nun Beruf, Bildung oder Politik, kongruent waren. Wenn Angehörige einer Rasse naturgegeben als defizitär galten, so war klar, dass sie auch nicht in gleichem Maße am ökonomischen oder politischen Leben teilnehmen konnten. Rassische Gruppen zeichneten sich durch ihre gleichförmige, homogene und deprivierte Position innerhalb der Sozialstruktur aus. Schon Du Bois versuchte in *The Philadelphia Negro* nachzuweisen, dass diese Annahme für Afroamerikaner nicht zutraf. Die sozialstrukturelle Position wie auch die verschiedenen Problemlagen der Afroamerikaner waren so heterogen, dass es kaum Sinn machte, von "den Afroamerikanern" zu reden. Den anderen Weg, die biologische Determination von Ungleichheit aufzulösen, ging Wirth in *The Ghetto*. Hier bezweifelte er weniger die Gemeinsamkeiten aller Juden als Gruppe, er begründete sie jedoch über die Geschichte der Gruppe und verwies darauf, dass eben dieser historische Prozess auch für eine starke Binnendifferenzierung der Gruppe verantwortlich war. Beide Autoren wiesen darauf hin, dass die unterstellte Homogenität von Afroamerikanern oder Juden in der Hauptsache nicht anderes als eine Projektion anderer Gruppen war.

---

312 Vgl. Robert Bierstedt, "Sociology and Humane Learning", *American Journal of Sociology* 25, 1960: 3–9.

Seit den 1920er Jahren trafen die Einwanderungsgruppen auf eine fremdenfeindliche Gesellschaft, die hohen Anpassungsdruck auf sie ausübte. Insbesondere nach dem Ersten Weltkrieg wuchs die nativistische Bewegung an, die auch politisch aufgeregt geführte Diskussion führte zur weitgehenden Schließung der amerikanischen Grenzen gegenüber Einwanderung Mitte der 1920er. Diese neuen Problemstellungen motivierten eine Vielzahl von Studien über die Assimilierbarkeit von Immigranten. Viele *Americanization Studies* widmeten sich den zahlreichen strukturellen Aspekten der Situation von Immigranten-gruppen. Einwanderungsminderheiten litten besonders stark unter der Großen Depression, auch sie wurden diskriminiert. Im Unterschied zu den Afroamerikanern konnten sie jedoch am zunehmenden Wohlstand, der Mitte der vierziger Jahre einsetzte, partizipieren und sich über den ökonomischen Aufstieg in die amerikanische Gesellschaft integrieren.

Maßgebliche Faktoren für das wachsende soziologische Forschungsinteresse zu Afroamerikanern im ersten Drittel dieses Jahrhunderts waren zum einen die Migration von Afroamerikanern in die Städte des Nordens und zum anderen die Große Depression, die nach 1929 die Lebenssituation aller Amerikaner drastisch verschlechterte. Beide Strukturveränderungen warfen Probleme auf, zu deren Bewältigung sich die amerikanische Politik sowohl auf lokaler, als auch auf föderaler Ebene auf sozialwissenschaftliche Erkenntnisse stützen wollte und daher vor allem empirische Studien in verschiedener Weise förderte. Diese Studien bestätigten die besonders benachteiligte Position der afroamerikanischen Bevölkerung in der amerikanischen Gesellschaft. Zur Beschreibung dieser Situation wurden sozialstrukturelle Ungleichheitskonzepte von Klasse und Kaste herangezogen, zugleich begann man sich für die spezifische Herkunftskultur von Afroamerikanern in ihrer starken Differenz zur euroamerikanischen Mehrheitskultur zu interessieren. In gewisser Weise spiegelte Warners Klassen- und Kastenmodell die Annahme – die teilweise auch auf Ergebnissen von empirischen Untersuchungen basierte –, dass Afroamerikaner und Euroamerikaner praktisch in "zwei Welten" leben.

Sozialpolitisch bedeutsam war vor allem der Versuch, die verschiedenen Dimensionen der Ungleichheit sozialstrukturell zu erklären. Eine einfache Argumentationskette war z.B.: Die defizitäre ökonomische Situation führt zur starken Belastung der Familie; die zerfallende Familienstruktur kann die erfolgreiche Sozialisation von Kindern nicht sicherstellen; dies führt zur prekären Berufssituation, die eine defizitäre ökonomische Situation zur Folge hat, und der Kreis beginnt von vorne. Nicht zuletzt mit diesen Arbeiten begann die amerikanische Soziologie, sich von der "separate but equal"-Doktrin zu verabschieden. Zahlreiche von Afroamerikanern wie auch Euroamerikanern durchgeführte Gemeindestudien, die teilweise auch staatlich gefördert wurden, generierten zum ersten Mal in der Geschichte der amerikanischen Soziologie einen bemerkenswerten Wissensfundus über die Situation von Afroamerikanern.

Einschneidendes außenpolitisches Ereignis dieser Zeit war der Zweite Weltkrieg. Er führte vor allem dazu, dass im Lichte der nationalsozialistischen Rassenideologie und Diktatur in Deutschland die Diskriminierung auch im eigenen Lande erheblich kritischer gesehen wurde. Davon blieb auch die amerikanische Soziologie nicht unbeeinflusst, so zog z.B. Talcott Parsons schon früh Parallelen zwischen dem Rassismus gegenüber Juden in Deutschland und der Situation der Juden in den USA.[313] Der Zweite Weltkrieg bildete den

---

313 Vgl. Uta Gerhardt, "Talcott Parsons' Sociology of National Socialism", in *Talcott Parsons on National Socialism*, hrsg. von Uta Gerhardt, 1–77. New York, 1993, S. 53–60.

Endpunkt einer Polarisierung zwischen Afroamerikanern und Euroamerikanern und einer zunehmenden Abschottung der amerikanischen Gesellschaft gegenüber Einwanderung. Dieses dramatische Weltereignis mit all seinen internationalen und nationalen Folgen war gleichzeitig die Initialzündung für viele Veränderungen in der amerikanischen Gesellschaft, denen sich die amerikanische Soziologie nach dem Zweiten Weltkrieg stellen musste.

Mit den 1940er Jahren hatten sich die Konzepte "Rasse" für Afroamerikaner und "ethnische Gruppe" für Immigrantengruppen eingebürgert (vgl. Abbildung 4) und die gemeinsame Bezeichnung beider Forschungsgebiete unter dem Terminus "race and ethnic relations" erschien allen Beteiligten plausibel:

> Race and ethnic ... reflected the practical recognition that blacks and European immigrants were too different in social origin, historical development, prejudiced definition (the visibility of skin color did make a difference), and contemporary status to subsume them wholly under an encompassing concept like minority.[314]

Mit dem so entwickelten theoretischen und empirischen Rüstzeug stellte sich die amerikanische Soziologie der neuen Situation nach dem Krieg.

Aspekte der Assimilation

Schon in Parks und Burgess' *Green Bible* war Assimilation der fast zwangsläufige Endpunkt jeder Einwanderungsgruppe.[315] Assimilation war insofern etwas Positives, als in diesem Konzept davon ausgegangen wurde, dass eine gegebene Gruppe integrierbar war. Insbesondere das Zurückdrängen des wissenschaftlichen Rassismus war hier bedeutsam, es gab keine scheinbar wissenschaftliche Begründung mehr für die prinzipielle und permanente Un-Assimilierbarkeit bestimmter Gruppen. Dies zeigt sich auch in der Gewichtsverlagerung einer gängigen Verfassungsinterpretation: von der These, die Formulierung "all men are created equal" sei eine Art politischer Trick in der Gründungsphase der USA gewesen, hin zu der Idee, sie stelle die Maxime für die Schaffung gleicher Chancen für alle dar.

Doch schon in der Zwischenkriegszeit begann der Begriff der Assimilation verschiedene Bedeutungsschattierungen anzunehmen. Neu war an der Assimilationsidee à la Zangwill, dass nicht mehr von der Dominanz der Angelsachsen ausgegangen wurde. Im "melting pot" Amerikas konnte auch ein "new American type" entstehen. Trotz aller Anti-Immigrations-Ressentiments in den 1920ern war diese Zeit auch der Ursprung einer neuen Art, "amerikanisch" zu sein. Die Kritik an diesem Ideal, die allerdings zu dieser Zeit noch kaum Einzug in soziologische Studien fand, wurde von Horace Kallen in seinem berühmten Essay von 1915 *Democracy versus the Melting Pot* geäußert.[316] Für Kallen waren es die stabilen rassischen Gruppen, welche die Bausteine der amerikanischen Gesellschaft bildeten.[317]

---

314 McKee, *Sociology and the Race Problem*, S. 132.
315 Vgl. Park und Burgess, *Introduction to the Science of Sociology*.
316 Siehe Kallen, "Democracy Versus the Melting-Pot: A Study of American Nationality". Dieser Essay wird zwar von Park und Burgess, *Introduction to the Science of Sociology*, in der Materialsammlung (S. 782) zu Assimilation erwähnt, aber selbst nicht mehr im Text interpretiert.
317 Vgl. Sollors, *Beyond Ethnicity: Consent and Descent in American Culture*, S. 182ff.

Abbildung 4: Entwicklung der soziologischen Perspektiven auf Afroamerikaner und Immigrantengruppen von ca. 1900 bis 1944

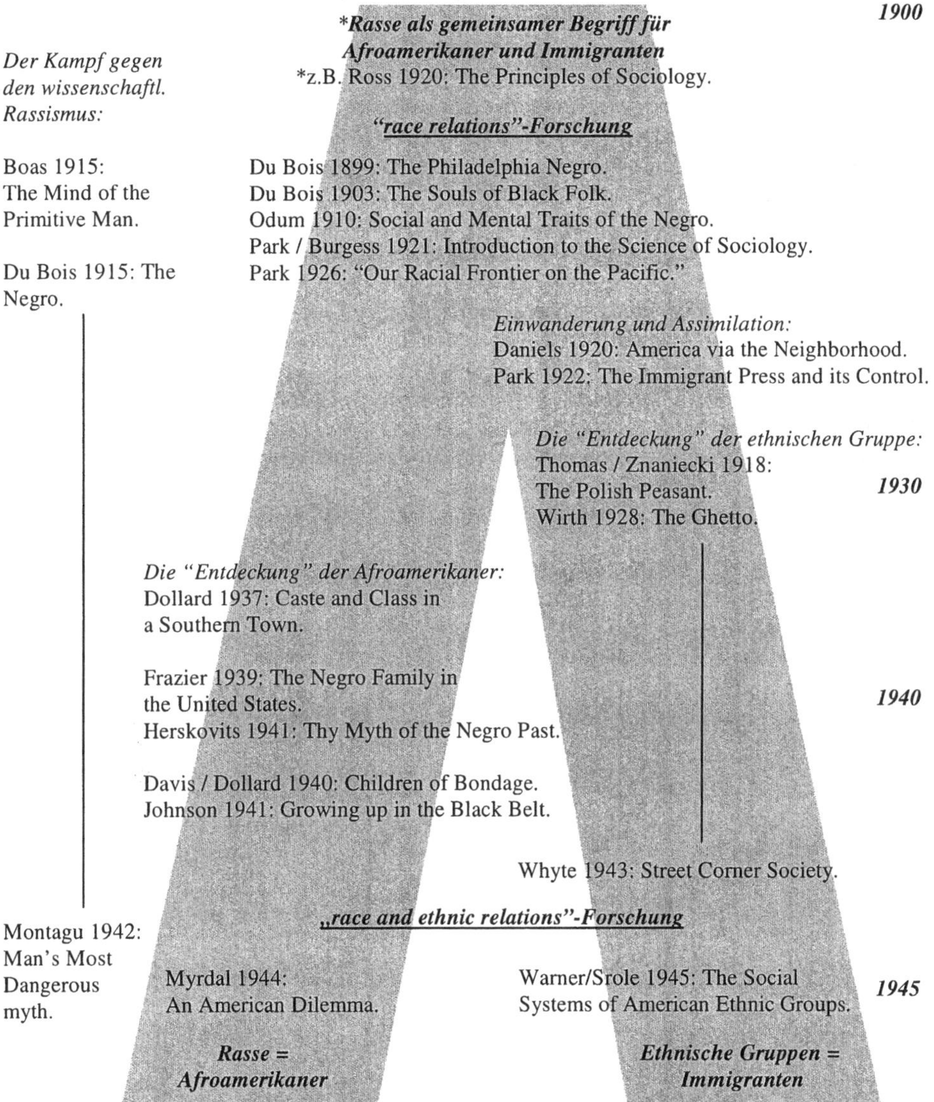

1900

Rasse als gemeinsamer Begriff für Afroamerikaner und Immigranten
*z.B. Ross 1920: The Principles of Sociology.

Der Kampf gegen den wissenschaftl. Rassismus:

"race relations"-Forschung

Boas 1915:
The Mind of the
Primitive Man.

Du Bois 1899: The Philadelphia Negro.
Du Bois 1903: The Souls of Black Folk.
Odum 1910: Social and Mental Traits of the Negro.
Park / Burgess 1921: Introduction to the Science of Sociology.
Park 1926: "Our Racial Frontier on the Pacific."

Du Bois 1915: The Negro.

Einwanderung und Assimilation:
Daniels 1920: America via the Neighborhood.
Park 1922: The Immigrant Press and its Control.

Die "Entdeckung" der ethnischen Gruppe:
Thomas / Znaniecki 1918:
The Polish Peasant.
Wirth 1928: The Ghetto.

1930

Die "Entdeckung" der Afroamerikaner:
Dollard 1937: Caste and Class in a Southern Town.

Frazier 1939: The Negro Family in the United States.
Herskovits 1941: Thy Myth of the Negro Past.

1940

Davis / Dollard 1940: Children of Bondage.
Johnson 1941: Growing up in the Black Belt.

Whyte 1943: Street Corner Society.

„race and ethnic relations"-Forschung

Montagu 1942:
Man's Most
Dangerous
myth.

Myrdal 1944:
An American Dilemma.

Warner/Srole 1945: The Social
Systems of American Ethnic Groups.

1945

*Rasse =
Afroamerikaner*

*Ethnische Gruppen =
Immigranten*

Auch wenn ein gemeinsames Institutionssystem diese Gruppen zusammenhielt, waren sie doch autonom ihren eigenen kulturellen Traditionen verhaftet.

> Kallen's view was thus able to capture a crucial aspect of ascriptive Americanism's appeal: it assured everyone of their organic and unalterable membership in an inherently meaningful community, instead of seeing all group affiliations as voluntary.[318]

Schon in der Assimilationsdiskussion der Zwischenkriegszeit zeigt sich das Spannungsverhältnis herkunftsorientierten Mitgliedschaftsglaubens in der amerikanischen Gesellschaft: In Zangwills Sicht kann Herkunft Ausgangspunkt für etwas Neues sein, in Kallens Sicht Ursprung der Sicherheit tradierten Verhaltens, das notwendig ist, um in der Moderne zu überleben. Kaum hatten also, symbolisiert in Zangwills "melting pot"-Metapher, die amerikanische Gesellschaft und auch die soziologische Forschung zur Amerikanisierung das Bild einer monolithisch-festen althergebrachten amerikanischen Kultur aufgegeben und durch das Bild eines demokratisch integrativen Prozesses ersetzt, so wurde durch Kallen die Idee abgrenzbarer stabiler Nationalitäten gleichsam als interne Teilung der amerikanischen Gesellschaft wieder eingeführt. Wie dabei Afroamerikaner zu sehen seien, wurde erst langsam zum Problem.[319] Wie wir im folgenden Kapitel sehen werden, besaß die Vorstellung einer durchgreifenden Assimilation zumindest der euroamerikanischen Gruppen eine hohe Plausibilität für die soziologische Forschung, während Afroamerikaner leichter mit dem Stigma der unassimilierbaren Nationalität belegt wurden.

---

318 Rogers M. Smith, *Civic Ideals: Conflicting Visions of Citizenship in U.S. History*, New Haven, 1997, S. 422.
319 Vgl. Sollors, *Beyond Ethnicity: Consent and Descent in American Culture*, S. 186.

3 Assimilation und Polarisierung von 1945 bis 1968: Erfolge und Frustrationen einer sich demokratisierenden Gesellschaft

> Social study is concerned with explaining
> why all these potentially and intentionally good people
> so often make life a hell for themselves and each other
> when they live together, whether in a family,
> a community, a nation or a world.
> (Gunnar Myrdal, 1944)[320]

Der Zweite Weltkrieg hatte auf die amerikanische Soziologie einen nachhaltigen Einfluss; sie trat in eine Phase dynamischen Aufbruchs ein, die Talcott Parsons und Bernhard Barber in ihrem Überblick zur Entwicklung des Faches 1948 positiv bewerteten:

> In conclusion, sociology enters the post-war period in a highly fluid and dynamic state. ... The field is pregnant with new possibilities which have a good chance of producing major new developments.[321]

In den verschiedenen, von Parsons und Barber besprochenen soziologischen Werken schlug sich die Lage der Immigrantengruppen und der Afroamerikaner in ganz unterschiedlicher Weise nieder. Als vermutlich wichtigstes Werk der vorangegangenen fünf Jahre bezeichneten sie das Werk von Gunnar Myrdal, *An American Dilemma,* zur Situation der Afroamerikaner in den USA.[322] Die Studie sei sowohl als gesamtgesellschaftliche Analyse ein Vorbild für die Soziologie, als auch ein wichtiger Beitrag zum Bereich der "race and ethnic relations"-Forschung. Auf dem Gebiet der gerade boomenden Gemeindestudien werteten Parsons und Barber W. Lloyd Warners *Yankee City Series,* deren dritter Band zu ethnischen Gruppen gerade erschienen war,[323] als "most ambitious of such efforts"[324].

Die Werke von Myrdal und Warner gehörten bis Ende der 1960er Jahre zu den meist zitierten Arbeiten der "race and ethnic relations"-Forschung,[325] wenngleich sich deren Einschätzung in diesem Zeitraum grundsätzlich wandelte. Direkt nach dem Zweiten Weltkrieg war in den Augen des überwiegenden Teils der amerikanische Soziologie die Assimilation der europäischen Einwanderer unausweichlich bzw. schon fast beendet, so wie von Warner

---

320 Myrdal, *An American Dilemma,* aus dem Schlusskapitel, S. 1023.
321 Talcott Parsons und Bernhard Barber, "Sociology, 1941–46", *American Journal of Sociology* 53, 1948: 245–257, S. 256.
322 Vgl. ibid., S. 255, über Myrdal, *An American Dilemma.*
323 Siehe Warner und Srole, *The Social Systems of American Ethnic Groups.*
324 Parsons und Barber, "Sociology, 1941–46", S. 254.
325 Vgl. Howard M. Bahr, Theodore J. Johnson und M. Ray Seitz, "Influential Scholars and Works in the Sociology of Race and Minority Relations, 1944–1968", *The American Sociologist* 6, 1971: 296–298.

beschrieben; die Assimilation der Afroamerikaner hielten die meisten Soziologen für möglich und wünschenswert, ganz wie von Myrdal prognostiziert. Zweieinhalb Jahrzehnte später standen beide Werke in den Augen eines großen Teils der Disziplin für eine veraltete, "assimilationistische" Perspektive. Die überwiegende Mehrheit der Soziologen und Soziologinnen waren zu dieser Zeit der Auffassung, dass europäische Immigranten weiterhin stabile ethnische Gruppen bilden würden und die vollständige Assimilation von Afroamerikanern weder wünschenswert noch möglich sei.[326] Der Weg, den die amerikani-sche Soziologie und Gesellschaft in dem Vierteljahrhundert von 1945 bis 1968 gegangen waren, um zu diesem Perspektivenwechsel zu kommen, soll hier nachgezeichnet werden.

Das folgende Kapitel teilt sich in fünf Unterkapitel: Es beginnt mit der erfolgreichen Assimilation von Immigranten und der neuen Perspektive der Ethnizität in der Soziologie nach dem Zweiten Weltkrieg (3.1). Danach wird der Kampf um eine mögliche Assimilation der Afroamerikaner beschrieben und wie dieser sich in der soziologischen Rassenperspektive widerspiegelt (3.2). Die Kapitel 3.3 und 3.4 beschäftigen sich mit der Phase des wachsenden Selbstbewusstseins von Immigrantengruppen und der zunehmenden Schwierigkeiten der Integration von Afroamerikanern in die amerikanische Gesellschaft sowie der wachsenden Polarisierung der soziologischen Schulen zwischen Mitte der 1950er und Ende der 1960er Jahre. Bezogen auf die jeweiligen Zeiträume werden die wichtigsten Veränderungen innerhalb der amerikanischen Gesellschaft in Bezug auf Immigrantengruppen und Afroamerikaner beschrieben, um dann beispielhaft die zentralen Perspektiven der Soziologie auf Ethnizität und Rasse in der amerikanischen Gesellschaft darzustellen. Das Kapitel endet mit einer kurzen Zusammenfassung der wichtigsten Aspekte dieser Periode (3.5).

3.1 Die erfolgreiche Assimilation von Immigranten und Ethnizität als Perspektive bis Mitte der 1950er Jahre

Als Harry S. Truman am 12. April 1945 nach dem plötzlichen, aber nicht unerwarteten Tod von Franklin D. Roosevelt amerikanischer Präsident wurde, war die Freude über den gewonnenen Krieg in den USA nicht ungetrübt. Die Arbeitslosigkeit stieg durch die Entlassenen der Kriegsindustrie und die zurückkehrenden GIs an,[327] die Inflation lag 1946 bei 18 % und Streiks in den wichtigsten Industrien waren an der Tagesordnung. Bei allen Problemen, die die Umstellung der Kriegswirtschaft verursachte, regten sich insbesondere für Minderheiten wieder Hoffnungen auf eine bessere, demokratischere Zukunft, oder, wie der Soziologe Richard A. Schermerhorn 1947 in seinem Lehrbuch über "race and ethnic relations", *These Our People*, schrieb:

> There is nothing in the Constitution or the early documents of American history which intimates that social dominance shall be restricted to Caucasians, Anglo-Saxons, gentiles, or Protestants. The artificiality of any such authority is clear. It is then possible in this favorable social climate

---

[326] Unter vielen vgl. L. Paul Metzger, "American Sociology and Black Assimilation: Conflicting Perspectives", *American Journal of Sociology* 76, 1971: 627–647, bes. ab S. 639.
[327] Der Servicemen's Readjustment Act von 1944, oft einfach auch "GI Bill of Rights" genannt, stellte allerdings eine wichtige Integrationshilfe dar, die Veteranen jeglicher Herkunft bzw. Hautfarbe oft ein Studium ermöglichte.

3 Assimilation und Polarisierung von 1945 bis 1968

to press vigorously for political and economic measures to assure the rise of leaders with the greatest merit, regardless of race, creed, color, or national origin.[328]

Dies schrieb er zu einer Zeit, als die rechtliche und soziale Diskriminierung von Afroamerikanern sich erst langsam zu verringern begann. Die in der Vorkriegszeit so hitzig geführte Debatte zur Amerikanisierung war fast vergessen, Immigrantengruppen wurden kaum noch als gesellschaftliches Problem gesehen. Diese ambivalente Zeit wurde der Ausgangspunkt für eine durchgreifende Demokratisierung und Liberalisierung der USA. Wenden wir uns in diesem Abschnitt den Immigrantengruppen zu: zuerst ihrer gesellschaftlichen Situation, anschließend dem Konzept der Ethnizität, das die Soziologie zu verwenden begann, um diese Situation zu beschreiben.

3.1.1 Ethnische Gruppenbildung und das neue Flüchtlingsproblem

Schon vor dem Zweiten Weltkrieg waren Immigrantengruppen mit ihren sichtbaren Enklaven zur amerikanischen Normalität geworden:

> In most cities and large towns of the United States there are "foreign districts" known as Little Italys, Little Bohemias, Polack Towns, or by other appellations, which refer to the concentrations of ethnic people in a particular section of a community. The mere presence of these cultural minorities has modified the form of American society and indisputably changed our social, economic, and political history.[329]

Der gewonnene Krieg war ein Sieg aller Amerikaner und die Zeiten, in denen europäischen Immigranten Illoyalität vorgeworfen wurde, schienen vorüber. Die innere Entspanntheit der amerikanischen Gesellschaft gegenüber Einwanderergruppen hatte sich aber (noch) nicht in einer Veränderung der Einwanderungspolitik niedergeschlagen. So war die Geschichte der Immigration in die USA in der Dekade nach dem Ende des Zweiten Weltkrieges in vielerlei Hinsicht widersprüchlich, ja paradox. Der Sozialhistoriker Oscar Handlin konstatierte 1957:

> The history of immigration in the recent experience of the United States offers a series of striking paradoxes. On the one hand, official policy, as expressed in legislation, has given only grudging tolerance to the newcomers. On the other, the reception accorded the new arrivals has been extremely favorable, and the actual process of settlement has been free of the tensions that occasionally marked earlier phases of the movement of population to the United States.[330]

Im Bereich der politischen Steuerung von Einwanderung öffnete sich die USA einerseits wieder etwas mit den verschiedenen Gesetzen zur Aufnahme von Flüchtlingen, andererseits markierte der McCarran Walter Act von 1952 die Weiterführung der restriktiven Immigrationspolitik der 1920er Jahre. Zur Integration sowohl von Flüchtlingen als auch der neuen und alten Einwanderungsminderheiten trug nicht zuletzt der Wirtschaftsboom der Nachkriegszeit bei, der erst 1953/54 in einer ersten kleinen Rezession abflaute. Die wenigen Erleichterungen für Einwanderer, die der Kongress in den zehn Jahren nach Kriegsende

---

328 Richard A. Schermerhorn, *These Our People: Minorities in American Culture*, Boston, 1949, S. 576–577.
329 Warner und Srole, *The Social Systems of American Ethnic Groups*, S. 1.
330 Oscar Handlin, *Race and Nationality in American Life*, Boston, 1957, S. 223.

verabschiedete, waren vor allen Dingen der internationalen Problemlage durch den Krieg geschuldet.

Einwanderung und der Beginn des McCarthyismus

Flüchtlinge waren das zentrale Problem, auf das die Einwanderungspolitik zu reagieren hatte. Der Wendepunkt in der äußerst restriktiven Abschottungspolitik gegenüber Flüchtlingen während des Zweiten Weltkrieges war eine "executive order" von Präsident Truman aus dem Jahre 1945 mit der Bewilligung von über 40.000 Einwanderungsvisa. Damit begann eine ganze Reihe von Initiativen der USA zur Aufnahme von Vertriebenen und Flüchtlingen in der Zeit bis 1950, darunter auch jener Immigranten, die zu Beginn des Kalten Krieges vor kommunistischen Regimes geflüchtet waren.[331]

Doch das innenpolitische Klima war nicht gerade "reformfreudig", insbesondere der seit den Wahlen von 1946 von den Republikanern dominierte Senat war sehr zurückhaltend. Der rapide soziale Wandel seit dem New Deal und die starken außenpolitischen Belastungen hatten, so die zeitgenössische Analyse von Talcott Parsons, zu diffusen Ängsten geführt, die sich nun in der Öffentlichkeit in zunehmender Angst vor dem Kommunismus niederschlugen.[332] Mit einer furiosen Rede vor dem Senat im Jahre 1950 platzierte sich Senator Joseph R. McCarthy als führender "Kommunistenjäger". Truman hatte schon 1947 angeordnet, alle 3 Millionen Angestellte der Regierung hinsichtlich ihrer Loyalität zur USA zu überprüfen. In der öffentlichen Debatte meldeten sich insbesondere auch Angehörige katholischer Minderheiten zu Wort, denen als "Papisten" oft unterstellt wurde, loyaler dem Papst gegenüber zu sein als den USA. Einerseits machte der Antikommunismus des Papstes Katholiken zu natürlichen Alliierten – andererseits waren es insbesondere auch katholische Würdenträger, die ihre Stimme gegen McCarthy erhoben.[333]

Ethnische Gruppen in den USA nach 1944

Die fünf größten ethnischen Gruppen waren gemäß der Volkszählung von 1940 Deutsche, Italiener, Polen, Russen und Kanadier.[334] In wieweit diese Gruppenstruktur mit der Selbst- und Fremdwahrnehmung innerhalb der amerikanischen Gesellschaft zu dieser Zeit übereinstimmt, ist schwer zu sagen, auffällig ist nur, dass insbesondere Deutsche und Kanadier in vielen wissenschaftlichen Darstellungen der Zeit nicht auftauchen. In seiner ausgezeichneten Einführung zu Minoritäten in Amerika, *These Our People,* von 1949[335] nennt Schermerhorn als sichtbarste Minderheiten Italiener, Polen, Tschechen und Slowaken, Ungarn sowie Jugoslawen; als "rassische Minderheiten" führt er noch Indianer, Neger, Mexikaner

---

331 Hier sind zum einen der War Brides Act von 1945, der die Einreise von 120.000 Ehepartner und Kindern von Militärangehörigen erlaubte, zu nennen, aber auch der Displaced Persons Act von 1948 mit 202.000 Visa insbesondere für baltische Staaten und der Displaced Persons Act von 1950 mit 341.000 Zulassungen. Vgl. Ueda, *Postwar Immigrant America*, S. 37.
332 Vgl. Talcott Parsons, "Social Strains in America", in *The Talcott Parsons Reader*, hrsg. von Bryan S. Turner, 207–219. Malden, MA, 1999 [1955].
333 Zu einer ausführlichen Diskussion dieses Punktes vgl. Archdeacon, *Becoming American: An Ethnic History*, S. 199–201.
334 Deutsche 15,1 %; Italiener 13,3 %; Polen 8,4 %; Russen 7,5 %; Anglokanadier 5,8 %. Vgl. Brown und Roucek, *One America*, Tabellenanhang, S. 671–672.
335 Vgl. Schermerhorn, *These Our People*, S. 17f.

und Japaner auf, darüber hinaus behandelt er auch die jüdische Minderheit in seinem Buch. Abgesehen von Afroamerikanern, Native Americans und Mexikanern waren es also vor allem einige der Einwanderungsgruppen der "new immigration", die um die Jahrhundertwende einen größeren Teil der Immigranten ausmachten, die damals von Interesse schienen.

Die gesellschaftliche Grundstimmung Immigrantengruppen gegenüber war zweigeteilt, einige Gruppen – wie etwa Japaner oder auch nach dem Beginn des Koreakrieges die Koreaner – wurden thematisiert, viele andere Gruppen waren aber quasi aus der öffentlichen Aufmerksamkeit verschwunden. Deutsche, Schweden oder Italiener waren keine "Immigranten" mehr, sondern gehörten als ethnische Gruppen zur amerikanischen Gesellschaft. Kaum ein anderes Werk traf die Stimmung der amerikanischen Gesellschaft hinsichtlich ihrer eigenen Immigrationsgeschichte besser als das Werk des Historikers Oscar Handlin, *The Uprooted,* von 1951:

> We are come to rest and push our roots more deeply by the year. But we cannot push away the heritage of having been once all strangers in the land; we can not forget the experience of having been rootless, adrift. ... In our flight, unattached, we discovered what it was to be an individual, a man apart from place in station.[336]

Dieses fast nostalgische Verhältnis zur eigenen Migrationsgeschichte bedeutete aber auch, dass viele ethnische Gruppen in den USA nicht mehr als soziales Problem im Fokus der Öffentlichkeit oder der Wissenschaft standen.

Das 1947 erschienene Stück *A Streetcar Named Desire* von Tennessee Williams ist wohl der stärkste literarische Ausdruck der Stimmung in der amerikanischen Gesellschaft zur Nachkriegszeit. Einerseits verkörpert die gebildete aber kränkelnde Blanche den Niedergang des Alten Südens, andererseits ist ihre Schwester verheiratet mit dem vulgären, aber lebendigen Immigranten Stanley Kowalski, der gleichsam die Zukunft der USA verkörpert: Die Abkömmlinge der jüngsten Einwanderung, nicht die dekadenten Abkömmlinge von Plantagenbesitzern, waren nun die Hoffnung Amerikas.

Ökonomischer Erfolg und Integration

Ein entscheidender Faktor für die Integration von Immigrantengruppen war deren wirtschaftlicher Erfolg und der sich damit ändernde Lebensstil. Warner und Srole zitieren hierzu den Priester der griechischen Gemeinde in einer kleinen Stadt in Neu England:

> Today the [Greek] generation born in this country [F^1] no longer has the fine old grip. The attitude has changed. This is a tendency everywhere discoverable, an indictment of our civilization. These people buy new radios, cars, better houses, and so on, relying on the future to pay for them when they can't. I need a radio badly myself and would like to have one, but I am not sure I could pay for it, and to have to send it back would be a disgrace in a way.[337]

---

336 Handlin, *The Uprooted*, S. 273.
337 Warner und Srole, *The Social Systems of American Ethnic Groups*, S. 84. Die Einfügungen in eckiger Klammer stammen aus dem Original. F^1 bezieht sich in der formalisierten Notation von Warner und Srole auf die erste Filial-Generation, also die erste in den USA geborenen Generation.

Der Konsumstil markierte den Unterschied zwischen den Generationen. Dieser Stil mochte zwar bestimmt sein durch die Angewohnheit, auf Pump zu kaufen, doch ermöglichte erst das reguläre Einkommen, Kredite aufzunehmen. Der ökonomische Aufstieg durch einen besseren Beruf, oft etwa als Industriearbeiter, führte zur Übernahme amerikanischer Lebensweisen. Durch die geregelte Arbeit war es möglich, den Kindern eine bessere Ausbildung zu finanzieren, was wiederum diesen bessere Berufschancen eröffnete.[338] Soziale Mobilität und damit der Aufstieg innerhalb des Klassensystems von Yankee City sind für Warner und Srole der zentrale Integrationsmechanismus.

Zusammenfassend nennen Warner und Srole mehrere Faktoren, die förderlich oder hinderlich für die soziale Mobilität von Einwanderern gewesen waren. Als besonders wichtig machten sie das Timing der Ankunft von Einwanderungsgruppen aus, zum einen weil sich die ökonomische Situation im Zeitverlauf stark änderte, zum anderen weil sich die erste Gruppe von Einwanderern (die Iren) mit besonderen Widerständen konfrontiert sah. Auch die schlichte Größe der Einwanderungsgruppen konnte zum Problem werden, so waren die Einwanderungsschübe von Iren und Franco-Kanadiern schon aufgrund der Anzahl der Einwanderer schwer zu verkraften. Ein weiterer Faktor, der der Integration besonders hinderlich war, war die Intention, nur für kurze Zeit in den USA bleiben zu wollen, wie im Falle von Süditalienern, Griechen und Polen. Eine große Nähe zum Herkunftsland stabilisierte darüber hinaus die kulturelle Differenz zur aufnehmenden Gemeinde, etwa im Falle der Franco-Kanadier.[339]

Als Prototyp der Integration durch ökonomischen Erfolg gilt die jüdische Gemeinde in Yankee City. Allerdings stellte sich auch dieser erst langsam ein. Zentral war hierbei, dass auch Arbeiten angenommen wurden, die es nötig machten, ungeachtet der religiösen Tradition selbst am Sabbath, also am Samstag, zu arbeiten. Diese Übung setzte sich weitgehend in der ersten, vollständig in den USA geborenen Generation durch, in Yankee City etwa Mitte der 1920er Jahre, wie Warner und Srole notieren:

> To these [die 2. Generation], Saturday is not a day of rest but a work day, and since many are merchants, it is the busiest work day of the week. On the other hand, in the observation of the dietary laws this group remains conformist.[340]

Die nachfolgende Generation ging dazu über, auch die traditionellen Essensregeln kaum noch zu beachten. Die jüdischen Kinder wurden zunehmend nicht mehr auf hebräische Schulen geschickt, was über die Generationen zu einem fast völligen Verlust des Hebräischen führte.[341] Die letzte Generation übernahm schließlich sogar die Angewohnheit der Jugendlichen Yankees, die Gemeinde zu verlassen und in der Großstadt nach besseren ökonomischen Chancen zu suchen.[342] Für Warner und Srole ist die Integration ethnischer Gruppen über die Ökonomie in Yankee City eine Erfolgsgeschichte:

---

338 Die Zunahme der sozialen Mobilität in der zweiten Generation in Korrelation mit der abnehmenden Einwanderung wurde auch in anderen Studien festgestellt, vgl. z.B. für die Gruppe der Italo-Amerikaner Francis A. Ianni, "Residential and Occupational Mobility as Indices of the Acculturation of an Ethnic Group", *Social Forces* 36, 1957: 65–72.
339 Vgl. Warner und Srole, *The Social Systems of American Ethnic Groups*, S. 102.
340 Ibid., S. 196–197. Anmerkung in eckiger Klammer vom Verfasser.
341 Vgl. ibid., S. 228ff.
342 Vgl. ibid., S. 66.

What has happened in Yankee City illustrates much of what has happened and is happening to the "minority groups" all over America. Each group enters the city at the bottom of the social heap (lower-lower class) and through the several generations makes its desperate climb upward. The early arrivals, having had more time, have climbed farther up the ladder than the ethnic groups that follow them. It seems likely that oncoming generations of new ethnics will go through the same metamorphosis and climb to the same heights that generations of earlier groups have achieved.[343]

Der Koreakrieg, neue Einwanderungsgesetze, Höhepunkt und Ende des McCarthyismus

Im politisch spannungsreichen Jahr 1950 schickte Truman Truppen nach Korea. Panikkäufe und erhöhte Militärausgaben heizten die Inflation wieder an. Um einem befürchteten Arbeitskräftemangel zuvorzukommen, wurde 1951 das "bracero"-Programm wieder aufgenommen. Schon zwischen 1942 und 1947 waren etwa 200.000 Saisonarbeiter aus Mexiko ins Land gelassen worden, vor allem in den Südwesten der USA. Bis zum Abschluss des Programms 1967 wurden etwa 4,7 Millionen mexikanische Gastarbeiter aufgenommen.[344] Hinzu kam ein kontinuierlicher Zufluss von Einwanderung aus Lateinamerika, da die "westliche Hemisphäre", also der amerikanische Kontinent, von den restriktiven Quoten des Gesetzes von 1924 ausgenommen war. Bis Mitte der fünfziger Jahre rekrutierte sich jedoch der überwiegende Teil der Einwanderer unter dieser Regelung aus Kanada.[345] Der hohe Anteil an Saison- und Gastarbeitern ist im Übrigen auch eine mögliche Erklärung für die niedrige Einbürgerungsrate von Mexikanern, sie lag 1950 bei 26 % gegenüber rd. 80 % bei anderen Einwanderergruppen.[346]

Die wohl wichtigste Immigrationsgesetzgebung dieser Dekade war der *Immigration and Nationality Act (McCarran Walter Act) von 1952,* eingebracht von den Demokraten Patrick Anthony McCarran und Francis Eugene Walter. Da dieses Gesetz im Prinzip das Quotensystem von 1924 weiter in Kraft ließ, übte Präsident Truman sein Vetorecht aus.[347] Doch kurz darauf, am 27. Juni, wurde das Veto des Präsidenten durch die Mehrheit des Senates überstimmt, die McCarrans Plädoyer für das Gesetz folgte:

[T]hat our present laws are shot through with weaknesses and loopholes, and that criminals, Communists, and subversives of all descriptions are even now gaining admission into the country like water through a sieve and we cannot under our present laws effectively exclude or deport them.[348]

---

343 Ibid., S. 2.
344 Für eine genauere Aufschlüsselung der Regeln und Zahlen vgl. Ueda, *Postwar Immigrant America*, S. 32–36.
345 Vgl. hierzu ausführlich Irene B. Taeuber, "Migration and Transformation: Spanish Surname Populations and Puerto Ricans", *Population Index* 32, 1966: 3–34.
346 Vgl. Reed Ueda, "Naturalization and Citizenship", in *Harvard Encyclopedia of American Ethnic Groups*, hrsg. von Stephan Thernstrom, Ann Orlov und Oscar Handlin, 734–748. Cambridge, 1980, S. 747. Ein weiterer Grund lag auch darin, dass wegen der niedrigen Einwanderungsraten der meisten anderen Gruppen, die Angehörigen dieser Gruppen sich im Durchschnitt erheblich länger im Land befanden, und mit der längeren Aufenthaltsdauer erhöhte sich auch die Wahrscheinlichkeit der Naturalisierung.
347 Zu Redenausschnitten und anderen Materialien siehe Benjamin M. Ziegler (Hg.), *Immigration: An American Dilemma*, Boston, 1953.
348 Die Rede von Senator McCarran in ibid., S. 105.

Kommunisten und anderen subversiven Elementen den Eintritt in die USA zu verwehren, war also eines der wichtigsten Motive des Gesetzes. Als der Präsident dann mit seiner *Commission on Immigration and Naturalization* versuchte, die Probleme der Gesetzgebung aufzuzeigen, kommentierte McCarran diesen Bericht mit den Worten:

> It is a tragic fact that the out-and-out Reds have ready colleagues in this fight: the "pinks", the well-meaning but misguided "liberals" and the demagogues who would auction the interests of America for alleged minority-block vote.[349]

Politiker, die eine Liberalisierung der Einwanderung befürworteten, setzten sich, ebenso wie ethnische Minderheiten, also dem Generalverdacht aus, Kommunisten zu sein oder erschienen mindestens als "wohlmeinende Liberale", die Kommunisten zu Hilfe eilen.

Trotz des von McCarthy angeheizten Klimas enthielt das Gesetz wichtige Neuerungen: Rasse wurde als Kriterium für die Zulassung zur Einwanderung abgeschafft und die lange anhaltende Diskriminierung asiatischer Einwanderung aufgegeben. Asiaten blieben nicht länger weitgehend von der Möglichkeit des Erwerbs der Staatsangehörigkeit ausgeschlossen.[350] Zum ersten Mal hatte in den Vereinigten Staaten jeder das gleiche Recht, die Staatsangehörigkeit zu beantragen:

> [T]he right of a person to become a naturalized citizen of the United States shall not be denied or abridged because of race or sex or because such person is married.[351]

Die damals gesatzten Regelungen zur Einbürgerung – zu den Bedingungen zählten der Schwur auf die Loyalität gegenüber den USA, Kenntnisse des Landes und der Geschichte sowie Sprachkenntnisse – wurden im Grundsatz bis heute beibehalten.

Nach seiner Wahlniederlage trat Truman 1953 sein Amt an Dwight D. Eisenhower ab. "Smiling Ike"; der gefeierte Kriegsheld des Zweiten Weltkrieges, war zu Beginn seiner Amtszeit äußerst populär. Er machte seinem Wahlversprechen folgend dem Koreakrieg ein Ende. Ein weiterer wichtiger Schritt in der Liberalisierung des Einwanderungsrechts der USA war der *Refugee Relief Act*, der im ersten Jahr der Eisenhower Administration implementiert wurde. Mit seinen 205.000 Zulassungen war er insofern eine wichtige Neuerung, als die Visa für Flüchtlinge nicht mehr auf die nationalen Quoten angerechnet wurden.[352] Diese Liberalisierung kam insbesondere den Flüchtlingen aus Süd- und Osteuropa sowie aus Asien zugute, aber auch den explizit genannten "German expellees". Darüber hinaus wurde die Praxis weiter verfestigt, dass der Präsident mit seiner "parole authority" besondere Flüchtlingskontingente zulassen konnte.[353]

Wie schon Truman vermied auch Eisenhower jede Konfrontation mit McCarthy, er erweiterte die Kriterien welche Regierungsangestellten als "security risk" entlassen werden sollten. Er lehnte es auch ab, Julius und Ethel Rosenberg zu begnadigen, die damit die ersten Opfer einer Todesstrafe für Verrat in Friedenszeiten wurden. Erst 1954, als er die

---

349 Das Statement von Senator McCarran, ibid., S. 113.
350 Vgl. Ueda, *Postwar Immigrant America*, S. 43–44. Darüber hinaus vereinfachte das 300-seitige Gesetzeswerk das unübersichtliche Feld der Regelungen zu Einwanderung und Einbürgerung.
351 Zitiert nach Ueda, "Naturalization and Citizenship", S. 746.
352 Vgl. Ueda, *Postwar Immigrant America*, S. 37.
353 Dies geschah z.B. 1956 für Ungarn oder 1958 für die Opfer des Erdbebens auf den Azoren. Vgl. Daniels, *Coming to America*, S. 336–337.

3 Assimilation und Polarisierung von 1945 bis 1968

Kraftprobe mit dem amerikanischen Militär, das er in seine Kampagne einbeziehen wollte, verlor, sank McCarthys Stern. Im Dezember 1954 wurde McCarthy vom Senat für seine rüden Methoden gerügt. Er verstarb 1957.

Mit dem *Niedergang des McCarthyismus* endete eine Phase innenpolitischer Verunsicherung der USA. Talcott Parsons wertete sie als Reflex auf die starken strukturellen Veränderungen der amerikanischen Gesellschaft, die eine Neudefinition dessen notwendig gemacht hatten, was es heißt, amerikanischer Bürger zu sein:

> On the popular level the crisis is primarily a crisis of confidence. We are baffled and anxious, and tend to seek relief in hunting scapegoats. We must improve our understanding and come to realize our strength and trust in it. But this cannot be done simply by wishing it to be done... It demands above all three things. The first is a revision of our conception of citizenship to encourage the ordinary man to accept greater responsibility. The second is the development of the necessary implementing machinery. Third is national political leadership ... in the sense of social strata where a traditional political responsibility is ingrained.[354]

3.1.2   Analytische Zwillinge: Assimilation und Ethnizität

Europäische Immigrantengruppen fanden nach dem Krieg erheblich weniger Beachtung in der amerikanischen Soziologie und Gesellschaft als in der Vorkriegszeit. Darauf spielte auch ein damals junger Soziologe namens Nathan Glazer an, der zu einem der führenden Forscher über ethnische Gruppen in den USA werden sollte:

> Groups not particularly subject to prejudice or discrimination – the various ethnic groups of European origin – have not been given much attention since the days when they ceased being immigrants, and consequently social problems.[355]

Als eines der wenigen Werke, die sich mit diesen Minderheiten beschäftigten, unabhängig davon, ob sie gesellschaftlich als "Problem" gesehen wurden oder nicht, nannte er die *Yankee City Studie* von W. Lloyd Warner. In dieser geht Warner immer wieder auf ethnische Gruppen in Yankee City ein, die ausgereifteste Darstellung findet Warners Idee von Ethnizität als Element der Ungleichheitsstruktur, in dem diesem Thema gewidmeten dritten Band der Serie.[356] Explizit geht Warner hier darauf ein, wie er Mitgliedschaft in einer spezifischen ethnischen Gruppe definiert: Abstammung ist das zentrale Kriterium. Die ethnische Gruppe der Eltern bestimmt die ethnische Gruppe der Kinder. Im ersten Band der Serie gehören auch "noch" Afroamerikaner zu den ethnischen Gruppen. Dies ändert sich jedoch in *American Ethnic Groups*, hier werden die Euroamerikaner in unterschiedliche ethnische Gruppen aufgeteilt. Afroamerikaner werden als "ethno-racial group" bezeichnet.

---

354   Parsons, "Social Strains in America", S. 219.
355   Nathan Glazer, "Sociology of Ethnic Relations", in *Sociology in the United States of America: a Trend Report*, hrsg. von Hans Lennart Zetterberg, 123–126. Paris, 1956, S. 126.
356   Vgl. Warner und Srole, *The Social Systems of American Ethnic Groups*. Zu den anderen Werken und einer Skizze des Projekts vgl. Seite 80.

Exkurs: "The Social Systems of American Ethnic Groups"
von W. Lloyd Warner und Leo Srole, 1945

Das Buch von Warner und Srole hat zum Grundthema, das Bild vom "American melting pot" zu überprüfen und kommt zu dem Schluss, dass zwar die ethnischen Gruppen der Euroamerikaner verschmelzen, Afroamerikaner von diesem Schmelztiegel aber ausgeschlossen bleiben.

Definition der Begriffe Rasse und Ethnizität

Warner und Srole verwenden sowohl den Begriff Ethnizität als auch den der Rasse. Dabei werden beide Konzepte über Abstammung bestimmt. Zentraler für das Werk ist jedoch der Begriff "ethnisch".

> The term *ethnic* refers to any individual who considers himself, or is considered to be, a member of a group with a foreign culture and who participates in the activities of the group. Ethnics may be either of foreign or of native birth.[357]

Diese Definition enthält jene drei Elemente die auch heute noch als maßgeblich angesehen werden: (1) Eine Person nimmt sich selbst als Mitglied einer Gruppe wahr, (2) sie wird von anderen als Mitglied einer Gruppe gesehen und (3) nimmt an Aktivitäten teil, die mit der gemeinsamen Abstammung und Kultur der Gruppe in Kontext stehen.[358] Für Warner und Srole bestimmt sich die Mitgliedschaft in der ethnischen Gruppe direkt über Abstammung.[359] Im Rahmen ihrer Untersuchung definieren sie sechs Generationen. Die Parentalgeneration wird in P1 und P2 geschieden, je nach dem ob die Einwanderung vor oder nach dem 18. Lebensjahr erfolgte. Darauf folgen bis zu vier Filialgenerationen der im Land geborenen Nachkommen. Die "älteste" Gruppe, die im Buch analysiert wird, sind Iren, die etwa zwischen 1840 und 1850 nach Yankee City kamen. Für den Versuch, eine Typologie ethnischer Gruppen zu entwickeln, ist jedoch nicht das Alter einer Gruppe ausschlaggebend, sondern einzig und allein, ob sie von den Einwohnern als "untergeordnet" und aufgrund ihrer Abstammung als kulturell unterschiedlich angesehen werden.[360]

Für Warner und Srole ist Ethnizität ein konstitutives Merkmal der Sozialstruktur des von ihnen untersuchten Gemeinwesens. Relevant für die Definition einer kulturellen Gruppe als "untergeordnet" sind ihre kulturellen Merkmale (insbesondere Religion und Spra-

---

357 Ibid., S. 28.
358 Als aktuelles Beispiel etwa: "The definition of an ethnic group ... has three ingredients: (1) The group is perceived by others in the society to be different ...; (2) the members also perceive themselves as different; and (3) they participate in shared activities built around their (real or mythical) common origin and culture." Yinger, *Ethnicity*, S. 3–4.
359 Vgl. Warner und Srole, *The Social Systems of American Ethnic Groups*, S. 30f.
360 Vgl. ibid., insbesondere S. 27–29 und S. 284–286. In der Tabelle 7 auf S. 290–292, sind dann auch folgerichtig Engländer als mögliche ethnische Gruppe aufgeführt.

che), die von der Mehrheitsgesellschaft als minderwertig betrachtet werden.[361] Im Gegensatz hierzu wird die Rasse über biologische Merkmale definiert.

> The racial groups are divergent biologically rather than culturally. They possess physical traits inherited from their fathers and mothers which are divergent from those of the old-American white population. These traits have been evaluated as inferior.[362]

Die physischen bzw. kulturellen Merkmale, die Zeichen für eine Minderwertigkeit bilden, sind jeweils sozial definiert. Kulturelle Merkmale können sich jedoch in der Sicht Warners über die Zeit hinweg der Mehrheitsgesellschaft angleichen, damit verschwinden gleichzeitig auch die kulturellen Zeichen der Minderwertigkeit. Dies sei für das physische Aussehen allerdings nicht möglich, so dass hier der inferiore Status permanent ist, wenn nicht die Mehrheitsgesellschaft die Bewertung dieser rassischen Merkmale ändert.

Für Warner und Srole ist also Mitgliedschaft in einer rassischen oder ethnischen Gruppe über Abstammung bestimmt. Ethnische Gruppen unterscheiden sich dabei durch ihre ererbte Kultur, rassische Gruppen durch gemeinsame, ererbte körperliche Merkmale ihrer Mitglieder. Für Rassen und Ethnien gilt, dass ihre kulturellen Eigenheiten oder Körpermerkmale für die Gesamtgesellschaft Indikatoren der Minderwertigkeit sind. Für Ethnien ist es im Gegensatz zur Rasse konstitutiv, dass sich der Bezug zur gemeinsamen Abstammung oder Kultur in entsprechenden Aktivitäten zumindest von Teilen der Gruppe manifestiert.

Zentrale Dimensionen der Ungleichheit

In ihrem Buch über *The Social Systems of American Ethnic Groups* beschreiben Warner und Srole fast ausschließlich ethnische Gruppen und ihre Position in der Sozialstruktur der untersuchten Gemeinde. "Rassen" werden nur in Randbemerkungen und synthetischen Kapiteln mitbedacht. Sieben verschiedene Dimensionen sind für Warner bei der Analyse wichtig: (1) die räumliche Verteilung ethnischer Gruppen, (2) ethnische Gruppen in der Ökonomie, (3) ethnische Gruppen im Klassensystem, (4) die Familienstruktur ethnischer Gruppen, (5) Religion und ethnische Gruppen, (6) Bildung und ethnische Gruppen und (7) ethnische Assoziationen.

Zentraler Grund für die sozialstrukturelle Lokalisierung einer Gruppe innerhalb der amerikanischen Gesellschaft ist für Warner die Größe der kulturellen Differenz (oder im Falle von Rassen die Differenz im Aussehen). Je größer der Unterschied zwischen der Kultur der Immigranten und der amerikanischen Kultur ist, desto eher wird sie als inferior bestimmt. Diese Fremddefinition als inferior stärkt andererseits wiederum das soziale System der ethnischen Gruppe – mit der Folge, dass sich die Assimilation verzögert. Warner und Srole entwickeln eine Typologie ethnischer Gruppen, die Voraussagen für die Assimilierbarkeit ermöglicht, zentrale Merkmale sind dabei Sprache und Religion. Besonders leicht zu assimilieren sind englisch sprechende Protestanten, am längsten wird dieser Prozess bei nicht englisch sprechenden Nicht-Christen dauern.[363]

---

361 Vgl. ibid., S. 285.
362 Ibid., S. 285.
363 Vgl. ibid., S. 284f.

Diese Kategorien ethnischer Gruppen bilden gleichsam die Binnendifferenzierung von fünf verschiedenen Typen rassischer Gruppen, die von hellhäutigen Kaukasiern bis negroiden Mischtypen und Negroiden reichen. Beide Typologien werden kreuztabelliert und ergeben dreißig verschiedene Subtypen.[364] Für sie geben die Autoren den Grad der Inferiorität, die Stärke des ethnischen und rassischen Subsystems, das Tempo der Assimilation und den Rang innerhalb der amerikanischen Sozialstruktur an. Interessanterweise hat für mongoloide und negroide Typen die Zugehörigkeit zu einem spezifischen ethnischen Typ keinerlei Auswirkungen auf das, als extrem langsam bezeichnete, Tempo der Assimilation. Für Schwarze gilt: sehr starke Inferiorität, sehr starkes eigenes rassisches Subsystem, sehr langsame Assimilation, unterster Rang im amerikanischen Kastensystem. Ethnizität ist auch eine Binnendifferenzierung der "color-castes", zentrale "Ungleichheitsdimension" bleibt aber immer die Kaste. Beispielsweise kommt der Typus I ethnischer Gruppen – protestantisch, englisch sprechend – sowohl bei Afroamerikanern wie bei Weißen vor. In der Kaste der Weißen verweist dieser Typus auf eine zügige Assimilation. Das Stigma der Inferiorität wird von Mitgliedern dieser ethnischen Gruppe im Laufe der Generationen weggenommen. Derselbe Typus ethnischer Gruppen in der Kaste der Schwarzen hat jedoch keine Möglichkeit, seinen inferioren Status zu verlieren. Die Kaste bestimmt die Assimilierbarkeit, kulturelle Merkmale, wie sie sich in der Ethnizität ausdrücken, werden bedeutungslos.

Die zentralen Chancen zur Integration von ethnischen Gruppen ortet Warner im politischen System, in der Ökonomie und im Bildungssystem. Im politischen System ist es die demokratische Struktur mit dem Prinzip des "one man one vote", das die Einbindung fördert. Im ökonomischen System sind es die Aufstiegschancen innerhalb von und zwischen verschiedenen Klassen, die aus der ethnischen Gruppe herausführen können.[365] Im Bildungssystem schwächen das Erlernen der Sprache und die Sozialisation mit amerikanischen Werten die Bindekraft der ethnischen Zugehörigkeit.[366]

Für Warner sind Religion und Sprache einerseits, Aussehen andererseits Hauptursachen für die Ungleichheit zwischen verschiedenen Gruppen in der amerikanischen Gesellschaft. Religion und Sprache sind dabei Indikatoren für die rein kulturell definierte ethnische Abstammung, Hautfarbe ist Indikator für die rein biologisch definierte rassische Abstammung. Während für weiße Kaukasier die ethnische Zugehörigkeit zentraler Faktor für Möglichkeit und Tempo der Assimilation ist, ist für andere Rassen das Aussehen der zentrale Hinderungsgrund der Assimilation.

Das Bild der amerikanischen Gesellschaft

> The underlying problem of this study is an examination of the validity of America's conception of itself as the "great melting pot."[367]

Warner und seinen Mitarbeitern ging es darum festzustellen, inwieweit die amerikanische Gesellschaft fähig ist, verschiedene Kulturen "einzuschmelzen". Dabei wird die Annahme,

---

364 Vgl. ibid., S. 288–292.
365 Klassen sind für Warner ein kulturelles Phänomen, ein Aspekt, der von seinen Kritikern oft übersehen wird. Eine lesenswerte Anwendung von Warners Perspektive ist Milton M. Gordon, "Kitty Foyle and the Concept of Class as Culture", *American Journal of Sociology* 53, 1947: 210–217.
366 Vgl. Warner und Srole, *The Social Systems of American Ethnic Groups*, S. 283f.
367 Ibid., S. 32.

dass dieses Einschmelzen von Kulturen gleichsam der normale, ja wünschenswerte Prozess sei, nicht hinterfragt.

Warner war fest von der ungebrochenen Assimilationskraft der amerikanischen Gesellschaft überzeugt. Er betont zwar an vielen Stellen die Bereicherung, welche die amerikanische Gesellschaft durch die unterschiedlichen ethnischen Gruppen erfährt, jedoch bleibt ihm als Charakteristikum für jede ethnisch, also über kulturelle Herkunft definierte Gruppe, dass sie im Laufe der Generationen in die sie umgebende Gesellschaft aufgeht. Davon trennt er das Schicksal rassischer Gruppen scharf ab: Nachdem ethnische Unterschiede nicht mehr vorhanden sein werden, werden Rassenunterschiede zum zentralen Problem der amerikanischen Gesellschaft avancieren. Warner und Srole schließen ihr Buch mit einer eher pessimistischen Sicht hinsichtlich der Assimilierbarkeit von Rassen.

> The future of American ethnic groups seems to be limited; it is likely that they will be quickly absorbed. When this happens one of the great epochs of American history will have ended and another, that of race, will begin. Paradoxically, the force of American equalitarianism, which attempts to make all men American and alike, and the force of our class order, which creates differences among ethnic peoples, have combined to dissolve our ethnic groups. Until now these same forces have not been successful in solving the problem of race.[368]

☙ ❧

Der neue Begriff Ethnizität in der Soziologie

Die Aufnahme der *Yankee City Studie* in der soziologischen Gemeinde war nicht gerade positiv. C. Wright Mills z.B. ergoss sich auf fast zehn Seiten in beißender Kritik an Warners Verwendung des Klassenbegriffs im ersten Band, ohne überhaupt auf den Aspekt "ethnische Gruppen" einzugehen.[369] Nach Kingsley Davis war die negative Aufnahme der Großstudie nicht verwunderlich:

> For ten years, in bars, offices, wherever sociologists have congregated, discussion of "Warners's Newburyport study" has gone on. It has built high hopes and reinforced gloomy ones until the published account, no matter how brilliant or how bad, could not possibly fulfill the supercharged expectations.[370]

Auch wenn vermutlich das Wort "ethnicity" als Substantivierung des Adjektivs "ethnic" auch an anderer Stelle verwendet wurde, so ist Warners und Sroles *The System of American Ethnic Groups* wohl mit Sicherheit der Ort, an dem diese Begriffe zum ersten Mal bewusst als ausgearbeitete soziologische Analysekategorien Verwendung fanden. Es sollte noch bis in die Mitte der fünfziger Jahre dauern, bis dieser Begriff innerhalb der Soziologie weitere Verbreitung fand.[371] (Obwohl nahe liegend, stammt der Begriff allem Anschein nach nicht

---

368 Ibid., S. 295–296.
369 Vgl. C. Wright Mills, "Review: The Social Life of a Modern Community", *American Sociological Review* 7, 1942: 263–271.
370 Kingsley Davis, "Review: The Status System of a Modern Community", *American Journal of Sociology* 48, 1943: 511–513, S. 511.
371 Diese Aussagen basieren auf der Volltextsuche nach dem Begriff "ethnicity" in 167 Journalen aus den Fächern Kulturanthropologie, African American Studies, Ökonomie, Erziehungswissenschaften, Geschichte,

aus der Ethnologie – in ethnologischen Journalen taucht er erst in den 1960er Jahren auf.[372]) Interessanterweise wurde diese Innovation von den zahlreichen, meist nicht besonders positiven Besprechungen nicht bemerkt.

Als einer der wenigen Zeitgenossen erkannte der Anthropologe Morris E. Opler (1907–1996) in einer Besprechung des Buches die neue Qualität, die der Begriff "ethnische Gruppe" bei Warner mit sich brachte.[373] Opler hatte sich insbesondere durch seine Arbeiten über amerikanische Ureinwohner bekannt gemacht und war damals beim Office of War Information beschäftigt. Allerdings meldet Opler starke Vorbehalte hinsichtlich der empirischen Arbeit von Warner und Srole an. Das Hauptproblem läge darin, inwieweit die Autoren darauf geachtet hätten, tatsächliche kulturelle Unterschiede festzustellen und tatsächliche Unterschiede im Institutionengefüge der jeweiligen ethnischen Gruppen zu beschreiben. Opler betont, dass sowohl die Fremdbeschreibung von ethnischen Gruppen als auch die Selbstbeschreibung hier nur mit Vorsicht interpretiert werden dürften. Als Beispiel zieht er die Fallstudie über den Iren Corbett heran, der im Buch als einer der typischen Iren geschildert wird: Eines seiner Hauptprobleme besteht darin, dass seine Frau Molly keinerlei Geburtenkontrolle akzeptiere und er deshalb gezwungen sei, eine Maitresse in Boston zu haben. Auch wenn für Corbett diese vermeintlich konservative Einstellung seiner Frau etwas typisch Irisches sein mag, so ist es ebenso richtig, dass streng gläubige Protestantinnen gleichfalls keine Geburtenkontrolle ausüben würden. Was also dem einen als typisch irisch erscheine, sei genauso gut amerikanisch zu nennen. Ein weiterer Kritikpunkt Oplers bezog sich auf das Kriterium der Abstammung: Indem Warner und Srole es hier mit dem Konzept Ethnizität verbinden, setzten sie durch die Hintertür ein biologisches Merkmal – und zwar familiale Abstammung – mit Kultur gleich. Diese Feststellung lasse sich aber bestenfalls als Ergebnis einer Studie und nicht als Ausgangspunkt treffen. Mit diesem Abstammungskriterium erklärten Warner und Srole ungefähr die Hälfte der Bürger von Yankee City zu Menschen mit "fremder Kultur", eine in Oplers Augen offensichtlich unsinnige Aussage. Dies sei darüber hinaus insofern besonders problematisch, als die Autoren vor allem im Schlusskapitel Assimilation über die Einstellungen der Mehrheit definieren würden. Es sei egal, ob bestimmte Gruppen sich tatsächlich assimiliert hätten, also z.B. Afroamerikaner sich wie Mitglieder der Mehrheitskultur benehmen würden, solange eine Mehrheit der Bevölkerung glaube, dass sie anders seien, seien diese Gruppen auch nicht assimiliert. Damit gäbe es nicht mehr die Möglichkeit, zwischen Ignoranz oder Vorurteilen und tatsächlichen kulturellen Unterschieden zu unterscheiden.[374]

Schon zu seiner Geburtsstunde kam der Begriff der Ethnizität also unter heftige Kritik. Zwei Punkte standen dabei im Vordergrund: Für das Konzept der Ethnizität sei es besonders wichtig, zwischen der Interpretation kultureller Unterschiede der Akteure und tatsäch-

---

Literatur, Philosophie, Politik, verschiedenen Ethnic Studies und natürlich Soziologie (JSTOR Mai 2002). Die erste Nennung erscheint 1944 im "Journal of Negro Education", in Simon Marcson, "Ethnic and Class Education", *Journal of Negro Education* 13, 1944: 57–63, die zwei nächsten Nennungen erscheinen 1950 mit Verweisen auf die Arbeiten Warners in August B. Hollingshead, "Cultural Factors in the Selection of Marriage Mates", *American Sociological Review* 15, 1950: 619–627, Carson McGuire, "Social Stratification and Mobility Patterns", *American Sociological Review* 15, 1950: 195–204.
372 Einer der frühesten Fundorte ist z.B. Norman A. Scotch, "Medical Anthropology", *Biennial Review of Anthropology* 3, 1963: 30–68.
373 Siehe Morris E. Opler, "Anthropology Applied to American Problems. Review of the Social Systems of American Ethnic Groups", *Scientific Monthly* 61, 1945: 392–394.
374 Vgl. zu den genannten Punkten ibid., S. 393f.

lichen kulturellen Unterschieden zu trennen. Darüber hinaus komme durch die Gleichsetzung von kultureller und familialer Herkunft die Annahme einer biologischen Zwangsläufigkeit in die intergenerationale Kulturvermittlung, die nicht immer bestünde. Trotzdem war mit Warners Definition des Ethnizitätsbegriffs und seiner positiven Beurteilung des "melting pot" paradigmatisch die Ethnizitäts-Assimilations-Perspektive in der Soziologie formuliert.

Einen ganz anderen Weg hatte die Forschung zu Afroamerikanern nach dem Krieg genommen, der im folgenden Abschnitt (3.2) nachgezeichnet werden soll.

3.2 Rasse und der Kampf um Assimilation in Gesellschaft und Soziologie bis Brown v. Board of Education

Im Dezember 1947 traf sich die American Sociological Society in New York.[375] Nach einem Vortrag von Leonard Bloom zu "ethnic research" kam es unter Beteiligung von Charles S. Johnson, Ira De A. Ried, Edgar T. Thompson und Robin M. Williams, Jr. zu einer Diskussion über das Problem, wie die Begriffe "race" und "ethnic" zu verwenden seien.[376] Während Bloom dafür plädierte, die Forschung zu Afroamerikanern unter "ethnic research" zu subsumieren, war die Mehrheit der Diskutanten dafür, "race" als eigenen analytischen Zugriff beizubehalten. Bloom meinte, dass die Betonung von "race" einzig und allein der aktuellen Problemdefinition der amerikanischen Gesellschaft geschuldet, und nicht aus theoretischen-soziologischen Gründen ableitbar sei:

> Because the problem of the Negro looms so large in American life, the study of race relations since the end of mass immigration from Europe has tended to be the study of the American Negro. The delimitation of *An American Dilemma*, for whatever reason, to this aspect of the American ethnic complex was in my opinion regrettable.[377]

Insbesondere Charles S. Johnson hielt genau diese Konzentration auf das dringendste Zeitproblem für wichtig. Die Idee, Afroamerikaner unter dem Begriff "ethnisch" zu fassen, hielt er "für einen Schritt zurück"[378], gerade die Konzentration auf die besonderen Probleme der Afroamerikaner sei eine Schärfung des soziologischen Begriffsinstrumentariums. Die Verwendung des Begriffes "ethnisch" würde dazu tendieren, so ausgedehnt zu werden, dass er unspezifisch jede Form von kultureller Differenz mit einschlösse. Damit sei er jedoch als theoretischer Begriff nicht mehr brauchbar. Genau dieses Argument wendete jedoch Edgar T. Thompson gegen den Begriff "race" selbst:

> The very wide sense in which Dr. Bloom uses the term *ethnic* is subject to criticism but it does serve to suggest that peoples differentiated from each other on almost any basis are potentially

---

375 Die Konferenz fand vom 28. bis 30. Dezember 1947 in New York City statt. Der damalige Präsident war Louis Wirth, dessen Präsidialadresse dem Problem der Massenkommunikation und Konsensus in der entstehenden Weltgesellschaft nach dem Zweiten Weltkrieg gewidmet war. Vgl. Louis Wirth, "Consensus and Mass Communication", *American Sociological Review* 13, 1948: 1–15.
376 Der Vortrag wie auch die Diskussionsbeiträge sind nachzulesen unter Leonard Bloom, "Concerning Ethnic Research", ibid.: 171–182.
377 Ibid., S. 172.
378 Vgl. ibid., S. 177.

> racial groups. However, we know little or nothing about the process by which they become such and we know next to nothing about the types of race-making situations in which the process operates. Negroes and whites in early Virginia were not originally defined as racially different but as the plantation developed they came to be so regarded.[379]

Auch der Rassebegriff wurde und wird, so Thompson, oft für sehr unterschiedliche Gruppen gebraucht. Gerade weil beide Begriffe so schwammig seien und weil es in der sozialen Definition von Gruppen permanente Übergänge zwischen Rasse und Ethnizität gäbe, sei es wichtig, sich nicht in Bezug auf eine Gruppe auf Rasse zu fixieren.

Keinem der Beteiligten war es möglich genau zu beschreiben, was unter den Begriffen "race" und "ethnic" sowohl empirisch als auch konzeptionell zu verstehen war. Wie und mit welchem Gewinn der Begriff Rasse in der Soziologie zu verwenden sei, war also schon unmittelbar nach dem Zweiten Weltkrieg durchaus unklar. Und dies, obwohl kurz zuvor ein Grundlagenwerk der "race relations"-Forschung veröffentlicht wurde: Myrdals *An American Dilemma*.

3.2.1 Die Folgen des Krieges und die Diskriminierung von Afroamerikanern

Der Zweite Weltkrieg war ein tiefer Einschnitt für die amerikanische Gesellschaft und ihr Verhältnis zu Afroamerikanern; so schreibt Gunnar Myrdal:

> There looms a "Negro aspect" over all post-war problems. There may be radical changes ahead – both in the Negro's actual status and in ideologies affecting him. America has lost the protection of the oceans, and there will be many more international implications to the national policies. It may well be that the transition, foreboded by the Great Depression and continued by the Second World War and the Peace to come, will change the conditions of life in America to such an extent that the period after the War will stand out as apart from the pre-war time, as does the long period after the Revolutionary War from the colonial era.[380]

Im Krieg begann sich die ökonomische Lage vieler Afroamerikaner zu verbessern: Sie waren entweder an der Front oder in der Kriegsindustrie beschäftigt, darüber hinaus wanderten immer mehr Afroamerikaner – wie auch Euroamerikaner – vom Land in die Städte. Mit der Erwerbstätigkeit und dem Umzug in die Großstadt stiegen auch die Hoffnungen vieler Afroamerikaner auf ein menschenwürdiges Leben in der amerikanischen Gesellschaft. Doch diese Hoffnungen wurden nur teilweise erfüllt. Die sozialen Spannungen nahmen zu. 1943/44 kam es in Detroit, New York und Los Angeles zu Rassenunruhen. Bemerkenswert ist, dass diese "race riots" nun nicht mehr mehrheitlich gewalttätige Umzüge von Euroamerikanern in den Vierteln von Afroamerikanern bedeuteten: "race riots" waren nunmehr Gewalttätigkeiten von Afroamerikanern, allerdings blieben sie meist auf ihre eigenen Viertel beschränkt.[381]

---

379 Ibid., S. 180.
380 Myrdal, *An American Dilemma*, S. 426.
381 Hierzu und zum Versuch einer Soziologie von "race riots" vgl. Donald L. Horowitz, *The Deadly Ethnic Riot*, Berkeley, 2001, S. 19f.

Die gesellschaftliche Delegitimation von "Jim Crow" als Folge des Krieges

Kurz nach dem Krieg wuchs die Stimmung gegen die Diskriminierung von Afroamerikanern im Süden der USA immer stärker an. So schrieb einer der Herausgeber des New York Book Review im Herbst 1946:

> My belief is that people in other sections [of the USA] are beginning to regard the South with cold distaste that is worse than hatred. They regard the South not so much as wicked but merely as brainless, ridden by demagoguery and an extraordinarily bigoted priestcraft, avaricious, ignorant and insolent. This low opinion has spread terribly within the last ten years.[382]

Der Süden mit seiner Jim-Crow-Gesetzgebung wurde gleichsam zur Inkarnation des Rassismus in den USA. Dies heißt natürlich nicht, dass es im Rest des Landes keine Diskriminierung gegeben hätte. Ganz im Gegenteil: So war es zum Beispiel 1946 nicht möglich, auch nur ein einziges Hotel in den Großstädten ganz Amerikas dazu zu bewegen zu garantieren, dass Afroamerikaner jederzeit ein Hotelzimmer mieten dürften.[383]

Gerade am Süden des Landes war der Krieg nicht spurlos vorübergegangen. Das gestiegene Selbstbewusstsein afroamerikanischer Soldaten stellte für die Segregation ein großes Problem dar. Burma berichtet in einer Studie über den Einsatz von Humor, um Rassenkonflikte zu entschärfen, folgenden Witz:

> [A] white woman ... enters a street car; a white soldier surrenders his seat which is next to a Negro civilian. She says "I won't sit next to that 4F nigger." The Negro calmly asks, "Have you a son in the service?" "I have two, both overseas." "Good," says the Negro, "tell them to look for the right arm I left over there." The lady got off at the next stop.[384]

Besonders im Süden des Landes war die Stimmung zwischen Afro- und Euroamerikanern gekennzeichnet durch "suspicion and fear".[385] Nicht zuletzt um weiteren Unruhen vorzubeugen, begann die Truman-Administration nach Wegen zu suchen, die Diskriminierung von Afroamerikanern zu verringern. Mit dem Titel *To Secure These Rights*, einem Zitat aus der Unabhängigkeitserklärung, wurde im Oktober 1947 der Bericht des *Truman Committee on Civil Rights* veröffentlicht. Der Bericht arbeitet mit denselben Argumenten wie der Sozialwissenschaftler Gunnar Myrdal in seinem Buch *An American Dilemma*[386], indem er die Differenz zwischen den amerikanischen Werten und der amerikanischen Lebenspraxis darstellt und die Gründe dafür an der mangelnden Gleichberechtigung von Afroamerikanern in moralischer und ökonomischer Hinsicht festmacht.[387]

---

382 Zitiert nach Howard W. Odum, *The Way of the South: Toward the Regional Balance of America*, New York, 1971 [1947], S. 325.
383 Vgl. ibid., S. 326.
384 John H. Burma, "Humor as a Technique in Race Conflict", *American Sociological Review* 11, 1946: 710–715, S. 713.
385 Vgl. hierzu etwa Woodward, *The Strange Career of Jim Crow*, S. 119, der sich insbesondere auf die Analysen des Soziologen Howard S. Odum beruft.
386 Vgl. Myrdal, *An American Dilemma*, insbesondere Kapitel 1.
387 Dies belegt Southern, *Gunnar Myrdal and Black-White Relations: The Use and Abuse of An American Dilemma, 1944–1969*, S. 113ff.

Ökonomischer Aufstieg und erste Erfolge sichtbarer Integration

Neben den Erfolgen an der Kriegsfront waren die ökonomischen Erfolge in der Heimat nicht weniger bedeutsam. Die Zeit zwischen 1944 und 1954 war eine Zeit wirtschaftlichen Wachstums. Nach der Weltwirtschaftskrise, die das Land erschüttert hatte, und den nur langsam greifenden Aufbauprogrammen des New Deal hatte die Kriegswirtschaft ökonomischen Fortschritt gebracht. Nicht nur waren die USA das einzige Land, das gestärkt aus dem Krieg hervorgegangen war; die Kriegswirtschaft hatte auch gezeigt, dass "social engineering", d.h. die Planung von Wirtschaft und Gesellschaft durch die Politik, eine erfolgreiche Strategie zur Bewältigung von Problemen sein konnte.[388]

An vielen Stellen wurden *Afroamerikaner "sichtbarer" Bestandteil der amerikanischen Gesellschaft*. 1947 kam der Afroamerikaner Jackie Robinson zu den Brooklyn Dodgers und war damit der erste Schwarze, der in der "major league" Baseball spielte. Es sollte noch bis 1951 dauern, bis die National Basketball Association auch ihre Reihen für Afroamerikaner öffnete. 1948 startete in den USA das kommerzielle Fernsehen mit ABC, CBS und NBC. Wenn auch selten, so waren hier doch Afroamerikaner auf den Bildschirmen zu sehen. Die beiden bekanntesten Shows, bei denen entweder Afroamerikaner mitspielten (Beulah) oder gänzlich im afroamerikanischen Setting spielten (Amos 'n' Andy), wurden 1953 auf Druck von Bürgerrechtsorganisationen abgesetzt, da die Darstellung von Afroamerikanern in diesen Werken als diskriminierend empfunden wurde.

Aufgrund steigenden internen Drucks in den USA von Seiten afroamerikanischer Soldaten und insgesamt aufgrund der emotionalisierten nationalen und internationalen politischen Situation verkündete Präsident Harry S. Truman am 26. April 1948 die Executive Order 9981. Sie bestimmte, dass Rasse, Hautfarbe, Religion oder nationale Herkunft in der Armee keine Rolle spielen dürften. In dieser Order ist zwar nicht explizit von Segregation die Rede – zur ihrer Umsetzung wurde jedoch ein Komitee eingesetzt, das Maßnahmen entwickelte, die zur Desegregation führten.[389]

Die Gruppe der Afroamerikaner

Die Einteilung in Weiße und Schwarze, ebenso wie deren Anteile an der Bevölkerung, war gemäß der Volkszählungen von 1930 bis 1950 praktisch konstant geblieben. Etwa 90 % der Bevölkerung waren Weiße, ca. 10 % Afroamerikaner. 1950 lebten 68 % aller Schwarzen im Süden der USA.[390] Und dies trotz der starken Wanderung von Afroamerikanern seit dem Bürgerkrieg in den Norden. Allerdings hatte der Krieg diese Bewegung verstärkt:

> After World War II, White and Black migration closely followed changes in national and regional economies. The push/pull factors, including mechanization of agriculture in the South

---

388 Vgl. hierzu als allgemeine Übersicht Norton et al., *A People and a Nation: A History of the United States, Volume B since 1865*, Kapitel 28.
389 Vgl. Philip A. Klinkner und Rogers M. Smith, *The Unsteady March: The Rise and Decline of Racial Equality in America*, Chicago, 1999, S. 221.
390 Vgl. Gary D. Sandefuhr et al., "An Overview of Racial and Ethnic Demographic Trends", in *America Becoming Vol. 1*, hrsg. von Neil J. Smelser, William J. Wilson und Mitchell Faith, 40–102. Washington, D.C., 2001, S. 50.

and opportunities in the North's manufacturing sectors, contributed to individual decisions to migrate.[391]

Afroamerikaner migrierten zuerst in die urbanen Zentren des Südens, um dann aufgrund der zunehmenden Konkurrenz um ungelernte Arbeiten in den Norden zu wandern. Dies hatte auch Folgen für die Familienstruktur von Afroamerikanern, die schon immer als "problematisch" galt. 1950 war die Fruchtbarkeitsrate bei afroamerikanischen Frauen mit 3,6 pro Frau erheblich höher als bei Weißen mit 2,6.[392] In den Scheidungsstatistiken der 1950er sind aber die Unterschiede zwischen Schwarz und Weiß eher gering, wobei zu vermuten ist, dass ein Teil der nicht geschiedenen Frauen trotzdem ohne ihre Ehemänner lebten.[393]

Aufgrund der Norm der "one-drop rule" wurde auch in der Nachkriegszeit das "Problem" des "passing" immer wieder thematisiert. So erregte z.B. ein Artikel in *Colliers* großes Aufsehen, in dem geschätzt wurde, dass jedes Jahr ca. 30.000 Afroamerikaner zu Euroamerikanern würden.[394] Damit würde dann über kurze Zeit die afroamerikanische Bevölkerung von der weißen Mehrheit, sozusagen durch die Hintertür, assimiliert. In einer kleinen Untersuchung, veröffentlicht im *American Journal of Sociology*, schätzte E.W. Eckard jedoch für die Jahre 1930 bis 1940 ein oberes Limit von höchstens 2.000 Afroamerikanern, vermutlich jedoch erheblich weniger, die zu Weißen wurden:

> At the rate of 2,000 per year it will take 6,000 years to assimilate the 12,000,000 Negroes in the United States, and this only if the Negroes maintain a stationary population ...[395]

Die Aufregung um das "passing" hatte also keine demographische Grundlage, zeigt aber die zunehmenden Ängste vor einer Aufhebung der sozialen Schranken zwischen Schwarz und Weiß.

Im Jahre 1952 veröffentlichte der Afroamerikaner Ralph Ellison seine Novelle *The Invisible Man*. Dieses Buch, eines der wichtigsten literarischen Werke der Nachkriegszeit in den USA, zeichnete das Bild eines Schwarzen, der aus dem Süden in den Norden wandert und versucht, ein ruhiges Leben zu führen. Doch es gelingt ihm nicht, da er in den Augen seiner (weißen) Umwelt nicht als Individuum gesehen wird, sondern nur als Teil einer ununterscheidbaren "schwarzen Masse" von Menschen. Er beschreibt damit eine der zentralen Erfahrungen von Afroamerikanern insbesondere in der Nachkriegszeit: Rassische Stereotype greifen ständig in das eigene Leben ein und verhindern eine eigenständige Selbstdefinition.[396]

Der Kalte Krieg und Brown v. Board of Education 1954

Die Versuche der amerikanischen Kommunistischen Partei, unter Afroamerikanern Gefolgsleute zu finden, nährten Befürchtungen einer kommunistischen Unterwanderung der Bürgerrechtsbewegung. Im Zuge der McCarthy-Kampagne wurden zwei der wichtigsten

---

391 Ibid., S. 58.
392 Vgl. ibid., S. 63.
393 Vgl. ibid., S. 72–73.
394 Vgl. E. W. Eckard, "How Many Negroes "Pass"?", *American Journal of Sociology* 52, 1947: 498–500.
395 Ibid., S. 500.
396 Vgl. hierzu Sollors, *Beyond Ethnicity: Consent and Descent in American Culture*, S. 192.

Vertreter der afroamerikanischen Bürgerrechtsbewegung, Paul Robeson und Du Bois, beschuldigt, Kommunisten zu sein. Dem Kommunismus nahe stehende bekannte Afroamerikaner wurden unter dem Smith Act, der die Propagierung von Gewalt verbot, inhaftiert (z.B. Henry Winston, Ben Davis, Jr., Claudia Jones und Pettis Perry). Die kommunistische Partei der USA war praktisch völlig atrophiert und ihre versprengten Reste radikalisiert. Insbesondere die Bundesregierung verfolgte mit immer größerer Besorgnis, wie die UdSSR die Segregation in den USA propagandistisch ausschlachtete. Diese Besorgnis kommt auch in einem Memorandum zum Ausdruck, das der Attorney General im Dezember 1952 zum Supreme Court schickte, weil dort verschiedene Verfahren anhängig waren, die sich auf die Segregation von Schulen bezogen, darin wird der Außenminister wie folgt zitiert:

> The segregation of school children on a racial basis is one of the practices in the United States which has been singled out for hostile foreign comment in the United Nations and elsewhere. Other peoples cannot understand how such a practice can exist in a country which professes to be a staunch supporter of freedom, justice, and democracy.[397]

Der wichtigste rechtliche Erfolg der Afroamerikaner war sicherlich das Urteil des Supreme Court vom 17. Mai 1954. Diese Sammelklage ist seitdem unter dem Namen des nach alphabetischer Reihenfolge ersten Falles *Brown v. Board of Education, Topeka Kansas* historisch bahnbrechend geworden.[398] In dem Fall ging es um die rassische Diskriminierung der kleinen Linda Brown im eher liberalen Topeka. Obwohl das Viertel über eine weiße Grundschule verfügte, war Linda gezwungen, sechs Straßenblocks bis zur Bushaltestelle zu laufen, um dann eine Meile mit dem Schulbus zu fahren. Ihr Vater, der unbescholtene Mr. Brown, mit einer guten Position bei der Eisenbahn, war Kriegsveteran und Laienprediger – also der ideale Kläger für die NAACP. Nach einigen Diskussionen ließ er sich auch überzeugen, Anklage zu erheben.[399] Dieser Fall und ähnliche Fälle wurden zwar noch von den obersten Gerichten der jeweiligen Bundesstaaten abgelehnt. Es gab aber immer Minderheitenvoten, die von Richtern verfasst wurden, die der Desegregation positiv gegenüber standen. Diese Minderheitenvoten genügten, um mit guten Gründen die abgelehnten Klagen zur Überprüfung beim Supreme Court der USA wieder einzureichen.

Obwohl die Verwendung sozialwissenschaftlicher Ergebnisse in der juristischen Gemeinde umstritten war, wurden auch bei der Anhörung 1953 vor dem Obersten Gericht zahlreiche Zitate von Experten gebraucht. So zitierte die Gegenseite des NAACP Howard S. Odum, einen der renommiertesten Soziologen aus den Südstaaten seiner Zeit, der sich an vielen Stellen über die "Inferiorität" von Afroamerikanern geäußert hatte. Die Studien von Kenneth B. Clark wurden von Marshall als Ankläger zitiert. In die heiße Redeschlacht während der Anhörung griff Richter Felix Frankfurter ein und begründete in einem Statement, warum er es für angemessen hielt, sozialwissenschaftliche Erkenntnisse auch im Gerichtssaal zu verwenden.[400] Die Diskussion unter den obersten Richtern war schwierig und langwierig. Die Meinung setzte sich durch, dass die Zeiten sich seit Plessy v. Fergu-

---

397 Zitiert nach Woodward, *The Strange Career of Jim Crow*, S. 132.
398 Vgl. Harvard Sitkoff, *The Struggle for Black Equality, 1954–1992*, New York, 1993 [1981], S. 20ff.
399 Vgl. James T. Patterson, *Brown v. Board of Education: A Civil Rights Milestone and Its Troubled Legacy*, New York, 2001, S. 32ff.
400 Vgl. Southern, *Gunnar Myrdal and Black-White Relations: The Use and Abuse of An American Dilemma, 1944–1969*, S. 143–145.

son⁴⁰¹ geändert hatten und sich dies auch in den Urteilen niederschlagen müsse. Im Urteil selbst wird dann von den Richtern auf Gunnar Myrdals *An American Dilemma* summarisch verwiesen. Der Supreme Court hatte so viele Zusammenfassungen dieses Buches gelesen, dass Myrdal als Synonym für die Forschung gegen Diskriminierung betrachtet wurde. Nach Brown v. Board of Education wurde in Urteilen des Supreme Court wieder eher vermieden, direkt auf sozialwissenschaftliche Arbeiten zu verweisen.

1953 war der Republikaner Dwight D. Eisenhower Nachfolger von Truman geworden. Er drosselte das Tempo des von Truman eingeleiteten Reformprozesses. Mehrmals wies er darauf hin, dass er die Entscheidung des Supreme Court von 1954 für nicht angemessen hielt. So hatte er kurz vor der Brown-Entscheidung Richter Earl Warren zum Dinner eingeladen. Am Ende des Treffens nahm er Warren zur Seite und sagte:

> These [white southerners] are not bad people. All they are concerned about is to see that their sweet little girls are not required to sit in school alongside some big overgrown Negroes.⁴⁰²

Im zweiten Urteil zum Fall 1955 wurde der Zeitrahmen für die Desegregation völlig den einzelnen Schulbehörden überlassen. Die Formulierung, die traurige Berühmtheit erlangte, waren die Worte "deliberate speed", damit wurde den lokalen Behörden die Möglichkeit gegeben, Desegregation auf den Sankt Nimmerleins Tag zu verschieben.

Mit seinem kurzen, sachlich abgefassten Urteil von 1954, gelang es Chief Justice Warren, mit einem Beschluss, dem alle Richter des Supreme Court zustimmten, die Segregation amerikanischer Schulen zumindest ins Wanken zu bringen. Das Urteil wurde und wird als entscheidende Wende in der rechtlichen Situation der afroamerikanischen Bevölkerung gesehen; der Schriftsteller Ralph Ellison bemerkt in einem Brief über das Urteil:

> The court has found in our favor and recognized our human psychological complexity and citizenship and another battle of the Civil War has been won. The rest is up to us and I'm very glad.
> ... *What a wonderful world of possibilities are unfolded for the children.*⁴⁰³

Das Urteil setzte eine Kette von Ereignissen in Gang, die zu einer nachhaltigen Veränderung der amerikanischen Gesellschaft führen sollte.

3.2.2 Rasse oder: Warum findet Assimilation nicht statt?

Der Verweis des Supreme Court auf Myrdal war wohl der Höhepunkt einer Erfolgsgeschichte, die schon kurz nach Erscheinen des Buches begonnen hatte. Gunnar Myrdals *An American Dilemma* galt schon Ende der 1940er als eine der wichtigsten Analysen der ame-

---

401 Plessy v. Ferguson war eine historische Entscheidung des Supreme Court aus dem Jahre 1896, in dem für rechtens befunden wurde, dass Homer Plessy von den für Weiße reservierten Eisenbahnplätzen verwiesen wurde, obwohl "nur" einer seiner acht Urgroßeltern schwarz gewesen war und er selbst absolut weiß aussah. Vgl. Davis, *Who Is Black?*, S. 8–9.
402 Zitiert nach Southern, *Gunnar Myrdal and Black-White Relations: The Use and Abuse of An American Dilemma, 1944–1969*, S. 241.
403 Brief vom Mai 1954, zitiert nach Patterson, *Brown v. Board of Education: A Civil Rights Milestone and Its Troubled Legacy*, S. xiv.

rikanischen Gesellschaft. So auch die Einschätzung von Edward Shils in seinem Büchlein über den Stand der amerikanischen Soziologie von 1948:

> *The* [sic!] *American Dilemma* (...) by Gunnar Myrdal ... is a great work which approximates the rank of de Tocqueville and Bryce as a major contribution to the description and explanation of American life. ... Its distinction lies in the breadth of Myrdals's perspective, the daring with which he fitted the concrete material into it, and the tremendous amount of data which he mastered in arriving at his conclusions.[404]

Natürlich wurde die Studie nicht überall positiv aufgenommen. So erwähnt Howard Odum Myrdal in seinem 500-Seiten-Werk über die amerikanische Soziologie im Kapitel "Race, Ethnic Group, Folk" nur am Ende unter "nicht-soziologische Arbeiten".[405] Den Grund hierfür erfährt man aber erst im Schlusskapitel, in dem Odum im Bezug auf Max Webers *Protestantische Ethik* und Gunnar Myrdals *American Dilemma* schreibt "Weber never understood America. No more did Myrdal".[406]

Der Hauptgrund für den Boom des "Negro-Problem", wie er sich nach dem Zweiten Weltkrieg in der Rezeption von Myrdal und auch anderen Werken über die Situation von Afroamerikanern zeigte, sieht Odum nicht in einer Entwicklung der Soziologie selbst, sondern in der veränderten (welt-)politischen Lage.[407] Schon Frederick P. Keppel, der damalige Vorsitzende der Carnegie Foundation, die Myrdals Projekt finanziert hatte, bemerkte in seinem Vorwort zur ersten Auflage des Buches, dass die Studie in ihrem Erscheinungsjahr 1944 eine besondere, nicht vorhersehbare Aktualität bekommen hatte:

> When the Trustees of the Carnegie Corporation asked for the preparation of this report in 1937, no one (except possibly Adolf Hitler) could have foreseen that it would be made public at a day when the place of the Negro in our American life would be the subject of greatly heightened interest in the United States, because of the social questions which the war has brought in its train both in our military and in our industrial life. It is a day, furthermore, when the eyes of men of all races the world over are turned upon us to see how the people of the most powerful nation of the United Nations are dealing *at home* with a major problem of race relations.[408]

---

404 Edward A. Shils, *The Present State of American Sociology*, Glencoe, Ill., 1948, S. 28.
405 Odum, *American Sociology*, S. 339.
406 Ibid., S. 429.
407 Er bezieht sich für dieses Argument übrigens auf das Vorwort von Louis Wirth in Edward Franklin Frazier, *The Negro in the United States*, New York, 1957 [1949].
408 Vorwort von Keppel in Myrdal, *An American Dilemma*, S. lvii–lviii. Die Ausgabe von 1998 enthält auch ein Vorwort von Myrdals Tochter Sissela Bok; dieses Vorwort ist der Wiederabdruck von Sissela Bok, "Introduction", *Daedalus*, "An American Dilemma Revisited" 124, 1995: 1–13. Dieser Sonderband gibt einen guten ersten Überblick über die Anwendbarkeit von Myrdals Analysen auf die heutige Situation.

Exkurs: "An American Dilemma" von Gunnar Myrdal, 1944

1944 erschien also Gunnar Myrdals *An American Dilemma: The Negro Problem and Modern Democracy* mit 1483 Seiten in zwei Bänden. Es gibt keine kurze Zusammenfassung, die dem monumentalen Werk in seinen Facetten gerecht werden kann. Dessen Grundidee formuliert Myrdal in den oft zitierten Zeilen der Einleitung des Buches:

> The American Negro problem is a problem in the heart of the American. It is there that the interracial tension has its focus. It is there that the decisive struggle goes on. ... Though our study includes economic, social, and political race relations, at bottom our problem is the moral dilemma of the American – the conflict between his moral valuations on various levels of consciousness and generality. The "American Dilemma," ... is the ever-raging conflict between, on the one hand, the valuations preserved on the general plane which we shall call the "American Creed," where the American thinks, talks, and acts under the influence of high national and Christian precepts, and, on the other hand, the valuations on specific planes of individual and group living, where personal and local interests; economic, social, and sexual jealousies; ... dominate his outlook.[409]

Dieses zentrale moralische Argument Myrdals ist auch heute noch weitgehend aktuell.

Das Werk gliedert sich in 45 Kapitel, verteilt auf 11 Teile. Die Teile 1 bis 3 stellen eine Einleitung dar, in der kurz der Ansatz der Studie geschildert und die Definition von Rasse zur damaligen Zeit nachvollzogen wird, ehe, darauf basierend, wichtige demographische Merkmale der afroamerikanischen Population beschrieben werden. Der erste Hauptteil ist Teil 4, der auf über 200 Seiten die wichtigsten ökonomischen Charakteristika der afroamerikanischen Population entfaltet. In vier kürzeren Teilen werden des Weiteren das politische System der Südstaaten sowie das juristische System beschrieben; dabei werden die zentralen Elemente sozialer Ungleichheit in Bezug auf Afroamerikaner herausgearbeitet. Den zweiten Schwerpunkt bilden die Teile 9 und 10, in denen auf etwa dreihundert Seiten viele Aspekte der "Schwarzenbewegung" und der "Negro-Community" dargelegt werden. Teil 11 gibt eine Zusammenfassung des Werkes. Die letzten 500 Seiten des *American Dilemma* bestehen aus den verschiedensten Anhängen und 300 Seiten Fußnoten. Wichtig sind die Anhänge 1 bis 3, die den methodischen Standpunkt Myrdals darstellen, und Anhang 5, der heftig umstritten war, da er eine Parallele zwischen Rassismus und Sexismus herstellt. Im Folgenden werde ich in aller Kürze die Aussagen Myrdals, die im Kontext dieser Studie wichtig sind, referieren.

Definition der Begriffe Rasse und Ethnizität

Myrdal verwendet den Begriff Rasse selten und spricht hauptsächlich von "Negroes" als dem Hauptgegenstand der Studie. Der Begriff Ethnizität oder ethnische Gruppe wird von Myrdal weder als Schlüsselbegriff seiner Studie angesehen noch definiert. In Bezug auf

---

[409] Myrdal, *An American Dilemma*, S. lxxix.

Immigrantengruppen wird aber öfters das Adjektiv ethnisch, z.B. "ethnic affiliation", verwendet.[410] Explizit wendet sich Myrdal gegen eine "wissenschaftliche" Definition des Begriffs Rasse:

> The definition of the "Negro race" is thus a social and conventional, not a biological concept. The social definition and not the biological facts actually determines the status of an individual and his place in interracial relations. This also relieves us of the otherwise cumbersome duty of explaining exhaustively what we, in a scientific sense, could understand by "race" as an ethnological and biological entity. In modern biological or ethnological research "race" as a scientific concept has lost sharpness of meaning, and the term is disappearing in sober writings.[411]

Rasse wird also als wissenschaftliche Analysekategorie abgelehnt. Das bedeutet jedoch nicht, dass die Idee "Rasse" selbst nicht ein wichtiger Gegenstand wissenschaftlicher Analyse ist. Auch wenn Rasse selbst keine wissenschaftliche Kategorie ist, so haben doch Menschen eine Vorstellung davon, was dieser Begriff bedeutet. Damit rückt in den Vordergrund, was die jeweils Handelnden unter Rasse verstehen. Diesem Aspekt widmet sich Myrdal dann auch ausführlich.

> The "Negro race" is defined in America by the white people. It is defined in terms of parentage. Everybody having a *known* trace of Negro blood in his veins – no matter how far back it was acquired – is classified as a Negro. No amount of white ancestry, except one hundred per cent, will permit entrance to the white race. As miscegenation has largely been an affair between white men and Negro women, it is a fair approximation to characterize the Negro race in America as the descendants of Negro women and Negro or white men through the generations – minus the persons having "passed" from the Negro into the white group and their offspring.[412]

In diesen wenigen Zeilen gibt Gunnar Myrdal eine Zusammenfassung, wie in den Vierzigern die Rassenzugehörigkeit eines Schwarzen in den USA bestimmt wurde: (1) "The Negro race" ist ein Konstrukt der weißen Amerikaner. (2) Die Zugehörigkeit wird bestimmt durch die Rassenzugehörigkeit der Vorfahren, die sich im Aussehen ausdrücken kann (aber nicht ausdrücken muss). (3) Falls bekannt ist, dass auch nur ein Vorfahre schwarz war, gilt die betreffende Person als schwarz. (4) Grob gesprochen besteht die Population der Schwarzen aus Kindern schwarzer und weißer Männer mit schwarzen Frauen. (5) Diese Gruppe reduziert sich um jene Menschen, denen es gelang, ihre Herkunft vergessen zu machen ("passing"). Das Spezifikum dieser Rassendefinition ist die "one-drop rule". Schon ein Tropfen "schwarzen Blutes" macht den Betreffenden zum Afroamerikaner, es gibt keine Zwischenstufen oder eine soziale Definition von "Mischlingen": alle Mischlinge sind schwarz, nur Menschen, in deren Ahnenreihe kein Afroamerikaner erscheint, sind weiß.

Schon Myrdal bemerkt, dass diese Definition dazu führt, dass die Variationen in Aussehen und Hautschattierungen innerhalb der als schwarz definierten Menschengruppe sehr stark zunimmt, dass es also durchaus nicht einfach ist, in Alltagssituationen direkt vom Aussehen auf die Rassezugehörigkeit zu schließen. Dies wird insbesondere erschwert, da Intelligenz und Charakter für Myrdal nicht aus der Zugehörigkeit zur "Negro race" ableitbar

---

410 Vgl. etwa ibid., S. 620.
411 Ibid., S. 115.
412 Ibid., S. 113.

sind.⁴¹³ Myrdal berichtet hierzu mit offensichtlicher Genugtuung von vielen Gelegenheiten, bei denen Mitglieder des NAACP, mit denen er zusammenarbeitete, einfach aufgrund ihres selbstbewussten Verhaltens und ihrer relativ hellen Hautfarbe von Südstaatlern für Weiße gehalten wurden.⁴¹⁴

Zentrale Dimensionen der Ungleichheit

In den zahlreichen Kritiken an Myrdals *American Dilemma* wird behauptet, dieses Buch sei idealistisch, da der Hauptgrund für die Diskriminierung von Afroamerikanern in den USA in den Köpfen von Weißen gesucht würde.⁴¹⁵ Dies mag daher rühren, dass Myrdal explizit rein ökonomistische Erklärungsansätze für die Lage der Schwarzen in den USA ablehnt. Dies jedoch nicht, weil er andere Gründe für "wichtiger" hält, sondern weil es im Kontext seines "principle of cumulation" gerade die Kumulation vieler unterschiedlicher sozialer Faktoren ist, welche die Afroamerikaner in ihrer benachteiligten Situation festhält.

> Neither from a theoretical point of view – in seeking to explain the Negro's caste status in American society – nor from a practical point of view – in attempting to assign the strategic points which can most effectively be attacked in order to raise his status – is there any reason, or, indeed, any possibility of singling out "the economic factor" as basic. In an interdependent system of dynamic causation there is no "primary cause" but everything is cause *to* everything else.⁴¹⁶

Die vier Teile des Werkes, in denen er die Faktoren der Benachteiligung von Afroamerikanern untersucht, sind überschrieben mit Ökonomie (S. 205–428), Politik (S. 429–522), Recht (S. 523–572) und soziale Ungleichheit⁴¹⁷ (S. 573–666).

Diesen Teilen ist ein kurzer Abschnitt über soziale Schichtung nachgestellt, in dem er die dargestellten Ergebnisse in den Kontext des Kasten- und Klassenkonzepts von Warner stellt. Betrachtet man das gesamte Werk, so wird ökonomischen Faktoren der Benachteiligungen, überwiegend aufgrund der besseren Informationslage in diesen Bereichen, erheblich mehr Platz eingeräumt als anderen Bereichen der Gesellschaft.

In dem Abschnitt *The Rank Order of Discrimination*⁴¹⁸ reflektiert Myrdal darüber, welche Maßnahmen und Ziele für Afroamerikaner jeweils höhere Priorität haben und auch am leichtesten zu erreichen sind. In dieser Rangreihe sieht er Arbeit bzw. Nahrung für das pure Überleben als wichtigstes Ziel an.

> Negroes are in desperate need of jobs and bread, even more so than of justice in the courts, and of the vote. These latter needs are, in their turn, more urgent even than better schools and playgrounds, or, rather, they are primary means of reaching equality in the use of community facili-

---

413 Vgl. ibid., S. 116.
414 Vgl. ibid., S. 683–684 FN e.
415 Siehe hierzu klassisch Herbert Aptheker, *The Negro People in America*, New York, 1946; bzw. theoretisch elaborierter Cox, *Caste, Class, and Race*, S. 509ff.
416 Myrdal, *An American Dilemma*, S. 78.
417 Den Begriff soziale Ungleichheit verwendet er im eingeschränkten Sinne als Bezeichnung für private Beziehungen, daher sind in diesem Kapitel psychologische Mechanismen der Diskriminierung als Erklärung dominant. Vgl. ibid., S. 573ff.
418 Vgl. ibid., S. 60ff.

ties. Such facilities are, in turn, more important than civil courtesies. The marriage matter, finally, is of rather distant and doubtful interest.[419]

Damit konstituiert Myrdal ein Set der wichtigsten Dimensionen der Mitgliedschaft für Afroamerikaner, zugleich aber auch einen Katalog politischer Zielvorgaben auf dem Weg, soziale Ungleichheit zu beseitigen. Die Dimensionen sind: (1) Ökonomie (z.B. Arbeit und Nahrung), (2) Rechtsstaatlichkeit (z.B. Gerechtigkeit im Gerichtssaal), (3) politische Partizipation (z.B. das Wahlrecht), (4) gleiche Bildung (Schulen und Spielplätze), (5) Gleichheit in öffentlichen Räumen (z.B. öffentliche Einrichtungen oder Geschäften), (6) Respekt und Anerkennung im alltäglichen Verhalten (z.B. höflicher Umgang) und (7) Integration in die Familie (z.B. freie Heirat).

In all diesen Dimensionen lässt sich für Myrdal eine klare Linie zwischen weißen und schwarzen Amerikanern ziehen. Diese umfassende und andauernde Ungleichheitsstruktur bezeichnete er in Anlehnung an Warner als Kaste. "We need a term to distinguish the large and systematic type of social differentiation from the small and spotty type ...".[420] Solche geringeren, nur in Teilbereichen bestehenden und temporär abgrenzbaren Ungleichheiten sieht er insbesondere bei europäischen Immigrantengruppen, die in dieser Hinsicht deshalb für Myrdal strukturell in einer anderen Position sind als Farbige. Der Begriff der Kaste impliziert für Myrdal nicht, dass die Relationen zwischen Kasten bzw. die Klassen und Ungleichheitsstrukturen innerhalb einer Kaste gleich bleiben, ganz im Gegenteil: Einerseits sind die Relationen zwischen verschiedenen Gruppen der Kasten oft sehr unterschiedlich, andererseits wandeln sich diese Relationen permanent. Stabil ist einzig und allein "the cast line"; bei allem Wandel der Relationen impliziert diese immer eine klare Zuordnung, wer Schwarz und wer Weiß ist.

Der Begriff der Rasse ist für Myrdal inhaltlich rein über die angenommene biologische Abstammung definiert und seine Verwendung impliziert die absolute Un-Assimilierbarkeit einer Gruppe. Für Myrdal enthält die Verwendung des Begriffs Rasse weder den Verweis auf eine spezifische Kultur noch auf eine notwendige spezifische ökonomische bzw. politische Situation – sondern einzig und allein darauf, dass dieser Gruppe unterstellt wird, nicht integrierbar zu sein.

Das Bild der amerikanischen Gesellschaft

Für Myrdal strebt die amerikanische Gesellschaft hin zu mehr Demokratisierung durch die Bewältigung ihrer großen sozialen Probleme. Demokratisierung wird einerseits die Lebenschancen jedes Einzelnen erhöhen, andererseits erhöht sie aber auch die Relevanz politischer Maßnahmen. Die Chance für eine bessere Gesellschaft liegt dabei in der "Formbarkeit" des Menschen und den Möglichkeiten rationaler Steuerung durch den Staat.

Many things that for a long period have been predominantly a matter of individual adjustment will become more and more determined by political decision and public regulation. We are entering an era where fact-finding and scientific theories of causal relations will be seen as instrumental in planning controlled social change. The peace will bring nothing but problems, one mounting upon another, and consequently, new urgent tasks for social engineering. ... In a

---
419 Ibid., S. 61.
420 Ibid., S. 667.

> sense, the social engineering of the coming epoch will be nothing but the drawing of practical conclusions from the teaching of social science that "human nature" is changeable and that human deficiencies and unhappiness are, in large degree, preventable.[421]

Um Wege für die Demokratisierung der amerikanischen Gesellschaft aufzuzeigen, vergleicht auch Myrdal, wie schon viele andere, den Integrationsprozess von Afroamerikanern mit dem von Einwanderergruppen.[422] Warum es Afroamerikanern nicht gelungen ist, sich in gleicher Weise zu integrieren wie die vielen anderen Einwanderungsgruppen, erklärt er mit der strukturellen Isolierung dieser Gruppe in einem "kasten-artigen" Sozialgefüge, die dazu führte, dass weiße Amerikaner Afroamerikaner als etwas Besonderes, als eine unassimilierbare Gruppe verstehen. Sozialer Ausdruck für diese Idee der Un-Assimilierbarkeit ist für ihn dabei die Idee der "Rasse".

> From one viewpoint the entire Negro problem in America hinges upon this social definition of "race." Should America wake up one morning with all knowledge about the African ancestry of part of its population and all memories of color caste absolutely forgotten and find all the outward physical characteristics of the Negro people eradicated, but no change in their mental or moral characteristics, nothing we know about this group and other population groups in America would lead us to believe that the American Negro would not rapidly come to fit in as a well-adjusted ordinary American. His poverty and general backwardness would mean a low starting point and cause a larger portion of this population group to remain in the lower social strata. But, having been relieved of the specific caste deprivations and hindrances, his relative preponderance in the disadvantaged classes would, from the beginning, decrease.[423]

Natürlich stellt sich auch Myrdal die Frage, wie es zu dieser von ihm erhofften besseren und integrierteren Gesellschaft kommen kann, wie also Rasse als "soziale Definition" an Bedeutung verlieren kann. Eine zentrale Antwort sieht er in politischen Maßnahmen und durch gezielte Gesetzgebung gegeben, in deren Kontext er den Sozialwissenschaften eine bedeutende Rolle zuweist.[424] Entsprechend seiner "Rank Order of Discrimination" gibt er, Reformen in den Bereichen der Ökonomie, des Rechtsstaats und des Wahlsystems die Priorität.

Ebenso wichtig ist für ihn jedoch auch der Blick auf die schon bestehende demokratische amerikanische Gesellschaft in Gestalt ihrer verschiedenen Institutionen. "The American Creed" also die Idee "of progress, liberty, equality, and humantarianism", ist zumindest teilweise in diesen Institutionen verwirklicht, unabhängig von den Vorurteilen der in ihnen handelnden Individuen. Diese demokratischen Institutionen bieten damit den Anreiz, die in ihnen angelegten Wertstrukturen auch in alltägliches Handeln umzusetzen. Demokratische Institutionen sind für Myrdal entscheidendes Movens zur Verbesserung der Lebensverhältnisse in der amerikanischen Gesellschaft, sie sind Agenten eines "social self-healing", wie es dies nur in einer Demokratie gibt.[425]

☙❧

---

421 Ibid., S. 1022–1023.
422 Siehe hierzu ibid., S. 51ff.
423 Ibid., S. 117.
424 Vgl. ibid., S. 1021ff.
425 Vgl. ibid., S. 80.

Der neue Begriff der Rasse in der Soziologie

Wie hoch die Bedeutung von Myrdals Buch insbesondere für die Soziologie schon direkt bei seinem Erscheinen eingeschätzt wurde, zeigt eine Besprechung des bekannten Novellisten Ralph Ellison.[426] Ellison hatte noch Mitte der 1930er Jahre, also vor Myrdal, in Tuskegee u.a. auch Soziologie studiert. Für den Schriftsteller räumt Myrdal vor allem mit den rassistischen Mythen der amerikanischen Soziologie auf, die er an scheinbar so unterschiedlichen Soziologen wie William Graham Sumner und Robert Ezra Park festmacht:

> If Myrdal has done nothing else, he has used his science to discredit all of the vicious non-scientific nonsense that has cluttered our sociological literature. He has, in short, shorn it of its mythology. ... Dr. Robert E. Park was both a greater scientist and, in his attitude toward Negroes, a greater democrat than William Graham Sumner. ... In our world, however, extremes quickly meet. Sumner believed it "the greatest folly of which men can be capable to sit down with a slate and pencil and plan out a new social world"; a point of view containing little hope for the underdog. But for all his good works, some of Park's assumptions were little better. The Negro, he felt, "... is, by natural disposition, neither an intellectual nor an idealist, like the Jew; nor a brooding introspective, like the East Indian; nor a pioneer and frontiersman, like the Anglo-Saxon. He is primarily an artist, loving life for its own sake. His *métier* is expression rather than action. He is, so to speak, the lady among the races." Park's descriptive metaphor is so pregnant with mixed motives as to birth a thousand compromises and indecisions. ... Thus what started as part of a democratic attitude, ends not only uncomfortably close to the preachings of Sumner, but to those of Dr. Goebbels as well.[427]

Cox' Kritik an Myrdal

Auch wenn sie sehr unterschiedliche Bevölkerungsgruppen betrachteten, hinsichtlich ihrer Beschreibung sozialer Ungleichheit wurden von Myrdal bzw. Warner und Srole sehr ähnliche Perspektiven verwendet: Beide arbeiteten mit der Unterscheidung von Klasse und Kaste. Beide sahen die ökonomischen Mechanismen nur als einen Faktor sozialer Ungleichheiten unter vielen. Diese Annahmen forderten teilweise heftigen Widerspruch heraus, insbesondere von marxistisch orientierten Autoren.[428] Die theoretisch und empirisch wohl ausgereifteste Kritik an Myrdals Modell stammt von Oliver Cromwell Cox (1901–1974):

> Cox, a proud native of Trinidad, spent all but to close of his long career at small black colleges cut off from the principle sociological centers of professional ferment. ... More interested in social theory than other black sociologists of the time, his lonely battle against the application of

---

426 Der Text wurde von Ellison noch 1944 verfasst, aber erst 1964 zum ersten Mal veröffentlicht. Vgl. Southern, *Gunnar Myrdal and Black-White Relations: The Use and Abuse of An American Dilemma, 1944–1969*, S. 94–95. Die weiteste Rezeption fand der Text wohl erst mit dem Reader von Joyce A. Ladner (Hg.), *The Death of White Sociology: Essays on Race and Culture*, New York, 1998 [1973]. Obwohl die Besprechung oft als "provocative critique" (vgl. ibid. S. xxviii) bezeichnet wird, ist sie vor allem eine Anerkennung des Werkes Myrdals, einzig auf den letzten Seiten wird kritisch auf den von Myrdal nicht beachteten "Eigenwert" afroamerikanischer Kultur eingegangen.
427 Ralph W. Ellison, "An American Dilemma: A Review", in *The Death of White Sociology*, hrsg. von Joyce A. Ladner, 81–95. New York, 1998 [1973/1964], S. 84–86. Dieses Argument findet sich ausführlicher und ohne Erwähnung von Goebbels bei Myrdal, *An American Dilemma*, S. 1045ff.
428 Ein Beispiel heute nur noch schwer verdaulicher, fast orthodoxer marxistischer Kritik an Myrdal ist das Büchlein des Historikers Aptheker, *The Negro People in America*.

India's caste system model to American race relations theory ultimately led to his masterpiece in 1948, *Caste, Class, and Race*.[429]

Cox' über 600 Seiten langes Werk teilt sich in drei Teile, in denen er jeweils die Konzepte Kaste, Klasse und Rasse diskutiert sowie Klassiker der Soziologie und zeitgenössische Untersuchungen zusammenfasst.[430] Er weist nach, dass Kaste im Gegensatz zu etwa sozialem Status kein universales soziologisches Konzept ist, sondern sich nur in ganz bestimmten historischen Gesellschaftssystemen findet, insbesondere in Indien.[431] Die USA, so Cox, sei kein Kastensystem, da wichtige Merkmale des Kastensystems nicht vorhanden seien, z.B.: (1) Während Ehen zwischen Weiß und Schwarz de facto bzw. im Süden der USA de lege ausgeschlossen seien, ist die Heirat zwischen Angehörigen unterschiedlicher Kasten im indischen Kastensystem durchaus möglich; ebenso wie es (2) sozial akzeptiert sei, Fälle des individuellen Wechsels aus einer Kaste in eine andere gäbe, während das "passing" zwischen Schwarz und Weiß in den USA tabuisiert sei; last not least beruhe (3) das Kastensystem auf dem Konsens auch der Angehörigen der unteren Kasten, dieses gelte jedoch für Afroamerikaner nicht, die sich in den USA gegen die Ungleichbehandlung wehren. Insgesamt suggeriere der Begriff Kaste, angewendet auf den amerikanischen Süden, es handele sich dabei um ein altes, stabiles und legitimes Gesellschaftssystem wie in Indien. Das Jim-Crow-System sei jedoch weder besonders alt und stabil, noch würde es vom größten Teil der amerikanischen Gesellschaft als legitim empfunden.[432]

Für Cox ist der Begriff der Rasse viel besser über die klassenmäßige Struktur kapitalistischer Gesellschaften erklärbar. In seiner Analyse entstehen "race relations" und damit das Konzept der Rasse erst in der Ausbreitung des europäischen kapitalistischen Wirtschaftens. Rasse ist dabei der Versuch der "Proletarisierung"[433] ganzer Völker. Besonders furios ist seine Kritik an Myrdal, den er schlichtweg als Mystiker bezeichnet, der mit seinem moralisierenden Standpunkt die wahren Faktoren der Unterdrückung von Afroamerikanern verdecke:

> If only the individual could be taught to accept the morality of the Creed, then society would lose its fever of racial pathologies and settle down to a happy existence. However, the point we are trying to make is that, in a feudal system, serfdom is natural and the serf will be treated like a serf regardless of whether the lord is a bishop or a secular noble ... in modern capitalism black workers are exploited naturally and race hatred is a natural support of this exploitation. In other words, morality is a function of the social system, and a better system can change both morality and human nature for the better.[434]

Dieses als beißende Kritik gemeinte Zitat zeigt jedoch eine deutliche Nähe von Cox zu Myrdal. Wie Myrdal glaubt auch er an die Möglichkeit der aktiven Verbesserung einer

---

429 Pettigrew (Hg.), *The Sociology of Race Relations: Reflection and Reform*, S. 129.
430 Er arbeitet unter Verwendung so unterschiedlicher Autoren wie Marx, Weber, Spann oder Sombart. Alle Angaben beziehen sich, wenn nicht anders vermerkt, auf die schon zitierte Ausgabe von 1970 von Monthly Review Press, die einen Wiederabdruck der Originalausgabe von 1948 darstellt. Die Ausgabe von 2000 desselben Verlags enthält leider nur die Kapitel 16–35 der Originalausgabe.
431 Vgl. hierzu Kapitel 1 bis 7 und insbesondere Kapitel 21 und 22 in Cox, *Caste, Class, and Race*.
432 Vgl. ibid., insbesondere Kapitel 22.
433 Vgl. ibid., S. 344.
434 Ibid., S. 537.

Gesellschaft. Wie Myrdal sieht er institutionelle Veränderungen als den zentralen Weg zu diesen Verbesserungen. Einzig und allein in der Begründung für die Situation von Afroamerikanern votiert Cox für das Primat ökonomischer Faktoren, während Myrdal das Wechselverhältnis zwischen einem ganzen Set von Faktoren zum Gegenstand seiner Analyse macht. Myrdal und Cox teilen ebenso die Auffassung, dass kulturelle Elemente der Gruppensolidarität nur zweitrangig sind, und Afroamerikaner als kulturelle Gruppe verschwinden werden, sobald sie in die amerikanische Gesellschaft integriert sind. So schreibt Cox im Schlusskapitel seines Buches die heute erstaunlichen Sätze:

> The solidarity of American Negroes is neither nationalistic nor nativistic. The group strives for neither a forty-ninth state leading to an independent nation nor a back-to-Africa movement; its social drive is toward assimilation. In this respect Negroes are like most other American immigrants; it is well-known that the social tendency toward assimilation is an American cultural trade. Therefore, the solidarity of Negroes is defensive and tentative only ... Their society is not designed for self-perpetuation; ...[435]

In seiner intellektuellen Tiefe ist Cox' Kritik an Myrdal und Warner sicherlich den meisten zeitgenössischen Kommentaren überlegen und auch heute noch lesenswert. Interessant ist jedoch, dass er die von Warner explizite und bei Myrdal implizierte Perspektive hinsichtlich der Begriffe Rasse und Ethnizität übernimmt. Cox betrachtet "race relations" als einen spezifischen Fall ethnischer Systeme: Ethnische Systeme differenzieren sich dabei über kulturelle und/oder physische Merkmale. Darüber hinaus ist auch nicht jeder Kontakt in einem ethnischen System als "race relation" zu werten, sondern er gehört nur zu dieser Kategorie, wenn die beteiligten Akteure ihr Handeln in einer gegebenen Situation über diese Merkmale bestimmen.[436]

Die in weiten Teilen klar argumentierende und ausführliche Kritik von Cox an Myrdal wurde praktisch kaum rezipiert und diskutiert. Dies nicht zuletzt deshalb, weil er in seinem Buch eine teilweise marxistische Terminologie verwendete. Der aufkommende McCarthyismus machte es immer schwerer, über ökonomische Faktoren als strukturellen Grund für die Benachteiligung von Afroamerikanern zu reden: Sei es der Begriff Klasse oder die Forderung nach Armenhilfe, schnell stand der Betreffende unter dem Verdacht, kommunistische Agitation zu betreiben.

Forschungen, die sich eher mit psychischen Vorgängen und ihren Folgen für das Verhalten beschäftigten, schienen ideologisch unverdächtiger. Auch wenn, wie schon oft erwähnt, der Fokus des empirischen Materials in Myrdals *An American Dilemma* auf der sozialstrukturellen Beschreibung der Situation von Afroamerikanern in den USA lag, verwies das Hauptargument, das den Rahmen seines Buches ausmachte, auf die weiße Mehrheit. Worin lagen nun die Gründe und die Mechanismen, mit denen die weiße Mehrheit Amerikas Afroamerikanern, aber auch anderen Minderheiten, die Lebenschancen beschnitt? Um diese Fragen zu beantworten, rückten die Konzepte, "Vorurteil" und "Diskriminierung" immer stärker in den Mittelpunkt. Insbesondere die Forschungen der Gruppe

---

435 Ibid., S. 545–546.
436 Vgl. ibid., S. 317–319.

um Theodor W. Adorno, von Gordon Allport und von Bruno Bettelheim sind hier zu nennen.[437]

Mit der Entstehung der Vorurteilsforschung wurden sogleich auch kritische Stimmen gegen diese Forschungsrichtung wach, so etwa Shils schon 1948:

> There is a danger that the enthusiasm for the study of personality will cause sociologists (and anthropologist) to overlook the indispensability of understanding the structural or institutional context in which human activities occur.[438]

Weite Teile der Vorurteilsforschung wurden von Psychologen und Sozialpsychologen durchgeführt, dies ist jedoch nicht der einzige Grund, warum dieser Forschungszweig in diesem Buch nur am Rande Erwähnung findet. Der Hauptgrund liegt darin, dass die Begriffe Rasse oder Ethnizität hier kaum Verwendung fanden und nur selten versucht wurde, sie zu definieren. Neben der Soziologie im engeren Sinne hatte jedoch diese Forschungsrichtung auch einen starken Einfluss auf die amerikanische Öffentlichkeit, auf den im Folgenden kurz eingegangen werden soll.

Soziologie und Bürgerrechtsbewegung

Trotz all der konzeptionellen Probleme der "race and ethnic relations"-Forschung in der Dekade nach dem Krieg ist das herausragende Merkmal dieser Zeit die zunehmende Bedeutung sozialwissenschaftlicher Forschung für Politik und Recht in den USA. Louis Wirth bemerkt dies schon in einer Beschreibung der amerikanischen Situation 1950:

> It is gratifying to note that the products of social research have received increasing recognition by public bodies including the courts, legislatures and administrative agencies and that there is increasing awareness of the need for scientific studies going beyond mere depiction of the facts.[439]

Junge Intellektuelle der Zeit fühlten sich zur Soziologie hingezogen. 1944, im Jahr des Erscheinens von *An American Dilemma*, begann Martin Luther King, Jr. seine Ausbildung zum Bachelor in Soziologie am ältesten rein afroamerikanischen College der USA, Morehouse in Atlanta, Georgia. Es ist zu vermuten, dass der junge Soziologiestudent das Erscheinen von Myrdals Werk und dessen Rezeption verfolgte.[440] Myrdals *An American Dilemma* enthält ein ausführliches Kapitel über die Anfänge der Civil-Rights-Bewegung (Kap. 39: Negro Improvement and Protest Organizations). Die NAACP wird von Myrdal

---

437 Vgl. Adorno, Theodor W., Else Frenkel-Brunswik, Daniel J. Levinson und R. Nevitt Sanford, *The Authoritarian Personality*, New York, 1950; Helen G. Trager und Marian Radke-Yarrow, *They Learn What They Live: Prejudice in Young Children*, New York, 1952; Gordon W. Allport, *The Nature of Prejudice*, Reading, Mass., 1979 [1954]; Bruno Bettelheim und Morris Janowitz, *Social Change and Prejudice, Including Dynamics of Prejudice*, New York, 1964 [1950].
438 Shils, *The Present State of American Sociology*, S. 62.
439 Vgl. Louis Wirth, "Problems and Orientations of Research in Race Relations in the United States", *The British Journal of Sociology* 1, 1950: 117–125, S. 125.
440 Unzweifelhaft am stärksten beeinflusst hat ihn natürlich bis zum Ende seines Studiums 1955 in Boston (Promotionsstudium) das Werk Mahatma Ghandis.

als die wichtigste Organisation angesehen.[441] Vehement nimmt Myrdal die NAACP gegen "the northern sociologist with *laissez-faire* (do nothing) leanings", gegen Konservative und Marxisten in Schutz:

> Different as these critical judgments are in motivation, they all express the fundamental defeatism in regard to the upholding of law and order which has become so widespread among American intellectuals of all colors and political creeds.[442]

Wie erfolgreich dieser Kampf mit dem Gesetzbuch sein kann, zeigte sich nach Erscheinen des *American Dilemma*.[443]

Gegen Ende der 1940er und Anfang der 1950er Jahre verschlimmerte sich die "Kommunistenjagd" des *Committee for Un-American Activities* unter Senator Joseph McCarthy. Bis zum Herbst 1954, als McCarthys "Karriere" ein abruptes Ende fand, war die Angst vor "kommunistischen Unterwanderungen" weit verbreitet. Diese Angst machte auch dem Fach Soziologie zu schaffen. Sie führte etwa dazu, dass der Name Myrdal immer weniger genannt wurde, da man zur damaligen Zeit kaum einen Unterschied zwischen einem Sozialdemokraten wie Myrdal und einem Kommunisten machte.[444] Ein weiterer Beleg dafür, dass das Ansehen der Soziologie nach dem Zweiten Weltkrieg sich nicht gerade auf seinem Höchststand befand, war die Tatsache, dass sie, ebenso wie andere Sozialwissenschaften, nicht in die 1946 neu gegründete National Science Foundation (NSF) aufgenommen wurde.[445]

Die Bürgerrechtsbewegung feierte vor Gericht Erfolge. 1950 wurden die Trennungen zwischen Schwarzen und Weißen in Speisewagen von Zügen wie auch in der juristischen Ausbildung für verfassungswidrig erklärt. Durch diese Erfolge bestärkt, beschloss die NAACP das Herz der "separate but equal"-Doktrin anzugreifen: das segregierte Schulsystem. Zu Beginn schlugen viele dieser Versuche fehl und gerade für Richter im Süden der USA wurde Myrdal zum roten Tuch: So sprach z.B. Judge Armistead Dobie, der 1952 im Farmville Fund-case mitentschied, von Myrdal als einem "foreign Communistic anthropologist".[446]

Es gelang jedoch, verschiedene Klagen der Eltern von schwarzen Schulkindern zu koordinieren. Fünf dieser Klagen wurden bis zum Supreme Court gebracht und dort zu einer Sammelklage zusammengefasst. Um den Argumenten der Sozialwissenschaften besonderen Nachdruck zu verleihen, wurde in einem "Appendix to the Appelent's Briefs" ein von 35 Sozialwissenschaftlern und Psychologen unterschriebenes Dokument beigelegt mit dem Titel: *The Effects of Segregation and the Consequences of Desegregation: A Social Science*

---

441 Die von Weißen und Schwarzen gegründete Organisation übernimmt die Plattform des 1905 gegründeten Niagara Movement, das W.E.B. Du Bois organisiert hatte. Im Gegensatz zu den Organisationen Booker T. Washingtons plädiert Du Bois für Gleichberechtigung in allen Bürgerrechten.
442 Myrdal, *An American Dilemma*, S. 831.
443 Auch an der Umstellung des Militärs hin zu einer Integration von Afroamerikanern waren viele Sozialwissenschaftler beteiligt: Samuel A. Stouffer, Donald Young, Charles Dollard und Arnold Rose verließen das Myrdal-Projekt, um die Situation im Militär während des Krieges zu untersuchen.
444 Zu den für die Soziologie als Fach sehr nachteiligen Auswirkungen des McCarthyismus vgl. Mike F. Keen, *Stalking the Sociological Imagination*, Westport, Conn., 1999, S. 203–209.
445 Zu Auszügen aus den Beratungen siehe Georg A. Lundberg, "The Senate Ponders Social Science", *Scientific Monthly* 64, 1947: 397–411.
446 Nach Patterson, *Brown v. Board of Education: A Civil Rights Milestone and Its Troubled Legacy*, S. 91.

3 Assimilation und Polarisierung von 1945 bis 1968

Statement.[447] Federführend verfasst worden war dieses Dokument über die nachteiligen Folgen der Rassensegregation auf die psycho-soziale Entwicklung afroamerikanischer Kinder und die Integration von Afroamerikanern in die amerikanische Gesellschaft von Kenneth B. Clark, der als Doktorand an der Columbia University als Hilfskraft bei Myrdal gearbeitet hatte. Das Schriftstück wurde von vielen namhaften Soziologen der Zeit mitunterschrieben, wie etwa Charles S. Johnson, Robert N. MacIver, Paul F. Lazarsfeld, Robert K. Merton, Ira De A. Reid, Arnold M. Rose, Samuel A. Stouffer und Robin M. Williams, Jr.[448] Natürlich war dieses Statement kein juristisches Dokument im engeren Sinne. Aber als Erfolg konnte schon gefeiert werden, dass der Supreme Court es überhaupt in den Gerichtsakten akzeptierte. Dass es darüber hinaus auch noch intensiv studiert wurde, lässt sich daraus erschließen, dass die im Urteil verwendete sozialwissenschaftliche Literatur gänzlich aus der Literaturliste das *Social Science Statement* stammt.[449]

Auf Myrdals *American Dilemma* nahm die Urteilsbegründung dann in einer Fußnote Bezug. Damit wurden zum ersten Mal explizit sozialwissenschaftliche Forschungen zur Begründung von juristischen Entscheidungen herangezogen. Dies bedeutete jedoch nicht, dass das Urteil von 1954 der Beginn der Verwendung sozialwissenschaftlicher Ergebnisse in den Urteilen des Obersten Gerichtes war. Schon im Falle Plessy v. Ferguson aus dem Jahre 1896 lässt sich an der Begründung der Entscheidung der Einfluss von Herbert Spencer und William G. Sumner gut erkennen. Allerdings arbeiteten jene Richter nicht mit einer Fußnote, in der auf diese Arbeiten verwiesen wurde.[450] Die Fußnote dokumentiert jedoch den Einfluss, den sozialwissenschaftliche Forschung haben kann:

> Myrdal's study, of course, was only one of many significant forces impinging upon the Supreme Court after World War II. Had no other powerful forces been working to undermine the caste system, the opinions of social scientists would probably have meant little. The fortuitous timing of Myrdal's work, however, enhanced its impact. As a social science work, the Myrdal report had the requisite qualities for gaining influence. With the dilemma model, the Swedish economist proffered a seductive metaphor for a Court resolved to reduce the gap between American ideals and practices. ... Southerners and ultraconservatives, who directed much of their frustration at the Warren Court, would see fit to render Myrdal more than just a footnote.[451]

Myrdal und Warners Werk waren beide etwa zehn Jahre vor der Brown-Entscheidung veröffentlicht worden, fast paradigmatisch legten diese beiden Werke die Perspektiven auf Rasse und Ethnizität in der amerikanischen Soziologie fest. Mit ihrer konzeptionellen Dominanz stellen sie den Endpunkt einer Entwicklung dar, die in den 1920ern begonnen hatte: Der biologische Rassebegriff war in der Wissenschaft desavouiert, und zumindest die Hoffnung auf Integration für Afroamerikaner wie für Immigrantengruppen schien wissenschaftlich haltbar. Die Entwicklungen, die schon in den 1920ern begonnen hatten, aber

---

447 Vgl. Kenneth B. Clark, *Prejudice and Your Child*, Middletown, Conn., 1988 [1955], S. xxiiff. und das Dokument selbst S. 166–178. Allgemein bilden die verschiedenen Vorkapitel und Anhänge dieses Buches gute Quellen zu diesem Aspekt des Themas.
448 Für eine vollständige Namensliste vgl. den Wiederabdruck in ibid., S. 177f.
449 Vgl. ibid., S. xxiii.
450 Allgemein wird dieser Punkt diskutiert in ibid., S. xvii.
451 Southern, *Gunnar Myrdal and Black-White Relations: The Use and Abuse of An American Dilemma, 1944–1969*, S. 149–150.

durch den Krieg verstärkt worden waren, prägten jedoch auch noch die nachfolgende Phase der "race and ethnic relations"-Forschung.

3.3 Der "melting pot" und amerikanische Ethnizität in den 1960er Jahren

Gegen Ende der 1950er Jahre war Einwanderung als Thema aus den Überschriften der Zeitungen verschwunden: Das Problem der Flüchtlinge schien gelöst, da seit dem Gesetz von 1952 die jeweiligen Administrationen die Möglichkeit hatten, besondere Gruppen zur Einwanderung zuzulassen – ein Recht, von dem reichlich Gebrauch gemacht wurde. Eventueller Arbeitskräftebedarf, meist im Südwesten des Landes, wurde durch Zeitarbeiter aus Mexiko gedeckt. Die Zeit Amerikas als Einwanderungsland schien vorüber zu sein:

> In 1960, Ellis Island was a crumbling ruin. Abandoned as an immigrant landing depot six years earlier, forlorn in appearance, it seemed to confirm the belief of many Americans that mass immigration was a closed chapter in the nation's history.[452]

Gesellschaftlich hatten die vergangenen dreißig Jahre mit relativ geringer Einwanderung zu einer Beruhigung fremdenfeindlicher Gefühle in den USA geführt, und die zunehmende Amerikanisierung der Einwanderungsgruppen machte nun "immigrants" zu "ethnics", wie es der Historiker Archdeacon formulierte.[453] Der fortschreitende Kalte Krieg nährte weiter die Angst der USA vor einer übermächtig werdenden Sowjetunion, insbesondere als es der UdSSR 1957 gelang, vor den USA den ersten Satelliten – den Sputnik – in das All zu schießen und damit das Raumzeitalter einzuleiten.

Auch wenn Immigranten kein gesellschaftliches Problem mehr darstellten, so schien der noch von Warner und Srole[454] so fest vertretene Glaube an die totale Assimilation ethnischer Gruppen in der amerikanischen Soziologie ins Wanken zu geraten. Soziologen und Soziologinnen versuchten, einen Mittelweg zwischen notwendiger Gemeinsamkeit und möglicher Differenzen in der amerikanischen Gesellschaft zu theoretisieren, so etwa Gordon:

> The United States, we have argued, is a multiple melting pot in which acculturation for all groups beyond the first generation of immigrants, without eliminating all value conflict, has been massive and decisive, but in which structural separation on the basis of race and religion – structural pluralism, as we have called it – emerges as the dominant sociological condition.[455]

Zumindest bestimmte ethnische Grenzen lösten sich also nicht auf. Die zwei Werke, die mit dieser Einsicht einen tiefen Eindruck in der amerikanischen "race and ethnic relations"-Forschung hinterließen, waren das eben zitierte *Assimilation in American Life* von Milton Gordon und *Beyond the Melting Pot* von Daniel Patrick Moynihan und Nathan Glazer.

---

452 Maldwyn A. Jones, *American Immigration*, Chicago, 1992 [1960], S. 264.
453 Vgl. Kapitel 7: From Immigrants to Ethnics in Archdeacon, *Becoming American: An Ethnic History*, S. 173–201.
454 Vgl. Warner und Srole, *The Social Systems of American Ethnic Groups*, S. 295–296.
455 Milton M. Gordon, *Assimilation in American Life: The Role of Race, Religion, and National Origins*, New York, 1964, S. 234–235.

3 Assimilation und Polarisierung von 1945 bis 1968   141

Doch bevor wir diese Werke genauer besprechen, ein paar kurze Bemerkungen zur Situation von Immigranten in der amerikanischen Gesellschaft in den 1960ern.

3.3.1 Integration und die Entstehung der amerikanischen Ethnizität

Ein wichtiges Symbol der Integration, insbesondere für die katholischen Einwanderungsminderheiten, war die Wahl von John F. Kennedy zum amerikanischen Präsidenten.[456] Was der Soziologe Schermerhorn[457] nach dem Krieg noch als Hoffnung formuliert hatte, war fünfzehn Jahre später, zumindest für die europäischen Einwanderer, zur eindrucksvollen Wirklichkeit geworden: Weder Religion noch Abstammung waren unüberwindbare Barrieren für den Erfolg. Wer hätte diese Idee besser versinnbildlichen können als der junge, dynamische Katholik irischer Herkunft John F. Kennedy? Katholische Immigranten waren nicht mehr einfach nur arme Fabrikarbeiter, sondern konnten ebenso Teil des reichen Establishments sein. Der Erfolg der Kennedy-Familie war Ausdruck der strukturellen Integration von Immigranten, worauf auch Parsons aufmerksam machte:

> The Kennedy story illustrates this dramatically. The elder Kennedy had great wealth which was linked to local political power by his marriage to the daughter of an Irish mayor of Boston. Then not only did his son achieve political success, ultimately the summit of the Presidency, but he partially joined the circle of the WASP aristocracy by attending Harvard College and developing, with his wife, a style of living which was anything but that of peasants. This is an illustration of the process of pluralization. Increasingly the Catholic populations have diffused through the social structure so that there remains little in common among them but their religion and, of course, their Americanism.[458]

Situation der ethnischen Gruppen in der amerikanischen Gesellschaft

Natürlich gab es noch Diskriminierungen und Vorurteile gegenüber verschiedenen ethnischen und religiösen Gruppen. Aber diese zu erkennen und abzuschaffen erschien nur eine Frage der Zeit.[459] In der Volkszählung von 1960 wurde danach gefragt, ob ein oder beide Elternteile außerhalb der USA geboren waren. Nicht zuletzt durch die drastische Reduktion der Einwanderung nach 1924 war der Anteil der Menschen, deren Eltern im Ausland geboren waren, auf knapp 14 % gesunken, gut 5 % der Bevölkerung waren selbst im Ausland geboren. Der so genannte "foreign stock" war von 33 % im Jahre 1930 auf 19 % in 1960 gesunken.

Der Anteil der Angehörigen ethnischer Gruppen, die ihre nicht-englische Muttersprache noch verwendeten, wurde immer geringer. Wohl einer der wichtigsten Gründe für den Erhalt der jeweiligen Sprache der ethnischen Gruppe war der ständige Zufluss von neuen Immigranten in die USA. Dieser war seit zwanzig Jahren stark zurückgegangen. Einige der besonders großen Minderheiten stammten aus den Ländern Amerikas ehemaliger Kriegs-

---

456 Vgl. hierzu etwa die Analyse von Parsons, "Full Citizenship for the Negro American?", S. 733f.
457 Vgl. hierzu das Zitat auf Seite 108.
458 Parsons, "Full Citizenship for the Negro American?", S. 733.
459 Als Beispiel in fast programmatischem Tonfall hierzu vgl. Robert M. MacIver, *The More Perfect Union: A Program for the Control of Inter-Group Discrimination in the United States*, New York, 1971 [1948].

gegner, wie aus Italien und Deutschland. Den Angehörigen dieser Minderheiten schien es kaum geboten, ethnische Zugehörigkeit besonders stark nach außen zu demonstrieren, was sicherlich auch dazu führte, sich weniger zu seiner Muttersprache zu bekennen.

> In the repressive cultural environment of the postwar years, the drying up of the immigrant stream and the consequent gradual diminution of the size of the foreign-born population greatly reduced the number of people in the United States who claimed mother tongues other than English.[460]

So sank die Anzahl derer, die angaben Deutsch als Muttersprache zu sprechen, zwischen 1940 und 1960 um 1,8 Millionen (1940 insgesamt 4,9, 1960 3,1 Mio.). Damit wurden Spanier und Italiener zu den stärksten Gruppen mit nicht-englischer Muttersprache. Die Anzahl der Menschen mit englischer Muttersprache stieg im Zeitraum von 1940 bis 1960 von 70 auf 83 % der Gesamtbevölkerung, während der Anteil der Nicht-Muttersprachler in Englisch von 17 auf 11 % sank.[461]

Diskriminierungen ethnischer Gruppen im ökonomischen und pädagogischen Bereich waren weitgehend verschwunden. Dies drückt sich insbesondere in der sozialen Mobilität der Kinder von Einwanderern aus. So fassen Beverley und Otis Dudley Duncan ihre multivariate Analyse des "Current Population Survey" von 1962 folgendermaßen zusammen:

> The experience of non-Negro minorities in America, as revealed by these observations on their educational and occupational achievements, would argue against the existence of pervasive discrimination on purely ethnic grounds. The notion of equal opportunity irrespective of national origin is a near reality... [462]

Besonders erfolgreich waren russische Amerikaner, zu dieser Zeit wohl hauptsächlich Einwanderer jüdischen Glaubens, die sowohl im Bildungsbereich, als auch in der beruflichen Position weit überdurchschnittlich sozial mobil waren. Eine andere Ausnahme waren auch die Einwanderer aus Lateinamerika, deren soziale Mobilität stark unter dem Durchschnitt anderer ethnischer Gruppen bzw. der amerikanischen Gesamtbevölkerung lag.

Ein weiterer Indikator für die Veränderungen im Verhältnis Amerikas und seiner ethnischen Gruppen untereinander ist die soziale Distanz. Borgardus ermittelte diese für die Jahre 1926, 1946, 1956 und 1966 für Studierende der Sozialwissenschaften.[463] Die größte gemessene soziale Distanz in diesem Sample war im Jahre 1926 die gegenüber Indern mit 3.91. Inhaltlich bedeutet dies, dass Studierende zwar mit einem Inder zusammen arbeiten, ihn aber nicht in ihrer Nachbarschaft akzeptieren würden. Wichtig ist auch der Einfluss von Kriegen: Zu "den Feinden" des Zweiten Weltkriegs, Japanern und Deutschen, erhöhte sich die soziale Distanz deutlich. Japaner waren 1946 sogar auf dem letzten Platz (3,61) der Rangliste sozialer Distanzen. Koreaner landeten dann 1956 auf dem letzten Platz mit 2,83.

---

460 Archdeacon, *Becoming American: An Ethnic History*, S. 186.
461 Vgl. hierzu Joshua A. Fishman, *The Rise and Fall of the Ethnic Revival: Perspectives on Language and Ethnicity*, New York, 1985. Die Zahlen stammen aus Tabelle 7, S. 130 bzw. sind darauf basierend eigene Berechnungen.
462 Beverly Duncan und Otis Dudley Duncan, "Minorities and the Process of Stratification", *American Sociological Review* 33, 1968: 356–364, S. 363–364.
463 Vgl hierzu Howard M. Bahr, Bruce A. Chadwick und Joseph H. Stauss, *American Ethnicity*, Lexington, Mass., 1979, S. 220–223.

Der wichtigste Trend ist jedoch, dass zwischen 1946 und 1966 die mittlere soziale Distanz von 2,12 auf 1,92 zurückging. Der Durchschnitt der vermutlich eher fortschrittlich orientierten Studierenden der Sozialwissenschaften akzeptierte Angehörige anderer Gruppen als enge Freunde, allerdings nicht als Ehepartner. Ebenso nahm auch die Streuung der Distanzwerte ab: Der Abstand zwischen der sozial nächsten und sozial entferntesten Gruppe halbierte sich fast von 2,85 1926 auf 1,56 1966. Ethnische Gruppen waren also nicht verschwunden, aber die soziale Distanz zwischen ihnen war geringer geworden und sie waren in den meisten Fällen kaum noch Opfer von Diskriminierung.

Lyndon B. Johnson: Der Hart Celler Act und der Vietnamkrieg

Schon 1963 hatte John F. Kennedy das Quotensystem zur Einwanderungsregelung kritisiert. Es habe keine:

> basis in either logic or reason. It neither satisfies a national need nor accomplishes an international purpose.[464]

Doch dieser Versuch, wie schon die Versuche seiner Vorgänger Truman und Eisenhower, den Kongress dazu zu bringen, eine liberalere Einwanderungspolitik zu implementieren, scheiterte. Als am 22. November 1963 um 13.34 Uhr alle Fernsehsendungen unterbrochen wurden, um vom Attentat auf Kennedy zu berichten, hielt America für kurze Zeit den Atem an. Der Hoffnungsträger des Landes hatte in seiner Amtszeit nur wenige Gesetze durchsetzen können. Doch in der Zeit der Trauer um Kennedys Tod gelang es seinem Nachfolger Lyndon B. Johnson, praktisch alle Gesetzesvorhaben von Kennedys "New Frontier" durch den Kongress zu bringen.

Zusammen mit dem Civil Rights Act von 1964 und dem Votings Rights Act von 1965 zielte auch der *Hart Celler Act* von 1965 darauf, das Ideal der Gleichbehandlung aller durchzusetzen. Getragen von der Bewegung für Afroamerikaner gleiches Recht zu schaffen, wurde auch ein Einwanderungsgesetz implementiert, das Gleichheit zum obersten Gebot der Behandlung von Einwanderern machte. Das nach den demokratischen Senatoren Philip A. Hart und Emanuel Celler benannte neue Einwanderungsgesetz wurde zwar 1965 beschlossen, trat aber erst 1968 in Kraft, sodass es erst zu Beginn der 1970er seine volle Wirkung entfalten sollte. In seinem Kernpunkt implementierte das Gesetz gleiche Quoten von damals 20.000 Visa in gleicher Weise für alle Länder. Das alte Quotensystem wurde deshalb als diskriminierend empfunden, weil es das Limit der Visavergabe an die Größe der schon im Land befindlichen Minderheit koppelte, d.h. traditionelle Einwanderungsgruppen Westeuropas wie Briten, Iren oder Deutsche hatten ungleich höhere Chancen einzuwandern als insbesondere Einwanderer aus Asien. In vielerlei Hinsicht war das neue Gesetz allerdings auch restriktiver als seine Vorgänger: Es belegte Arbeitsmigration mit stärkeren Kontrollen, reduzierte das Recht des Präsidenten, spezielle Flüchtlingsgruppen zuzulassen und es setzte zum ersten Mal der Einwanderung vom amerikanischen Kontinent selbst eine Obergrenze.[465] Auch das Präferenzsystem für die selektive Zuweisung von Visa wurde

---

464 Zitiert nach William S. Bernard, "Immigration: History of U.S. Policy", in *Harvard Encyclopedia of American Ethnic Groups*, hrsg. von Stephan Thernstrom, Ann Orlov und Oscar Handlin, 486–495. Cambridge, Mass., 1980, S. 495.
465 Zur detaillierten Beschreibung des Gesetzes vgl. ibid. und Ueda, *Postwar Immigrant America*, S. 44–48.

geändert: Zum ersten Mal in der Geschichte der amerikanischen Einwanderungsgesetzgebung hatten Verwandte amerikanischer Staatsangehöriger einen höheren Präferenzrang als Bewerber mit speziellen beruflichen Fähigkeiten. Der schon 1921 implementierte besondere Korridor für die Familienzusammenführung wurde erweitert, nun waren auch die Eltern zuzüglich zu den Ehegatten und Kindern von US-Staatsangehörigen bei der Visavergabe bevorzugt.

Außenpolitisch begann Mitte der sechziger Jahre wieder eine turbulente Zeit. Johnson war ein erklärter Antikommunist und verkündete 1965 die Johnson-Doktrin, die besagte, dass die Ausbreitung des Kommunismus in der westlichen Hemisphäre verhindert werden sollte. Im selben Jahr schickte er Truppen in die Dominikanische Republik, um eine linke Regierung zu verhindern. Ebenso gab er den Forderungen seiner Generäle nach einem größeren Engagement in Vietnam nach und machte damit den Vietnamkrieg zu einem Krieg der USA. Seinen Höhepunkt fand das amerikanische Kriegsengagement 1969, in diesem Jahr waren fast 550.000 amerikanische Soldaten in Vietnam. Dass ein Jahr zuvor in My Lai von Teilen der amerikanischen Armee unter Lieutenant William Calley schwere Kriegsverbrechen begangen wurden, war der amerikanischen Öffentlichkeit nicht bekannt, da die Armeeführung diese Kriegsverbrechen noch deckte.

3.3.2   Ethnizität als Teil des "melting pot"? Kultur und Struktur in der "race and ethnic relations"-Forschung

In der Soziologie der 1950er Jahre hatte der Begriff der Ethnizität oder der ethnischen Gruppe keine große Bedeutung. In ihrer Sammlung wichtiger soziologischer Zeitschriftenartikel der Dekade *Sociology, the Progress of a Decade*[466] nahmen Seymour M. Lipset und Neil J. Smelser keinen einzigen Artikel auf, der diesen Begriff zentral verwendet.[467] Beide weisen aber auf einen Artikel von Alfred L. Kroeber und Talcott Parsons hin, der eine Unterscheidung betont, die in den darauf folgenden Jahren noch relevanter für die Forschung zu Ethnizität werden sollte.

In ihrem Manifest *The Concepts of Culture and of Social System* kritisieren Kroeber und Parsons, dass in der klassischen Phase von Soziologie und Kulturanthropologie ein "condensed concept of culture-and-society" vertreten wurde, also nicht genügend zwischen Kultur und Gesellschaft bzw. sozialem System unterschieden wurde.[468] Sie versuchen deshalb zusammenfassend, eine kurze Definition zu geben, die den Unterschied deutlich macht:

> We suggest that it is useful to define the concept *culture* for most usages more narrowly than has been generally the case in the American anthropological tradition, restricting its reference to transmitted and created content and patterns of values, ideas, and other symbolic-meaningful

---

466 Siehe Seymour M. Lipset und Neil J. Smelser (Hg.), *Sociology, the Progress of a Decade: A Collection of Articles*, Englewood Cliff, N.J., 1961.
467 Der in diesem Buch enthaltene wichtige Artikel von William Petersen, "A General Typology of Migration" erstmals erschienen in: *American Journal of Sociology* 23, 1958: 256–266, verwendet weder den Begriff Rasse noch Ethnizität.
468 Die Autoren nennen hier als Beispiele Comte, Spencer, Weber, Durkheim und Tyler. Vgl. Kroeber und Parsons, "The Concepts of Culture and of Social System", S. 583.

3 Assimilation und Polarisierung von 1945 bis 1968

systems as factors in the shaping of human behavior and the artifacts produced through behavior. On the other hand, we suggest that the term *society* – or more generally, *social system* – be used to designate the specifically relational system of interaction among individuals and collectivities.[469]

Natürlich verweisen beide darauf, dass diese Unterscheidung rein analytisch ist:

Separating cultural from societal aspects is not a classifying of concrete and empirically discrete sets of phenomena. They are distinct systems in that they abstract or select two analytically distinct sets of components from the same concrete phenomena.[470]

Darüber hinaus macht es für die Autoren nur wenig Sinn darüber zu streiten, welcher Aspekt wichtiger zur Erklärung eines Phänomens sei:

In sum, we feel that the analytical discrimination should be consistently maintained without prejudice to the question of which is more "important," "correct" or "fundamental," if indeed such questions turned out to be meaningful at all.[471]

Eben diese Unterscheidung wurde später zentral für die Analyse ethnischer Gruppen. Die entscheidende Erkenntnis, dass kulturelle und soziale Aspekte ethnischer Gruppen unterschiedliche Dynamiken haben können, liegt den beiden im Folgenden dargestellten Werken zu Grunde: Während Nathan Glazer und Daniel P. Moynihan in ihrem *Beyond the Melting Pot*, 1963, diese Differenz empirisch feststellen und noch nicht theoretisch reflektieren,[472] stellt diese Unterscheidung einen konzeptionellen Ausgangspunkt von Milton Gordons *Assimilation in American Life*, 1964, dar.[473] Mit beiden Werken gewann die Forschung zu Ethnizität wieder stärker an Bedeutung:

"Beyond the Melting Pot" was more than the title of a book by Nathan Glazer and Daniel Patrick Moynihan. Its publication in 1963 marked the end of an era. It paved the way for the revival of American ethnic identification in the 1960s and 1970s when attacks on the melting pot became the battle cry of "unmeltable ethnics" who admonished their audience to pay attention to ethnicity and to give up the assimilationist hope that ethnicity was going to disappear.[474]

So wie schon Arthur M. Schlesinger, sen. in den 1920ern die Metropolen als das Zentrum der Entstehung des "new American types" angesehen hatte,[475] so war es nun die Metropole Amerikas par excellence, New York, die die empirische Grundlage dafür bot, Argumente gegen das prognostizierte Verschwinden ethnischer Gruppen zu finden.

---

469 Ibid., S. 583.
470 Ibid., S. 582.
471 Ibid., S. 582.
472 Siehe Nathan Glazer und Daniel P. Moynihan, *Beyond the Melting Pot: the Negroes, Puerto Ricans, Jews, Italians, and Irish of New York City*, Cambridge, Mass., 1995 [1963], etwa S. 17ff.
473 Vgl. Gordon, *Assimilation in American Life*, S. 19–59.
474 Sollors, *Beyond Ethnicity: Consent and Descent in American Culture*, S. 20.
475 Siehe Schlesinger, "The Significance of Immigration in American History".

ଔ ଓ

Exkurs: "Beyond the Melting Pot"
von Nathan Glazer und Daniel P. Moynihan, 1963

Mit *Beyond the Melting Pot* wurde wieder eine spezifische Form der Gemeindestudie zu einem Klassiker der Ethnizitätsforschung. Der Unterschied zu Thomas und Znaniecki oder Whyte lag jedoch in der starken Betonung der Stadt als Ganzes und damit in der Einsicht, dass Gruppenformationen nur in ihren Wechselwirkungen untereinander analysierbar sind; so auch Robin M. Williams, Jr. in seiner fast schon euphorischen Besprechung des Buches 1964:

> A main strength of the book by Glazer and Moynihan comes from its focus on the multi-ethnic context of our largest metropolis, as the setting within which each racial or ethnic category experiences its own special history. The study skillfully conveys a vivid sense of the actual complexity of relations among the diverse groupings in this giant urban agglomeration of minorities.[476]

Definition der Begriffe Rasse und Ethnizität

Zentraler analytischer Begriff des Buches ist Ethnizität, Rasse wird zwar kurz diskutiert, aber nicht ausführlich definiert.[477] Für die Autoren ist Ethnizität in Amerika jedoch eine neue Erscheinungsform, die sich nur teilweise mit dem Immigrationsprozess erklären lässt:

> *The ethnic group in American society became not a survival from the age of mass immigration but a new social form.* One could not predict from its first arrival what it might become or, indeed, whom it might contain. The group is not a purely biological phenomenon. The Irish of today do not consist of those who are descended from Irish immigrants. Were we to follow the history of the germ plasm alone – if we could – we should find that many in the group really came from other groups, and that many who should be in the group are in other groups. The Protestants among them, and those who do not bear distinctively Irish names, may now consider themselves, and be generally considered, as much "old American" as anyone else. The Irish-named offspring of German or Jewish or Italian mothers often find that willy-nilly they have become Irish. It is even harder for the Jewish-named offspring of mixed marriages to escape from the Jewish group; neither Jews nor non-Jews will let them rest in ambiguity.[478]

Gemäß den Autoren gehen Sprache, Sitten und andere kulturelle Merkmale innerhalb von ein bis zwei Generationen verloren, kulturelle Inhalte werden ausgewechselt, beziehungsweise neu erfunden, oft ist es einfach nur noch der Gruppenname, der die Zeit überlebt. Zwar ordnen sich Menschen über ihre Familien und Freundeskreise ethnischen Gruppen zu, doch die inhaltliche Bestimmung ist auswechselbar. Zum wichtigsten Merkmal, das eine

---

476 Robin M. Williams, "Review: Beyond the Melting Pot", *American Sociological Review* 29, 1964: 292–293, S. 292.
477 Im Gegensatz hierzu ist "Rasse" bzw. "race relations" der zentrale Inhalt des neuen 1970 hinzugefügten Kapitels, das hier allerdings nicht diskutiert wird.
478 Glazer und Moynihan, *Beyond the Melting Pot*, S. 16.

Person zum Mitglied der ethnischen Gruppe macht, wird damit das Interesse: "The ethnic groups in New York are also *interest groups*."[479]

Kristallisationspunkt von Freundeskreisen ebenso wie von Interessen sind ethnische Organisationen.

> In addition to the links of interest, family and fellow feeling bind the ethnic group. There is satisfaction in being with those who are like oneself. The ethnic group is something of an extended family or tribe. And aside from ties of feeling and interest, there are concrete ties of organization. Certain types of immigrant social organization have declined, but others have been as ingenious in remolding and recreating themselves as the group itself. ... American social services grew up in large part to aid incoming immigrant groups. Many of these were limited to a single religious or ethnic group. Ethnic groups set up hospitals, old people's homes, loan funds, charitable organizations, as well as churches and cultural organizations. The initial need for a separate set of welfare and health institutions became weaker as the group became more prosperous and as the government took over these functions, but the organizations nevertheless continued.[480]

Afroamerikaner werden zwar ausführlich in dem Kapitel "The Negroes"[481] beschrieben, das Konzept Rasse aber praktisch nicht verwendet, Afroamerikaner werden als ethnische Gruppe gesehen, mit der einzigen Besonderheit, dass deren Mitglieder aufgrund ihrer Hautfarbe nicht so leicht ihre ethnische Zugehörigkeit vergessen machen können wie etwa "die Deutschen".[482]

Zentrale Dimensionen der Ungleichheit

Für Glazer und Moynihan sind ethnische Gruppen eine durch viele ineinander greifende Prozesse stabilisierte, immer wieder neu entstehende, soziale Form:

> Thus many elements – history, family and feeling, interest, formal organizational life – operate to keep much of New York life channeled within the bounds of the ethnic group.[483]

In dieser Perspektive gibt es keine dominanten Dimensionen sozialer Ungleichheit, in der sich alle Gruppen gleichen. Allerdings stellen die Autoren durchaus fest, dass spezifische Gruppen oft mit einzelnen "Klassen" (im Sinne ökonomischer Ungleichheit) fast deckungsgleich sind, sie nennen diese "genuine ethnic-class combinations".[484] In der Diskussion der Ungleichheitsdimensionen der einzelnen Gruppen tauchen viele verschiedene Aspekte auf, Bildung, Berufssektoren oder Familienstrukturen. Die Autoren vermeiden aber, ein spezifisches Set von Dimensionen als "typisch" für ethnische Gruppen zu betrachten. Jede ethnische Gruppe hat ihre eigene Geschichte und damit auch ihre eigenen spezifischen sozialstrukturellen Vorteile und Problemlagen. Historisch reagierten die ursprünglich losen ethnischen Gruppen, die einfach nur über den gemeinsamen kulturellen Hintergrund

---

479 Ibid., S. 17.
480 Ibid., S. 18–19.
481 Vgl. ibid., S. 24–85.
482 Vgl. ibid., S. 20.
483 Ibid., S. 19.
484 Vgl. ibid., S. 301.

definiert waren, auf verschiedene Problemlagen mit Organisationen wie Kirchen, Banken, Kindergärten etc. Nachdem diese verschiedenen Organisationen ins Leben gerufen waren, bildeten sie sozusagen stabile Kernprozesse, die das Selbstbewusstsein einer Gruppe als ethnische Gruppe am Leben erhalten.

Das Bild der amerikanischen Gesellschaft

Die zentrale Aussage des Buches steht schon in einem einfachen Satz in der Einleitung: "The point about the melting pot ... is that it did not happen."[485] Die Autoren beschreiben am Beispiel New Yorks einen Teil der amerikanischen Gesellschaft, in der ethnische Gruppen ein nicht wegzudenkender Bestandteil sind.

> We have tried to show how deeply the pattern of ethnicity is impressed on the life of the city. Ethnicity is more than an influence on events; it is commonly the source of events. Social and political institutions do not merely respond to ethnic interests; a great number of institutions exist for the specific purpose of serving ethnic interests. This in turn tends to perpetuate them. In many ways, the atmosphere of New York City is hospitable to ethnic groupings: it recognizes them, and rewards them, and to that extent encourages them.[486]

Ethnizität firmiert hier als zentrale Komponente der Struktur der amerikanischen Großstadt. Ethnische Interessen drücken sich in verschiedenen Ereignissen und Organisationen aus. Die Grenzen dieser ethnischen Gruppen sind jedoch schwach im Vergleich zu Religion und Rasse. Protestanten, Katholiken, Juden und Afroamerikaner sind für die Autoren die Gruppen, die über allen Wechsel ethnischer Gruppierungen hinweg stabil bleiben werden:

> Religion and race seem to define the major groups into which American society is evolving as the specifically national aspect of ethnicity declines. In our large American cities, four major groups emerge: Catholics, Jews, white Protestants, and Negroes, ... Religion and race define the next stage in the evolution of the American peoples. But the American nationality is still forming: its processes are mysterious, and the final form, if there is ever to be a final form, is as yet unknown.[487]

CB ED

Die amerikanische Nationalität selbst formt sich erst langsam in der Sicht der Autoren. Welche Prozesse aus den von Glazer und Moynihan beschriebenen Gruppen letztendlich Amerikaner und Amerikanerinnen machen, beschreibt Milton P. Gordon in seinem Buch, das im Folgenden besprochen wird.

---

485 Ibid., S. xcvii.
486 Ibid., S. 310.
487 Ibid., S. 314–315.

Exkurs: "Assimilation in American life" von Milton M. Gordon, 1964

Das Buch von Glazer und Moynihan liest sich fast als eine empirische Vorstudie zu Gordons *Assimilation in American Life*. Die empirische Basis des Buches stellen 25 Interviews mit Vertretern ethnischer Organisationen dar, also den Organisationen, die Glazer und Moynihan als so zentral für das Bestehen ethnischer Gruppen angesehen haben.[488] Gordons Studie hebt sich insofern von anderen ab, als sie explizit die Vorstellungen dieser Organisationen über die Struktur der amerikanischen Gesellschaft zum Gegenstand hat. Die Analyse dieser Vorstellungen brachte dabei neue Einsichten. Assimilation wird nicht mehr als monolithischer Prozess gesehen, sondern in ihren strukturellen und kulturellen Aspekt aufgeteilt:

> This is one of the most important of many recent popular and scholarly works on ethnicity. ... Earlier theories, emphasizing cultural assimilation or separateness, are reviewed by the author and serve to highlight Gordon's own contribution, that is, the distinction between cultural and structural assimilation, and the use of the concept "structural pluralism."[489]

So 1966 der Reviewer Leonard Pinto im *American Journal of Sociology*. Horace Kallens Begriff des "cultural pluralism" hatte also sein Gegenstück bekommen, den "structural pluralism".

Definition der Begriffe Rasse und Ethnizität

Für Gordon beschreibt der Begriff "ethnische Gruppe" ein typisch amerikanisches Gruppenphänomen. Ethnische Gruppen haben dabei als wichtigste Merkmale Rasse, Religion und nationale Herkunft.

> When I use the term "ethnic group," then, to refer to a type of group contained within the national boundaries of America, I shall mean by it any group which is defined or set off by race, religion, or national origin, or some combination of these categories. I do not mean to imply that these three concepts mean the same thing. They do not. Race, technically, refers to differential concentrations of gene frequencies responsible for traits which, so far as we know, are confined to physical manifestations such as skin color or hair form; it has no intrinsic connection with cultural patterns and institutions. Religion and national origins, while both cultural phenomena, are distinctly different institutions which do not necessarily vary concomitantly.[490]

Gordon kombiniert in der ethnischen Gruppe Merkmale, die auf höchst unterschiedliche soziale Phänomene verweisen. Rasse ist ein sozial definiertes biologisches Merkmal. Religion und nationale Herkunft sind kulturelle Merkmale, die aber nicht notwendig miteinander kovariieren. Gordon betont die Besonderheit amerikanischer ethnischer Gruppen als

---

488 Siehe Gordon, *Assimilation in American Life*, S. 9ff.
489 Leonard J. Pinto, "Review: Assimilation in American Life", *American Journal of Sociology* 71, 1966: 461–462, S. 461.
490 Gordon, *Assimilation in American Life*, S. 27.

"Neuformierung" sehr unterschiedlicher Merkmale, in der biologische und kulturelle Merkmale zusammenfließen können, aber nicht müssen.

Abbildung 5:   Gordons Modell: Zusammensetzung der ethnischen Identifikationen[491]

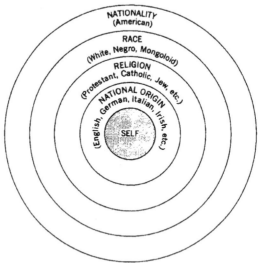

FIG. 1 ETHNIC IDENTITY OF AN AMERICAN

In seinem Buch betrachtet Gordon Ethnizität unter drei konstitutiven Aspekten: (1) Selbst- und Gruppenidentifikation, (2) Netzwerke und institutionelle Partizipation, sowie (3) kulturelle Verhaltensvorgaben. Im Kontext amerikanischer Gruppenidentifikation bilden nationale Herkunft, Religion und Rasse, als drei Referenzkollektive, konzentrische Kreise um das Individuum. Den letzten Kreis bildet die amerikanische Nationalität, für die Ethnizität eine Binnendifferenzierung darstellt.

Hinsichtlich der Institutionen geht er von typischen Netzwerkstrukturen und Partizipationsmustern aus: Bei politischen und ökonomischen Institutionen vermutet er, dass die Teilnahme hauptsächlich ethnisch gemischt stattfindet, für Bildung und Freizeit stellt er eine weitgehende Entmischung mit leichten Tendenzen zur Mischung fest, Religion und Familie sind weitgehend ethnisch geschlossen.[492] Unter kulturellen Verhaltensvorgaben versteht Gordon die Transmission von Werten und Normen der amerikanischen Gesellschaft in die eigene, durch kulturelle Herkunft geprägte Lebensweise. Unter dem Begriff der Subkultur beschreibt er die Funktion amerikanischer Ethnizität, wie sie sich in der Idee des "cultural pluralism" ausdrückt: Amerikanische Ethnizität ist immer eine mehr oder minder gelungene Mischung aus übergreifenden Normen und Werten der Gesamtgesell-

---

491 Ibid., S. 27, Abdruck der Originalzeichnung.
492 Vgl. ibid., S. 37.

schaft sowie den Lebensweisen und Werten, die auf der eigenen kulturellen Herkunft beruhen.[493]

Zentrale Dimensionen der Ungleichheit

Diese Aspekte ethnischer Gruppen (Identifikation, Partizipation und Subkultur) sind zu trennen von Ungleichheitsdimensionen, die in Gordons Augen die Grundlage für ein bestimmtes sozialstrukturelles Segment ("sub-society") der amerikanischen Gesellschaft bilden. Für die amerikanische Gesellschaft sind diese sozialstrukturellen Ungleichheitsdimensionen: die ethnische Gruppe, die soziale Klasse, die Dimensionen Stadt-Land und Nord-Süd. Spezifische Ausprägungen dieser Dimensionen verweisen selbst wieder auf Segmente mit einer spezifischen Subkultur, z.B. untere Mittelklasse, weiß, jüdisch, im urbanen Norden.[494]

Als dominante Ungleichheitsdimensionen in der amerikanischen Gesellschaft beschreibt Gordon jedoch insbesondere soziale Klasse und ethnische Gruppe, da die zunehmende Industrialisierung und Mobilität regionale und Stadt-Land Unterschiede verwischen würde.

> If the portion of social space created by the intersection of the ethnic group with the social class is fast becoming the essential form of the subsociety in America, then we need a name for convenient reference to this subsocietal type. ... I propose, then, that we refer to the subsociety created by the intersection of the vertical stratifications of ethnicity with the horizontal stratifications of social class as the *ethclass*.[495]

Soziale Klasse interagiert nun in ganz spezifischer Weise mit den drei Elementen der Ethnizität. In Bezug auf kulturelle Verhaltensvorgaben ist soziale Klasse wichtiger als Ethnizität; zwar gibt es leichte Unterschiede in den verschiedenen Subkulturen hinsichtlich allgemeiner Werte, doch gilt zumeist, dass Angehörige derselben sozialen Klasse sich in ihren Wertstrukturen näher sind als Angehörige unterschiedlicher Klassen aber der gleichen ethnischen Gruppe. In Bezug auf die allgemeine Wertorientierung verbindet also die soziale Klasse über ethnische Grenzen hinweg. Hinsichtlich von Netzwerken und der Partizipation in Institutionen neigen Amerikaner dazu, innerhalb der sozialen Klasse je nach ethnischer Gruppenzugehörigkeit Segmente zu bilden. Hier ist Ethnizität also eine Binnendifferenzierung der sozialen Klasse.

Als letztes Element wendet sich Gordon der Identifikation zu, bei der er zwischen historischer und partizipatorischer Identifikation unterscheidet. Die historische bezieht sich auf die gesamte ethnische Gruppe: Egal welcher Klasse der Betreffende angehört, wenn über einen Afroamerikaner oder einen Juden in den amerikanischen Medien berichtet wird, ist es den meisten Afroamerikanern oder Juden nicht möglich, sich nicht auch betroffen zu fühlen. Die Mitglieder dieser Gruppe identifizieren sich also über das gleiche gemeinsame historische Schicksal miteinander. Die partizipatorische Identifikation entsteht durch die gemeinsame Teilnahme in sozialen Netzwerken, etwa in Religion und Freizeit, diese ist jedoch über die soziale Klassenzugehörigkeit strukturiert. Somit ist der zweite Aspekt der

---

493 Vgl. ibid., S. 38f.
494 Vgl. ibid., S. 48.
495 Ibid., S. 51.

Identifikation – das sich aktuell mit jemand gleich und vertraut Fühlen – nur zwischen Menschen gleicher sozialer Klasse und ethnischer Gruppe möglich. Während also die historische Identifikation die Grenzen der sozialen Klasse überschreitet, beschränkt sich die partizipatorische auf den Binnenraum der sozialen Klasse.

Das Bild der amerikanischen Gesellschaft

Im Mittelteil des Buches diskutiert Gordon, wie sich ethnische Gruppen bzw. "ethclasses" im Kontext verschiedener Gesellschaftsvorstellungen beschreiben lassen. Gordon bietet die klassische Formulierung der drei Integrations- oder Assimilations-Modelle der USA: (1) "Anglo conformity:" hierunter wird die Vorstellung verstanden, dass Immigrantengruppen sich den Lebensweisen der britischen Gründerväter der USA anzupassen haben; (2) "melting pot": diese auf Zangwill zurückgehende Formulierung bezeichnet die "Neuschaffung" einer amerikanischen Kultur in der "Einschmelzung" der Immigrantenkulturen; (3) "cultural pluralism:" dieser auf Kallen zurückgehende Begriff meint die relativ stabile Unterteilung der amerikanischen Kultur in verschiedene Gruppen unter dem Dach der amerikanischen Staatsbürgerschaft.

Gerade in seinem Konzept der "ethclasses" analysiert Gordon, wie alle drei Prozesse permanent innerhalb der amerikanischen Gesellschaft ablaufen. Als langfristiges Ziel für die amerikanische Gesellschaft beschreibt er am Ende eine moderate Form des kulturellen Pluralismus, wie sie seitdem immer wieder als "ideale" Strategie der Assimilation gefordert wird.

> In sum, the basic long-range goal for Americans, with regard to ethnic communality, is fluidity and moderation within the context of equal civic rights for all, regardless of race, religion, or national background, and the option of democratic free choice for both groups and individuals. Ethnic communality will not disappear in the foreseeable future and its legitimacy and rationale should be recognized and respected. By the same token, the bonds that bind human beings together across the lines of ethnicity and the pathways on which people of diverse ethnic origin meet and mingle should be cherished and strengthened.[496]

CB ᛤ

Was heißt amerikanische Ethnizität Mitte der 1960er Jahre?

Mit den Werken von Glazer und Moynihan sowie Gordon begannen Untersuchungen zu ethnischen Gruppen in den USA wieder mehr Raum in der amerikanischen Soziologie einzunehmen. Dies beschreibt auch Charles Price, 1969, in seinem zusammenfassenden Artikel zu Assimilation:

> [S]cholars in the USA, having assumed that as their immigrant groupings had passed through the first stages of adjustment they were well on the way to assimilation, have recently been

---

496 Ibid., S. 264–265.

somewhat surprised to find that the groups still exist, if in somewhat different form; new enquiries, into these third and fourth generation groups, are now afoot.[497]

Mit *Beyond the Melting Pot* und *Assimilation in American Life* waren die wichtigsten Argumente einer neuen Ethnizitätsperspektive vorgetragen. Glazer und Moynihan sahen Ethnizität als neue amerikanische Sozialform, die sich nur bedingt mit "traditionellen" ethnischen Gruppen vergleichen ließen. Darüber hinaus legten die Autoren besonderen Wert darauf, dass ethnische Organisationen zentrale Stabilisierungsfunktion für ethnische Gruppen besitzen. Gordons Beitrag lag in der klaren Trennung zwischen sub-societies und sub-cultures in der Analyse ethnischer Gruppen. Er nahm damit die von Kroeber und Parsons[498] vorgeschlagene Trennung zwischen Kultur und Gesellschaft in die Beschreibung ethnischer Gruppen auf. So konnte er zwischen der Partizipation in ethnischen Netzwerken und ethnischen kulturellen Mustern unterscheiden, des Weiteren bezog er noch die ethnische Identifikation von Individuen mit ein.

Mit beiden Büchern wird Ethnizität zum integralen Bestandteil der amerikanischen Gesellschaft. In viel geringerem Maße ist Ethnizität hier noch eine Chiffre für das Fremde, für das eigentlich noch nicht Dazugehörige. Trotzdem ist der Begriff noch klar mit bestimmten Einwanderungsminderheiten verbunden. Dies zeigt sich auch daran, dass es so gut wie keine Studien gibt, die z.B. die Okies unter diesem Konzept thematisieren.[499] Der Prozess der Universalisierung des Ethnizitätskonzepts zur Beschreibung der Binnenstruktur der amerikanischen Gesellschaft hatte jedoch begonnen und sollte sich in den 1970ern fortsetzen.

Ethnische Gruppen können sich gleichsam multiplizieren, weil die universale Beschreibung "ethnisch" situational und diffus in unterschiedlichsten Kontexten verwendet werden kann. Diese aus dem Konzept der Ethnizität ableitbare Tendenz "heterogener Universalisierung" wird schon in einem kaum zitierten Artikel aus dem Jahre 1958 von Daniel Glaser prägnant beschrieben.

Ethnic categories provide a universalistic frame of reference for ordering social relationships. However, ethnic categories vary in specificity and diffuseness, as well as in affective arousal. They also denote overlapping and sometimes alternative ascriptions for one individual, such as White, Nordic, German, Bavarian, Christian and Catholic; or White, American and Jewish. ... A person may have a different identification pattern for each ethnic identity which he may ascribe to himself or to others, and each ascription alternative may have a different salience at different moments.[500]

Mitte der 1960er Jahre war Ethnizität ein gängiges flexibles Konzept zur Beschreibung sozialer Beziehungen. Dies zeigt sich an einer Besprechung der Yankee City Studies des

---

497 Charles A. Price, "The Study of Assimilation", in *Migration*, hrsg. von John A. Jackson, 181–237. London, 1969, S. 181. Price war Demograph in Canberra, Australien.
498 Siehe Kroeber und Parsons, "The Concepts of Culture and of Social System", S. 582f.
499 "Okies" bezeichnet die von weiten Teilen der USA doch als recht eigentümlich empfundenen ländlichen Bewohner Oklahomas. Ähnliche Studien wären vermutlich auch über die Bevölkerung Virginias möglich. Zu diesem Argument vgl. schon Leonard Bloom, "Concerning Ethnic Research", S. 171.
500 Daniel Glaser, "Dynamics of Ethnic Identification", *American Sociological Review* 23, 1958: 31–40, S. 31.

Historikers Thernstorm zwanzig Jahre nach deren Erscheinen.[501] Thernstorm ergeht sich zutreffend, allerdings auch sehr wortreich, darin zu beschreiben, wie wenig historisch informiert Warners Studien waren, und wie viel die Soziologie von den Geschichtswissenschaften lernen könne. Dabei übersieht der zukünftige Mitherausgeber der *Harvard Encyclopedia of American Ethnic Groups*[502] aber geflissentlich die konzeptionelle Innovation, die dieses Werk auszeichnet. Während also zu Beginn der Vierziger der Begriff Ethnizität noch so ungewöhnlich war, dass ihn die meisten Besprechungen ignorierten, war er 1965 soweit verbreitet, dass er nicht mehr als originelle Leistung bemerkt wurde.

3.4 Full Citizenship for All? Rasse in Gesellschaft und Soziologie der 1960er Jahre

Mit der epochemachenden Entscheidung des Supreme Court von 1954 gewann die afroamerikanische Bürgerrechtsbewegung weiter an Dynamik, die sowohl viele Weiße als auch viele Soziologen erstaunte. Als Profession war es der Soziologie kaum möglich, mit neuen Ideen auf diese Entwicklungen zu reagieren.[503] Einer der Wenigen, die sich der Herausforderung stellten, war kein Unbekannter in der "race and ethnic relations"-Forschung: Everett C. Hughes, in seiner Präsidialadresse an die American Sociological Association, in Los Angeles im August 1963.[504] In Anspielung an die Wortwahl des Folgeurteils zu Brown aus dem Jahre 1955 führte er aus:[505]

> It is the vigor and urgency of the Negro demand that is new, not its direction or the supporting ideas. It was that vigor and urgency that sociologists, and other people, did not foresee, even though they knew that Negroes would not be content forever with their situation, and should have sensed that the contradiction between "speed" and "deliberate" would become the object of both wit and anger.[506]

Im Gegensatz zu den Immigrantengruppen waren die Bürgerrechtsbewegung und das Schicksal der Afroamerikaner im Zentrum des öffentlichen Bewusstseins der amerikanischen Gesellschaft angelangt.

---

501 Vgl. Stephan Thernstrom, "'Yankee City' Revisited: The Perils of Historical Naïveté", *American Sociological Review* 30, 1965: 234–242.
502 Siehe Stephan Thernstrom, Ann Orlov und Oscar Handlin (Hg.), *Harvard Encyclopedia of American Ethnic Groups*, Cambridge, Mass., 1980. Vgl. zu diesem Text ausführlicher Kapitel 4.3.2 in diesem Buch, Abschnitt *Die Harvard Encyclopedia of American Ethnic Groups*.
503 In der Dekade zwischen 1950 und 1960 hatte sich die Anzahl der Artikel zu Rasse und Ethnizität mehr als halbiert auf 4 %, vgl. hierzu Abbildung 2.
504 Zu den interessanten Werken von Everett Hughes, die hier nur am Rande gewürdigt werden können, vgl. Jean-Michel Chapoulie, "Everett Hughes and the Chicago Tradition", *Sociological Theory* 14, 1996: 3–29. Im Jahre 1959 änderte die American Sociological Society ihren Namen in American Sociological Association.
505 Vgl. hierzu Kapitel 3.2.1 in diesem Buch, Abschnitt *Der Kalte Krieg und Brown v. Board of Education 1954*.
506 Everett C. Hughes, "Race Relations and the Sociological Imagination", *American Sociological Review* 28, 1963: 879–890, S. 884.

3.4.1 Afroamerikaner: Das wachsende Selbstbewusstsein einer Gruppe

Am 1. Dezember 1955 weigerte sich Rosa Parks, ein führendes Mitglied der lokalen NAACP-Organisation, in einem Bus in Montgomery Alabama für einen weißen Mann den Platz zu räumen. In den nachfolgenden Konflikten fand Martin Luther King, Jr. seine Berufung als Führer der afroamerikanischen Civil-Rights-Bewegung.[507] Seine Klage gegen segregierte öffentliche Verkehrsmittel wurde 1956 vom Supreme Court bestätigt. 1957 gründete er die Southern Christian Leadership Conference (SCLC), die mit öffentlichen Aktionen versuchte, die Arbeit der NAACP vor den Gerichten für die Bürgerrechte der Afroamerikaner zu unterstützen. Als es im gleichen Jahr in Little Rock, Arkansas, aufgrund der Schulsegregation zu Ausschreitungen kam, setzte Eisenhower die föderalen Truppen ein.[508] Es wurde immer offensichtlicher, dass Appelle an amerikanische Werte gerade in den Südstaaten nicht genügten, um das neue Recht durchzusetzen.

Auch in der internationalen Politik zeigten sich starke Veränderungen. Der nach dem Zweiten Weltkrieg begonnene Prozess der Dekolonialisierung setzte sich nun verstärkt in Afrika fort. Unter Führung von Kwame Nkrumah wurde Ghana 1957 unabhängig. Zwar wurde in diesem Jahr W.E.B. Du Bois noch versagt, an den Unabhängigkeitsfeierlichkeiten teilzunehmen, vier Jahre später sollte aber, der zu dieser Zeit in der amerikanischen Soziologie fast vergessene Pionier der "race and ethnic relations"-Forschung in dieses Land auswandern.[509] Der erste schwarzafrikanische Präsident von Ghana, Kwame Nkrumah, war ein Vertreter der Pan-Afrikanismus-Bewegung und richtete bald nach der Unabhängigkeit die All-African Peoples Conference in Ghana aus (1958). Im gleichen Jahr wurde Guinea unabhängig. 1960 wurde Léopold Senghor Präsident des unabhängigen Senegal.[510] 1962 entließ Großbritannien auch Uganda in die Freiheit und Belgien Burundi. 1963 erhielt auch das bisher von den Briten verwaltete Kenia die Souveränität. Jomo Kenyatta wurde erster Premierminister.

Für viele Intellektuelle und Studierende war gerade die internationale Lage ein wichtiges Indiz dafür, dass die lang eingespielte Hierarchie der Rassen auf dem Globus ins Wanken geraten war. Ein Prozess, der auch innerhalb der USA vorangetrieben werden musste. Dies war eines der programmatischen Ziele des 1960 gegründeten SNCC ("Snick" – Student Nonviolent Coordinating Committee); bekannt durch ihre so genannten Freedom Rides, bezog sich diese Organisation in ihren Anfängen noch auf Myrdal. SNCC und der überwiegende Teil der afroamerikanischen Bürgerrechtsorganisationen waren der Meinung, dass sie Weiße als Alliierte in ihrem Kampf um Gleichberechtigung benötigten. Deshalb erschien es ihnen notwendig, an das moralische Bewusstsein der weißen Amerikaner zu appellieren. Mit den Argumenten Myrdals war dies besonders gut möglich. Damit war Myrdal erheblich "nützlicher" für die Civil-Rights-Bewegung als etwa die Chicago-School

---

507 Zum "Bus-Boykott" und der Rolle Kings vgl. Sitkoff, *The Struggle for Black Equality, 1954–1992*, S. 37ff.
508 Zu einer soziologischen Analyse der damaligen Vorgänge vgl. Ernest Q. Campbell und Thomas F. Pettigrew, *Christians in Racial Crisis: A Study of Little Rock's Ministry*, Washington, D.C., 1959.
509 Vgl. Lewis, W.E.B. Du Bois: *The Fight for Equality and the American Century, 1919–1963*, S. 565–568.
510 In diesem Jahr wurden auch die anderen französischen Kolonien unabhängig: Kamerun, Tschad, Côte d'Ivoire, Dahomey (heute Benin), Gabun, Obervolta (heute Burkina Faso), Mauretanien, Mali, Niger, die Zentralafrikanische Republik und Togo, wie auch die britische Kolonie Nigeria und Belgisch Kongo (heute die Demokratische Republik Kongo). Ebenso wurde auch Somalia von Italien unabhängig. 1961 wurde Sierra Leone unabhängig von Großbritannien.

innerhalb der Soziologie. Zwar lehnten auch Soziologen der Chicago-School (wie etwa Robert Ezra Park) den Rassismus ab, aber sie plädierten für graduellen, langsamen Wandel statt dramatische Reformen. Diese Perspektive hatte Myrdal, wie schon erwähnt, als "laissez-faire"-Soziologie gegeißelt.

Die Gruppe der Afroamerikaner und ihre ökonomische Situation

Diese politische Dynamik korrespondierte in den 1960ern mit strukturellen Wandlungsprozessen unter den Schwarzen in den USA. Der Anteil der afroamerikanischen Gemeinde an der Gesamtbevölkerung war seit 1950 nur um einen Prozentpunkt auf 11 % gestiegen. Allerdings war das National Bureau of Census inzwischen dazu übergegangen, sich hinsichtlich der Rassenzuordnung auf die Selbstaussage der Befragten zu verlassen. Vor der Volkszählung von 1960 war es Aufgabe des Interviewers, den Befragten als Schwarz und Weiß einzuordnen; seit 1960 erfolgt dies durch den Haushaltsvorstand, der den Fragebogen ausfüllt. Dies hatte allerdings zu keiner messbaren Veränderung hinsichtlich der Zählung dieser Bevölkerungsgruppen geführt:

> There is little evidence that self-identification has had a major effect on the count of the Negro population. The increase in the Negro population during the decades 1960–70 and 1950–60 has been consistent with statistics on population change (natural increase and net immigration).[511]

Durch die Wanderung der Afroamerikaner in den Norden der USA hatte der Anteil der im Süden wohnenden Afroamerikaner zwar abgenommen, er betrug jedoch 1960 immer noch 60 %.[512] Die Wanderungen in die großen Städte des Nordens, wie auch die Bewegungen aus den ländlichen Gegenden des Südens in die Städte der Südstaaten bedeuteten eine zunehmenden Urbanisierung der afroamerikanischen Bevölkerung. In den 1960er Jahren waren diese Wanderungsprozesse, die in den Dekaden zuvor zu einer tief greifenden Veränderung der Lebenssituation von Afroamerikanern geführt hatten, praktisch abgeschlossen. Über zwei Drittel der Afroamerikaner lebten nun in Städten:

> [U]ndoubtedly the most significant change in Negro life has been the unprecedentedly rapid and sweeping migration to cities. Seventy-three per cent of Negroes lived in rural areas in 1910; the pattern reversed itself completely by 1960: 73 per cent lived in urban centers.[513]

Während Gruppengröße und regionale Verteilung sich stabilisierten, verbesserte sich die ökonomische Situation. Die Frage, ob sich die ökonomische Lage von Afroamerikanern in 1960ern verbessert hatte, beantwortete auch Reynolds Farley in einem Übersichtsartikel entschieden positiv:

> Poverty was substantially reduced among blacks between 1959 and 1969, and on a number of key socioeconomic characteristics, such as income, occupation, and education there was a sig-

---

511 U.S. Bureau of the Census, 1973, S. x. Zitiert nach Bahr, Chadwick und Stauss, *American Ethnicity*, S. 28.
512 Vgl. Sandefuhr et al., "An Overview of Racial and Ethnic Demographic Trends", S. 50.
513 William M. McCord, "Review: The Negro American", *The Journal of Southern History* 33, 1967: 273–275, S. 274.

nificant upward shift of blacks. In each case, differentials between whites and blacks narrowed.[514]

Die ökonomischen Verbesserungen waren besonders in der zweiten Hälfte der 1960er Jahre vergleichbar mit denen in der Zeit des Zweiten Weltkriegs. Zum Teil, z.B. was den Schulerfolg betraf, verdankten sie sich vermutlich sogar den Einkommensverbesserungen im Zweiten Weltkrieg, die nun einer neuen Generation vermehrt höhere Bildungschancen beschied. Dieser langsame generationale Wandel barg Konfliktpotentiale, zumal sozioökonomischer Erfolg nicht notwendig zur Integration führte:

> Improvements in the social and economic status of Negroes do not necessarily mean that racial integration is occurring. It is possible for black incomes to rise, occupations to be upgraded, and educational attainment to advance without there being any racial integration of workshops or offices, in the neighborhood or in schools.[515]

Zumindest was Nachbarschaften und Schulen betraf, war die Segregation in den Metropolen kaum zurückgegangen, so dass ökonomische Verbesserungen und Integration nicht nur analytisch getrennte Prozesse blieben.[516]

Politik und die Erfolge der Bürgerrechtsbewegung

Der Amtsantritt von John F. Kennedy 1961 hatte auch positive Folgen für das Klima zwischen Schwarz und Weiß. Der Bostoner räumte der Rassenproblematik zwar keine hohe Priorität ein, aber viele Beamte in der von ihm berufenen Administration waren für die Rassenfrage sensibilisiert. Insbesondere der Bruder des Präsidenten und Justizminister, Robert Kennedy, galt als belesen und der Sache der Afroamerikaner zugewandt.[517] Es begann die kurze Zeit des durchschlagenden Erfolgs der Bürgerrechtsbewegung.

Zu Beginn der 1960er setzte King auf die Wirkung machtvoller Demonstrationen. Als er 1963 befürchtete, Polizeichef Eugen "Bull" Corner werde mit Gewalt gegen Proteste in Birmingham (Alabama) vorgehen, organisierte er einen mit Jugendlichen und Schulkindern "bevölkerten" Zug. Die Bilder von Polizisten mit Hunden, die, geschützt durch den Wasserstrahl der Feuerwehrautos, gegen Jugendliche brutal vorrückten, gingen um die Welt und verursachten allgemeine moralische Empörung. Martin Luther King, Jr. wurde derweil inhaftiert und musste wieder freigelassen werden. Der Erfolg war ein weiterer kleiner Meilenstein auf dem Weg der Civil-Rights-Bewegung.

Am 28. August 1963 hielt King seine Rede *I have a dream* in Washington, D.C. Diese wortgewaltige Predigt, die auf immer das zentrale Argument von Myrdals *American Di-*

---

514 Reynolds Farley, "The 1960s: A Decade of Progress for Blacks?", *Demography* 9, 1972: 353–370, S. 365–366.
515 Ibid., S. 366.
516 Vgl. Thomas L. Van Valey, Wade Clark Roof und Jerome E. Wilcox, "Trends in Residential Segregation: 1960–1970", *American Journal of Sociology* 82, 1977: 826–844, S. 842.
517 Zum starken Einfluss sozialwissenschaftlicher Ideen, insbesondere im Kontext der Modernisierungstheorie, auf die Kennedy-Administration vgl. Michael E. Latham, *Modernization as Ideology: American Social Science and "Nation Building" in the Kennedy Era*, Chapel Hill, 2000.

lemma in das Gedächtnis der amerikanischen Nation prägen sollte, beginnt mit dem Bild des uneingelösten Schecks.[518]

> In a sense we have come to our nation's capital to cash a check. When the architects of our republic wrote the magnificent words of the Constitution and the Declaration of Independence, they were signing a promissory note to which every American was to fall heir.[519]

Wie Myrdal beginnt King also sein Argument damit, dass die amerikanische Verfassung ein uneingelöstes Versprechen gegenüber den Afroamerikanern enthalte, und dass er sich weigere, an die Uneinlösbarkeit dieses Versprechens zu glauben.

> But we refuse to believe that the bank of justice is bankrupt. We refuse to believe that there are insufficient funds in the great vaults of opportunity of this nation. So we have come to cash this check, a check that will give us upon demand the riches of freedom and the security of justice.

In der mittleren Passage seiner Rede, beginnend mit der viel zitierten Zeile "I have a dream", zeichnet King den Traum von der Verwirklichung des "American Creed".

> I say to you today, my friends, that in spite of the difficulties and frustrations of the moment I still have a dream. It is a dream deeply rooted in the American dream. I have a dream that one day this nation will rise up and live out the true meaning of its creed: "We hold these truths to be self-evident; that all men are created equal." ... I have a dream that my four little children will one day live in a nation where they will not be judged by the color of their skin but by the content of their character.

Und ebenso fest wie Myrdal den Glauben an die Lösbarkeit dieses Dilemmas in seinem vor 20 Jahren veröffentlichten Werk zum Ausdruck brachte, so glaubt auch Martin Luther King daran, dass dieser Traum Realität werden müsse.

> And if America is to be a great nation, this must become true. ... When we let freedom ring, when we let it ring from every village and every hamlet, from every state and every city, we will be able to speed up that day when all of God's children, black men and white men, Jews and Gentiles, Protestants and Catholics, will be able to join hands and sing in the words of the old Negro spiritual, "Free at last, free at last. Thank God Almighty, we are free at last."

In diesen mitreißenden Formulierungen brachte King nicht nur das Argument Myrdals in unnachahmlich klarer Weise zum Ausdruck, sondern auch eine Vorstellung, die inzwischen zum Common Sense zumindest unter liberalen Amerikanern geworden war.

Das Jahr 1964 war eines der erfolgreichsten für die amerikanische Bürgerrechtsbewegung und für Martin Luther King, Jr., der für seine Leistung als Führer der Bürgerrechtsbewegung mit dem Friedensnobelpreis ausgezeichnet wurde. Rechtlich von großer Bedeutung war der *Civil Rights Act* von 1964. Er verbot Segregation und Diskriminierung in der

---

518 King hielt seine Rede als letzter auf der Abschlussveranstaltung des "March on Washington", den A. Phillip Randolph initiiert hatte. Auf der gleichen Veranstaltung gab der damalige Präsident des NAACP Roy Wilkins bekannt, dass W.E.B. Du Bois am Tag vorher in Ghana verstorben war, siehe David L. Lewis, *W.E.B. Du Bois: Biography of a Race 1868–1919*, New York, 1993, S. 1–3.
519 Alle Passagen der Rede zitiert nach: "I Have a Dream", in *Encarta Africana: The Encyclopedia of the African and African American Experience (CD-Version)*, hrsg. von Anthony K. Appiah und Henry Louis Gates, Redmond, Wa., 2000.

Öffentlichkeit, in den Schulen und am Arbeitsplatz. Das Gesetz untersagt Diskriminierung nach "Rasse, Weltanschauung, Hautfarbe oder nationaler Herkunft".[520]

In Folge dieses Gesetzes wurde die EEOC (Equal Employment Opportunity Commission) gegründet, die zunächst einmal dafür sorgte, dass die Situation verschiedener Gruppen überhaupt "beobachtet" werden konnte. Arbeitgeber wurden verpflichtet die Anzahl von Afroamerikanern, Asiaten, Spanisch-Amerikanern und Native Americans, die sich beworben hatten, an Einstellungstests teilnahmen, eingestellt oder befördert wurden, mitzuteilen. Dies warf zu Beginn einige Probleme auf, da es oft nicht üblich bzw. in einigen Staaten sogar verboten war, die Rassenzugehörigkeit des Bewerbers bzw. Arbeitnehmers festzustellen. Diese Probleme der Feststellung wie viele Afroamerikaner bzw. Angehörige anderer Minderheiten tatsächlich vor Ort waren, traf auch für viele Schuldistrikte insbesondere im Norden und Westen des Landes zu, da es auch hier nicht üblich war, die Rassezugehörigkeit der Studierenden oder Schüler mitzuregistrieren. Das Führen von Statistiken über die Rassezugehörigkeit der Teilnehmer führte zu dieser Zeit eher noch zur Unterstellung des Rassismus. Erst nach dem Civil Rights Act wurde es üblich, von Institutionen oder Personen, die diese Statistiken nicht zur Verfügung stellten, anzunehmen, sie wollten rassistische Diskriminierung verdecken bzw. Antidiskriminierungsmaßnahmen behindern.[521]

Präsident Lyndon B. Johnson hegte die größten Sympathien für die Sache der Afroamerikaner. Er hielt 1965 die wohl profundeste Rede eines amerikanischen Präsidenten zur Rassenfrage. Unter dem Titel *Freedom is not Enough* ging er an der Howard University, Washington, D.C. insbesondere auf die Situation der schwarzen Familien ein. Am meisten zitiert aus dieser Rede ist sicherlich die Passage, die als eine der klarsten offiziellen Begründungen für "affirmative action" durch einen amerikanischen Präsidenten gilt:

> You do not take a person who for years has been hobbled by chains and liberate him, bring him up to the starting line of a race, and say, "you are free to compete with all the others," and still justly believe that you have been completely fair. Thus it is not enough to open the gates of opportunity. All our citizens must have the ability to walk through those gates.[522]

Einfluss auf diese Rede hatte teilweise wohl auch noch Myrdals Werk, vermittelt nicht zuletzt durch den Soziologen Daniel Patrick Moynihan. Dessen anfangs geheimer Bericht *The Negro Family* baute auf den Werken von Myrdal und Frazier[523] auf. Moynihan nannte dort die sozialen und ökonomischen Strukturbedingungen, die zum Verfall der afroamerikanischen Familie führten.[524]

---

520 Insbesondere für die Vergabe von Regierungsaufträgen legt dies die "Executive Order 11246" von Johnson 1965 fest, und verwendet auch den Begriff "affirmative action". Inhaltlich ist diese Order jener von Kennedy aus dem Jahre 1961 ähnlich, die jedoch nicht den Begriff verwendete. Vgl. George E. Simpson und J. Milton Yinger, *Racial and Cultural Minorities: An Analysis of Prejudice and Discrimination*, New York, 1985, S. 252ff.
521 Vgl. Nathan Glazer, "Affirmative Discrimination: For and Against", in *Ethnic Dilemmas, 1964–1982*, hrsg. von Nathan Glazer, 159–181. Cambridge, Mass., 1983, S. 160.
522 Lyndon B. Johnson 1965, zitiert im Vorwort von Johnson in Talcott Parsons und Kenneth B. Clark (Hg.), *The Negro American*, Boston, 1966, S. v.
523 Hier sind insbesondere Frazier, *The Negro Family in the United States*, und Frazier, *The Negro in the United States* zu nennen.
524 Vgl. hierzu ausführlich, Jackson, *Gunnar Myrdal and America's Conscience: Social Engineering and Racial Liberalism, 1938–1987*, S. 297ff.

Der letzte große Erfolg der amerikanischen Bürgerrechtsbewegung war sicherlich der *Voting Rights Act von 1965*: Zum einen setzte er als eine "Notmaßnahme" die vielen Hürden zur Wahlteilnahme, wie etwa den "literacy test" in allen Bezirken, in denen die Wahlbeteiligung unter 50 % lag, außer Kraft. Zum anderen autorisierte er die Bundesregierung, die Registrierungspraxis für Wahllisten im Süden zu kontrollieren.

> The Voting Rights Act of 1965 was indeed a milestone in American political history. A curious milestone, to be sure, since the essence of the act was simply an effort to enforce the Fifteenth Amendment, which had been law for almost a century. But the very fact that it had taken so long for a measure of this type to be adopted was a sign of its importance. Racial barriers to political participation had been a fundamental feature of American life, ... That such resistance was finally overcome in the 1960s was a result of the convergence of a wide array of social and political forces: the changing socioeconomic structure of the South, the migration of blacks to southern cities, the growing electoral strength of African-American migrants in the North, the energies of the civil rights movement, the vanguard role played by black veterans of World War II, and a renewed American commitment to democracy occasioned by international struggles against fascism and communism.[525]

Die harten statistischen Grenzen des Gesetzes waren als Reaktion des Gesetzgebers auf die verschiedenen Maßnahmen zu verstehen, die insbesondere im Süden unternommen wurden, um auf Gleichberechtigung zielende Gesetze zu unterlaufen.[526]

Die politische Radikalisierung

Obwohl viele Fortschritte gemacht wurden, verbesserte sich die Stimmung im Lande keineswegs. 1965 war der Höhepunkt der Bewegung, er leitete aber zugleich deren Fall und Fragmentierung ein. Schon wenige Tage nach dem Erlass des *Voting Rights Act* kam es zu extrem gewalttätigen Aufständen. Im August dieses Jahres begannen in Watts, einem Vorort von Los Angeles, Rassenunruhen. Sie forderten 34 Tote und über 1.000 Verletzte und konnten nur mit großem Aufwand durch die Nationalgarde beendet werden. Damals ahnte noch kaum jemand, dass dieses die Nation aufrüttelnde Ereignis nur der Beginn einer langen Kette gewalttätiger Ausschreitungen sein sollte.

In seiner 1965 erhobenen Studie zur Einstellung von Jugendlichen zu verschiedenen Bürgerrechtsgruppen beschreibt Elder ein sehr polarisiertes Bild.[527] Während der NAACP oder die Urban League hohe Zustimmung (mehr als 90 %) von schwarzen Schülern erhielt, war die Zustimmung unter Weißen mit etwa 50 % erheblich geringer. Insgesamt war die Zustimmung zu radikaleren Gruppen, wie etwa den Black Muslims, auch unter schwarzen Jugendlichen durchaus bemerkenswert (40 %). Unter den Schülerinnen, weiß wie schwarz, war die Zustimmung zu separatistischen und militanten Organisationen erheblich geringer. Zentraler Faktor, der zur Unterstützung radikaler Gruppen führte, war weniger die sozio-

---

525 Alexander Keyssar, *The Right to Vote: The Contested History of Democracy in the United States*, New York, 2000, S. 264–265. Hierin findet sich auch eine Einordnung in die Geschichte des amerikanischen allgemeinen und gleichen Wahlrechts.
526 Vgl. Nathan Glazer, *Affirmative Discrimination: Ethnic Inequality and Public Policy*, Cambridge, Mass., 1987, S. 50.
527 Vgl. Glen H. Elder, "Group Orientations and Strategies in Racial Change", *Social Forces* 48, 1970: 445–461.

ökonomische Herkunft der Befragten, sondern die wahrgenommenen oder vermuteten Barrieren insbesondere zu beruflichem Erfolg. Der Glaube an die Existenz solcher Barrieren war unter schwarzen männlichen Jugendlichen am stärksten.

Bestes Beispiel für die Radikalisierung der Bürgerrechtsbewegung waren sicherlich The Black Panther, gegründet durch Huey Newton und Bobby Seale. Die Black Panther, die einerseits Frühstücksprogramme für Schulkinder organisierten, andererseits mit Lederjacken und Bewaffnung in afroamerikanischen Stadtvierteln patrouillierten, machten in der Öffentlichkeit eher den Eindruck einer Miliz. Für diese Organisation war Kings integrativer amerikanischer Traum ein Alptraum, gegen den sich Schwarze mit allen Mitteln zur Wehr setzen sollten.[528] Der Sommer 1967 war sicher einer der gewalttätigsten in der amerikanischen Nachkriegsgeschichte. Aufstände in Newark (New Jersey), New York City, Cleveland (Ohio), Washington (D.C.), Chicago (Illinois) und Atlanta (Georgia) beunruhigten die gesamte Nation. Sie kulminierten im Juli 1967 in Detroit (Michigan) in Unruhen mit 43 Toten und ca. 1200 Verletzten.

Der Einfluss der NAACP ging deutlich zurück. Der Ruf nach radikaleren Formen des Protests wurde immer lauter. Die Veränderung zeigt sich auch am SNCC. Dort waren nicht mehr Mahatma Gandhi und Gunnar Myrdal, die früher als eine Art Pflichtlektüre gegolten hatten, aktuell, sondern – nachdem sich Carmichael 1966 als Führer durchgesetzt hatte – Ché Guevara und Frantz Fanon. In seinem *The Wretched of the Earth*[529] propagiert Fanon Gewalt als eine Chance für Unterdrückte, sich von ihrem Minderwertigkeitskomplex zu befreien.[530] Martin Luther King, Jr., der weiterhin für einen gewaltfreien Weg plädierte, verlor zunehmend Anhänger unter den Afroamerikanern. Die optimistische Vorstellung, dass sich Euroamerikaner allein aufgrund der Erkenntnis, die eigenen Werte nicht zu leben, für Veränderungen einsetzen würden, schien immer weniger zu überzeugen. Als King öffentlich die Kritik am Vietnamkrieg teilte, verlor er zunehmend die Unterstützung des weißen Establishments.

Gegen Ende der 1960er richtete King seine Aktivitäten stärker auf den Kampf gegen die Armut ("Poor People's Campaign"). Ganz im myrdalschen Sinne forderte er Transferleistungen zur Verringerung sozialer Ungleichheit. Im Kampf für ökonomische Rechte reiste er zu einem Streik afroamerikanischer Müllarbeiter nach Memphis (Tennessee), wo er am 4. April 1968 von James Earl Ray ermordet wurde. Der Einfluss Martin Luther Kings auf die verschiedenen Bewegungen innerhalb der afroamerikanischen Community war bereits zu diesem Zeitpunkt praktisch völlig geschwunden. Im Laufe der Jahre gerieten seine Kritik an der amerikanischen Außenpolitik und sein Kampf gegen Armut weitgehend in Vergessenheit. Heute versinnbildlicht er das Aufbäumen "des Gewissens der Amerikaner" gegen das "Amerikanische Dilemma". Seit 1983 ist Kings Geburtstag, der 15. Januar, ein nationaler Feiertag.

Die Ermordung von Robert F. Kennedy 1968 war ein weiterer Tiefschlag für die liberalen Kräfte der Bürgerrechtsbewegung. Mit dem *Fair Housing Act von 1968* wurde Dis-

---

528 Siehe hierzu Peter Kivisto, *Americans All: Race and Ethnic Relations in Historical, Structural, and Comparative Perspectives*, Belmont, Calif., 1995, S. 320.
529 Frantz Fanon, *The Wretched of the Earth*, New York, 1965 [1961].
530 Zumindest lautete so die damals gängige, etwas eindimensionale Interpretation dieses wohl bekanntesten Werkes von Frantz Fanon, für eine etwas feinsinnigere Lesart siehe etwa Paul Gilroy, *Against Race: Imaging Political Culture Beyond the Color Line*, Cambridge, Mass., 2000, etwa S. 248-253.

kriminierung beim Bauen und Mieten von Wohnungen unter Sanktionen der Bundesregierung gestellt. Damit wurde auch "equal housing" ein Bestandteil von "affirmative action".

Der Stimmungsumschwung gegen Ende der 1960er in der amerikanischen Öffentlichkeit war eklatant. In der Mehrheit der weißen Bevölkerung schien mit der zunehmenden Abschaffung von diskriminierenden Gesetzen der Widerstand gegen den Zuwachs an Selbstbewusstsein und gesellschaftlichem Einfluss der Afroamerikaner zu wachsen. Immer mehr moderate oder liberale Weiße distanzierten sich von der sich weiter militarisierenden Bürgerrechtsbewegung. Auf der anderen Seite ging der soziale Wandel vielen Afroamerikanern zu langsam voran. Sie waren der Meinung, dass trotz aller Bemühungen ein friedlicher Weg zur Gleichstellung von Afroamerikanern in den zwanzig Jahren nach dem Zweiten Weltkrieg zu wenig Erfolge gezeigt hatte. Sie forderten militante Formen der Durchsetzung der Gleichstellung. Doch der eskalierende Einsatz amerikanischer Truppen in Vietnam absorbierte zunächst die Aufmerksamkeit der zerrissenen Nation und lenkte zeitweise von der Rassenproblematik ab.[531]

3.4.2 Soziologie und volle Staatsbürgerschaft für Afroamerikaner

In den zehn Jahren seit dem Urteil Brown v. Board of Education erschienen nur wenige wichtige Werke zum soziologischen Aspekt der Rassenperspektive. Dies konstatiert auch Melvin M. Tumin in seiner Beschreibung des Feldes von 1968:

> If we date the effective beginnings of social science research on race relations from the Myrdal report (1944), we have a picture of a first period consisting of a decade of considerable activity from 1944 to 1954. Then, starting in 1955, there is an apparent hiatus that lasts almost ten years, during which almost no major works in race relations appear.[532]

Allerdings wurden gerade in dieser Dekade große Anstrengungen in die Vorurteilsforschung investiert, die sich jedoch immer stärker psychologisch und sozialpsychologisch ausrichtete. Gegen diesen Trend regte sich schon Ende der 1950er Jahre Widerstand und mit dem Beginn der 1960er geriet auch Myrdals Werk innerhalb der Soziologie immer stärker in die Kritik.

Rassenvorurteile und Gruppenpositionen

Gegen Ende der 1950er begannen Versuche, den individualistischen Ansätzen der Vorurteilsforschung eine gruppenbezogene Perspektive entgegenzusetzen, fast programmatisch hierzu Herbert Blumer, *Race Prejudice as a Sense of Group Position*, 1958:

> The clear implication of my discussion is that the proper and the fruitful area in which race prejudice should be studied is the collective process through which a sense of group position is

---

531 Vgl. hierzu z.B. Klinkner und Smith, *The Unsteady March: The Rise and Decline of Racial Equality in America*, S. 288ff.
532 Melvin M. Tumin, "Some Social Consequences of Research on Racial Relations", in *Americans from Africa*, hrsg. von Peter Isaac Rose, 435–451. New York, 1970 [1968], S. 438. Zuerst erschienen in *The American Sociologist* 3, 1968: 117–123.

formed. To seek, instead, to understand it or to handle it in the arena of individual feeling and of individual experience seems to me to be clearly misdirected.[533]

In seiner Analyse geht Blumer davon aus, Rassenvorurteile seien unter zwei Aspekten zu verstehen, einerseits als "racial identification" sowohl im Sinne der Zugehörigkeit der eigenen Person als auch der zugeschriebenen Zugehörigkeit von anderen und andererseits als Wahrnehmung der Relationen von Gruppen untereinander.[534] Nach diesem Ansatz besitzen Angehörige einer rassischen Gruppe die unterschiedlichsten Einstellungen und Gefühle, als Gruppe sind jedoch vier Sentimente für eine dominante Rasse typisch: (1) ein Gefühl der Höherwertigkeit ("superiority"); (2) das Gefühle, dass die untergeordnete Gruppe fundamental anders ist; (3) das Gefühl, dass Privilegien zu den legitimen Besitztümern der eigenen Gruppe gehören; und (4) die Angst bzw. der Verdacht, dass die untergeordnete Gruppe eine Bedrohung darstellt. Die Wahrnehmung der Gruppenposition und die Gefühle, die sie bestimmen, sind weder eine direkte Folge der eigenen Statuswahrnehmung noch eine Folge der tatsächlichen Position in der Sozialstruktur:

> In its own way, the sense of group position is a norm and imperative – indeed a very powerful one. It guides, incites, cows, and coerces. It should be born in mind that this sense of group position stands for and involves a fundamental kind of group affiliation for the members of the dominant racial group. To the extent they recognize or feel themselves as belonging to that group they will automatically come under the influence of the sense of position held by that group. Thus, even though given individual members may have personal views and feelings different from the sense of group position, they will have to conjure with the sense of group position held by their racial group. If the sense of position is strong, to act contrary to it is to risk a feeling of self-alienation and to face the possibility of ostracism.[535]

Zugehörigkeit führt also zur Übernahme der Wahrnehmung der Gruppenposition – ein Prozess, der nur um den Preis der Selbst-Entfremdung und Ächtung zu vermeiden ist. Infolgedessen werden auch Rassenvorurteile durch eine Mobilisierung dieser Gefühle geschürt, sei es, dass die Höherwertigkeit einer Gruppe in Frage gestellt wird, dass es zu verstärkten Übertretungen von Gruppengrenzen kommt oder zu einer Infragestellung von Privilegien. Ständig ist die dominante Gruppe herausgefordert, ihre Position im Verhältnis zur anderen neu zu bestimmen. Als wichtigster Prozess erweist sich dabei die permanente Interaktion innerhalb der Gruppe, die zu einer von allen akzeptierten Selbstverortung der Gruppe innerhalb der Gesamtgesellschaft führt. Daraus folgt als weiterer Aspekt, dass die untergeordnete rassische Gruppe nur in Form eines innerhalb der eigenen Gruppe entworfenen abstrakten Bildes wahrgenommen wird. Dieses entsteht dabei gerade nicht in der direkten Interaktion mit Mitgliedern der untergeordneten Gruppe, sondern im Normalfall im internen Kommunikationsprozess der dominanten Gruppe, aus dem die Mitglieder anderer Kollektive ausgeschlossen sind. Darüber hinaus wird diese innere Meinungsbildung stärker durch dramatische Ereignisse und Vorgänge beeinflusst als etwa durch den täglichen Kontakt mit der betreffenden Gruppe. Damit thematisiert Blumer in seinem kurzen,

---

533 Siehe Herbert Blumer, "Race Prejudice as a Sense of Group Position", *The Pacific Sociological Review* 1, 1958: 3–7, S. 7.
534 Vgl. ibid., S. 3.
535 Ibid., S. 5.

aber dichten Aufsatz schon früh die nicht zuletzt durch die Erfolge der Bürgerrechtsbewegung aufkommenden Probleme für die Gruppenposition der Weißen im Süden der USA.

Kritik an Myrdal geht weiter

Der Einfluss von Myrdals Werk war Anfang der 1960er auch in der Soziologie nicht mehr unumstritten. Auf dem Höhepunkt des während der Amtszeit J. F. Kennedys vorherrschenden liberalen Common Sense begannen sich erste Gegenstimmen Gehör zu verschaffen. Auf einer Podiumsdiskussion Ende 1963 stellte sich Myrdal seit langem wieder der Debatte über die Situation der Afroamerikaner in den USA. Einziger Afroamerikaner auf dem Podium war der Schriftsteller, Poet und Bürgerrechtler James Baldwin, der wohlmeinende amerikanische Liberale als eine Plage für Afroamerikaner bezeichnete.[536] Bei der anschließenden Diskussion meldete sich Kenneth B. Clark zu Wort:

> With all due respect to my friend and former colleague and boss, Professor Myrdal, I have come to the conclusion that so far as the Negro is concerned, the ethical aspect of American liberalism or the American Creed is primarily verbal. There is a peculiar kind of ambivalence in American liberalism, a persistent verbal liberalism that is never capable of overcoming an equally persistent illiberalism of action.[537]

Clark brachte eloquent die aufkommende Unzufriedenheit von Afroamerikanern mit weißen Liberalen zum Ausdruck. Immer mehr schien klar zu werden, dass Gleichheit für alle nur ein Lippenbekenntnis von Liberalen war und diese nichts dafür tun wollten. Interessanterweise stützten die wenigen empirischen Studien zum *American Dilemma* diese Hypothese nur zum Teil.[538] Sicherlich konnte gegenüber Myrdal eingewandt werden, er habe die Stabilität diskriminierender Handlungsweisen auch bei Menschen, die ansonsten abstrakt universale Werte vertreten, unterschätzt. Andererseits zeigte sich bei vielen Befragten eine Einsicht in Myrdals postuliertes Dilemma und auch der Versuch, es aufzulösen, indem sie sich bemühten, diskriminierende Handlungen zu vermeiden. So kam Westie in seiner empirischen Untersuchung zu Myrdals Hypothese 1965 zusammenfassend zu dem Schluss:

> In broadest outline, then, this study supports the Myrdal theory. People do experience a conflict and do try to resolve it.[539]

Mitte der 1960er Jahre schien es an der Zeit, Myrdals Grundlegung einer Soziologie der "race relations" neu zu bewerten. Dies geschah u.a. durch eine Konferenz der National Academy of Arts and Sciences, die 1965 von Clark und Parsons durchgeführt wurde und aus der der Band *The Negro American* hervorging.

---

536 Vgl. Carol Polsgrove, *Divided Minds: Intellectuals and the Civil Rights Movement*, New York, 2001, S. 201ff.
537 Zitiert nach ibid., S. 204–205.
538 Vgl. hierzu Frank R. Westie, "The American Dilemma: An Empirical Test", *American Sociological Review* 30, 1965: 527–538.
539 Ibid., S. 538.

3 Assimilation und Polarisierung von 1945 bis 1968

☙ ❧

Exkurs: "Full Citizenship for the Negro American?" von Talcott Parsons, 1966

Der Sammelband *The Negro American* von Kenneth B. Clark und Talcott Parsons, der mit einem Vorwort des damaligen Präsidenten versehen war, dokumentiert die unterschiedlichen Meinungen innerhalb der Soziologie im Jahre 1965 zum Thema.[540]

> The present project constitutes the most comprehensive survey of the problems and status of the Negro in American society since *An American Dilemma*, written by Gunnar Myrdal and his associates nearly a generation ago. It differs from the Myrdal study in one respect which must be made clear at the outset. It is not, and in the circumstances of its genesis could not be, the product of a unified research effort ...each chapter in the present volume is the personal contribution of its author.[541]

Die Perspektiven der einzelnen Kapitel reichen von positiven Aussichten für die Zukunft bis zu negativen Prognosen. Zu den eher kritischen Stimmen gehörten St. Clair Drake[542] und Daniel P. Moynihan.[543] Moynihan insistiert auf der Akzeptanzproblematik bei der euroamerikanischen Mehrheit der Bevölkerung. Je weiter die rechtliche Gleichstellung von Afroamerikanern fortschreite, desto weniger würden weiße Amerikaner bereit sein, besondere Hilfen oder Transferleistungen für Afroamerikaner zur Verfügung zu stellen.

Im Folgenden wird nur die Position Parsons in seinem Kapitel *Full Citizenship for the Negro American? A Sociological Problem*[544] bzw. die Einleitung *Why "Freedom Now", Not Yesterday*[545] interpretiert. Im Kontext der Ideen von Thomas Humphrey Marshall geht es ihm im Kern um die These, die Zukunft der Demokratie sei nur dann zu sichern, wenn sie sich strukturell und moralisch auf "full citizenship" aller Gruppen, eben auch der Afroamerikaner, einrichte. Parsons versuchte damit, Myrdals Ansatz weiterzuentwickeln und für eine allgemeine Soziologie fruchtbar zu machen.[546]

Definition der Begriffe Rasse und Ethnizität

Der Schlüsselbegriff, den Parsons zur Analyse der Inklusion von Immigranten und Afroamerikanern in die amerikanische Gesellschaft verwendet, ist Mitgliedschaft. Gesamtgesellschaften wie ethnische Gruppen sind dabei Kollektive, in denen jedem Einzelnen ein Mitgliedschaftsstatus zugewiesen wird. Jeder Mitgliedschaftsstatus ist über spezifische Aspekte definiert und steht darüber hinaus in spezifischen Relationen zu anderen Mitgliedschaften. Mitgliedschaft in einer ethnischen Gruppe ist zugeschrieben und zwar über die

---

540 Siehe Parsons und Clark (Hg.), *The Negro American*.
541 Talcott Parsons, "Introduction: Why 'Freedom Now', Not Yesterday", in *The Negro American*, hrsg. von Talcott Parsons und Kenneth B. Clark, xix–xxviii. Boston, 1966b, S. xix.
542 Siehe St. Clair Drake, "The Social and Economic Status of the Negro in the United States", ibid., 3–46.
543 Siehe Daniel P. Moynihan, "Employment, Income, and the Ordeal of the Negro Family", ibid., 134–159.
544 Siehe Talcott Parsons, "Full Citizenship for the Negro American? A Sociological Problem", ibid., 709–754.
545 Siehe Talcott Parsons, "Introduction: Why 'Freedom Now', Not Yesterday", in *The Negro American*, hrsg. von Talcott Parsons und Kenneth B. Clark, xix–xxviii. Boston, 1966b.
546 Siehe Parsons, "Full Citizenship for the Negro American?", etwa S. 719f.

Abstammung.⁵⁴⁷ Natürlich ist im Einzelfall ein Wechsel möglich, etwa bei der Heirat. Darüber hinaus sieht Parsons starke Strukturähnlichkeiten als auch Überlappungen zwischen ethnischen und religiösen Gruppen. In Bezug auf Afroamerikaner ist es die Hautfarbe, die als Symbol für eine Statuszuschreibung innerhalb der amerikanischen Gesellschaft dient.⁵⁴⁸ Entscheidend ist jedoch, wie diese Mitgliedschaften in eine moderne Gesellschaft "eingebaut" sind.

> In a pluralistic social structure, membership in an ethnic or religious group does not determine *all* of the individual's social participations. His occupation, education, employing organization, and political affiliation may in varying degrees be independent of his ethnicity or religion. On the whole, the trend of American development has been toward increasing pluralism in this sense and, hence, increasing looseness in the connections among the components of total social status. This trend has one particularly important implication for our purposes, namely, that it is essential to make a clear distinction between *inclusion* and *assimilation*. There may be pluralism of religious and ethnic groups among full citizens which cuts across many other involvements of the same people. The prototype was the original religious pluralism within the white Protestant group, which was built into the constitutional structure by the separation of Church and State and by religious toleration and freedom.⁵⁴⁹

Inklusion bedeutet also nicht ethnische, religiöse oder andere Zugehörigkeiten "abzuschaffen", sondern diese als eine Mitgliedschaft unter vielen zu sehen, und nicht durch sie die Mitgliedschaft in anderen gesellschaftlichen Bereichen dominieren zu lassen.

> The process by which previously excluded groups attain full citizenship or membership in the societal community will, in this paper, be called *inclusion*. ... It will be argued that, at least under the conditions which have prevailed in American society, this has been intimately linked with the process of differentiation which has produced an increasingly *pluralistic* social structure. Not only are there many subcollectivities within the societal community, but the typical individual participates through membership in an increasingly wide variety.⁵⁵⁰

Darüber hinaus sind diese Gruppen jedoch auch "symbolische Gruppen" also Kollektive, die für die Mehrheit gleichsam "Inkarnation" spezifischer normativer Mitgliedschaftsideen sind; Beispiele hierfür sind Juden, Katholiken, Kommunisten oder eben Afroamerikaner. Allen diesen Gruppen wird in einer spezifischen Weise unterstellt, "un-amerikanisch" zu sein, sei es in der Lebensweise, die sie an den Tag legen, sei es – insbesondere – in Bezug auf Loyalitäten zur amerikanischen Gesellschaft. Juden gelten als die permanenten Fremden, die sich nicht integrieren wollen, Katholiken als dem Papst höriger als dem amerikanischen Präsidenten, Kommunisten als Zerstörer der amerikanischen Gesellschaft. Es ist also das Zusammenspiel von verschiedenen Strukturen, von symbolischer Gruppe und Gesamtgesellschaft, das bestimmte Gruppen als "problematisch" erscheinen lässt.

---

547 Vgl. ibid., S. 715.
548 In diesem Aufsatz verwendet Parsons den Begriff "Rasse" nicht.
549 Parsons, "Full Citizenship for the Negro American?", S. 715.
550 Ibid., S. 715.

Zentrale Dimensionen der Ungleichheit

Auch um die zentralen Dimensionen der Ungleichheit zwischen verschiedenen Gruppen der amerikanischen Gesellschaft zu beschreiben, geht Parsons wieder vom Konzept der Mitgliedschaft aus, wobei er in diesem Fall die Mitgliedschaft in der Gesamtgesellschaft mit Staatsbürgerschaft gleichsetzt und versucht, über das von T.H. Marshall entworfene Konzept der Staatsbürgerschaft, zentrale Dimensionen der Ungleichheit zu fassen.

Staatsbürgerschaft ist aufgeteilt in zivile (oder legale), politische und soziale Rechte. Zivile Rechte beziehen sich auf die Einbindung ins Rechtssystem, wie etwa die Gleichheit vor dem Gesetz. Die politischen Rechte beziehen sich sowohl auf die Partizipation am politischen System wie auch auf die Herausbildung politischer Assoziationen und auf die Möglichkeit, Personen für eine Bevölkerungsgruppe sprechen zu lassen. Die soziale Komponente der Staatsbürgerschaft bezieht sich insbesondere auf die Ressourcen, die notwendig sind, um voll an der Gesellschaft zu partizipieren. Mit der Gewährung der formalen Gleichstellung von Afroamerikanern vor dem Gesetz beginnt für Parsons erst die Auseinandersetzung über das Hauptproblem: die Einlösung dieses Versprechens in der gesellschaftlichen Realität. Gleiche staatsbürgerliche Rechte *und* gleiche Chancen diese wahrzunehmen, sind für Parsons die Basis zur Inklusion einer Bevölkerungsgruppe in die Gesamtgesellschaft.[551]

Staatsbürgerschaft ist für Parsons eine notwendige, jedoch keine hinreichende Bedingung zu Inklusion. Inklusionsprozesse sind weitaus komplexer. In der Analyse der Integration von Juden und Katholiken in die amerikanische Gesellschaft versucht Parsons, die entscheidenden Komponenten für einen gelungenen Inklusionsprozess zu isolieren. Zum einen sind es strukturelle Veränderungen in der Minderheit selbst, z.B. die Liberalisierung des amerikanischen Judentums, insbesondere durch die Einwanderung westeuropäischer Juden. Genauso wichtig sind jedoch die strukturellen Eigenschaften der umgebenden Gesellschaft, im Fall der aus Europa eingewanderten Katholiken z.B. der wirtschaftliche Aufschwung und das erfolgreiche Eindringen, insbesondere irischer Minderheiten, in das lokale politische System amerikanischer Großstädte.

Der afroamerikanische Bevölkerungsteil wurde in der Zeit zwischen dem Bürgerkrieg und dem Zweiten Weltkrieg von einer, in weiten Teilen isolierten, im Süden lebenden Minderheit zu einer Gruppe, die aufgrund ihrer zunehmenden Urbanisierung auch besser mit den anderen Gruppen vergleichbar wurde. Parsons zufolge ermöglichte die durchgreifende "Modernisierung" der amerikanischen Gesellschaft letztendlich auch die Inklusion der Afroamerikaner.

> Today, more than ever before, we are witnessing an acceleration in the emancipation of individuals of all categories from these diffuse particularistic solidarities. This must be seen as a further *differentiation* of the role-set in which the individual is involved. By being included in larger community structures, the individual need not cease to be a member of the smaller ones, but the latter must relinquish certain of the controls over him which they previously exercised. This reasoning applies to aristocratic groups as much as it does to negatively privileged ones like the Negro. We have been witnessing major steps in the extension and consolidation of the societal community.[552]

---

551 Vgl. ibid., S. 716ff.
552 Ibid., S. 739.

Unterschiede in der Bewertung der zentralen Dimensionen sozialer Ungleichheit zwischen Myrdal und seinen Kritikern führt Parsons darauf zurück, dass sich auch die tatsächliche Sozialstruktur der Gesellschaft zwischen 1944 und 1965 stark geändert habe, sodass sich nun andere Faktoren in den Vordergrund drängten. Myrdals Studie kennzeichnet für Parsons das Ende einer "Latenzphase", die nach dem Erscheinen der Studie in eine Phase rapiden Wandels überging. Vier Faktoren hält er dabei für besonders relevant: (1) aufbauend auf der Erweiterung der sozialen Komponente der Staatsbürgerschaft eine Zunahme der Relevanz rechtlicher Entscheidungen, insbesondere des Supreme Court; (2) die massiven Wanderungen von Afroamerikanern in die Städte und die damit einhergehende Verbesserung der Lebenssituation; (3) das Erscheinen einer ausgeprägten afroamerikanischen Mittelklasse; und (4) die veränderte Rolle Amerikas in der Welt, insbesondere bezogen auf seine moralische Führerschaft.[553]

Das Bild der amerikanischen Gesellschaft

Parsons analysiert die amerikanische Gesellschaft am Modell der vollen Mitgliedschaft in der "societal community".

> This term [societal community] refers to that aspect of the total society as a system, ... which is the focus of solidarity or mutual loyalty of its members, and which constitutes the consensual base underlying its political integration.[554]

So wie "citizenship" die verschiedenen Rechtspositionen innerhalb einer Gesellschaft meint, so bezieht sie sich ebenso auf Mitgliedschaft in der Gesamtgesellschaft. Entsprechend seiner Unterscheidung zwischen Assimilation und Inklusion, plädiert er für ein Modell der amerikanischen Gesellschaft, in dem der kulturelle Pluralismus verschiedener Gruppen einen konstitutiven Stellenwert hat.

> Near the beginning of this essay, the distinction between inclusion and assimilation was stressed. The purport of this latest phase of the analysis is to suggest that to identify non-discrimination (that is, inclusion) too strongly with complete "color-blindness" might be to throw away a very precious asset, not only for the Negro, but for American society as a whole. My own view is that the healthiest line of development will be not only the preservation, but the actual building up, of the solidarity of the Negro community and the sense that being a Negro has positive value. In the process there is the danger of cultivating separatism, as most conspicuously exemplified by the Black Muslims. But the pluralistic solution, which has been stressed throughout this discussion, is neither one of separatism – with or without equality – nor of assimilation, but one of full participation combined with the preservation of identity.[555]

03 80

---

553 Vgl. Parsons, "Introduction: Why 'Freedom Now', Not Yesterday", S. xx–xxiii.
554 Parsons, "Full Citizenship for the Negro American?", S. 709–710.
555 Ibid., S. 750.

Mitgliedschaft und Full Citizenship

Es erschienen nicht sehr viele zeitgenössische Besprechungen des Buches, diese wenigen waren jedoch sehr positiv, so etwa die von Joseph Drake in *Social Forces*:

> There is little doubt that this is the most important book on this subject since Myrdal's *American Dilemma*.[556]

Besonders hervorgehoben wurde der Reichtum der dargestellten empirischen Ergebnisse bis hin zu einem beachteten Fotoessay, der in eindringlichen Schwarzweißphotographien Situationen aus dem Leben von Afroamerikanern zeigt. Die meisten Beiträge des Bandes argumentieren historisch, nehmen also immer längere Trends und Entwicklungen in den Blick. Einer der wenigen Kritikpunkte war, dass im gesamten Buch "race riots" nur am Rande behandelt und die radikaleren neueren Gruppierungen von Malcom X bzw. den Black Muslims ausgeblendet würden. Darüber hinaus werde zwar die internationale Situation beschrieben, aber auch hier seien wichtige "Identitätsbewegungen", wie etwa die Negritude, kaum beachtet worden.[557]

Die Relevanz von Parsons *Full Citizenship* wurde nur teilweise erkannt.[558] Der Begriff Rasse wird von Parsons überhaupt nicht verwendet, sondern er spricht nur von Afroamerikanern, die als Gruppe über ihre Hautfarbe bestimmt werden; ethnische Gruppen sind für ihn Gruppen, deren Mitgliedschaft über Abstammung zugeschrieben wird.

Wichtig an diesem Text ist u.a. die argumentative Schwerpunktverlagerung vom Konzept der Assimilation auf das Konzept der Inklusion. Parsons geht davon aus, dass es gelingen könne, verschiedene ethnische Gruppen und Afroamerikaner ebenso in die amerikanische Gesellschaft zu inkludieren, wie es z.B. gelungen sei, die vielen protestantischen Gruppen in einem Staatsgefüge als gleiche Bürger zusammenzuführen, ohne dass sie ihre religiöse Bindung hätten aufgeben müssen. Für Parsons sind moderne Gesellschaften durch multiple Mitgliedschaften gekennzeichnet. Die Mitgliedschaft in vielen unterschiedlichen Gruppen bedeute nicht, dass die Bindekraft zu kleineren Gruppen diffuser Solidarität, wie etwa ethnischen Gruppen abnehmen muss. Die Relation dieser Mitgliedschaft zu anderen Mitgliedschaften müsse jedoch neu bestimmt werden. Während ursprünglich die Mitgliedschaft in einer ethnischen Gruppe alle anderen Mitgliedschaften bestimmte, sei sie in modernen Gesellschaften nur eine Mitgliedschaft unter vielen.[559] Der Steuerungsmechanismus, der die Relationen von Mitgliedschaften in modernen Gesellschaften untereinander bestimmt, ist für Parsons "citizenship": Legale, politische und soziale Rechte stellen sicher, dass die Mitgliedschaft in einer ethnischen Gruppe nicht in die Mitgliedschaft in andere Sphären der Gesellschaft eingreifen kann. "Citizenship" schreibt nicht fest, welche Position

---

556 Joseph T. Drake, "Review: The Negro American", *Social Forces* 45, 1966a: 303, S. 303.
557 Siehe hierzu die ansonsten sehr positive Besprechung McCord, "Review: The Negro American", S. 275.
558 Der Artikel wurde allerdings durchaus in der "race and ethnic relations"-Forschung verwendet. So kritisiert etwa die Besprechung der Sammlung wichtiger Aufsätze von Pettigrew (Hg.), *The Sociology of Race Relations: Reflection and Reform*, 15 Jahre später, dass dieser Text fehlt. Vgl. Silvia Pedraza-Bailey, "Review: The Sociology of Race Relations", *Contemporary Sociology* 10, 1981: 682–683, S. 683.
559 Bekanntestes Beispiel sind hier z.B. Juden im Mittelalter, denen aufgrund ihrer Gruppenmitgliedschaft bestimmte Wohngebiete und Berufe zugewiesen wurden. In rechtlich weniger reglementierter Form konnte die Mitgliedschaft in einer Immigrantengruppe auch die Ansiedlung und den Beruf z.B. eines Iren im 19. Jahrhundert in den USA bestimmen.

ein spezifisches Individuum etwa in der Ökonomie oder in der Familie hat, sondern gibt nur den Rahmen an, wie Mitgliedschaft in den einzelnen Sphären bestimmt wird. Die tatsächliche Positionsverteilung bleibt der jeweiligen Sphäre überlassen. In diesem Sinne hält Parsons "citizenship" für die Grundlage von Ungleichheit in einer Gesellschaft.

Im Spannungsverhältnis zu "citizenship" als Steuerungsmechanismus multipler Mitgliedschaften stehen nach Parsons symbolische Gruppen. Damit ist gemeint, dass bestimmte ethnische Gruppen innerhalb der amerikanischen Gesellschaft symbolisch z.B. für Illoyalität gegenüber den USA oder für kollektiven ökonomischen Erfolg stehen. In der Ausdifferenzierung der Mitgliedschaften der Angehörigen solcher symbolischer Gruppen liegt jedoch die Chance, gleichsam das symbolische Bild der Mehrheitsgesellschaft zu desavouieren, indem es z.B. für die USA loyal in den Krieg ziehende Katholiken oder geschäftlich völlig erfolglose Juden gibt. Damit verschwindet nicht die ethnische Gruppe, aber ihr symbolischer Gehalt ändert sich, die Gruppe wird nicht mehr als Gefahr für die amerikanische Gesellschaft angesehen. So beantwortet sich auch die Frage, die sich im Anschluss an Blumers Artikel *Race Prejudice as a Sense of Group Position* stellt: Wie ist der soziale Aufstieg bzw. die Inklusion einer Gruppe möglich? Eben nicht, indem die Gruppengefühle wie Gefahr oder Deprivation abgeschafft oder ignoriert werden, sondern indem sich das Bild etwa einer als bedrohlich eingeschätzten Gruppe durch Inklusion ändert. Da "citizenship" für die Angehörigen einer Gruppe die Zugangsrechte zu Mitgliedschaften garantiert, ist "citizenship" auch der Garant für die multiple Inklusion von Individuen. Dies führt zur Ausdifferenzierung der Mitgliedschaften der Angehörigen ethnischer Gruppen. Wechselt man die Perspektive und blickt auf die Gesamtgesellschaft, so konstituiert sich durch diese, über "citizenship" gesteuerten multiplen Mitgliedschaften einzelner innerhalb einer Gesellschaft ebenso auch die Mitgliedschaft in der gesamten nationalstaatlich verfassten Gesellschaft. Gesellschaft wird dabei wiederum als Kollektiv gedacht, Zugehörigkeit zur Gesamtgesellschaft wird über die Erlangung der vollen Staatsbürgerrechte hergestellt. Volle Staatsbürgerschaft erfordert einerseits die Loyalität jedes einzelnen zur Gesellschaft, enthält aber andererseits auch die Solidaritätsverpflichtung aller Staatsbürger untereinander.

Am Ende des Buches versucht Everett C. Hughes eindrucksvoll, die Anomalien und Paradoxien der amerikanischen Situation zu beschreiben.[560] Er schließt dabei an das Konzept des "full citizenship" von Parsons an und hebt noch einmal hervor, dass "citizenship" als Mitgliedschaft auch Mitgliedschaft in einer "moral community" bedeutet.[561] Weiß und Schwarz sind für Hughes nicht einfach willkürliche Einteilung von Menschen über die Hautfarbe, sondern in der amerikanischen Gesellschaft sind dies Kategorien, die moralische Verpflichtungen begrenzen. Weiße schulden Schwarzen nicht die gleiche Solidarität wie Weißen und umgekehrt. Um diese Teilung in zwei "moral communities" zu stützen, hat die amerikanische Gesellschaft die "one-drop rule" entwickelt, nach der jeder Afroamerikaner ist, der auch nur einen Tropfen afroamerikanischen Blutes in sich trägt.[562] Die dichotome Kategorisierungsregel ist während der Jim-Crow-Ära entstanden und besteht auch heute noch, um moralische Verpflichtungen auf die jeweils eigene schwarze oder weiße Gruppe zu begrenzen. Für Everett Hughes ist diese Dichotomisierung Ausdruck und Grund für die

---

560 Vgl. Everett C. Hughes, "Anomalies and Projections", in *The Negro American*, hrsg. von Talcott Parsons und Kenneth B. Clark, 694–708. Boston, 1966.
561 Vgl. ibid., S. 698ff.
562 Ausführlich hierzu Kapitel 5.2.1.

Spaltung der amerikanischen Gesellschaft, die nur durch die Überwindung dieser Dichotomie bekämpft werden kann. Hughes selbst hält jedoch diese Dichotomisierung für kaum unüberwindbar. Die Idee, dass Menschen schwarz oder weiß sein müssen und es Mischlinge nicht geben kann, ist zu tief in den kollektiven Vorstellungen von Amerikanern verankert. Wie dieser Automatismus der Zuordnung abläuft, zeigt Hughes in der für ihn typischen Weise mit einer persönlichen Schilderung:

> The significance of race in North America and our definition of it have given us sharp and suspicious eyes. Most Americans will immediately place another with but few Negroid characteristics as a Negro. ... Once we have placed a person in the Negro category, it takes strong proof to the contrary to alter the assignment. We may even place them without any biological signs. Twice in my career a blond blue-eyed student has drawn my office door shut after her in a way that told me – from experience as a college teacher – that she was about to reveal her troubling secret, and before she could speak I knew – from being an American – what the secret was to be. One, a young woman, had come from the West to Chicago to escape from her Swedish mother and become a Negro – when it suited her. ... The other, a middle-aged woman, had moved North to become white so that her daughter could do likewise. ... I do not go around looking for Negroes behind pale faces and blue eyes, but I carry the experience of America in me. I am quick to classify by race; I do not mean to be, but I am. Our definition of races is then both complicated and simple. There is no American who could not be a Negro, so far as physique is concerned. In that sense it is complicated. It is simple, however, in that anyone is a Negro if it is obvious that some of his ancestors were Negroid, and in that anyone is considered a Negro if it is known or strongly rumored that one or more of his ancestors were Negroid. The American white race is a residual category whose members have developed an uncanny and suspicious eye for any who do not belong.[563]

Der Reader *The American Negro* zeigt in seiner ganzen Breite der Perspektiven die Verwicklungen und Probleme der Situation von Afroamerikanern. Die Analysen von Parsons and Hughes ergänzen sich insofern, als Parsons mit "citizenship" eine Konzeptionalisierung von Mitgliedschaft in der amerikanischen Gesellschaft gelungen ist, die den Weg aus dem Rasse-Kasten-System hinaus weist; Hughes hingegen zeigt auf, wie die Kategorisierungen, die Amerikaner und Amerikanerinnen in alltäglichen Situationen vornehmen, diese Zweiteilung der amerikanischen Gesellschaft fortwährend stabilisieren.

3.5 Rasse und Ethnizität: Vom Fall des Assimilationismus

Dieses Kapitel begann mit den hoffnungsvollen Erwartungen von Parsons und Barber über die neuen Möglichkeiten der Soziologie nach dem Zweiten Weltkrieg angesichts der Aufgaben und Herausforderungen einer sich dynamisch verändernden Gesellschaft. Das Vierteljahrhundert von 1945 bis 1970 barg Licht und Schatten für das Fach. Einerseits ist die Expansion der Soziologie als Unterrichtsfach sicher positiv hervorzuheben, so wie die vielen wichtigen konzeptionellen und methodischen Neuerungen, andererseits war die Soziologie zunehmend zerstritten über die Relevanz von Fragestellungen, Methoden und Theorien. Auch war es dem Fach nicht gelungen, den Anspruch, sich als wichtige Quelle der Politikberatung zu positionieren, wirklich zu erfüllen. Letzteres lag nicht zuletzt daran, dass

---

563 Hughes, "Anomalies and Projections", S. 699.

sich die Soziologie als ein besonders liberales Fach an amerikanischen Universitäten etablierte. In einer Sekundäranalyse zur Einstellung von Soziologen und Soziologinnen, die an amerikanischen Universitäten arbeiten, stellten Lipset und Ladd fest, dass nach dem Zweiten Weltkrieg Soziologen überwiegend liberaler waren als andere Mitglieder der Universität.

> In general, these data indicate that while liberal to left propensities are characteristic of all social scientists, there is a progression to the right from the social sciences to the humanities to the natural sciences, and an even stronger progression to the right by the applied fields with a close connection to the economic enterprises – business administration, engineering, and agriculture. While they closely resemble their associates in the other social sciences on national questions, sociologists are almost invariably somewhat to the left.[564]

Hinsichtlich dieses allgemeinen Trends machte die "race and ethnic relations"-Forschung keine Ausnahme. Eine im Großen und Ganzen eher progressive Gruppe von "race and ethnic relations"-Forschern und Forscherinnen war zerstritten über Prioritäten und Zukunft der Teildisziplin. Die dominierenden Gestalten der Vorkriegszeit, wie Park und Odum, waren abgetreten, eine neue Generation von Soziologinnen und Soziologen etablierte sich auf diesem expandierenden Teilgebiet.

Ethnizität in der Soziologie

Die Definition von Ethnizität selbst hatte sich nur wenig geändert. Den zentralen Punkt der Abstammung, fast durchgängig präsent in allen Definitionen, formuliert z.B. Parsons in *Social System*:

> An ethnic group is an aggregate of kinship units, the members of which either trace their origin in terms of descent from a common ancestor or in terms of descent from ancestors who all belonged to the same categorized ethnic group.[565]

Die Konnotationen dieses Begriffes hatten sich jedoch geändert. Für Warner waren Angehörige einer ethnischen Gruppe, Menschen, die erst in jüngerer Zeit in die USA eingewandert waren. Die traumatischen Erfahrungen der Migration waren also noch jung in der Familiengeschichte, der schwierige Prozess der Individualisierung und Neuorientierung in der amerikanischen Gesellschaft hatte erst begonnen. Mitte der 1960er Jahre war Ethnizität für Glazer und Moynihan sowie Gordon dann ein Synonym für eine nützliche Ressource der Selbstbehauptung in der amerikanischen Gesellschaft, die Probleme und Brüche, die mit der ursprünglichen Migration einhergingen, waren für viele Angehörige ethnischer Gruppen nur noch nebelhafte Erinnerung.

Auch hinsichtlich der Einordnung von ethnischen Gruppen in die amerikanische Gesamtgesellschaft wurde von Warner und Gordon der gleiche Begriff verwendet, und zwar "Assimilation". Assimilation hatte aber bei diesen Autoren eine fast gegensätzliche Bedeutung. Für Warner war es empirisch nachweisbar, wie Aspekte der ursprünglichen Ethnizität:

---

564 Seymour M. Lipset und Everett C. Ladd, Jr., "The Politics of American Sociologists", *American Journal of Sociology* 78, 1972: 67–104, S. 70.
565 Talcott Parsons, *The Social System*, Glencoe, Ill., 1964 [1951], S. 172.

Sprache, Lebensweisen, Werte und Einstellungen in ihrer Unterschiedlichkeit und Bindekraft nachließen. Wichtigster struktureller Grund hierfür war, dass keine neuen "ethnics" als Immigranten einwanderten. Für die Angehörigen der ethnischen Gruppe war der ökonomische Aufstieg der Schlüssel zur Assimilation. Mit dem Erlernen der Kultur des amerikanischen Mittelstands lösten sich ethnische Enklaven auf und gingen in die amerikanische Mehrheitsgesellschaft über. Diese Gruppen bildeten kein Problem mehr in der amerikanischen Gesellschaft, und die Soziologie forschte nur noch wenig über sie. Für Warner war Assimilation ein empirisch nachvollziehbarer Prozess, und er schloss aus dem Verschwinden kultureller ethnischer Spezifika, dass auch Ethnizität verschwinden würde.

Für Gordon in seinem *Assimilation in American Life*, ebenso wie für Glazer und Moynihan, sind ethnische Gruppen eine typisch amerikanische Sozialform, die erhalten bleiben wird. In der Erkenntnis, dass Prozesse in Sozialstruktur, Kultur und Identifikation mit unterschiedlichen Dynamiken verlaufen können, werden verschiedene Mechanismen postuliert, die zur Stabilisierung ethnischer Gruppen führen. Zwar nehmen tatsächlich Unterschiede in Sprache, Lebensweisen, Werten und Einstellungen meist ab, dieses bedeutet jedoch nicht, dass auch ethnische Gruppen aus der amerikanischen Gesellschaft verschwinden. Assimilation ist für Warner der Hauptprozess, der unumgänglich zum Verschwinden ethnischer Gruppen führen wird. Bei Gordon stellt Assimilation ein vielschichtiges Phänomen dar, in dem verschiedene Dimensionen in unterschiedlichem Grade zu Angleichung und Differenz führen. Der Begriff hatte sich von der Metapher für einen homogenen Endzustand zur Charakterisierung eines heterogenen Prozesses gewandelt.

Rasse in der Soziologie

Schwieriger ist es, die Mitte der 1960er langsam spürbare Transformation des Rassebegriffs zu fassen. Das Konzept der Rasse war für Myrdal desavouiert und als wissenschaftlicher Begriff nicht mehr haltbar. Nicht zuletzt durch den Krieg wurde die Diskriminierung von Schwarzen in der amerikanischen Gesellschaft als immer unhaltbarer empfunden. Mit den zunehmenden Erfolgen der Bürgerrechtsbewegung war die entscheidende Frage in Bezug auf Afroamerikaner: Warum fand Assimilation nicht statt? Warners Klassen- und Kastenmodell sowie Myrdals Prinzip der Kumulationen schienen eine Antwort darauf zu geben. Die völlige Trennung von Weiß und Schwarz in zwei Welten, gepaart mit ineinander greifenden Benachteiligungen in allen Lebensbereichen, stabilisierten einen als moralisch unhaltbar erachteten Zustand. Warner und Myrdal träumten den Traum von der farbenblinden Gesellschaft. Während Warner kaum Hoffnungen hegte, er könnte Wirklichkeit werden, setzte Myrdal auf die nachhaltige Wirkung gesellschaftlicher Reformen.

Als der Optimismus von Myrdal an Plausibilität verlor und die Analyse oder gar Kritik an gesellschaftlichen Strukturen als kommunistisch gebrandmarkt wurde, begannen viele Forscher, sich von der Soziologie im engeren Sinne zu verabschieden. So kommentiert Pettigrew:

> The postwar years were characterized by the dominance of psychological analyses of race relations with emphasis upon "prejudice." Indeed, over the 1944-1968 period, two completely psychological volumes – T.W. Adorno, et al.'s *The Authoritarian Personality* and Gordon W. All-

port's *The Nature of Prejudice* – were among the most cited books in sociological articles on race relations.[566]

Das desavouierte Konzept der Rasse wurde durch die Hintertür der Analyse des Rassismus perpetuiert. In den zahlreichen Belegen für die Existenz von Rassismus in der amerikanischen Gesellschaft wurde Rasse als Objekt dieser Vorurteile als Referenz immer mitgedacht. Der an individueller Vorurteilsforschung orientierte "Mainstream" der "race and ethnic relations"-Forschung wurde von der Dynamik der Bürgerrechtsbewegung überrascht. Trotz klarer Analysen von Vorurteilsstrukturen und des offensichtlichen Widerspruchs, der zwischen moralischem Anspruch und realem Handeln vieler Weißer klaffte, wurde die Sprengkraft, die das Aufeinanderprallen von Vorurteilen und Urteilen in verschiedenen Situationen haben konnte, völlig unterschätzt. Darüber hinaus begannen, wie von Blumer in *Race Prejudice as a Sense of Group Position* dargestellt, viele Weiße zunehmend Angst um ihre Position zu entwickeln und Widerstände gegen Reformen verhärteten sich. In der zunehmenden Politisierung – auch der "race and ethnic relations"-Forschung selbst – wurden komplexere Analysen überhört. Für viele, die über Afroamerikaner forschten, wurde immer klarer, dass Rasse selbst wohl ein entscheidender Faktor zur Erklärung der anhaltenden Probleme sein musste. Parsons Weiterentwicklung des "citizenship"-Konzepts, das nicht nur den einfachen Begriff der Assimilation verabschiedete, sondern auch den simplen Ruf nach absoluter Gleichheit aller als unhaltbar begründete, wurde praktisch kaum rezipiert. Offensichtlich hatte das "Hinwegreden" der Existenz von Rassen nicht bewirkt, dass diese verschwinden, also wurde der Begriff nun selbst auch offensiv zur Analyse verwendet.

Bürgerrechtsbewegung, gesellschaftliche Turbulenzen und die Soziologie

Optimistische Einstellungen zum möglichen Einfluss der Sozialwissenschaften auf Politik und Gesellschaft waren Ende der 1960er also obsolet geworden. Die Kluft hinsichtlich Bildung, Arbeitslosigkeit und Einkommen zwischen Schwarz und Weiß in der Gesellschaft der USA war zwar geringer geworden, doch die Situation der Afroamerikaner stellte sich für viele Beobachter als immer unbefriedigender dar. Die gesetzliche Diskriminierung war abgeschafft, aber Benachteiligungen und Diskriminierungen von Afroamerikanern bestanden faktisch weiter. Nahm man "Gleichheit" hinsichtlich aller Aspekte des Lebens zum Maßstab, so waren die Versprechungen der Bürgerrechtsbewegung wie die der Sozialwissenschaften nicht erfüllt worden. Die Erfolge von einer durch Sozialwissenschaften inspirierten Bürgerrechtsbewegung hatten vor allem zur Erhöhung der Ansprüche geführt. Erreichtes erschien zunehmend defizitär.

Diese gesellschaftlichen Spannungen in der zweiten Hälfte der 1960er wurden auch innerhalb der Soziologie spürbar. Der Konsens über die Myrdal-Studie zerfiel:

> Events were quickly lurching out of control, however, and other liberals were moving beyond the Myrdalian framework. While Myrdal's work continued to be respected, there was no Myrdal school in American social science that controlled key journals and departments and whose members were prepared to leap to the defense of the master any time his ideas were criticized.[567]

---

566 Pettigrew (Hg.), *The Sociology of Race Relations: Reflection and Reform*, S. 133.
567 Jackson, *Gunnar Myrdal and America's Conscience: Social Engineering and Racial Liberalism, 1938–1987*, S. 306.

Ein Vierteljahrhundert nach dessen Erscheinen war *An American Dilemma* also gänzlich "out". Die Bewegung der amerikanischen Gesellschaft hin zu mehr Demokratie, die das Werk begleitet und teilweise mit angestoßen hatte, hatte sich in zahlreiche "Bewegungen" aufgefächert. Der liberale Common Sense wurde immer stärker von einer sich radikalisierenden Bürgerrechtsbewegung und von einer sich polarisierenden Soziologie angegriffen und desavouiert. Myrdal war nun "veraltetes Wissen" gegen das sich "progressive Kräfte" mit neuen Sichtweisen wandten. Wenn auch vermehrt subkutan hatte Myrdals Werk also immer noch eine Wirkung, aber sozusagen mit umgekehrten Vorzeichen. Der Weg, den er gewiesen hatte, galt als Sackgasse, die es tunlichst zu vermeiden galt.

Während es Parsons und Clark noch gelang, ganz unterschiedliche Perspektiven in ihrem Band zu vereinigen, prägten sich die Konfliktlinien innerhalb der Soziologie immer schärfer aus. Es begann eine Zeit, in der generell in Frage gestellt wurde, ob Weiße überhaupt legitim über Afroamerikaner forschen dürften. Der Caucus of Black Sociologists forderte, dass nur noch Forschungen durchgeführt werden sollten, die der Befreiung und Legitimation des Kampfes unterdrückter Bevölkerungsgruppen dienlich seien.[568] Der Kampf gegen Unterdrückung und zugleich die Unüberwindbarkeit von Rassenkonflikten etablierten sich nun als zentrales Thema in der amerikanischen Soziologie. Dem weißen Soziologen und Ethnologen Pierre van den Berghe schien es deshalb erforderlich, in international vergleichenden Studien auf die Universalität und Unvermeidbarkeit von Rassismus hinzuweisen.[569] In seinem Buch *Race and Racism: A Comparative Perspective* von 1967 zeichnete er ein illusionsloses Bild der amerikanischen Soziologie:

> In the last three or four years, with the rather sudden swing of vocal segments of the American Negro leadership away from integration and consensus and toward a more militant ideology of group identity and conflict, there has been a remarkable shift in the intellectual climate of social scientists specializing in this field. Optimism becomes stigmatized as naïve, conventional liberal ideology is increasingly questioned, and conflict theory is becoming fashionable... In the race relations field, more than in many others, social science theory is little more than a weathercock shifting with ideological winds.[570]

Die umgeschlagene Stimmung spiegelte sich auch in Berichten an die Regierung wider. So stellte etwa der Bericht der *National Advisory Commission on Civil Disorders* von 1968, der die Ursachen der "race riots" untersuchen sollte,[571] in Aussicht, die Nation drohe in zwei nicht mehr zu vereinende Blöcke auseinander fallen: Euroamerikaner auf der einen, Afroamerikaner auf der anderen Seite. Dieser von vielen Sozialwissenschaftlern gelobte so genannte Kerner-Report forderte zur Verbesserung der Lage sofortige nationale Maßnahmen in praktisch allen Bereichen des Lebens: von der Desegregation von Nachbarschaften bis zum Bildungssystem. Der Bericht leitete im Laufe der nächsten zwei Jahrzehnte eine lange Serie weiterer Untersuchungsberichte ein, die von den jeweiligen Regierungen in

---

568 Vgl. Southern, *Gunnar Myrdal and Black-White Relations: The Use and Abuse of An American Dilemma, 1944–1969*, S. 266.
569 Vgl. Pierre L. Van den Berghe, *Race and Racism: A Comparative Perspective*, New York, 1967. Ebenso einflussreich und mit ähnlichen Argumenten siehe auch die späteren Werke des Autors, wie Van den Berghe, *The Ethnic Phenomenon*, im Exkurs in Kapitel 4.3.2 in diesem Buch.
570 Van den Berghe, *Race and Racism: A Comparative Perspective*, S. 7–8.
571 Vgl. Philip J. Meranto, *The Kerner Report Revisited: Final Report and Background Papers*, Urbana, 1970.

Auftrag gegeben wurden, allerdings praktisch keinerlei Einfluss mehr auf die Politik hatten. Die in eine linke und eine rechte Fraktion zerfallenden Sozialwissenschaften sollten nun Werke verfassen, die jeweils von der einen Seite gelobt und von der anderen Seite abgelehnt wurden. Es wurde aber immer schwieriger, aus diesen Arbeiten in irgendeiner Weise sinnvolle Politikberatung abzuleiten. Rasse – gemeint waren meist Afroamerikaner – war wieder zum Synonym für eine nicht assimilierbare Problemgruppe geworden. Der einzige Unterschied zur Vorkriegszeit lag scheinbar nur darin, dass nun viele Organisationen der Afroamerikaner es geradezu für verwerflich hielten, eine "Angleichung" zwischen Weiß und Schwarz anzustreben. Die Bürgerrechtsbewegung hatte den weißen Liberalen und einer liberalen universalistischen Soziologie à la Myrdal vertraut und war zumindest teilweise gescheitert.

4 Der Aufstieg des Multikulturalismus von 1969 bis 1989: Partizipation und Zergliederung in einer Gesellschaft auf dem Weg zur "Normalität"

> Work, culture, liberty, – all these we need,
> not singly but together, not successively but together,
> each growing and aiding each,
> and all striving toward that vaster ideal
> that swims before the Negro people,
> the ideal of human brotherhood...
> (W.E.B. Du Bois, 1903)[572]

In mancherlei Hinsicht war der Vietnamkrieg ein verlorener Krieg und der Scheidepunkt für eine neue Phase der amerikanischen Gesellschaftsentwicklung. Auch die Situation des Faches Soziologie schien bei weitem nicht mehr so vielversprechend wie nach dem Zweiten Weltkrieg. In seiner "presidential address" mit dem Titel *Two Methods in Search of a Substance* zeichnet Lewis A. Coser kein besonders freundliches Bild seines Faches:

> I am perturbed about present developments in American sociology which seem to foster the growth of both narrow, routine activities, and of sect-like, esoteric ruminations.[573]

Müde Routine und esoterische "Wiederkäuereien" waren den Chancen und positiven Beiträgen gewichen, die direkt nach dem Zweiten Weltkrieg Parsons und Barber noch erwarten konnten.[574] Das Feld der "race and ethnic relations"-Forschung war in ähnlich desolatem Zustand wie die gesamte amerikanische Soziologie; es wurde zu einem unübersichtlich expandierenden Gebiet, das durch ideologische Konflikte gekennzeichnet war.

Doch dieser Zustand führte auch zu einer begrifflichen Neuorientierung. Die Erschütterung des Selbstbildes der amerikanischen Gesellschaft hatte Verschiebungen in Problemwahrnehmungen zur Folge, die an der "race and ethnic relations"-Forschung nicht spurlos vorübergingen:

> By the early 1970s scholars began asking new questions – the very opposite of those posed by assimilationists – "Why do ethnic and racial affiliations persist, seem particularly resistant to change, and appeal to be particularly effective for organizing conflict? Why haven't ethnic ties

---

572 Du Bois, *The Souls of Black Folk: Essays and Sketches*, Wiederabdruck in Sundquist (Hg.), *The Oxford W.E.B. Du Bois Reader*, S. 97–240, S. 106.
573 Lewis A. Coser, "Presidential Address: Two Methods in Search of a Substance", *American Sociological Review* 40, 1975: 691–700, S. 691. Seine Beispiele sind die Pfadanalyse als eingeschränktes Routinehandeln und die Ethnomethodologie als Sekte, beide unfähig, soziologisch substanzielle Ergebnisse zu produzieren.
574 Vgl. Talcott Parsons und Bernhard Barber, "Sociology, 1941–46," *American Journal of Sociology* 53, 1948: 245–257, S. 256.

disappeared, or at least become subordinated to other ties, such as class and occupation, as the assimilationists had predicted?" This renewed concern with ethnic and racial issues, spurred by increased state attention and expenditures, represented a windfall for the social sciences. ... New journals devoted to ethnicity proliferated, universities established ethnic studies programs by the score, and new textbooks on racial and ethnic studies spread as quickly and were received with as much enthusiasm as dandelions on a well-manicured lawn.[575]

Zwei Veränderungen in den Perspektiven der amerikanischen Soziologie der 1970er und 1980er Jahre sind zu unterscheiden: (1) Die Beschreibungen der amerikanischen Gesamtgesellschaft stellen sich von verschiedenen Ideen, die um den Begriff der Assimilation gruppiert waren, auf die Perspektive des Multikulturalismus um. (2) Der Versuch, Rasse aus dem Vokabular der Soziologie zu streichen, war gescheitert; die Gleichungen Rasse = Afroamerikaner und Ethnizität = europäische Einwanderung waren wieder anerkannt. Beide Trends sollten Ende der 1980er beginnen, sich fast in ihr Gegenteil zu verdrehen: (1) Die Perspektive des Multikulturalismus geriet aufgrund ihrer Tendenz der Verdinglichung von Gruppendifferenzen unter starken Druck und Assimilationsideen gewannen langsam wieder an Prominenz. (2) Nicht zuletzt durch die neue heterogene Zuwanderung begann sich die Kopplung zwischen Rasse und Afroamerikanern einerseits und zwischen Ethnizität und Immigration andererseits wieder zu lösen.

Mit den 1970ern war auch die Ära der großen soziologischen Werke, die Diskussionen über Jahrzehnte beeinflussten, vorbei. Wie der oben genannte Löwenzahn auf dem gepflegten Rasen der Wissenschaft trieben an vielen Stellen neue Werke zu schneller Blüte aus, um ebenso schnell wieder zu vergehen. Das Sammeln von Informationen über verschiedene ethnische Gruppen rückte wieder in den Vordergrund, und der Fokus der Analyse verschob sich auf zentrale Dimensionen der Ungleichheit, die mit Rasse bzw. Ethnizität kovariieren.

Auch dieses Kapitel teilt sich wieder in fünf Unterkapitel. Beginnen wir zuerst in den 1970ern mit dem "ethnic revival" und dem neu erwachten Interesse an der Soziologie der ehemaligen Immigrantengruppen (4.1). Im darauf folgenden Kapitel (4.2) wird aufgezeigt, wie mit den enttäuschten Hoffnungen vieler Afroamerikaner die andauernde Relevanz des Konzepts der Rasse einherging. Mit den 1980ern kommt es dann um die wiedereinsetzende Migration zu Konflikten und Polarisierungen (4.3). Für viele Führer der Afroamerikaner waren die 1980er "verlorene Jahre", nicht zuletzt die Stagnation politischen Handelns fokussierte neue soziologische Ansätze auf die Dynamik von "racial formations" (4.4). Der beginnenden Entkopplung der Begriffe Rasse und Afroamerikaner zusammen mit der anfangenden Demontage des Multikulturalismus widmet sich das zusammenfassende letzte Kapitel (4.5).

4.1 Die "unmeltable symbols" der Ethnizität: Ende der 1960er bis Ende der 1970er Jahre

Auch zu Beginn der 1970er Jahre schien Immigration kein Problem für die amerikanische Gesellschaft darzustellen. Zwar war diese Zeit gekennzeichnet durch ein weiteres Erstarken ethnischer Gruppen, diese stammten aber aus Einwanderungen, die überwiegend vor dem

---

575 Richard H. Thompson, *Theories of Ethnicity: A Critical Appraisal*, New York, 1989, S. 3.

Zweiten Weltkrieg stattgefunden hatten.[576] Das Bewusstsein vieler dieser Einwanderergruppen, eine abgrenzbare Einheit innerhalb der amerikanischen Gesellschaft zu sein, nahm zu. Das Credo dieser Bewegung ist wohl in Novaks *The Rise of the Unmeltable Ethnics*[577] niedergelegt:

> In a time of crisis and confusion, those who find resources in an ethnic history have a clear sense of reality, a story to live out, symbols about which they are clear. They are freer in meeting others, more flexible in taking chances, less inclined toward *ressentiment*. It is not surprising, then, that persons who take an active part in ethnic activities are considerably less likely to be prejudiced against others than the average American.[578]

In einer Situation, in der Mitglieder von ethnischen Gruppen "freier", "flexibler" und "mit einem klareren Realitätsbewusstsein" ausgestattet sind, war es nur logisch, diesen Gruppen wieder mehr Bedeutung zuzumessen. In seiner Beschreibung *Ethnicity in the United States* bemerkte der Soziologe und katholische Pfarrer Andrew Greeley in ironischem Tonfall:

> The 1960s and the early 1970s were a time of social movements. As is common among American Catholics, the white ethnics have jumped aboard the bandwagon just when everybody else seems to be getting off of it.[579]

Die Lehre, die die amerikanische Gesellschaft aus ihrer Einwanderungsgeschichte zog, hatte sich zwischen dem Anfang der 1950er Jahre und den beginnenden 1970er Jahren umgekehrt. War Oskar Handlin noch der Meinung, dass die gespürte Geschichte eigener Entwurzelung für die Abkömmlinge der Einwanderer eine traumatische Erfahrung und damit den entscheidenden Schub zur Individualisierung darstellen würde,[580] so bot die Einwanderungsgeschichte in den Augen Novaks nun die Möglichkeit, "Wurzeln" zu finden, und sich selbst als Mitglied eines Kollektivs zu verstehen: Die Mitgliedschaft in einer besonderen Gruppe wurde Grundlage für die Besonderheit des Einzelnen.

4.1.1 Immigranten in einer frustrierten Gesellschaft

Die 1970er waren eine Zeit der wiedereinsetzenden Migrationsdynamik, obwohl dies erst langsam in das öffentliche Bewusstsein Amerikas drang. Diesen schleichenden Aufbruch in eine neue Zeit beschrieb der englische Historiker Maldwyn Allen Jones in einem neu eingefügten Kapitel *The New American Mosaic* seines klassischen Werks *American Immigration*:

---

576 Vgl. Hierzu z.B. die Analyse von Kilson unter dem Begriff "Neo-Ethnicity", Martin Kilson, "Blacks and Neo-Ethnicity in American Political Life", in *Ethnicity: Theory and Experience*, hrsg. von Nathan Glazer und Daniel P. Moynihan, 236–266. Cambridge, Mass., 1975.
577 Siehe Michael Novak, *The Rise of the Unmeltable Ethnics: Politics and Culture in the Seventies*, New York, 1972, ähnlich argumentierend auch Andrew M. Greeley, *Why Can't They Be Like Us? Facts and Fallacies About Ethnic Differences and Group Conflicts in America*, New York, 1969.
578 Novak, *The Rise of the Unmeltable Ethnics*, S. 271.
579 Andrew M. Greeley, *Ethnicity in the United States: A Preliminary Reconnaissance*, New York, 1974a, S. 272.
580 Vgl. hierzu das Zitat auf Seite 111.

> Immigration thus appeared under control, and even the refugee problem seemed manageable ... But far from being over, mass immigration was about to revive. ... Like its predecessors, the post-1960 immigrant influx reverberated in many corners of American life. It stimulated population growth; left a mark on politics, education, and religion; changed American tastes in food, clothes, and music; and by its diversity altered the nation's ethnic and racial makeup and its perception of itself.[581]

Die Gesellschaft, die sich so nachhaltig durch die neu einsetzende Migration ändern sollte, bot jedoch zu Beginn dieses Prozesses, Anfang der 1970er, kein besonders einladendes Bild.

Nixon, der Vietnamkrieg und die Demoralisierung einer Nation

Die Frustration über den offensichtlich nicht zu gewinnenden brutalen Krieg in Vietnam kulminierte zu Beginn der 1970er. Die Zerrissenheit der Nation zeigte sich wohl am besten im Umgang mit den Kriegsverbrecher Calley; obwohl das Militär selbst ihn inzwischen vor ein Kriegsgericht gestellt hatte, veranlasste Nixon, Calley aus dem Gefängnis zu entlassen und ihn als Kriegsheld zu feiern. Drei Jahre später wurde der Massenmörder wieder inhaftiert und verschiedene Militärs entlassen und der Vertuschung angeklagt. Als 1971 durch gezielte Indiskretion die Pentagon Papers von der New York Times veröffentlich wurden, traten auch andere Falschinformationen und Fehlentscheidungen der amerikanischen Regierung im Vietnamkrieg offen zu Tage. Die Proteste gegen den Vietnamkrieg verschärften sich und viele junge Männer, insbesondere der Mittel- und Oberschicht, entzogen sich der Einberufung.[582] 1973 begannen die USA, sich aus Vietnam zurückzuziehen. Der Vietnamkrieg hatte Amerika traumatisiert, zum ersten Mal war es der führenden Weltmacht in der zweiten Hälfte des 20. Jahrhunderts nicht möglich gewesen, ihre Einflusssphäre mit Gewalt zu verteidigen. Das amerikanische Militär entwickelte eine Art Dolchstoßlegende, indem es die Medien für die Kriegsniederlage verantwortlich machte.

In den Jahren 1973 brachten Journalisten der Washington Post die Watergate-Affäre ins Rollen. Nixon hatte offensichtlich die Wahlkampfvorbereitungen der demokratischen Partei von "Beratern" des Weißen Hauses bespitzeln lassen und danach alles versucht, dieses zu vertuschen. 1974 kam er dann einem Impeachment zuvor und trat zurück, Vizepräsident Gerald Ford rückte nach. Noch in seiner Antrittsrede zu seiner Wiederwahl 1973 hatte Nixon die Vision beschworen, die USA werde zu ihrem 200. Geburtstag 1976 wieder als junge und vitale Nation dastehen, doch das Land präsentierte sich, nicht zuletzt aufgrund des moralischen Niedergangs seiner Führung, in einem gänzlich anderen Zustand:

> By the time of the bicentennial celebration in 1976, however, America seemed more bruised and battered than vital and young.[583]

---

581 Jones, *American Immigration*, S. 264–265. Dieses Kapitel findet sich in der Ausgabe von 1992 als neu eingefügtes vorletztes Kapitel, das letzte Kapitel wurde nur wenig gegenüber der Ausgabe von 1962 verändert.
582 Zu dieser starken "Desillusionierung" vgl. etwa Howard Schuman, "Two Sources of Antiwar Sentiment in America", *American Journal of Sociology* 78, 1972: 513–536. Schuman weist allerdings auch darauf hin, dass im Gegensatz zu der vor allem moralisch begründeten Antikriegshaltung an Universitäten die amerikanische Öffentlichkeit mehr über die Unzahl von Toten, die Kriegsdauer und die unklaren Kriegsziele desillusioniert wurde.
583 Norton et al., *A People and a Nation: A History of the United States*, Volume B since 1865, S. 622.

Neben dem Vietnamkrieg verschärften noch andere Faktoren die schwierige gesellschaftliche Lage. Schon 1973 hatte das arabische Öl-Embargo zu einer Energie- und Wirtschaftskrise geführt. Mitte der 1970er begann sich die Reform der Einwanderungsgesetzgebung so stark auszuwirken, dass nun von einer neu beginnenden Einwanderungswelle gesprochen werden konnte.

Die Situation ethnischer Gruppen und das "white ethnic movement"

Die Bürgerrechtsbewegung, die noch kurze Zeit vorher Garant für sozialen Wandel gewesen war, zerfiel in partikulare politische Unternehmungen. Die Stimmung in den USA war gedrückt und große Hoffnungen auf eine bessere Zukunft waren aus der Mode geraten:

> The social, cultural, and economic changes of the last quarter-century have not come to a halt. Dramatic modifications in the places of young people, nonwhites, and women in American society continue to take place. New organizations will emrge [sic!] to act as lobbies and pressure groups for specific segments within those population groups. But we will soon lose completely the illusion that there are mass social movements that comprise the overwhelming majority of their own constituencies and for which the self-appointed spokesman can always legitimately speak. In this sense there never was a youth movement or a women's movement, and there has not been a black movement since the death of Martin Luther King. It is only a polite fiction, but television hungers for images to keep illusions alive.[584]

In diesem Reigen zahlreicher neuer Bewegungen kam es auch zu einem "ethnic revival" der Immigrantengruppen. So ist es kaum übertrieben, zu Beginn der 1970er von einem "white ethnic movement" zu sprechen. Dies obwohl die Anzahl der im Ausland geborenen Personen stark abgenommen hatte. Die Größe des "foreign stock" hatte 1970 mit 16,5 % einen historischen Tiefstand erreicht.[585] Die Mobilisierung der verschiedenen ethnischen Gruppen war höchst unterschiedlich, insbesondere katholische Minderheiten, wie Polen, Italiener oder Iren, brachten die prominentesten Führer hervor. Ausdruck des neu gewonnenen Selbstbewusstseins war, dass seit Mitte der 1970er Jahre die Anzahl muttersprachlicher Schulen wieder zunahm.[586] Dies wirkte sich auf den tatsächlichen Spracherwerb aber kaum aus:

> Attending an ethnic mother tongue school may well be an almost obligatory second generation ethnic experience in the United States; learning to speak, read and write the ethnic mother tongue with facility is clearly the exception rather than the rule.[587]

Die Vorstellung, dass Zugehörigkeit zu einer ethnischen Gruppe auch bedeutet, die betreffende Sprache zu beherrschen, war praktisch völlig verschwunden. Bestenfalls die spanisch sprechende Minorität bildete hier eine Ausnahme, Spanisch blieb in den USA eine weit

---

584 Greeley, *Ethnicity in the United States*, S. 280.
585 Auch wenn im Zensus von 1970 bereits ein substanzieller Anteil von im Ausland geborenen Schwarzen ausgewiesen wird (2,6 %), bezieht sich die Maßzahl foreign stock immer noch hauptsächlich auf Euroamerikaner. Vgl. Tabelle 6 im Anhang.
586 Vgl. hierzu Joshua A. Fishman, "Ethnic Community Mother Tongue Schools in the U.S.A.: Dynamics and Distributions", *International Migration Review* 14, 1980: 235–247.
587 Ibid., S. 243.

verbreitete Muttersprache. Dies vor allem auch deshalb, weil hier der "Zufluss" an spanisch-sprechender Zuwanderung weiterhin stark war. Schon in den 1950er und 1960er Jahren war die Einwanderung aus Lateinamerika angestiegen, und die Einwanderergruppen waren damit "bunter" geworden. In der Volkszählung von 1970 bezeichneten sich 90 % der Eingewanderten aus Costa Rica, Guatemala, El Salvador und Nicaragua als Weiß. Zum überwiegenden Teil handelte es jedoch um *mestizos,* sie erhöhten die Variationsbreite des Aussehens von Weißen in den USA.[588]

Die ökonomische Situation vieler ethnischer Gruppen unterschied sich kaum mehr vom gesellschaftlichen Durchschnitt. Juden waren weiterhin extrem erfolgreich im Bildungssystem und im Beruf, insbesondere neu eingewanderte Mexikaner schnitten hinsichtlich dieser Aspekte stark unterdurchschnittlich ab.[589] Erstaunlich an den in dieser Dekade neu erhobenen Strukturdaten zu ethnischen Gruppen war, dass viele Stereotype nicht mehr galten: Weder waren katholische Minderheiten besonders konservativ (eher das Gegenteil), noch waren etwa Iren besonders stark unter Arbeitern vertreten. Betrachtete man jedoch Eliteberufe wie Rechtsanwälte oder Ivy League-Professoren, so waren katholische Minderheiten auch in den 1970ern noch stark unterrepräsentiert:

> But what rankled Catholics most was the widespread assumption that the absence of women or of members of racial minorities in socially desirable positions was prima facie evidence of discrimination whereas the similar absence of white Catholics was proof of the latter's inferiority. Whatever the patterns actually meant about job discrimination, the attitude revealed the existence of a "respectable bigotry" against Catholic ethnics. Irritated and frustrated spokesmen for the national groups associated with the new immigration hoped that a revitalization of ethnicity would help their constituencies find a full and equal place in America.[590]

So der Historiker Archdeacon: Kennedy war eben nicht nur der erste, sondern auch der einzige katholische Präsident der USA gewesen. Auch wenn der ökonomische Erfolg vieler Minderheiten groß war, so gab es doch ein diffuses Gefühl der Diskriminierung, das umso irritierender war, als viele Angehörige dieser ethnischen Gruppen in der zweiten und dritten Generation in den USA lebten und sich uneingeschränkt amerikanisch fühlten. Sicherlich war das "white ethnic movement" auch ein Reflex auf die afroamerikanische Bürgerrechtsbewegung: Einerseits war die ethnische Mobilisierung eine Chance, auf tatsächliche oder unterstellte Benachteiligungen aufmerksam zu machen, andererseits konnte sie auch dazu dienen, "überspannte" Forderungen von Afroamerikanern abzuwehren. Doch – abermals mit der vermutlichen Ausnahme spanisch-sprechender Minderheiten – waren viele der weißen ethnischen Gruppen nur noch ein Nachhall der stabilen Kollektive, die Warner noch in den 1930ern beobachtet hatte:

> The declaration of the new ethnicity echoed and resembled the cry of black power, but the differences between these movements were substantial. Whereas the latter celebrated a color that could not be escaped and a culture formed and kept alive by segregation, the former sought to recapture what no longer had the institutional or social base to sustain itself.[591]

---

588 Vgl. Ueda, *Postwar Immigrant America*, S. 68.
589 Vgl. hierzu und im Folgenden Archdeacon, *Becoming American: An Ethnic History*, S. 223ff.
590 Ibid., S. 230.
591 Ibid., S. 230.

Mitglied einer euroamerikanischen Gruppe zu sein bedeutete nun hauptsächlich, amerikanisch zu sein. Wie amerikanisch diese alten ethnischen Gruppen waren, sollte sich bald im Kontrast zur wiedereinsetzenden Einwanderung zeigen.

Die neue Phase der Einwanderung

In der Einwanderungsgesetzgebung selbst geschah in den 1970ern relativ wenig. Da aber die Regelungen des Hart Celler Act erst 1968 in Kraft traten, dauerte es bis zum Beginn der 1970er, bis dieses Gesetz auf die tatsächliche Struktur der Einwanderung durchschlug.[592] Die hohe Priorität, die es der Familienzusammenführung gab, hatte zur Folge, dass sich die Einwanderung aus den aktuellen Hauptherkunftsgebieten verstärkte. Gerade die aktuelle Einwanderung kam ja aus Ländern, in denen nahe Verwandte ebenfalls auswandern wollten. Über die Familienzusammenführung konnten sie ihren Wunsch nun erfüllen. Für die älteren Einwanderungswellen waren solche familiäre Bindungen kaum noch vorhanden. So ergab sich eine zunehmende Dominanz der Einwanderung aus Lateinamerika und Asien.[593] Indem die Familienzusammenführung langsam zum wichtigsten Einwanderungskorridor wurde, wuchs die Bedeutung von Familiennetzwerken für den Wanderungsprozess: Wer im „Entsendeland" einem Verwandtschaftsnetzwerk angehörte, das in die USA reichte, hatte z.B. bessere Chancen, dorthin auszuwandern, als jemand, der über eine begehrte Berufsausbildung, aber nicht über verwandtschaftliche Verbindungen verfügte.

In der Dekade von 1971 bis 1980 war die gesamte Einwanderung mit knapp 4,5 Millionen Menschen um über eine Million gegenüber den 1960ern gestiegen; wichtiger jedoch als dieser Zuwachs war die beginnende Strukturveränderung der Einwanderung: Knapp zwei Millionen Menschen kamen jetzt vom eigenen amerikanischen Kontinent, insbesondere der Karibik und Mexiko, und die Zahl der Menschen aus Asien hatte sich mit 1,6 Millionen gegenüber den 1960ern verdreifacht.[594] Dies war ein Wandel, den fast alle Regionen innerhalb der USA zu spüren bekamen. Noch bis Ende der 1960er war die Verteilung von Einwanderungsgruppen auf dem Gebiet der USA von den großen Einwanderungswellen zu Beginn des 20. Jahrhunderts her ableitbar, obwohl die Binnenwanderungen im Zuge der zunehmenden Industrialisierung schon einige der Muster verwischt hatten. Die neue Einwanderung in den 1970ern legte über diese Verteilung der alten Einwanderergruppen neue Kolonien von Immigranten aus Asien, Lateinamerika, der Karibik und dem mittleren Osten, dies auch in Regionen wo diese Nationalitäten vorher nicht anzutreffen waren; oder wie Ueda es ausdrückte: "Multicultural geography was being nationalized."[595]

---

592 Dieses Gesetz wurde 1976 und 1978 nochmals geändert. 1976 wurden die Limits von 20.000 Visa pro Land auch auf die westliche Hemisphäre ausgeweitet. 1978 wurden die Obergrenzen sowohl für die westliche als auch die östliche Hemisphäre abgeschafft und eine weltweite Grenze von 290.000 jährlichen Zulassungen eingerichtet, vgl. Ueda, *Postwar Immigrant America*, S. 45.
593 Vgl. ibid., S. 60.
594 United States Census Bureau, *Statistical Abstracts of the United States: 20th Century Statistics*, Tabelle 1416. Washington, D.C., 1999.
595 Ueda, *Postwar Immigrant America*, S. 78.

4.1.2 Zur symbolischen Stabilität von Ethnizität

Den klarsten Widerhall in der Soziologie fand das "ethnic revival" zu Beginn der 1970er sicher in den Werken Andrew M. Greeleys. Schon 1969 war sein *Why Can't They Be Like Us?*[596] der Versuch, die von Glazer und Moynihans *Beyond the Melting Pot* ausgehende Frage nach der Stabilität ethnischer Gruppen weiter zu bearbeiten. Mit seinen zahlreichen Veröffentlichungen wurde Greeley eine Art Synonym für die empirische Forschung über ethnische Gruppen aus der europäischen Einwanderung.[597] Sein *Ethnicity in the United States* von 1974 stellt in vielerlei Hinsicht den ersten vollständigen Versuch seit der Nachkriegsphase dar, eine soziologische Beschreibung der europäischen Einwanderungsgruppen zu geben. Mit der Verwendung des inzwischen so beliebten Begriffes "diversity" mutet der Anfang diese Buches erstaunlich modern an:

> This book is devoted to a preliminary exploration of diversity in American society, a diversity that I call "ethnic." For two reasons, special emphasis will be placed on "ethnic" diversity in the narrow sense of the word, that is, diversity among the descendants of the white immigrant groups who came from western Europe in the eighteenth, nineteenth, and early twentieth centuries. The reasons are that I am especially interested in the European-American ethnic groups, and that American social science either has ignored or written off as unimportant the existence of these European-American groups.[598]

"Ethnic diversity" war also wieder ins Blickfeld der amerikanischen Soziologie gerückt. Nach Jahren der Fixierung auf die Schwarz/Weiß-Dichotomisierung der amerikanischen Gesellschaft wurde Diversität auch wieder innerhalb der euroamerikanischen Immigrantengruppen gesehen. Es war aber ebenso eine Art soziologischer Common Sense, dass nicht klar war, wie ethnische Gruppen konzeptionell zu fassen waren. Dies betont auch Andrew M. Greeley:

> It is not yet clear conceptually what an American ethnic group is. The tentative definition of an ethnic group as a "collectivity based on presumed common origin" is useful merely as a point of departure. The somewhat arbitrary divisions of the American population used in this chapter involve race, religion, nationality, and language.[599]

Die "Indikatoren", die Greeley hier verwendet, sind z.B. denen von Gordon[600] sehr ähnlich, wobei er neben Rasse, Religion und nationaler Herkunft noch Sprache verwendet. Summarisch verweist Greeley in einer Fußnote auch auf Max Weber, geht aber nicht näher auf

---

596 Siehe Greeley, *Why Can't They Be Like Us? Facts and Fallacies About Ethnic Differences and Group Conflicts in America*.
597 Interessant ist u.U. zu bemerken, dass Greeley selbst von Diskriminierung im Hochschulsystem aufgrund seiner katholischen Herkunft berichtet, vgl. Andrew M. Greeley, "The Crooked Lines of God", in *Authors of Their Own Lives: Intellectual Autobiographies by Twenty American Sociologists*, hrsg. von Bennett M. Berger, 133–151. Berkeley, 1990. Beispielhaft für seine Veröffentlichungen aus dieser Phase Greeley, *Ethnicity in the United States*, Andrew M. Greeley, "Political Participation among Ethnic Groups in the United States: A Preliminary Reconnaissance", *American Journal of Sociology* 80, 1974b: 170–204, Andrew M. Greeley, "Ethnicity and Racial Attitudes: The Case of the Jews and the Poles", *American Journal of Sociology* 80, 1975: 909–933.
598 Greeley, *Ethnicity in the United States*, S. 2.
599 Ibid., S. 35.
600 Siehe Gordon, *Assimilation in American Life*, S. 27.

dessen Konzeptionalisierung ein. Als konsequente Fortführung der schon bei Glazer und Moynihan in den 1960ern angedachten Idee, dass amerikanische Ethnizität eine Sozialform ist, die auch erst in den USA entstand, führt Greeley den Begriff der Ethnogenese ein.[601] Damit weicht er von anderen Modellen der Relation von ethnischer Gruppe und amerikanischer Gastgesellschaft ab, die die Permanenz ethnischer Muster innerhalb der USA betonen.

Abbildung 6: Greeleys Modell der Ethnogenese[602]

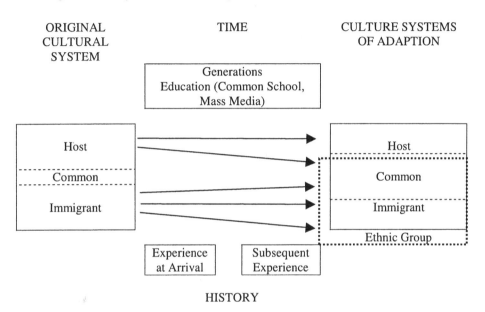

In seinem Modell der Ethnogenese versucht Greeley verschiedene Modelle der Interaktionen zwischen Immigrantengruppen und amerikanischer Gesellschaft zu vereinigen.[603] Er zeichnet nach, wie sich aus einer Immigrantengruppe über Generationen hinweg eine ethnische Gruppe in der amerikanischen Gesellschaft herausbildet. Die fünf Pfeile (vgl. Abbil-

---

601 In den 1970ern wird der Begriff der Ethnogenese verstärkt in Politologie und Soziologie für historische Prozesse in der Interaktion von Völkern verwendet. Ein Konzept, das unter Ethnogenese subsumiert werden könnte und das oft in Texten dieser Zeit auftaucht, ist "internal colonialism", besonders gern verwendet nach Erscheinen des gleichnamigen Buches von Michael Hechter, *Internal Colonialism: The Celtic Fringe in British National Development, 1536–1966*, Berkeley, 1975. Wie in Kapitel 1 begründet, sind Werke, die sich fast ausschließlich auf andere Länder und nicht auf die USA beziehen, nicht Gegenstand dieser Untersuchung. Der soziologische Begriff der Ethnogenese ist nicht zu verwechseln mit dem Begriff der Ethnogenese, wie er in der physiologischen Anthropologie gebraucht wurde, hier bezog er sich auf ethno-genetische Prozesse im Sinne von genetischen Eigenschaften von ethnischen Gruppen, vgl. beispielsweise Andrzej Wiercinski, "The Racial Analysis of Human Populations in Relation to Their Ethnogenesis", *Current Anthropology* 3, 1962: 2–19.
602 Ibid., entspricht der Darstellung auf S. 309.
603 Vgl. hierzu Greeley, *Ethnicity in the United States*, S. 303ff. Greeley verweist dabei insbesondere auf die von Gordon genannten Modelle der "anglo conformity", des "melting pot" und des "cultural pluralisms".

dung 6) die kulturelle Prozesse symbolisieren, sind wie folgt zu interpretieren: Die Gastgesellschaft ("host") hat kulturelle Merkmale, ein Teil dieser Merkmale bleibt spezifisch für diese Gruppe, ein anderer Teil geht in den gemeinsamen Fundus ("common") über; indem die Schnittmenge der gemeinsamen kulturellen Muster mit der Gastgesellschaft erhöht wird, werden Immigranten immer amerikanischer (ähnlich der Idee der "anglo conformity"). Die kulturellen Merkmale der Immigrantengruppe ("immigrant") gehen teilweise in den gemeinsamen Fundus über (dieser wird damit zum "melting pot") und bleiben teilweise gruppenspezifisch (so entsteht "cultural pluralism"). Die Kombination von Merkmalen aus dem gemeinsamen Fundus und gruppenspezifischen Merkmalen bildet mit der Zeit eine ethnische Gruppe innerhalb der amerikanischen Gesellschaft.

Diese von Greeley analysierte Kombination von Persistenz und Genese amerikanischer Ethnizität wurde zu Beginn der 1970er als neue Herausforderung der Soziologie verstanden. Ein prominenter Versuch, sich dieser Herausforderung zu stellen und das vorhandene Wissen zum Problem Ethnizität in der amerikanischen Soziologie zusammenzutragen, war Glazers und Moynihans Reader *Ethnicity*.

ଔ ଞ

Exkurs: "Ethnicity: Theory and Experience"
von Nathan Glazer und Daniel P. Moynihan, 1975

Im Jahre 1972 organisierten Glazer und Moynihan eine Konferenz im Rahmen der *American Academy of Arts and Sciences,* aus der dieser Sammelband hervorging. Die Konferenz und der Reader markieren in gewisser Weise den Endpunkt des langwierigen Prozesses, den Begriff Ethnizität als relevantes Konzept in die amerikanische Soziologie zu inkorporieren.[604] Die vorherigen Versuche, das Konzept der Rasse fallen zu lassen und es gänzlich durch "ethnic relations" zu ersetzen, waren gescheitert. Mit diesem Buch etablierte sich der Begriff Ethnizität nun in einer eigenartigen Vermischung mit dem Rassebegriff. Der von den Herausgebern vorgelegte Band ist höchst heterogen und reicht von elaborierten theoretischen Betrachtungen[605] bis zu empiristischen Versuchen, die kulturellen Differenzen, die mit ethnischen Gruppen einhergehen, mit Umfragen zu messen.[606] In diesem Exkurs werden nur die wichtigsten Punkte der Einleitung dargestellt, in der die Herausgeber versuchen, die Erkenntnisse des Bandes zusammenzufassen.[607]

---

604 Vgl. zu diesem Aspekt Edgar Litt, "Review: Ethnicity: Theory and Experience", *Political Science Quarterly* 90, 1975: 569–570.
605 Vgl. Talcott Parsons, "Some Theoretical Considerations on the Nature and Trends of Change of Ethnicity", in *Ethnicity: Theory and Experience*, hrsg. von Nathan Glazer und Daniel P. Moynihan, 53–83. Cambridge, Mass., 1975.
606 Vgl. Andrew M. Greeley und William C. McCready, "The Transmission of Cultural Heritages: The Case of the Irish and the Italians", ibid., 209–235.
607 Das Buch von Glazer und Moynihan ist eine Textsammlung von sechzehn unterschiedlichen Autoren. In ihrem ausführlichen Vorwort versuchen die Autoren jedoch basierend auf den fünf theoretisch orientierten Artikeln (von Harold R. Isaacs, Talcott Parsons, Milton M. Gordon, Donald L. Horowitz und Daniel Bell) eine konzeptionelle Synthese, nur diese wird im Folgenden dargestellt.

Definition der Begriffe Rasse und Ethnizität

Zwölf Jahre nach dem Erscheinen ihres Erfolgswerkes *Beyond the Melting Pot*[608] widmen sich die Autoren erneut dem Phänomen Ethnizität. In ihrem ersten Buch begriffen sie Ethnizität zwar schon als neu entstandene soziale Form, nahmen jedoch an, dass zumindest für die Zukunft der amerikanischen Gesellschaft Rasse und Religion entscheidender für Gruppenbildungen seien. In ihrem neuen Buch ändert sich diese Perspektive. Ethnizität wird nun zu dem, durch das sich das Gemeinsame in den vielen aufkeimenden Gruppenkonflikten in der amerikanischen Gesellschaft, ja sogar in der Welt, konstituiert:

> It is our hope that this book presents a more catholic view of ethnicity than is generally current: one that extends beyond the more limited categories of race, nationality, and minority group; that includes developed as well as developing nations; that presents a variety of theoretical approaches ... and that this approach will suggest to readers *that there is a phenomenon here that is, in ways not yet explicated, no mere survival but intimately and organically bound up with major trends of modern societies.*[609]

Ethnizität widerspricht damit sowohl den "Erwartungen" liberaler Denker wie auch des Marxismus. Liberale waren der Meinung, dass in modernen Gesellschaften individuelle Leistungen zugeschriebene Gruppenmerkmale verdrängen würden und ethnische Differenzen durch ein uniformes Bildungssystem und das politische System erodiert würden; damit trafen sie sich mit ihrem Gegner, dem Marxismus, der nahe legt, dass sich kulturelle, religiöse oder sprachliche Differenzen im gemeinsamen Klasseninteresse aufheben würden. Tatsächlich sind aber gerade ethnische Gruppen für die Autoren auch Interessengruppen. Ethnische Gruppen sind insbesondere deshalb so erfolgreich, weil sie Interessen mit emotionalen Bindungen verknüpfen (wie diese Interessen entstehen vgl. den nächsten Abschnitt zu zentralen Dimensionen der Ungleichheit).

In ihrer Analyse, Daniel Bell folgend, sind es für Glazer und Moynihan die symbolischen Elemente ethnischer Gruppenbildung, welche die Identifikation des Einzelnen mit der Gruppe ermöglichen und damit eine emotionale Bindung schaffen. Ethnizität ist kein Merkmal einer Minderheit mehr, sondern bezieht sich auf:

> [A]ll the groups of a society characterized by a distinct sense of difference owing to culture and descent ... We are suggesting that a new word reflects a new reality and a new usage reflects a change in that reality. The new word is "ethnicity," and the new usage is the steady expansion of the term "ethnic group" from minority and marginal subgroups at the edges of society – groups expected to assimilate, to disappear, to continue as survivals, exotic or troublesome – to major elements of a society. ... [T]here is something new afoot in the world, and ... we may label it "ethnicity."[610]

Ethnische Gruppen definieren sich also über Kultur und Abstammung. Der Glaube an eine gemeinsame Kultur und Abstammung ist dabei weder ewig stabile Eigenschaft der Ge-

---

608 Siehe Glazer und Moynihan, *Beyond the Melting Pot*.
609 Nathan Glazer und Daniel P. Moynihan. "Introduction". In *Ethnicity: Theory and Experience*, hrsg. von Nathan Glazer und Daniel P. Moynihan, 1–26. Cambridge, Mass., 1975a, S. 25–26 (Hervorhebung, nicht kursiv, durch den Verfasser).
610 Ibid., S. 4–5.

schichte, wie es "primordialists" meinen, noch schlichtes Produkt der Umstände, wie es "circumstantialists" behaupten; beide Aspekte fließen in Ethnizität ein. Ebenso werten die Autoren Ethnizität weder als unentrinnbare Macht der Geschichte, die immer wieder auftaucht, noch als ein archaisches Überbleibsel, das bald auf den Müllhaufen der Geschichte geworfen wird:

> We have taken our stance somewhat uneasily between these two positions. To repeat, we do not *celebrate* ethnicity as a basic attribute of man, which when suppressed will always rise again: such a position is for advocates, not for analysts. Nor do we *dismiss* ethnicity as an aberration on the road to a rational society in which all such heritages of the past will become irrelevant to social and political action.[611]

Für die Autoren ist Ethnizität also eine Kombination von Herkunft, Kultur und politischen Interessen und eine Gruppenformation, die der Situation in modernen Gesellschaften angemessen ist. Sie basiert immer auf historischen Erfahrungen, ist aber zugleich ein neues soziales Phänomen.

Zentrale Dimensionen der Ungleichheit

Ethnizität ist selbst die neue entscheidende Dimension sozialer Ungleichheit. Glazer und Moynihan vergleichen sie mit dem Begriff der Klasse: So wie Klasse zentrale Dimension der Ungleichheit in der Industriegesellschaft war, so ist dies nun Ethnizität in der postindustriellen Gesellschaft. Sozialwissenschaftler, für die Ethnizität immer noch eine abgeleitete, eher unwichtige Kategorie ist, begehen denselben Fehler wie Autoren des 19. Jahrhunderts. Damals wurde von manchen das Konzept der Klasse zurückgewiesen und versucht, mit den mittelalterlichen Kategorien Stand und Herkunft zentrale Merkmale gesellschaftlicher Ungleichheit in der Industriegesellschaft zu erklären.[612]

Ethnizität ist in vielfacher Weise mit anderen Ungleichheitsstrukturen in modernen Gesellschaften verknüpft. Für das erste Argument hierzu berufen sich die Autoren auf Talcott Parsons: Für viele ethnische Gruppen gilt, dass sich deren kulturelle Inhalte – im Sinne von normativen Vorstellungen – angleichen, etwa in Bezug auf die Normen des alltäglichen Handelns am Arbeitsplatz und sogar in der Familie. Trotzdem bleibt eine starke emotionale Bindung an die eigene ethnische Gruppe erhalten, die sich in spezifischen Symbolen ausdrückt. In gewisser Weise hat in diesem Punkt also das liberale Denkmodell Recht behalten, kulturelle Differenzen werden erodiert. Da aber verschiedene ethnische Gruppen unterschiedliche Geschichten in einer Gesellschaft haben, besetzen sie auch unterschiedliche Positionen innerhalb der Sozialstruktur. Diese gemeinsame Lage kann zu gemeinsamen Interessen führen, die sich dann in einer ethnischen Gruppe organisieren und damit den ethnischen Symbolen dieser Gruppe eine erhöhte Bedeutung im Alltag zuweisen.

Als zweiten Erklärungsansatz führen die Autoren die zunehmende Rolle des Staates als Umverteilungsagent in der Ungleichheitsstruktur an. Durch die absoluten Wohlfahrtsgewinne von Gruppen wie Arbeitern oder Angestellten sind Appelle an deren gemeinsame Benachteiligung kein effektives Mittel mehr zur Massenmobilisierung. Eine Möglichkeit,

---

611 Ibid., S. 20.
612 Vgl. ibid., S. 2–3.

diese Großgruppen zu desaggregieren ist, sie in ethnische Gruppen aufzuteilen, für Politiker ist es dann ein Leichtes, sich selbst über eine ethnische Zugehörigkeit auszuweisen und damit Wählerstimmen zu mobilisieren. Das Regierungssystem reagiert auf diese Anforderungen, indem es Transferleistungen oder Bevorzugungen an die Merkmale einer ethnischen Gruppe knüpft (Hautfarbe, nationale Herkunft etc.). Dies verstärkt wiederum die Motivation für Interessengruppen und Politiker, sich selbst als ethnisch zu stilisieren und so entsteht ein Kreislauf einer sich zunehmend ethnisierenden Gesellschaft.

In ihrem dritten und letzten Argument beziehen sich Glazer und Moynihan auf Dahrendorf, der Ungleichheit dadurch bestimmt, dass von einer Gesellschaft gesetzte Normen ungleich erfüllt werden. Dieses Argument wird auf Gruppen übertragen: Im einfachsten Fall erfüllen manche Gruppen gesellschaftliche Normen besser als andere und steigen deshalb im Positionssystem einer Gesellschaft auf, während andere sie schlechter erfüllen und deshalb absteigen. Wie oben im Anschluss an Talcott Parsons erwähnt, kann schon dies zu ethnischen Mobilisierungen führen. Aber diese kann auch über komplexere Mechanismen stattfinden. Obwohl moderne Gesellschaften dazu neigen, kulturelle Unterschiede zwischen Gruppen einzuebnen, gibt es auch den umgekehrten Effekt: Räumlich oder in der sozialen Hierarchie weit auseinander liegende Gruppen können durchaus unterschiedliche Normsysteme entwickeln. In Zeiten verstärkter freiwilliger oder erzwungener Wanderungen kann trotzdem die Wahrscheinlichkeit steigen, dass Gruppen mit unterschiedlichen Ideen darüber, was erstrebenswerte Normen sind, aufeinander treffen. Mächtigere Gruppen oder Mehrheitsgruppen neigen dazu, ihren Maßstab als den alleinigen durchsetzen zu wollen. Gerade für Gruppen im unteren Teil der sozialen Hierarchie wird damit ethnische Mobilisierung zum erfolgreichen Mittel. Jeder Einzelne, sowie die Gruppe, ist jetzt nicht mehr schlicht defizitär in der Erfüllung von der Mehrheit geforderter Normen, sondern fordert positiv eine neue, andere Normstruktur ein, die bewirkt, dass sie selbst in der sozialen Hierarchie nach oben wandern.

Alle drei Ungleichheitsdynamiken enthalten natürlich implizit auch die Dimension des Eigentums, das sowohl für liberale als auch für marxistische Denker eine so zentrale Rolle einnimmt. Ethnische Mobilisierung lässt sich aber nicht auf diese Dimension reduzieren:

> [R]eligion, language, and concrete cultural differences did, in our judgment, decline, at least in the West, as specific foci of attachment and concern. But the groups defined by these cultural characteristics were differentially distributed through the social structure. The old bases of distinction, even as their cultural characteristics were modified by modern social trends, became, one may say, increasingly merely "symbolic" – nevertheless they could serve as a basis for mobilization. Thus there is some legitimacy to finding that forms of identification based on social realities as different as religion, language, and national origin all have something in common, such that a new term is coined to refer to all of them – "ethnicity." What they have in common is that they have all become effective foci for group mobilization for concrete political ends challenging the primacy for such mobilization of *class* on the one hand and *nation* on the other.[613]

So entsteht zwischen Klasse und Nation, den beiden Gruppenformationen, die in klassischen Industriegesellschaften die Konfliktarenen strukturieren, eine dritte: die der ethnischen Gruppe.

---

613 Ibid., S.18.

Das Bild der amerikanischen Gesellschaft

Die Autoren vermeiden es, ihre Analyse von Ethnizität in den Kontext eines erwünschten Idealbildes der amerikanischen Gesellschaft zu stellen. Aus ihrer Analyse wird aber deutlich, dass sie ethnische Konflikte für ein bis in ferne Zukunft weiter bestehendes zentrales Merkmal der amerikanischen Gesellschaft und der Weltgesellschaft halten.

Im Sinne einer Prognose ist für Glazer und Moynihan "ethnic diversity" etwas, das permanent innerhalb der amerikanischen Gesellschaft entsteht und stabilisiert wird. Dabei taucht gerade nicht mehr die Frage auf, wie stark sich ethnische Gruppen von einer tatsächlichen oder imaginierten amerikanischen Gesamtgesellschaft abschotten bzw. ein abgrenzbares Kollektiv bilden; ethnische Gruppen sind ein Bestandteil der amerikanischen Gesellschaft, eine Binnendifferenzierung, die nicht nur stabilisiert wird, sondern selbst stabilisierend auf die amerikanische Gesellschaft wirkt, weil sie viele Funktionen der Identifikation und Interessenvertretung übernimmt.

03 80

Ethnizität als Mitgliedschaft

Einen etwas anderen Blickwinkel nimmt Parsons in seinem Beitrag *Some Theoretical Considerations on the Nature and Trends of Change of Ethnicity*[614] ein. Er stimmt zwar weitgehend mit der im Reader von Glazer und Moynihan gegebenen Analyse der Interaktion von ethnischen Gruppen mit anderen Teilbereichen der Gesellschaft überein, weist jedoch darauf hin, dass der Begriff der Ethnizität spezifische Wandlungsprozesse durchlief. Primär wird Ethnizität durch eine Vermischung von "community" und "kinship"-Vorstellungen charakterisiert. Parsons verweist dabei auf die Ähnlichkeiten von Ethnizität und amerikanischen Verwandtschaftsbeziehungen in der Analyse von Schneider und verwendet dessen Begriff "diffuse enduring solidarity".[615] Unter Verwendung von unveröffentlichtem Interviewmaterial von Schneider diskutiert Parsons[616] den Aspekt der Wahl der Mitgliedschaft in einer spezifischen ethnischen Gruppe (im gewählten Beispiel polnisch) hinsichtlich der Abstammungslinie von unterschiedlichen ethnischen Gruppen. Parsons sieht diese Wahl ermöglicht, weil Ethnizität in der modernen amerikanischen Gesellschaft "desocialized" worden sei. Diese "Entgesellschaftung" beziehe sich zum einen auf tatsächliche gelebte kulturelle Muster, die auf ein symbolisches Minimum reduziert seien, zum anderen auf die Mutter als Bild für die Familie, die als einziger (letzter) legitimer Ort des Auslebens von Ethnizität gesehen werde. Erst dieser Wandel der Bedeutung ethnischer Mitgliedschaft ermögliche es dem Mitglied ethnischer Gruppen, auch erfolgreich in anderen Bereichen der Gesellschaft zu partizipieren. Dieser von Parsons thematisierte Strukturwandel von ethnischer Mitgliedschaft wird in den 1990ern Jahren wieder ein zentrales Thema der soziologi-

---

614 Siehe Parsons, "Some Theoretical Considerations on the Nature and Trends of Change of Ethnicity".
615 Vgl. David M. Schneider, *American Kinship: A Cultural Account*, Englewood Cliffs, 1968, Schneider spricht von "enduring, diffuse solidarity or love", S. 113, die aus der Idee des Blutsverwandtschaftsglaubens folgt.
616 Vgl. Parsons, "Some Theoretical Considerations on the Nature and Trends of Change of Ethnicity", S. 64ff.

schen Diskussion sein, allerdings mit relativ wenigen Verweisen auf diesen Text von Parsons.[617]

Eine weitere wichtige Neuerung, die auch im Artikel von Parsons zum Ausdruck kommt, aber in Bells Beitrag explizit angesprochen wird, ist die prominente Verwendung des Begriffs der Mitgliedschaft. In seinem *Ethnicity and Social Change*[618] weist Bell auf die grundlegende Notwendigkeit hin, soziologische Perspektiven von einer Identitäts- auf eine Mitgliedschaftssemantik umzustellen:

> While one is a citizen of the nation (a legal and political status), the sociological fact is that most persons have multiple social attachments which cross-cut one another, and these sociological designations can be emphasized or minimized depending upon the situation in which an individual finds himself. All this is summed up in the terms *identity* or *belonging*. Identity has psychological connotations, while belonging or group membership (in the Durkheimian sense) is sociological. I do not think one can readily assimilate psychological and sociological categories to each other, and there are distinct consequences in using either *identity* or *group membership* as one's organizing concept. Since my focus, here, is on political action, the term I shall use is *group membership*, though identity is essential for individual motivation.[619]

Wichtig ist hier, dass Ethnizität zum Konzept der Identität relationiert wird. Beide Begriffe nahmen ihren Aufstieg nach dem Zweiten Weltkrieg,[620] indem sie das Bedürfnis nach Bindung und Autonomie gleichzeitig zu thematisieren vermochten. Während Identität jedoch von der Person ausgeht, wechselt Ethnizität die Perspektive zum Kollektiv, die Verbindung zwischen beiden wird durch Mitgliedschaft hergestellt. Einerseits ermöglichen multiple Mitgliedschaften erst die Chance eine Identität auszubilden, zum andern kann nur das jeweils spezifische Mitgliedsein auch die Chance eröffnen "enduring diffuse solidarity" zu erfahren und auszuüben. Doch noch in einer weiteren Hinsicht weist Bell darauf hin, dass es gerade ethnische Gruppen sind, die als Organisationsprinzip in der Moderne besondere Relevanz haben:

> Questions about multiple group memberships always raise the question: "With whom can I act, and for what?" In the past, this question was rarely problematic. The answer to "Where do I belong?" was a *given* fact, in which a primary attachment was stipulated by one's clan, religion, or race, depending on the historical context in which rival group memberships were defined. It is only in modern times, under conditions of rapid social change, of mobility and modernization, that one can *choose* one's identification or attachment in a self-conscious way. It is for this reason that the kinds of sociological units which are capable of being salient for psychological identification or group action become important; and it is useful, at this point, to review the major social categories in order to see how "ethnic" memberships fit in.[621]

Ethnizität stützt über Mitgliedschaft personale Identität und sie fokussiert – in ihrer modernen Form – emotionale Bindungen und Interessen unter den Bedingungen von Wahl und Mobilität. So wie der Reader von Glazer und Moynihan als Endpunkt der Etablierung des

---

617 Vgl. Abschnitt 5.2.1, S. 256.
618 Siehe Daniel Bell, "Ethnicity and Social Change", in *Ethnicity: Theory and Experience*, hrsg. von Nathan Glazer und Daniel P. Moynihan, 141–174. Cambridge, Mass., 1975.
619 Ibid., S. 153.
620 Vgl. Gleason, "Identifying Identity: A Semantic History", S. 460ff.
621 Bell, "Ethnicity and Social Change", S. 153.

Begriffes Ethnizität in der amerikanischen Soziologie gesehen werden kann, so ist er andererseits auch der Ausgangspunkt für die Weiterentwicklung der Ethnizitätsperspektive. Denn er hebt vier wichtige Aspekte von Ethnizität klar hervor: (1) Ethnizität ist integraler Bestandteil der amerikanischen Gesellschaft; (2) Ethnizität wird inhaltlich bestimmt über den Blutsverwandtschaftsglauben und der daraus folgenden diffusen Solidarität; (3) Ethnizität ist eine wichtige Mitgliedschaft unter vielen in der amerikanischen Gesellschaft, die als Ressource der Integration jedes Einzelnen förderlich ist; (4) Ethnizität ist eine besonders geeignete Form der Interessenvertretung in einer Gesellschaft, in der Klasse oder Schicht als Interessenbasis zu diffus sind.

Über diese binnenamerikanische Perspektive hinaus bedeutsam ist die in verschiedenen Kapiteln des Readers angesprochene Idee eines "ethnic revivals", die durchaus auch im internationalen Kontext zu verstehen war, nämlich im Hinblick auf die Dekolonialisierung und das Aufkeimen ethnischer Konflikte in Nationalstaaten, etwa der Baskenfrage in Spanien und der Nordirlandfrage in Großbritannien.[622]

Der Reader von Glazer und Moynihan ist damit auch ein Beispiel für einige Bücher Anfang der 1970er Jahre, die versuchen, das Wissen zu "ethnic relations" zu synthetisieren und eine international vergleichende Perspektive einzunehmen.[623] Zwei der bekanntesten sind Richard A. Schermerhorns *Comparative Ethnic Relations: A Framework for Theory and Research* von 1970[624] und Emerich K. Francis' *Interethnic Relations: An Essay in Sociological Theory* von 1976.[625] Beide Bücher arbeiten weitgehend international vergleichend und die amerikanische Gesellschaft ist nur ein Beispiel unter vielen. In *Interethnic Relations* dient der internationale Vergleich dazu, eine ausgereifte Theorie der "ethnic relations" zu formulieren. Drei Aspekte sind dabei interessant:

(1) Francis verbindet insbesondere an Beispielen aus Afrika und Europa Ethnizität mit "nation building"; als einer der Ersten wendet er den bisher auf Minderheiten bezogenen Ethnizitätsbegriff auch auf Mehrheiten in Nationalstaaten an.[626]

(2) Dabei unterscheidet er zwischen primären und sekundären ethnischen Gruppen. Sekundäre ethnische Gruppen zeichnen sich Francis zufolge dadurch aus, dass sie nur innerhalb der sie umgebenden Gastgesellschaft lebensfähig sind, insbesondere ökonomische Aktivitäten sind dabei fast vollständig mit der Gastgesellschaft verbunden, während privates Leben bzw. Ehen nur innerhalb der Gruppe stattfinden.[627]

(3) Darüber hinaus kritisiert Francis eine zu starke Fixierung der Soziologie auf den Vorurteilsbegriff: Vorurteile, im Sinne von Urteilen über Kategorien zugeordneten Menschen, seien ein so allgemeines soziales Phänomen, dass der Begriff für die Forschung erst nutzbar ist, wenn die Situationen, in denen Menschen Vorurteile reproduzieren, konkret untersucht würden.[628]

---

622 Vgl. zu diesem Punkt auch Anthony D. Smith, *The Ethnic Revival*, Cambridge, 1981.
623 Zu einer Diskussion der wichtigsten Werke dieses Typs vgl. Ira Katznelson, "Comparative Studies of Race and Ethnicity: Plural Analysis and Beyond", *Comparative Politics* 5, 1972: 135–154.
624 Siehe Richard A. Schermerhorn, *Comparative Ethnic Relations: A Framework for Theory and Research*, Chicago, 1978 [1970].
625 Siehe Emerich K. Francis, *Interethnic Relations: An Essay in Sociological Theory*, New York, 1976.
626 Vgl. ibid., insbesondere Kapitel 7 und 8.
627 Vgl. ibid., insbesondere Kapitel 17 und 18.
628 Vgl. ibid., Kapitel 21.

Den eben beschriebenen Büchern ist gemeinsam, dass sie – von der amerikanischen Gesellschaft als Ganzes ausgehend – versuchen, den Ort moderner amerikanischer Ethnizität zu bestimmen. In dieser Zeit nimmt aber auch eine Literaturlinie ihren Ausgangspunkt, die – von den kulturellen Inhalten der jeweiligen ethnischen Gruppe ausgehend – zu ganz ähnlichen Ergebnissen kommt.

Ethnizität als symbolische Mitgliedschaft

Einer der am häufigsten zitierten Texte in der Geschichte der Theorien zur Ethnizität ist Fredrik Barths kurze Einleitung zu dem Reader *Ethnic Groups and Boundaries*.[629] Barth löst sich von der Perspektive auf Ethnizität als Mitgliedschaft in einem klar, strukturell definierten Kollektiv und führt insofern wieder eine kulturelle Perspektive ein, als er Ethnizität als Prozess kultureller Differenzierung betrachtet.[630] Sein zentrales Konzept ist "ethnic boundary maintenance". In diesen Begriff fasst er den Prozess, der Gruppendifferenzen auf einem symbolischen Level konstituiert. Unter diesem Blickwinkel ist die tatsächlich vorhandene Kultur einer Gruppe eher uninteressant. Ethnische Gruppen sind demzufolge vor allem über "ethnic boundary markers" definiert und damit aus den Vorstellungen zur kulturellen Struktur der Gesamtgesellschaft abgeleitet, in der sich die Beteiligten situieren.

Eine Weiterentwicklung sowohl von Barths Gedanken, aber vor allem auch von Parsons Idee der "desocialized ethnicity" stellt Herbert Gans' Konzept der "symbolic ethnicity" dar.[631] Während bei Gordon die Stabilität einer ethnischen Gruppe insbesondere durch eine dichte und stabile Sozialstruktur gewährleistet wird, die dann ihren Ausdruck in kulturellen Symbolen findet, argumentiert Gans, sogar sehr dichte kulturelle Ausdrucksformen könnten mit sehr schwachen institutionellen Formen gekoppelt sein. Davon ausgehend expliziert Gans ein Modell symbolischer Ethnizität, die als kulturelle Ausdrucksform mit der Lebensweise in modernen Gesellschaften kompatibel ist. Er entwickelte es aus der Untersuchung jüdischer Gemeinden in den USA. Ganz allgemein gesprochen ist die Wertestruktur in diesen Gemeinschaften fast ununterscheidbar von der anderer Teile der amerikanischen Gesellschaft, nichts desto weniger besteht eine starke ethnische Kohäsion, die als wichtige Ressource zur Identitätsbildung aller Mitglieder der Gruppe dienen kann und damit die Lebensqualität in einer modernen Gesellschaft erhöht. Symbolische Ethnizität stellt also sicher, dass die Teilnehmer einer ethnischen Gruppe in die allgemeine Sozialstruktur einer Gesellschaft integriert sind. Ein Ensemble kultureller Symbole gewährleistet jedoch, dass sich das Individuum weiterhin mit der Gruppe identifizieren kann. Wie bei Barth ist damit der eigentliche "kulturelle Inhalt" einer spezifischen ethnischen Gruppe von nur geringer Bedeutung; im Kontext symbolischer Ethnizität wird sichergestellt, dass die Gruppe sich nur auf Symbole und Formen bezieht, die nicht mit der Mitgliedschaftsstruktur der umgebenden Gesellschaft in Konflikt geraten. Diese wenigen übrig gebliebenen kultu-

---

629 Siehe Fredrik Barth, Introduction, S. 9-38 in: *Ethnic Groups and Boundaries. The Social Organization of Culture Difference.* (Results of a Symposium Held at the University of Bergen, 23rd to 26th February 1967.), Bergen, London, 1969.
630 Vgl. hierzu etwa Richard Jenkins, *Rethinking Ethnicity: Arguments and Explorations*, London, 1997, S. 12ff.
631 Zu Parsons Konzept vgl. Parsons, "Some Theoretical Considerations on the Nature and Trends of Change of Ethnicity", S. 67. Ansonsten Herbert J. Gans, "Symbolic Ethnicity", in *Making Sense of America: Sociological Analyses and Essays*, hrsg. von Herbert J. Gans, 167–202. Lanham, Md., 1999 [1979].

rellen Symbole und Rituale genügen völlig, symbolisch die Mitgliedschaft in einer ethnischen Gruppe zu konstituieren und damit das persönliche Bedürfnis nach Identifikation zu stillen.

Die Idee des Multikulturalismus gewinnt an Plausibilität

Mit Beginn der 1970er Jahre war es unzweifelhaft in der amerikanischen Soziologie wie in der Gesellschaft, dass sowohl Rasse als auch Ethnizität stabile soziale Formen sind und bleiben werden. Assimilation war als Ziel für die afroamerikanische Gemeinschaft immer unplausibler geworden, und es wurden Bücher veröffentlicht, die die Ultrastabilität von Ethnizität betonten. Die Idee, dass alle gesellschaftlichen Gruppen sich auf lange Sicht immer ähnlicher würden, im Sinne der wörtlichen Bedeutung des Begriffs Assimilation, schien schlicht empirisch falsch.[632] Aber auch eine monolithische Sichtweise von Kultur war obsolet geworden, Studentenbewegungen und Jugendkultur waren der mediale Nachweis, über welche Vielfalt an Subkulturen die amerikanische Gesellschaft verfügt. Der kanadische Begriff "Multikulturalismus" beschrieb die neuen Ideen zur Relation zwischen ethnischen Gruppen und Gesellschaft offensichtlich besser:

> Typically for Canadians, always anxious to draw a contrast between themselves and Americans even when little more than a "narcissism of minor differences" (...) is at issue, "assimilation" and the "melting pot" metaphor associated with it were depicted as representing chauvinistic Americanization policies in contrast to a more enlightened Canadian outlook favoring cultural pluralism, with the metaphor of a "mosaic" applied to the population enriched by immigration.[633]

Ausgehend vom Bild des ethnischen Mosaiks wird Gesellschaft als ein buntes Ganzes imaginiert, das aber aus klar abgrenzbaren einzelnen Bestandteilen entsteht. Ethnische Gruppen mit ihren besonderen Kulturen sind die bunten Steine, aus denen sich dieses farbenprächtige Mosaik zusammensetzt.

Mit dieser neuen Attitüde gegenüber dem Begriff Ethnizität innerhalb der Soziologie wurde der aus Kanada stammende Begriff Multikulturalismus von der amerikanischen Soziologie absorbiert und diffundierte von dort auch nach Westeuropa. Bevor wir am Ende des Kapitels (Kap. 4.5) die Probleme dieses schönen Sprachbildes diskutieren, sollen noch andere wichtige Entwicklungen nachgezeichnet werden. Im Folgenden wird zunächst auf die Entwicklung der Situation der Afroamerikaner in den 1970ern eingegangen.

4.2 Die Zeit enttäuschter Hoffnungen: Afroamerikaner in Forschung und Gesellschaft

Anfang der 1970er begann die Frustration vieler Afroamerikaner über die mangelnden Fortschritte bei der Verbesserung ihrer Lage auch in der Soziologie durchzuschlagen. 1976

---

632 Vgl. hierzu später kommentierend William R. Brubaker, "The Return of Assimilation? Changing Perspectives on Immigration and Its Sequels in France, Germany, and the United States", *Ethnic & Racial Studies* 24, 2001: 531–548.
633 Dennis H. Wrong, "Diversity: Catchword and Reality", *The Hedgehog Review* 3, 2001: 7–23, S. 9f.

veröffentlichte Robert Staples das Buch *Introduction to Black Sociology*, in dem er darlegte, dass jede Soziologie sich in den Dienst der Schwarzen-Bewegung zu stellen habe:

> With the preoccupation of White Americans with the rising cost of living, and political corruption along with the cessation of ghetto rebellions and political marches and demonstrations, the concern of the majority group with race relations is at a low ebb. ... A relevant sociology of race should study not only the nature of social relations extant in human society but also economic and political factors. When this method is effectively applied to the solution of concrete problems in the Black community, then it will have served its purpose: to provide an identification of those concepts that point toward the ultimate goal of mobilizing the Black masses to seek their liberation from the colossus of American racism.[634]

Im Nachhall einer sich zerstreitenden Schwarzenbewegung verschwanden zunehmend die Gemeinsamkeiten der sich auf Afroamerikaner fixierenden "sociology of race". Ökonomische Probleme und politische Korruption hatten das *American Dilemma* fast völlig aus der öffentlichen Aufmerksamkeit verdrängt. So wie einige Soziologen sich Anfang der 1970er als Sprachrohr weißer ethnischer Minderheiten fühlten, so war diese Attitüde in Bezug auf Afroamerikaner inzwischen fest unter vielen afroamerikanischen Soziologen verbreitet. Doch die Zeit des afroamerikanischen Aufbruchs schien in den Augen von Soziologie und Gesellschaft vorüber.

4.2.1 Hohe Erwartungen und wenig Fortschritt

Mit dem langsamen Anstieg der Einwanderung Mitte der 1970er wurde auch die Konkurrenz zwischen Immigrantengruppen und Afroamerikanern wieder verstärkt diskutiert. In seinem Buch *The Ethnic Myth* analysiert Stephen Steinberg, wie Immigrantengruppen erfolgreich in der amerikanischen Sozialstruktur aufstiegen, während Afroamerikaner gleichsam am Boden der sozialen Hierarchie klebten. Resümierend schreibt er 1981 über die 1970er Jahre:

> In 1971 the *Amsterdam News*, New York's leading black newspaper, printed a cartoon that serves as a poignant rebuttal to the claim of immigrant groups that "we made it, why haven't you?" It portrayed a black figure prostrated on the ground as a chain of other figures representing various immigrant groups climbed the tree of success. Nor does this imagery apply only to the distant past. Since 1970 the United States has absorbed more than four million immigrants and refugees, and perhaps twice the number of illegal aliens. And like earlier immigrants, the newcomers have crowded the labor markets, competing with blacks for already scarce opportunities.[635]

Dass sich die Konkurrenzsituation zwischen Immigrantengruppen und Afroamerikanern immer drängender als Problem darstellte, war nicht zuletzt Folge der zunehmenden ökonomischen Schwierigkeiten Amerikas.

---

634 Robert Staples, *Introduction to Black Sociology*, New York, 1976, S. 49.
635 Stephen Steinberg, *The Ethnic Myth: Race, Ethnicity, and Class in America*, Boston, 2001 [1981], S. 221.

Rechtsprechung und Politik

Zu Beginn der 1970er, noch unter der Nixon-Administration, konnte die Gruppe der Afroamerikaner noch als Erfolg verzeichnen, dass weitere "affirmative action"-Regelungen implementiert wurden. Die Auffassung, die schon im *Voting Rights Act* vorbereitet war, dass nicht notwendigerweise die nachweisbare Intention der Akteure, sondern der statistisch feststellbare Effekt – im Sinne einer zu geringen Repräsentanz – ein Maß für die Diskriminierung sei, setzte sich weiter durch. Rechtsgeschichte hat hier die Supreme-Court-Entscheidung *Griggs v. Duke Powers* 1971 geschrieben. Sie bezog sich auf den Arbeitgeber Duke Power, der zur Einstellungsvoraussetzung für ungelernte Arbeiter einen High-School-Abschluss gemacht hatte. Durch die Arbeitsplatzanforderungen nicht gerechtfertigt, schloss dieses Kriterium die überwiegende Mehrzahl afroamerikanischer Bewerber von einer Beschäftigung aus.[636] Chief Justice Warren E. Burger führte deshalb für den Supreme Court aus:

> The objective of Congress in the enactment of Title VII is plain from the language of the statute. It was to achieve equality of employment opportunities and remove barriers that have operated in the past to favor an identifiable group of white employees over other employees. Under the Act, practices, procedures, or tests neutral on their face, and even neutral in terms of intent, cannot be maintained if they operate to "freeze" the *status quo* of prior discriminatory employment practices. ... Congress directed the thrust of the Act to the consequences of employment practices, not simply the motivation.[637]

In später Folge der Regelungen in Titel VII des Civil Rights Act von 1964 rückte dieses Urteil den Effekt von institutionalisiertem Handeln endgültig in den Mittelpunkt der Analyse von Diskriminierungen. Große Institutionen mussten sich an den statistisch feststellbaren Folgen ihres Handelns hinsichtlich der Partizipation von Afroamerikanern messen lassen. Die zweite wichtige Weiterentwicklung von "affirmative action" in dieser Zeit war dessen Erweiterung über die Grenzen von Politik und Arbeitsmarkt hinaus. Der *Equal Opportunity Act* von 1972 war ein weiterer Zusatz zum Civil Rights Act. Title VII wurde damit auch auf Colleges und Universitäten ausgeweitet. Als Indikator für die Diskriminierung von Minderheiten in Bildungsinstitutionen wurde nun die Zusammensetzung ihrer Studierenden herangezogen. Mit diesem Gesetz begann die Zeit des "affirmative action" im Bildungssystem, mit all seinen immer wieder viel diskutierten Auswirkungen für das Campusleben amerikanischer Universitäten.

Doch diese letzten Erfolge für Afroamerikaner im Rechtssystem unter der konservativen Nixon-Regierung wurden nicht mehr als Folge einer sozialen Bewegung verbucht. Eher wurde geltend gemacht, eine Art Automatismus im amerikanischen Rechtssystem sichere den Afroamerikanern immer mehr Privilegien. Die veröffentlichte Meinung – dominiert von der weißen Mehrheit – neigte zusehends zu einer "genug ist genug"-Sichtweise: nachdem in den 1960ern die gesetzlichen Benachteiligungen für Afroamerikaner abgeschafft worden seien, sei es nun an den Afroamerikanern selbst, die sich ihnen bietenden Chancen zu ergreifen. Die Rassenkrawalle hatten weitgehend aufgehört und in der Nixon-Administration setzte sich die Meinung durch, dass Politik für Afroamerikaner kein adäquates

---

636 Vgl. Richard D. Kahlenberg, *The Remedy: Class, Race, and Affirmative Action*, New York, 1996, S. 31.
637 Chief Justice Warren E. Burger, *Griggs v. Duke Power Co.*, vol. 401 U.S. 424, 1971, S. 429–430 und 432.

politisches Ziel mehr sei. Daniel P. Moynihans Formulierung vom "benign neglect" gegenüber dem "race issue" machte die Runde.[638] "Gütig-wohlwollende Vernachlässigung" schien bei dem befürchteten "roll back" einer zerrissenen amerikanischen Gesellschaft wohl das Beste, das für Afroamerikaner politisch zu fordern war.

Wie gespannt die Lage war, zeigte sich nicht zuletzt an den Konflikten um das "busing" von schwarzen und weißen Schulkindern. Noch in der Folge von Brown v. Board of Education begannen Ende der 1960er Jahre Gerichte endlich verstärkt darauf zu dringen, die Segregation im Schulsystem zu verringern und zwar über "Busbringdienste" (daher "busing") zum Austausch von schwarzen und weißen Schulkindern zwischen den Schulen – ein durchaus konfliktreiches Unterfangen. So kam es etwa 1974 in Boston zu gewaltsamen Ausschreitungen gegenüber Bussen, die Kinder aus der schwarzen Nachbarschaft Roxbury insbesondere in das irische Arbeiterviertel Southie bringen sollten.[639] Nicht zuletzt durch die nationale Medienberichterstattung bestimmten diese Konflikte schnell die gegenseitige Gruppenwahrnehmung von Afroamerikanern und Euroamerikanern.

Afroamerikaner in der amerikanischen Gesellschaft

Aus demographischer Sicht schien die Lage insofern erheblich ruhiger, als sich der Status quo hinsichtlich Gruppengröße und räumlicher Segregation immer weiter festschrieb. Die leichte, aber kontinuierliche Zunahme der Gruppe der Afroamerikaner von gut 11 % im Jahre 1970 bis auf 11,5 % in 1980 war insbesondere auf Einwanderung zurückzuführen; gut 1 % der afroamerikanischen Bevölkerung war 1970 im Ausland geboren, 1980 waren es 3 %.[640] Der Anteil der Afroamerikaner im Süden der USA hatte weiter abgenommen – er lag 1970 bei etwa 53 %.[641] In den 1970er Jahren setzte jedoch auch eine Rückmigration von Afroamerikanern in die Metropolen des Südens ein. Sie zogen in der großen Mehrheit in Nachbarschaften, in denen schon eine überwiegend schwarze Bevölkerung existierte.[642]

Die zunehmende Durchdringung der amerikanischen Unterhaltungsindustrie mit afroamerikanischen Künstlern, die auf dem Gebiet der Musik schon in den 1950ern begonnen hatte, setzte sich nun auch im Film fort. *"Blaxploitation"*-Filme, wie Gordon Parks' *Shaft* (1971) und Melvin Van Peebles' *Sweet Sweetback's Baadasssss Song* (1971) wurden zu Kinoerfolgen. Frisuren und Kleidung von Afroamerikanern errangen "Trendsetter"-Image. Auch Substanzen zur Veränderung der Hautfarbe kamen in Mode. Obwohl des Öfteren vermutet, hatten diese aber keinen Einfluss auf die Zunahme von "passing".[643] Die Idee,

---

638 Vgl. hierzu z.B. Klinkner und Smith, *The Unsteady March: The Rise and Decline of Racial Equality in America*, S. 294ff.
639 Vgl. Patterson, *Brown v. Board of Education: A Civil Rights Milestone and Its Troubled Legacy*, S. 173. Seit den Ausschreitungen in Southie gegen das Busing von schwarzen Schulkindern war Boston immer wieder ein Ort von Ausschreitungen gegenüber Schwarzen. Als autobiographische Darstellung der dramatischen Situation in dem alten irischen Stadtteil Southie, vgl. Michael P. MacDonald, *All Souls: a Family Story from Southie*, Boston, 1999.
640 Zensusergebnisse vgl. Tabelle 6 im Anhang. Als eine der wenigen soziologischen Arbeiten zum Thema Einwanderung von Schwarzen, vgl. Roy S. Bryce-Laporte, "Black Immigrants: The Experience of Invisibility and Inequality", *Journal of Black Studies* 3, 1972: 29–56.
641 Vgl. Sandefuhr et al., "An Overview of Racial and Ethnic Demographic Trends", S. 50.
642 Vgl. ibid., S. 57.
643 Als interessantes Beispiel vgl. Richard L. Henshel, "Ability to Alter Skin Color: Some Implications for American Society", *American Journal of Sociology* 76, 1971: 734–742. Völlig richtig sieht der Autor die Verbrei-

dass sich Afroamerikaner sozusagen "weiß färben" könnten, war wohl mehr eine Fantasie der weißen Bevölkerung. Nicht zuletzt durch die aufkommende Ökologie- und Gesundheitsbewegung wurde aber auch die Natürlichkeit des Aussehens neu definiert, bräunliche Hautfarbe bei Weißen galt nun als Ausweis für ein gesundes und sportliches Leben.

Das Aussehen von Menschen beschäftigte auch die Soziologie. In einer Reanalyse von Datensätzen von Elder sowie Taylor und Glenn stellte Udry fest, dass als schön geltende Frauen eine leicht höhere Chance haben, Männer mit höherem sozialen Status zu heiraten. Dieser Effekt verschwindet bei weißen Frauen mit hoher Bildung, verstärkt sich aber eher bei hoch gebildeten afroamerikanischen Frauen. Allerdings heiraten gerade Afroamerikanerinnen besonders stabil innerhalb der afroamerikanischen Gemeinde. Obwohl diese "Schönheitseffekte" signifikant sind, ist ihre tatsächliche Erklärungskraft relativ schwach. Insgesamt stellt der Autor fest, dass Schönheit nur in seltenen Fällen ein Grund für soziale Mobilität ist:

> When attention is focused on the substantive importance rather than the statistical significance of the findings, the nonimportance of the role of attractiveness is striking. ... No one has ever doubted it played some role in heterosexual relationships. But its overpowering impact in first encounters stands in sharp contrast to this mere trace of influence on mobility. The original exchange theory from which we began has led us to shed only a feeble light on the achievement of status mobility through marriage. Perhaps feminine beauty, like a beautiful day or a beautiful flower, is a lifter of the spirit and a quickener of the blood, but only a minor disturbance in the serious business of allocating the other scarce resources of the world.[644]

Das Schönheitsideal vieler Amerikaner hatte sich insofern verändert, als nun auch Afroamerikaner als gut aussehend gelten konnten. Teilweise war dieser Prozess Folge wie Ursache für ein gestiegenes Selbstbewusstsein von Afroamerikanern. In einem Reviewartikel zu verschiedenen Arbeiten auf dem Gebiet schwarzer Identität und Selbstbewusstsein stellen Porter und Washington fest, dass sich das Selbstbewusstsein von Afroamerikanern in den 1970er Jahren gegenüber den vorigen Dekaden stark gefestigt hatte. Besonders jugendliche Afroamerikaner hatten eigenständige Identifikationen ausgebildet und orientierten sich kaum noch an weißen Vorbildern.[645] Diese Feststellungen decken sich mit den Ergebnissen von Mirowsky und Ross, die vermuten lassen, dass in den 1970er Jahren die Angehörigkeit zur Gruppe der Afroamerikaner allein keine Erklärung mehr für erhöhte Frustration war. Vielmehr war die gestiegene Unzufriedenheit in dieser Gruppe genauso wie in anderen Bevölkerungsteilen durch die höhere Arbeitslosigkeit und Single-Quote erklärbar.[646]

Greifbarster literarischer Ausdruck dieses neuen afroamerikanischen Selbstbewusstseins war Alexander P. Haleys (1921–1992) *Roots* aus dem Jahre 1976. Der Ghostwriter des Bestsellers von Malcom X *The Autobiography of Malcom X* von 1965 hatte in langwie-

---

tung von aufhellenden und bräunenden Substanzen für die Haut voraus. Der massive Wandel der Einstellung zu Rasse, die der Autor ebenso vermutet (S. 741f.), hat allerdings in viel geringerem Maße stattgefunden.
644 J. Richard Udry, "The Importance of Being Beautiful: A Reexamination and Racial Comparison", ibid.83, 1977: 154–160, S. 160.
645 Vgl. Judith R. Porter und Robert E. Washington, "Black Identity and Self-Esteem: A Review of Studies of Black Self-Concepts, 1968–1978", *Annual Review of Sociology* 5, 1979: 53–74.
646 Vgl. John Mirowsky II und Ross E. Catherine, "Minority Status, Ethnic Culture, and Distress: A Comparison of Blacks, Whites, Mexicans, and Mexican Americans", *American Journal of Sociology* 86, 1980: 479–495, S. 492.

riger Recherchearbeit die Verschleppung seines vermutlichen Vorfahren Kunta Kinte zurückverfolgt. Diese Geschichte war nicht nur erfolgreich unter Afroamerikanern, die ihre eigene Familiengeschichte in diesem Buch gespiegelt sahen, sondern sie war auch für viele Weiße ein Schlüssel zur Vergegenwärtigung der Schrecken der Sklaverei. Insbesondere nachdem die Sendeanstalt ABC (American Broadcasting Company) eine achtteilige Miniserie ausgestrahlt hatte, prägte *Roots* das Bild der Sklaverei und ihrer Folgen in der amerikanischen Öffentlichkeit.

Die ökonomische Situation und ein demokratisches Intermezzo im Weißen Haus

Mit dem erstarkten Gruppenbewusstsein und vor allem einer wachsenden Präsenz von Afroamerikanern in der amerikanischen Mehrheitskultur ging allerdings eine sehr ambivalente ökonomische Lage einher. Was Einkommen und Bildung der Afroamerikaner betraf, setzten sich die Erfolge aus den 1960er Jahren in den 1970ern im Großen und Ganzen fort, allerdings wurden diese Prozesse insbesondere durch die Zunahme von Alleinerziehendenhaushalten teilweise verdeckt.[647] Afroamerikaner litten ebenso besonders stark unter den wirtschaftlichen Schwierigkeiten der USA. Die zunehmende Arbeitslosigkeit war vor allem unter jungen schwarzen Männern ein Problem.[648] Andererseits hatten arbeitende afroamerikanische Frauen starke Zugewinne hinsichtlich Bildungs- und Einkommensniveau. Wie schon oben berichtet, war die Segregation von Afroamerikanern in ihren Nachbarschaften weiterhin stabil. Massey und Denton fassen in ihrer Analyse von Zensusdaten aus den Jahren 1970 und 1980 die Situation wie folgt zusammen:

> [T]he forces of racial change that transformed American society during the 1970s have had a marginal impact on the spatial behavior of blacks and whites in American cities. Despite the advent of fair housing legislation, more tolerant white racial attitudes, and a growing black middle class with income sufficient to promote residential mobility, the segregation of blacks in large cities hardly changed.[649]

Dies hatte nicht nur ökonomische Auswirkungen, sondern perpetuierte weiterhin die Sonderstellung von Afroamerikanern als "Problem" der amerikanischen Gesellschaft:

> The patterns of segregation we have described also speak to the meaning of race in American society. The high degree of black residential segregation, and its relative imperviousness to socioeconomic influences, suggest that race continues to be a fundamental cleavage in American society. Yet it is not race per se. Asians are also members of nonwhite racial groups, easily identifiable as such by Anglo whites, but there is little evidence that Anglos harbor significant prejudice against them when it comes to sharing urban residential space. ... It is not race that matters, but black race.[650]

---

647 Siehe Reynolds Farley, "Trends in Racial Inequality: Have the Gains of the 1960s Disappeared in the 1970s?", *American Journal of Sociology* 42, 1977: 189–208.
648 Vgl. hierzu etwa Michael P. Johnson und Ralph R. Sell, "The Cost of Being Black: A 1970 Update (in Research Note)", *American Journal of Sociology* 82, 1976: 183–190.
649 Douglas S. Massey und Nancy A. Denton, "Trends in the Residential Segregation of Blacks, Hispanics, and Asians: 1970–1980", *American Sociological Review* 52, 1987: 802–825, S. 823.
650 Ibid., S. 823.

Im Jahre 1976 wurde Jimmy Carter, der ehemalige Governor von Georgia, zum Präsidenten gewählt. Von hohem symbolischem Wert war, dass er mit Andrew Young einen Afroamerikaner zum Botschafter der USA bei den Vereinten Nationen machte. Trotzdem kann kaum gesagt werden, dass Carter besonders die Bürgerrechte der Schwarzen im Auge hatte. Dies ist umso erstaunlicher, als eines seiner zentralen Politikfelder die Menschenrechte außerhalb der USA waren.

Wie umkämpft "affirmative action" war, zeigte das Urteil *Regents of the University of California v. Bakke* von 1978. Der Weiße Allan Bakke klagte gegen die University of California at Davis: Die Medical School hatte sechzehn der hundert Plätze von Medizinstudenten für Minderheiten reserviert, dies führte dazu, dass Bakke nicht angenommen wurde, obwohl seine Schulleistungen besser waren als die einiger angenommener Afroamerikaner. Der U.S. Supreme Court bestätigte in seinem Urteil jedoch die Verfassungskonformität des Kriteriums Rasse, lehnte aber feste Quoten für Minderheiten ab. Nicht jede Quote wurde und wird in der amerikanischen Gesellschaft zum Problem. Die fünf Plätze, die damals für Verwandte von Hochschulangehörigen, Landespolitikern, Geschäftsleuten und vor allem Mäzenen der Universität reserviert waren, beschäftigten Kläger und Gericht nicht. Offensichtlich bezogen diese Quoten sich auf Privilegien, die in der amerikanischen Gesellschaft erheblich weniger umstritten waren.[651]

4.2.2 Das Konzept der Rasse in der neuen schwarzen Soziologie

Eine der wenigen Gemeinsamkeiten, welche die "race and ethnic relations"-Forschung in Bezug auf Afroamerikaner noch besaß, war wohl die Einstellung, dass die soziologische Analyse weitgehend gescheitert sei. Symptomatisch für diese Phase ist Lymans *The Black American in Sociological Thought*, aus dem Jahre 1972:

> The sociology of the black man has not yet begun. Despite more than a century of study, blacks remain a sociological puzzle.[652]

So beginnt er das letzte Kapitel mit dem Titel *Toward a Sociology of the Black American*; zuvor hatte Lyman auf ca. 170 Seiten die Klassiker der "race and ethnic relations"-Forschung von Park bis Parsons als "Aristoteliker" entlarvt, also ihnen vorgeworfen, sie würden nur von geordnetem, evolutionärem Wandel ausgehen und revolutionäre Veränderungen seien in ihrer Perspektive undenkbar. Auf den spärlichen letzten dreizehn Seiten seines Buches gelingt es Lyman allerdings kaum, eine einsichtige Alternative auch nur anzureißen. Seinem Aufruf, dass die amerikanische Soziologie wieder stärker historische Prozesse ins Auge fassen sollte, ist natürlich zuzustimmen; welcher besondere Ansatz daraus folgt, arbeitet Lyman aber nicht genauer aus.[653]

Auch auf der persönlichen Ebene zwischen schwarzen und weißen Soziologen und Soziologinnen waren entweder die Beziehungen sehr gespannt oder abgebrochen. Im Janu-

---

651 Vgl. Klinkner und Smith, *The Unsteady March: The Rise and Decline of Racial Equality in America*, S. 299.
652 Lyman, *The Black American in Sociological Thought*, S. 171.
653 Vgl. ibid., S. 176–183.

ar 1971 trafen sich Mitglieder des *Caucus of Black Sociologists* und der *American Sociological Association*, um Wege aus der angespannten Lage zu finden:

> The near-confrontations and intense feelings of alienation observed at recent meetings of the American Sociological Association were only suggestive for the depths of misunderstanding and the failures of communication or meaningful interaction.[654]

Eines der Hauptprobleme schien dabei, dass insbesondere weißen Soziologen in den USA kaum die Arbeiten, aber auch nicht das persönliche Schicksal, afroamerikanischer Soziologen bekannt waren. Es wurde deshalb eine *National Conference on Black Sociologists* 1972 abgehalten, aus der der 1974 veröffentlichte, auch heute noch lesenswerte Band *Black Sociologists: Historical and Contemporary Perspectives*, herausgegeben von Blackwell und Janowitz, hervorging.[655] Im Buch sind von unterschiedlichen Autoren erstellte Beiträge zusammengetragen, sowohl über wichtige Afroamerikaner in der amerikanischen Soziologie als auch über verschiedene Universitäten und Schulen sowie zu den in dieser Zeit neu aufkommenden Black Studies-Programmen.

In einem interessanten Beitrag *The New Black Sociology: Reflections on the "Insiders and Outsiders" Controversy* widmet sich William Julius Wilson dem damals oft aufgeworfenen Problem, ob Weiße überhaupt fähig seien über Afroamerikaner zu forschen. Er beginnt seinen Aufsatz mit einem Zitat von Joyce Ladner:

> The basic concepts and tools of white Western society are permeated by this [the inherent bias of the social sciences] partiality to the conceptual framework of the oppressor. It is simply enough to say that the differences between the two groups – the oppressor and the oppressed – prevents the former from adequately comprehending the essence of Black life and culture because of a fundamental difference in perceptions, based upon the separate histories, life styles and purposes for being. Simply put, the slave and his master do not view and respond to the world in the same way.[656]

Wilson führt aus, dass die Einstellung, nur schwarze Soziologen könnten adäquat über Schwarze forschen und lehren, insbesondere unter Studierenden verbreitet sei und dazu führe, dass die Lehre für viele Weiße im Feld der "race and ethnic relations"-Forschung immer schwieriger würde, bzw. in Black Studies-Programmen keine Weißen zu finden seien.[657] Die von Ladner gemachte Annahme einer grundsätzlichen und notwendigen Differenz zwischen einer weißen und einer schwarzen Perspektive müsste sich, so Wilson, doch auch in den Forschungsarbeiten von afroamerikanischen Soziologen niederschlagen. Er analysiert deshalb die Studien von Afroamerikanern und Weißen zur Familie und kommt zu dem Schluss, dass die Unterschiede weit weniger deutlich seien als erwartet:

---

654 James E. Blackwell, "Preface", in *Black Sociologists: Historical and Contemporary Perspectives*, hrsg. von James E. Blackwell und Morris Janowitz, vii–ix. Chicago, 1974b, S. vii.
655 James E. Blackwell, und Morris Janowitz (Hg.). *Black Sociologists: Historical and Contemporary Perspectives*. Chicago, 1974a.
656 Joyce A. Ladner 1971, *Tomorrow's Tomorrow: The Black Woman*, Garden City Doubledy S. xvii nach William J. Wilson, "The New Black Sociology: Reflections on the "Insiders and Outsiders" Controversy", ibid., 322–338. S. 323.
657 Vgl. Wilson Record, "Response of Sociologists to Black Studies", ibid., 368–401.

> Thus, it is far from certain that any clear association can be established between black and white sociologists and their approach to race, when writings on the subject are considered over an extended period of time. And although it may be safe to hypothesize a connection between one's race and one's approach to race-related matters today, no sharp lines can be drawn between the writing of black and white scholars, and there is no guarantee that what is taken to represent the black perspective today will not be rejected by a new group of Insiders tomorrow.[658]

Wilson bemerkt weiter, dass die amerikanischen "race and ethnic relations"-Forscher unter Umständen in kritische und weniger kritische oder in liberale und konservative eingeteilt werden könnten, aber weder sei eine direkte Folge dieser Einstellungen auf die Forschung, noch eine direkte Verknüpfung mit der Hautfarbe festzustellen. Daraus zu folgern, soziologische Studien seien nicht kritisch zu analysieren, sei allerdings falsch:

> This argument does not imply that black sociologists should not be critical of the writings and research of white scholars, or of other blacks for that matter, but it is to urge that the field of race relations be free to develop like any other substantive area in sociology, with the discovery and codification of knowledge, with the search for truth, and with the absence of arbitrary barriers imposed by Insiders and Outsiders doctrines.[659]

Auch hier verweist Wilson wieder auf die großen afroamerikanischen Soziologen wie Du Bois, Frazier oder Cox. Diese waren politisch engagiert und nie einfach nur "neutrale Beobachter", was sie aber nicht daran hinderte, mit den professionellen Standards einer methodisch sauberen Soziologie zu arbeiten und soweit als möglich den wissenschaftlichen Dialog mit jedem aufrechtzuerhalten, der ein gutes Argument vorzutragen hatte.

Doch die Fronten innerhalb der "race and ethnic relations"-Forschung waren verhärtet. Ein Teil der Forscher und Forscherinnen fühlte sich immer stärker der Schwarzenbewegung verpflichtet und ließ den Impetus dieser Bewegung auch auf ihre wissenschaftliche Arbeit ausstrahlen. Kulminationspunkt dieser Entwicklung war ein Reader mit dem einprägsamen Titel: *The Death of White Sociology*; dort wurde Gunnar Myrdal als Vertreter einer "'mainstream' bourgeois, liberal sociology"[660] gebrandmarkt. Andere riefen zu mehr Klarheit in Theorie und Empirie auf, besonders eindrücklich Robin M. Williams, Jr. in seinem Überblicksartikel im ersten Jahrgang des *Annual Review of Sociology* 1975:

> Specification of concepts requires both clear definitions and locating each in relation to other concepts. A mishmash of unordered ecological, psychological, social, and cultural factors no longer can be allowed to pass muster as the starting point for research. The reason for this dictum is not merely a preference for neatness and conceptual economy, but the imperative of discovering networks of causal relationships.[661]

Seien es ökonomisch orientierte Erklärungen von Bonacich (siehe unten), die an Macht orientierte Erklärung von Wilson in seinem Buch von 1973 oder Daniel Hechters "internal

---

658 William J. Wilson, "The New Black Sociology: Reflections on the 'Insiders and Outsiders' Controversy", ibid., 322–338. S. 332–333.
659 Ibid., S. 334.
660 Ladner (Hg.), *The Death of White Sociology*, S. xix.
661 Robin M. Williams, "Race and Ethnic Relations", *Annual Review of Sociology* 1, 1975: 125–164, S. 127.

colonialism"[662] in den 1970er Jahren begann eine Zeit neuer reduktionistischer Ansätze, die die komplexen Prozesse, welche die "race and ethnic relations"-Forschung beobachtete, durch einen zentralen Faktor erklären wollten. Hierzu merkt Robin M. Williams, Jr. in seinem Überblick an:

> It is logically impossible that the dependent variables of interest can be fully explained by a single variable or explanatory concept. Always doomed, therefore, are "theories" that deal solely with equal-status contact, relative deprivation, grievance level, critical mass, frustration-discontent, or power struggle – much less with such global concepts as "racism", neocolonialism, or plural societies.[663]

Die wohl erfolgreichsten Ansätze der 1970er konzentrierten sich auf ökonomische Probleme. Wie im vorigen Abschnitt berichtet, war die ökonomische Situation insbesondere für Afroamerikaner in diesem Jahrzehnt angespannt. Die "race and ethnic relations"-Forschung begann damit, sich an dem Problem abzuarbeiten, warum auch nach Abschaffung gesetzlicher Hindernisse gerade Afroamerikaner im Bereich der Ökonomie so "wenig erfolgreich" waren.

Der stabile Zwang der ökonomischen Verhältnisse

Wohl eine der prominentesten Hypothesen, die Rassenzugehörigkeit (und ethnische Gruppen) mit dem Arbeitsmarkt in Beziehung setzt, ist die "split labor market"-Hypothese, die insbesondere mit dem Namen Edna Bonacich verbunden ist.[664] In dieser Perspektive sind es nicht so sehr spezifische kulturelle Eigenschaften einer Gruppe, als viel mehr die speziellen Kombinationen von Qualifikationen und Zugängen zum Arbeitsmarkt, die zu relativ stabilen Ungleichheiten entlang rassischer Grenzen führen. Hier bedingt rassische Zugehörigkeit nicht direkt den Zugang zu den Opportunitätsstrukturen in einem Bereich der Gesellschaft, sondern der Zugang wird behindert, weil sich die knappen Ressourcen, wie etwa Bildung, in einer bestimmten rassischen Gruppe konzentrieren. Arbeitsmärkte stellen jedoch keine homogenen Märkte dar, sondern bestehen aus verschiedenen Segmenten. Menschen die in einem Segment, z.B. als Landarbeiter, angesiedelt sind, verbleiben meist auch in diesem Segment. Wenn nun rassische und ethnische Minderheiten in Niedriglohnsegmenten des Arbeitsmarktes "gefangen" sind, haben sie kaum die Chance, Angehörigen der nächsten Generation dieser Gruppe etwa ein höheres Bildungsniveau zu ermöglichen. Diese Kombination von gleich bleibend schlechten Startbedingungen jeder Generation mit geschlossenen Segmenten des Arbeitsmarktes hält rassische Minderheiten in schlechten beruflichen Positionen.

Segmentierungen finden sich im Übrigen auf vielen Märkten, so sind es oft auch die Angehörigen einer bestimmten rassischen oder ethnischen Gruppe, die versuchen, ein Segment, z.B. das des Dienstleistungsmarktes, für ihre ethnische Gruppe zu monopolisieren.

---

662 Siehe Wilson, *Power, Racism, and Privilege: Race Relations in Theoretical and Sociohistorical Perspectives*, Hechter, *Internal Colonialism: The Celtic Fringe in British National Development, 1536–1966*.
663 Williams, "Race and Ethnic Relations", S. 153.
664 Vgl. Edna Bonacich, "A Theory of Ethnic Antagonism: The Split Labor Market", *American Sociological Review* 37, 1972: 547–559, Edna Bonacich, "Advanced Capitalism and Black/White Race Relations in the United States: A Split Labor Market Interpretation", *American Sociological Review* 41, 1976: 34–51.

Dies hat dann ebenso zur Folge, dass die meisten Arbeitsplätze in diesem Sektor von Angehörigen einer bestimmten rassischen bzw. ethnischen Gruppe besetzt werden.

Diese Interaktion zwischen unterschiedlichen Mitgliedschaften – z.B. in einer rassischen Gruppe und in einem Segment des Arbeitsmarktes – ist ein weiteres Beispiel dafür, wie verschiedene Mitgliedschaften in Gesellschaften dazu tendieren, sich gegenseitig zu stabilisieren. Diese Stabilisierung von rassischen und ethnischen Gruppen durch die Etablierung von "split labor markets" widerspricht jedoch den Spielregeln des freien Arbeitsmarktes.

മ ഇ

Exkurs: "The Declining Significance of Race"
von William J. Wilson, 1978

Wilson treibt in seinem Buch *The Declining Significance of Race* den Aspekt ökonomischer Exklusion von Afroamerikanern argumentativ auf die Spitze.[665] Mit dem Konzept der "underclass" demonstriert er, wie "farbenblinde" ökonomische Exklusionsprozesse, etwa ungenügende Bildung oder Arbeitslosigkeit, dazu beitragen, deprivierte Mitgliedschaftskonfigurationen insbesondere von Afroamerikanern in den USA zu stabilisieren. In gewissem Sinne wendet er das Argument der "ethclasses" von Gordon auf Afroamerikaner an: Klasse als ein wichtiges Strukturmerkmal von Mitgliedschaft in der modernen Gesellschaft interagiert mit Rasse und Ethnizität – so formen sich stabile Kollektive in der Mitgliedschaftsstruktur einer Gesellschaft aus. Wilson wendet sich damit von seiner vorher vertretenen Betonung von Machtprozessen[666] ab, oder wie er selbst schreibt:

> I now feel that many important features of black and white relations in America are not captured when the issue is defined as majority versus minority and that a preoccupation with race and racial conflict obscures fundamental problems that derive from the intersection of class with race.[667]

Wilson setzte damit den Startpunkt für die Diskussion um die "underclass", ein Begriff, der in vielerlei Hinsicht den Kastenbegriff in Bezug auf Afroamerikaner in der amerikanischen Soziologie ersetzt.

Definition der Begriffe Rasse und Ethnizität

In seinem Buch diskutiert Wilson weder den Begriff Rasse noch versucht er eine Definition. Stattdessen spricht er von rassischen Glaubenssystemen, die eine soziale Unterscheidung zwischen Schwarz und Weiß aufrechterhalten.

---

665 Siehe William J. Wilson, *The Declining Significance of Race: Blacks and Changing American Institutions*, Chicago, 1980 [1978].
666 Vgl. hierzu das schon oben erwähnte Wilson, *Power, Racism, and Privilege: Race Relations in Theoretical and Sociohistorical Perspectives*.
667 Wilson, *The Declining Significance of Race*, S. ix.

> When I speak of racial belief systems, I am referring to the norms or ideologies of racial domination that reinforce or regulate patterns of racial inequality.[668]

Diese Glaubenssysteme werden aber selbst nicht genauer untersucht, sondern nur hin und wieder en passant erwähnt. Auch der Weg, Rasse über Rassismus zu definieren, wird nachvollziehbarer Weise von Wilson nicht eingeschlagen. Eines seiner Hauptargumente besteht darin, das Konzept der Rasse hinsichtlich einer einheitlichen Diskriminierungserfahrung zu definieren, sei unergiebig, weil sich die Lebenserfahrung von Afroamerikanern immer stärker differenziere. Mit diesem Aspekt setzt er sich am Ende seines Buches ausführlich auseinander:

> This study has revealed that although racial oppression, when viewed from the broad perspective of historical change in American society, was a salient and important feature during the pre-industrial and industrial periods of race relations in the United States, the problems of subordination for certain segments of the black population and the experiences of social advancement for others are more directly associated with economic class in the modern industrial period. In arriving at this conclusion, I have been careful to recognize the manner in which economic and political changes have gradually shaped a black class structure, making it increasingly difficult to speak of a single or uniform black experience.[669]

Während also die gemeinsame Erfahrung der Schwarzen dahinschwindet und rassische Diskriminierung zumindest für Teile der Afroamerikaner kaum noch vorhanden ist, bleibt das "Schwarz-Sein" einfach vorhanden. Worin dies noch bestehen soll, bleibt unhinterfragt.

Zentrale Dimensionen der Ungleichheit

Wilson selbst schreibt seinem Beitrag die Rolle zu, ökonomische Perspektiven rassischer Ungleichheit weiterzuentwickeln. Er skizziert kurz eine marxistische Perspektive (in Bezug auf O. Cox) und die "split labor market"-Theorie (nach E. Bonacich), entwickelt aber selbst das Konzept der "underclass". Die "underclass" umfasst nicht nur die untersten Einkommensebenen, sondern auch die Gruppe der mehr oder weniger permanenten Wohlfahrtsempfänger und Arbeitslosen. Diese Gruppe von Personen, in der Afroamerikaner einen überproportional hohen Anteil haben, ist fast vollständig von der Teilnahme an funktionierenden Arbeitsmärkten ausgeschlossen und verfügt damit kaum über ökonomische Ressourcen, die eine Teilhabe an der amerikanischen Gesellschaft als Ganzes erlauben würden.[670]

Im Blick auf die historische Analyse sozialer Ungleichheit zwischen Schwarz und Weiß in der amerikanischen Gesellschaft ist die Arbeit von Wilson insofern bedeutend, als sie nachweist, dass in unterschiedlichen Phasen der amerikanischen Entwicklung unterschiedliche Dimensionen der Ungleichheit dominant waren. Die Hauptbewegung, die er nachzeichnet, ist die vom absoluten politischen, sozialen und rechtlichen Ausschluss während der Sklaverei über die Phase des Rassismus und rechtlicher Diskriminierung in der Jim-Crow-Ära hin zu einer Phase der Dominanz ökonomischer Ungleichheit seit den

---

668 Ibid., S. 9.
669 Ibid., S. 144.
670 Vgl. hierzu insbesondere den Epilog ibid., S. 156ff.

1960er Jahren. In dieser letzten Phase steigt nach Wilson die Differenz zwischen den Afroamerikanern, die voll in die amerikanische Gesellschaft integriert sind, und der "underclass":

> In the economic realm, then, the black experience has moved historically from economic racial oppression experienced by virtually all blacks to economic subordination for the black underclass. And as we begin the last quarter of the twentieth century, a deepening economic schism seems to be developing in the black community, with the black poor falling further and further behind middle- and upper-income blacks.[671]

Interessant ist in diesem Zusammenhang der später angefügte Epilog von 1980, in dem Wilson auf die politischen Implikationen seiner Analyse eingeht. In seinen Augen führt die Idee einer monolithischen afroamerikanischen Gruppe notwendig zum Scheitern einer auf sie zielenden Politik:

> My feeling is that such a monolithic view of the black community not only obscures the significant differences in experiences and suffering among blacks, it also leads to policies that do not address the specific needs and concerns of those who are the most disadvantaged.[672]

Und einige Seiten später:

> I remain convinced that the recent developments associated with our modern industrial society are largely responsible for the creation of the semipermanent underclass in the ghettoes, and that the predicament of the underclass cannot be satisfactorily addressed by the mere passage of civil rights laws or the introduction of special racial programs such as affirmative action.[673]

Eine Politik für die hypothetische, in ihren Lebenslagen homogene Gemeinschaft der "African American community" muss also scheitern, weil sie in der sozialen Realität nicht existiert. Bei der unter dieser Perspektive vorgenommenen Ungleichheitsanalyse ist dann Abstammung bzw. Herkunft im Sinne der Herkunft aus einer spezifischen Klasse von besonderer Wichtigkeit, da ethnische oder rassische Herkunft nicht mehr auf ein abgrenzbares Kollektiv verweist.

Das Bild der amerikanischen Gesellschaft

Wilson stellt die Entwicklung der Situation von Afroamerikanern innerhalb spezifischer Formationen der amerikanischen Gesellschaft dar. Die erste Phase bezieht sich auf das Sklavensystem bis zum Bürgerkrieg und wird von ihm mit den Begriffen Plantagenökonomie und Kastenunterdrückung gekennzeichnet (Kapitel 2). Die zweite Phase beginnt gegen Ende des 19. Jahrhunderts und endet mit dem New Deal und wird als die Phase industrieller Expansion, des Klassenkonflikts und der Rassenunterdrückung bezeichnet (Kapitel 3 und 4). Die letzte Phase, die durch die zunehmende Transformation rassischer Ungleichheiten in Klassenungleichheit gekennzeichnet ist, erstreckt sich über die 1960er und 1970er Jahre (Kapitel 5). Nur in diesem langen historischen Kontext ist der Titel *The Declining Signifi-*

---

671 Ibid., S. 152.
672 Ibid., S. 157.
673 Ibid., S. 166.

cance of Race zu verstehen; gegenüber dem Sklavensystem unter der Jim-Crow-Ära war Rasse in den 1960ern und 1970ern in der amerikanischen Gesellschaft von geringerer Relevanz – womit Wilson allerdings nicht verleugnen will, dass Rasse weiterhin ein besonders wichtiges Merkmal innerhalb der amerikanischen Gesellschaft darstellt. Afroamerikaner zu sein ist für Wilson eine Art historische Behinderung, die in ihren Auswirkungen auch heute noch zu spüren ist:

> The situation of marginality and redundancy created by the modern industrial society deleteriously affects all the poor, regardless of race. Underclass whites, Hispano-Americans, and native Americans all are victims, to a greater or lesser degree, of class subordination under advanced capitalism. It is true that blacks are disproportionately represented in the underclass population (...) and that about one-third of the entire black population is in the underclass. But the significance of these facts has more to do with the historical consequences of racial oppression than the current effects of race.[674]

Wenn es aber hauptsächlich die historisch überkommenen Konsequenzen von Rasse und nicht der aktuelle Rassismus sind, die für die deprivierte Situation eines großen Teils der Afroamerikaner verantwortlich sind, so ist eine Politik, die sich einzig gegen Rassismus wendet, zwangsläufig verfehlt. Aus der Analyse der amerikanischen Gesellschaft in *The Declining Significance of Race* zieht Wilson die Konsequenz eine Politik zu fordern, die sich gezielt mit der Lage der wirklich Armen beschäftigt, statt sich von einem wenig fruchtbaren Rassediskurs überlagern zu lassen:

> However, many blacks and white liberals have yet to recognize that the problem of economic dislocation is more central to the plight of the black poor than is the problem of purely racial discrimination. ... Supporters of basic economic reform can only hope that in the 1980s the needs and interests of the black poor (as well as those of the other minority poor and the white poor) will no longer be underrepresented in serious public discussions, policies, and programs.[675]

൙ ൜

Hatte sich die Relevanz von Rasse wirklich verringert?

Insbesondere der Titel *The Declining Significance of Race* und einige Thesen des Buches von Wilson erschienen vielen zeitgenössischen Kommentatoren höchst problematisch, so etwa Thomas F. Pettigrew in einer Besprechung:

> Therefore, I believe that the chief conclusion of the volume – the declining significance of race – to be premature at best, dangerously wrong at worst. The unqualified title attracts attention to the book. But it unwittingly risks adding unsubstantiated support to the dominant ideological myth of the current "post-Reconstruction" phase of American race relations: namely, that racial problems were basically solved during the 1960s, and thus there is no continuing need for such measures as affirmative action and metropolitan approaches to public school desegregation. In fairness, Wilson does not make such arguments; in fact, I am certain that he would repudiate

---

674 Ibid., S. 154.
675 Ibid., S. 182.

them forcefully. But in the politically charged arena of race relations, his misleading title has already been exploited by conservative spokesmen. Preferable to the present volume, then, would have been a book entitled "The *Changing* Significance of Race" that spelled out the author's theoretical ideas in detail.[676]

Das Ende der 1970er Jahre bildete gleichsam einen Höhepunkt in der soziologischen Forschung zum Rassebegriff hinsichtlich der Afroamerikaner. Bei der allgemein gehaltenen Formulierung des Buchtitels *The Declining Significance of Race* konnte Wilson davon ausgehen, dass sich dessen Bezug auf Rassezugehörigkeit von Afroamerikanern von selbst verstand. Gleichermaßen ist das Buch von Wilson ein Paradebeispiel für die Werke über Afroamerikaner, die es vermeiden zu definieren, wovon sie eigentlich handeln. Trotz der hin und wieder aufkommenden Überlegungen zum Verhältnis von Ökonomie und rassischen Glaubenssystemen wird die als selbstverständlich vorausgesetzte Annahme, dass Afroamerikaner eine Rasse sind und auch immer bleiben, nicht hinterfragt. Dies ist insofern problematisch, als damit viele kausale Hypothesen des Buches ins Nebelhafte schwinden: Aussagen wie die, Rasse nehme an Bedeutung für die berufliche Position ab, erheben ein kaum definiertes Konzept in den Status eines relevanten Kausalfaktors.[677] Wenn Wilsons Argumente stimmen, dass Afroamerikaner kein abgrenzbares Kollektiv mehr bilden, dass Rassismus keine gleiche bzw. gleich relevante Erfahrung mehr für alle Afroamerikaner ist, und dass darüber hinaus andere ethnische Gruppen, ebenso die Weißen, in ihren extrem armen Bevölkerungsteilen benachteiligt sind, was bedeutet dann der Begriff Rasse noch? Rasse ist dann einfach etwas, das Afroamerikaner früher einmal waren und dessentwegen sie heute mit historischen Vorbelastungen zu kämpfen haben.

Leider diskutiert Wilson die Implikationen seiner Argumente nicht, obwohl sie erstaunlich glatt in die soziologische Interpretation des Wandels der Ethnizität von Talcott Parsons[678] passen. Parsons geht von der Beobachtung aus, dass die Bezeichnung Afroamerikaner eine Ethnisierung der Schwarzen anzeigt, während Begriffe wie "Negro" oder "Black" auf Afroamerikaner als Rasse verweisen. In der Verschiebung der in der Gesellschaft verwendeten Begrifflichkeit spiegelt sich Parsons zufolge auch die gewandelte Position der Afroamerikaner wider: Sie partizipieren mehrheitlich am amerikanischen Leben und ihr "Afroamerikanisch-Sein" tritt immer mehr in den Hintergrund. Afroamerikaner zu sein bestimmt immer weniger die Chancen im Beruf oder im öffentlichen Leben, ist aber weiterhin eine wichtige persönliche kulturelle Ressource. Damit wird zumindest aus Teilen der Afroamerikaner in der amerikanischen Gesellschaft eine ethnische Gruppe, deren kulturell-ethnische Zughörigkeit sich in der Terminologie Parsons' desozialisiert hat, also nicht mehr die gesamtgesellschaftliche Teilhabe ihrer Mitglieder bestimmt.

Rasse, Ethnogenese und Multikulturalismus

Schon Talcott Parsons beobachtete also Mitte der 1970er Jahre, dass die zunehmende Verwendung des Begriffs "Afro-American" auf eine Ethnisierung der afroamerikanischen Gemeinde in den USA hinweist. Der ursprünglich emanzipativ gemeinte Begriff "Black",

---

676 Thomas F. Pettigrew, "The Changing – Not Declining – Significance of Race", *Contemporary Sociology* 9, 1980a: 19–21, S. 21.
677 Vgl. die Diskussion S. 168ff in Wilson, *The Declining Significance of Race*.
678 Siehe Parsons, "Some Theoretical Considerations on the Nature and Trends of Change of Ethnicity".

der verwendet wurde, um die Bezeichnung "Negro" zu ersetzen, hatte eindeutig rassische Konnotationen, indem er positiv auf die Hautfarbe als Mitgliedschaftskriterium verwies. Der Begriff "Afroamerikaner" ist dagegen strukturgleich mit Begriffen wie "Deutsch-Amerikaner" oder "Irisch-Amerikaner" gebildet, in denen "Deutsch" bzw. "Irisch" auf die nationale Herkunft verweist, genauso wie "Afro" einfach auf den Herkunftskontinent Bezug nimmt.[679]

Folgerichtig heißt ein Artikel von Ronald L. Taylor aus dem Jahre 1979 *Black Ethnicity and the Persistence of Ethnogenesis*. In einer interessanten Synopse der Forschung zu Afroamerikanern in den Städten des Nordens kommt Taylor zu einem ähnlichen Ergebnis wie Parsons. Allerdings beginnt für Taylor der Prozess der Ethnogenese bei Afroamerikanern schon mit der "great migration", also mit der Wanderung von Afroamerikanern aus dem ländlichen Süden in den urbanen Norden. In den Städten des Nordens sind Immigrantengruppen und Afroamerikaner dann ähnlichen Strukturen ausgesetzt:

> Some scholars suggest a radical discontinuity between the historical and contemporary status of blacks and the sociocultural characteristics and experiences of immigrant ethnic groups in American cities. Yet our review of the history of black populations in northern cities indicates that black ethnogenesis was inspired by the same structural conditions that promoted solidarities and communities among white ethnic populations.[680]

Die Entstehung von typisch afroamerikanischen kulturellen Äußerungen, von der Literatur bis zur Musik, wurde also durch die Urbanisierung verstärkt und modifiziert. Gleichzeitig wurde die Zugehörigkeit zur Gruppe der Afroamerikaner auch eine Chance für Solidarität und Sicherheit. Nicht zuletzt aufgrund ihrer Gruppengröße waren Afroamerikaner eine wichtige Stimme, in der sich etablierenden multikulturellen Gesellschaft in den USA, aber eben auch nur eine unter vielen.

Gegen Ende der 1970er Jahre hatte sich die Idee des Multikulturalismus in den USA etabliert. Damit wurde auch deutlich, welche Veränderungen die turbulenten Jahre Ende der 1960er und Anfang der 1970er gebracht hatten. So schreibt rückblickend Philip Gleason:

> Thus was the self-confident Americanism of the World War II generation shattered by the combined hammer blows of racial crisis, antiwar protest, and generalized social, political, and cultural radicalism. This sea change in the civic culture had important implications for matters ethnic.[681]

Bürgerrechtsbewegung, Vietnamkrieg, "ethnic revival" und die vielen anderen sozialen Bewegungen hatten die amerikanische Gesellschaft grundlegend verändert. Zwei Folgen sind dabei für Gleason am wichtigsten:

---

679 Vgl. Parsons, "Some Theoretical Considerations on the Nature and Trends of Change of Ethnicity", S. 71ff.
680 Ronald L. Taylor, "Black Ethnicity and the Persistence of Ethnogenesis", *American Journal of Sociology* 84, 1979: 1401–1423, S. 1418.
681 Philip Gleason, "Sea Change in the Civic Culture in the 1960s", in *E Pluribus Unum? Contemporary and Historical Perspectives on Immigrant Political Incorporation*, hrsg. von Gary Gerstle und John H. Mollenkopf, 109–142. New York, 2001, S. 124.

> The crucial developments were the reestablishment of race as both an acceptable category of social analysis and a normative guide to social policy, and the erosion of the conviction that rights inhere in individuals and the emergence of an implicit doctrine of group rights.[682]

Ende der 1970er war also Rasse eine akzeptierte Analysekategorie, und die Idee, dass auch Gruppen Träger von Rechten innerhalb eines liberalen Staates sein können, wurde immer prominenter. Multikulturalismus und "diversity" wurden die zentralen Schlagworte in der amerikanischen Gesellschaft und in der Soziologie. Indem die Argumentationsfigur des Multikulturalismus auch auf Afroamerikaner übertragen wurde, wurden auch Rasse und Kultur wieder enger miteinander verknüpft. Die Forderung, dass Menschen möglichst unterschiedlicher Rassen und ethnischer Gruppen an amerikanischen Institutionen in repräsentativer Weise partizipieren, wurde insbesondere auch kulturell begründet. Der Begriff der Rasse war fest etabliert, die Gruppe, die er meist bezeichnete – Afroamerikaner – hatte aber zunehmend die Charakteristika einer ethnischen Gruppe angenommen. Die im amerikanischen Common Sense so nahe liegende Verknüpfung zwischen Kultur und Rasse, die der wissenschaftliche Rassismus so reichlich ausgenutzt hatte, wurde so durch die Hintertür wieder hoffähig.[683]

Wie oben dargestellt, tauchten all diese von Intellektuellen in einschlägigen Zeitungen diskutierten Ideen fast zeitgleich auch in der amerikanischen Soziologie auf. Ein Grund hierfür mag gewesen sein, dass die "race and ethnic relations"-Forschung der 1970er keine eigene theoretische Relevanzstruktur ausgebildet hatte, die sie gegenüber gesellschaftlichen Strömungen stabilisiert hätte. Trotz der zahlreichen Anknüpfungspunkte und neuen Ideen zeigte sich das Feld der "race and ethnic relations"-Forschung zu dieser Zeit in einem eher desolaten Zustand, wenn man dies an dem Grad theoretischer Integration misst. Dabei wäre es natürlich unrealistisch gewesen zu erwarten, es gäbe einen dominanten, alles integrierenden Ansatz innerhalb eines Teilgebietes der Soziologie, aber auch für einen Debattenstreit zwischen zwei oder drei konzeptionellen Perspektiven reichte es mangels theoretischer Basis nicht. In seiner Untersuchung zum Begriff der Assimilation konstatierte Bash 1979 in *Sociology, Race and Ethnicity*:

> [T]he substantively specialized field of race and ethnic relations, apart from having yielded a multiplication of empirical research, has failed to develop beyond the state of virtual impotence with regard to theory that had characterized it since the thirties. It is not injudicious to assert that there simply is no special theory of race and ethnic relations extant today. The scatter of theoretical nodules [sic!] that serve to hold together some of the research proliferation *within* the various sub-specialties in the field, is not indigenous to the field but rather represents an eclectic borrowing from general sociological theory and, significantly, from the funds of theory in psychology and anthropology.[684]

Aus fachlicher Sicht war die Ausgangssituation für die bevorstehenden 1980er Jahre ambivalent: Zwar war viel Geld in die "race and ethnic relations"-Forschung geflossen, doch seit

---

682 Ibid., S. 128.
683 Vgl. zu diesem Argument ibid., S. 130.
684 Bash, *Sociology, Race, and Ethnicity: A Critique of American Ideological Intrusions Upon Sociological Theory*, S. 50.

Mitte der 1970er verebbten die Zuwendungen.⁶⁸⁵ Zwar gehörten Kurse zur Situation rassischer und ethnischer Gruppen immer noch zum Kanon der soziologischen Lehre, aber die Studierenden fanden Programme in Black oder African American Studies zunehmend attraktiver. Zwar hatte die empirische Forschung insbesondere hinsichtlich ökonomischer Mechanismen viele Einsichten vermittelt, aber theoretische Innovationen waren kaum zu spüren. Die "race and ethnic relations"-Forschung, wie das gesamte Fach, war also nicht gerade im besten Zustand, um dem stärkeren gesellschaftlichen Gegenwind, welcher der Soziologie in den 1980ern entgegenwehen sollte, zu widerstehen.

4.3 Alte und neue Probleme der Immigration

In *Canarsie: The Jews and Italians of Brooklyn against Liberalism* aus dem Jahre 1985 zeichnete Jonathan Rieder eindrucksvoll die konservative Wende vieler ethnischer Gruppen nach, die mit einer stärkeren Frontstellung gegenüber Afroamerikanern parallel gingen. Die Untersuchung erschien, bevor der Name Canarsie zusammen mit anderen Stadtteilen New Yorks Ende der 1980er und Anfang der 1990er aufgrund von Spannungen und Gewalttätigkeiten zwischen verschiedenen ethnischen Gruppen nationale Berühmtheit erlangte. Der Niedergang von Nachbarschaften und die Zuspitzung der sozialen Konflikte prägte auch die Erfahrungswelt eines italoamerikanischen Arbeiters, den Rieder interviewt hat:

> The romance of the past betrayed the man's loyalty to a rhythm of the daily life that had vanished along with the Dodgers and white invincibility. The more he mulled over the state of the nation, the more his resentment over changes in patriotic devotion and family life became fixated on the darkening complexion of Flatbush Avenue, which made him bitter and poisoned his feelings toward blacks. Anxiety about race was only the most palpable form of the threat that weighted on him. Race was a kind of shorthand for an array of social, cultural, and economic deprivals. In the midst of that elision, blacks were transformed from adversaries, or from beings with unique personalities, or from scapegoats who drained away hostility, into signs: an easy way to represent change.⁶⁸⁶

Der Fortgang der in Rieders Buch angedeuteten gesellschaftlichen Entwicklungen soll im Folgenden kurz skizziert werden, bevor wir uns wieder der Ethnizitätsperspektive in der amerikanischen "race and ethnic relations"-Forschung zuwenden.

4.3.1 Immigrantengruppen: Konflikte und Polarisierung

Die ökonomischen Probleme hatten sich unter Jimmy Carter nicht verringert. Eines der letzten Gesetze seiner Amtszeit war der *Refugee Act* von 1980, der die Gesetzgebung der USA mit dem UN-Protokoll zur Flüchtlingsaufnahme in Einklang brachte. Einen Monat

---

685 Vgl. Turner und Turner, *The Impossible Science: an Institutional Analysis of American Sociology*, S. 136 bzw. S. 138.
686 Flatbush Avenue ist eine Straße in Canarsie; die Studie hatte ihre Feldphase Ende der 1970er Jahre; vgl. Jonathan Rieder, *Canarsie: The Jews and Italians of Brooklyn against Liberalism*, Cambridge, Mass., 1985, S. 93. Zur Kritik der sehr lesenswerten aber konzeptionell etwas schwachen Studie vgl. Richard Madsen, "Review: Canarsie", *American Journal of Sociology* 92, 1986: 470–473.

nachdem das Gesetz durch den Congress bestätigt worden war, setzte der "Mariel boat lift" ein: Kubanische Flüchtlinge wurden mit Booten, die von der exilkubanischen Gemeinde in Florida gechartert waren, aus dem Hafenstädtchen Mariel auf Kuba in die USA gebracht. Nachdem ca. 125.000 Flüchtlinge eingetroffen waren und Medienberichte sich gehäuft hatten, dass Castro Insassen von Gefängnissen und psychiatrischen Kliniken auf die Boote entließ, heizte sich die feindliche Stimmung gegenüber den Flüchtlingen auf und die Carter-Administration versuchte, den Zufluss zu stoppen.[687]

Carters zögerlicher Umgang mit diesem Flüchtlingsproblem war – neben dem gescheiterten Versuch, die amerikanischen Geiseln in Teheran zu befreien – ein weiterer Grund für den Sieg des Republikaners Ronald Reagan bei den Präsidentschaftswahlen 1980. Er schlug Carter mit 51 % der Stimmen. Im Senat gewannen die Republikaner sieben Sitze hinzu und verfügten damit über die Mehrheit. Die schweren wirtschaftlichen Probleme polarisierten die amerikanische Gesellschaft und die tief greifenden Veränderungen ließen den politischen und kulturellen Konservatismus wieder erstarken.

Hispanics und Asian-Americans als neue ethnische Großgruppen

Der "Mariel boat lift" war nur ein Symbol für die zunehmende Zuwanderung, darüber hinaus setzte sich auch die Diversifizierung der Einwanderung, die in den 1970ern begonnen hatte, fort:

> During the 1980s, for the first time since the mid-1920s, immigration took up a central position on the American social agenda. While both the volume and incidence of immigration continued the steady increase that had begun just after World War II, anti-immigration attitudes, which have always lurked near the surface of the American mind, again emerged.[688]

Zwei Aspekte sind hinsichtlich der ethnischen Landschaft der USA in den 1980ern hervorzuheben: Zum einen stieg die Anzahl der Einwanderer an und war mit der Bildung neuer Gruppen verbunden, zum anderen existierten die alten ethnischen Gruppen aus der Zeit vor dem Zweiten Weltkrieg weiter. Noch bedingt durch den Hart Celler Act war in den Siebzigern und Achtzigern die Familienzusammenführung der Hauptkorridor zum Erhalt eines Visums geworden.[689] Dieser hohe Anteil von Familienmigration war ein Grund für das Absinken der Rückwanderungsquote.

Die Einwanderung in den 1980ern lässt sich in zwei Gruppen einteilen. (1) Die erste Gruppe bestand aus einer hohen Anzahl gut ausgebildeter Einwanderer etwa aus Indien, den Philippinen, Korea, Taiwan und China bzw. aus Großbritannien und Kanada. Menschen aus Indien bis China, also Immigranten aus Asien, wurden immer öfter als Asian Americans bezeichnet, doch soziologische Untersuchungen wiesen immer wieder auf, dass die Unterschiede innerhalb dieser Gruppe entlang ethnischer Linien erheblich größer sind als die Gemeinsamkeiten.[690] (2) Die zweite Gruppe bestand aus eher schlecht ausgebildeten

---

687 Vgl. Daniels, *Coming to America*, S. 347–349.
688 Vgl. ibid., S. 388.
689 Vgl. Ueda, *Postwar Immigrant America*, S. 62.
690 Unter vielen vgl. zum Aspekt der Assimilation Michael J. White, Ann E. Biddlecom und Shenyang Guo, "Immigration, Naturalization, and Residential Assimilation among Asian-Americans in the 1980s", *Social Forces* 72, 1993: 93–117.

Arbeitern insbesondere aus Mexiko, Zentralamerika, Südostasien und der Karibik.[691] Diese zweite Gruppe, die in weiten Teilen der immer häufiger als Hispanics bezeichneten Gruppe entsprach, war der Grund für die in den Medien immer wieder kritisierte "declining quality" der Immigranten, die sich meist auf das niedrige Bildungsniveau bezog. Hispanic-Americans und Asian-Americans sind ein interessantes Beispiel für die Entstehung ethnischer Kategorien für Gruppen, die gemäß ihrer Herkunftsländer kaum Gemeinsamkeiten hegen. Die 1980er kommentierend bemerken Portes und Rumbaut 1990:

> Hispanic-Americans and Asian-Americans are well on their way toward becoming the new ethnic minorities because they are defined as single entities in numerous official publications, lumped together in affirmative action programs, counted together by the census, and addressed jointly in official rhetoric. Academic researchers and the media have contributed significantly to this process of ethnic construction through the same expedient of addressing disparate nationalities "as if" they were part of the same collectivity. To the extent that the process is successful, the ethnic mobilizations to emerge in the Latino barrios and Asian "towns" of major American cities will not be bound by the original national identities, but by the new supranational symbols initially bestowed on them from the outside.[692]

Mit der Zunahme der spanisch-sprechenden Hispanics griffen auch Befürchtungen um sich, Englisch könnte als Hauptsprache der USA verdrängt werden. Einige Bundesstaaten erhoben Englisch zur Amtssprache und verpflichteten die Behördenangestellten gesetzlich, an ihrem Arbeitsplatz nur englisch zu sprechen. Entsprechende Regelungen, hatten bis dahin nur in wenigen Bundesstaaten bestanden. Sie stammten, wie etwa im Fall Nebraska, aus der Zeit starker antideutscher Ressentiments vor dem Zweiten Weltkrieg, oder waren dort üblich, wo es praktisch keine nicht englisch sprechende Bevölkerung gab. Die neuen Maßnahmen waren insbesondere in Staaten umstritten, in denen es einen großen spanisch-sprechenden Bevölkerungsteil gab, wie etwa in Kalifornien und Florida.[693] Die Auseinandersetzung über Englisch als verbindliche Landessprache beförderte die Entstehung eines "new native movement".[694] Zunehmend kam es auch zu gewaltsamen Konflikten zwischen asiatischen Einwanderern und Afroamerikanern in Großstädten, die von den Medien stark herausgestellt wurden. Ein mindestens ebenso beliebtes Medienthema war die permanente Diskussion über Probleme mit illegalen Einwanderern an der amerikanisch-mexikanischen Grenze.

European-Americans oder einfach Americans?

Doch was war aus den alten ethnischen Gruppen geworden? Im Zensus von 1980 wurde zum ersten Mal nach der ethnischen Zugehörigkeit gemäß Selbsteinschätzung gefragt. Die Herkunft der Eltern als Indikator für eine ethnische Gruppe zu verwenden, war in vielerlei Hinsicht problematisch geworden: Viele europäische Einwanderer waren bereits in der

---

691 Ueda, *Postwar Immigrant America*, S. 63.
692 Portes und Rumbaut, *Immigrant America*, S. 138.
693 Vgl. Daniels, *Coming to America*, S. 398.
694 Diese Bewegung, die auch noch in den 1990ern weiter wirkte, ist wohl am eindrücklichsten dargestellt in Reimers, *Unwelcome Strangers: American Identity and the Turn against Immigration*.

dritten Generation in den USA, so dass auch deren Eltern in den USA geboren waren,[695] zudem können aus gleichen Herkunftsländern unterschiedliche ethnische Gruppen eingewandert sein, wie etwa aus Belgien.[696] Der Zensus zeigte, dass 60 % der Amerikaner sich – etwa zu gleichen Teilen – als Abkömmlinge von Engländern, Deutschen oder Iren fühlten. In allen Landesteilen der USA gehörten diese drei Gruppen weiterhin zu den fünf wichtigsten ethnischen Gruppen. Darüber hinaus ließ sich durch die neue Zensusfrage nachweisen, dass sich die historische Zusammensetzung der verschiedenen Einwanderungsgruppen in den verschiedenen Regionen der USA im Laufe der Zeit kaum verändert hatte. Trotz großer Binnenwanderung waren die ethnischen Muster der einzelnen Staaten relativ stabil geblieben.[697]

Etwa 40 % der Befragten hatten gemischte Vorfahren angegeben, was den hohen Anteil an Eheschließungen zwischen den Gruppen bestätigte; auch Kinderzahl und Heiratsmuster hatten sich weitgehend angeglichen. Gerade diese Mischung führte nach Lieberson und Waters zur Entstehung einer neuen amerikanischen Ethnizität:[698]

> [A]ll of this flux and uncertainty in ethnic origins should lead to an expansion in the segment of the population whose members are unable to provide any picture of their ethnic origins, but simply know that they are unhyphenated whites. In other words, we expect to find a complete circle. Just as the immigrant groups who migrated here were the product of earlier merges of different peoples in Europe, so, too, their descendants in the United States generations later will form the strands of a new American ethnic group in this country.[699]

Allerdings bezeichneten sich 1980 nur gut 5 % der amerikanischen Bevölkerung als ethnische "Amerikaner", diese Gruppe war überproportional unter der ärmeren Landbevölkerung im Süden der USA angesiedelt. Dass gerade die ungebildeten, oft besonders rassistischen Weißen im Süden der USA eine Art Avantgarde in Bezug auf amerikanische Ethnizität bildeten, mag zunächst irritieren,[700] zeigt aber auch, dass symbolische Ethnizität für europäische Gruppen insbesondere auch ein Mittelschichtphänomen in den großen Städten und ihren Vorstädten war und ist. Auch wenn der Begriff European-Americans kaum verwendet wurde, so offenbarten sich in den 1980ern doch vor allem die Gemeinsamkeiten dieser Einwanderungsgruppen.

Wirtschaftliche Verbesserungen und eine Reform der Einwanderungsgesetze

Die Politik der "Reaganomics", also einer angebotsorientierten Wirtschaftspolitik, die sich in Steuersenkungen, Deregulierung und einer Senkung der Staatsausgaben im Sozialsektor ausdrückte, führte nur langsam zu wirtschaftlichem Aufschwung, in den Jahren 1982 und 1983 erreichte die Arbeitslosenzahl fast 10 %.[701] Auch die Struktur der Jobs veränderte

---

695 In früheren Zensen wurde nur nach dem Geburtsort der Eltern gefragt, ethnische Gruppen werden für diese Frage in der dritten Generation unsichtbar, so dass ethnische Gruppengrößen zunehmend unterschätzt wurden.
696 Vgl. zu diesen und anderen methodischen Problemen Lieberson und Waters, *From Many Strands*. Kapitel 1.
697 Vgl. ibid., S. 54ff.
698 Vgl. ibid., S. 46.
699 Ibid., S. 268.
700 Vgl. zu diesem Punkt Ivan Light, "Review: From Many Strands", *Social Forces* 68, 1990: 992–993.
701 Vgl. United States Census Bureau, *Statistical Abstracts of the United States: 20th Century Statistics*, Tabelle 1430.

sich: Viele amerikanische Firmen verlegten ihre Produktion in Billiglohnländer. Von der zunehmenden Prosperität profitierten insbesondere der Mittelstand und Besserverdienende. Da sich jedoch die Militärausgaben unter Reagan von 1980 129 Milliarden auf 290 Milliarden gegen Ende seiner Amtszeit erhöhten, stieg auch die Staatsverschuldung weiter an.

Mitte der 1980er wurde die Anzahl Illegaler in den USA auf drei bis fünf Millionen geschätzt. Im Gegensatz zu früheren Dekaden reagierte die Administration hierauf jedoch nicht mit Deportationsmaßnahmen, sondern mit der Legalisierung von Illegalen. Der *Immigration Reform and Control Act* von 1986 (IRCA) ermöglichte es ihnen, soweit sie sich seit 1982 in den USA aufhielten, ihren Status innerhalb eines Jahres zu legalisieren. Zusätzlich wurden der Status von Flüchtlingen aus Haiti und Kuba normalisiert und die Quoten für ehemalige Kolonien und abhängige Gebiete erhöht. Parallel dazu wurden Arbeitgeber, die weiterhin Illegale beschäftigten, mit Sanktionen belegt. Dieses Gesetz, sicher eines der großzügigsten Immigrationsgesetze in der Geschichte der USA, führte 1990 und 1991 zu extrem hohen Einwanderungszahlen: 1990 wurden 1,5 Millionen Menschen offiziell als Einwanderer anerkannt, darunter allerdings 880.000 legalisierte ehemalige Illegale, und 1991 wurden 1,8 Millionen Immigranten zugelassen, von denen 1,1 Millionen ehemalige Illegale waren.

Mit dem Ende der 1980er Jahre waren die USA wieder in der "Normalität" eines Einwanderungslandes angekommen. Die seit Ende der 1960er einsetzende neue Einwanderung hatte zu deutlich erkennbaren neuen ethnischen Minderheiten geführt. Durchaus ähnlich wie zu Beginn des 20. Jahrhunderts erzeugte diese erste Einwanderungsgeneration Ängste und Befürchtungen. Während sich die alten Einwanderungsgruppen aus der Zeit vor dem Zweiten Weltkrieg als integrierter Bestandteil der amerikanischen Gesellschaft etabliert hatten, wurden neue Linien gegenüber Hispanics und Asiaten gezogen.

4.3.2 Die Expansion "ethnischer Buchführung"

Die "race and ethnic relations"-Forschung war weiterhin ein prosperierender Teil der amerikanischen Soziologie. In seiner Übersicht über das Feld von 1985 verweist Yinger auf die Verknüpfung neuer sozialer Probleme mit der soziologischen Forschung:

> Changes in relationships among major subdivisions of a society are often reflected in the development of an active sociological specialty designed to analyze those changes. Currently important work goes on, for example, in the study of male-female relationships and sex roles, of life course and age, of the simultaneous appearance of "new religions" and old fundamentalism, and – more perennially – of class conflict and social stratification. None of these topics is new, of course, but in recent years they have carried unusual salience. To this list of significant topics of new or resurgent interest we must now certainly add ethnicity. The flood of material from research centers, new journals, book series, government agencies, and individual scholars is overwhelming; it has been called an academic ethnicity industry.[702]

Mit der zunehmenden Diversifizierung von Ansätzen in den 1970er und 1980er Jahren stieg auch die Anzahl der "reduktionistischen" Sichtweisen. Entweder wurden spezifische Analysedimensionen als besonders wichtig beschrieben, wie etwa Kultur oder Sozialstruktur,

---

702 J. Milton Yinger, "Ethnicity", *Annual Review of Sociology* 11, 1985: 151–180, S. 151–152.

oder es wurden bestimmte Teilbereiche der Gesellschaft zur dominanten Dimension erklärt, wie etwa die Politik oder die Ökonomie. Daneben entstanden aber auch viele Ansätze, die versuchten, so vollständig wie möglich einen Überblick über die ethnische Landschaft der USA zu geben. Ethnizität wurde mit Büchern wie *From Many Strands* immer stärker auch zu einem mit demographischen Methoden untersuchten Phänomen.[703] Die ethnischen Gruppen der europäischen Einwanderung waren jetzt kaum noch Grund für ethnographische Studien à la Whyte, sondern oft Gegenstand etwas dürrer demographischer Abhandlungen.

Die Harvard Encyclopedia of American Ethnic Groups

1980 gab ein Team von Historikern um Oscar Handlin die *Harvard Encyclopedia of American Ethnic Groups* heraus, ein autoritatives Werk über die Gesamtheit der amerikanischen ethnischen Gruppen (das Werk hat hierfür 106 Einträge), geschrieben in der Ethnizitätsperspektive.[704] Der Sozialhistoriker Roger Daniels beginnt seine Besprechung mit dem Absatz:

> Six years of planning, writing, and editing and 121 authors and 173 consultants have produced a stunning, massive, 6 pounds, 1101 double-columned 8 ½" x 11"-page monument of scholarship. At $60.00 in a time when lox sells for $12.00 a pound and thin monographs command $15.00 or $20.00, it is a bargain. Like any work by so many hands its quality is uneven, but in its best pieces it is superb and, at worst, it is at least pedestrianly useful. Those who come to the *Encyclopedia* looking for solutions to some of the vexing problems in the field are almost certain to be disappointed: it reflects both the increased sophistication and the disparity of views which prevail along the whole spectrum of "ethnic studies", broadly defined. In other words the *Encyclopedia* represents, more or less, the current state of the art.[705]

Wenn man bedenkt, dass Räucherlachs im Preis angezogen hat, und die *Encyclopedia* inzwischen in Antiquariaten für $20.00 zu haben ist, ist dieses Nachschlagewerk wohl auch heute noch ein Schnäppchen. Allerdings wurde an ihm schon früh unter verschiedenen Aspekten Kritik geübt.[706] So wurde etwa der Eurozentrismus gerügt: In der *Encyclopedia* gibt es mit gutem Grund fünf Einträge zu unterschiedlichen deutschen ethnischen Gruppen in den USA (Germans, Austrians, Alsatians, Germans from Russia und Pennsylvania Germans), aber den Herausgebern genügte ein Sammelaufsatz zu American Indians (nur Aleuts und Eskimos wurden getrennt behandelt). Ein ebenso altes Problem der Ethnizitätsperspektive dupliziert sich gleichfalls in diesem Werk: ethnisch ist ein Merkmal von Minderheiten. Den ethnischen Aspekten der amerikanischen Mehrheit wird kein Raum gegeben, zwar werden Appalachians, Mormons, Southerners und Yankees beschrieben, aber andere – wie Texans, Hoosiers, Westerners und Okis – kommen ebenso wenig vor wie "Americans"[707]. Last not least fehlt auch ein Eintrag zum Begriff Rasse. Trotz aller Schwächen einer an

---

703 Vgl. Lieberson und Waters, *From Many Strands*.
704 Siehe Thernstrom, Orlov und Handlin (Hg.), *Harvard Encyclopedia of American Ethnic Groups*.
705 Roger Daniels, "The Melting Pot: A Content Analysis", *Reviews in American History* 9, 1981: 428–433, S. 428.
706 Zu einer kritischeren Würdigung vgl. z.B. Richard A. Schermerhorn, "American Diversity: A Panorama", *Contemporary Sociology* 10, 1981: 617–620.
707 Vgl. Daniels, "The Melting Pot: A Content Analysis", S. 430.

europäischen Minderheiten orientierten Ethnizitätsperspektive, die Rasse unter den Tisch kehrt, bildet das Werk eine unersetzliche Faktensammlung zu vielen Gruppen. Mit der *Encyclopedia* war das "ethnic movement" nun endgültig in der Wissenschaft angekommen. Eine ethnische Gruppe zu sein hatte nun die Weihen eines Nachschlagewerkes der Harvard University bekommen.

Bei aller Detailgenauigkeit war es der Ethnizitätsperspektive jedoch nicht gelungen, ihre theoretischen Probleme adäquat zu bearbeiten. 1981 veröffentlichte Werner Sollors einen wichtigen Übersichtsartikel zu Theorien der Ethnizität im *American Quarterly*, seine Schlusssätze zur Einschätzung des Feldes sind nur bedingt hoffnungsvoll:

> Finally, we may even reach a stage at which less terminological confusion will surround the concept of ethnicity. Despite the massive onslaught of recent literature in the field, ethnicity still leaves ample room for theorizing.[708]

Inzwischen waren ethnische Gruppen, wie noch zehn Jahre zuvor von Greeley gemutmaßt, kein unbekanntes Phänomen mehr. Die große Anzahl an beschreibenden Werken half aber kaum, zu theoretisch befriedigenden Konzeptionalisierungen des Ethnizitätsbegriffs zu gelangen. Im selben Jahr wie Sollors Artikel kam van den Berghes *The Ethnic Phenomenon* als Versuch auf den Markt, diese Lücke zu schließen.

଼ ଽ

Exkurs: "The Ethnic Phenomenon"
von Pierre L. van den Berghe, 1981

> It is probably fair to say that the academic specialty usually called "race and ethnic relations" is rich in literature but poor in theory.[709]

Mit dieser Feststellung beginnt Pierre L. van den Berghe sein Buch *The Ethnic Phenomenon*, wohl mit der Absicht, diesen Zustand zu ändern. Ausgangspunkt seiner Überlegung ist die Frage, warum gerade Ethnizität immer wieder zur Propagierung von Gruppenhandeln Verwendung findet, und nicht wie häufig angenommen, im Modernisierungsprozess verschwindet.[710] Van den Berghe erklärt Ethnizität als Fortführung eines stammesgeschichtlich verwurzelten Verwandtschaftsglaubens. Interessanterweise haben einige Kommentatoren diese sozio-biologische Begründung von Ethnizität fälschlicherweise als Verteidigung ethnischer Weltsichten interpretiert – eine Fehleinschätzung, gegen die sich der Autor schon im Vorwort seines Buches wehrt:

> In a sense, this book is in part an attempt to exorcize ethnicity by trying to understand it. I abhor its narrowness, its bigotry, its intolerance, its violence and its outbursts of irrationality. I

---

708 Werner Sollors, "Theory of American Ethnicity, Or: '? S Ethnic?/Ti and American/Ti, De or United (W) States S S1 and Theor?'" *American Quarterly* 33, 1981: 257–283, S. 282–283.
709 Van den Berghe, *The Ethnic Phenomenon*, S. 1.
710 Vgl. ibid., S. xi.

am not sure whether I succeeded, but I hope to convince the reader that the task is not easy and that it must be done if we are to survive as a species and as a civilization.[711]

Definition der Begriffe Rasse und Ethnizität

Van den Berghe geht davon aus, dass die Entwicklung altruistischen Verhaltens einer der wichtigsten evolutionären Fortschritte sozial lebender Tiere ist, da durch solidarisches Verhalten in Gruppen erheblich effektiver der Fortbestand der Gruppe gesichert werden kann.[712] Menschliche Gruppen haben dabei eine typische Verwandtschaftsstruktur (vgl. Abbildung 7).

Abbildung 7:   Van den Berghes Verwandtschaftskarte einer prototypischen Ethnie[713]

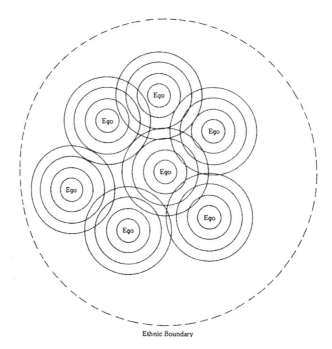

Ethnic Boundary

Indeed, nearly all of small-scale, stateless, human societies are groups ranging from a couple of hundred to a few thousand people, defined almost entirely by ties of descent and marriage. These breeding populations are internally divided into smaller kin groups that swap daughters and sisters for spouses between the men. ... The relevance of all this to ethnicity is that the primeval

---

711   Ibid., S. xii. Dass dieses persönliche Statement des Autors ernst gemeint ist, ergibt sich auch aus der sehr lesenswerten Autobiographie, siehe Pierre L. Van den Berghe, *Stranger in Their Midst*, Niwot, CO, 1989.
712   Das "Interesse" des Individuums am Fortbestand der Gruppe leitet Van den Berghe vom Egoismus der Gene ab. Gene wollen überleben, dabei kann es vorteilhaft für ein Individuum sein, sich selbst zu opfern, wenn damit nahe Verwandte als Träger weitgehend ähnlicher Gene überleben. Diese genetische Verankerung des Altruismus wird vom Autor zwar betont, ist aber logisch für das Argument nicht zwingend.
713   Ibid., S. 23, Abdruck der Originalzeichnung.

meval model of the human ethnic group is, in fact, the breeding population of a few hundred individuals, the structure of which we have just sketched.⁷¹⁴

Ethnien sind also ursprünglich nur leicht intern differenzierte Verwandtschaftsgruppen. Dieses Netz von mehr oder minder weit reichenden Verwandtschaftsverhältnissen ist gleichsam das Urmodell des Blutsverwandtschaftsglaubens.

> The primordial ethny is thus an extended family; indeed, the ethny represents the outer limits of that inbred group of near or distant kinsmen whom one knows as intimates and whom therefore one can trust. One intuitively expects fellow ethnics to behave at least somewhat benevolently toward one because of kin selection, reinforced by reciprocity.⁷¹⁵

Blutsverwandtschaftsglaube generiert also Vertrauen und zumindest die Unterstellung von wohlwollendem Verhalten. Als Mitgliedschaftsidee wirft er aber zwangsläufig ein Abgrenzungsproblem auf:

> Ethnicity is thus defined in the last analysis by *common descent*. Descent by itself, however, would leave the ethny unbounded, for, by going back enough, all living things are related to each other. *Ethnic boundaries* are created *socially* by *preferential endogamy* and physically by *territoriality*. Territoriality and endogamy are, of course, mutually reinforcing for without physical propinquity people can hardly meet and mate and, conversely, successful reproduction, with all the lavish parental investment it requires for humans, favors territorialized kin groups. The prototypical ethny is thus a descent group bounded socially by inbreeding and spatially by territory.⁷¹⁶

Ethnische Grenzen werden durch Endogamie und Territorialität hergestellt, im Kontakt zwischen ethnischen Gruppen müssen jedoch verlässliche ethnische Marker entwickelt werden, um im Einzelfall entscheiden zu können, wer Mitglied der ethnischen Gruppe ist und wer nicht. Grundsätzlich unterscheidet van den Berghe drei Gruppen von Markern:

(1) genetisch übertragene Merkmale, wie etwa die Pigmentierung der Haut oder Körpergröße; diese Merkmale finden aber nur relativ selten Anwendung, da sich physiologische Unterschiede aufgrund der Zeugung von Nachkommenschaft auch über Gruppengrenzen hinweg über mehrere Generationen verwischen und sich so fließende Übergänge im Aussehen menschlicher Siedlungsgruppen bilden; dieser Marker findet deshalb insbesondere bei relativ kurzfristigen Bevölkerungsbewegungen wie Migration und Kolonialisierung Anwendung.

(2) ethnische Uniformen; dieser beliebte Marker kann von bestimmten Formen des Körperschmucks bis hin zu Frisuren oder einfach bestimmten Kleidungsstücken reichen; er hat den Vorteil, dass diese Attribute gut sichtbar sind, der Marker kann aber auch falsche Mitgliedschaften vortäuschen.

(3) Verhaltensregeln; dieses Marker-Set ist verlässlich, hat aber den Nachteil, u.U. nicht sofort offensichtlich zu sein; subtilere Verhaltensweisen sind für Außenstehende kaum zu erkennen und schwer zu erlernen. Eine besondere Stellung nimmt die Sprache ein: Da nach der Pubertät die Fähigkeit, akzentfrei Sprachen zu lernen, drastisch abnimmt, ist

---

714 Van den Berghe, *The Ethnic Phenomenon*, S. 22.
715 Ibid., S. 25.
716 Ibid., S. 24.

gerade die einwandfrei beherrschte Sprache ein exzellenter Indikator für ethnische Mitgliedschaft.

Van den Berghes Modell der ethnischen Gruppe lässt sich wie folgt zusammenfassen: Bis vor einigen tausend Jahren lebten wenige hundert Individuen in relativ engen Verwandtschaftsgruppen. Sie bewohnten abgrenzbare Territorien, die zusammen mit Endogamieregeln die Gruppengrenzen stabilisierten. Diese erweiterte Verwandtschaftsgruppe wurde mit der zunehmenden Größe menschlicher Gesellschaften ebenso erweitert, zu oft fiktiven und kulturell kaum abgrenzbaren Großgruppen. Die angeborene Neigung, auch innerhalb industrialisierter Massengesellschaften Verwandtschaftsgruppen abgrenzbar zu definieren, führte zu einer extremen Variationsbreite in der Verwendung ethnischer Marker, in einigen Fällen über physische Merkmale wie der Rasse, meist jedoch über soziale Merkmale, wobei die Sprache immer eine besondere Rolle spielt.

Zentrale Dimensionen der Ungleichheit

Ethnizität, als Bevorzugung von zumindest als verwandt vorgestellten Personen oder als reiner Nepotismus, widerspricht vielen anderen Mitgliedschaften gerade in modernen Gesellschaften. Van den Berghe geht in den letzten Kapiteln auch auf andere Sozialformen, wie etwa die Klasse, ein.[717] Wichtigstes Argument ist, dass Menschen nicht nur Ethnizität sehr flexibel interpretieren können, sondern dass ethnische Aspekte auch schlicht ignoriert werden können.

> There are circumstances under which the benefits to be derived from nepotism are superseded by other forms of sociality. Because humans have a considerable capacity for making conscious cost/benefit calculations, ethnicity can be rationally manipulated or indeed superseded by other considerations.[718]

Jede Form von gemeinsamen Interessen kann in der Sicht des Autors dazu führen, dass ethnische Linien durchbrochen werden. Die einzige Dimension, auf die er genauer eingeht, ist die Klassenstruktur von Gesellschaften. Dabei sieht er, wie schon andere vor ihm, insbesondere in den USA die Kopplung beider Muster:

> Since, however, the residues of European ethnicity (such as ethnic residential concentration) are largely found in the urban working-class districts of the eastern and midwestern cities, ethnicity is also a convenient proxy for class organization.[719]

Neben diesen auf Interessen beruhenden sozialen Formen, die der ethnischen Selbstbeschreibung förderlich sind, gibt es in modernen Gesellschaften explizit Mechanismen, um Nepotismus oder die Bevorzugung von Angehörigen der eigenen ethnischen Gruppe zu unterbinden. So ist etwa in den meisten modernen westlichen Staaten sowohl die Rekrutierung im Bildungssystem wie auch im Beruf an spezifische Qualifikationen gebunden und kann nicht einfach mit ethnischer Zugehörigkeit begründet werden. Auch die Norm, als

---

[717] Insbesondere im Mittelteil seines Buches argumentiert van den Berghe international vergleichend, hier und im folgenden Abschnitt werden nur die die USA betreffenden Aspekte dokumentiert.
[718] Van den Berghe, *The Ethnic Phenomenon*, S. 256.
[719] Ibid., S. 228.

Vertreter einer Institution ohne Ansehen der Person zu verfahren, hätte zumindest zum Teil ihren Ursprung darin, Nepotismus und Bevorzugung der ethnischen Eigengruppe zu verhindern.

Das Bild der amerikanischen Gesellschaft

Diese institutionellen Vorkehrungen zur Unterdrückung des verhaltensleitenden Faktors von Ethnizität beförderten – van den Berghe zufolge – Assimilationsprozesse. Ähnlich wie Warner verweist der Autor darüber hinaus auf weitere Faktoren der Assimilation, unter denen er Aussehen und kulturelle Tradition ein besonderes Gewicht gibt. Dabei war es insbesondere die wirtschaftliche Prosperität der USA, gepaart mit hoher sozialer Mobilität, die zu fast völliger Auflösung zumindest der europäischen ethnischen Gruppen führte. Dass sich diese Assimilationsprozesse vollzogen, war höchst ungewöhnlich:

> Contrary to what the American experience might seem to suggest, assimilation is not to be taken for granted. Ethnic sentiment being, as I suggested earlier, an extension of kin selection, it is deeply ingrained and, barring countervailing forces, tends to endure. Its disappearance is problematic, not its persistence. Left to themselves, people have a natural propensity to prefer the company of those like themselves in culture and appearance, and to behave favorably toward them because they are presumed to be, in some sense, kindred. Conversely, those foreign in culture and strange in appearance tend to be rejected because they are presumed to be unrelated to one.[720]

Innerhalb von drei Generationen schaffte es die amerikanische Gesellschaft, relativ große Einwanderungsmengen erfolgreich zu assimilieren. Die Akkulturationsprozesse waren besonders schmerzhaft für die Einwanderer, wenn sie etwa ihre Muttersprache aufgeben und sich ungewohnten Verhaltensweisen anpassen mussten. Das Selbstverständnis vieler Einwanderer, trotz praktisch vollständiger Assimilation einer ethnischen Gruppe anzugehören, wertet van den Berghe als Gegenreaktion auf die Ethnisierung der Afroamerikaner.

> An entire academic cottage industry developed lately around "ethnic studies." All sorts of books are being written, extolling ethnic heritages, discovering forgotten roots and asserting how unassimilated and un-WASP most Americans are. The politics of this "ethnic revival" (or perhaps better, ethnic fad) are complex, but nevertheless easily understandable. It all began in the mid-1960s with an attempt by Afro-Americans to redefine their situation in terms of ethnicity rather than race. A black pseudonationalist movement developed, which was doomed to failure since all the conditions for successful nationalism were missing. Black lacked a separate and distinct cultural tradition, a contiguous territory and the necessary resource base to make nationalism work.[721]

☙ ❧

---

720 Ibid., S. 216.
721 Ibid., S. 227.

Omnipräsenz von Ethnizität?

Lässt man einmal die wenigen polemischeren Besprechungen außer Acht, so wurde van den Berghes Buch positiv aufgenommen.[722] Dies liegt wohl vor allem daran, dass er viele seiner Beispiele im Mittelteil des Buches mit klassischen sozialen und ökonomischen Faktoren erklärt und selbst immer wieder auf die Gefahren hinweist, die sozio-biologische Argumente mit sich bringen können. Darüber hinaus betont er auch, dass biologische Aspekte relativ weit von tatsächlichem Verhalten entfernt liegen:

> Most aspects of human behavior are several steps removed from their genetic underpinnings, and the observable behavior is almost always mediated by a multiplicity of environmental conditions. Ethnicity is no exception.[723]

Viele Besprechungen merkten an, dass der überwiegende Teil der sozio-biologischen Überlegungen von van den Berghe gar nicht notwendig für sein zentrales Argument sei. Allein die Annahme einer aufgrund der Stammesgeschichte vererbbaren Tendenz zur Bildung von Familienstrukturen[724] (in welcher Form auch immer) genügt als Erklärung, dass die Projektion dieser Verwandtschaftsgruppe in größere soziale Einheiten nahe liegt; zumal dieses Argument auch sozialisationstheoretisch gewendet werden kann: Da es zur Erfahrung (fast) jedes Menschen gehört, in einer Primärgruppe aufgewachsen zu sein, sind diese Familienmodelle gleichsam Urmodel jeder Gruppenvorstellung. Ethnizität erscheint somit als einfache Erweiterung des erlernten Familienmodells in Großgruppen.

Van den Berghes Buch ist ein Versuch, die Omnipräsenz ethnischer Ideen in der Vielzahl verschiedener sozialer Kontexte zu erklären. Für ihn ist sie Folge der stammesgeschichtlich erworbenen Tendenz, Mitglieder der eigenen Verwandtschaftsgruppe zu bevorzugen. Auch wenn man die Plausibilität dieser Erklärung akzeptiert, bleibt das Problem, dass dieser allgemeine Mechanismus wenig über die tatsächliche Struktur und das Verhalten der heutigen als ethnisch charakterisierten Gruppen aussagt. Gerade für die Ethnizität in der amerikanischen Gesellschaft sind Mischehen, Mitgliedschaftswechsel oder außerhalb der Gruppe liegende Adoptionen geradezu typisch, genauso wie auf der Gruppenebene permanente Verschiebungen von Gruppenallianzen ebenso wie das Verschmelzen von Gruppen zu beobachten sind.

Yinger[725] fasst noch einmal die Argumente zusammen, die in der Ethnizitätsforschung zur Stabilität ethnischer Gruppenformen vorgebracht wurden. Diese Argumente lassen sich in drei Gruppen ordnen, die sich dadurch auszeichnen, dass sie im Gegensatz zu van den Berghes Modell versuchen, multiple Kausalmuster und kumulative Effekte mit in die Erklärung ethnischer Gruppenbildung einzubauen:

---

722 Vgl. etwa mit sehr scharfer Kritik Joe R. Feagin, "Review: The Ethnic Phenomenon", *Contemporary Sociology* 10, 1981: 835–836 und William M. Newman, "Review: The Ethnic Phenomenon; the Ethnic Myth", *Social Forces* 61, 1982: 291–293.
723 Van den Berghe, *The Ethnic Phenomenon*, S. 251.
724 Natürlich muss noch nicht einmal eine Tendenz zur Paarbildung als erblich angenommen werden, allein die Motivation zu Sexualität, Mutterliebe und die Tatsache, dass Menschenkinder aufwendige Pflege benötigen, genügen als erbliche Merkmale, um familienähnliche Strukturen kulturell entstehen zu lassen.
725 Vgl. hierzu Yinger, "Ethnicity", S. 161–163.

(1) Wie schon in der Besprechung des Readers von Glazer und Moynihan[726] betont, ist es die Kombination von materiellen Interessen, meist in politischer oder ökonomischer Hinsicht, kombiniert mit den symbolischen und affektiven Komponenten unterstellter primordialer Gemeinsamkeiten, die ethnische Gruppenbildung so erfolgreich macht.

(2) Darüber hinaus sind ethnische Gruppen, wie Novak und Greeley[727] betonen, ein Weg, durch die Empfindung der Zugehörigkeit und der Gemeinsamkeit mit "meinen Leuten", den Erfahrungen der Anomie und der Entfremdung in modernen Gesellschaften entgegenzuwirken.

(3) Last not least ist gerade symbolische Ethnizität, im Sinne etwa von Gans[728], ein flexibles Instrument der "sozialen Verortung" in modernen hoch individualisierten Gesellschaften, das situational in immer wieder unterschiedlicher Weise abgerufen werden kann – also eine Art symbolische Ressource, die allerdings auch viele Möglichkeiten des Zugriffs auf Netzwerke und andere Ressourcen beinhaltet.

In diesen Charakteristika moderner amerikanischer Ethnizität liegt in weiten Teilen auch der Grund für die Fruchtlosigkeit des Streits zwischen Theorien, die das Verschwinden von Ethnizität vorhersagen, und Konzepten der Permanenz ethnischer Gruppenbildung. Die Widersprüchlichkeit zwischen modernisierungstheoretischen Annahmen, marxistischer Theorie und liberalen Gesellschaftsmodellen auf der einen Seite, und Theorien des "ethnic revivals" auf der anderen Seite, mag einfach darin liegen, dass beide über unterschiedliche Typen von Ethnizität reden; dies stellt auch Yinger (1985) fest:

> We lose explanatory power if we equate contemporary urban ethnicity – with its large symbolic, affective qualities – with the more deeply rooted attachments and firmer boundaries of less mobile times and places. The latter may decline in some settings even while the former grows in influence.[729]

Nation und Migration

Das "extended kinship paradigm" von van den Berghe lässt sich in Teilen auch auf die Nation erweitern: So wie die ethnische Gruppe die erweiterte Projektion der Verwandtschaftsgruppe ist, so sind Nationen nur die Projektion von ethnischen Gruppen auf den Rahmen des Nationalstaates.[730] Damit wird die ethnische Gruppe nicht mehr, wie in vielen Zusammenhängen, als Synonym für Minderheit verwendet. Anthony D. Smiths *The Ethnic Origins of Nations* argumentiert überzeugend, dass auch Mehrheitskulturen in Nationalstaaten als ethnisch beschrieben werden können.[731] Mehrheitskulturen werden oft von hegemonialen ethnischen Kerngruppen befördert, die versuchen, die nationalen kulturellen Räume zu homogenisieren. In dieser Perspektive ist der Prozess der Bildung von Nationalstaaten charakterisiert durch die Verschmelzung ethnischer Merkmale und staatlicher Autorität. Viele Untersuchungen haben gezeigt, dass die Mitgliedschaft in einer Gesellschaft auf sehr

---

726 Siehe Nathan Glazer und Daniel P. Moynihan (Hg.). *Ethnicity: Theory and Experience*. Cambridge, Mass., 1975b.
727 Vgl. etwa Greeley, *Ethnicity in the United States*, Novak, *The Rise of the Unmeltable Ethnics*.
728 Vgl. Gans, "Symbolic Ethnicity".
729 Yinger, "Ethnicity", S. 161.
730 Vgl. diese Argumente zusammenfassend Craig J. Calhoun, *Nationalism*, Minneapolis, 1997, S. 36ff.
731 Siehe Anthony D. Smith, *The Ethnic Origins of Nations*, Oxford, 1986. Smith lebt und arbeitet zwar in England, sein Buch wurde aber schnell im Kontext der amerikanischen Soziologie aufgenommen.

allgemeiner Ebene als ethnisch bezeichnet werden kann. Die Expansion ethnischer Herkunftsmythen und Vorstellungen des gemeinsamen Schicksals sind insbesondere auf politischer Ebene eine wichtige Basis für die Solidaritätszumutungen des modernen Nationalstaats.

Dieses allgemeine Argument hat wichtige Implikationen für die ethnischen Aspekte der gesellschaftlichen Mitgliedschaft als Ganzes. In dieser Perspektive kann jeder Mitglied von zumindest zwei Schichten ethnischer Gruppen sein: Es ist möglich, ethnisch Deutscher als Mitglied des deutschen Nationalstaates zu sein und zur gleichen Zeit aber in einer anderen Situation ethnischer Bayer. Gesellschaftliche Mitgliedschaft ist also charakterisiert durch verschiedene Lagen ethnischer Identität.

Die wieder einsetzende, stärker differenzierte Immigration in die USA gab Ende der 1970er/Anfang der 1980er Jahre auch der Forschung zu Migrationsprozessen wieder neue Anstöße. Die Zunahme an Illegalen und Flüchtlingen führte zu neuen Diskussionen über Immigrationsgesetze. In Bezug auf Migration sind es wohl drei Bücher, die neue Ideen in die Migrationssoziologie einbrachten, obgleich es in ihnen nur am Rande um das Konzept der Ethnizität geht: Die zunehmende Beachtung von internationalen Migrationsmustern in ihrer Verbindung zu nationalen Arbeitsmärkten spiegelt sich in *Birds of Passage* (1979) von M. J. Piore wider.[732] Das Problem der Flüchtlinge im Zusammenhang der Menschenrechtsproblematik steht im Fokus von A. Zolbergs et al. *Escape from Violence* (1989).[733] Als Rahmen, der die neuen Perspektiven integriert, versteht sich der von Brubaker herausgegebene Band *Immigration and the Politics of Citizenship in Europe and North America;*[734] hier wird Migration als politisch regulierter Mitgliedschaftswechsel beschrieben. Beide Perspektiven – zu den ethnischen Aspekten der Nation und zu internationaler Migration – ergänzen sich, indem nun transnationale Prozesse zwischen Nationen und deren Interaktion mit Migrationsströmen ausführlicher beschrieben werden. Diese Perspektive sollte in den 1990er Jahren weiter an Prominenz gewinnen.

Ethnizität und "rational choice"

Eine der wohl erfolgreichsten reduktionistischen Sichtweisen auf Ethnizität, die schon in den 1970er Jahren ihre Anfänge hatte, aber ihren Boom in den 1980ern erlebte, war die "rational choice theory". Einen der frühen programmatischen Artikel zur ethnischen Mobilisierung verfassten Michael Hechter, Debra Friedman und Malka Appelbaum 1982: *A Theory of Ethnic Collective Action.*[735] Die Autoren stellen sich eine einfache Frage: Wenn das sozialstrukturelle Argument richtig ist, dass gemeinsame Lagen innerhalb der Sozialstruktur zu gemeinsamem Handeln einer Gruppe führt – um Erreichtes zu sichern oder Ausgrenzungen entgegenzuwirken –, warum findet kollektives Handeln so selten wirklich statt? In jeder Gesellschaftsformation kommen typische Gruppenlagen in vielfälti-

---

732 Siehe Michael J. Piore, *Birds of Passage: Migrant Labor and Industrial Societies*, Cambridge, 1979.
733 Siehe Aristide R. Zolberg, Astri Suhrke und Sergio Aguayo, *Escape from Violence: Conflict and the Refugee Crises in the Developing World*, Oxford, 1989.
734 Siehe William R. Brubaker, *Immigration and the Politics of Citizenship in Europe and North America*, Lanham, Washington, D.C., 1989.
735 Siehe Michael Hechter, Debra Friedman und Malka Appelbaum, "A Theory of Ethnic Collective Action", *International migration review* 16, 1982: 412–434. Vgl. ebenso programmatisch Michael P. Banton, *Racial and Ethnic Competition*, Cambridge, 1983.

ger Weise vor. Sie führen aber eben nur in manchen Fällen zu (ethnischen) Mobilisierungen. Sie gehen das Problem an, indem sie danach fragen, in welchen Fällen Individuen dazu neigen, sich an kollektivem Handeln zu beteiligen. Dabei gehen sie von einem einfachen Modell aus:

> This rational choice theory of ethnic collective action is based on the assumption that individuals have given goals, wants, tastes or utilities. Since all goals cannot be equally realized because of scarcity, individuals will choose between alternative courses of action so as to maximize these wants and utilities. The resulting action may be seen as the end product of two successive filtering devices. The first is defined by structural constraints that limit the set of possible courses of action by reducing it to the vastly smaller subset of feasible actions. The second filtering device is the mechanism by which the actor chooses which cause of action to take. Thus individuals choose the most efficient means of realizing desired goals.[736]

Diese Version des so oft formulierten Modells des rationalen Akteurs, der mit knappen Mitteln bestimmte Ziele erreichen will, ist die Grundlage für ein zweistufiges Modell ethnischer Mobilisierung: Zuerst entstehen meist lokale ethnische Organisationen, etwa zur gemeinsamen Unfallversicherung oder zur Armenhilfe. In diesem Falle ist das individuelle Motiv der persönlichen Risikoabsicherung so offensichtlich, dass es rational erscheint, sich an diesen Veranstaltungen zu beteiligen. Solche ethnischen Organisationen bieten nach Auffassung der Autoren die essentielle strukturelle Voraussetzung, um weitergehende Ziele anzusteuern. Sind sie einmal ins Leben gerufen, neigt das leitende Personal oft dazu, ihre Ziele umzudefinieren und sie der Ausweitung des eigenen politischen Einflusses dienstbar zu machen. Als rationale Triebfeder des ethnischen politischen Unternehmers erscheint hier die Chance des eigenen Machtzugewinns. Der politische "Möchtegern-Führer" ist daran interessiert, die Motivation der Mitglieder der ethnischen Organisationen weiter zu verstärken. Diese Motivation ergibt sich aus der Erfolgswahrscheinlichkeit der Intervention der Gruppen und dem wahrscheinlichen Nutzen. Der Vorteil dieser Argumentation besteht darin, dass in jedem einzelnen Schritt die persönliche rationale Handlungsmotivation der Beteiligten nachvollziehbar wird; fehlt sie, kommt es auch nicht zu einer ethnischen Mobilisierung.

Dieses relativ einfache Modell wurde in Folge von vielen Autoren ausgebaut, allerdings eher aus dem Bereich der Politikwissenschaften als in der Soziologie. Wichtig ist dieser Ansatz deshalb, weil er ein neues Licht auf das "commitment"-Problem wirft, also das Problem, wie eine ethnische Gruppe ihren Verpflichtungscharakter aufrecht erhält.

Einen interessanten Beitrag liefert hierzu Hall.[737] Er weist darauf hin, dass in einer "rational choice"-Perspektive immer Trittbrettfahrer zum Problem werden. So ist es sicher richtig, dass – wie schon Weber[738] anmerkte – die Zugehörigkeit zu einer ethnischen Gruppe die Chance beinhaltet, an einer ethnischen "Massenehre" teilzuhaben, aber an dieser kann man auch partizipieren, ohne sich wirklich am ethnischen Leben zu beteiligen, wie z.B. der bekennende Ire, der am Sonntag nicht in der katholischen Messe anzutreffen ist. In seiner Analyse von Assoziationen, die länger als eine Generation überlebten, isoliert Hall

---

736 Hechter, Friedman und Appelbaum, "A Theory of Ethnic Collective Action", S. 415–416.
737 Vgl. John R. Hall, "Social Organization and Pathways of Commitment: Types of Communal Groups, Rational Choice Theory, and the Kanter Thesis", *American Sociological Review* 53, 1988: 679–692.
738 Vgl. Weber, *Wirtschaft und Gesellschaft*, S. 239.

zwei erfolgreiche Wege dieses Kontrollproblem zu lösen; einerseits ist es möglich, wie z.B. in einer Sekte durch Hierarchisierung Instanzen zu etablieren, die einzelne, nicht-konforme Mitglieder ausschließen; der zweite Weg besteht in der Etablierung eines "diffusen Kontrollinteresses", wie es sich in der Regel bei ethnischen Gruppen ausprägt. Dieses basiert darauf, dass die Teilhabe an der Massenehre, ebenso wie weiterer Nutzen, aus der Einbindung in ein ethnisches Netzwerk nur möglich bleibt, wenn die Gruppe als solche weiter besteht. Da nun aber die einzigen Gruppenmerkmale im Falle ethnischer Gruppen typische Arbeitsweisen, Konsumweisen und soziale Veranstaltungen sind, ist es nur schlüssig, dass jedes einzelne Mitglied der ethnischen Gruppe darauf achtet, dass das jeweils andere in seinem Sichtbereich befindliche Mitglied gleichfalls diesen Regeln folgt. Der Konformitätsdruck in ethnischen Gruppen ist in dieser Perspektive der direkte Ausdruck des einfachen Nutzenkalküls jedes Mitgliedes.

Die Theoriearchitektur der "rational choice theory" ist so anziehend, weil der Haupterklärungsmechanismus – rationales Verhalten – gewissermaßen unabhängig von sozialen Prozessen innerhalb des psychologischen Systems eines Individuums verortet wird. Mit diesem Mechanismus werden Organisationsprozesse und kollektives Handeln in Gesellschaften erklärt. "Rational choice"-Perspektiven sind in zweierlei Hinsicht die reinste Form von Reduktionismus: Sie reduzieren die Erklärungen für ethnische Mitgliedschaft auf individuelle Aspekte der Mitgliedschaft und ethnisches auf rationales Handeln. In beiderlei Hinsicht erscheint die Anwendung von "rational choice"-Argumenten auf Ethnizität zumindest kontraintuitiv:

> [Rational Choice Theory] draws its explanations from the central assumption of an individual's rationality, whereas ethnic hostilities and conflicts are often perceived by many as an example of collective irrationality.[739]

Für viele Situationen können "rational choice"-Theorien gut erklären, dass ethnisches Handeln tatsächlich oft sehr rational und profitorientiert ist. Viele, insbesondere die ökonomischen und politischen Ansätze zu Ethnizität können in einem "rational choice"-Sprachspiel reformuliert werden, als Ausdruck des persönlichen Dranges nach der Maximierung von Profit in Bezug auf Macht oder Geld. Orthodoxe "rational choice"-Theorien hatten Probleme, emotionale Komponenten menschlichen Handelns zu theoretisieren bzw. die Formation von Präferenzhierarchien zu erklären. Insbesondere die Formation von Präferenzhierarchien ist wohl ohne den Bezug auf Sozialisation bzw. strukturelle Prozesse außerhalb des Individuums kaum zu beschreiben. Um das Stereotyp "die Iren" wieder zu bemühen, bezieht sich das Entstehen von Präferenzhierarchien auf etwa die Frage: Warum zieht jemand ein Guinness einem Budweiser vor? Viele Versionen des "rational choice"-Ansatzes versuchen, diese Aspekte zu inkorporieren, aber indem sie dies tun, verlieren sie die ästhetische Schönheit ihrer übersimplifizierten Basisunterstellung des rational Handelnden. Damit verfallen aus sie den erkenntnistheoretischen Problemen, die sie so gern bei anderen soziologischen Perspektiven ausmachen.[740]

---

739 Siniša Malešević, "Rational Choice Theory and the Sociology of Ethnic Relations: A Critique", *Ethnic and Racial Studies* 25, 2002: 193–212, S. 193.
740 Zur detaillierten Ausführung dieses Arguments vgl. ibid.

Die in diesem Abschnitt kurz dargestellten reduktionistischen Theoriestrategien der sozialbiologischen Erklärung von Ethnizität und des "rational choice"-Ansatzes sind Perspektiven, die immer wieder mit Vehemenz vorgetragen wurden und werden, die aber nie in Reinform die "race and ethnic relations"-Forschung dominierten. Beide enthalten aber Argumente, die sehr nützlich für die Interpretation ethnischer Gruppen sind und haben in dieser Form Eingang in viele Texte gefunden. Die Ansätze zu Nationalstaat und Migration haben sich fest als eine Teilperspektive in der "race and ethnic relations"-Forschung etabliert. Der Paukenschlag, mit dem diese Dekade der Ethnizitätsforschung begonnen hatte, die *Harvard Encyclopedia of Ethnic Groups,* hatte jedoch in seiner differenzierenden Perspektive weniger Einfluss gehabt, wie vielleicht erhofft. Vergleichsweise wenige ethnische Gruppen waren Untersuchungsgegenstand der Soziologie, wobei die neue Gruppe der Hispanics stark dominierte.

4.4 Politik oder Abstammung? Neue Schwierigkeiten in den 1980er Jahren

Seit den 1960er Jahren hatten sich die amerikanische Gesellschaft und das Verhältnis von Afroamerikanern zu anderen Bevölkerungsgruppen grundlegend verändert. Wie bei allen wichtigen Veränderungen, die in den letzten zwanzig Jahren stattgefunden hatten, herrschte doch große Uneinigkeit, wie diese einzuschätzen seien:

> Black-white patterns in the United States have changed sharply over the past two decades. But, while there is consensus on this general point, there is little agreement about precisely how these patterns have changed. Within American sociology, there is even pointed debate on how best to conceptualize modern race relations. ... Current black-white relations in the United States are more subtle, indirect, and ostensibly nonracial than earlier forms. Modern racial discrimination varies widely in its degree of embeddedness in large-scale organizations. Indirect forms of discrimination, embedded deep in organizational structures, can even be unintentional. Yet the American racist past remains a prominent part of the scene as well.[741]

So schreibt Thomas F. Pettigrew im Jahre 1985 in einem Überblick über den Stand der Forschung zu Afroamerikanern; wie so viele Kommentare von Soziologen zu ihrer Profession ist auch der seine eher kritisch. Doch bevor wir auf die Versuche der "race and ethnic relations"-Forschung, mit dieser Situation umzugehen, eingehen, folgt zunächst eine kurze Skizze zur Lage der Afroamerikaner in den 1980ern.

4.4.1 *"Verlorene" Jahre für Afroamerikaner?*

Die zu Beginn der 1980er Jahre noch angespannte wirtschaftliche Lage verschärfte die Situation vieler Afroamerikaner. Die anhaltenden gesellschaftlichen Probleme belasteten die Beziehungen zwischen Schwarz und Weiß erheblich. So kamen etwa im Mai 1980 in Miami 18 Menschen ums Leben, als es nach einem Freispruch von Polizisten, die einen

---

741 Thomas F. Pettigrew, "New Black-White Patterns: How Best to Conceptualize Them?", *Annual Review of Sociology* 11, 1985: 329–346, S. 329–330.

Afroamerikaner zu Tode geprügelt hatten, zu Ausschreitungen kam.[742] Die "Reagan-Ära" mit den verschiedenen Versuchen, "affirmative action" abzuschaffen, schien keine gute Zeit für eine Politik zugunsten von Afroamerikanern. Ebenso kam mit der Reagan-Administration eine Regierung an die Macht, die geradezu berüchtigt für abwertende Bemerkungen und Einstellungen gegenüber der Soziologie wurde.[743]

> Given the atmosphere of economic, political, and cultural change that characterized the 1980s, then, the options for racial policy are rather bleak. The climate of anti-statism severely limited the expansion of state activity to deal with impoverishment and the invidious effects of racism in housing, education, and welfare.[744]

Dagegen leitete die Wahl von Reagan zum Präsidenten der USA bei der weißen Mehrheit im Lande einen positiven Stimmungswechsel ein. 1981 wurde mit der "Columbia" das erste wieder verwendbare Space Shuttle gestartet, als Besatzungsmitglied der "Challenger" flog 1983 der erste Afroamerikaner, Guion Bluford, in den Weltraum.

Der Wandel in der Gruppe der Afroamerikaner

Als Reaktion gegen eine unter weiten Teilen der Afroamerikaner als feindlich empfundene Reagan-Administration spaltete sich die Schwarzen-Bewegung in zwei Hauptströmungen. Die 1980er waren die Zeit, in der Jesse Jackson zum immer prominenteren Führer der Afroamerikaner wurde. Seit seiner Studentenzeit engagiert in der Schwarzen-Bewegung, hatte er sich soweit im ganzen Land bekannt gemacht, dass er als möglicher demokratischer Gegenkandidat zu Reagan ins Gespräch gebracht wurde. Die 1984 von ihm ins Leben gerufene Rainbow Coalition war der Versuch, eine Koalition aller Benachteiligten und Ausgeschlossenen ins Leben zu rufen. Insofern versuchte Jackson, die schon fast vergessenen universalistischen Ideale von Martin Luther King wieder zu beleben. Sein Gegenpart war Louis Farrakhan. In Boston aufgewachsen und von Malcom X geprägt, machte er Karriere in der Nation of Islam, bis er diese Organisation Ende der 1970er Jahre verließ. In den 1980ern profilierte er sich durch nationalistische, oft antisemitische Reden, mit denen er vor allem unter den Jugendlichen in den Großstädten viele Anhänger fand.

Der Anteil der Afroamerikaner an der amerikanischen Bevölkerung stieg leicht auf 12 % im Jahr 1990. Besonders der Anteil der im Ausland geborenen Schwarzen hatte sich erhöht, er lag Ende der 1980er bei knapp 5 % und war damit zum ersten Mal in der Geschichte der USA ebenso hoch wie der entsprechende Anteil unter den Weißen. Der schon Mitte der 1970er Jahre einsetzende Trend, dass immer weniger Afroamerikaner in Ehen lebten, beschleunigte sich: 1980 lebten noch 51 % der Afroamerikaner in Ehen, 1985 nur noch 46 %.[745] Parallel hierzu kam es auch zu einer starken Zunahme des Anteils uneheli-

---

742 Vgl. Sitkoff, *The Struggle for Black Equality, 1954–1992*, S. 228f.
743 Ronald Reagan ist auch ein Beispiel dafür, dass die Teilnahme an Soziologiekursen nicht notwendiger Weise zu einer positiven Einstellung zur Soziologie führt. Reagan soll in den 1930ern an einem College im Mittleren Westen auch Soziologiekurse belegt haben, vgl. Dennis H. Wrong, "The Influence of Sociological Ideas on American Culture", in *The Modern Condition: Essays at Century's End*, hrsg. von Dennis H. Wrong, 131–145. Stanford, CA, 1998.
744 Omi und Winant, *Racial Formation in the United States: From the 1960s to the 1990s*, S. 141.
745 Vgl. Sandefuhr et al., "An Overview of Racial and Ethnic Demographic Trends", S. 72–73

cher Kinder.⁷⁴⁶ Die zunehmende Heiratsquote zwischen Schwarz und Weiß erhöhte weiterhin die Quote von Mischehen, allerdings blieben diese weitgehend auf die obere Mittelklasse beschränkt. Die meisten Mischehen wurden (und werden) zwischen afroamerikanischen Männern und weißen Frauen geschlossen. Afroamerikanische Frauen heiraten relativ selten weiße Männer.⁷⁴⁷

Die Polarisierung der amerikanischen Gesellschaft

Der wirtschaftliche Aufschwung, der in den 1980ern einsetzte, wirkte sich auf den Großteil der Afroamerikaner kaum aus, vielmehr sank sogar das Durchschnittseinkommen in dieser Gruppe im Verhältnis zum Rest der Bevölkerung:

> After the early 1970s, black gains in relative earnings and incomes slowed and then deteriorated for many indicators of average status (e.g., annual male earnings, per capita and family incomes). In particular, men's earnings and other aggregate measures of black income were, relative to white measures, lower in the mid-1980s than in 1970 and in many cases no greater than the levels reached in the 1960s.⁷⁴⁸

Viele Studien belegten, dass sich die Situation der afroamerikanischen Armen in den Innenstädten weiter verschlimmerte.⁷⁴⁹ Gleichwohl wurde die Einstellung der Weißen toleranter gegenüber Afroamerikanern, und in vielen Umfragen ließ sich kein eindeutiger, gegen Schwarze gerichteter Trend mehr ausmachen.⁷⁵⁰

Gegen Ende der 1980er Jahre wurden Afroamerikaner wieder stärker zum öffentlichen Thema. 1987 veröffentlichte die spätere Nobelpreisträgerin für Literatur (1993) Toni Morrison ihren viel beachteten Roman *Beloved*. Die bewegende Geschichte aus dem 19. Jahrhundert, in der eine ehemalige Sklavin ihr eigenes Kind tötet, um zu verhindern, dass es versklavt wird, leitete eine erneute Auseinandersetzung mit der Hypothek der Sklaverei in den USA ein. Als 1988 Vizepräsident George H. Bush zum Präsidenten gewählt wurde, spaltete die Einschätzung der Reagan-Ära die amerikanische Gesellschaft; die Trennlinie der Auffassungen verlief fast deckungsgleich mit der Grenze zwischen Schwarz und Weiß. Vielen Weißen galt Reagan als der Präsident, der den USA wieder neues Selbstbewusstsein vermittelt hatte, Afroamerikaner werteten seine Ära dagegen vielfach als verlorene Dekade. Diese Spannung beschreibt auch der Sozialhistoriker Sitkoff:

> Significantly, the President's efforts to turn back the clock on racial matters did little or nothing to deter his overwhelming reelection in 1984 or to lessen his enormous popularity throughout the decade.⁷⁵¹

---

746 Vgl. ibid., S. 69.
747 Vgl. Matthijs Kalmijn, "Trends in Black/White Intermarriage", *Social Forces* 72, 1993: 119–146.
748 Jaynes und Williams (Hg.), *A Common Destiny: Blacks and American Society*, S. 323.
749 Beispielhaft das im nächsten Abschnitt besprochene William J. Wilson, *The Truly Disadvantaged: The Inner City, the Underclass, and Public Policy*, Chicago, 1990 [1987].
750 Vgl. Howard Schuman und Charlotte Steeh, "Young White Adults: Did Racial Attitudes Change in the 1980s?", *American Journal of Sociology* 98, 1992: 340–367.
751 Sitkoff, *The Struggle for Black Equality, 1954–1992*, S. 218.

Doch Ende der 1980er gab es auch neue Hoffnungen unter Afroamerikanern, so wurde 1989 in Virginia erstmals ein Afroamerikaner, der Demokrat Lawrence Douglas Wilder, zum Governor gewählt.

Eine, seinerzeit kaum diskutierte, Veränderung im amtlichen System der Feststellung von Rassenzughörigkeit nahm im Jahre 1989 das *National Center for Health Statistics* vor.[752] Während zuvor die Rasse des neugeborenen Kindes etwa gemäß der "one-drop rule" festgelegt wurde, erhielt das Kind von nun an einfach die Rassenkategorie der Mutter zugesprochen. Inwieweit diese Änderung auch tatsächlich in den einzelnen Staaten durchgeführt wurde, blieb damals noch offen, aber in sozusagen administrativ-subkutaner Weise war einer der Kernpunkte amerikanischer Rassentrennung, die "one-drop rule", in einer wichtigen Verwaltungsrichtlinie außer Kraft gesetzt worden. Weiße Mütter konnten nun weiße Kinder von afroamerikanischen Vätern bekommen.[753]

4.4.2 Rasse und "racial projects"

Die starke Ausdifferenzierung und Polarisierung der Ansätze der "race and ethnic relations"-Forschung in den 1970er Jahren führte in den 1980ern dazu, das gesamte Feld wieder stärker in den Blick zu nehmen. Eine Zusammenstellung der wichtigsten Artikel zum Thema in bedeutenden soziologischen Zeitschriften zwischen 1896 und 1980 ist das auch in diesem Buch schon oft zitierte Werk von Pettigrew aus dem Jahre 1980, *The Sociology of Race Relations*;[754] in einer Besprechung wird dieser Punkt hervorgehoben:

> In a field that lacks the argumentative coherence of, say, theories of class (Marx vs. Weber), or theories of power (elitism vs. pluralism), organizing our understanding of race relations historically is in itself a sizable contribution, for the lenses through which we have focused the problem have indeed changed over time.[755]

Doch historische Rekonstruktionen im Bereich der "race and ethnic relations"-Forschung blieben weiterhin eine Seltenheit. Gab es in den 1970ern wenigstens noch Versuche, neue soziologische Perspektiven auf Afroamerikaner zu entwickeln, so bringen die 1980er fast ausschließlich, wenn auch zahlreiche empirische Studien hervor. Die Rassenperspektive als Innovation in den 1970ern noch gefordert, schien innerhalb der "race and ethnic relations"-Forschung kaum Früchte zu tragen. Eine wichtige Ausnahme, und im Ansatz durchaus den frühen Werken von Wilson ähnlich,[756] ist eine Analyse der amerikanischen Gesellschaft mit sehr skizzenhaften historischen Rekonstruktionen: Omi und Winants *Racial Formation in the United States: from the 1960s to the 1990s*,[757] in der ersten Auflage aus dem Jahre 1986.

---

752 Vgl. Ferrante und Brown, "Classifying People by Race", S. 14–16.
753 Zur Diskussion dieses Punktes in der amerikanischen Soziologie vgl. Seite 263.
754 Siehe Pettigrew (Hg.), *The Sociology of Race Relations: Reflection and Reform*.
755 Pedraza-Bailey, "Review: The Sociology of Race Relations", S. 683.
756 Vgl. Wilson, *Power, Racism, and Privilege: Race Relations in Theoretical and Sociohistorical Perspectives*; Wilson, *The Declining Significance of Race*.
757 Siehe Omi und Winant, *Racial Formation in the United States: From the 1960s to the 1990s*.

4 Der Aufstieg des Multikulturalismus von 1969 bis 1989

☙ ❧

Exkurs: "Racial Formation in the United States"
von Michael Omi und Howard Winant, 1986

Das Buch teilt sich in drei Abschnitte, der erste Abschnitt ist eine Rekonstruktion theoretischer Perspektiven, die nächsten zwei Abschnitte sind der Versuch einer Anwendung der eigenen Ideen auf Entwicklungen vor und nach dem Zweiten Weltkrieg. Ihre Darstellung von verschiedenen Perspektiven betten Omi und Winant in die Konzeptionalisierung ihres Ansatzes ein:

> Our theory of *racial formation* emphasizes the social nature of race, the absence of any essential racial characteristics, the historical flexibility of racial meanings and categories, the conflictual character of race at both the "micro-" and "macro-social" levels, and the irreducible political aspect of racial dynamics.[758]

Diese programmatische Selbstbeschreibung enthält praktisch alle Catchwords der 1980er Jahre: nicht essentialistisch, historisch flexibel, Konflikthaftigkeit aller sozialer Beziehungen, gleichzeitige Betrachtung von Mikro- und Makroebene und last not least der politische Aspekt. Die Autoren setzen sich ausführlich mit den verschiedenen Facetten von "race and ethnic relations"-Theorien auseinander und analysieren, stark an politischen Prozessen orientiert, die Entstehung rassischer Formationen.

Definition der Begriffe Rasse und Ethnizität

Omi und Winant integrieren viele Ideen, die zu ethnischen Gruppen entwickelt wurden, in ihre Theorie, beharren aber auf dem Begriff der Rasse als integrierendes theoretisches Konzept. Begründet wird dies mit der Relevanz dieses Konzeptes im amerikanischen Alltag:

> Despite exhortations both sincere and hypocritical, it is not possible or even desirable to be "color blind." So today more than ever, opposing racism requires that we notice race, not ignore it, that we afford it the recognition it deserves and the subtlety it embodies.[759]

Ausgehend von der Feststellung, dass es Rassismus gibt, wird eine Anerkennung des Rassebegriffs gefordert. Der Rassebegriff selbst wird dann sehr vorsichtig definiert:

> [R]ace is a concept which signifies and symbolizes social conflicts and interests by referring to different types of human bodies.[760]

Damit geben die Autoren eine klare Beschreibung der Funktion des Begriffs Rasse in der amerikanischen Gesellschaft. Natürlich bemerken sie auch, dass es biologisch keine "types of human bodies" gibt, wichtig ist nur, dass Konflikte und Interessen innerhalb der amerikanischen Gesellschaft über diese Referenz interpretiert werden. Damit ist Rasse für die

---

758 Ibid., S. 4.
759 Ibid., S. 159.
760 Ibid., S. 55.

Autoren ein integraler Bestandteil der sozialen Struktur der amerikanischen Gesellschaft, den wegzuwünschen schlicht utopisch ist:

> [I]t is rather difficult to jettison widely held beliefs, beliefs which moreover are central to everyone's identity and understanding of the social world. So the attempt to banish the concept as an archaism is at best counterintuitive. But a deeper difficulty, we believe, is inherent in the very formulation of this schema, in its way of posing race as a *problem*, a misconception left over from the past, and suitable now only for the dustbin of history.[761]

Rasse als Problem anzusehen ist also eine Fehlwahrnehmung, die in den Papierkorb der Geschichte gehört. In der heutigen USA gibt es einfach Interessenkonflikte, die über Rasse definiert werden. Den Begriff der Rasse deshalb nicht zur Analyse dieser Formationen zu verwenden, nur weil er in anderem Kontext missbraucht wurde, grenzt in den Augen der Autoren an historische Übersensibilität. Um den dynamischen Charakter von mit Rasse verbundenen Aspekten der amerikanischen Gesellschaft deutlich zu machen, führen die Autoren das Konzept der "racial projects" ein, also Bewegungen oder Interessenformationen, die Rasse verwenden um zu mobilisieren:

> A racial project is simultaneously an interpretation, representation, or explanation of racial dynamics, and an effort to reorganize and redistribute resources along particular racial lines.[762]

"Racial projects" sind also direkt zur Ungleichheitsstruktur der amerikanischen Gesellschaft relationiert.

Zentrale Dimensionen der Ungleichheit

Für die Autoren zeichnet sich Rasse gerade dadurch aus, dass sie sich nicht auf andere Dimensionen sozialer Ungleichheit reduzieren lässt. Entsprechend kritisieren sie eine solche Reduktion in anderen Ansätzen der "race and ethnic relations"-Forschung, wie sie den Vorwurf auch im Vorwort zur neuen Auflage 1996 wiederholen:

> They [all other perspectives on race] shared a common tendency (perhaps the only thing they shared) to diminish the significance of race, to treat it as a mere manifestation of some other, supposedly more important, social relationship. Starting from a resistance to this reductionism, from an insistence that race be understood as a fundamental dimension of social organization and cultural meaning in the U.S., we developed our critique of the established views, both mainstream and radical.[763]

Gemäß der Definition der Autoren werden Konflikte und Interessen durch den Begriff Rasse symbolisiert bzw. zum Ausdruck gebracht ("signifies"). Gilt trotzdem, dass hier Rasse nicht auf eine andere Dimension bezogen (reduziert) sein darf, so können mit diesen Konflikten eigentlich nur schon bestehende, als rassisch definierte Konflikte gemeint sein oder aus der gemeinsamen Erfahrung als Rasse resultierende zukünftige Konflikte. Rasse symbolisiert Rassenkonflikte und wird weiterhin rassische Kategorien produzieren. Leider werden diese Annahmen nicht genauer diskutiert, sondern der Fundus, aus dem die Autoren

---

761 Omi und Winant, *Racial Formation in the United States: From the 1960s to the 1990s*, S. 55.
762 Ibid., S. 56.
763 Ibid., S. viii.

schöpfen, beinhaltet eigentlich klassische Beispiele um Ressourcen- bzw. Machtkonflikte, in denen sie dann auch prompt viele ökonomische und politische Interessen sehen, die direkt gar nichts mit Rasse zu tun haben – von der Rolle der Gewerkschaften bis zu Konflikten um wohlfahrtsstaatliche Programme; dabei dominiert die politische Dimension bzw. die Machtdimension, der sich dann die Autoren in ihrer historischen Rekonstruktion widmen.

Das Bild der amerikanischen Gesellschaft

Rasse in der amerikanischen Gesellschaft ist für Omi und Winant vor allem ein politisches Projekt. Dabei ist die Vorgabe von Weißen, "color-blind" zu sein, nichts anderes als verdeckter Rassismus, während in der offensiven Mobilisierung von Afroamerikanern unter dem Begriff Rasse die einzige Chance für die Emanzipation der Schwarzen gesehen wird.

> In contrast to much of existing political and racial theory, the present work has emphasized the *centrality of race* in American society….Race is a constituent of the individual psyche and of relationships among the individuals; it is also an irreducible component of collective identities and social structures. In American history, racial dynamics have been a traditional source, both of conflict and division, and of renewal and cultural awareness. Race has been a key determiner of mass movements, state policy, and even foreign policy in the U.S. Racial meaning-systems are contested and racial ideologies mobilized in *political* relationships.[764]

Rasse ist den Autoren zufolge also das zentrale politische Movens, quasi eine Art integrierender Zentralkonflikt der amerikanischen Gesellschaft, und die Gemeinsamkeit der "guten" Demokraten liegt darin, dies zu akzeptieren.

CS ЮD

Was ist rassisch an "racial formations"?

Die Stärke des Buches von Omi und Winant besteht in der Analyse von Prozessen der "racial formation". Hiermit ist gemeint, dass Rasse ein Feld sozialer Konflikte und politischer Organisationen darstellt und letztendlich Projekte der Machtgewinnung oder Machterhaltung beinhaltet. Das Konzept der "racial formation" von Omi und Winant lässt sich in drei Punkten zusammenfassen:

(1) "Racial formation" bezieht sich auf das Muster der Schnittlinien und Konflikte verschiedener rassischer Projekte innerhalb des institutionellen Rahmens einer Gesellschaft. Mit rassischen Projekten sind z.B. soziale Bewegungen genauso wie diskriminierende Gesetzgebung gemeint.

(2) In diesem Konfliktfeld sind die Definitionen des Begriffs Rasse flexibel und politisch umstritten. Kräfte die den Begriff ganz abschaffen wollen, haben – in der Sicht der Autoren – meist ein Interesse daran, die Geschichte rassischer Diskriminierung zu negieren.

(3) In der Sequenzanalyse der verschiedenen Abfolgen von Integration und Dominanz von "racial formations" in verschiedenen Gesellschaftsformationen lässt sich die Entwick-

---

[764] Ibid., S. 138.

lung einer Gesellschaft beschreiben.[765] In dieser Perspektive gelingt es den Autoren, wenn auch oft etwas holzschnittartig, die amerikanische Geschichte nachzuzeichnen.[766]

Neben diesem positiven Punkt sind aber auch einige konzeptionelle Probleme zu nennen. Besprechungen heben hervor, dass insbesondere Defizite in der Definition und Relationierung der Begriffe Rasse und Ethnizität problematisch sind, so Joane Nagel im *American Journal of Sociology:*

> Perhaps most perplexing in the whole presentation is Omi and Winant's insistence that American sociology's use of the concept of "ethnicity" has blinded us to the importance of "race" in America. Never in the book's 201 pages do the authors define either term. We are left to conclude that race refers to some bundle of somatic differences, while ethnicity refers to linguistic, religious, or cultural divisions among populations. The implication is that physical (racial) characteristics are more powerful than social or cultural (ethnic) characteristics in shaping intergroup relations and ethnic politics. This implication reveals the authors' conceptual myopia resulting from the exclusive focus on America's parochial experience. While color constitutes a powerful ethnic boundary in the United States, any broad understanding of ethnic and racial relations in America or elsewhere cannot ignore the reality and volatility of nonsomatic ethnic boundaries ...[767]

In seiner geradezu missionarischen Fixierung auf den Rassebegriff ist das Buch also ein Spiegel der amerikanischen Gesellschaft. Dass Ethnizität irgendwie "weicher" oder politisch unproblematischer sei als Rasse, mag in den USA zutreffen, ignoriert aber beherzt die Brutalität vieler ethnischer Konflikte in anderen Teilen der Welt. Andere Autoren greifen die Subsumierung von Theorien und die Wortwahl an, so wird z.B. Myrdal von Omi und Winant zur Ethnizitätsperspektive gezählt, weil er eine Assimilation von Afroamerikanern für möglich hält. Dies ist nicht nur irritierend aufgrund der bekannten Abneigung von Myrdal gegenüber dem Ethnizitätsbegriff, sondern auch weil er selbst im *American Dilemma*, wie oben dargestellt, diesen Begriff nicht verwendet und sich in der Kontinuität des "Rassen und Kasten"-Paradigmas sieht.[768]

Wichtig an Omi und Winants Buch ist die Einsicht, dass die Verwendung des Begriffs Rasse in der amerikanischen Gesellschaft wie in der Soziologie zirkuläre Momente hat: Sie verweist immer auf Konflikterfahrungen, in denen die Rassendimension entscheidend war, und gewinnt dadurch ihre aktuelle Plausibilität. Den Begriff Rasse abschaffen zu wollen,

---

765 Vgl. hierzu die Zusammenfassung in Winant, "Race and Race Theory", S. 182.
766 An dieser Stelle ist anzumerken, dass im Jahre 1989 mit Benjamin B. Ringer und Elinor R. Lawless, *Race-Ethnicity and Society*, New York, 1989, ein Buch erschien, dass sich auch zur Aufgabe machte, die Entwicklung der "race and ethnic relations" in der amerikanischen Gesellschaft zu beschreiben. Das Buch hat zwar eher Lehrbuchcharakter und ist sehr selektiv in der Darstellung verschiedener Perspektiven, gibt aber insgesamt einen erheblich ausgewogeneren Überblick über die Entwicklung für die 1960er und 1970er, als das weitaus bekanntere und auch einflussreichere von Omi und Winant, *Racial Formation in the United States: From the 1960s to the 1990s*. Trotz des Titels insistieren die Autoren auf einer Rassenperspektive, die von der Ethnizitätsperspektive abzusetzen sei, vgl. Ringer und Lawless, *Race-Ethnicity and Society*, S. 26ff. Da das Buch vor allem in seiner prägnanten Zusammenstellung verschiedener Entwicklungen interessant ist und weniger durch begriffliche Innovationen hervorsticht, wird es im Rahmen dieser Arbeit nicht weiter ausgewertet. Zu dieser Einschätzung vgl. auch Jan E. Dizard, "Review: Race-Ethnicity and Society", *Contemporary Sociology* 19, 1990: 670–671.
767 Joane Nagel, "Review: Racial Formation in the United States", *American Journal of Sociology* 93, 1988: 1025–1027, S. 1026–1027.
768 Zu einer ausführlichen Kritik des theoriehistorischen Teils des Buches vgl. auch Gordon, "Racial Theorizing: Is Sociology Ready to Replace Polemic Causation Theory with a New Polemic Model?", S. 133f.

bedeutet nicht nur, einen existenten Konflikt "falsch" zu beschreiben, sondern verneint auch – so zumindest die Unterstellung –, dass Rasse in früheren Konflikten die relevante Dimension war. Rasse wird zwar von den Autoren nicht definiert, das Konzept scheint aber intuitiv einsichtig, da es – wie die Autoren selbst betonen – zentraler Bestandteil der Selbstdefinition jedes Amerikaners ist.

Schließlich haben die Autoren nur noch die emanzipativen Folgen des Rassebegriffs in den heutigen USA im Blickfeld. Die Mahnung, Rasse aus historischen Gründen nicht zu verwenden, werfen sie in den Mülleimer der Geschichte. Rasse ist in der Perspektive der Autoren ein eigenständiges, nicht reduzierbares Strukturmoment der Gesellschaft und die zentrale Erklärung für die tatsächliche Ungleichheit in den USA. Allerdings – man ist fast geneigt zu sagen, zum Glück – fixieren sich die Autoren selbst nicht auf ihre restriktive Definition,[769] sondern betonen in ihren inhaltlichen Kapiteln immer wieder viele andere Faktoren, die erst in Interaktion mit Rasse diese so relevant machen, z.B. Macht und Prestigeerhaltung als zentrales Movens, das den Rassismus am Leben erhält.

Einige systematische Perspektiven auf das Feld

Die Perspektiven der "race and ethnic relations"-Forschung in verschiedene soziologische Theorietraditionen einzuordnen nehmen sich zwei theoriesystematische Werke vor, die hier beispielhaft für weitere Versuche dieser Art stehen sollen. Zum einen Hermon George, Jr., *American Race Relations Theory: a Review of Four Models* ,[770] von 1984, sowie Thompsons *Theories of Ethnicity: a Critical Appraisal*[771] von 1989. Beide Bücher gehen den nahe liegenden Weg, Perspektiven auf Rasse und Ethnizität nach Gruppen zu ordnen.

George beschreibt vier Modelle: das marxistische Modell (z.B. Cox), das Kolonialmodell (etwa mit Blauner), das Kasten-Modell und das ethnische Gruppenmodell (Gordon, Glazer) und schreibt diesen auch jeweils einen politischen Charakter zu, von linksprogressiv bis rechts-konservativ. Dem Kasten-Modell werden nur zurückhaltend Autoren zugeordnet, weil es sich hier, wie der Autor selbst einräumt, nicht um eine kohärente Perspektive handelt,[772] was im Übrigen auch für die anderen Konzepte gilt. Von einem eher marxistischen Standpunkt ausgehend schlägt George konsequenterweise am Ende marxistische Konzepte als Syntheseversuch vor, allerdings mit einigen sozialpsychologischen Begriffen angereichert.[773] Für ihn ist der Begriff Ethnizität nur eine konservative Finte von Sozialwissenschaftlern, um Rassismus zu verleugnen und deswegen darf in seinen Augen nur mit dem Rassebegriff gearbeitet werden.

Thompsons Buch zeigt, dass es – neben der auch bei Omi und Winant zu beobachtenden Tendenz, Rasse als einzig relevantes Konzept zu akzeptieren – gewissermaßen spiegelbildliche Abhandlungen gibt, die auch die "biologischen" Aspekte von Rasse unter Ethnizität subsumieren. Dies muss im Übrigen auch nicht mit einer konservativen Grundhaltung einhergehen, da z.B. auch Cox diesen Weg wählt.[774] Cox, so wie auch Thompson, neigen

---

769 Dies würde ja auch bedeuten, Rasse zum einzigen Movens historischer Prozesse zu stilisieren, eine Ansicht, die seit den 1930ern eigentlich nicht mehr begründbar war.
770 Siehe Hermon George, Jr., *American Race Relations Theory: a Review of Four Models*, Lanham, 1984.
771 Siehe Thompson, *Theories of Ethnicity: A Critical Appraisal.*
772 Vgl. George, *American Race Relations Theory: a Review of Four Models*, S. 182.
773 Vgl. ibid., S. 207.
774 Zu diesem oft bei Cox übersehenen Aspekt vgl. Cox, *Caste, Class and Race*, S. 317.

eher zu einer marxistischen Perspektive, verwenden aber konzeptionell – nach der Definition von George – die Theoriearchitektur von Rechtskonservativen. Ein Problem, auf das George leider nicht eingeht und das nahe legt, dass die simplizistische Zuordnung von soziologischen Konzeptionen zu politischen Richtungen kaum so direkt möglich ist, wie George suggeriert.

In den 1980er Jahren erscheinen noch weitere Werke, die versuchen, eine Übersicht über verschiedene theoretische Ansätze zu geben. Von einem Engländer verfasst und in England veröffentlicht wurde *Racial Theories* von Michael Banton,[775] das die langfristige Entstehung des Rassenkonzepts beschreibt. Auch er versucht, Theorieentwicklungen aus der Eigendynamik von Ansätzen zu erklären. Diese Konzentration auf die Theorieformationen hatte allerdings dann zur Folge, dass deren Dynamiken und gesellschaftliche Bedingtheiten fast völlig aus dem Blick gerieten:

> This book is a useful professional summary of various racial theories as part of the history of science. It suffers, however, from dislocating these models from the social contexts that both influenced and were influenced by them.[776]

Diese auf Banton gemünzte Kritik ist für alle drei Werke durchaus angemessen. In ihrer ahistorischen Betrachtungsweise verlieren sie aus dem Blick, dass es keine fortwährend gültigen Theorien gibt. Die Angemessenheit einer Theorie kann immer nur in Bezug auf eine spezifische historische Gesellschaftsformation diskutiert werden. Ebenso ist erstaunlich, dass sich alle drei Bücher kaum mit dem Argument, das unter anderem von Bash[777] vorgetragen wurde, auseinandersetzen. Bash betont, dass eines der Probleme des Feldes der "race and ethnic relations"-Forschung gerade darin liegt, dass kaum wirklich kohärente Theorien entwickelt wurden und deshalb eine Einordnung der in diesem Feld vorhandenen Studien in systematische Gruppen, wie es in andern Feldern üblich ist (etwa der Ungleichheitsforschung), extrem verzerrend auf die Darstellung wirkt.

The Truly Disadvantaged African Americans

1987 veröffentlichte William Julius Wilson ein weiteres Buch, das lebhafte Diskussionen in der "race and ethnic relations"-Forschung auslöste, *The Truly Disadvantaged: The Inner City, the Underclass, and Public Policy.*[778] Das Buch wurde in einigen Besprechungen sehr positiv aufgenommen:

> This book is a major statement on public policy and race relations in the United States, and it will be widely influential in shaping the discourse about that policy.[779]

Die Hauptargumente sind schnell berichtet: Die afroamerikanischen Mitglieder einer, von allen Bereichen der Mehrheitsgesellschaft abgekoppelten "underclass" in den Innenstädten

---

775 Siehe Michael P. Banton, *Racial Theories*, Cambridge, 1998 [1987].
776 Judith R. Porter, "Review: Racial Theories", *Contemporary Sociology* 18, 1989: 520–521, S. 521.
777 Vgl. Bash, Sociology, Race, and Ethnicity: *A Critique of American Ideological Intrusions Upon Sociological Theory*.
778 Siehe Wilson, *The Truly Disadvantaged*.
779 Troy Duster, "From Structural Analysis to Public Policy", *Contemporary Sociology* 17, 1988: 287–290, S. 287.

der Metropolen der USA verbleiben in dieser Situation aufgrund hoher Arbeitslosigkeit und nicht – wie immer wieder diskutiert – aufgrund ihrer übermäßigen Abhängigkeit vom Wohlfahrtssystem. Dieser Prozess wird, nach Wilson, kontrastiert durch eine sich stabilisierende Gruppe von Afroamerikanern, die in ihrem Lebensstandard praktisch nicht mehr von der generellen amerikanischen Mittelklasse zu unterscheiden ist. So richtig diese "Polarisierungsthese" in Bezug auf diese beiden Gruppen von Afroamerikanern sein mag, weisen doch einige Autoren darauf hin, dass es auch eine Arbeiterklasse der Afroamerikaner gibt. Demgemäß zeigt etwa eine klassenbezogene Untersuchung der Situation von Afroamerikanern zwischen 1850 und 1990 die andauernde Bedeutung dieser Gruppe:

> In conclusion, the sociological study of race and class has correctly addressed the issue of the growth of the black middle-class and the existence of the truly disadvantaged in the United States. But, lost in the storm of the race-class controversy over the last two decades has been the vitality and importance of the black workingclass.[780]

Für Wilson, dem es in seinem Buch vor allem um die sozialpolitischen Implikationen geht, sind natürlich "underclass" und Mittelklasse zwei gute Kontrastgruppen, anhand derer sozialpolitische Maßnahmen diskutiert werden können. Wie schon in seinem Buch von 1978 sind es wieder die farbenblinden Mechanismen der Ökonomie, die die Situation von "underclass" und Mittelklasse stabilisieren.[781] Diesmal geht Wilson jedoch ausführlicher auf sozialpolitische Vorschläge ein und weist dabei Vorwürfe zurück, ein "neokonservativer" schwarzer Intellektueller à la Thomas Sowell zu sein. Er versucht nachzuweisen, dass an Rasse orientierte "affirmative action"-Programme dazu geführt haben, dass insbesondere die Mittelklasse bzw. die Gruppe von Afroamerikanern, denen es sowieso schon etwas besser ging, von wohlfahrtsstaatlichen Maßnahmen profitierten und die Möglichkeit wahrnahmen, das Ghetto zu verlassen. Die Lage der ärmsten Afroamerikaner wurde durch diese Programme kaum verbessert. Er plädiert deshalb für universalistische Programme, die direkt auf Armut zielen. So plausibel diese Forderung sein mag, so besteht auch ein gewisses Spannungsverhältnis zwischen der kühlen, auf Strukturen insistierenden Analyse am Anfang seines Buches, die das Scheitern von Maßnahmen nachvollzieht, und der fast schon zu optimistischen Beschreibung möglicher Sozialpolitiken im zweiten Teil.

1989 erschien die von Gerald David Jaynes und Robin M. Williams, Jr. herausgegebene Studie *A Common Destiny: Blacks in American Society*.[782]

> Their book is the final report of the Committee on the Status of Black Americans of the National Research Council which Williams chaired in the late 1980s. Its pages are filled with comparisons of blacks and whites in almost every sphere of life. It is a most important document which, unfortunately, has not had the impact it surely deserves.[783]

Diese Beurteilung gab Peter I. Rose zehn Jahre nach Erscheinen des Buches. Der 600 Seiten umfassende Bericht zur Situation von Afroamerikanern war Ergebnis eines Projekts,

---

780 Hayward D. Horton et al., "Lost in the Storm: The Sociology of the Black Working Class, 1850 to 1990", *American Sociological Review* 65, 2000: 128–137, S. 135.
781 Vgl. Wilson, *The Declining Significance of Race*.
782 Siehe Jaynes und Williams (Hg.), *A Common Destiny: Blacks and American Society*.
783 Peter I. Rose, "Toward a More Perfect Union: The Career and Contribution of Robin M. Williams, Jr.", *The American Sociologist* 30, 1999: 78–91, S.86–87.

das von einem Komitee von 22 Forschern geleitet wurde und mit dem über 100 wissenschaftliche Mitarbeiter innerhalb eines Zeitraumes von vier Jahren beschäftigt waren. Themen der Untersuchung sind: Einstellung von Schwarzen und Weißen, räumliche Segregation, Sozialstruktur schwarzer Gemeinden, Familie, Schulen, Sozialagenturen und Wohlfahrt, politische Partizipation, Ökonomie und Rechtssystem. Nach Durchsicht des Standes der Forschung, geben die Autoren wohl eine der prägnantesten Zusammenfassungen der Situation von Afroamerikanern zwischen 1939 und 1989:

> The status of black Americans today [1989] can be characterized as a glass that is half full – if measured by progress since 1939 – or as a glass that is half empty – if measured by the persisting disparities between black and white Americans since the early 1970s.[784]

Common Destiny im Titel des Werkes bezieht sich auf die ganze amerikanische Gesellschaft; ähnlich wie Wilson sehen die Autoren dieses gemeinsame Schicksal nicht mehr für die Gemeinschaft der Afroamerikaner. Diese sei mindestens in zwei Teile geteilt: eine mehr oder minder wohlhabende Arbeiter- und Mittelklasse und eine hoch prekäre Armutspopulation, deren Situation aber nur schwer beizukommen sei:

> The reasons for the continuing distress of large numbers of black Americans are complex. Racial discrimination continues despite the victories of the civil rights movement. Yet, the problems faced today by blacks who are isolated from economic and social progress are less directly open to political amelioration than were the problems of legal segregation and the widely practiced overt discrimination of a few decades past. Slow overall growth of the economy during the 1970s and the 1980s has been an important impediment to black progress; ... Opportunities for upward mobility have been reduced for all lower status Americans, but especially for those who are black. If all racial discrimination were abolished today, the life prospects facing many poor blacks would still constitute major challenges for public policy.[785]

Die Ähnlichkeiten der Analyse zu Wilsons *The Truly Disadvantaged* sind kaum zu übersehen. Der Report stellt sich in eine Linie mit Myrdals *An American Dilemma* und dem Kerner-Report, liegt aber in seinen Schlussfolgerungen wohl näher bei Myrdal. Vielleicht war dies auch einer der Gründe, warum diesem informationsreichen Werk so wenig Beachtung geschenkt wurde.

Die Rassenperspektive der 1980er ist aus theoretischer Sicht gekennzeichnet durch die Versuche, das unübersichtliche Feld der "race and ethnic relations"-Forschung zu strukturieren. Einige Arbeiten versuchen dies durch theoriesystematische Beschreibungen, die aber, vor allem an theoretischen Großformationen orientiert, die innere Dynamik des Feldes oft ausblenden. Wichtige theoretische Anregungen gehen mit dem Konzept der "racial formation" einher, das zwischen einer Stilisierung des Rassebegriffs zur "Übervariablen", die alles bestimmt, und der Betonung politischer Dimensionen schwankt. Die Arbeiten von Wilson aber auch von Jaynes und Williams stehen beispielhaft für die vielen empirischen Analysen, die weiter zum Informationsfundus über Afroamerikaner in den USA beitrugen. Gegenüber den hohen Erwartungen, die Anfang der 1970er Jahre im Kontext einer neuen

---

784 Jaynes und Williams (Hg.), *A Common Destiny: Blacks and American Society*, S. 4.
785 Ibid., S. 4.

"black sociology" formuliert wurden, nehmen sich all diese Strömung jedoch eher unspektakulär aus.

4.5 Rasse und Ethnizität in den zwei Jahrzehnten des Multikulturalismus

Gegen Ende der 1980er Jahre hatte sich die Idee, dass die amerikanische Gesellschaft aus verschiedenen Gruppen besteht, auf neue Weise – unter dem Begriff des Multikulturalismus – in den Köpfen der Amerikaner festgesetzt. Der letzte Satz in Jones' Buch *American Immigration* umreißt diese Sichtweise wohl am besten:

> To the Founding Fathers *e pluribus unum* meant the fusion of thirteen separate states into a single political unit; to the late-twentieth-century American it denotes the unity that has developed from the mingling of people diverse in origin but sharing a common devotion to liberty, democracy, and tolerance.[786]

Bevor wir dieses Kapitel mit einer kurzen Zusammenfassung der Entwicklung der Konzepte Rasse und Ethnizität bzw. Multikulturalismus in den 1970er und 1980er Jahren abschließen, sollen ein paar kurze Bemerkungen zu den Veränderungen im Feld der "race and ethnic relations"-Forschung selbst gemacht werden.

Die Entwicklung der "race and ethnic relations"-Forschung

Für die vielen Forscher und Forscherinnen, die zu Beginn der 1970er in diesem Feld zu arbeiten begannen, waren die letzten zwei Dekaden mit einer fast kontinuierlichen Abnahme an Ressourcen verbunden. Die Hochzeit der finanziellen Förderung der Soziologie war wohl zu Beginn der 1970er. Schon Mitte der 1970er flossen die Mittel jedoch erheblich spärlicher.[787] Wie viele andere Teilbereiche der Soziologie litt auch die "race and ethnic relations"-Forschung unter den finanziellen Einschnitten bei Förderungsmitteln zu Beginn der Reagan-Ära.[788] Darüber hinaus konkurrierten die diversen aufkommenden Fächer der Cultural Studies um den gleichen Pool von Studierenden und teilweise auch um die gleichen Forschungsmittel.

Trotz schwankender Beliebtheit unter Studierenden in den zwei Dekaden von 1969 bis 1989 blieb die "race and ethnic relations"-Forschung in der Lehre etabliert. Dies ist auch an den immerhin gut zwei Dutzend verwendeten Einführungsbüchern zum Feld in dieser Zeit

---

[786] Jones, *American Immigration*, S. 302. Eine Einsicht, die sich auch schon Ende der 1950er verbreitet hatte – damals allerdings unter der Idee der Assimilation. In der Ausgabe des Buches von 1960 steht just derselbe Schlusssatz, nur spricht Jones damals vom "mid-twentieth-century American" und 1992 vom "late-twentieth-century American". Trotz all der Turbulenzen, die seit den 1960ern grundlegende Veränderungen bewirkt hatten, gibt es eben genauso wichtige Kontinuitäten in der sich immer wieder neu (er)findenden und doch so gleichen amerikanischen Gesellschaft.
[787] Vgl. Turner und Turner, *The Impossible Science: an Institutional Analysis of American Sociology*, S. 136 bzw. S. 138.
[788] Vgl. Neil J. Smelser, "External Influences on Sociology", in *Sociology in America*, hrsg. von Herbert J. Gans, 49–60. Newbury Park, 1990, S. 58.

abzulesen. In der Analyse verschiedener Einführungstexte kommt Charles Jaret[789] zu dem Schluss, dass sich die Heterogenität des Feldes auch in den Lehrbüchern stärker durchzusetzen begann:

> To conclude, the theoretical diversity of the field of race and ethnic relations is becoming reflected in textbooks, with authors often having different purposes and areas of emphasis. Each of these books is strong in at least one area and weak in others. No one book will satisfy a majority of teachers, all of whom must be alert to the possibility that their goals and the texts' goals may not coincide.[790]

Negativ formuliert: die Zersplitterung des Feldes wurde auch in der Lehre immer sichtbarer. Innerhalb der Soziologie der 1980er Jahre waren Afroamerikaner weiterhin mit dem Begriff der Rasse assoziiert. In einer Analyse der bildlichen Darstellung von Personen in 33 allgemeinen und einführenden Büchern der Soziologie zeigen Ferree und Hall, dass zwar insgesamt die Anzahl der Bilder von Schwarzen dem Anteil in der Bevölkerung entspricht, dies aber nur, weil in dem inzwischen obligatorischen Kapitel über Rasse in den USA fast ausschließlich Afroamerikaner gezeigt werden.[791] In diesen Bildern sind sie dann meist mit anderen, meist weißen Personen zu sehen; Bilder, in denen sie als Einzelpersonen abgebildet waren, kamen kaum vor. Die wenigen Bilder von anderen ethnischen Minderheiten zeigten hingegen meist Einzelpersonen in einer spezifischen Tracht oder einem spezifischen Setting.

Nicht zuletzt auf Druck der Studierenden stieg der Anteil von Afroamerikanern in den Fakultäten der Universitäten.[792] Damit schwächte sich die Trennung der zwei akademischen Welten, der weißen und schwarzen Universitäten und Colleges, in den 1970ern und 1980ern etwas ab:

> Within academia, African-American males were, until the 1960s, mostly limited to jobs in historically black colleges. In the 1970s, aggressive hiring increased their representation in white institutions. In 1972, 3.4 per cent of all sociology positions were filled by African-Americans. In the field of sociology, between 1985 and 1989, 24.4 per cent of doctorates (the pool for assistant professors) were earned by minorities as were 14.6 per cent of the doctorates between 1975 and 1984 (the pool for associate and full professors), yet there continued to be an under-representation of minorities employed in the profession. In the 1980s, 12 per cent of the sociology faculty was made up of minorities.[793]

---

789 Vgl. Charles Jaret, "A Survey on Recent Race and Ethnic Relations Texts", *Contemporary Sociology* 11, 1982: 143–147.
790 Ibid., S. 147. Aus heutiger Sicht ist das Textbuch, das sich besonders stark auf eine ausgewogene Darstellung verschiedener Gruppen und Theorien konzentriert, und weniger versucht, aktuelle Modebegriffe aufzunehmen, das lesenswerteste: Bahr, Chadwick und Stauss, *American Ethnicity*. Ein interessantes Lehrbuch, das versucht, den Schwerpunkt eher auf generelle Beziehungen zwischen Mehrheiten und Minderheiten zu legen, ist Hubert M. Blalock, *Race and Ethnic Relations*, Englewood Cliffs, N.J., 1982.
791 Vgl. Myra M. Ferree und Elaine J. Hall, "Visual Images of American Society: Gender and Race in Introductory Sociology Textbooks", *Gender and Society* 4, 1990: 500–533, S. 528.
792 Dieser Trend galt, allerdings teilweise mit leichter Verzögerung, auch für die Angehörigen anderer ethnischer Minderheiten.
793 Dipannita Basu, "The Color Line and Sociology", in *The Politics of Social Science Research: "Race", Ethnicity, and Social Change*, hrsg. von Peter Ratcliffe, 18–40. New York, 2001, S. 25.

Eine Bilanz für die Zeit von 1969 bis 1989 im Feld der "race and ethnic relations"-Forschung fällt also ambivalent aus: Einerseits waren Finanzierungen schwieriger geworden, die Fragmentierung des Faches hatte sich – wenn auch weniger ideologisiert – weiter durchgesetzt, und die Konkurrenz anderer Fächer wurde drängender. Andererseits war der Anteil von Forschenden und Lehrenden, die selbst zu ethnischen oder rassischen Minderheiten gehörten, stark gestiegen und die "race and ethnic relations"-Kurse gehörten weiterhin zum festen Bestandteil vieler Curricula. Auch hinsichtlich der Publikationen gehörten die "race and ethnic relations" eher zu den prosperierenden Teildisziplinen. Das Feld hatte an der Publikationswelle, die seit den 1970ern die Soziologie bereicherte, großen Anteil.

Rasse und Ethnizität

Der Streit um die beiden Begriffe Rasse und Ethnizität war inzwischen alt und die Argumente waren ausgetauscht. Für die Zeit seit Ende der 1960er fasst der Historiker Archdeacon in seiner ausgezeichnete Sozialgeschichte der ethnischen Gruppen der USA, *Becoming American*, die mehrheitliche Meinung 1983 wohl treffend zusammen:

> Neither ethnicity nor race has been a constant either in its conceptual content or in its practical impact. As abstractions each is a scientifically imprecise system for classifying peoples by their cultural, physical, and supposedly innate traits; in that sense, the latter seems primarily an extension of the former. In practice, race has been a much more fundamental factor than ethnicity for most of America's history. Race has pointed to more striking and immutable differences; racism has had a more fixed, focused target than the changing collection of ethnic prejudices has had; and the existence of a strong color line has provided a reliable criterion for the implementation of institutionalized discrimination. In recent years, however, the official proscription of racism and the effort to extend social benefits to dark-skinned Americans have signaled significant change. Among the racial minorities current reforms have created a new order divided between those persons for whom color has become a batch of historical experience, rather then of current liability, and those who are so socially disadvantaged by the past as not to be able to participate in the improvements of the present. For the former, the difference between race and ethnicity has become quantitative – a matter of degree; for the later, the difference continues to be qualitative – a matter of kind.[794]

Auf rein konzeptioneller Ebene ist Rasse, Archdeacon zufolge, wohl eine besondere Form der Ethnizität, aber aufgrund der besonderen Geschichte der USA ist Rasse das ungleich klarer definierte und bedeutendere Diskriminierungskriterium. Durch die positive Entwicklung der Situation der Afroamerikaner begann sich aber nun auch für diese rassische Gruppe die Bedeutung von Rasse zu ändern. Für einen Teil war sie historisch bedeutungsvoll, stellte jedoch im eigenen Leben kaum noch ein unüberwindliches Diskriminierungsmerkmal dar; für den anderen Teil der Afroamerikaner war Rasse weiterhin das Merkmal fortdauernder Exklusion. So wurde Rasse für einen Teil der Afroamerikaner – wie auch für viele andere Amerikaner – nur noch graduell von Ethnizität unterscheidbar, während es für andere Amerikaner weiterhin eine davon stark unterschiedene Bedeutung behielt. Die zunehmende Ethnisierung der amerikanischen Bevölkerung in den 1970er und 1980er Jahren war nicht zuletzt auch einem impliziten Entlastungseffekt geschuldet. Mit der Berufung auf

---

[794] Archdeacon, *Becoming American: An Ethnic History*, S. 234.

die rassische Diskriminierung, die auch die eigene Gruppe – etwa der Iren, Italiener oder Deutschen – zu Beginn des 20. Jahrhunderts erfahren hatte, konnte man im öffentlichen Diskurs der USA zumindest zu einem kleinen Teil am (vermeintlich) vorteilhaften Opferstatus partizipieren.

Seit Beginn der 1970er war die Soziologie erneut gezwungen, ihre Konzepte weiterzuentwickeln, zumal das "ethnic revival" und die neue "black sociology" oft programmatische Forderungen zur Umstrukturierung des Feldes einschlossen. Auch wenn diesem kaum entsprochen wurde, so lassen sich doch einige in dieser Zeit entstandene Bewegungen aufzeigen:

(1) Unter dem Konzept der Ethnogenese können wichtige Ansätze, insbesondere die der 1970er Jahre, zusammengefasst werden, die die Neubildung ethnischer Formationen beschreiben.

(2) Zunehmend setzt sich auch die Unterscheidung zwischen einerseits subjektiv geglaubten Zugehörigkeiten und andererseits allgemeinen gesellschaftlichen Prozessen durch.[795]

(3) Die Diversifizierung und Ent-Europäisierung der Einwanderung zusammen mit der Ethnisierung der Schwarzenbewegung führt zu verstärkten Versuchen der Integration der Konzepte von Rasse und Ethnizität.

(4) Die dramatische Zunahme der Flüchtlingsströme und ein stabiler Fluss internationaler Arbeitsmigration führen zu an Menschenrechten orientierten Modellen in der "race and ethnic relations"-Forschung.

(5) Mit dem "racial formation"-Ansatz wird ein politisch orientiertes Modell entwickelt, dass die in den 1980ern immer wieder festgestellte permanente Wichtigkeit von Rasse beschreibt.

(6) Der Aufstieg der afroamerikanischen Mittelklasse zusammen mit der Stabilisierung einer völlig exkludierten "underclass" führt zu komplexeren Modellierungen des Zusammenspiels von ökonomischen und sozialen Faktoren der Integration.

Multikulturalismus als Problem

Der Durchgang durch die verschiedenen Argumente zu Rasse und Ethnizität in den 1970er und 1980er Jahren hat gezeigt, dass sowohl rassische als auch ethnische Gruppen als stabil beschrieben werden. Zum einen in Bezug auf ihre stabilen kulturellen Aspekte, zum anderen in den vielen stabilisierenden Rückkopplungsschleifen zwischen den politischen bzw. ökonomischen Systemen und ethnischen Gruppen. Oder wie Gleason es ausdrückt:

> At least on the level of popular commentary, the assumption that ethnic and racial groups are corporate entities that have rights seems to have established itself (to the degree that it has done so) under the conceptual umbrella of "cultural pluralism" and "multiculturalism".[796]

Diese stabilen ethnischen Gruppen sehen sich der Opposition ethnischer Kerngruppen des Nationalstaats gegenüber. Es ist offensichtlich, dass eine solche Situation viele normative

---

795 Besonders klar formuliert z.B. Orlando Patterson, "The Nature, Causes, and Implications of Ethnic Identification", in *Minorities: Community and Identity*, hrsg. von C. Fried, 25–50. Berlin, 1983.
796 Gleason, "Sea Change in the Civic Culture in the 1960s", S. 131.

Fragen über den Schutz der Gruppenrechte sowohl von Minderheiten als auch von Mehrheiten aufwirft. Dieses Problem ist natürlich nicht neu; es stellt eine der Hauptherausforderungen der Nationalstaatenbildung in der westlichen Welt dar.[797] Sicherlich es ist richtig, dass die neu aufkommenden Konflikte, insbesondere Ende der 1980er Jahre, zu einer intensiveren Diskussion dieses Aspektes sowohl in der Soziologie als auch in der Sozialphilosophie führten. Aus theoriehistorischer Perspektive gesehen ist dies vor allen Dingen der Ausdruck eines Wandels der Idee des Multikulturalismus, so beobachtet Alexander etwa:

> In the early 1970s, "multicultural" connoted compromise, interdependence, a relativizing universalism, and an expanding intercultural community. In our own time, the same term appears to be ineluctably connected, not with permeability and commonality, but with "difference," with the deconstruction and deflation of claims to universalism, with the reconstruction, rehabilitation, and protection of apparently autonomous cultural discourses and separated interactional communities.[798]

Diese neuen Versionen multikultureller Theorien sind in großer Gefahr, die Perspektive zu revitalisieren, die schon Parsons und Kroebner als "condensed concept of culture-and-society" kritisiert hatten.[799] In solchen multikulturellen Perspektiven wird zu leicht unterstellt, alle Aspekte der Mitgliedschaft in einer Gesellschaft seien deckungsgleich: Das bedeutet, jede Form der Ethnizität hat eine klar umrissene sozialstrukturelle Basis und stellt eine eindeutige Identifikation mit einer wohl definierten Population zu Verfügung.[800] Die Annahme, dass Ethnizität der authentische Ausdruck eines klar umrissenen Segments der Bevölkerung innerhalb einer Gesamtgesellschaft ist, dient als Basis für Argumente, diesen Gruppen besondere Bürgerrechte einzuräumen. Auch wenn nicht auszuschließen ist, dass es solche Gruppen auch in modernen Gesellschaften noch gibt, so ist in den meisten Fällen diese Annahme offensichtlich irreführend, wie etwa im Falle der Afroamerikaner. Es gibt sicherlich große Segmente der US-amerikanischen Bevölkerung, die sich selbst mit der Gruppe der Afroamerikaner identifizieren. Die Annahme, dass diese Bevölkerungsgruppen eine gemeinsame afroamerikanische Kultur teilen, ist zumindest offen für Diskussionen.[801] Es ist jedoch kaum anzunehmen, dass es so etwas wie eine homogene, sozialstrukturell abgrenzbare Gruppe der Afroamerikaner gäbe.

Wie etwa in den vielen Büchern von Wilson[802] zeigt die soziologische Forschung, dass die sozialstrukturelle Position von Afroamerikanern sehr heterogen ist und dass die Variation in den Mitgliedschaftskonfigurationen erheblich höher ist, als die unterstellten Gemeinsamkeiten. In der Perspektive von Ethnizität und Rasse als politischem Projekt ist das Argument, dass es keine sozialstrukturell homogene ethnische Gruppe als Basis der Mobilisie-

---

[797] Siehe etwa Will Kymlicka, *Multicultural Citizenship: A Liberal Theory of Minority Rights*, New York, 1998 [1995], besonders Kapitel 4.
[798] J. C. Alexander, "Theorizing the 'Modes of Incorporation': Assimilation, Hyphenation, and Multiculturalism as Varieties of Civil Participation", *Sociological Theory* 19, 2001: 237–249, S. 237.
[799] Vgl. Kapitel 3.3.2 in diesem Buch.
[800] Für eine genauere Analyse dieses Arguments in Bezug auf Kymlicka and Taylor vgl. Andreas Reckwitz, "Multikulturalismustheorien und der Kulturbegriff: Vom Homogenitätsmodell zum Modell kultureller Interferenz", *Berliner Journal für Soziologie* 11, 2001: 179–200.
[801] Vgl. Ellis Cashmore, "Black Culture: Scholarly Interest, or Unhealthy Obsession? (Review Article)", *Ethnic and Racial Studies* 24, 2001: 318–321.
[802] Siehe Wilson, *The Declining Significance of Race*, Wilson, *The Truly Disadvantaged*, William J. Wilson, *When Work Disappears: The World of the New Urban Poor*, New York, 1996.

rung gibt, von geringerer Bedeutung: Politische Strukturen und Bewegungen können nicht nur ohne solche klar umrissenen sozialstrukturellen Grundlagen existieren, sie neigen sogar manchmal dazu, diese Kollektive selbst zu generieren. Oder in weberianischer Begrifflichkeit ausgedrückt: Ethnizität wird zur Propagierung von Gruppenbildung verwendet, bezeichnet aber selbst im eigentlichen Sinne keine Gruppe. Das Problem liegt hier eher auf dem Gebiet des politischen Systems selbst. Jede Maßnahme die darauf zielt, die sozialstrukturelle Position einer solchen (nicht vorhandene) Gruppe zu verbessern, muss fehlschlagen, da strukturelle Verbesserungen für eine Gruppe, die es gar nicht gibt, mit hoher Wahrscheinlichkeit entweder keine oder nicht intendierte Effekte haben. Dies frustriert dann die – größtenteils auf symbolischer Basis – mobilisierten Gruppen, wie etwa Afroamerikaner, und delegitimiert das politische System. Schlimmer noch, diese Maßnahmen können kontraproduktive Effekte haben, wie oft im Zusammenhang mit "affirmative action" diskutiert.

Die Stärke multikultureller soziologischer Theorien in diesen zwei Jahrzehnten war es, die vielen Dimensionen und analytischen Ebenen gesellschaftlicher Mitgliedschaft zu beschreiben und zu analysieren, wie diese sich in der Situation verschiedener ethnischer Gruppen niederschlagen. Wenn diese Perspektiven die Gefahren der "condensed notion of society-and-culture" vermieden, produzierten sie einen reichhaltigen Korpus gemeinsamen empirischen Wissens über Rasse und ethnische Gruppen; eine Tatsache, die über den kleinlichen Kämpfen verschiedener theoretischer Lager oft vergessen wurde.

5 "Postethnic America"? Von 1990 bis 2000: Die Fragilität von Mitgliedschaften und das "ethnic racial pentagon"

> Behind all outward dissimilarities, behind their contradictory valuations,
> rationalizations, vested interests, group allegiances and animosities,
> behind fears and defense constructions, behind the role they play in life
> and the mask they wear, people are all much alike on a fundamental level.
> And they are all good people. They want to be rational and just.
> They all plead to their conscience that they meant well even when things went wrong.
> (Gunnar Myrdal, 1944) [803]

Mit dem Zerfall des Ostblocks war der große weltpolitische Widersacher der USA verschwunden. Diese außenpolitischen Umwälzungen waren in den 1990er Jahren mit einem wirtschaftlichen Boom gekoppelt. Mit der langsam verbesserten wirtschaftlichen Situation vieler ethnischer Gruppen wurde auch die sich seit den 1970ern etablierende Idee des Multikulturalismus von einigen Liberalen als Problem gesehen. Die Grenzen, die ethnische Gruppen – während der Reagan-Ära oft zur politischen Verteidigung – um sich gezogen hatten, wurden nun zu Trennlinien in einer Gesellschaft, die vielleicht nicht mehr zu überbrücken waren. So wie sein Vater siebzig Jahre zuvor, gibt Arthur M. Schlesinger, Jr. in seinem *The Disuniting of America* eine kritische Bestandsaufnahme der amerikanischen Gesellschaft. In deren Pluralität ortet er – im Gegensatz zu seinem Vater – eine potenzielle Gefährdung des Zusammenhalts der Nation:

> The American identity will never been fixed and final; it will always be in the making. Changes in the population have always brought changes in the national ethos and will continue to do so; but not, one must hope, at the expense of national integration. The question America confronts as a pluralistic society is how to vindicate cherished cultures and traditions without breaking the bonds of cohesion – common ideals, common political institutions, common language, common culture, common fate – that hold the republic together.[804]

Wie trotz aller Flexibilität und allem Wandel der Zusammenhalt in der amerikanischen Gesellschaft sichergestellt werden kann, wurde zu einer der meist diskutierten Fragen in der letzten Dekade des 20. Jahrhunderts. Gerade durch Einwanderung änderte sich in den 1990ern die Wahrnehmung gesellschaftlicher Gruppen in den USA, was sich auch in der

---

803 Am Ende des letzten Kapitels "America Again at the Crossroads" in Myrdal, *An American Dilemma*, S. 1023.
804 Arthur M. Schlesinger, Jr., *The Disuniting of America: Reflections on a Multicultural Society*, New York, 1998 [1991], S. 147. Insbesondere in seinen Angriffen auf afrozentristische Bewegungen ist dieses Buch natürlich auch ein politisches Manifest, kritisch hierzu Russell W. Irvine, "Review: The Disuniting of America", *Journal of Negro Education* 61, 1992: 439–440.

Soziologie niederschlug. Howard Winant schrieb in einem resümierenden Artikel zu der sich wandelnden Bedeutung des Begriffs Rasse im Jahre 2001:

> [T]he current influx of immigrant groups from Asia, Latin America, the Caribbean, and the former Soviet Union, and elsewhere, provides an opportunity to rethink the nature of immigration, identity, and community formation; but the jury is still out on whether older models need to be modified to capture new realities, or if new and radically different models are called for.[805]

Mit der neuen Diskussion um die ethnische Formierung der amerikanischen Gesellschaft, weiterhin oft mit den Begriffen Assimilation und Multikulturalismus beschrieben, beschäftigt sich das folgende Kapitel. Es beginnt mit einer Schilderung der Situation von Afroamerikanern und Immigrantengruppen in den 1990ern (5.1). Im Mittelteil werden die wichtigsten Strömungen und Aspekte soziologischen Denkens um die Konzepte Rasse und Ethnizität beschrieben (5.2). Das Kapitel endet mit einer weiteren Idee zur Mitgliedschaft in modernen Gesellschaften: der Idee der Globalisierung. In dieser Perspektive ist Mitgliedschaft nicht – oder nicht mehr ausschließlich – an nationalstaatlich verfasste Gesellschaften gebunden (5.3).

5.1 Zeiten der Prosperität und Verunsicherung: Afroamerikaner und Immigrantengruppen in den 1990ern

Die Amtszeit von George Bush, sen. war gekennzeichnet durch den außenpolitischen Erfolg des Golfkrieges. Abgesehen von einem kurzen, hierdurch erzeugten Stimmungshoch war die Gemütslage im Lande jedoch weniger positiv. Als die Bush-Administration 1990 neue Steuern beschloss, wurde dies als Zeichen für die Wankelmütigkeit des Präsidenten gewertet. Wer das berühmte Zitat "read my lips: no new taxes" nicht noch von der Republican Convention 1988 im Ohr hatte, dem wurde es durch das Fernsehen immer und immer wieder vor Augen geführt. Auch die Nominierung von Clarence Thomas für den Supreme Court 1991 schien nur anfangs politisch geschickt. Bush hatte gezielt einen afroamerikanischen Richter ausgewählt in der Hoffnung, dies würde den Widerstand gegen einen weiteren Konservativen im obersten Gericht des Landes schwächen. Doch als die afroamerikanische Juraprofessorin Anita Hill während der Hearings Judge Thomas der sexuellen Belästigung am Arbeitsplatz bezichtigte, kippte die Stimmung; unabhängig davon, ob Hills Anschuldigungen der Wahrheit entsprachen, verärgerte die Ignoranz der Senatskommission auch viele republikanische Wähler und Wählerinnen. Die seit den Reagan-Jahren ohnehin gereizte Stimmung vieler afroamerikanischer Interessenvertreter wurde immer aufgebrachter, zumal sich zu Beginn der 1990er die ökonomische Lage erst einmal wieder verschlechterte: Die Arbeitslosigkeit stieg an, und die Begriffe "outsourcing" und "downsizing" wurden zu den neuen Modeworten in Wirtschaftskreisen.

Im Jahr 1992 nominierten die Demokraten den jungen Governor von Arkansas, Bill Clinton, zum Präsidentschaftskandidaten. Im selben Jahr brachten Aufstände in Los Angeles das Thema Rasse wieder auf die Titelblätter der Zeitungen:

---

805 Omi, "The Changing Meaning of Race", S. 259.

> The Los Angeles riots of 1992 marked the beginning of a new period in U.S. racial politics. It served as a dramatic reminder for much of the nation of the continuing economic marginality, social decay, and human despair of the inner cities. Thanks to amateur cameraman George Holliday's videotape of the beating of black motorist Rodney King, police coercion and harassment were revealed in detail more graphic than mainstream America had witnessed in years.[806]

44 Menschen starben während der Gewalttätigkeiten in Los Angeles, viele Läden und auch Wohnhäuser gingen in Flammen auf. Das Land schien wieder in tiefer Unruhe und es wurde nach Wegen für einen Neuanfang gesucht. Im November 1992 wurde Bill Clinton mit großer Mehrheit zum amerikanischen Präsidenten gewählt.

Die Gruppenstruktur in der amerikanischen Gesellschaft

In den 1990er Jahren tauchten demographische Szenarien auf, nach denen Weiße in den USA bald in eine Minderheitenposition geraten könnten. Es hatte sich eingebürgert, Hispanics nicht mehr als Weiße zu definieren, und da dieser *Bevölkerungsanteil* am stärksten in den USA anwächst, zeigte man sich nun über die drastische Abnahme der weißen Bevölkerung besorgt.[807] Im Jahre 2000 war der Anteil der weißen Bevölkerung tatsächlich auf 75 % gesunken, gegenüber 90 % zu Beginn des 20. Jahrhunderts (zwischen 1910 und 1930). Der Anteil der afroamerikanischen Bevölkerung blieb seit 1920 relativ konstant, er war seitdem von knapp unter 10 % auf gut 12 % angestiegen. Der Anteil der Natives stieg zwar kontinuierlich an, verblieb aber selbst auf seinem Höchststand im Jahr 2000 mit 0,88 % weiterhin unterhalb der Einprozentmarke. Der Anteil der asiatischen Bevölkerung wuchs erstmals 1970 über 1 % und erreichte im Jahr 2000 fast 4 %.

Eine besondere Stellung in den Fragen der Volkszählung nimmt jene nach Menschen mexikanisch-spanischer Herkunft ein. Noch bis in die 1960er Jahre hinein wird als Indikator für die Größe dieser Gruppe von Soziologen die Einwanderung aus Mexiko oder Lateinamerika verwendet. Da jedoch ein großer Teil der spanisch-sprechenden Bevölkerung gar nicht eingewandert, sondern etwa durch Kriege schon vor dem 20. Jahrhundert in die USA gekommen war, war dieser Bevölkerungsteil in seiner Größe schwer abzuschätzen. Im Zensus von 1970 wurde die Frage nach "Spanish or Latin origin" wieder eingeführt; danach betrug der Anteil an Hispanics 4,5 % und stieg auf 12,5 % im Jahr 2000.[808] Die kombinierte Auswertung der Fragen nach "Hispanic origin" und Rasse ergibt die Grundlage zur Berechnung der etwa seit den 1980ern üblichen Großgruppeneinteilung der amerikanischen Gesellschaft in Weiße, Afroamerikaner, Native Americans, Asiaten und Hispanics.[809] Die allgemeine Verwendung dieser Einteilung darf jedoch nicht mit der Bekanntheit der abstrakteren Konzepte Rasse und Ethnizität verwechselt werden. Im Zensus 2000 haben mehr als 40 % der Personen, die sich als Hispanics bezeichneten, bei der Frage nach ihrer Ras-

---

806 Omi und Winant, *Racial Formation in the United States: From the 1960s to the 1990s*, S. 145.
807 Die hier verwendete Kategorie wird meist "non-Hispanic whites" genannt. Zum Argument, dass erst durch die Umdefinition von Hispanics zu Nicht-Weißen das Problem entsteht, dass der Anteil der weißen Bevölkerung unter 50 % sinkt, vgl. Amitai Etzioni, *The Monochrome Society*, Princeton, 2001, S. 19ff.
808 Im Jahre 1930 wurde zum ersten Mal nach "Hispanic origin" gestellt, diese Frage wurde dann wieder fallen gelassen. Damals betrug dieser Bevölkerungsanteil knapp 1,5 %.
809 Diese Gruppeneinteilung wurde im Übrigen auch weitgehend unhinterfragt verwendet in dem eingangs ausführlich zitierten Neil J. Smelser, William J. Wilson und Faith Mitchell (Hg.), *America Becoming: Racial Trends and Their Consequences*, Washington, D.C., 2001b.

senzugehörigkeit "other races" angegeben. Dies zeigt, dass diese Personen – trotz der sehr suggestiven Fragestellung und den ausführlichen Erklärungen im Zensusfragebogen – nicht in der Lage waren, zwischen Rasse und Ethnizität zu unterscheiden. Dies trifft wohl für den größten Teil der amerikanischen Bevölkerung zu, die – mit der bemerkenswerten Ausnahme von Universitätsstudenten und Professoren – nicht klar zwischen Konzepten wie Abstammung, nationaler Herkunft, Ethnizität und Rasse unterscheidet. Insbesondere der Begriff Ethnizität ist vielen nicht geläufig und wird – wenn überhaupt – synonym mit Rasse verwendet.[810]

Die Zunahme der *Einwanderung* zu Beginn der 1990er wurde insbesondere in der amerikanischen Öffentlichkeit stark thematisiert.[811] Ein Großteil der als Einwanderer Registrierten hatte diesen Status durch neue Legalisierungsrichtlinien erhalten, nach denen sich bisher lange illegal im Land aufhaltende Einwanderer legalisieren konnten.[812] Der Anteil des "foreign stock" stieg seit 1970 wieder an und lag im Jahr 2000 bei gut einem Fünftel der Bevölkerung.[813] Betrachtet man die Herkunft der Einwanderungsgruppen, so kamen bis in die 1960er Jahre drei Viertel oder mehr der Einwanderer aus Europa. Seit 1970 nimmt insbesondere die Einwanderung aus Lateinamerika drastisch zu, etwas verzögert gilt dies auch für die asiatische Einwanderung. Im Jahre 2000 stammten gut drei Viertel der Immigranten aus Asien oder Lateinamerika.

Insbesondere in den typischen Einwanderungsmetropolen (Los Angeles, San Francisco, New York und Chicago) ist neue Einwanderung die wichtigste Quelle für Bevölkerungswachstum.[814] Der Anteil der Afroamerikaner im Süden der USA sank kontinuierlich seit dem Zweiten Weltkrieg auf etwa 53 % im Jahre 1970, seitdem hat sich der Anteil der dort lebenden Afroamerikaner, auch durch Rückwanderung aus dem Norden, auf diesem Niveau stabilisiert.[815] Die Segregation der Nachbarschaften in den Großstädten war in den 1980ern und 1990ern praktisch stabil. Gerade die extreme Segregation von Afroamerikanern in bestimmten Stadtvierteln scheint ein wichtiger Grund für das Fortbestehen ihrer schlechteren Lebensbedingungen zu sein.[816] Die Verbesserung der wirtschaftlichen Situation seit Mitte der 1990er hatte zwar positive Auswirkungen auf "black neighborhoods" in

---

810 Zu diesen Ergebnissen, die insbesondere auf Gruppeninterviews und Auswertungen der Pretests zum Zensus beruhen, vgl. American Anthropological Association, *Response to OMB Directive 15: Race and Ethnicity Standards for Federal Statistics and Administrative Reporting*, 2000.
811 Zur Analyse dieser Anti-Immigrationsstimmung vgl. Reimers, *Unwelcome Strangers: American Identity and the Turn against Immigration*.
812 Vgl. Min Zhou, "Contemporary Immigration and the Dynamics of Race and Ethnicity", in *America Becoming Vol. 1*, hrsg. von Neil J. Smelser, William J. Wilson und Mitchell Faith, 200–242. Washington, D.C., 2001, S. 201.
813 Aufgrund des seit 1924 drastisch sinkenden Einwanderungsvolumens sinkt der Anteil des "foreign stock" (Menschen, die selbst oder deren Eltern im Ausland geboren sind) von gut einem Drittel 1930 auf ein Sechstel im Jahre 1970.
814 Vgl. Sandefuhr et al., "An Overview of Racial and Ethnic Demographic Trends", S. 59.
815 Vgl. ibid., S. 50.
816 Vgl. als klassischen Artikel Douglas S. Massey und Nancy A. Denton, *American Apartheid: Segregation and the Making of the Underclass*, Cambridge, Mass., 1993, aber auch Douglas S. Massey, "Residential Segregation and Neighborhood Conditions in U.S. Metropolitan Areas", in *America Becoming Vol. 1*, hrsg. von Neil J. Smelser, William J. Wilson und Faith Michels, 391–435. Washington, D.C., 2001.

den Großstädten, viele Ghettos waren aber von dieser Entwicklung weitgehend abgekoppelt.[817]

"Mischehen nehmen zu."[818] Dieser Satz galt in den 1990ern mehr denn je, allerdings bestand ein großer Unterschied zwischen Euroamerikanern und Afroamerikanern. Tatsächlich wurde Endogamie unter den europäischen Immigrantengruppen zur Ausnahme, in den 1990ern wurden nur noch ein Viertel aller Ehen innerhalb der eigenen Gruppe geschlossen,[819] während die Endogamie insbesondere unter afroamerikanischen Frauen praktisch noch die Regel darstellte. Andere Gruppen lagen in sozialer Situation und Amalgamierung irgendwo zwischen Euroamerikanern und Afroamerikanern.[820] Dieses Bild verwischt jedoch den Übergang von Personen in die weiße amerikanische Mehrheit: weiß gewordene Hispanics oder asiatische Einwanderer gehen keine Mischehen mehr ein.[821] Die Fruchtbarkeitsraten von Afroamerikanern und Weißen haben sich seit dem Zweiten Weltkrieg stark angeglichen,[822] allerdings gab es zunehmende Unterschiede in den Heiratsmustern:

> In spite of the similarities, there has been a growing divergence between Blacks and Whites in marital behaviors ... with regard to age at first marriage, rate of separation and divorce, and amount of time spent separated/ divorced before remarriage. This has led to a marriage gap that grew from a 5 percent difference between Blacks versus Whites and Hispanics in 1950, to an almost 30 percent difference in 1995, when 60.9 percent of Whites and Hispanics were married versus 43.2 percent of Blacks.[823]

Nach wie vor lassen Heirats- und Familienmuster sowie die Segregation der Nachbarschaften Afroamerikaner im Fünfeck von Weiß, Schwarz, Rot, Gelb und Braun besonders hervortreten. Damit bleibt die Diskussion um die Verantwortung afroamerikanischer Männer für die Familie ein Dauerthema. Im Oktober 1995 organisierte Farrakhan den "Million Man March" nach Washington, D.C.; etwa 100.000 afroamerikanische Männer schworen, den Familien- und Gemeinschaftswerten zu folgen und persönliche Verantwortung zu übernehmen.

Die sich seit den 1970er Jahren abzeichnende, aber in den 1990ern voll wahrgenommene Veränderung der Gruppenstruktur der amerikanischen Gesellschaft hatte weitere Folgen, z.B. für Asioamerikaner und Hispanics: Diesen wurde nun immer öfter unterstellt, Abkömmlinge jüngster nur gering akkulturierter Einwanderung zu sein.[824] Diese Mutation von Asiaten und von Hispanics zu jüngst eingewanderten Minderheiten ist auch bei Afroamerikanern zumindest in Ansätzen zu beobachten. Im Jahre 2000 waren ca. 8 % der afroamerikanischen Bevölkerung im Ausland geboren. Insbesondere in den Großstädten hatte

---

817 Als ausgezeichnete Schilderung der Situation, mit Vorschlägen für sozialpolitische Implikationen, vgl. Wilson, *When Work Disappears: The World of the New Urban Poor.*
818 Als exzellente Einführung in den Bereich vgl. Werner Sollors (Hg.), *Interracialism: Black-White Intermarriage in American History, Literature, and Law*, New York, 2000, hierin insbesondere Perlmann.
819 Vgl. Richard D. Alba, *Ethnic Identity: The Transformation of White America*, New Haven, 1990, S. 291.
820 Eine Ausnahme bilden American Indians als besonders benachteiligte ethnische Gruppen in den USA mit einer sehr hohen Mischehenrate.
821 Vgl. Mary C. Waters und Karl Eschenbach, "Immigration and Ethnic and Racial Inequality in the United States", *Annual Review of Sociology* 21, 1995: 419–446, S. 422.
822 Vgl. Sandefuhr et al., "An Overview of Racial and Ethnic Demographic Trends", S. 63.
823 Ibid., S. 74.
824 Vgl. Min Zhou, "Contemporary Immigration and the Dynamics of Race and Ethnicity", ibid., 200–242. S. 223.

die zunehmende Einwanderung von Schwarzen dazu geführt, dass die alte Gleichung Schwarz = Abkömmling von Sklaven nicht mehr zutraf. Oder wie Zhou es ausdrückt:

> The arrival of large numbers of non-White immigrants has significantly changed the racial composition of the urban population, rendering the Black-White paradigm outdated.[825]

Im Jahre 2000 ist die auf der Sklaverei basierende Dichotomisierung der amerikanischen Bevölkerung in Schwarz und Weiß, die sich erst voll durchgesetzt hatte, nachdem in den 1930ern und 1940er Jahren die weißen Einwanderungsgruppen ihren Rassencharakter verloren hatten, obsolet geworden. Auch diese Veränderung hat sich im neuen amtlichen Zensusfragebogen niedergeschlagen: Ab dem Jahr 2000 ist es möglich, auch "mixed race" als Herkunft anzugeben.[826]

1997 brachte der US-Postal Service eine Kwanzaa-Briefmarke heraus, und zum ersten Mal ließ in diesem Jahr auch ein Präsident der USA beste Wünsche für dieses Fest verlautbaren. Die öffentliche Anerkennung dieser afroamerikanischen Feiertage, die zwischen Weihnachten und Neujahr liegen, markieren in faszinierender Weise den Endpunkt der Entwicklung der Afroamerikaner von einer rechtlich und symbolisch ausgeschlossenen Kaste zu einer – wenn auch prominenten – ethnischen Gruppe unter vielen.[827] Das Fest Kwanzaa wurde 1966 von dem afroamerikanischer Nationalisten Maulana Ronald Karenga in Los Angeles als Reaktion auf die Rassenunruhen in Watts im gleichen Jahr kreiert, um dem Kampf für unabhängige und getrennte afroamerikanische Organisationen eine kulturelle Weihe zu geben. Die antichristlichen und nationalistischen Hintergründe dieses Festes, das aus einer bunten Mischung erfundener und tatsächlicher afrikanischer Symbolik besteht, führten dazu, dass es bis Ende der 1970er Jahre nur von einer kleinen radikalen Minderheit gefeiert wurde. In den 1980ern gerieten jedoch diese Hintergründe in Vergessenheit. Zu einer Art Familienfest umdefiniert wird Kwanzaa heute gleichsam als afroamerikanische Erweiterung des christlichen Weihnachtfestes gefeiert. Die "Sieben Wünsche" (Nguso Saba), von denen jeweils einer an den jeweiligen Kwanzaa-Tagen als Motto dient, waren jetzt Ausdruck der Werte der amerikanischen Gesellschaft. Gegen Ende der 1980er tauchten dann auch verstärkt Handreichungen in Schuldistrikten auf, die nahe legten, Kwanzaa zu feiern, um so – ähnlich dem jüdischen Chanukka-Fest – die kulturelle Besonderheiten von Afroamerikanern zu würdigen. Heute wird Kwanzaa etwa von jedem siebten afroamerikanischen Haushalt gefeiert, insbesondere in der afroamerikanischen Mittelklasse.

Afroamerikaner sind damit als symbolische ethnische Gruppe in die amerikanische Gesellschaft integriert. Dies alles geschah jedoch in einer Dekade, in der mit dem "ethnic racial pentagon" die Rede von Rassen in der amerikanischen Gesellschaft eher wieder zu-

---

825 Ibid., S. 222.
826 Auch Richtlinien des National Center for Health Statistics wurden geändert. Besonders interessant ist, dass ein Ausschussbericht vom National Center for Health Statistics, *Report of the Panel to Evaluate the U.S. Standard Certificates*, Washington, D.C., 2001, S. 49 vorschlägt, die Rasse des Kindes nicht mehr festzustellen, da dies in der Wahl des Kindes liegen solle. Im U.S. Standard Certificate of Live Birth ist in der neuesten Fassung keine Rasse des Kindes mehr enthalten. Für statistische Zwecke wird sie über die Rasse der Mutter bestimmt.
827 Solche "Einführungen" von Festtraditionen sind natürlich keine Ausnahmen, sondern ein Zeichen normaler Integrationsprozesse. So wurde auch der Thanksgiving Day erst von Abraham Lincoln für den letzten Donnerstag im November eingeführt, um die Einheit der USA symbolisch zu festigen. Zu der hier gegebenen Interpretation und Darstellung von Kwanzza vgl. Elizabeth Pleck, "Kwanzaa: The Making of a Black Nationalist Tradition, 1966–1990", *Journal of American Ethnic History* 2001, 2001: 3–28.

nahm. Gerade mit dem Konzept der symbolischen Ethnizität[828] lässt sich auch gut erklären, warum diese vergleichsweise geringen ethnischen Unterschiede dennoch so hohen Abgrenzungswert für die Beteiligten haben. Diese Obsession, die die amerikanische Mittelklasse hinsichtlich ihrer ethnischen oder rassischen Zugehörigkeit an den Tag legt, hat Orlando Patterson in Anlehnung an Freud einmal den "narcissism of minor differences" genannt.[829]

Immigranten und Afroamerikaner in Recht und Politik

Mitte der 1990er Jahre wurde *"affirmative action"* wieder verstärkt diskutiert, die Regents of the University of California beendete 1995 alle "affirmative action"-Programme zur Anstellung und zur Zulassung von Studenten. 1996 befreite der fünfte United States Circuit Court die University of Texas Law School von "any consideration of race or ethnicity" bei der Zulassung. Nachdem die Grundidee von "affirmative action" durch die Rede von Präsident Johnson an der Howard University in der amerikanischen Öffentlichkeit aufgetaucht war, war dies ein immer wieder hart diskutiertes Politikfeld, dies insbesondere aufgrund der veränderten Gruppenstruktur der amerikanischen Gesellschaft:

> Indeed, immigration has significantly altered the character of the population eligible for preferential treatment – African Americans made up two-thirds of that population in 1970; by the late 1990s, Hispanics and Asians made up more than half.[830]

"Affirmative action" polarisiert dabei nicht unbedingt die amerikanische Gesellschaft, wie viele ad hoc-Interpretationen von Umfragedaten gerade in der veröffentlichten Meinung nahe legen: Zwar unterstützen Afroamerikaner wie Euroamerikaner nicht gerade enthusiastisch Programme rassischer Präferenzen, doch es besteht eine relativ hohe Übereinstimmung in der Einschätzung, dass sie durchaus sinnvoll sein können.[831]

Was sich jedoch tief greifend geändert hatte, war die Einstellung der amerikanischen Bevölkerung zu Afroamerikanern und anderen Gruppen. In ihrer ausgezeichneten Reanalyse von Umfragedaten in *Racial Attitudes in America* kommen die Autoren Schuman, Steeh, Bobo und Krysan zu einer durchaus positiven Einschätzung:

> Americans are not much more color-blind today than they ever were, and despite some growth in the rate of racial intermarriage (...), a melting-pot solution to racial differences in the United States is not likely to occur in the foreseeable future. What *has* changed over the past half century is the normative definition of appropriate relations between blacks and whites. Whereas discrimination against, and enforced segregation of, black Americans were taken for granted by most white Americans as recently as World War II years, today the norm holds that black Americans deserve the same treatment and respect as whites, and in addition that racial integration in all public spheres of life is a desirable goal.[832]

---

828 Vgl. zu diesem Konzept von Herbert Gans Kapitel 4.1.2, Abschnitt *Ethnizität als symbolische Mitgliedschaft*.
829 Persönliches Gespräch.
830 Gleason, "Sea Change in the Civic Culture in the 1960s", S. 133.
831 Vgl. Carol M. Swain, "Affirmative Action: Legislative History, Judicial Interpretations, Public Consensus", in *America Becoming Vol. 1*, hrsg. von Neil J. Smelser, William J. Wilson und Faith Michels, 318–347. Washington, D.C., 2001, S. 331ff.
832 Howard Schuman et al., *Racial Attitudes in America: Trends and Interpretations*, Cambridge, Mass., 1997 [1985], S. 311–312.

Während also das Bewusstsein, dass Afroamerikaner eine abgrenzbare Gruppe in der amerikanischen Gesellschaft sind, kaum abgenommen hat, haben sich die Vorstellungen darüber, wie das Verhältnis zwischen unterschiedlichen rassischen Gruppen aussehen sollte, doch grundlegend geändert. Auch die Mehrheit der weißen Bevölkerung war nun dafür, Angehörigen anderer Rassen die gleiche Behandlung und den gleichen Respekt entgegenzubringen.

Allgemeine Einstellungen über Gleichheit und Gerechtigkeit führen allerdings nicht unbedingt dazu, eine Nation zu einen, wie das alles überschattende Rechtsereignis dieser Dekade zeigte: Fast wie in einem schlechten Actionfilm mutete die live übertragene Verfolgung des einst umjubelten afroamerikanische Footballstars O. J. Simpson auf den Strassen von Los Angeles an. Fünf Tage zuvor, am 12. Juni 1994, waren Nicole Brown Simpson und Ronald Goldman ermordet worden, beide waren weiß. Schnell spaltete der Fall die amerikanische Öffentlichkeit. Als Simpson, dessen Verteidigung medienwirksam die Polizei von Los Angeles mit dem Vorwurf des Rassismus konfrontiert hatte, 1995 freigesprochen wurde, hielt laut kurz danach durchgeführten Umfragen die Mehrheit der Afroamerikaner das Urteil für gerecht, eine Mehrheit der Weißen es dagegen für einen Skandal.[833] Die immer wieder festgestellten gemeinsamen Werte und Einstellungen der gesamten amerikanischen Gesellschaft führen eben nicht dazu, dass sich Frontstellungen zwischen Weißen und Schwarzen auflösen, dies nicht zuletzt deshalb, weil allen Amerikanern – schwarzen wie weißen – auch die Vorstellung gemeinsam ist, die Landsleute der jeweils anderen Hautfarbe seien "irgendwie" anders.

Die starken Veränderungen der Gruppenstruktur waren wohl auch ein Grund für die Zunahme der schon in den 1980ern einsetzenden Anti-Immigrationstendenzen. Als eines der Symbole für diese Anti-Immigrationsstimmung gilt Kaliforniens "proposition 187" aus dem Jahre 1994, welche die Sozialhilfe für illegale Einwanderer stark reduzierte. Mit der neuen Wohlfahrtsgesetzgebung von 1996 wurden dann etwa eine halbe Million Einwanderer von den klassischen Sozialhilfeprogrammen wie Food Stamps oder Medicaid ausgeschlossen.

Einwanderung und *Wohlfahrtsstaat* waren ein viel diskutiertes Thema. Betrachtet man wohlfahrtsstaatliche Programme insgesamt, stellen zwar Mitglieder rassischer Minderheiten nicht die Mehrheit der Empfänger, aber aufgrund der in diesen Minderheiten besonders hohen "Risikofaktoren", wie Arbeitslosigkeit, geringe Bildung, Alleinerziehende, sind hier besonders große Anteile Wohlfahrtsempfänger. Um dem entgegenzusteuern, wird immer wieder – allerdings mit wenig Erfolg – vorgeschlagen, Sozialpolitik auf genau diese Risikofaktoren zu konzentrieren.[834] Ähnliches gilt auch für die Gesundheit und die Beteiligung am Gesundheitssystem.[835] Bei einer Einschätzung verschiedener politischer Strategien zur Ausweitung sozialpolitischer Maßnahmen meint Skocpol:

> A look back over the sweep of the history of modern U.S. social policies reveals that African Americans have always done best – gotten the most material help for the least stigma – when they have been part of broad, victorious political coalitions, and when they have been included

---

833 Vgl. Etzioni, *The Monochrome Society*, S. 11.
834 Vgl. hierzu die Gesamtdarstellung bei Kahlenberg, *The Remedy: Class, Race, and Affirmative Action*.
835 Vgl. Raymond S. Kingston und Herbert W. Nickens, "Racial and Ethnic Differences in Health: Recent Trends, Current Patterns, Future Directions", in *America Becoming Vol. 2*, hrsg. von Neil J. Smelser, William J. Wilson und Faith Michels, 253–310. Washington, D.C., 2001, S. 291ff.

in the most honorable categories of social beneficiaries in any given era. Let us hope that the day will come when all African Americans – and indeed all Americans – will be so included.[836]

Die ökonomische Situation von Afroamerikanern und Immigrantengruppen

Während das Bewusstsein in der amerikanischen Gesellschaft über Afroamerikaner als abgrenzbare Gruppe sich praktisch nicht abschwächte, machte die ökonomische Integration dieser Gruppe in den 1990ern wieder Fortschritte. Der Soziologe Orlando Patterson fasst die Situation von Afroamerikanern Ende der 1990er wie folgt zusammen:

> The great majority of Afro-Americans – some 23 million persons making up more than 70 percent of the aggregate – have benefited from the enormous progress made by both Afro- and Euro-Americans over the past forty-five years in resolving the nation's "racial" crisis. They are a hardworking, disproportionately God-fearing, law-abiding group of people who share the same dreams as their fellow citizens, love and cherish the land of their birth with equal fervor, contribute to its cultural, military, and political glory and global triumph out of all proportion to their numbers, and, to every dispassionate observer, are, in their values, habits, ideals, and ways of living, among the most "American" of Americans.[837]

Afroamerikaner als die "amerikanischsten" aller Amerikaner gehörten nicht einmal mehr zu einem Drittel zu den Ärmsten des Landes. Langsam setzte sich ein Aufstieg fort, der den – seit den 1920ern immer wieder gemachten – Vorwurf, warum Afroamerikaner nicht genauso erfolgreich sind wie Immigrantengruppen, gegenstandslos zu machen begann. Aufgrund der oft unterstellten Verknüpfung der ökonomischen Situation von Afroamerikanern und der von Immigrantengruppen mehren sich in den 1990ern die Analysen, in denen beide Gruppen zugleich betrachtet werden. So etwa Waters und Eschenbach:

> Because of the enormous impact of immigration on the composition of America's nonwhite populations, we stress the importance of combining analyses of the economy and of racial and ethnic discrimination, along with the new evidence we have about immigrant absorption and change.[838]

Blickt man Mitte der 1990er auf die Entwicklung seit dem Zweiten Weltkrieg, so sind hinsichtlich der ökonomischen Situation von Afroamerikanern und Immigranten folgende Aspekte festzuhalten: Beide Gruppen profitierten von der generellen Wohlstandssteigerung der amerikanischen Gesellschaft in dieser Zeit; die zahlreichen rechtlich-formalen Diskriminierungen gegenüber Afroamerikanern wurden aufgehoben; Erziehungs- und Einkommensunterschiede zwischen allen Gruppen verringerten sich; gerade nach dem Zweiten Weltkrieg waren im Aufschwung Kinder und Enkel der "new immigration" leicht zu integrieren; trotz des Verharrens von Teilen der Afroamerikaner in einer "underclass" entstand eine stabile und immer größer werdende schwarze Mittelschicht.

Die Erfolgsgeschichte von Afroamerikanern hat auch zur Folge, dass inzwischen auch verstärkt die ökonomische Situation von Minderheiten thematisiert wird, die gewisserma-

---

836 Skocpol, "African Americans in U.S. Social Policy", S. 151.
837 Patterson, The Ordeal of Integration: Progress and Resentment in America's "Racial" Crisis, S. 171.
838 Waters und Eschenbach, "Immigration and Ethnic and Racial Inequality in the United States", S. 421. Zahlreichen Argumente dieses Abschnitts stammen auch aus diesem ausgezeichneten Überblick.

ßen die Afroamerikaner "unterschichten", wie einzelne Gruppen der Hispanics und Native Americans. Die allgemeine Einordnung verschiedener Gruppen über das mittlere Familieneinkommen zeigt die Reihenfolge: Asiaten, Weiße, Hispanics, Blacks und Native Americans. Ähnliches gilt auch für Arbeitslosenraten und Armutsquoten, allerdings haben diese Kategorien sehr große Binnendifferenzen hinsichtlich verschiedener Gruppen. Außerdem sind die Differenzen zwischen Frauen aus Minderheitengruppen und weißen Frauen meist geringer als bei Männern. Insbesondere wenig gebildete Gruppen hatten unter den Folgen des gebremsten Wachstums seit den 1970ern zu leiden, auch der Export von Arbeitsplätzen in der Produktion traf besonders Ungebildete oder niedrig Gebildete. Dass sich auch in den 1990ern die Einkommenslücke zwischen verschiedenen rassischen Minderheiten und dem Durchschnitt kaum geschlossen hat, ist vor allem eine Folge der insgesamt stark gestiegenen Einkommensungleichheit auf dem Arbeitsmarkt, von der Minderheiten mit großen Anteilen in gering bezahlten Segmenten des Arbeitsmarktes überproportional betroffen sind.[839]

Die Situation der *Afroamerikaner* unterscheidet sich teilweise von der anderer ethnischer Gruppen; große Fortschritte hinsichtlich der Verringerung der Einkommenslücke, des zunehmenden Bildungsniveaus und einer Angleichung der Berufsstruktur wurden von einer zunehmenden Arbeitslosenquote und dem Zerfall schwarzer Familien konterkariert. Die kleinste, ärmste und am wenigsten von Immigration beeinflusste Gruppe sind die *Native Americans*. Deren deprivierte Situation ging auch in den 1990ern noch einher mit der isolierten und ressourcenarmen Lage in vielen Reservaten. Die Gruppe der *Hispanics* ist besonders heterogen hinsichtlich ihrer ökonomischen Lage. Puertoricaner haben im Durchschnitt ein sehr niedriges Einkommen im Gegensatz zu Kubanern, die nicht nur ökonomisch erfolgreich sind, sondern auch relativ stabile Enklaven in Florida bilden. Mexikaner haben oft schlecht bezahlte Jobs, insbesondere im Agrarsektor und sind überdurchschnittlich in der Gruppe der Illegalen repräsentiert. Gerade seit Anfang der 1980er gibt es eine starke Zunahme der "foreign born" an der Gesamtzahl der Hispanics. *Asiaten* sind die am schnellsten anwachsende Minderheit in den USA. Ihre großen ökonomischen Erfolge sind durch den überdurchschnittlichen Bildungserfolg zu erklären. Schon die Einwanderer selbst haben ein hohes Bildungsniveau, dies gilt insbesondere für die Gruppe der Inder, die auch meist schon die englische Sprache beherrschen. Gleichwohl gibt es auch unter Asiaten viele benachteiligte ethnische Gruppen. Oft müssen sehr arbeitsintensive Haushaltsführungsstrategien eingeschlagen werden, und gerade asiatische Kleinunternehmer sind besonderen Belastungen und Gefahren ausgesetzt. Unter den Asiaten sind Chinesen, Japaner, Philipinos und Inder sehr gut positioniert, während Flüchtlinge aus Laos, Kambodscha oder Vietnam große Probleme haben.

In allen Gruppen, aber auch zwischen ihnen, war die empfundene Konkurrenz zwischen Einwanderern und Minderheiten im Lande immer hoch:

> Given the stagnation of movement toward closing the wage gap between blacks and whites, the fact that many immigrant groups do better than native populations, and the historical tendency

---

839 Vgl. als Überblick James P. Smith, "Race and Ethnicity in the Labor Market: Trends over the Short and Long Term", in *America Becoming Vol. 2*, hrsg. von Neil J. Smelser, William J. Wilson und Faith Michels, 52–97. Washington, D.C., 2001.

> of native labor to look warily on immigrant competition, questions about the role of immigrants on disadvantaged native minorities seem likely to generate continuing interest.[840]

Dies, obwohl viele Untersuchungen nahe legen, dass ein solches Konkurrenzverhältnis kaum besteht:

> Despite these expectations, at the aggregate level, econometric studies show that immigrants do not compete with native workers and do not decrease their wages or employment levels.[841]

Aufgrund der hohen rassischen und ethnischen Diversifizierung der nichteuropäischen Einwanderung seit den 1980ern ist die Frage von hohem Interesse, wie sich die zweite Generation dieser Einwanderer verhält. Anfang der 1990er zeigte sich schon, dass es hier unterschiedliche Formen der Integration gibt. Portes etwa unterscheidet zwischen reaktivethnischen Formen, hier steigt die zweite Generation oft ökonomisch aufgrund negativer Haltung gegenüber der USA und fehlendem sozialen Kapital ab; andere, die sich auf dem Weg zur "symbolischen Ethnizität" befinden, steigen aufgrund des sozialen Kapitals der ethnischen Netzwerke ihrer Eltern auf.[842] Zusammenfassend schreiben Waters und Eschenbach:

> The research literature on ethnic inequality reviewed here shows that progress in narrowing the gap between minorities and whites and among white ethnics was made when the economy was expanding through the mid-1970s. After that, for many groups, the progress slowed, stopped, or reversed.[843]

Mit dem ökonomischen Aufschwung, der über das Ende der 1990er hinaus anhalten sollte, besserte sich die Lage vieler rassischer und ethnischer Minderheiten in mehreren Bereichen.

Die Clinton-Präsidentschaft wurde von anderen Problemen geplagt: Seine Lewinsky-Affäre, die im – schließlich gescheiterten – Versuch einer Amtsenthebung des Präsidenten gipfelte, paralysierte die amerikanische Öffentlichkeit für Monate und minderte die Chancen des Vizepräsidenten Al Gore, die Nachfolge des insgesamt erfolgreichen demokratischen Präsidenten anzutreten.

2001 trat George W. Bush die Präsidentschaft an. Wie bei Harding, der eingangs des in diesem Buch betrachteten Zeitraumes (1921) Präsident wurde, sollte auch während der Präsidentschaft von Bush, Jr. die Position Amerikas in der internationalen Gemeinschaft zum wichtigen Thema werden. Allerdings endet der in diesem Buch betrachtete Zeitraum mit dem Beginn der Regierungszeit des neuen Präsidenten.

---

840 Waters und Eschenbach, "Immigration and Ethnic and Racial Inequality in the United States", S. 441.
841 Ibid., S. 439.
842 Siehe etwa Alejandro Portes, *The New Second Generation*, New York, 1996.
843 Waters und Eschenbach, "Immigration and Ethnic and Racial Inequality in the United States", S. 442.

5.2   Wege zur Neuorientierung? Ethnizität und Rasse in der Soziologie der 1990er

In den 1990ern begann sich das inzwischen wohl-etablierte multikulturelle Selbstbild der amerikanischen Gesellschaft erneut zu ändern. So schreibt der politische Beobachter Michael Lind:

> One of the most striking developments in recent American intellectual and political life is the critical reevaluation, by liberal and left thinkers, of the multicultural enterprise that dominated left-of-center discourse in the 1980s.[844]

Besonders die schon am Ende des letzten Kapitels diskutierte "harte" Version des Multikulturalismus, die in fast essentialistischer Weise Kollektiv und Kultur parallelisiert, verliert in der Diskussion um den hybriden Charakter aller Kulturformen an Plausibilität. Wenn alle Kulturen Mischungen und ständig im Fluss sind, wird es unplausibel, etwa eine "reine" afroamerikanische Kultur oder einen ewigen Kanon definieren zu wollen, der unverrückbar für eine Kultur steht. Mischung und Wandel sind es auch, die im Mittelpunkt eines weiteren Konzeptes stehen, das im Gegensatz zu Assimilation und Multikulturalismus auch die Relationen zwischen nationalstaatlich verfassten Gesellschaften in den Blick nimmt: Globalisierung. Zu diesem neuen Schlagwort zur Gesellschaftsbeschreibung und dessen Verhältnis zur Begrifflichkeit von Rasse und Ethnizität wird am Ende dieses Kapitels (5.3) einiges zu sagen sein.

Zuvor werden kurz die wichtigsten Strömungen in der soziologischen Literatur zu Rasse und Ethnizität dargestellt. Die Literatur zu Immigrantengruppen und Afroamerikanern lässt sich dabei in drei Gebiete gruppieren: (1) Die Definition von Rasse und Ethnizität, insbesondere als Bezeichnungen für Kollektive (5.2.1). (2) Die Diskussion um Wandel und Stabilität ethnischer und rassischer Ungleichheiten (5.2.2). (3) Und last not least die Versuche zur Definition einer neuen amerikanischen Gesellschaft (5.2.3).

5.2.1   Die Definition von Rasse und Ethnizität als Bezeichnung von Kollektiven?

In den 1990er Jahren wurden Konzepte wieder verstärkt zum Problem. Der mühsam bis in die 1980er gerettete Glaube an die emanzipative Kraft der Verwendung des Rassenkonzepts in der Soziologie schwand fast parallel mit der gezielten Vernachlässigung von Rassenproblemen in der Reagan-Ära. Ist Rasse oder Ethnizität der angemessene Begriff für eine soziologische Analyse? Wieder war der Ausgangspunkt der Diskussion das Unwohlsein bei der Verwendung des Rassebegriffs. Eine Diskussion, die in vielen Aspekten an jene erinnert, die Mitte der 1940er Jahre geführt wurde.[845] Die Kernfrage lautete erneut: Warum sollte der Begriff Rasse verwendet werden, wenn es doch keinerlei biologische Grundlage für die Einteilung der Menschen in rassische Gruppen gibt?

> A visitor from Mars to the annual meetings of the American Sociological Association would have observed that circa 1990 race scholars assumed an odd forensic pose. As they spoke from the

---

844   Michael Lind, "Mongrel America", *Transition* 0, 1996: 194–208, S. 194.
845   Vgl. die Diskussion im Dezember 1947 auf dem Treffen der American Sociological Society, wiedergegeben in Kapitel 3.2 in diesem Buch.

the podium, they would periodically raise both hands and wiggle two fingers. The reason is found in the opening sentence of *Whiteness of a Different Color:* "It has become customary among academics to set words like "race," "races," "Anglo-Saxon," or "Whiteness" in undermining quotation marks" (p. ix). The logic for bracketing all referents to race in quotation marks is perhaps self-evident. If races are not *real*, if they are not natural categories or rooted in biology, then why should social scientists employ the language of racism, and speak about race as though it were real?[846]

Der historische Blick auf den Begriff der Rasse zeigt, dass die Kopplung des Rassebegriffs an Afroamerikaner, wie er sich in der Soziologie und der amerikanischen Gesellschaft durchgesetzt hatte, keine altüberkommene Tradition aus der Zeit der Sklaverei ist, sondern dass sie sich erst seit den 1920er Jahren voll durchzusetzen begann. Vor dieser Zeit waren alle Gruppen Rassen – Amerikaner die "freiwillig" aus Europa geflüchtet waren ebenso, wie Amerikaner, die aus Afrika gewaltsam "entführt" worden waren.

Prominentes Beispiel der historischen Literatur zum Thema ist Matthew. F. Jacobson *Whiteness of a Different Color*[847], mit seiner Analyse zur Entstehung der Definition der Gruppe der Kaukasier. Dieses Buch ist Ausdruck einer langen Diskussion um Whiteness und was darunter zu verstehen sei, die Mitte der 1990er ihren Aufschwung nahm. Sie führte Kulturkritiker zur Feststellung, dass so etwas wie eine reine weiße Kultur oder „WASP-culture" in den USA nicht existiert, sondern dass auch die vermeintlich lilienweiße Kultur der Gründerväter mit nicht-angelsächsischen oder gar afroamerikanischen Elementen durchsetzt war. Aus heutiger soziologischer Sicht ist nur erstaunlich, dass sich darüber überhaupt jemand zu wundern vermochte. Die soziologische Literatur zu Whiteness, die unter dem Stichwort euroamerikanische Ethnizität geführt wurde, kam zu Beginn in der von Cultural Studies dominierten Diskussion kaum vor.[848] Andersherum waren auch soziologische Beiträge zu Beginn der 1990er eher ignorant gegenüber diesen neuen Entwicklungen.

Ein Blick in wichtige Lehrbücher der 1990er Jahre zeigt, dass sich an der grundsätzlichen Art und Weise Ethnizität und Rasse sowohl zu definieren, als auch zueinander zu relationieren in der Soziologie nichts geändert hat. Adalberto Aguirre und Jonathan H. Turner in *American Ethnicity*[849] sehen Rasse als Spezialfall von Ethnizität an und geben eine sehr weite Definition von Ethnizität:

> When a subpopulation of individuals reveals, or is perceived to reveal, shared historical experiences as well as unique organizational, behavioral, and cultural characteristics, it exhibits its ethnicity.[850]

---

846 Stephen Steinberg, "Review: Whiteness of a Different Color", *American Journal of Sociology* 105, 1999: 889–890, S. 889.
847 Siehe Jacobson, *Whiteness of a Different Color: European Immigrants and the Alchemy of Race*. Ein populäres Buch aus dieser Zeit ist sicher auch Noel Ignatiev, *How the Irish Became White*, New York, 1995.
848 Vgl. hierzu den Übersichtsartikel von Shelley Fisher Fishkin, "Interrogating 'Whiteness', Complicating 'Blackness': Remapping American Culture", *American Quarterly* 47, 1995: 428–466, die in ihrer langen Liste von Wissenschaften, aus denen sie Publikationen zum Thema zusammentrug, die Soziologie erst gar nicht nennt, auch wenn sich dann doch ein paar von Soziologen verfasste Werke eingeschlichen haben.
849 Das Buch ist 2001 in der dritten Auflage erschienen, wird hier aber nach der ersten Auflage zitiert: Adalberto Aguirre, Jr. und Jonathan H. Turner, *American Ethnicity: the Dynamics and Consequences of Discrimination*, New York, 1995.
850 Ibid., S. 2–3.

Inzwischen sind diese Definitionen hinlänglich bekannt, und dem Leser fällt sofort auf, dass sich die Definition nun, entgegen den Fortschritten in den 1980ern, wieder nur auf Minderheiten ("subpopulations") bezieht, aber ansonsten die typischen Elemente – gemeinsame Geschichte, gemeinsame Institutionen und spezifische Kultur – einschließt. Rasse zeigt dann zusätzlich zur gemeinsamen historischen Erfahrung, besonderen organisatorischen, verhaltensmäßigen und kulturellen Charakteristika auch sozial definierte, physische Merkmale.

Etwas anders gehen Feagin und Feagin in ihrem älteren Lehrbuch *Racial and Ethnic Relations* vor.[851] Hier werden Rasse und Ethnizität konzeptionell getrennt. Eine Rasse bezeichnet dabei eine Gruppe, die über tatsächliche oder vermutete physische Charakteristika als Inferior oder Superior angesehen wird.[852] Eine ethnische Gruppe bezeichnet, gemäß den Autoren, Menschen, die aufgrund kultureller Unterschiede oder einer spezifischen nationalen Herkunft als Gruppe gesehen werden. In dieser Definition ist wiederum die deutliche Verbindung von Ethnizität und Einwanderungsgruppen zu sehen, die auch von den Autoren angesprochen wird.[853] Diese Standpunkte standen sich schon 1947 in der soziologischen Diskussion gegenüber.[854] Die Diskussion um die Begrifflichkeit in den 1990ern hat aber insofern ihre Spuren hinterlassen, als sich die Autoren der Problematik ihrer Konzepte, insbesondere dessen der Rasse, bewusst sind. So bemerken Feagin und Feagin in ihrem Lehrbuch:

> More than a century of discussion of these concepts lies behind the voyage we have set out on here and in the following chapters. We must carefully think through the meaning of such terms as *race* and *racial group*, because such concepts have themselves been used in the shaping of ethnic and racial relations. ... Sometimes it is easy to consider words and concepts as harmless abstractions. However, some reflection on both recent and distant Western history exposes the lie in this naive view. The concept may not be "mightier than the sword," to adapt an old cliché, but it is indeed mighty.[855]

Gleichsam hinter dem Rücken der konstant bleibenden allgemeinen Definitionen wurden jedoch Ende der 1980er und Anfang der 1990er Jahre Fragen neu aufgeworfen. Zentral war dabei die Frage: Entsprechen die Zuordnungsregeln von Menschen zu Kollektiven, die Soziologen und Soziologinnen mit Rasse und Ethnizität verbinden, tatsächlich auch den Zuordnungsregeln der Akteure in ihren Alltagssituationen? In der Ausarbeitung der Differenz zwischen soziologischer und Alltagsperspektive wurden neue wichtige Erkenntnisse über Rasse und Ethnizität als Gruppenbezeichnungen gewonnen. Die 1990er sind also insofern eine wichtige Dekade für das sorgsame Nachdenken über Konzepte, als nun wieder

---

851 Das Buch erschien zuerst 1978 und ist gerade in der siebten Edition mit der Jahresangabe 2003 erschienen (das Buch war schon Juli 2002 auf dem Markt, amerikanische Verlage gehen aber zunehmend dazu über, die Copyrights für ein folgendes Jahr anzugeben; wohl damit das Buch länger einen "druckfrischen" Eindruck macht). Hier wird die Ausgabe Feagin und Feagin, *Racial and Ethnic Relations* von 1996 verwendet.
852 Als Beispiel werden Asian Americans, African Americans, Native Americans und Mexican Americans genannt. Die sich in den 1980ern abzeichnende Bewegung der Umdefinition von Amerikanern mexikanischer oder spanischer Herkunft zur Rasse hat sich hier also voll durchgesetzt.
853 Vgl. Feagin und Feagin, *Racial and Ethnic Relations*, S. 9 und 11.
854 Vgl. Kapitel 3.2 in diesem Buch.
855 Feagin und Feagin, *Racial and Ethnic Relations*, S. 26, Hervorhebung im Original.

stärker die Betonung auf die Differenz eines Konzeptes in der Wissenschaft und in der untersuchten Population gelegt wurde.

Was bedeutet Mitgliedschaft in einer ethnischen Gruppe?

Das Problem der erfolgreichen Reproduktion ethnischer Mitgliedschaft wurde zu Beginn der 1990er Jahre immer mehr zum Gegenstand soziologischer Forschungen in den USA. Zwei Beispiele, die euroamerikanische Ethnizität untersuchen, sind Mary Waters' *Ethnic Options* – eine Analyse, inspiriert durch das Antwortverhalten auf die Frage nach der ethnischen Herkunft im amerikanischen Zensus, und Richard Albas *Ethnic Identity: The Transformation of White America* – eine Untersuchung der kulturellen Inhalte von Ethnizität.

Die im Zensus 1980 erstmals erhobene Frage nach der ethnischen Herkunft warf aufgrund der zunehmenden Mischehen, insbesondere zwischen europäischen ethnischen Gruppen, ein interessantes Problem auf: Wenn so viele Menschen Abkömmlinge von Mischehen zwischen ethnischen Gruppen sind, warum gibt es nur wenige, die sich als Menschen mit gemischtem ethnischen Hintergrund bezeichnen? Eines der ersten Bücher, das sich diesem Problem widmete, war Waters' *Ethnic Options: Choosing Identities in America.*[856] In ihren Interviews mit sechzig Euroamerikanern aus den Vorstädten von Philadelphia und San Jose, Kalifornien, arbeitete Waters die Charakteristika der Ethnizität von Euroamerikanern heraus. Es zeigte sich, dass Ethnizität von Euroamerikanern etwas ist, das hohe eigene "Zuordnungsarbeit" erfordert:

> In the preceding pages we have seen case after case of people sorting and sifting among ethnic categories for their own identities and to decide about the identities of others. It is clear that for most of them ethnicity is not a very big part of their lives. But neither is it something that they give no thought or notice to. It is common in ordinary interactions for people to guess others' backgrounds based on surnames or physical appearance and to be asked by others about their own. Increasingly, though, intermarriage and the ethnic mixtures it brings about make generalizations based on surnames or physical appearance less and less reliable. As that happens, people have more and more latitude about how to self-identify and whether to do so in ethnic terms. Ethnicity is increasingly a matter of personal preference.[857]

Die Wahl besteht dabei zwischen verschiedenen Ethnizitäten und der Beschreibung einfach nur amerikanisch zu sein. Die Wahl der Ethnizität wird von den Befragten meist nicht als Wahlakt erlebt, sondern wird gleichsam als Ausdruck der Dominanz einer Abstammung gefühlt, die damit als ausschlaggebend für ethnische Mitgliedschaft gesehen wird. Die Entscheidung, in einer bestimmten Situation einfach nur amerikanisch zu sein und in einer anderen irisch-amerikanisch, wird hingegen von den Befragten auch als Wahlakt erlebt. Sie thematisieren explizit, dass je nach Situation das eine oder das andere angemessener sei. Ein weiteres wichtiges Ergebnis der Studie ist, dass viele der Interviewten zwar Ideen darüber haben, was z.B. speziell irische Ethnizität sein könnte, diese spezielle Kultur aber durchaus nicht notwendig ist für die subjektive Definition ethnischer Mitgliedschaft:

---

856 Siehe Mary C. Waters, *Ethnic Options: Choosing Identities in America*, Berkeley, 1990.
857 Ibid., S. 89.

> Sean O'Brien, who comes across as a "professional Irishman," also surprised me with his answer to this question [Do you think there's such a thing as an Irish-American character?]:
> A: Traits of Irish-Americans? I think there are no real traits. Irish-Americans are the same as anyone else when it comes to traits because of the generations. Like my kids are three or four generations removed and there are just like anybody else ... I don't see that you'll see the traits now in myself because we are too far removed. We are into the American way of living and not the old Irish way.
> Q: It is interesting that you say you would give an Irish person a second look and you have this affinity for other Irish people and then you don't really think there is anything different about Irish people.
> A: It is just the bloodline or something. They are ancestors come from the old country. That is enough.[858]

Es gibt wohl kaum eine klarere Möglichkeit einer offensichtlich erstaunten Interviewerin zu vermitteln, was schon Weber als zentralen Bestimmungsgrund von ethnischer Mitgliedschaft genannt hatte: den Blutsverwandtschaftsglauben. Ethnizität wie Rasse sind für alle Amerikaner etwas Authentisches, das über das Medium der Blutsverwandtschaft kommuniziert wird:

> Americans who have a symbolic ethnicity continue to think of ethnicity – as well as race – as being biologically rooted. They enjoy many choices themselves, but they continue to ascribe identities to others – especially those they can identify by skin color.[859]

Im Alltagsverständnis haben sowohl Ethnizität wie Rasse biologische Wurzeln. In ihrer Analyse euroamerikanischer Ethnizität arbeitet Waters gerade die Unterschiede von Rasse und Ethnizität heraus. Ein Unterschied liegt aber nicht im Blutsverwandtschaftsglauben – den hegen rassische Afroamerikaner genauso wie ethnische Euroamerikaner –, er liegt auch nicht in der Tatsache begründet, dass sich diese Blutsverwandtschaft auch im physischen Aussehen ausdrücken kann. Immerhin meinen die meisten Amerikaner, ethnische Zugehörigkeiten auch am Aussehen feststellen zu können. Unterschiede zwischen Rasse und Ethnizität sieht Waters dagegen zum einen in der situativen Verwendbarkeit, zum anderen in den mit Rasse und Ethnizität verbundenen Möglichkeitsstrukturen:

(1) Abkömmlinge europäischer Einwanderer können gleichsam zwischen ethnischer Zugehörigkeit und dem allgemeinen Amerikanisch-Sein hin- und herschalten, während Afroamerikaner sozial definiert immer Afroamerikaner bleiben. Um es in amerikanischen Stereotypen auszudrücken: Während eine jüdische Hakennase sowohl jüdisch als auch amerikanisch sein kann, ist eine breite afrikanische Nase immer nur afroamerikanisch.

(2) Neben dieser Situationslogik ethnischer und rassischer Zuschreibung gibt es auch noch einen wichtigen Unterschied in der Möglichkeitsstruktur zwischen Rasse und Ethnizität: Das Mitglied einer ethnischen Gruppe fühlt zwar seine ethnische Zugehörigkeit als authentisch, aber durch die vielen Mischehen stehen strukturell immer verschiedene Optionen authentischer Mitgliedschaft offen. Die Nichteindeutigkeit der Zuordnung ist damit immer eine Möglichkeit, etwaige Konflikte aufzulösen. Diese Möglichkeit besteht für Afroamerikaner nicht. Natürlich ist es praktisch jedem Afroamerikaner ohne weiteres möglich, einen Angehörigen einer anderen ethnischen Gruppe in seinem Stammbaum zu finden,

---

858 Ibid., S. 145.
859 Ibid., S. 167.

aber aufgrund der "one-drop rule" ist dieser Vorfahre kein legitimer Ankerpunkt für die eigene Gruppenzugehörigkeit.

Die Wahl der ethnischen bzw. rassischen Mitgliedschaft ist also für Afroamerikaner doppelt eingeschränkt, sie können weder situational zum "einfachen Amerikaner" werden, noch steht ihnen strukturell der Ausweg in eine andere ethnische Großgruppe offen. Das wichtigste Missverständnis zwischen Afroamerikanern und Euroamerikanern liegt darin, dass Euroamerikaner diesen Unterschied nicht sehen und damit unterstellen, die afroamerikanische Rasse würde situational und strukturell einer ähnlichen Logik gehorchen wie Ethnizität:

> [A]side from all of the positive, amusing, and creative aspects to this celebration of roots and ethnicity, there is a subtle way in which this ethnicity has consequences for American race relations. After all, in much of this discussion the implicit and sometimes explicit comparison for this symbolic ethnicity has been the social reality of racial and ethnic identities of America's minority groups. For the ways in which ethnicity is flexible and symbolic and voluntary for white middle-class Americans are the very ways in which it is not so for non-white and Hispanic Americans.[860]

Neben diesen Spezifika der Mitgliedschaftsbestimmung in Bezug auf euroamerikanische Ethnizität ist diese Form der Ethnizität auch noch durch ihre spezifische Ausübung gekennzeichnet. Eine im gleichen Jahr wie die von Waters erschienene Studie zu diesem Thema ist Albas *Ethnic Identity: The Transformation of White America*.[861] In seiner Analyse von 524 Interviews von zufällig ausgewählten Befragten aus dem städtischen Gebiet Albany-Schenectady-Troy in New York, praktischerweise also direkt in der Nähe der State University of New York, an der Alba zu dieser Zeit lehrte, versucht auch Alba euroamerikanische Ethnizität zu beschreiben. In seiner Definition von Ethnizität nennt er drei Aspekte:

> Nevertheless, the persistence of superficially distinct ethnic identities under the umbrella of a European-American group can be understood in terms of three general aspects of an ethnic group. The first is that an ethnic group defines itself in part in terms of an account of its history, an account which typically has both factual and moral dimensions. ... Closely related to this sense of history is the second aspect, the inextricable linkage between ethnic membership and social honor. ... The third aspect is the role of the ethnic group as a carrier of "interests," economic or political, which the members of an ethnic group lay claim to or defend.[862]

Ethnizität umschreibt also eine historische Schicksalsgemeinschaft, die verbunden wird mit einer gemeinsamen ethnischen Ehre und die als Basis der Artikulation von politischen und ökonomischen Interessen dienen kann. Ausgehend von dieser Definition beschreibt Alba nun Ausübungsformen ethnischer Mitgliedschaft. Dabei ist die permanente Thematisierung dieser ethnischen Zugehörigkeit auch bei geringerer Bedeutung für aktuelles Handeln von grundlegender Relevanz. Wie wichtig der kommunikative Aspekt gerade innerhalb europäischer ethnischer Gruppen ist, zeigt sich für Alba in der Bedeutung, die die Befragten einzelnen Tätigkeiten zumessen: Gefragt nach den Handlungen, in denen ihre Ethnizität ihnen bewusst wird, wurde an zweiter Stelle – nach ethnischen Mahlzeiten – das Reden über

---

860 Ibid., S. 156.
861 Siehe Alba, *Ethnic Identity*. Zum Untersuchungsdesign vgl. S. 321–326.
862 Ibid., S. 313.

ethnische Zugehörigkeit mit anderen genannt, fast gleichauf an dritter Stelle wurde das Gefühl genannt, neugierig auf die Ethnizität eines anderen zu sein.[863] Neben typischen Mahlzeiten ist also das "Darüber-Reden" und das "Andere-Einordnen" zentral für das "Ausleben" europäischer Ethnizität.

Des Weiteren schließt Alba aus seinen Daten, dass "Euroamerikaner" inzwischen keine Sammelbezeichnung für verschiedene ethnische Gruppen mehr ist, sondern selbst schon ethnischen Charakter angenommen habe. Dieser Punkt wurde in einigen Besprechungen als problematisch befunden. So schreibt Andrew Greeley:

> Yet, quite independent of data, one would be permitted to be skeptical of any model that lumps 80 percent of the population into a single ethnic group. Moreover, while one may encounter self-professed European Americans on some university campuses, there are not many of them walking the streets of America's cities.[864]

Es mag also zweifelhaft sein, ob euroamerikanisch eine sinnvolle Kategorisierung im Sinne einer ethnischen Gruppe ist. Die zunehmende Leichtigkeit, zwischen einer amerikanischen bzw. verschiedenen spezifischen europäischen Ethnizitäten hin- und herzuspringen, ist aber unbestritten. Diese Zunahme situationaler Wahlmöglichkeiten sollte aber nicht mit der Bedeutungslosigkeit von Ethnizität verwechselt werden. Beide Untersuchungen stellen fest, dass Ethnizität Spaß und eine Bereicherung des Lebens für Euroamerikaner sein kann; sie ist aber auch eine Ressource, um Kontakte mit Menschen zu knüpfen, Informationen auszutauschen und in Netzwerke einzutreten.

Die Gruppe der zu Beginn der 1990er neu erschienenen Bücher zu Ethnizität zeigt darüber hinaus auch eine erneute Wende hin zum Assimilationismus. Diesen Aspekt fasst Charles Hirschmann am Ende einer Sammelbesprechung in *Contemporary Sociology* zusammen:

> After reading these books, especially those of Alba and Waters, I believe that the assimilation theory may have been dismissed prematurely. No, I am not arguing for the race relations cycle of Robert Park, much less the straight-line assimilation theory that only exists in the minds of the critics of the assimilation model. But over the course of the twentieth century, within the space of three or four generations, the very real ethnic differences of European immigrants seem to have survived only for a small fraction of their descendants. For the rest, "symbolic ethnicity" (the term is from Gans 1979) is all that is left. Clearly the situation of racial minorities is quite a different story. Ninety years ago, W.E.B. Du Bois wrote that the problem of the twentieth century was the color line. With only ten years left in the century, the question of race remains unexplained and unresolved. Assimilation theory is not sufficient.[865]

Während also für Euroamerikaner – ungeachtet des "ethnic revival" in den 1970ern – Assimilationsmodelle wieder für sinnvoll erachtet werden, ist Rasse das eigentliche "Problem", für das es keine Lösung gibt. Fast schon unnötig zu bemerken, wie diese Worte den fünfzig Jahre alten Schlussworten von Warner und Sroles *The Systems of American Ethnic*

---

863 Vgl. ibid., S. 79.
864 Andrew M. Greeley, "Review: Ethnic Identity", *Political Science Quarterly* 106, 1991: 754–756, S. 755.
865 Charles Hirschman, "What Happened to the White Ethnics?", *Contemporary Sociology* 20, 1991: 180–183, S. 183.

Groups gleichen.[866] Die logische Verknüpfung des Ethnizitätsbegriffs in der amerikanischen Soziologie mit der tatsächlichen Angleichung der europäischen Einwanderungsgruppen führte nach zwanzig Jahren der Betonung von Differenz unter dem Schlagwort des Multikulturalismus wieder zu zarten Versuchen der Rehabilitierung des Assimilationsbegriffs, der aber eben für Afroamerikaner als Rasse nicht zutrifft.

Damit lag es nahe zu fragen, warum der Assimilationsbegriff für die Rasse der Afroamerikaner so unpassend erscheint.

Wer ist Schwarz?

Während unter der Ethnizitätsperspektive Wahloptionen in der amerikanischen Gesellschaft analysiert werden, richtet die Rassenperspektive den Blick auf die Frage, warum diese Optionen für bestimmte Gruppen nicht vorhanden sind. Dass die biologische Vermischung von Rassen nicht automatisch zu mehr Wahlfreiheit für den Einzelnen führt, beschreibt besonders eindrücklich Davis in *Who is Black?*.[867] Er rekonstruiert die Geschichte der bekannten "one-drop rule" – also jener Regel, die besagt, schon "ein Tropfen schwarzen Blutes" genüge, um einen Menschen als Afroamerikaner zu bestimmen. Aufgestellt von weißen Amerikanern, um die Sklaverei zu stabilisieren, wurde dieses Prinzip später während des Jim-Crow-Systems verallgemeinert und setzte sich in den 1930ern auch im Zensus durch. Nach dem Zweiten Weltkrieg wurde sie von Afroamerikanern selbst eingesetzt, um das Bewusstsein einer Gemeinschaft zu generieren, die den politischen Kampf um Emanzipation aufnehmen wollte.

Bei allen – auch positiven – Folgen hat die "one-drop rule" jedoch eine nachhaltige einschränkende Wirkung: Die stark verflüssigte Natur der biologischen Mitgliedschaften in den USA lässt sich nicht mehr symbolisch repräsentieren. Heutzutage hat die überwiegende Mehrheit von Afroamerikanern auch weiße Vorfahren, aber die "one-drop rule" hindert sie daran zu wählen, welche rassisch-ethnische Identität sie annehmen wollen, sondern sie sind gezwungen afroamerikanisch zu sein. Niemand war zum Beispiel überrascht, dass Alex Haley in seinem berühmten Buch *Roots* nach seinen afrikanischen Wurzeln und nicht nach seinen irischen Wurzeln suchte.[868] Während also gemischte Ehen oder generell jede biologische Mischung zwischen verschiedenen rassischen oder ethnischen Gruppen Abkömmlinge produziert, die zumindest über die Generationen hinweg zunehmend freier werden, zwischen verschiedenen rassischen bzw. ethnischen Identitäten zu wählen, wird jeder Abkömmling einer Mischung mit Afroamerikanern selbst wieder Afroamerikaner. Ja mehr noch, Afroamerikaner mit besonders heller Haut fühlen sich oftmals kompensatorisch verpflichtet, eine besonders starke ethnische Identifikation mit der afroamerikanischen Gemeinschaft an den Tag zu legen. Die "one-drop rule" als Zuordnungsregel führt also zur Stabilisierung ethnischer bzw. rassischer Grenzen, während eine implizite "mixed blood rule" bei Euroamerikanern, Asiaten und American Natives neue Wahlmöglichkeiten eröffnet. Die Untersuchungen von Waters weisen darauf hin, dass die "mixed blood rule" für Hispanics nicht immer angewandt wird.

---

866 Vgl. Warner und Srole, *The Social Systems of American Ethnic Groups*, S. 295–296.
867 Siehe Davis, *Who Is Black? One Nation's Definition*.
868 Vgl. hierzu Kapitel 6 in ibid.

Somit ist der Rassebegriff in der amerikanischen Gesellschaft selbst intern differenziert: Es gibt Rassen, mit denen eine Mischung möglich ist (etwa American Natives oder Asiaten), es gibt eine Rasse, bei der keine Mischungen entstehen können (Afroamerikaner), und es gibt Doppelanwendungen von "one-drop rule" und "mixed blood rule" (wie bei Hispanics). Diese Differenzierung entspricht zugleich der Stufenfolge von Assimilierbarkeit von Rassen und ethnischen Gruppen: Während Hispanics noch teilweise die Chance zur Assimilation haben, können Afroamerikaner per definitionem nicht assimiliert werden – egal wie spärlich die Spuren afroamerikanischer Herkunft auch sein mögen, sie führen immer dazu, dass der Betreffende notwendig Afroamerikaner ist. Vice versa hat dies – in fast schon ironischer Weise – zur logischen Konsequenz, dass die Gruppe der Afroamerikaner tendenziell jede andere mit geringstem genetischem Aufwand "einschwärzen", also assimilieren kann.

Wie biologisch sind Rassen?

In einer Gesellschaft, in der Blutsverwandtschaften permanent thematisiert werden, ist Vererbung natürlich immer ein hoch emotionales Thema. Nur so ist die große Aufgeregtheit zu erklären, die Veröffentlichungen zur Vererbung in den USA oft erzeugen. Verwunderlich ist dabei, dass es relativ wenige weltweite Untersuchungen über Rassen und genetische Unterschiede gibt. Darüber hinaus werden die Ergebnisse der Genetik auch kaum von Soziologen wahrgenommen, so dass oft eine erstaunliche Sprachlosigkeit hinsichtlich biologischer Argumente für oder gegen den Rassismus besteht.[869]

In einem neueren zusammenfassenden Aufsatz über genetische Untersuchungen zu Rassendifferenzen versucht Guido Barbujani[870] die alte Frage von Franz Boas nach der Streuung von Genen innerhalb und zwischen rassischen Gruppen neu zu beantworten.

Eine Sichtung der Nachkriegsstudien zu Differenzen in der DNA weist laut Barbujani darauf hin, dass etwa 85 % der Variation innerhalb von Gruppen liegt, also Werte, die erstaunlich wenig von den Vermutungen Boas' abweichen.[871] Aber selbst bei den verbleibenden 15 % Zwischengruppenvarianz bleibt fraglich, wie diese einzuschätzen ist. Zunächst weist der Autor auf zwei grundlegende Probleme hin:

(1) Aus biologischer Sicht spricht nichts dafür, dass unterschiedliche Merkmale, selbst wenn sie genetisch bedingt sind, gemeinsam variieren bzw. regelmäßig gemeinsam auftreten. Schon bei "einfachen" Merkmalen wie Hautfarbe und Haartextur geschieht dies nicht,[872] bei komplexeren (polygenetischen) Merkmalen wie Intelligenz und Musikalität ist dies noch weniger zu erwarten.

(2) Jede menschliche Population unterscheidet sich genetisch – auch wenn der Mensch gegenüber anderen Säugetieren eine erstaunliche genetische Homogenität aufweist; misst man diese Unterschiede in genügend hoher Fallzahl, so werden sie signifikant. Nimmt man

---

869 Eine immer wieder geäußerte Beschwerde in dem Klassiker Montagu, *Man's Most Dangerous Myth: The Fallacy of Race*.
870 Siehe Guido Barbujani, "Race: Genetic Aspects", in *International Encyclopedia of the Social & Behavioral Sciences*, hrsg. von Neil J. Smelser, 12694–12700. Amsterdam, 2001.
871 Vgl. ibid., S. 12697.
872 Wichtigstes Beispiel in der amerikanischen Gesellschaft ist ein Teil der indischen Einwanderer, die zwar "afrikanisch" dunkle Haut haben, aber "europäische" Gesichts- und Schädelformen.

also nur statistisch signifikante genetische Unterschiede als Maßstab für Rasse, so müsste man vermutlich jedes Dorf zur Rasse erklären.

Schon aus diesen einfachen genetischen Überlegungen heraus zeigt sich, dass es wenig sinnvoll scheint, Rassen zu definieren.

Aber auch wenn man den umgekehrten Weg geht und sozial definierte Rassenmerkmale zum Ausgangspunkt nimmt, tauchen Probleme auf: Bei Merkmalen wie Augenform, Hautfarbe und Haartextur sind deren genetische Grundlagen noch nicht bestimmt, und selbst wenn dies eines Tages gelungen sein wird, wird es sehr wahrscheinlich immer noch nicht möglich sein, daraus Rassen zu bestimmen:

> First, ... centuries of studies of the phenotypes determined by those genes have not led to a consensus on the existing human races; whether and how a better knowledge of the underlying genes may clarify this picture is not obvious. Second, groups sharing traits typically used for racial classification, such as Melanesians and Africans, have been shown to be very distant genetically, both at the protein and at the DNA level. Third, morphological traits are determined by the interaction between several genes and environmental factors. Theory shows that this polygenetic and multifactorial inheritance results in a [sic!] continues distributions of traits, that is, the distributions which are less likely to show the sharp discontinuities necessary to discriminate among groups.[873]

All diese Überlegungen sind übrigens unabhängig davon, ob und in welchem Maß Merkmale beim Menschen tatsächlich erblich sind oder nicht. Die Verbindung zwischen der Forschung über Erblichkeit von Intelligenz ist zwar historisch mit der wissenschaftlichen Idee von Rassen verbunden, ist aber logisch davon unabhängig. Die oben genannten Überlegungen zeigen, dass auch im extremen Fall fast vollständiger Erblichkeit eines Merkmales, dies keinerlei Basis für irgendwelche Rassenlehren bildet.

Doch solche biologischen Überlegungen sind in der amerikanischen Öffentlichkeit wie in der Soziologie anscheinend weitgehend unbekannt oder werden als irrelevant empfunden. Konfusionen und Unklarheiten in Bezug auf den Rassebegriff und Vererbung werden aber von allen Beteiligten wahrgenommen. Dies bemerkt auch Howard Winant in einem zusammenfassenden Artikel zu "race theory" im Jahr 2000:

> As the world lurches forward into the twenty-first century, widespread confusion and anxiety exist about the political significance and even the meaning, of race. This uncertain situation extends into the field of sociology, which has since its founding devoted great attention to racial themes.[874]

In der Soziologie wird der Rassebegriff oft über (sozial definierte) physische Merkmale bestimmt, dabei scheint nicht immer ganz klar, ob diese Merkmale nicht auch eine "objektive" Blutsverwandtschaft nahe legen. Gerade diese Unsicherheit in der Definition ist immer wieder ein Einfallstor für Ängste, dass der wissenschaftliche Rassismus wieder aufleben könnte.

Eine in dieser Unsicherheit begründete extensive Diskussion über Intelligenz und Rasse sowohl in der amerikanischen Soziologie als auch in der Öffentlichkeit löste das Buch

---

873 Barbujani, "Race: Genetic Aspects", S. 12699.
874 Winant, "Race and Race Theory", S. 169.

von Richard J. Herrnstein und Charles Murray *The Bell Curve*[875] aus. Wie schon der Untertitel des Buches – Intelligenz und Klassenstruktur – nahe legt, fokussiert das Buch nicht auf die Unterschiede der kognitiven Fähigkeiten zwischen Afroamerikanern und Euroamerikanern. Zwar wird die Variable "Rasse" oft verwendet – wie in praktisch jeder Untersuchung über Amerikaner – und auch Aussagen über das relativ schlechte Abschneiden von Afroamerikanern finden sich an vielen Stellen. Im Mittelpunkt des Buches stehen jedoch weit mehr die Abkömmlinge der zahlenmäßig viel stärkeren weißen Unterschicht, die in ihren durchschnittlichen kognitiven Fähigkeiten stark zurückgeblieben seien. Für alle Gruppen wird eine Erblichkeit von Intelligenz angenommen, die irgendwo zwischen 40 % und 80 % liegen soll[876] – eine Annahme, die zwar von manchen Intelligenzforschern bestritten wird, aber durchaus nicht ungewöhnlich für das Feld ist. In ihrer Befürchtung, dass sich aufgrund der hohen Fertilitätsrate von Frauen der Unterschicht die durchschnittlichen kognitiven Fähigkeiten Amerikas abschwächen könnten, reproduzieren die Autoren ein eugenisch-kulturpessimistisches Argument, das zwar empirisch in der Geschichte oft mit Rassismus einherging, diesen aber nicht zwangsläufig implizierte.[877] Dass aufgrund der höheren Fertilitätsraten von vermeintlich oder tatsächlich weniger intelligenten Bevölkerungsgruppen die gesamte Durchschnittsintelligenz einer Gesellschaft sinkt, ist eine immer wieder geäußerte Vermutung. Sie ist zum einen empirisch falsch, da in Untersuchungen in modernen Industriestaaten immer wieder festgestellt wird, dass die durchschnittliche Intelligenz seit Beginn der Messungen steigt.[878] Zum anderen lässt sich logisch ableiten, dass solange Eltern sowohl weniger intelligente als auch hin und wieder intelligente Kinder zur Welt bringen (die Erblichkeit von Intelligenz also nicht bei 100 % liegt) die Durchschnittsintelligenz im ungünstigsten Fall stabil bleibt.[879]

Das aus der Eugenik stammende Hauptargument von Herrnstein und Murray über den Niedergang der amerikanischen Intelligenz war jedoch kaum Gegenstand der Diskussion.

---

875 Siehe Herrnstein und Murray, *The Bell Curve: Intelligence and Class Structure in American Life*. Eine gelungene Zusammenfassung der Argumente dieser öffentlichen Diskussion ist sicherlich das Kapitel *For Whom the Bell Curves* aus Patterson, *The Ordeal of Integration: Progress and Resentment in America's "Racial" Crisis*, S. 125–145.
876 Vgl. Herrnstein und Murray, *The Bell Curve: Intelligence and Class Structure in American Life*, S. 23.
877 Die Annahme, dass bestimmte soziale Schichten genetisch schwächer ausgestattet sind, impliziert nicht, dass Menschen mit unterschiedlicher Hautpigmentierung dieses auch sind. Tatsächlich sind die Autoren hier in ihren Formulierungen sehr zurückhaltend. Ibid., S. 562ff.
878 Vgl. Patterson, The Ordeal of Integration: Progress and Resentment in America's "Racial" Crisis, S. 128ff.
879 Hierzu ein einfaches Gedankenexperiment: Nehmen wir eine Gesellschaft an, in der 40 % der Kinder von Bauern selbst wiederum Bauern werden, hingegen Kinder von Nicht-Bauern nur zu 20 % den Beruf des Bauern ergreifen. Auch wenn hier von Generation zu Generation nur mit jeweils geringerer Wahrscheinlichkeit ein Bauer in der Familie "generiert" wird, so ist doch intuitiv klar, dass Bauern nie ganz aussterben werden. Immer werden mindestens 40 % der einen Gruppe und 20 % der anderen Gruppe erneut zu Bauern werden, was dann einen konstanten Bauernstand von 25 % bedeutet. Dies ändert sich auch nicht, wenn wir, um das Argument von Herrnstein und Murray genau abzubilden, noch zusätzlich davon ausgehen, dass Nicht-Bauern im Durchschnitt zehn Kinder pro Ehepaar bekommen, während Bauernpaare nur zwei Kinder bekommen. Auch bei diesen ungewöhnlich unterschiedlichen Fertilitätsraten kann unsere kleine vorgestellte Gesellschaft immer noch auf eine Gruppe von ca. 21 % Bauern zurückgreifen. Sogar im Falle der Eliminierung aller Bauern in dieser Gesellschaft wird schon in der nächsten Generation wieder eine Gruppe von 20 % Bauern zur Verfügung stehen. Für dieses Beispiel eines Markovprozesses vgl. David Lam, "Comment on Preston and Campbell's 'Differential Fertility and the Distribution of Traits'", *American Journal of Sociology* 98, 1993: 1033–1039, S.1034f. Zum generellen Versuch einer mathematischen Modellierung vgl. Samuel H. Preston und Cameron Campbell, "Differential Fertility and the Distribution of Traits", *American Journal of Sociology* 98, 1993: 997–1019.

Das Buch wurde hauptsächlich im Kontext tatsächlicher oder unterstellter rassischer Ideen in der amerikanischen Soziologie und Öffentlichkeit diskutiert. Dies sagt wiederum einiges über den Zustand des öffentlichen Diskurses in den USA aus, denn abgesehen davon, dass Herrnsteins und Murrays Schlussfolgerungen problematisch sind: Warum ist es denn so skandalös, dass eine Gruppe weniger intelligent ist als eine andere? Und dies auch noch gemäß einem nicht unumstrittenen psychologischen Testverfahren. Vergleichende nationale Studien zeigen z.B., dass der Durchschnittsbürger von Georgia und Tennessee den durchschnittlichen Intelligenzquotienten erheblich unterschreitet[880], doch diese Tatsache lässt die amerikanische Öffentlichkeit völlig kalt. Ebenso sind Intelligenzquotienten alter Menschen systematisch geringer als bei jungen – ein Fakt, der von freundlichen Testautoren inzwischen durch das schlichte Hinzuaddieren von Testpunkten korrigiert wird.

Der Unterschied zu Afroamerikanern – ein historischer und ein aktueller – ist natürlich nur zu offensichtlich. Historisch wurden Afroamerikaner lange Zeit in der amerikanischen Geschichte von der vollen Teilhabe an der Gesellschaft mit genau diesen Argumenten ausgeschlossen. Gerade weil Afroamerikanern mit dem Argument, sie seien weniger intelligent als Weiße, die Bürgerrechte versagt wurden, ist es so problematisch, heute von einem niedrigeren Intelligenzquotienten bei Afroamerikanern zu sprechen. Darüber hinaus gelten aber auch heute noch Afroamerikaner als nicht integriert; wie auch die immer noch bestehende "one-drop rule" zeigt, ist im biologischen Mitgliedschaftsglauben der amerikanischen Gesellschaft immer noch fest verwurzelt, dass Afroamerikaner ein abgetrenntes Segment bilden, das die Vollmitgliedschaft in der amerikanischen Gesellschaft noch nicht erreicht hat.

Der Durchgang durch die Untersuchungen zur Definition von Mitgliedschaft hat gezeigt, dass Blutsverwandtschaftsglaube zentrales Merkmal sowohl ethnischer als auch rassischer Mitgliedschaft ist. So wie Waters, ausgehend vom Begriff der Ethnizität, die zunehmende Verflüssigung von Gruppengrenzen analysierte, hat auf der anderen Seite Davis, ausgehend vom Begriff der Rasse, die Ultrastabilität von spezifischen Gruppengrenzen herausgestellt; dies allerdings mit dem Verweis darauf, wie die zunehmende Auflösung der "one-drop rule" zu neuen Formen von "Mischlingen" führte.[881] In der sozialen Konstruktion biologischer Mitgliedschaft in Bezug auf Afroamerikaner zeigt sich, dass wohl für die meisten Amerikaner gleich welcher Hautfarbe, die Annahme von Warner über die Un-Assimilierbarkeit von Afroamerikanern im Grunde genommen immer noch gilt: sei es aufgrund biologischer Inferioritätsvorstellungen oder aufgrund von Zuordnungsregeln wie der "one-drop rule" – Assimilation ist per Definition ausgeschlossen.

Diese Mitgliedschaftsinterpretationen machen auch verständlich, warum mit Vererbung argumentierende Bücher in der US-amerikanischen Öffentlichkeit ein oft so aufgeregtes Echo finden, denn sie verweisen implizit auf die problematischen Seiten des vorherrschenden, weitgehend auf biologistischen Interpretationen fußenden Mitgliedschaftsglaubens. In dieser Hinsicht ist die amerikanische Gesellschaft vermutlich keine rassistische, sondern eine rassische, d.h. eine Gesellschaft, die bis in die letzten Winkel durch rassische Differenzierungen geprägt ist. Dieser Aspekt beschäftigt uns im nächsten Abschnitt über die Dimensionen rassischer und ethnischer Ungleichheit weiter.

---

880 Vgl. Patterson, *The Ordeal of Integration: Progress and Resentment in America's "Racial" Crisis*, S. 137.
881 Eine schöne Textsammlung mit ganz ähnlicher Perspektive ist Joan Ferrante und Prince Brown, Jr. (Hg.), *The Social Construction of Race and Ethnicity in the United States*, New York, 1998.

5.2.2   Die immerwährende Ungleichheit von rassischen und ethnischen Gruppen

Im Jahre 1992 erschien das Buch *Two Nations: Black and White, Separate, Hostile, Unequal,*[882] dessen Titel der Politologe Andrew Hacker im Anschluss an den Kerner-Report von 1968 wählte. Was dort nur eine Befürchtung für die Zukunft der amerikanischen Gesellschaft war, war für Hacker nun Realität geworden. Dieses Buch resümiert in gewisser Weise die Entwicklung der 1970er und 1980er Jahre, die von vielen Intellektuellen, so auch von Soziologen, als verlorene Zeit für die "race relations" wahrgenommen wurden. Durch die zunehmende Prosperität Ende der 1990er, aber auch die Tendenz vieler wissenschaftlicher Werke, immer längere Zeiträume, etwa Entwicklungstrends seit den 1960ern, in den Blick zu nehmen, werden auch die Beschreibungen der Entwicklung rassischer und ethnischer Gruppen in der amerikanischen Soziologie wieder etwas ausgewogener.

Immigranten und die Ökonomie

Eines der erfolgreichsten Bücher in der Soziologie zu Immigrantengruppen dieser Phase war Alejandro Portes und Rubén G. Rumbauts *Immigrant America: A Portrait* aus dem Jahre 1990. In dem Werk beschäftigen sich die Autoren in geradezu klassischer Weise mit verschiedenen Bereichen der Ungleichheit: von der regionalen Verteilung bis zu Sprachen. Es wurde geschrieben zu einer Zeit, als Anti-Immigrationsgefühle in den USA hoch kochten, viele Passagen des Buches versuchen hiergegen anzugehen:

> Overall, immigration has been and will continue to be positive for the country both in terms of filling labor needs at different levels of the economy and, more important, injecting into society the energies, ambitions, and skills of positively selected groups. Qualifications exist, and we discuss them. But in our view, they do not detract from this general assessment.[883]

Wichtig an dem Ansatz des Buches ist, dass Immigranten nicht nach Ethnizitätskriterien sondern hinsichtlich ihrer Humankapitaleigenschaften in Kategorien aufgeteilt werden: "labor migrants", "professional migrants", "entrepreneurial immigrants" und Flüchtlinge. Diese Immigrantengruppen werden in Bezug zur ökonomischen Situation analysiert. Die Interaktion beider bestimmen die jeweils verschiedenen "modes of incorporation":[884]

> The basic idea is simple: Individuals with similar background skills may be channeled toward very different positions in the stratification system, depending on the type of community and labor market in which they become incorporated. This process can help explain differences in occupation, business ownership, and income among immigrants who are statistically "equal" in a host of individual characteristics.[885]

---

882   Siehe Hacker, *Two Nations: Black and White, Separate, Hostile, Unequal.*
883   Portes und Rumbaut, *Immigrant America,* S. 26.
884   Das Konzept der "modes of incorporation" taucht schon in den 1960ern in der Ethnologie auf, vgl. Smith in Leo Kuper und M. G. Smith (Hg.), *Pluralism in Africa,* Berkeley, 1969, S. 5. Diese Perspektive setzte sich dann in den 1990ern auch in der international vergleichenden Literatur fort, allerdings oft mit leicht veränderter Terminologie und etwas breiterer Perspektive, vgl. etwa Rainer Münz und Peter H. Schuck, *Paths to Inclusion: The Integration of Migrants in the United States and Germany,* New York, 1997.
885   Portes und Rumbaut, *Immigrant America,* S. 85.

Erst im Prozess der Inkorporation, der innerhalb der USA abläuft, werden dann aus "immigrants" "ethnics". Prozesse der Entstehung einer amerikanischen ethnischen Gruppe resultieren danach also aus den Strukturbedingungen, die von den Immigranten vorgefunden werden; insofern erscheinen die primären Dimensionen der Ungleichheit in der Interaktion zwischen Immigrantengruppen und Ökonomie. In gewisser Weise liefert das Buch von Portes und Rumbaut die Gegenthese zu Borjas *Friends or Strangers: The Impact of Immigrants on the U.S. Economy*,[886] in dem festgestellt wird, dass der entscheidende Grund für die Integrationsprobleme die sinkende "Qualität" der Einwanderer sei. Hier wird also ein stärkeres Gewicht auf die Eigenschaften der ankommenden Migranten gelegt.

Insgesamt waren die 1990er Jahre eine Zeit, in der auch in der Soziologie die ökonomischen Rahmenbedingungen von Immigrantengruppen wieder stärker thematisiert wurden. Schon vorbereitet in den 1980er Jahren, rückte damit auch wieder das Konzept der ethnischen Enklave in den Vordergrund. Ethnischen Enklaven wurde dabei, schon wie in den Untersuchungen Chicagos vor dem Zweiten Weltkrieg, eine Pufferfunktion zugeschrieben und als Chance zur ökonomischen und kulturellen Anpassung in den USA gewertet. So sind ethnische Enklaven einer der wichtigsten Stützpunkte für Kleinunternehmer.[887]

Eine Frage der Kultur?

Während die Soziologie in den 1990er Jahren hinsichtlich der relevanten Dimensionen der Ungleichheit zwischen verschiedenen rassischen und ethnischen Gruppen sozialstrukturelle – insbesondere ökonomische – Gründe analysierte, weist der Ökonom Thomas Sowell mit seinem Buch *Race and Culture: A World View* der Kultur die zentrale Rolle zur Erklärung von Ungleichheiten zu.[888] Die von Sowell eingenommene Perspektive ist gleichsam das Spiegelbild eines Teils der soziologischen Literatur zu dieser Zeit. Im Unterschied zu vielen soziologischen Werken, die sich der spezifischen Situation der Benachteiligung von ethnischen und rassischen Gruppen in den USA unter dem Gesichtspunkt der in den jeweiligen historischen Phasen gegebenen sozialstrukturellen Muster widmen, versucht Sowell, den allgemeinen Erfolg einiger weniger ethnischer und rassischer Gruppen auf der gesamten Welt durch die dieser Gruppe eigenen kulturellen Merkmale – fast unabhängig von spezifischen historischen Gegebenheiten – zu erklären.[889] Das Buch zeigt dabei verschiedene Stärken: zum einen die umfassende und kenntnisreiche Diskussion der Situation verschiedener "middleman minorities" (wie Juden oder Libanesen) in verschiedenen Ländern – insbesondere im Hinblick auf viele Vorteile und Unterstellungen, die diese Minderheiten in der jeweiligen Gastgesellschaft zu ertragen haben – und zum anderen werden die ökonomischen Vorteile von Migration für diese Gastgesellschaften herausgearbeitet.

---

886 Siehe George J. Borjas, Friends or Strangers: *The Impact of Immigrants on the U.S. Economy*, New York, 1990.
887 Vgl. Waters und Eschenbach, "Immigration and Ethnic and Racial Inequality in the United States", S. 437ff.
888 Siehe Thomas Sowell, *Race and Culture: A World View*, New York, 1994.
889 Zu einer soziologischen Einordnung vgl. Anne Wortham, "Review: Race and Culture", *Contemporary Sociology* 24, 1995: 589–591. Als eine allgemeine, aber sehr anregend zu lesende Besprechung siehe Anthony K. Appiah, "The Color of Money", *Transition* 0, 1995: 66–90. Beide Besprechungen sind übrigens ausgewogen und sehr wohlwollend und entsprechen in keinster Weise dem Typus vorurteilsbeladener Sozialwissenschaften, von denen sich Sowell in fast paranoider Weise verfolgt fühlt.

Problematisch dagegen sind zwei Aspekte des Buches: die Verwendung des Begriffs Rasse sowie das – oft gegen die eigenen dargestellten Fakten laufende – Insistieren des Autors darauf, dass nur kulturelle Faktoren entscheidend für das Schicksal einer Gruppe seien. Schon im Vorwort[890] geht der Autor auf das Problem der Begrifflichkeit ein und kündigt an, den Begriff Rasse nur in einem ganz allgemeinen Sinne zu verwenden, als Bezeichnung für ethnische Gruppen verschiedenster Art, seien sie gekennzeichnet durch Rasse, Religion oder Nationalität. Er begründet dies damit, dass jeder weitere wissenschaftliche Versuch der Definition von Rasse oder Ethnizität keine Bedeutung für die Menschen habe, über die er in seinem Buch schreibt und die im Alltagssprachgebrauch das Wort Rasse verwendeten. Diese deutlich US-amerikanisch zentrierte Begrifflichkeit übersieht nicht nur, dass der Begriff Rasse eben nicht überall auf der Welt in gleicher Weise wie in den USA verwendet wird, sondern führt auch in die Irre, da auch in den USA der 1990er Jahre der Begriff Rasse mit diffusen Großgruppen wie Afrikaner, Kaukasier oder Asiaten assoziiert ist. Der Autor analysiert aber eben nicht rassische Kollektive, sondern ganz explizit erheblich kleinere Gruppen innerhalb dieser Großgruppen, die auch im amerikanischen Sprachgebrauch eher als ethnische Gruppen bezeichnet werden. Die Verwendung des Begriffs ethnische Gruppe hätte zwar zu einem angemesseneren Titel, etwa *Economically Successful Ethnic Groups and Their Culture* geführt, dieser hätte natürlich erheblich weniger Appeal gehabt wie *Race and Culture*.

Das zweite Problem, das Insistieren auf Kultur als einziger Faktor des Erfolgs ethnischer Gruppen, gerät dem Autor schon beinahe zur Tautologie. Die Minderheiten, die ihn interessieren, weisen in den Augen des Beobachters Sowell heute eine tradierte kulturelle Differenz auf, also führen kulturelle Traditionen zum Überleben einer Gruppe. Der Fall einer kulturellen Tradition die sich auflöst und damit heute nicht mehr sichtbar ist, ist in diesem Zirkelschluss per definitionem ausgeschlossen. Vereinfacht gesagt: Kulturen haben die Tendenz sich zu erhalten, weil sie sich bis heute erhalten haben. In den zahlreichen, sehr lesenswerten Schilderungen von Gruppenschicksalen geht der Autor dann trotzdem auf viele sozialstrukturelle Faktoren ein.

Die heftigen Diskussionen um dieses Buch rankten sich denn auch eher um die unterstellten politischen Implikationen seiner Perspektive, die der Autor jedoch kaum explizit ausspricht. Seine These der Ultrastabilität von kulturellen Mustern legt nahe, dass sozialpolitische Eingriffe zur Verbesserung der Situation einer ethnischen oder rassischen Gruppe notwendigerweise vergebens sind, da starke kulturelle Traditionen durch Politik nicht zu brechen sind. Als explizit konservativer Intellektueller, der Sowell auch ist, entspricht dies wohl auch seiner politischen Einstellung; eine Kritik an diesem Standpunkt ist aber streng genommen keine faire Kritik an dessen Buch.

Sind Afroamerikaner letztlich doch auf dem Weg zur Integration?

Gegen Ende der 1990er Jahre erschienen gleich mehrere Bücher, die ein eher positives Licht auf die Integration von Afroamerikanern werfen,[891] etwa Orlando Pattersons *The Ordeal of Integration* von 1997. Eines der Hauptargumente des Buches ist, dass es insbe-

---

890 Vgl. Appiah, "The Color of Money", S. 71 ff.
891 Besonders prominent sicherlich hier auch das Buch von dem Historiker- und Politologen-Ehepaar Stephan Thernstrom und Abigail M. Thernstrom, *America in Black and White: One Nation, Indivisible*, New York, 1997.

sondere lieb gewonnene Traditionen der (soziologischen) Ungleichheitsforschung sind, die der Wahrnehmung von Afroamerikanern als nicht-assimilierbarer Gruppe Vorschub leisten. Ein Beispiel ist für Patterson etwa, dass in fast allen Untersuchungen Afroamerikaner mit Euroamerikanern verglichen werden, sinnvoller wäre seines Erachtens der Vergleich einer Gruppe mit dem Durchschnitt der Gesamtbevölkerung. Der Vergleich Afroamerikaner vs. Euroamerikaner legt dagegen nahe, dass Euroamerikaner sozusagen die Richtschnur seien, an der "defizitäre" Amerikaner – wie Afroamerikaner – gemessen werden müssten. So schreibt Patterson zu dieser Form von Vergleichen:

> Our entire approach to the study and interpretation of the Afro-American condition and of relations with Euro-Americans is fundamentally flawed and must be changed. The assumptions and conventions of academic scholarship as well as popular writings on this subject now do more harm than good. What should illuminate dispassionately, now distorts and reinforces the very dilemma it attempts to clarify.[892]

Als Anwendungsbeispiel, wie dieser Blick die Wirklichkeit nur sehr verzerrt wahrnimmt, wählt er die Entwicklung der Einkommensverteilung:

> Which is the more important problem: the fact that the income gap between Afro-American and Euro-American workers has been *reduced* by only a few percentage points since 1974 or the fact that the income gap between the average worker and the average CEO has *increased* by 340 percent over the same period, from 35 times the earnings of the average worker in 1974 to over 120 times during the 1990s?[893]

Insgesamt zeichnet Patterson ein positives Bild von der weitgehenden Integration von Afroamerikanern und formuliert insofern eine Gegenposition zu dem oben erwähnten Buch von Hacker.

Eine der wichtigsten jüngsten Veröffentlichungen im Bereich der "race and ethnic relations"-Forschung ist sicherlich das auch am Anfang des Buches erwähnte *America Becoming* von Smelser, Wilson und Mitchell.[894] Am 13. Juni 1997 initiierte Bill Clinton die so genannte *Initiative on Race*, in deren Rahmen 1998 eine Tagung stattfand, aus der *America Becoming* hervor ging.[895] Ein von Clinton angekündigtes Buch zum Thema wurde während seiner Amtszeit jedoch nicht veröffentlicht. Der Fokus des Buches *America Becoming* liegt – auch gemäß seinem Untertitel *Racial Trends and Their Consequences* – auf Rasse.

In ihrem ausgezeichneten Vorwort diskutieren die Autoren die Probleme der Definition von Rasse und Ethnizität.[896] Leider folgt aus dieser Diskussion des Problems nicht, dass die einzelnen Beitragenden dazu angehalten worden wären, dies auch in ihren empirischen Analysen zu reflektieren. Zu Beginn des Buches ist eine kurze Note zur Terminologie abgedruckt, die eine vereinfachte Übernahme der Kategorien des U.S. Office of Management

---

892 Patterson, *The Ordeal of Integration: Progress and Resentment in America's "Racial" Crisis*, S. 177.
893 Ibid., S. 178.
894 Siehe Smelser, Wilson und Mitchell (Hg.), *America Becoming*.
895 Zur Initiative allgemein vgl. Franklin, *One America in the 21st Century: Forging a New Future – the President's Initiative on Race*. Für eine Einschätzung und Beschreibung des gesamten Prozesses siehe John Goering, "An Assessment of President Clinton's Initiative on Race", *Ethnic & Racial Studies* 24, 2001: 472-484.
896 Vgl. Smelser, Wilson und Mitchell, "Introduction". Siehe hierzu auch die Diskussion in Kapitel 1.1, die dort genannten Punkte werden in Kapitel 6 aufgenommen und diskutiert; in diesem Abschnitt wird der Hauptteil von *America Becoming* beschrieben, in dem diese Überlegungen meist ignoriert werden.

and Budget (OMB) darstellt.⁸⁹⁷ Während der OMB-Text von den Rassen American Indians or Alaska Native, Asian, Black or African American, Native Hawaiian or Other Pacific Islander und White spricht und dann die ethnische Gruppe Hispanic und Latino definiert, werden aus diesen Gruppen im Buch dann einfach America's Blacks, Hispanics, Asians und American Indians, zwischen Rasse und Ethnizität wird kaum mehr unterschieden.⁸⁹⁸ Rasse hat also den Begriff der Ethnizität praktisch ersetzt.

In der Darstellung der Ungleichheitsdimensionen steht *America Becoming* voll in der Tradition der "race and ethnic relations"-Forschung. Orientiert an den durch die Volkszählung vorgegebenen Großgruppen werden die verschiedenen Lebensbereiche dieser Gruppen abgehandelt; die Bereiche sind gruppiert nach Einstellungen und Institutionen, Ökonomie, Demographie und Geographie, Gesundheit sowie Verbrechen und Recht. Viele der interessanten inhaltlichen Ergebnisse wurden in den vorigen Kapiteln berichtet. Die Herausgeber selbst vermeiden explizit eine zusammenfassende Einschätzung. So ausgezeichnet die Beschreibungen der Entwicklungen sind, so fallen doch viele Texte in der Ursachenanalyse von Ungleichheiten hinter das Niveau zurück, das schon Gunnar Myrdal erreicht hatte. Zu diesem vernichtenden Urteil kommen auch die Herausgeber, aber nicht nur über die im Buch vertretenen Texte, sondern über die gesamte "race relations"-Forschung:

> The third causal mechanism – indirect structural and cultural factors [besides individual choice and discrimination] – is not adequately represented either in the literature on race relations or in any of the following chapters. Social science researchers, themselves being sensitive to (and often outraged by) direct causal factors such as discrimination, have paid more attention to them than to indirect causal factors. In reality the indirect causal factors are often so massive in their impact on the social position and experiences of minorities that they deserve full consideration in understanding the forces leading to differential outcomes along racial lines.⁸⁹⁹

In den 1990ern haben die zahlreichen Darstellungen über die Ungleichheitsdimensionen, die mit Rasse und Ethnizität einhergehen, einen fast schon ritualistischen Beigeschmack.

---

897 Da die Autoren in *America Becoming*, S. *xxvii–xxviii* den Text leicht verändert wiedergeben, hier der genaue Wortlaut des Originals: "Under the new policy, agencies are now required to offer respondents the option of selecting one or more of the following five racial categories included in the updated standards: *American Indian or Alaska Native*. A person having origins in any of the original peoples of North and South America (including Central America), and who maintains tribal affiliation or community attachment. *Asian*. A person having origins in any of the original peoples of the Far East, Southeast Asia, or the Indian subcontinent including, for example, Cambodia, China, India, Japan, Korea, Malaysia, Pakistan, the Philippine Islands, Thailand, and Vietnam. *Black or African American*. A person having origins in any of the black racial groups of Africa. Terms such as 'Haitian' or 'Negro' can be used in addition to 'Black or African American.' *Native Hawaiian or Other Pacific Islander*. A person having origins in any of the original peoples of Hawaii, Guam, Samoa, or other Pacific Islands. *White*. A person having origins in any of the original peoples of Europe, the Middle East, or North Africa. These five categories are the minimum set for data on race for Federal statistics, program administrative reporting, and civil rights compliance reporting. With respect to ethnicity, the standards provide for the collection of data on whether or not a person is of 'Hispanic or Latino' culture or origin. (The standards do not permit a multiple response that would indicate an ethnic heritage that is both Hispanic or Latino and non-Hispanic or Latino.) This category is defined as follows: *Hispanic or Latino*. A person of Cuban, Mexican, Puerto Rican, South or Central American, or other Spanish culture or origin, regardless of race. The term, 'Spanish origin', can be used in addition to 'Hispanic or Latino.'" Tabulation Working Group Interagency Committee for the Review of Standards for Data on Race and Ethnicity, *Draft Provisional Guidance on the Implementation of the 1997 Standards for Federal Data on Race and Ethnicity*, Washington D.C., 1999 S. 7–8.
898 Vgl. Smelser, Wilson und Mitchell, "Introduction", S. 1.
899 Smelser, Wilson und Mitchell, "Introduction", S. 9, Hinzufügung in eckiger Klammer durch den Autor.

Zwar werden in elaborierten und oft komplexen Analysen die Variablen Rasse oder Ethnizität immer wieder verwendet; was damit gemeint ist, wird jedoch immer unklarer. Die immer vielschichtigeren Erkenntnisse aus der Literatur zu den Konzepten Rasse und Ethnizität werden in den sozialstrukturellen Ansätzen praktisch nicht reflektiert. So bekommen diese Beschreibungen einen eigenartig affirmativ-alarmistischen Tonfall, den Orlando Patterson so eloquent anklagt.

Genau diese Form der Ungleichheitsanalyse deckt sich aber widerspruchsfrei mit dem amerikanischen Alltagsverständnis. In ihrer Analyse der "Erklärungen" von Ungleichheiten weisen Hall und Lindholm darauf hin, wie sich Konzepte wie Rasse und Ethnizität in Ungleichheitserklärungen einpassen. Gerade in einer Gesellschaft wie der amerikanischen, in der die individuelle Chancengleichheit beim Erreichen individuellen Wohlstands einer der zentralen Werte darstellt, kann tatsächlich vorhandene Ungleichheit durch die Kategorien Rasse und Ethnizität zwar nicht "weg-erklärt" werden, aber sie wird damit mit der Ideologie "eigentlicher Chancengleichheit" kompatibel:

> This unhappy situation is partly understandable as a bleak corollary of the blanket American faith in equality. To account for real inequality, or even for difference, Americans tend strongly to "naturalize" distinctions, making biology the source of differences that their ideology cannot otherwise explain. We can see this tendency manifested in a benevolent form when white "hyphenated" ethnics claim innate biological characteristics for their chosen ethnic groups. Belonging then becomes "natural" and immutable, despite the real permeability and choice involved in ethnic categories. Obviously, once accepted, these categorizing technique can then be used to justify inequality and oppression. ... This is most blatantly the case for African Americans, whose history of slavery, disproportionate poverty and high crime rate can be explained by an attributed essence. "Black blood," in this ideological construct, becomes an irredeemable stain, one that blemishes the whole character no matter in what small measure it exists ... [900]

Vergleicht man Hackers *Two Nations: Black and White, Separate, Hostile, Unequal* und *America Becoming*, so scheinen nicht nur knapp zehn Jahre, sondern ganze Welten zwischen beiden Büchern zu liegen: War Anfang der 1990er noch eine alarmistische Analyse über die Benachteiligung von Afroamerikanern angemessen, so war Ende der 1990er eine ausgewogene mehrdimensionale Situationsbeschreibung mit ihren positiven und negativen Aspekten der richtige Weg. Blickt man auf soziologische Analysen von ethnischer und rassischer Ungleichheit, so steht der Mehrzahl von ausgewogenen mehrdimensionalen Analysen eine erheblich geringere Anzahl von ökonomistischen oder kulturalistischen Erklärungen gegenüber. Allerdings wurden diese reduktionistischen Ansätze – zumindest in der amerikanischen Öffentlichkeit – erheblich häufiger diskutiert.

5.2.3   Die neue amerikanische Gesellschaft

In seinem Bestseller *Postethnic America*[901] betont der Sozialhistoriker Hollinger die Ambivalenz der dominanten Idee des Multikulturalismus: Einerseits hat sie bewirkt, dass Abstammungsgemeinschaften positiv bewertet und von der Politik zur Kenntnis genommen

---
900   John A. Hall und Charles Lindholm, *Is America Breaking Apart?*, Princeton, 2001 [1999], S. 137–138.
901   Siehe Hollinger, *Postethnic America: Beyond Multiculturalism*.

werden; andererseits weist er zu Recht darauf hin, dass das "ethnic racial pentagon" (African Americans, Asian Americans, Hispanics, Native Americans und Euro-Americans), das insbesondere zur Umsetzung multikultureller Politik Verwendung findet, eine Makrostruktur vorspiegelt, die der tatsächlichen Struktur der amerikanischen Gesellschaft nicht angemessen ist. Für Hollinger sind Rasse und Ethnizität ein verwobener Komplex in der Selbstbeschreibung der amerikanischen Gesellschaft. Er verweist darauf, dass durch die Tatsache multipler Mitgliedschaften in modernen Gesellschaften eine "postethnische Perspektive" einerseits als Möglichkeit an ethnischen Herkünften festhält, diese aber andererseits nicht zu einer entindividualisierenden Zwangsjacke primordialer Abstammungsmerkmale werden dürfe:

> A postethnic perspective recognizes that most individuals live in many circles simultaneously and that the actual living of any individual life entails a shifting division of labor between the several "we's" of which the individual is a part. How much weight at what particular moments is assigned to the fact that one is Pennsylvania Dutch or Navajo relative to the weight assigned to the fact that one is also an American, a lawyer, a woman, a Republican, a Baptist, and a resident of Minneapolis? It is this process of consciously and critically locating oneself amid these layers of "we's" that most clearly distinguishes the postethnic from the unreconstructed universalist. The latter will be tempted to try to build life-projects outside of, rather than through, particular communities. On the other hand, the willingness of the postethnic to treat ethnic identity as a question rather than as a given also helps to distinguish the postethnic from the unreconstructed ethnocentrist for whom ethnic identity is a more settled proposition, often entailing the acceptance of ostensibly primordial ties.[902]

Bei der Einordnung von Ethnizität als eine Mitgliedschaft unter vielen bezieht sich Hollinger auf die Arbeiten von Waters.[903] Ihn scheint jedoch das doppelte Argument von Waters nur zu interessieren, soweit es die Ethnizitätsseite betrifft. Für Waters ist weiße Ethnizität wählbar, diese Wählbarkeit ist gerade im Kontrast gegenüber der weniger wählbaren Rasse konstruiert, die damit eben nicht mit Ethnizität in einen Topf geworfen werden darf. Dies bemerkt implizit auch Hollinger, diskutiert aber kaum, warum dies nicht möglich ist.[904] In der amerikanischen Gesellschaft ist eben auch Rasse neben der Staatsangehörigkeit eine Mitgliedschaft, die sich nicht einfach in das flexible Spiel multipler Mitgliedschaften einbauen lässt. Dieses Argument lässt sich noch erweitern: In einer Besprechung von Hollinger weist Lind wohl zu Recht darauf hin, dass nicht alle Mitgliedschaften gleichwertig und frei wählbar sind. Gerade die Staatsangehörigkeit müsse in ihren Besonderheiten analytisch von Binnenmitgliedschaften getrennt werden:

> When it comes to the most important questions of social life – citizenship, civil rights, taxation, conscription, defense – one's identity as "an American," as a citizen of a particular state, trumps all the rest. The American political community can not only tax Americans, but execute them for crimes and conscript them and compel them to kill members of other political communities in wars. The Pennsylvania Dutch, female, Republican, and Baptist communities cannot.[905]

---

902 Ibid., S. 106–107.
903 Vgl. insbesondere Waters, *Ethnic Options: Choosing Identities in America*.
904 Vgl. Davis, *Who Is Black?*.
905 Lind, "Mongrel America", S. 202.

In diesem Spannungsverhältnis von wählbaren und weniger wählbaren, relevanten und weniger relevanten Mitgliedschaften, bewegen sich die verschiedenen Beschreibungen der amerikanischen Gesamtgesellschaft in den 1990er Jahren.

Das Amerikanische an Rasse und Ethnizität

Ethnische Mitgliedschaften erfüllen spezifische Bedürfnisse in der amerikanischen Gesellschaft. Schon Waters vermutete zu Recht, dass gerade symbolische Ethnizität ein ideales Medium sei, die paradoxen Mitgliedschaftsanforderungen der amerikanischen Gesellschaft zu erfüllen:

> In this chapter I suggest two reasons for the curious paradox posed by symbolic ethnicity. First, I believe it stems from two contradictory desires in the American character: a quest for community on the one hand and a desire for individuality on the other. Second, symbolic ethnicity persists because of its ideological "fit" with racist beliefs.[906]

Ethnizität definiert ein mögliches Kollektiv, dem man angehört, eine Gemeinschaft; genauso ist Ethnizität als persönliches Merkmal lebbar und trägt zur Individualisierung bei. Da in den Alltagsbeschreibungen diese Mitgliedschaften über den Blutsverwandtschaftsglauben strukturiert sind, ist Ethnizität zu guter Letzt aber auch die schlüssige Weiterführung der Idee, dass die amerikanische Gesellschaft in biologisch begründete Rassen aufgeteilt ist.

Die Illusion von Gruppenhomogenität im "ethnic racial pentagon", die mit dem durchgängigen Blutsverwandtschaftsglauben in der amerikanischen Gesellschaft einhergeht, ist auch eines der Themen von Etzionis *Monochrome Society*.[907] Etzioni ist besonders wichtig, dass alle Gruppen eine positive Einstellung gegenüber den Vereinigten Staaten als Ganzes teilen und auch die typischen Werte des "American Creed" von allen Gruppen in hohen Anteilen befürwortet werden – allgemeiner Wertekonsens und hohe Loyalität gegenüber den USA ist also kennzeichnend für alle ethnischen und rassischen Gruppen.[908]

Diese Gemeinsamkeiten aller ethnischen und rassischen Gruppen in der amerikanischen Gesellschaft werden immer mehr zum Gegenstand von soziologischen Abhandlungen gegen Ende der 1990er. In ihrer Analyse der amerikanischen Gesellschaft beschreiben Hall und Lindholm, ein Soziologe und ein Ethnologe, warum die USA aufgrund dieser Gemeinsamkeiten nicht auseinander brechen.[909] Eingeübt durch die notwendige Toleranz der verschiedenen protestantischen religiösen Gruppen in den USA hat diese Gesellschaft sehr hohe Potentiale, Differenzen auszuhalten. Darüber hinaus erweist sich die Fixierung auf ökonomischen Erfolg als einigende und homogenisierende Kraft.

Gemeinsam ist allen ethnischen und rassischen Gruppen auch ihre Heterogenität, z.B. hinsichtlich der parteipolitischen Einstellungen:

---

906 Waters, *Ethnic Options: Choosing Identities in America*, S. 147.
907 Siehe Etzioni, *The Monochrome Society*, besonders Kapitel 1.
908 Etzioni zitiert zahlreiche Umfragen zu Aussagen, dass etwa das gemeinsame Erbe der USA gepflegt werden müsse, dass Freiheit durch persönliche Verantwortung moderiert werden solle oder dass die Loyalität zu den USA wichtiger sei, wie zu der persönlichen ethnischen Gruppe – immer stimmte in allen Großgruppen die Mehrheit der Befragten (ca. 80 %) diesen Aussagen zu. Vgl. ibid., S. 7–9.
909 Vgl. Hall und Lindholm, *Is America Breaking Apart?*

> To reiterate, on numerous issues, the differences among various minority groups are as big or bigger than those between these groups and "Anglo" Americans. ... The fact that various minorities do not share a uniform view, which could lead them to march lockstep with other minorities to a new America (as some of the left fantasize) is also reflected in elections. Cuban Americans tend to vote Republican, while other Americans of Hispanic origin are more likely to vote for Democratic candidates. Americans of Asian origin also cannot be counted on to vote on one way or another. First-generation Vietnamese Americans tend to be strongly anti-Communist and favor the Republican party, while older Japanese and Chinese Americans are more often Democrats, and Filipino Americans are more or less equally divided between parties.[910]

Ergänzend verweist Etzioni darauf, dass die relative Gruppenhierarchie in der amerikanischen Gesellschaft unklarer wird, einige Hispanics unterschichten inzwischen die "black underclass"; manche schwarze Einwanderergruppen haben großen ökonomischen Erfolg, und die "Rasse" der Asiaten ist zumindest im Bildungssystem fast schon zu erfolgreich.

Wie in den öffentlichen Diskursen wird auch der Soziologie immer unklarer, was rassische und was ethnische Aspekte von Asiaten, Hispanics, Natives, Afroamerikanern und Weißen sind. Auch die Logik soziologischer Theorieentwicklung selbst führt zur Konvergenz von Rasse und Ethnizität. Während einerseits immer stärker versucht wird, den Begriff Rasse von seinem biologischen Hintergrund zu lösen und damit zu verflüssigen, wird andererseits die hohe Relevanz ethnischer Herkunftsmerkmale betont. Interessant ist die Wortwahl des Buches: Schon in der Einleitung bemerkt Etzioni: "To safe breath, from here on, race is used to encompass ethnicity."[911] Indem Etzioni von den Großgruppen des "ethnic racial pentagon" her denkt, scheint ihm Ethnizität irrelevant. Allerdings wird damit auch die Idee der Rasse als politische Mobilisierungsidee fragwürdiger:

> "Race" disables us because it proposes as a basis for common action the illusion that black (and white and yellow) people are fundamentally allied by nature and, thus, without effort; it therefore leaves us unprepared to handle the "intraracial" conflicts that arise from the very different situations of black (and white and yellow) people in different parts of the economy and the world.[912]

Mit der Reduzierung der amerikanischen Großgruppen auf Rassen, wie nicht nur von Etzioni vorgenommen, sondern auch in vielen neueren sozialstrukturellen Veröffentlichungen – etwa das oben beispielhaft dargestellte *America Becoming* –, werden die von Hollinger und Patterson diskutierten Probleme also umso drängender. Der hart trennende Begriff der Rasse bezieht sich auf Großgruppen, denen keine allumfassende gemeinsame Lebenslage mehr zuzuordnen ist, weder den als impliziten Maßstab verwendeten Weißen, noch Schwarzen oder Asiaten.

---

910 Etzioni, *The Monochrome Society*, S. 22.
911 Ibid., S. 6.
912 Anthony K. Appiah, "Afterword: How Shall We Live as Many?", in *Beyond Pluralism: the Conception of Groups and Group Identities in America*, hrsg. von Wendy F. Katkin, Ned C. Landsman und Andrea Tyree, 243–259. Urbana, 1998, S. 247.

Pluralismus oder Assimilation?

Eine der wenigen Abhandlungen in Buchlänge über Ethnizität ist Yingers *Ethnicity: Source of Strength? Source of Conflict?* von 1994. Die amerikanische Gesellschaft ist für Yinger nur ein Beispiel unter vielen für seine Ethnizitätsperspektive.[913] Das Buch greift in seiner Systematisierung von Perspektiven im Wesentlichen auf Ansätze aus den 1960ern zurück und geht auch kaum über den Stand, der Ende der 1960er erreicht war, hinaus.[914] Yinger arbeitet weitgehend mit einer auf Gordon basierenden Begrifflichkeit und formuliert vier analytische Aspekte der Mitgliedschaft: eine sozialstrukturelle, eine kulturelle, eine biologische und eine psychologische. Die Unterscheidung zwischen Rasse und Ethnizität ist für ihn insofern eine künstliche, als in den meisten Fällen die Vorstellungen, die sich mit diesen Begriffen verbinden, praktisch deckungsgleich sind. Er geht hier auf das Beispiel Südafrika ein, wo das rassistische Weltbild von Teilen der Buren praktisch nur mit ethnischen Erklärungen operiert.[915] So souverän Yinger die verschiedenen Perspektiven auf Rasse und Ethnizität anspricht, so steril bleibt die Abhandlung in ihrem Mittelteil, der sich vor allem der Multidimensionalität von Assimilationsprozessen widmet. Er führt das Konzept der Assimilation weiter, indem er Prozesse "additiver Akkulturation"[916] postuliert: Kulturmuster können von Gruppen zusätzlich erworben werden, ohne alte Muster zu verlieren. In Yingers Diskussion fehlen einige neuere Aspekte der Literatur zur "race and ethnic relations": So wird kaum erwogen, dass auch Mehrheiten ethnisch sind. Die alten Gegensätze Partikularismus vs. Universalismus werden wieder diskutiert, ohne auf das Argument einzugehen, dass es hier einfach nur um den Partikularismus der Mehrheit vs. den Partikularismus der Minderheit gehen könnte.

Wichtig ist jedoch Yingers Diskussion von Pluralismus und Assimilation. Zu Recht verweist er darauf, dass die Gegensätze in mancher Hinsicht künstlich sind:

> The pluralistic sense of ethnic identity can persist or develop along with an assimilationist trend. In fact, a stable pluralism requires a substantial amount of asssimilation to soften the lines of separation, to reduce discrimination, and to produce toleration, respect, and accommodation among ethnic groups.[917]

In der Beschreibung dieses "Ineinanderfließens" von Assimilation und Multikulturalismus finden interessanterweise einige Aspekte von Parsons' Ideen zu Staatsbürgerschaft Aufnahme,[918] zu diesem Punkt jedoch mehr im Schlusskapitel.

---

913 Vgl. Yinger, *Ethnicity*, etwa S. 30ff.
914 Vgl. zu diesem Punkt die Besprechungen von Milton M. Gordon, "Review: Ethnicity: Source of Strength? Source of Conflict?", *Contemporary Sociology* 24, 1995: 339–341 oder Pierre L. Van den Berghe, "Review: Ethnicity: Source of Strength? Source of Conflict?", *Social Forces* 73, 1995: 1181–1182.
915 Vgl. Yinger, *Ethnicity*, S. 16–21.
916 Der Begriff kommt bei Yinger nicht vor, ist aber eine treffende Zusammenfassung des Arguments, vgl. Wsevolod W. Isajiw, "Review: Ethnicity: Source of Strength? Source of Conflict?", *International Migration Review* 30, 1996: 335–337, S. 336.
917 Yinger, *Ethnicity*, S. 67.
918 Dies insbesondere in der, in der Politologie aufkommenden, Diskussion um Civil Society. Vgl. etwa die etwas verzerrende Diskussion von Parsons "*Full Citizenship*" in Jean L. Cohen und Andrew Arato, *Civil Society and Political Theory*, Cambridge, Mass., 1992, S.134ff.

5.3 Soziologie von Rasse und Ethnizität jenseits des Nationalstaates?

Mit den zunehmend dichteren Austauschbeziehungen auf dem Globus und vor allem einem geschärften Bewusstsein für die eine Welt als Ganzes[919] macht ein weiteres Schlagwort Karriere in der Soziologie: Globalisierung. Alle darauf bezogenen Ansätze haben gemeinsam, dass sie versuchen Beziehungen zu theoretisieren, die über die Grenzen nationalstaatlich konstituierter Gesellschaften hinausgehen.[920] In Bezug auf das Feld der "race and ethnic relations"-Forschung hat Globalisierung vor allem zwei Effekte: Zum einen ändern sich die Bezugspunkte vieler ethnisch mobilisierter Gruppen innerhalb des Landes, zum anderen wird das Land selbst so etwas wie eine ethnische Gruppe innerhalb des Weltsystems. Zum ersten Punkt bemerkt Robertson 1992:

> "[T]he ethnic revival" ... itself may be considered as *an aspect of* the contemporary phase of globalization.[921]

Dies gilt einerseits, weil viele Gruppen sich nun verstärkt als Teil weltumspannender Gruppen sehen, wie etwa als Teil aller Schwarzen auf dem Globus; andererseits sehen sie sich auch als Teil einer global gedachten Menschheit. Doch auch die Einordnung nationalstaatlich verfasster Gesellschaften verschiebt sich:

> Societies struggling for wise and just policies to deal with the effects of ethnic differences among their people are having a dress rehearsal for an even larger epic drama on the world stage. The world has become so small, so interdependent, so vulnerable to our incredibly destructive weapons and our archaic beliefs that wars can be won, that all societies are becoming, in effect, ethnic groups in an emerging world order.[922]

Bevölkerungen auf dem Gebiet von Staaten werden also zu "subpopulations", zu zumindest teilweise ethnisch definierten Untergruppen der Menschheit.

In diesen – natürlich nur teilweise wirklich neuen – Bezügen wird die Menschheit unhinterfragt als Ausgangspunkt des Denkens genommen. Hollinger weist darauf hin, dass damit die Idee der Menschheit ihre emanzipierende, befreiende Kraft verliert. Auf dem Hintergrund einer als gegeben gedachten Menschheit wird die Mitgliedschaft in einer Gemeinschaft wie der ethnischen Gruppe wieder relevanter:

> Along with the new prominence of community comes a new centrality for the old question of membership: The less one's raw humanity is said to count for anything, the more important one's affiliations become.[923]

---

919 So lautet auch die inzwischen fast klassische Definition von Globalisierung bei Robertson: "Globalization as a concept refers both to the compression of the world and the intensification of consciousness of the world as a whole." Roland Robertson, *Globalization: Social Theory and Global Culture*, London, 1992, S. 8.
920 Hier besonders prominent etwa Appadurais "ethnoscapes, technoscapes, financescapes, mediascapes und ideoscapes". Vgl. Arjun Appadurai, "Disjuncture and Difference in the Global Economy", in *Global Culture: Nationalism, Globalization and Modernity*, hrsg. von Mike Featherstone. London, 1990. S. 296.
921 Robertson, *Globalization: Social Theory and Global Culture*, S. 51.
922 Yinger, *Ethnicity*, S. 348.
923 Hollinger, *Postethnic America: Beyond Multiculturalism*, S. 68.

Solch ein Perspektivwechsel hat weit reichende Folgen: Überspitzt ausgedrückt waren Soziologen in den USA seit 1920 bis in die 1990er damit beschäftigt, das allgemein Menschliche aller ethnischen und rassischen Gruppen hervorzuheben. Nun hat sich die Perspektive gewendet, und man versucht das allgemein Ethnische und Rassische in der Menschheit zu entdecken. Tatsächlich sind beide Aspekte relevant: Menschheit und grenzübergreifende Gruppen waren in der Geschichte ebenso wichtig, wie ethnische Gruppen mit ihren spezifischen Traditionen:

> Think how much we owe in history and heritage – in the culture, or the cultures that have formed us – to the international communities that have existed among merchants, clerics, lawyers, agitators, scholars, scientists, writers, and diplomats. ... We are made by our languages, our literature, our cultures, our science, our religions, our civilization. ... We owe a debt to the world and to the global community and civilization, as well as whatever we owe to any particular region, country, nation, or tribe.[924]

Wie diese beiden prominenten Aspekte der Globalisierungsforschung zu Rasse und Ethnizität in Beziehung gesetzt werden, soll im Folgenden am Beispiel von einigen Arbeiten über das Weltsystem, beziehungsweise weltweite Wanderungen, und zum anderen über die Diaspora dargestellt werden.

Welt-System und Migration

Die Idee, Gesellschaften nicht als geschlossene Einheiten zu betrachten, sondern als eingebettet in gesellschaftsüberspannende Strukturmuster, ist keineswegs neu. Schon zu Beginn des hier betrachteten Zeitraums, in den 1920er Jahren, war insbesondere der Begriff der Diffusion zentral, um zwischengesellschaftliche Prozesse zu beschreiben.[925] In der Geschichte der "race and ethnic relations"-Forschung wurden auch Migration und die internationale politische Einbindung der USA immer wieder thematisiert. Einen Schritt weiter geht etwa die Welt-Systemtheorie.[926]

Ein Buch, das diesem Ansatz folgt, ist Richard E. Williams' *Hierarchical Structures and Social Value: The Creation of Black and Irish Identities in the United States*.[927] Der Autor versucht, die Entstehung der Afroamerikaner sowie die der Gruppe der Iren durch die jeweils historisch-ökonomische spezifische Einbindung der USA in das ökonomische Weltsystem zu erklären. So untersucht er den Sklavenhandel als Wechselwirkung zwischen dem Profitstreben afrikanischer Herrscherhäuser und dem Interesse der neu gegründeten Kolonien, insbesondere Virginias, ihren Arbeitskräftemangel zu beheben. Die aus dieser Interaktion entstehende spezifische ökonomische und soziale Situation der Afroamerikaner definiert diese Gruppe primär, und erst im Anschluss daran werden physische oder kulturelle Differenzen definiert und legitimiert. Diese Differenzen erhalten dann aber eine solche Plausibilität, dass sie im Nachhinein für gesellschaftliche Akteure, ebenso wie für Wissen-

---

924 Jeremy Waldron zitiert nach ibid., S. 108.
925 Vgl. die Diskussion von Park und Burgess, *Introduction to the Science of Sociology*, Kapitel 2.2 in diesem Buch.
926 Zu dieser inzwischen weit verbreiteten Perspektive, vgl. ursprünglich Immanuel M. Wallerstein, *The Modern World-System*, New York, 1974.
927 Siehe Richard E. Williams, *Hierarchical Structures and Social Value: The Creation of Black and Irish Identities in the United States*, Cambridge, 1990.

schaftler, nicht mehr in ihrem politisch-ökonomischen Ursprung erkennbar sind. Ein strukturgleiches Argument – allerdings für das Weltsystem etwa 200 Jahre später – versucht der Autor auch in Bezug auf irische Katholiken zu entwickeln. Durch die sich ausbreitende Westgrenze und die Bindung afroamerikanischer Arbeitskräfte an die Südstaaten entstand erneuter Arbeitskräftemangel in weiten Teilen der USA. Zusammen mit der zunehmenden Ökonomisierung der irischen Landwirtschaft – die zu einer drastischen Verarmung der Landbevölkerung führte – entstand so ein Migrationsstrom in die USA, wo die ankommenden Iren als besonders minderwertige Arbeiter betrachtet wurden. Auch dies wurde wieder mit rassischen Stereotypen unterlegt, die sich dann verselbstständigten. Aufgrund der besonderen Situation der Iren in den Städten gelang es diesen jedoch, ihre "rassischen" Besonderheiten in "ethnische" zu verwandeln.

Williams Buch hat sicherlich Schwächen: Es analysiert nur sehr oberflächlich und eklektizistisch die historischen Prozesse, und die stark ökonomistischen Erklärungsversuche reduzieren das tatsächlich erheblich komplexere Zusammenspiel verschiedener Faktoren.[928] Interessant ist jedoch, wie in dieser Perspektive Unterschiede zwischen Rasse und Ethnizität einzig aus dem ökonomischen und politischen Kontext heraus erklärt werden, während die sonst oft zu Erklärung herangezogenen kulturellen und physischen Merkmale gleichsam einfach nur historisch verfestigte Relikte vorangegangener ökonomischer Ordnungen sind. In dieser Version gibt eine Weltsystemperspektive den von Davis gemachten Argumenten zur "one-drop rule" weitere Plausibilität.[929]

Als ein Beispiel für die in den 1990ern anschwellende soziologische Literatur zu weltweiten Migrationsbewegungen sei Stephen Castles und Mark J. Miller, *The Age of Migration: International Population Movements in the Modern World*,[930] genannt. Das zentrale Argument der Autoren – wie auch das so vieler anderer Veröffentlichungen zum Thema – ist, dass mit der Zunahme von weltweiten Migrationsbewegungen die ethnische und rassische Diversifizierung insbesondere in den Metropolen stark zunimmt. Dies ist sicher nicht bestreitbar, beschränkt man sich in der Analyse etwa auf die letzten fünfzig Jahre. Solche sozialstrukturell orientierten Arbeiten haben natürlich Implikationen für eine Soziologie der Mitgliedschaft in ethnischen und rassischen Gruppen.[931] Sie weisen darauf hin, dass Mitgliedschaften nicht notwendigerweise an der Grenze des Nationalstaates enden, insbesondere verursacht durch Migration sind die Mitgliedschaftskonfigurationen von Individuen nicht mehr ausschließlich an den Nationalstaat gebunden. So verweist etwa das Konzept der "transnational communities" auf die strukturelle Verbindung von Migrationsgemeinschaften über nationale Grenzen hinweg.[932] Natürlich verursachen solche Formen transnationaler Mitgliedschaft neue Probleme, insbesondere für den Kontrollmechanismus Staatsbürgerschaft. Aber es gibt Grund anzunehmen, dass diese sozialen Formen mit den

---

928 Vgl. Suzanne Model, "Review: Hierarchical Structures and Social Value", *Social Forces* 71, 1992: 541–542, S. 542.
929 Vgl. den Abschnitt *Wer ist Schwarz?* in diesem Kapitel.
930 Siehe Stephen Castles und Mark J. Miller, *The Age of Migration: International Population Movements in the Modern World*, New York, 1993.
931 Vgl. Gerhard Preyer und Mathias Bös (Hg.), *Borderlines in a Globalized World. New Perspectives in a Sociology of the World-System*, Dordrecht, 2002.
932 Vgl. Eugenia Georges, *The Making of a Transnational Community: Migration, Development, and Cultural Change in the Dominican Republic*, New York, 1990. Für einen nützlichen Überblick zur Literatur vgl. Peter Kivisto, "Theorizing Transnational Immigration: A Critical Review of Current Efforts", *Ethnic & Racial Studies* 24, 2001: 549–577.

Mitgliedschaften innerhalb einer Gesellschaft erfolgreich koordiniert werden könnten oder wie Kivisto es ausdrückt:

> [I]t would appear most appropriate to consider transnationalism as one possible variant of assimilation.[933]

So wie Migration zu neuen steuerungsbedürftigen Differenzen in Nationalstaaten führt, ist es auch möglich – dann allerdings in längeren Zeiträumen – die Abnahme von Differenzen in der Folge von Migrationsbewegungen zu beobachten. Dieser Punkt ist zentral in James W. Russells Buch *After the Fifth Sun: Class and Race in North America*.[934] Der Autor beschreibt die Entstehung einer fünften Rasse von "Mischlingen" – neben Natives, Europäern, Afrikanern und Asiaten –, die inzwischen etwa knapp ein Viertel der nordamerikanischen Bevölkerung ausmachen. Er argumentiert vorwiegend mit ökonomischen Faktoren, wenn er nachzeichnet, wie im historischen Verlauf die soziale Ungleichheit auf dem nordamerikanischen Kontinent – zwischen Kanada und der USA einerseits und Mexiko andererseits – anstieg, obwohl alle drei Länder ähnlich als Kolonien begannen. In dieser über Nationalstaaten hinausgehenden Perspektive hat die Entstehung einer neuen gemischten Rasse fast etwas Tröstliches:

> Presumably, in time, there will be significant numbers of individuals who combine ancestry from all races, and presumably at that time separate racial identification – and racism – will dissolve. ... Similarly, in the future, it seems logical that mixed racial identity will become so common that it will have little meaning as a badge of honor or stigma. In this sense it seems obvious that *mestizaje* is the future of the human race.[935]

Verstreut und doch verbunden: Diasporas

Die Idee globaler Strukturen kann jedoch auch aus der Perspektive einer einzelnen Gruppe fruchtbar gemacht werden. Eines der ersten Bücher, das versucht, die Idee der Diaspora bzw. nicht-nationalstaatlich gebundener Gemeinschaften in Bezug auf Afroamerikaner zu beschreiben, ist Paul Gilroys *The Black Atlantic: Modernity and Double Consciousness* aus dem Jahre 1993.[936] Interessanterweise wurde das Buch überwiegend als ein Aufruf gegen ethnozentristische Tendenzen in einem entstehenden African-American-Studies-Kanon rezipiert.[937] Der Autor selbst entfaltete seine kultursoziologischen Argumente eigentlich in Kritik an der Ideengeschichte der Soziologie[938] und als eine Kritik an den in den 1990ern an amerikanischen Universitäten immer beliebter werdenden Cultural Studies:

---

933 Kivisto, "Theorizing Transnational Immigration: A Critical Review of Current Efforts", S. 571.
934 Siehe James W. Russell, *After the Fifth Sun: Class and Race in North America*, Englewood Cliffs, N.J., 1994.
935 Ibid., S. 185.
936 Siehe Paul Gilroy, *The Black Atlantic: Modernity and Double Consciousness*, Cambridge, Mass., 1993.
937 Vgl. zu dieser Interpretation des Buches Peter Erickson, "Review: The Black Atlantic", *African American Review* 31, 1997: 506–508.
938 Der Autor berichtet selbst im Vorwort, wie er die Idee des Buches im Rahmen einer Veranstaltung zur Geschichte der Soziologie entwickelte. Gilroy, *The Black Atlantic: Modernity and Double Consciousness*, S. ix.

> Any satisfaction to be experienced from the recent spectacular growth of cultural studies as an academic project should not obscure its conspicuous problems with ethnocentrism and nationalism.[939]

Mit seiner Idee des Black Atlantic wählt Gilroy einen alternativen Beschreibungsmodus, der Afrika, Europa und die USA miteinander verknüpft. "Roots and routs", wie es der Autor nennt, verweisen dabei auf eine Geschichte der komplexen Interaktionen der Kontinente, die sich im Schicksal der Afroamerikaner ausdrücken. Die Probleme der Cultural Studies sind dabei für Gilroy Ausdruck zweier Denkfehler, die in der Soziologie wie auch in der amerikanischen Gesellschaft geradezu üblich sind: Zum einen sei es unmöglich – wie er in Bezug auf die Soziologie geltend macht –, von getrennten schwarzen und weißen Ideengeschichten zu sprechen, nur in ihrer untrennbaren Verquickung seien Ideen schwarzer und weißer Autoren verstehbar; zum anderen sei es soziologisch naiv zu unterstellen, der Kampf vieler Schwarzer um Emanzipation sei gewissermaßen die "automatische" Folge reiner und sauber begrenzbarer schwarzer Kulturgemeinschaften:

> This typical refusal to accept the complicity and syncretic interdependency of black and white thinkers has recently become associated with a second difficulty: the overintegrated conceptions of pure and homogeneous culture which mean that black political struggles are construed as somehow automatically *expressive* of the national or ethnic differences with which they are associated. This overintegrated sense of cultural and ethnic particularity is very popular today, and blacks do not monopolise it. It masks the arbitrariness of its own political choices in the morally charged language of ethnic absolutism and this poses additional dangers because it overlooks the development and change of black political ideologies and ignores the restless, recombinant qualities of the black Atlantic's affirmative political cultures.[940]

In der Anwendung von W.E.B. Du Bois' Idee des Double Consciousness zeichnet Gilroy die verzweigten Muster einer afroamerikanischen Kultur nach, die *im* Westen existiert, aber eben nur zum Teil *aus* dem Westen ist.

Die zweite wichtige theoretische Perspektive, die Gilroy einsetzt, ist der Begriff der Diaspora, der ihm auch dazu dient, Parallelen und Unterschiede im Schicksal von Afroamerikanern und Juden aufzuzeigen:

> It is often forgotten that the term "diaspora" comes into the vocabulary of black studies and the practice of pan-Africanist politics from Jewish thought. It is used in the Bible but begins to acquire something like its looser contemporary usage during the late nineteenth century – the period which saw the birth of modern Zionism and of the forms of black nationalist thought which share many of its aspirations and some of its rhetoric. The themes of escape and suffering, tradition, temporality, and the social organization of memory have a special significance in the history of the Jewish responses to modernity. ... In these settings, the same themes are associated with the ideas of dispersal, exile, and slavery. They also help to frame the problem of simultaneous intra- and intercultural change which has engaged Jewish thinkers in Europe from the eighteenth century onwards.[941]

---

939 Ibid., S. 5.
940 Ibid., S. 31.
941 Ibid., S. 205.

Gilroy sieht zwar schwarze und weiße Geistesgeschichte als notwendigerweise miteinander verwoben an und verneint die Produktivität dichotomer "we/they"-Modelle zur Rekonstruktion afroamerikanischer Kultur. Das Konzept der Diaspora ermöglicht es ihm aber, die spezifische Erfahrung des Black Atlantic zu thematisieren.

Die "race and ethnic relations"-Forschung in den 1990ern

Zusammenfassend lässt sich die "race and ethnic relations"-Forschung in den 1990ern in vier Stränge aufteilen: (1) Arbeiten zur Mitgliedschaftsdefinition in einer rassischen beziehungsweise ethnischen Gruppe; (2) Werke zu den verschiedenen Dimensionen der Ungleichheit, die ethnische beziehungsweise rassische Zugehörigkeit bestimmen; (3) Argumente zum gesamtgesellschaftlichen Gefüge der USA und (4) die Globalisierungsperspektive.

Die Arbeiten zu Mitgliedschaftsdefinitionen waren gekennzeichnet durch drei Problemstellungen. Erstens sind es Studien zur Ethnizität, die zeigen wie, als authentisch empfundene ethnische Zuordnungen aus struktureller Sicht individuelle Wahlmöglichkeiten enthalten. Zweitens verweisen Arbeiten über die "one-drop rule" darauf, wie im Gegensatz zu ethnischen Mitgliedschaftsdefinitionen insbesondere die Mitgliedschaftsdefinition der Afroamerikaner besonders rigide ist. Und drittens werden auf diesem Hintergrund Arbeiten zur Vererbungsproblematik oft zu einem erstaunlich unzeitgemäß anmutenden Skandalon.

Die feste Verankerung rassischer Selbstbeschreibung spiegelt sich auch in den soziologischen Analysen der Dimensionen der Ungleichheit ethnischer und rassischer Zugehörigkeit wieder. Die meisten Arbeiten verwenden in ihren Analysen und in der Darstellung der Ergebnisse die – auch in der amerikanischen Öffentlichkeit gebrauchten – Großgruppen-Bezeichnungen; auch wenn des Öfteren in Einleitungen auf die Problematik dieser Bezeichnungen hingewiesen wird. Neuerungen liegen wohl in erheblich geringerem Maße in der Multidimensionalität vieler Analysen als in der Verschiebung der Bewertung der Ergebnisse. Dominierten zu Beginn der Dekade noch eher negative Einschätzungen, insbesondere in Bezug auf die Integration von Afroamerikanern, so mehrten sich Ende der 1990er Jahre die positiven Stimmen.

Im Bezug auf das gesamtgesellschaftliche Gefüge ist anzumerken, dass durch die Dominanz des "racial ethnic pentagons" der Rassebegriff wieder zu dominieren beginnt, während Ethnizität, ganz im Warnerschen Sinn, in der Binnendifferenzierung dieser Gruppen verschwindet.

Vielen der soziologischen Studien liegt die Idee der Dominanz nationalstaatlicher Mitgliedschaft zu Grunde, die in der Globalisierungsperspektive aufgelöst wird. Hier wird beschrieben, wie nicht nur Mitgliedschaftskonfigurationen in Nationalstaaten von exogenen Faktoren bestimmt werden, sondern dass auch Mitgliedschaften selbst über die Grenzen von Nationalstaaten hinausgehen.

Das Konzept Rasse: notwendig oder nicht?

Am Ende der Sichtung der Textproduktion der amerikanischen "race and ethnic relations"-Forschung stehen zwei Bücher, die viel gemeinsam haben: Paul Gilroys *Against Race:*

Imaging Political Culture Beyond the Color Line[942] aus dem Jahre 2000 und Howard Winants *The World Is a Ghetto: Race and Democracy since World War II,* 2001[943]. Beide Autoren stellen die Erfahrung von Afroamerikanern im Kontext einer globalen Entwicklung dar und argumentieren insofern historisch, als sie die verschiedenen Entwicklungen in den "race relations" im 20. Jahrhundert ins Blickfeld nehmen; beide gehen in ihrer Betrachtung vom Begriff der Rasse aus. Eloquent geschrieben, bestechen beide Bücher durch ihren Fundus der soziologischen Ideengeschichte. Während Gilroy jedoch zu dem Schluss kommt, dass der Begriff Rasse nicht mehr weiter verwendet werden sollte, ist es für Winant geradezu zentral, ihn beizubehalten.

Das Grundargument von Gilroys *Against Race* ist von bestechender Einfachheit: Kein Begriff ist ohne Geschichte. Dies gilt auch für den Rassebegriff. Verfolgt man die historischen Betrachtungen Gilroys, so ist nicht verwunderlich, dass er diesem Begriff kaum etwas Positives abgewinnen kann. Beginnend mit dem wissenschaftlichen Rassismus und dessen Essentialisierung von Gruppendifferenzen zeichnet er den Aufstieg des Begriffs in den politischen Diskursen Europas und den USA nach. Den verbrecherischen Höhepunkt seiner Karriere erreichte der Begriff in seiner legitimatorischen Wirkung für die Barbarei Nazi-Deutschlands. Der Aufschrei, den Gilroys Buch bei vielen Kommentatoren ausgelöst hat, lässt sich wohl am leichtesten nachvollziehen, wenn man sieht, wie er die Logik biologistischer Essentialisierung und übersteigertem Nationalismus auch in den auf den Rassebegriff bezogenen Diskursen der USA analysiert. Dabei gesteht er durchaus zu, dass es dort unter Umständen nach dem Zweiten Weltkrieg notwendig war, den Rassebegriff positiv zu wenden, um so die Unterdrückungssituation der Afroamerikaner beschreibbar zu machen. Diese positive Umwertung eines negativen Begriffs sei jedoch zum Selbstläufer geraten, der nun die politischen Chancen von Afroamerikanern eher beschränke als erweitere.

In seinem gesamten Buch betont Gilroy, es sei für die Emanzipation der Afroamerikaner dringend notwendig, den Rassebegriff zu verwerfen, und zieht hierfür kultursoziologische Argumente heran, die an Überzeugungskraft den anthropologischen Argumenten eines Ashley Montagu[944] aus dem Jahre 1942 in nichts nachstehen. Über die Erfolgsaussichten seines Vorschlages macht sich Gilroy jedoch keine Illusionen, so ist es wohl nicht zufällig, dass er die letzten Seiten seines Buches der Interpretation von Science-Fiction-Literatur und -Filmen widmet:

> This is a good point to recall that American television's first interracial kiss was between William Shatner and Nichelle Nichols, more normally found working together on the bridge of Gene Roddenbury's *Starship Enterprise.* ... Though they had been forced by aliens into this unnatural embrace, the image of these nonlovers focused the widely shared sense of race consciousness as earthbound and anachronistic. It endorsed the inevitable conclusion: because race consciousness is so manifestly arcane, its victims and others who perceive the open secret of its residual status *must* be closer to advanced interplanetary travelers than they are to its deluded earthly practitioners.[945]

---

942 Siehe Gilroy, *Against Race: Imaging Political Culture Beyond the Color Line.*
943 Siehe Winant, *The World Is a Ghetto: Race and Democracy since World War II.*
944 Vgl. Montagu, *Man's Most Dangerous Myth: The Fallacy of Race.*
945 Gilroy, *Against Race: Imaging Political Culture Beyond the Color Line,* S. 344.

Die Assoziation zum wohl bekanntesten Star-Trek-Fan, Dr. Martin Luther King, Jr., liegt nahe und wird von Gilroy genüsslich ausgeführt; zumal auch King sich der Lösung ökonomischer Ungerechtigkeiten verschrieben hatte, in der Einsicht, dass gleiche Rechte nur einen Teil der Teilhabe an der amerikanischen Gesellschaft garantieren. Sein Engagement gegen soziale Ungleichheit war ebenso universalistisch ausgerichtet wie sein Kampf für politische Rechte. Für Gilroy ist es die – sich Ende der 1960er Jahre schon ankündigende – zunehmende Integration von Afroamerikanern in die amerikanische Konsumentenkultur, die die Idee einer emanzipativen Gegenkultur, die unausweichlich mit einer spezifischen Hautpigmentierung verbunden ist, ad absurdum führt. Die Beibehaltung des Begriffs Rasse, insbesondere innerhalb der Soziologie, wird Gilroy zufolge damit nicht nur zu einem Anachronismus, sondern legitimiert – wenn auch vermutlich ungewollt – essentialisierende und biologisierende politische Projekte.

Auch Winants Ausgangsgedanke in *The World is a Ghetto* ist von großer Plausibilität: Für alle Amerikaner ist Rasse ein zentrales Element ihrer Identität; dies zu verneinen ist nicht nur skurriles Wunschdenken, sondern hat auch – gerade für die Situation von Afroamerikanern – viele negative Folgen:

> [T]he race-concept will continue to work at the interface of identity and inequality, social structure and cultural signification. The rearticulation of (in)equality in an ostensibly color-blind framework emphasizing individualism and meritocracy, it turns out, preserves the legacy of racial hierarchy far more effectively than its explicit defense (...). Similarly, the reinterpretation of racialized differences as matters of culture and nationality, rather than as fundamental human attributes somehow linked to phenotype, turns out to justify exclusionary politics and policy far better than traditional white supremacist arguments can do (...).[946]

Das Argument von Winant ist also, dass gerade die Verneinung des Konzepts Rasse dazu dient, Rasse als zentralen Strukturierungsmechanismus von Identitäten und Ungleichheiten weiterhin beizubehalten. Dies geschieht auf zwei Wegen: (1) Indem mit vermeintlich farbenblinden Kategorien – wie Individualismus und Meritokratie – argumentiert wird, werden historisch etablierte rassische Hierarchien nur umso effektiver zementiert. Da farbenblinde Diskurse die Verwendung des Begriffs Rasse ablehnen, verhindern sie die Analyse moderner Ungleichheitsstrukturen, die auf Rasse basieren. (2) Ebenso ist es die Umdefinition von Rasse i.S. von Kultur und Nationalität und damit ihre Verneinung von Rasse als fundamentales menschliches Attribut, die neue politische Strategien der Ausbeutung begründbar macht. Dies vor allem deshalb, weil biologisch anmutende Argumentationen soweit delegitimiert sind, dass sie sich selbst desavouieren. Die Neu-rahmung der Argumente in Begriffen von Kulturen und Nationalitäten machen dann allerdings dieselben exklutorischen politischen Strategien wieder salonfähig.

Um diese Aussagen zu begründen, beginnt das Buch mit einer kurzen Darstellung der verwendeten Begriffe und einer Skizze der Entwicklung der Welt vom etwa 15. bis ins 20. Jahrhundert. Der Hauptteil der Arbeit widmet sich mehreren Länderstudien (USA, Südafrika, Brasilien und Europa):

> This book reinterprets the new world racial system in an age of globalization, an era that has generally dispensed with the explicit racial hierarchies of the past: colonialism, labor reserves,

---

946 Winant, *The World Is a Ghetto: Race and Democracy since World War II*, S. 35.

> segregation and apartheid, and candid avowals of racial hierarchy. Although the old system has been formally demolished, it manages to live on informally, vampire-like, as the organizing principle of the worldwide social structure it was crucial in creating.[947]

Das entscheidende Argument für die Beibehaltung des Rassebegriffs ist für Winant der epochale Bruch in der Struktur der weltweiten "race relations", der nach dem Zweiten Weltkrieg stattgefunden hat.

> After World War II the meaning and politics of race were more comprehensively challenged than ever before in modern history. Although overshadowed by the wars – cold and hot – and the rivalries of the postwar decades, the postwar racial break was a momentous world-historical event, a political shift whose full importance has still not been recognized.[948]

Insbesondere in den USA hat dies zu einer völligen Neudefinition des Begriffs Rasse geführt, die nun in ihrem emanzipativen Charakter beibehalten werden muss, denn nur mittels des Rassebegriffs ist es möglich, die neue rassische Formation der amerikanischen Gesellschaft und die der Welt adäquat zu analysieren:

> Thus at the millennium's turn, even after undergoing limited racial reforms, the country still labored under the formidable legacy of the white supremacy that had been crucial to its foundation. Neglect and repression remained the preferred means to contain (and maintain) the country's ghettos and barrios. In a greed-driven frenzy the post-industrial elite rushed to export and cheapen labor, to undermine public services and education, and to subdue the consequences of these tendencies – rebellion, disorder, and crime – via the police and prison apparatuses. In this atmosphere the U.S. elite allowed inequalities of all sorts (not just racial ones) to fester, all the while reassuring itself that the bad old days of white supremacy had now been surmounted.[949]

Diese Charakterisierung der amerikanischen Gesellschaft ist alles andere als freundlich; Gilroy würde dieser Zustandsbeschreibung kaum widersprechen. Die Schlüsse die beide Autoren hinsichtlich des Begriffs Rasse aus der Situation ziehen, sind jedoch diametral entgegengesetzt. Dieser Unterschied folgt schon aus der Anlage der Studien: Während Winant insbesondere die Entwicklung nach dem Zweiten Weltkrieg beschreibt, beginnt Gilroy die meisten seiner Darstellungen nach dem Ersten Weltkrieg. Für Winant ist die Erfahrung, in den USA im Jahre 2000 einer Rasse anzugehören, die mehr oder minder explizierte Hauptperspektive, während durch die Einbeziehung des Zweiten Weltkrieges für Gilroy Nazi-Deutschland und dessen Verbrechen zum Hintergrund des gesamten Buches werden. Für den einen ist Rasse ein zentraler Begriff, sowohl im Alltag der amerikanischen Gesellschaft als auch als Analysekategorie, für den anderen ist Rasse ein ideologisches Konstrukt, das zu soviel Leid auf dieser Welt geführt hat, dass es als Analysekategorie gänzlich unbrauchbar geworden ist.

Wie zu Beginn dieses Kapitels schon angemerkt, spiegeln sich in der Frontstellung zwischen denen, die den Begriff Rasse nicht mehr verwenden wollen, und jenen, die ihn für unverzichtbar halten, zum Teil Argumentationsmuster wider, mit denen die hier nachvollzogene Geschichte schon vor dem Zweiten Weltkrieg begann. Ob und wie diese paradoxe

---

947 Ibid., S. 289.
948 Ibid., S. 290.
949 Ibid., S. 302.

Situation des Rassebegriffs zwischen Barbarei und Emanzipation mit den in der amerikanischen Soziologie entwickelten Ideen zu bearbeiten ist, soll nun im letzten Kapitel diskutiert werden.

6 Rasse oder Ethnizität? Abstammung und Mitgliedschaft als Thema in Soziologie und Gesellschaft

> So wofully unorganized is sociological knowledge
> that the meaning of progress,
> the meaning of "swift" and "slow" in human doing,
> and the limits of human perfectability, are veiled,
> unanswered sphinxes on the shores of science.
> (W.E.B. Du Bois, 1903)[950]

Im Jahre 1999 an einer amerikanischen Eliteuniversität der Ostküste erzählte mir eine empörte junge Studentin folgendes Erlebnis: Sie wollte dringend zum Friseur und ging zu einem bekannten Geschäft in der Nähe der Universität. Als sie den Laden betrat, wurde ihr gesagt, in diesem Hause würden keine Haare von Schwarzen geschnitten, man sei auf andere ethnische Gruppen spezialisiert. Sie müsse zu einem Friseur in die Stadt gehen, der auf Haare von Schwarzen spezialisiert sei. Die junge Frau war schockiert, denn es war das erste Mal in ihrem Leben, dass jemand sie "fälschlicherweise" als Schwarze eingestuft hatte. Sie insistierte zwar darauf, keine Schwarze zu sein, ging aber in den anderen Laden. Dort wurde sie mit der Begründung abgewiesen, sie sei weiß und man könne hier nur das Haar von Schwarzen frisieren. Nachdem sie den Laden schimpfend verlassen hatte, ging sie einfach in den nächsten kleinen Friseurladen um die Ecke und bekam dort sofort ihr Haar gerichtet, ohne dass irgendjemand ein Wort über ihre Hautfarbe oder die besondere Textur ihres Haares verloren hätte.

Aus dieser Geschichte lassen sich auf mehreren Ebenen Schlüsse ziehen. Oberflächlich betrachtet wurde hier das Aussehen eines Menschen einfach falsch eingeordnet. Unter juristischen Gesichtspunkten hatten sich vermutlich die beiden ersten Betriebe strafbar gemacht, da sie aufgrund der ethnischen Zugehörigkeit einer Kundin die Bedienung verweigert hatten.

Im Lichte der in diesem Buch erarbeiteten Perspektive auf die Begriffe Rasse und Ethnizität zeigt diese Geschichte einen geradezu atemberaubenden Wandel der amerikanischen Gesellschaft an. Noch vor fünfzig Jahren wäre es undenkbar gewesen, dass jemand, der schwarz aussieht, in einen Friseurladen für Weiße geht. Genauso undenkbar war es natürlich, dass eine Weiße in einen Friseurladen für Schwarze geht, und last not least erschien es in Jim-Crow-Zeiten völlig unplausibel, dass es je einen Friseurladen geben würde, der Weiße und Schwarze einfach ohne Unterschied bedient. In gewisser Weise wurde das oberflächlich versehentliche "falsche Einordnen" von der jungen Studentin provoziert, weil sie auf ihren Haarschnitt insistierte, egal von wem. Obwohl sie also selbst klare Vorstellungen darüber hatte, dass sie weiß und nicht schwarz ist, leitete sie daraus keinerlei zwingen-

---

[950] Dies ist aus den letzten Absätzen in Du Bois, *The Souls of Black Folk: Essays and Sketches*. Wiederabdruck in Sundquist (Hg.), *The Oxford W.E.B. Du Bois Reader*, S. 97–240, S. 238.

de Regel ab, in welchem Friseurladen sie sich bedienen lassen würde. Diese Geschichte zeigt also auch, dass die immer noch oft unhinterfragt angenommene Dichotomisierung der amerikanischen Gesellschaft in Schwarz und Weiß viel weniger zwingend Handlungen nahe legt, wie noch vor fünfzig Jahren. Obwohl die Studentin selbst ihre Erfahrungen in den Begriffen Rasse, Ethnizität, Weiß und Schwarz beschrieb, zeigt der Ablauf ihrer Geschichte, ebenso wie ihre Empörung, dass diese Kategorien in einer Alltagssituation – sowohl als persönliche Richtlinie des Handelns, als auch als sozialstrukturelle Kategorie – offensichtlich nicht glatt funktionierten.

Begriffe in Alltag und Wissenschaft sind keine statischen Gebilde, sondern dynamische Strukturen, die sich in ihren Bedeutungen immer wieder verändern. Wie diese Veränderungen für die Begriffe Rasse und Ethnizität zwischen 1920 und dem Jahre 2000 abliefen, war der Gegenstand dieser Arbeit. Im Folgenden sollen nun die gewonnenen Erkenntnisse zusammengetragen und es soll aufgezeigt werden, wie die Ergebnisse der dargestellten soziologischen Analysen resümiert werden können. Ziel ist dabei, ein Modell ethnischer und rassischer Mitgliedschaft zu beschreiben, so wie es von der amerikanischen "race and ethnic relations"-Forschung erarbeitet wurde. Dabei liegt die Betonung notwendigerweise auf den vielen Gemeinsamkeiten, die die verschiedenen Ansätze der "race and ethnic relations"-Forschung verbinden.

Das Kapitel gliedert sich in zwei Teile: Im ersten Teil wird entlang der drei im ersten Kapitel entwickelten Grundfragen zum Problem der Verwendung der Begriffe Rasse und Ethnizität ein Modell abstammungsorientierter Mitgliedschaft für die amerikanische Gesellschaft Ende des 20. Jahrhunderts entwickelt (6.1). Der zweite Teil greift einige zentrale Ergebnisse der Arbeit heraus und reflektiert – mit Hilfe der entwickelten Begrifflichkeit – Definitionsprobleme der Begriffe Rasse und Ethnizität, die im ersten Kapitel genannt wurden bzw. im Zuge der Rekonstruktion der Begriffsgeschichte aufgetaucht sind (6.2).

6.1 Mitgliedschaft und sozialer Wandel: Zur Dynamik von Rasse und Ethnizität in der amerikanischen Gesellschaft

Wie zu Beginn der Arbeit begründet, kann die Ausgangsfrage dieses Buches nach der Verwendung der Begriffe Rasse und Ethnizität nur in der Analyse von Stabilität und Wandel der wissenschaftlichen Perspektiven in der "race and ethnic relations"-Forschung vor dem Hintergrund ihrer zeitlichen Entstehung beantwortet werden: Wissenschaftsgeschichte wurde immer als Teil der Gesellschaftsgeschichte aufgefasst. Untersucht wurden diese historischen Prozesse anhand von drei Fragen, die sich in jeder Phase der amerikanischen Geschichte für die "race and ethnic relations"-Forschung neu stellten und die sich im Anschluss an Überlegungen von Neil J. Smelser, William Julius Wilson und Faith Mitchell[951] wie folgt formulieren lassen:

1. Wie werden Rasse und Ethnizität definiert?
2. Was sind die zentralen Dimensionen der Ungleichheit, die analysiert werden?
3. Wie wird die amerikanische Gesellschaft als Ganzes gesehen?

---

951 Vgl. Smelser, Wilson und Mitchell, "Introduction".

Um die Antworten auf diese Fragen, die die "race and ethnic relations"-Forschung erarbeitet hat, formulieren zu können, wird vom Konzept der Mitgliedschaft ausgegangen. Der Begriff Mitgliedschaft ("membership") wird in Bezug auf Rasse und ethnische Gruppe in der amerikanischen Soziologie immer wieder verwendet. Wie in Kapitel 3 dargestellt, war es Talcott Parsons, der diesen Begriff – in der Bedeutung der Zugehörigkeit zu einem Kollektiv im weitesten Sinne – zur Analyse der Rolle von Ethnizität und Staatsbürgerschaft vorschlug.[952] Der Begriff wurde dann in den 1970er Jahren verstärkt von so unterschiedlichen Autoren wie Herbert Gans, Daniel Bell und Parsons weiter verwendet. Das im Folgenden entwickelte Modell abstammungsorientierter Mitgliedschaft lässt sich grafisch kurz in einer Übersicht zusammenfassen (vgl. Abbildung 8).

---

952 Vgl. hierzu Parsons, "Full Citizenship for the Negro American?", hierzu auch Kapitel 3.4.2 in diesem Buch, *Exkurs: "Full Citizenship for the Negro American?"*.

Abbildung 8: Modell abstammungsorientierter Mitgliedschaft

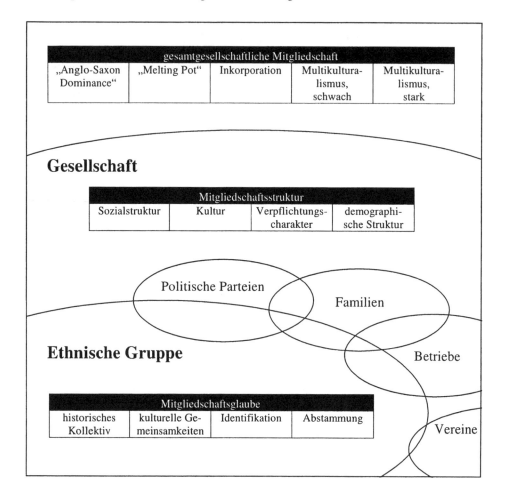

In dieser *Mitgliedschaftsperspektive* lassen sich die drei eben genannten Ausgangsfragen wie folgt reformulieren:

(1) Die Definition der Begriffe Rasse bzw. Ethnizität lässt sich über die zunehmende analytische Ausarbeitung der Aspekte des Mitgliedschafts*glaubens* nachzeichnen. Der Mitgliedschaftsglaube soll sich dabei auf die Gesichtspunkte ethnischer und rassischer Mitgliedschaft beziehen, die die Formen der Zugehörigkeit sinnhaft bestimmen.

(2) Die Frage nach den zentralen Dimensionen bzw. relevanten Faktoren sozialer Ungleichheit, die unabhängig von oder basierend auf Ethnizität und Rasse die amerikanische Gesellschaft bestimmen, soll im Folgenden als Mitgliedschafts*struktur* analysiert werden. Innerhalb der Mitgliedschaftsstruktur der amerikanischen Gesellschaft bilden sich für Angehörige einer Rasse oder einer ethnischen Gruppe jeweils historisch-spezifische Mitglied-

schaftsmuster – im Sinne typischer Zugehörigkeiten zu verschiedenen Kollektiven innerhalb einer Gesellschaft – aus.[953]

(3) Die dritte Frage, die in den Ansätzen zu Rasse und Ethnizität bearbeitet wurde, thematisiert die Relation dieser Mitgliedschaften zur Gesamtgesellschaft. Dies wird im Folgenden als *gesamtgesellschaftliche* Mitgliedschaft beschrieben. Sie bezieht sich auf die Konzeptionalisierung der Relation rassischer und ethnischer Mitgliedschaft zur amerikanischen Gesamtgesellschaft, sowie auf das Verhältnis zwischen den verschiedenen Gesellschaften.

Dieses Modell abstammungsorientierter Mitgliedschaft soll nun genauer expliziert werden. Dabei wird insbesondere die Zeitperspektive betont, die ja als vierte, historisch orientierte Leitfrage Ausgangspunkt der Arbeit war. Im Folgenden werden also die drei Ebenen des Modells abstammungsorientierter Mitgliedschaft im Zuge der Zusammenfassung der historischen Analyse der vorangegangenen Kapitel kurz dargestellt, um zu skizzieren, wie sich in diesem Modell die Ergebnisse verschiedener Ansätze der "race and ethnic relations"-Forschung abbilden lassen. Wie der Durchgang durch die Geschichte des Feldes gezeigt hat, kommen alle drei Aspekte – Mitgliedschaftsglaube, Mitgliedschaftsstruktur und gesamtgesellschaftliche Mitgliedschaft – mehr oder minder explizit in allen dargestellten soziologischen Perspektiven vor, so dass diese in den drei folgenden Abschnitten immer wieder aus einem anderen Blickwinkel neu interpretiert werden können.

6.1.1   Zur Definition von Rasse und Ethnizität: Die Aspekte des Mitgliedschaftsglaubens

Die erste Frage, die aus der Grundfrage der Arbeit nach der Verwendung der Begriffe Rasse und Ethnizität folgt, ist, in welchem Falle ein soziales Phänomen in der amerikanischen Soziologie mit dem Begriff Rasse oder Ethnizität benannt wurde. Dies wurde und wird in der amerikanischen Soziologie in sehr unterschiedlicher Weise getan. Es lassen sich jedoch die Kriterien benennen, über die Rasse bzw. Ethnizität definiert wurden. Ausgangspunkt der Arbeit war dabei – in Bezug auf Smelser, Wilson und Mitchell[954] – die Definition der ethnischen Gruppe von Max Weber. In die Begrifflichkeit der amerikanischen Soziologie gegen Ende des 20. Jahrhunderts übertragen, lautet diese Definition: Wenn Gruppen wegen ihres Aussehens oder ihrer Lebensweise oder beidem oder wegen des gemeinsamen historischen Schicksals der Kolonisation oder Migration an eine gemeinsame Abstammung glauben, so dass dies zur Propagierung von Gruppenhandeln verwendet wird, egal ob eine tatsächliche biologische Verwandtschaft vorliegt oder nicht, so nennen wir dies Ethnizität oder Rasse.[955] Als Schlüssel zu dieser Definition ist es wichtig, den der Definition folgenden Satz bei Max Weber aufmerksam zu lesen:

---

953 Die Unterscheidung zwischen Bewusstsein der Handelnden und der Struktur der sozialen Austauschbeziehungen ist natürlich eine, die in den unterschiedlichsten Versionen in der Soziologie thematisiert wurde, eine der frühesten und bekanntesten Beschreibungen ist vermutlich die Unterscheidung von Karl Marx zwischen "die Klasse an sich" und "Klasse für sich".
954 Vgl. Smelser, Wilson und Mitchell, "Introduction", S. 2ff.
955 Vgl. Weber, *Wirtschaft und Gesellschaft*, S. 237.

Von der "Sippengemeinschaft" scheidet sich die "ethnische" Gemeinsamkeit dadurch, daß sie eben an sich nur (geglaubte) "Gemeinsamkeit", nicht aber "Gemeinschaft" ist, wie die Sippe, zu deren Wesen ein reales Gemeinschaftshandeln gehört.[956]

Zur Definition der Begriffe Ethnizität und Rasse sind also insbesondere die geglaubten Aspekte der Mitgliedschaft relevant. Nur über die geglaubte Gemeinsamkeit, zusammen mit einem Abstammungsglauben, lässt sich laut Weber bestimmen, was als rassisch bzw. ethnisch zu gelten hat. Die Beschreibung dieses abstammungsorientierten Mitgliedschaftsglaubens war dann auch in ganz unterschiedlicher Weise Gegenstand der Definitionsversuche von Rasse und Ethnizität in der amerikanischen "race and ethnic relations"-Forschung. Diese soll getrennt für den Ethnizitäts- und den Rassebegriff kurz skizziert werden.

Die Entwicklung des Ethnizitätsbegriffs

Die Geschichte der Definitionen des Ethnizitätsbegriffs im engeren Sinne beginnt mit der Ausarbeitung des Konzepts der ethnischen Gruppe etwa zwischen *1920 und 1944*. Der Begriff ethnische Gruppe bezog sich hier auf ein als klar umgrenzt vorgestelltes Kollektiv, meist ansässig in spezifischen Stadtteilen. Den historischen Charakter erhielten diese Kollektive durch die gemeinsame nationale Herkunft, also die gemeinsame Wanderungserfahrung vor dem Hintergrund einer gemeinsamen nationalen Tradition. Die Abstammung von Vorfahren, die dem gleichen Kollektiv bzw. der gleichen Nation angehörten, war unmittelbares Kriterium für die Zugehörigkeit zur ethnischen Gruppe.[957]

Teilweise schon vorher angelegt, aber zum ersten Mal bei W. Lloyd Warner[958] klar definiert, wurde Zugehörigkeit zu einer ethnischen Gruppe über kulturelle Ähnlichkeit sowie über gemeinsames ethnisch orientiertes Handeln bestimmt. Ethnizität zeichnete sich einerseits durch spezifische kulturelle Symbole und Lebensweisen aus, andererseits war sie durch die Teilhabe an einem ethnischen Kollektiv charakterisiert. Diese Teilhabe drückte sich meist durch das Wohnen im Siedlungsgebiet (Stadtteil) einer ethnischen Gruppe aus, mindestens jedoch durch die Teilnahme an ethnischen Festen, Organisationen und Netzwerken. Mit dem Ende des Zweiten Weltkrieges wurde aus der eindeutigen Verknüpfung von abstammungsorientiertem Mitgliedschaftsglauben und einem Kollektiv ein davon analytisch zu trennender doppelter Bezug zwischen Mitglied und ethnischer Gruppe: Mitgliedschaftsglaube konstituierte bzw. aktualisierte sich zum einen über Symbole und kulturelle Äußerungen, zum anderen über die Teilnahme an Gruppenhandlungen, in denen die anwesenden Personen als Stellvertreter des ethnischen Kollektivs den Glauben an die ethnische Gruppe als bestehendes historisches Kollektiv festigen.

Die für Warner noch intuitiv gegebene klare Sichtbarkeit ethnischer Gruppen nimmt in den *1950ern und 1960ern* ab. Ganz im Trend der Zeit liegend, wurde von vielen Autoren eine Abnahme "absoluter" kultureller Differenzen beobachtet, die jedoch, wie etwa Nathan

---

956 Ibid., S. 237.
957 Ethnische Gruppen werden deshalb etwa als polnisch, deutsch oder italienisch bezeichnet, eine Einteilung, die oft die ethnischen Kategorien des Herkunftslandes stark vereinfacht.
958 Vgl. Warner und Srole, *The Social Systems of American Ethnic Groups*, hierzu auch Kapitel 3.1.2 in diesem Buch, Exkurs: "The Social Systems of American Ethnic Groups".

Glazer und Daniel P. Moynihan[959] betonten, nicht mit einer gleichzeitigen Abnahme der subjektiven Bedeutungen ethnischer Gruppen verbunden sein muss. Mit der Abnahme struktureller und kultureller Differenzen wurde allerdings die Stabilität des Mitgliedschaftsglaubens zunehmend zum Problem. Die schiere Unterschiedlichkeit z.B. in Sprache oder Religion, die ein plausibles "Bedürfnis" zur Ausübung im Alltag und damit zur Separierung mit sich bringt, war in immer geringerem Maße vorhanden. Abstammung war weiterhin das Mitgliedschaftskriterium für eine ethnische Gruppe, die mit der Abstammung verbundene Sozialisation führte jedoch zu weit weniger drastischen Unterschieden in der Lebensweise.

In dieser Situation ist mit dem Namen Milton Gordon[960] eine weitere Ausdifferenzierung des Konzepts des Mitgliedschaftsglaubens verbunden. Für Gordon konnte Mitgliedschaft über verschiedene Aspekte hergestellt werden. Er differenzierte zwischen Partizipation, Subkultur und Identifikation: Der Mitgliedschaftsglaube konnte sich also über einen strukturellen Aspekt definieren, etwa die tatsächliche Teilnahme an ethnischen Netzwerken (Partizipation); oder über einen kulturellen Aspekt, also über eine eventuell vorhandene spezifische Kultur (Subkultur); und er fügte dem einen weiteren Aspekt hinzu: Das persönliche Gefühl der Verbundenheit (Identifikation). Zu einer Zeit, in der der Glaube an gemeinsame ethnische Symbole sowie die Teilhabe an ethnisch orientierten gemeinsamen Handlungen abnahm, war die Verbundenheit oder die Identifikation mit einer ethnischen Gruppe latent gefährdet. Damit war die Beobachtung Gordons umso erstaunlicher, dass hohe Identifikationen vorliegen können, obwohl der Glaube an gemeinsame Symbole und ein gemeinsames Kollektiv dahinschwindet. Besonders interessant ist sein Konzept der historischen Identifikation. Damit wollte er darauf hinweisen, dass es für Menschen, die glauben, dass sie z.B. von Indianern, Afroamerikanern oder Juden abstammen, praktisch unmöglich ist, sich einer Solidarisierung mit diesen Gruppen zu entziehen, wenn etwa im Fernsehen über deren historisches Schicksal berichtet wird, auch wenn ansonsten keinerlei Verbindungen zu diesen Gruppen bestehen.

Nach Gordon war es wichtig zu sehen, dass alle drei von ihm genannten Aspekte abstammungsorientierten Mitgliedschaftsglaubens unabhängig voneinander variieren können: Jemand kann sich aufgrund seiner tatsächlichen oder geglaubten Abstammung stark identifizieren, muss aber nicht an ethnischen Netzwerken teilhaben, oder dichte Netzwerke von Menschen können eine abgrenzbare Binnenstruktur innerhalb einer – mehrere Gruppen umfassenden – ethnischen Subkultur bilden. Zwar hatte schon Warner zwischen Ethnizität als Zugehörigkeit zu ethnischen Organisationen oder anderem Gruppenhandeln einerseits und deren kulturellen Repräsentationen und Symbolwelten andererseits unterschieden, aber Gordon führte nun das Argument ein, dass beide nicht deckungsgleich sein müssen, und dass eine subjektiv gefühlte Solidarität weder zwangsläufig zur vollen Teilhabe an einem ethnischen Netzwerk führt, noch diese gefühlte Solidarität zur Übernahme kultureller Symbole zwingt.

Gegen *Anfang der 1970er* nahm die Handlungsrelevanz ethnischen Mitgliedschaftsglaubens weiterhin ab, wie etwa Daten zu Heiratsquoten zeigen, aber die Idee der ethni-

---

959 Vgl. Glazer und Moynihan, *Beyond the Melting Pot*, hierzu auch Kapitel 3.3.2 in diesem Buch, *Exkurs: "Beyond the Melting Pot"*.
960 Vgl. Gordon, *Assimilation in American Life*, hierzu auch Kapitel 3.3.2 in diesem Buch, Exkurs: "Assimilation in American Life".

schen Gruppe erlebte unter der Überschrift der "unmeltable ethnics"[961] öffentlich ein Revival. Auf diese veränderte Situation reagierte auch die Soziologie mit neuen Versuchen einer Konzeptionalisierung. Mit den Namen des Ethnologen Fredrik Barth[962] und später des Soziologen Herbert Gans[963] ist eine stärkere Betonung des symbolischen Aspekts der Bestimmung von Ethnizität verbunden. Für Barth konstituierte sich der Mitgliedschaftsglaube über "ethnische Markierungen": Bestimmte einfache Symbole signalisieren Mitgliedschaft und generieren darüber hinaus auch Mitgliedschaftsunterstellungen von anderen. Dieser Ansatz bedeutete einen doppelten Perspektivwechsel: (1) Es wird nun gefragt, wie Mitgliedschaftsglaube in einer ethnischen Gruppe entsteht, während bei den vorherigen Arbeiten ethnische Mitgliedschaften als vorausgesetzt betrachtet wurden, (2) die tatsächliche Komplexität vorhandener Symbole oder die Vielfältigkeit von ethnischem Gruppenhandeln werden praktisch irrelevant, da nur noch die symbolische Grenzziehung in Betracht gezogen wird. In diesen Modellen ist Abstammung nur noch in dem Sinne relevant, als sie persönliche Vorlieben prägt. Aufgrund der Ausdünnung tatsächlicher mit ethnischer Herkunft verbundener kultureller Inhalte ist ein Loslösen von der und Wiedereintreten in die ethnische Gruppe immer möglich. Gans sah in diesem, sich nur noch in wenigen Symbolen und Handlungen ausdrückenden Mitgliedschaftsglauben – von ihm "symbolische Ethnizität" genannt –, das zentrale Merkmal einer ethnischen Gruppe in der modernen amerikanischen Gesellschaft.

In dieser neuen Perspektive wurden zwei wichtige Bewegungen in der Konzeptionalisierung von Ethnizität möglich:

(1) Ethnizität wurde zur "Privatsache", die zwar als persönliches Gefühl relevant ist, aber nicht mehr direkt andere Mitgliedschaften etwa bei der Arbeit oder in der Politik beeinflusst. Besonders deutlich ist dieser Aspekt etwa bei Parsons[964].

(2) Außerdem wurden die stabilisierenden Faktoren einer ethnischen Gruppe nicht mehr innerhalb der Gruppe selbst gesehen, sondern etwa in der Interaktion mit dem politischen System.[965]

Wenn kaum noch ethnische Feste oder Symbole im Alltag vorhanden sind, wird die Stabilisierung des Mitgliedschaftsglaubens immer problematischer. Ethnische Gruppen werden dann durch Interaktionsprozesse mit anderen Bereichen der Gesellschaft, z.B. der Ökonomie oder dem politischen System, gestützt, weil diese eine Möglichkeit darstellen, Interessen, die in solchen anderen Bereichen der Gesellschaft entstanden, Ausdruck zu verleihen. Ethnischer Mitgliedschaftsglaube war also nicht mehr selbst stabil, sondern wird gleichsam "von außen" verfestigt (vgl. hierzu Kapitel 6.1.2).

Wenn nun aber – wie in den 1970ern so treffend herausgearbeitet – ethnischer Mitgliedschaftsglaube in immer geringerem Maße auf Unterschieden in der Lebensweise beruhte, wird es um so erklärungsbedürftiger, warum gerade abstammungsorientierter Mitgliedschaftsglaube trotzdem regelmäßig reproduziert wurde. Um diese Frage zu beantworten, wurde zu *Beginn der 1980er* versucht, wie in den Arbeiten von Pierre L. van den Berg-

---

961 Vgl. beispielsweise Greeley, *Ethnicity in the United States* und prominent Novak, *The Rise of the Unmeltable Ethnics*.
962 Vgl. Barth, *Ethnic Groups and Boundaries*.
963 Vgl. Gans, "Symbolic Ethnicity".
964 Vgl. Parsons, "Some Theoretical Considerations on the Nature and Trends of Change of Ethnicity".
965 Vgl. Glazer und Moynihan "Introduction".

he[966] exemplifiziert, die biologische Grunddimension der Ethnizität als erweiterte, geglaubte Verwandtschaftsgruppe in den Blick zu nehmen. Van den Berghe versuchte damit die Frage zu beantworten, warum gerade ethnische Muster der Selbstbeschreibung so attraktiv sind. Diese Frage konnte so prägnant in der amerikanischen Soziologie nur vor dem Hintergrund der Entwicklung bis Mitte der Siebziger Jahre gestellt werden, da seit diesem Zeitpunkt ethnischer Mitgliedschaftsglaube nicht mehr als etwas gesehen wurde, das "naturwüchsig" durch die Existenz eines ethnischen Kollektivs gegeben ist, sondern als etwas, das aktiv hergestellt werden muss.

Den Schlüssel dafür, warum Menschen dazu neigen, Mitgliedschaften zu ethnisieren, liegt für van den Berghe in der Entwicklungsgeschichte der Menschheit begründet: Der evolutionäre Vorteil der Verwandtschaftsorientierung führte dazu, dass Menschen nicht nur dazu neigen Verwandte zu bevorzugen, sondern diese Verwandtschaftsstruktur auch in größere Gruppen zu projizieren. Dies wird nicht zuletzt dadurch verstärkt, dass die erste Gruppe, die ein Kind im Sozialisationsprozess erfährt, die Familie als biologische Verwandtschaftsgruppe ist, so dass auf diese Form der Gruppenbeschreibung von jedem Einzelnen besonders schnell zurückgegriffen werden kann. Natürlich wies auch van den Berghe darauf hin, dass viele Mechanismen in modernen Gesellschaften dieser Verwandtschaftsorientierung entgegen arbeiten bzw. viele Solidaritäten auch durch andere Gruppenstrukturen erzeugt werden. Van den Berghes Konzept der stammesgeschichtlichen Disposition zum Abstammungsglauben ist ein Beispiel für den Versuch, die Stabilität abstammungsorientierten Mitgliedschaftsglaubens über einen weiteren, den biologischen Aspekt, ethnischen Mitgliedschaftsglaubens zu beschreiben. Der Abstammungsglaube hat seinen Ursprung im Verwandtschaftsglauben und taucht deshalb immer wieder als "Erklärungsmuster" für eine Gruppenzugehörigkeit auf.

Damit waren in den 1980ern in der amerikanischen "race and ethnic relations"-Forschung die vier Aspekte des ethnischen Mitgliedschaftsglaubens analytisch bestimmt: Aus dem (1) gehegten Abstammungsglauben folgen (2) die Identifikation mit (3) einem vorgestellten historischen Kollektiv, dessen Existenz sich in (4) spezifischen Symbolen ausdrückt. Inwieweit diese vier Elemente in einem spezifischen ethnischen Mitgliedschaftsglauben tatsächlich ausgeprägt sind, wurde damit vollständig einer empirischen Analyse zugänglich.

Mit der zunehmenden und diversifizierten Einwanderung in die USA nahmen kulturell-ethnische Differenzen in der amerikanischen Gesellschaft wieder zu, während gerade die alten "europäischen" ethnischen Gruppen immer weiter an kulturellen Spezifika verloren und immer stärker zu Euroamerikanern zusammengefasst wurden. Ende der 1980er stand mit den Arbeiten z.B. von Stanley Lieberson und Mary C. Waters[967] zu europäischen ethnischen Gruppen dann auch die Lockerung der Verknüpfung von Herkünften einerseits und Identifikation oder spezifischen kulturelleren Mustern andererseits im Mittelpunkt maßgeblicher Werke zur Ethnizität. Zu *Beginn der 1990er* wird immer mehr der kontrafaktische oder zumindest doch hoch selektive Charakter ethnischen Abstammungsglaubens zum Thema der Soziologie.[968] Beispiele für diese These waren hier wieder Abkömmlinge

---

966 Vgl. Van den Berghe, *The Ethnic Phenomenon*, Kapitel 4.3.2 in diesem Buch, *Exkurs: The Ethnic Phenomenon*.
967 Vgl. Lieberson und Waters, *From Many Strands*, insbesondere Kapitel 4, 6 und 7.
968 Vgl. Waters, *Ethnic Options: Choosing Identities in America*.

europäischer Einwanderung: Aufgrund der zahlreichen Mischehen zwischen diesen Gruppen und damit der individuellen Abstammung von verschiedenen Einwanderergruppen stand diesen ein Set von Herkünften zur Verfügung, aus dem gewählt werden kann. Ethnischer Mitgliedschaftsglaube setzte zwar immer noch Abstammungsglauben voraus, eine der vielen tatsächlichen Abstammungen bestimmte aber nicht mehr zwangsläufig einen spezifischen vom Einzelnen gehegten Mitgliedschaftsglauben. Unabhängig von der soziologischen Perspektive der Abstammung als Wahlakt weist etwa Waters darauf hin, dass der Mitgliedschaftsglaube für die Betreffenden weiterhin eine hohe Authentizität besitzt. Ethnische Zugehörigkeit wird als integraler Bestandteil der Persönlichkeit empfunden und Menschen identifizieren sich oft hoch mit ihrer ethnischen Gruppe; ähnlich wie bei der Partnerwahl im Kontext der romantischen Liebe, in der die Wahl des Partners aus dem authentischen Gefühl einer Zwangsläufigkeit heraus empfunden wird, obwohl in analytischer Perspektive diese Wahl innerhalb gegebener struktureller Bedingungen immer auch hätte anders ausfallen können. Diese authentische Kontingenz ethnischen Mitgliedschaftsglaubens reflektiert als Analysemodus die weitgehende Auflösung von ethnischen Kollektiven bei gleichzeitiger Stabilität von ethnischen Zugehörigkeiten in der amerikanischen Gesellschaft gegen Ende des 20. Jahrhunderts.

Die Entwicklung des Rassebegriffs

Der Rassebegriff wurde in der amerikanischen Soziologie seit ihren Anfängen gebraucht. Allerdings wurde er bis in die 1920er Jahre meist nur am Rande verwendet, wobei eine biologische Verknüpfung zwischen vorhandenem Kollektiv und rassischem Mitgliedschaftsglauben als quasi naturwüchsig galt, bzw. nur gelegentlich hinterfragt wurde. Rassische Kollektive waren eindeutig abgrenzbar und Mitgliedschaft in ihnen war gewissermaßen zwangsläufig. Aufgrund dieser strikten Mitgliedschaftszuweisungen schien es nur schlüssig, rassischen Kollektiven auch eine je spezifische Kultur zuzuordnen. Damit wurde schnell auch jeder kulturelle Unterschied als rassisch beschrieben. Für jede der zahlreichen damaligen Rassen war es möglich, spezifische körperliche Merkmale anzugeben, waren es nun Deutsche, Yankees, Slawen oder Mulatten.

Das Konzept der ethnischen Gruppe trennte sich in den *1920er und 1930er Jahren* – innerhalb des neu entstehenden soziologischen Teilgebiets der "race and ethnic relations"-Forschung – vom Rassenkonzept ab. Ziel vieler Soziologen war es, wissenschaftliche Mitgliedschaftsbestimmungen, insbesondere für Einwanderungsgruppen, zu entbiologisieren. Nachdem der wissenschaftliche Rassismus durch die Entwicklungen in der kulturellen und physiologischen Anthropologie desavouiert worden war, konnte dem Rassebegriff keine auf biologischen Faktoren beruhende Erklärungskraft mehr zugewiesen werden. Die Verwendung des Begriffs Rasse als soziologische Kategorie wurde – als eine Art Aberglauben – zunehmend schärfer abgelehnt.

Ende der 1950er arbeiteten die meisten Soziologen kaum noch analytisch mit dem Konzept der Rasse selbst; Rasse war eine in der Gesellschaft vorgefundene Bezeichnung für eine Form biologisch begründeten Mitgliedschaftsglaubens und nur als solche relevant. Besonders gut ist dieser Aspekt in der Arbeit von Gunnar Myrdal[969] zu sehen, der dem Rassebegriff selbst aus wissenschaftlicher Sicht keinerlei Erkenntnisgewinn zuschrieb, ihn

---

969 Vgl. Myrdal, *An American Dilemma*.

aber verwendete, weil dieser Begriff in der amerikanischen Gesellschaft so prominent war. Im Kontext von Warners "class and caste"-Perspektive ist Rasse bestimmt durch die absolute Trennung aller Mitgliedschaftschancen für Afroamerikaner und Euroamerikaner. Seit Myrdal und Warner wird also hauptsächlich gefragt, welche mit Rasse assoziierten Prozesse daran beteiligt sind, die strukturelle Dimension im Sinne der absoluten Trennung von Kollektiven im Mitgliedschaftsglauben der amerikanischen Bevölkerung aufrechtzuerhalten.[970] Seine hohe Popularität verdankte gerade Myrdals Werk aber nicht seiner Desavouierung des Rassebegriffs als biologisch kontra-faktisch, sondern seiner Beschreibung der amerikanischen Sozialstruktur als "kontra-normativ", also den normativen Selbstansprüchen der USA widersprechend (vgl. Kapitel 6.3).

Mit der zunehmenden Durchschlagskraft der Bürgerrechtsbewegung *in den 1960ern* änderte sich in der Soziologie ebenfalls der Zugang zu Rasse. Rassischer Mitgliedschaftsglaube wurde stärker auch als Teilhabe an gemeinsamen kulturellen Ressourcen und als Chance der Identifikation gesehen. Rasse "bekam" also wieder eine kulturelle und eine identifikatorische Dimension. Insbesondere Ende der 1960er Jahre wurde der rassische Mitgliedschaftsglaube als Ausdruck einer besonderen Erfahrung, die mit der Rassenzugehörigkeit verbunden ist, interpretiert.[971] Mit der stärkeren Betonung dieses Aspekts sowohl in öffentlichen Diskursen wie auch in der Soziologie stieg auch wieder der Glaube an abgrenzbare rassische Kollektive, besonders in Bezug auf Afroamerikaner. In der Sklaverei und in der Jim-Crow-Ära waren Weiße und Schwarze durch die rechtliche Ungleichbehandlung zu abgrenzbaren Kollektiven geworden. Nach dem Abbau der diskriminierenden Gesetze war ein wichtiger Mechanismus zur Aufrechterhaltung der Separierung struktureller Mitgliedschaftschancen entfallen. Im jedoch weiterhin vorhandenen rassischen Mitgliedschaftsglauben in der amerikanischen Bevölkerung wurde deshalb der Wegfall "äußerer", struktureller Mitgliedschaftsmuster durch kulturelle und identifikatorische Aspekte des Mitgliedschaftsglaubens kompensiert.

Mit diesen Veränderungen ist seit Mitte der 1960er eine zunehmende Ähnlichkeit in der Konzeptionalisierung von Rasse und Ethnizität erreicht: Rassischer und ethnischer Mitgliedschaftsglaube wurden beschrieben durch kulturelle Muster und Symbole, durch den Glauben an ein historisches Kollektiv und durch die Identifikation mit einer Rasse oder ethnischen Gruppe. Nur hinsichtlich der den Abstammungsglauben stützenden äußeren Merkmale ging die amerikanische Soziologie weiterhin davon aus, dass Rassenzugehörigkeit – gemeint sind dabei meist Afroamerikaner – auch physisch offensichtlich sei, während dies bei ethnischer Zugehörigkeit nicht der Fall sei.

Während bis in die 1960er Jahre hinein die Soziologie noch versuchte, die "Nicht-Eindeutigkeit" der Zuordnung von Personen in den Vordergrund zu stellen, um ihre Perspektive auf Rasse vor einer Essentialisierung der Mitgliedschaft zu schützen, kam die Soziologie *Anfang der 1970er* wieder bei der Eindeutigkeit des Mitgliedschaftsglaubens an. Der feste Glaube der amerikanischen Bevölkerung an Rasse als eindeutig sichtbare biologische Mitgliedschaft blieb also nicht nur erhalten, sondern schlug auch auf die Wissenschaft zurück. Trotz der Bemühungen seit Myrdal, die phänotypische "Offensichtlichkeit" von Rassenzuordnungen soziologisch zu hinterfragen, war für die amerikanische Öffentlichkeit

---

970 Zu ökonomischen Prozessen als Erklärung, vgl. Cox, *Caste, Class, and Race*, zu historisch orientierten Erklärungsversuchen vgl. etwa Parsons, "Full Citizenship for the Negro American?".
971 Als ein Beispiel unter vielen Ladner (Hg.), *The Death of White Sociology*.

wie für die Soziologie diese Mitgliedschaft weitgehend eindeutig geblieben. Wissenschaftlich wurde der Rassebegriff über die "besondere" Kopplung von hoher Identifikation, einschneidenden Erfahrungen des historischen Kollektivs und kulturellen Symbolen begründet, die sich dann gleichsam zufällig in der amerikanischen Gesellschaft mit körperlichen Merkmalen verbinden. Geschützt durch die Betonung persönlicher Identifikation und kultureller Herkunftsmerkmale wurde damit der Pigmentierung der Haut auch in der Soziologie wieder eine neue Unentrinnbarkeit zugeschrieben. In dieser Zeit schrieb sich auch die Kopplung des Begriffs Rasse mit der Gruppe der Afroamerikaner weiter fest, im Feld der "race and ethnic relations"-Forschung wurde klar festgelegt: Ethnizität bezieht sich auf europäische Immigrantengruppen, wenn von Rasse die Rede ist, sind vor allem Afroamerikaner gemeint.

Erst *in den 1990ern* wurde auch bei Rasse die angenommene Kopplung von kulturellem, identifikatorischem, kollektivem und biologischem Mitgliedschaftsglauben wieder problematisiert.[972] Das vermeintlich biologische Merkmal der Hautfarbe wurde als kulturell erkannt, die schon im Kampf gegen den wissenschaftlichen Rassismus genannten Argumente wurden wieder thematisiert, etwa, dass die Variationsbreite des Aussehens innerhalb der als Rasse definierten Gruppe erheblich höher ist, als die zwischen den Gruppen: So sind z.B. viele Afroamerikaner, auch in den Augen von Amerikanern "weiß" in ihrem Aussehen und stammen praktisch ausschließlich von Euroamerikanern ab; viele weiße Einwanderer z.B. aus der Karibik oder Indien, haben hingegen die nach amerikanischen Vorstellungen typischen Merkmale von Afroamerikanern. Selbst wenn also die Mitgliedschaft in der Gruppe der Afroamerikaner noch über kulturelle Herkunft und Identifikation bestimmt wurde, so wuchs in der Soziologie, aber zum ersten Mal auch in der amerikanischen Gesellschaft die Gewissheit, dass eindeutige Rassenzuschreibungen nicht immer möglich sind.

Diese Nicht-Eindeutigkeit im Mitgliedschaftsglauben führte jedoch in einer Gegenbewegung immer wieder zu Restabilisierungsversuchen rassischer Zuordnungen, zum einen, weil unklare Kategorien Handlungsunsicherheit generierten und deshalb Abwehrmechanismen hervorriefen, sowie andererseits auch, weil in modernen Gesellschaften gerade gewählte Zugehörigkeiten einen höheren Verpflichtungscharakter haben können als zugeschriebene. Dies nicht nur, weil diese Wahl von den Betroffenen oft als "natürlich" und fast immer als authentisch empfunden wird, sondern weil die Entscheidung auch immer die Annahme impliziert, sie sei richtig.

Die vier Aspekte des Mitgliedschaftsglaubens finden sich also auch im Bezug auf Rasse wieder; wenngleich theoretisch weniger klar, wurden sie auch in den verschiedenen Definitionsversuchen zu Rasse verwendet. In mancherlei Hinsicht schloss die soziologische Beschreibung der Mitgliedschaft in einer Rasse, also rassischer, abstammungsorientierter Mitgliedschaftsglaube, jedoch immer noch die fragwürdige Annahme einer relativ weitgehenden Deckung von strukturellem, kulturellem, identifikatorischem und biologischem Mitgliedschaftsglauben ein.

In den 1990ern wurden in einer Globalisierungsperspektive allerdings erneut weiter Argumente gesammelt, die dieser unterstellten Kopplung entgegenarbeiten. Wichtige theoretische Innovationen gingen von der am Begriff der Rasse orientierten Forschung im Zusammenhang mit dem Konzept der Diaspora und den spezifischen Schicksalen von vorge-

---

972 Vgl. Davis, *Who Is Black?*

stellten Kollektiven aus, die nicht mit den Grenzen des Nationalstaates deckungsgleich sind (vgl. dazu Kapitel 6.1.3).

Zusammenfassend lässt sich also die Entwicklung der Definitionen von Rasse und Ethnizität wie folgt beschreiben: Ausgehend von der Idee vieler Rassen als gleichzeitig biologisch und kulturell gegebener Kollektive entwickelte sich zwischen 1920 und 1944 der Begriff der Ethnizität als Mitgliedschaft in einer Gruppe, die sich in einer bestimmten Lebensweise und durch die Teilhabe an ethnischen Organisationen ausdrückte. Bis Ende der 1950er Jahre wurde Rasse in der Bevölkerung weiterhin verwendet, wurde aber teilweise innerhalb der Wissenschaft als soziologische Kategorie von Ethnizität verdrängt. In den 1960ern wurden erneut historische Erfahrung und Identifikation stärker in den Vordergrund gerückt. Rasse wurde dabei eine besondere "Erfahrung" und kulturelle Ressource mit der Funktion, der Identifikation zu dienen. In den 1970ern wurde Ethnizität zur "schwachen", symbolischen Mitgliedschaft, die praktisch keine kulturellen oder sozialstrukturellen Implikationen mehr hat, im Gegensatz zu Rasse, die durch die feste Kopplung von Identifikation, kulturellen Symbolen und Erfahrungen des historischen Kollektives über körperliche Merkmale definiert wurde. In den 1980ern schwanden die kulturellen Differenzen europäischer Ethnizität fast völlig dahin. In der Analyse des abstammungsorientierten Mitgliedschaftsglaubens in ethnischen Gruppen wurde jedoch herausgearbeitet, dass mit dieser "Angleichung" trotzdem weiterhin eine Bevorzugung der geglaubten Eigengruppe besteht. Aus der soziologischen Sicht der 1990er Jahre ist ethnische Abstammung frei wählbar und doch authentisch; wie in den 1940ern verlor Rasse als Zugehörigkeit zur Gruppe der Afroamerikaner wieder an Eindeutigkeit.

Die Geschichte der Versuche, Ethnizität und Rasse zu definieren, lässt sich als eine Geschichte der Analyse ethnischen oder rassischen Mitgliedschaftsglaubens nachzeichnen. Es bleibt festzuhalten, dass die Definition von Rasse und Ethnizität immer von einem abstammungsorientierten Mitgliedschaftsglauben ausging. Der abstammungsorientierte, rassische bzw. ethnische Mitgliedschaftsglaube variiert jedoch in seinen verschiedenen Aspekten: Ausgehend von dem Glauben an den Grad biologischer Verbundenheit changierte er zwischen der Orientierung an einem historischen Kollektiv oder einer Schicksalsgemeinschaft, zwischen verschiedenen symbolischen Ausdrucksformen rassischer oder ethnischer Mitgliedschaft und im Grad der Identifikation.

6.1.2 Rasse, Ethnizität und weitere Mitgliedschaften: Die Dimensionen der Mitgliedschaftsstruktur

Die zweite Frage, die zu Beginn dieser Arbeit gestellt wurde, bezog sich darauf, wie in der amerikanischen "race and ethnic relations"-Forschung verschiedene Dimensionen der Ungleichheit beschrieben und mit Rasse und Ethnizität in Verbindung gebracht wurden. Dabei bestand innerhalb des Forschungsgebietes oft Dissens über die zentralen Dimensionen der Ungleichheit und ob diese als Ursachen für die Entstehung und Stabilisierung rassischer und ethnischer Gruppen gelten können. In die Mitgliedschaftsperspektive übertragen, handelt es sich hierbei um das Problem, wie die Vielzahl von Mitgliedschaften in modernen Gesellschaften thematisiert und wie sie mit Rasse oder Ethnizität relationiert wurden. Wir erinnern uns, dass schon Weber darauf hinwies, dass unter ethnischen Gruppen Prozesse subsumiert werden, die vermutlich von diesen zu scheiden sind. Diese Prozesse haben aber

– und dies ist besonders wichtig – immer wieder Rückwirkungen auf ethnische bzw. rassische Mitgliedschaft.[973] Ebenso veranschaulichten Smelser, Wilson und Mitchell, dass es viele Exklusionsmechanismen gibt, die zwar Rasse bzw. Ethnizität stabilisieren, selbst aber nicht rassisch oder ethnisch sind.[974] In diesem Abschnitt geht es also um die Verortung von Rassen oder ethnischen Gruppen in der Mitgliedschaftsstruktur einer Gesellschaft.

Rasse und Ethnizität als Aspekte der Mitgliedschaftsstruktur

Ausgangspunkt der Überlegungen zu Rasse in der Soziologie aus einer strukturellen Perspektive war die Idee, dass Rassen ein Kollektiv bilden. In den soziologischen Analysen *Anfang des 20. Jahrhunderts* waren etwa für E. A. Ross Südiitaliener eine offensichtliche Gruppierung, der bestimmte Eigenschaften zugesprochen werden. Die im oberen Abschnitt über Mitgliedschaftsglauben festgestellte Kohärenz von geglaubtem historischem Kollektiv, symbolischen Ausdrucksformen, Identifikation und Abstammungsglauben spiegelt sich in der Analyse des rassischen Kollektivs wider, indem die Struktur eines rassischen Netzwerkes, gemeinsame kulturelle Äußerungen der Gruppe, ein hoher Verpflichtungscharakter für aller Mitglieder und eine demographische Fortpflanzungsgemeinschaft unterstellt werden. Besonders erstaunlich aus heutiger Perspektive ist, dass in der Sicht der Soziologie noch in den 1920er Jahren etwa die Gruppen der Juden, Iren, Neger oder Polen gar nicht spezifisch bestimmt wurden, sie waren für jeden "sichtbar" in den amerikanischen Gemeinden vorhanden. Abstammung definierte klar ethnische Mitgliedschaft. Jedes Kollektiv hatte eine bestimmte "Abstammung", einerseits durch (Zwangs-)Migration, andererseits durch seine über Generationen andauernde Existenz in einem Gebiet. Die Zughörigkeit zu einer ethnischen oder rassischen Gruppe war – in einer solchen Perspektive – auch direkt mit einer spezifischen ökonomischen, politischen bzw. familiären Situation verbunden. Rassische Mitgliedschaft bestimmte alle anderen Mitgliedschaften.

Mit dem Zurückdrängen des wissenschaftlichen Rassismus *in der Zwischenkriegszeit* und der zunehmenden Anwendung soziologischer Analysemethoden sowohl auf Immigrantengruppen als auch auf Afroamerikaner wurde es möglich, diese unhinterfragte Koppelung zu problematisieren. Hinsichtlich der Immigrantengruppen führte dieser Weg im Anschluss an Louis Wirth sowie William I. Thomas und Florian Znaniecki zur Fortentwicklung des Konzepts der ethnischen Gruppe. Bestimmend für deren Situation wurde das Wechselspiel zwischen – an die Abstammung gebundenen – Traditionen und der aktuellen Situation in der amerikanischen Gesellschaft gesehen. Hinsichtlich der Afroamerikaner besteht die Leistung der soziologischen Forschung der Zwischenkriegszeit darin, die verschiedenen Verknüpfungen sozialstruktureller Dimensionen der Unterdrückung genauer herauszuarbeiten. Insbesondere innerhalb der Klassen- und Kastenperspektive wurde die Kultur der Afroamerikaner in enger Verbindung mit ihrer sozialstrukturellen Situation gesehen. Die Situation der Afroamerikaner war vor allem durch ihre rechtliche und ökonomische Deprivation bestimmt. Dies zu ändern versprach eine mögliche Integration der Afroamerikaner. Die Stabilität kultureller Aspekte wurde eher als gering eingeschätzt. Da die unterstellte Ultrastabilität "minderwertiger" kultureller Muster der afroamerikanischen Bevölkerung ein Standardargument des wissenschaftlichen Rassismus war, ist diese Wendung historisch

---

973 Vgl. Weber, *Wirtschaft und Gesellschaft*, S. 241–42.
974 Vgl. Smelser, Wilson und Mitchell, "Introduction", S. 9–12.

durchaus verständlich, sie führte aber schnell zu Gegenreaktionen in Soziologie und Ethnologie, die die Besonderheiten und Eigenständigkeiten der kulturellen Traditionen der afroamerikanischen Bevölkerung unterstrichen.

Auf den Vorarbeiten der neuen Forschung zu Afroamerikanern fußend, war es in den *1940ern und 1950ern* nur folgerichtig, dass Myrdal am Beispiel der Afroamerikaner sein "principle of cumulation" entwickelte. Damit meinte er die dynamisch rückgekoppelten Prozesse in der Ökonomie, der Diskriminierung im Bildungssystem, die fehlenden Rechte und die unmöglich gemachte politische Partizipation, die die "Rassen-Kaste" der Afroamerikaner in den USA stabilisierte. Jede Suche nach einem "primary cause" – nach einer primären Ursache – innerhalb dieses Bündels hielt er für unmöglich. Rasse war damit für Myrdal gekennzeichnet durch eine typische Konfiguration von sich untereinander beeinflussenden Mitgliedschaften bzw. Nicht-Mitgliedschaften in verschiedenen Bereichen der amerikanischen Gesellschaft. Trotzdem leitet Myrdal aus seinen Untersuchungen eine Rangfolge ab, auf die sich politische Maßnahmen zu beziehen haben. Er begann hier mit Beispielen aus dem Gebiet der Ökonomie und beschäftigte sich dann mit Maßnahmen zur Etablierung der Rechtsstaatlichkeit, der politischen Partizipation und der Bildung. Myrdal trennte also sorgfältig, was später oft in einen Topf geworfen wurde: die Gewichtung der Faktoren in der soziologischen Analyse von Vorschlägen zur Implementierung politischer Maßnahmen.

Myrdal betonte die sozialstrukturellen Aspekte typischer Mitgliedschaftskonfigurationen von Afroamerikanern. Warner ging an ein ähnliches Problem aus einem kulturellen Blickwinkel heran. Für Warner waren Ökonomie, politische Partizipation oder Bildung Ausdruck der Kultur von Yankee City. Ethnizität, übrigens ebenso wie Klasse[975], waren für Warner vor allem kulturelle Muster. Die Beherrschung dieser Muster durch den Einzelnen regelte den Zugang zu Klassen und ethnischen Gruppen. Er stellte sich nun die Frage, wie in diesen verschiedenen Bereichen die kulturellen Muster der Herkunftskultur verlernt und die neuen kulturellen Muster Amerikas gelernt werden. Für Warner waren ähnliche Dimensionen zentral wie für Myrdal, allerdings in einer etwas anderen Gewichtung: Mit der politischen Kultur Amerikas ("one man one vote") wird die jeweils von der ethnischen Gruppe losgelöste Einbindung jedes Einzelnen in das politische System gefördert; die Aufstiegschancen im ökonomischen System ermöglichen es Einwanderern, mit anderen Klassenkulturen in Berührung zu kommen und damit alternative Muster zu ihrer eigenen ethnischen Herkunftskultur zu entwickeln. Nicht zuletzt im Bildungssystem ist es vor allem das Erlernen der Sprache wie auch die Sozialisation in Jugendgruppen, die ethnische Mitgliedschaft erodieren, indem sie Mitgliedschaften in nicht ethnisch orientierten Assoziationen fördern.

Myrdal und Warner analysierten also die Mitgliedschaftsstruktur der amerikanischen Gesellschaft unter einem sozialstrukturellen und einem kulturellen Aspekt.[976] Wie in den historischen Kapiteln dargestellt, wurden beide stark kritisiert. Die heftigste Kritik innerhalb der Soziologie war sicherlich die Unterstellung, dass beide der ökonomischen Dimension der Mitgliedschaft nicht genügend Bedeutung zumaßen: so etwa C. Wright Mills in

---

975 In Warner und Srole, *The Social Systems of American Ethnic Groups*, ist Kapitel IV dem Verhältnis von ökonomischem Handeln und ethnischen Gruppen gewidmet, während Kapitel V auf die Relation der für Warner bedeutendsten kulturellen Ungleichheitsmuster in Yankee City eingeht: Klasse und Ethnizität.
976 Zur Notwendigkeit der analytischen Trennung beider Konzepte vgl. Kroeber und Parsons, "The Concepts of Culture and of Social System", und Kapitel 3.3.2 in diesem Buch.

seiner Kritik an Warner oder Oliver Cox' Analyse von Myrdal. Trotz aller Einwände waren mit beiden paradigmatischen Werken zwei Perspektiven auf Abstammung und Mitgliedschaft in der amerikanischen Gesellschaft festgeschrieben: Afroamerikaner als Rasse zeichneten sich durch spezifische Konfiguration von Mitgliedschaften in der Sozialstruktur aus, die sich wechselseitig stabilisieren und kaum Abweichungen bzw. Mobilität zuließen; Einwanderer als ethnische Gruppe besaßen zwar auch eine gemeinsame Mitgliedschaftskonfiguration und waren über spezifische kulturelle Symbole gekennzeichnet, hatten jedoch erheblich höhere Mobilitätschancen. In der sozialstrukturellen Sicht von Myrdal wird Rasse keine eigene Dynamik zugeschrieben, sondern sie ist gleichsam nur eine vereinfachende Beschreibung für spezifische diskriminierende Mitgliedschaftskonfigurationen. Für Warner ist Mitgliedschaft in einer Gruppe primär ein kulturelles Phänomen, Mitgliedschaft in einer ethnischen Gruppe stellt als strukturierendes kulturelles Muster in einer Gemeinde selbst eine Ungleichheitsdimension dar. Warner dachte die schon immer vorhandene starke Verknüpfung zwischen der Idee der ethnischen Gruppe und der europäischen Immigration konsequent weiter, indem er ethnische Gruppen gleichsam als Untereinteilungen von Rassen einstufte. Insbesondere die kaukasische Rasse sah er in verschiedene ethnische Gruppen eingeteilt, die sich je nach ihren Eigenschaften unterschiedlich schnell assimilieren.

Eine entscheidende Weiterentwicklung gegenüber Myrdal und Warner stellte *Mitte der 1960er Jahre Milton Gordons Assimilation in American Life* dar. Für ihn war im Anschluss an Warner die ethnische Gruppe selbst eine Ungleichheitsdimension im Set möglicher ungleicher Mitgliedschaften. Rasse kam in dem Modell von Gordon jedoch nur als Bestimmungsmerkmal einer ethnischen Gruppe vor. Die weiteren Ungleichheitsdimensionen, die er in der amerikanischen Gesellschaft sah, sind soziale Klassen, der Stadt-Land- und der Nord-Süd-Unterschied. Relevant für die zukünftige Entwicklung waren für ihn jedoch nur noch die Unterschiede zwischen ethnischen Gruppen und sozialen Klassen. Er dynamisierte damit seinen Ansatz, indem er feststellte, dass in verschiedenen Phasen der amerikanischen Geschichte verschiedene Dimensionen der Ungleichheit von unterschiedlicher Bedeutung waren. In der jeweils gruppenspezifischen, unterschiedlichen strukturellen Kopplung zwischen der Position in einer sozialen Klasse und einer ethnischen Gruppe sah Gordon das entscheidende Merkmal der Mitgliedschaftskonfiguration dieser Gruppe in der von ihm beobachteten zeitgenössischen amerikanischen Gesellschaft. Auf diesen Aspekt bezieht sich sein oft zitierter Begriff der "ethclasses" als Bezeichnung für das Zusammenspiel von Ethnizität und Klasse. Kulturelle und sozialstrukturelle Aspekte der Mitgliedschaftsstruktur waren für Gordon mit demographischen Prozessen verbunden, also den unterschiedlichen Dynamiken der Größenentwicklung von Gruppen. Neben diesen drei Aspekten der Mitgliedschaftsstruktur ging Gordon – als vierten Aspekt – auf den Verpflichtungscharakter ethnischer Gruppen ein.[977] Damit bezog er sich insbesondere auf die "Mobilisierungschancen", die eine ethnische Gruppe hinsichtlich ihrer Mitglieder hat.

So wie Gordon versuchte, aktuelle ökonomische Prozesse in seine Perspektive einzubauen, so reflektierte Talcott Parsons[978] Mitte der 1960er den zunehmenden Fokus auf politische Prozesse in der Bürgerrechtsbewegung. Diese Perspektive auf Rasse und Ethnizi-

---

977 Gordon nennt diese Dimension „identificational assimilation". Vgl. Gordon, *Assimilation in American Life.*, S. 71
978 Vgl. Parsons, "Full Citizenship for the Negro American?" und Kapitel 3.4.2 in diesem Buch, *Exkurs: "Full Citizenship for the Negro American?".*

tät als politisches Projekt tauchte schon bei Weber[979] auf. Parsons geht insofern über Weber hinaus, als er fragte, in welcher Weise der Gesetzgeber Strukturen bereitstellen kann, um Inklusion zu fördern. Er zeigte dies am Beispiel der Staatsbürgerschaft auf. Der wichtige Fortschritt von Parsons' Perspektive auf Afroamerikaner in den USA bestand nicht darin, eine weitere Analyse der besonderen Mitgliedschaftsstruktur geliefert zu haben, sondern darin, dass er danach fragte, wie verschiedene Mitgliedschaften miteinander in Relation stehen. Diese Relationen bezeichnet für Parsons das Konzept der Staatsbürgerschaft. Staatsbürgerschaft ist ein Steuerungsmechanismus, der das Verhältnis der Mitgliedschaften in einzelnen Gruppen innerhalb der Gesellschaft regelt. Damit wird in der Binnenperspektive die Dichotomie Mitglied vs. Nichtmitglied aufgelöst. Gerade die Sozialpolitik ist für Parsons ein gutes Beispiel, dass Inklusion in eine Gesellschaft immer ein abgestufter Prozess ist; so waren etwa Afroamerikaner und Immigrantengruppen in Sozialsysteme integriert, auch wenn sie zeitweise kaum politische Rechte hatten.[980] Für Parsons ist gerade die Entkopplung der verschiedenen Mitgliedschaften ein zentraler Aspekt. So bestimmt die Zugehörigkeit zu einer Religion und einer ethnischen Gruppe in modernen Gesellschaften nicht mehr, welchem Beruf jemand nachgehen soll. Diese Entkopplungen, meist im Kontext individueller Rechte formuliert, sind in Gesetzen festgeschrieben, die den Staatsbürgerschaftsstatus absichern. Trotz, oder gerade wegen dieser Entkopplung sind Mitgliedschaften in den verschiedenen Kollektiven ungleich verteilt. In diesem Sinne stellt Staatsbürgerschaft die Basis für Ungleichheit innerhalb einer demokratischen Gesellschaft dar. In der Entwicklung des Konzepts der Staatsbürgerschaft beschreibt Parsons nichts anderes als die Eigenschaften der Mitgliedschaftsstruktur in modernen Gesellschaften: In weiten Teilen über Rechtsverhältnisse gesteuert, ist jeder Träger ganz unterschiedlicher Mitgliedschaften. Diese beginnen gleichsam im "persönlichen Nahbereich" mit Gruppen wie der Familie, dem Schachklub oder auch der Abteilung am Arbeitsplatz. Um diese Mitgliedschaften herum liegt eine Struktur allgemeinerer Mitgliedschaften wie etwa die in einer religiösen Gruppe, dem Arbeitsmarkt oder einer ethnischen Gruppe. Diese lassen sich weiter aggregieren zu Mitgliedschaften im politischen System oder der Ökonomie. Der allgemeinste Bezugspunkt der Staatsbürgerschaft ist die Mitgliedschaft in einer Gesellschaft (vgl. dazu das nächste Kapitel 6.1.3).

Ende der 1960er Jahre trat Kultur als Analysedimension wieder verstärkt in den Mittelpunkt soziologischer Perspektiven: Die kulturellen Besonderheiten von Afroamerikanern fanden mehr Aufmerksamkeit, und auch das "ethnic revival" betonte insbesondere die kulturelle Dimension amerikanischer ethnischer Gruppen. Dabei kam es zu einer Polarisierung von zwei Perspektiven: Einerseits wurden ethnische Gruppen als symbolische Ethnizität – also als eine strukturell schwach ausgeprägte Mitgliedschaft unter vielen – bestimmt, andererseits wurde Rassenzugehörigkeit zu einer alle Mitgliedschaften beeinflussenden Dimension, die unter anderem gerade auf der "Stärke" der spezifischen afroamerikanischen Kultur beruht.

Die Perspektive von Ethnizität oder Rasse als politisches Projekt wurde *Mitte der 1970er* von Glazer und Moynihan fortgeführt. Ihnen zufolge benötigt das politische System

---

979 Vgl. Weber, *Wirtschaft und Gesellschaft*, S. 237.
980 Zu diesem Punkt in Bezug auf Afroamerikaner vgl. Skocpol, "African Americans in U.S. Social Policy" und in Bezug auf Immigranten Uwe Wenzel und Mathias Bös, "Immigration and the Modern Welfare State: The Case of USA and Germany", *new community* 23, 1997: 537–548.

zu seiner Unterstützung die Mobilisierung von Ressourcen innerhalb der Gesellschaft. Eine besonders effiziente Methode, diese Loyalität zu generieren ist ethnische Zugehörigkeit. Der Verpflichtungscharakter ethnischer Mitgliedschaft wird gleichsam auf das politische System umgeleitet. Die Investitionen in das politische System durch die Mitglieder ethnischer Gruppen zahlen sich auf verschiedene Weise in der Stabilisierung der ethnischen Gruppe aus: Zum einen erhöht sich die Möglichkeit der Repräsentation der symbolischen Aspekte der ethnischen Gruppe im öffentlichen Raum, zum anderen wird in manchen Fällen ein expliziter Nutzen erreicht, wie etwa in Form von "affirmative action". Als Gegenleistung für die erbrachte Loyalität stellt das politische System der ethnischen Gruppe Stabilisierungsmöglichkeiten zur Verfügung. Die in dieser Weise stabilisierte und mit mehr Ressourcen ausgestattete ethnische oder rassische Gruppe wird nun eine noch effizientere Instanz, Loyalität für das politische System zu generieren.

Im Nachklang der vorzugsweisen Beschäftigung mit den kulturellen und der politischen Dimensionen wurden gegen Ende der 1970er auch die ökonomische Dimension wieder stärker herausgestellt, und zwar mit der "split labor market hypothesis" und mit William Julius Wilsons *The Declining Significance of Race*. Insbesondere Wilsons Argument ist theoriegeschichtlich wichtig, weil es wieder eine spezifische Version des "principle of cumulation" von Myrdal in die Diskussion brachte: Er verweist darauf, inwieweit "eigentlich" farbenblinde ökonomische Prozesse selektiv auf bestimmte Gruppen – wie etwa Afroamerikaner – wirken, sodass Rassendifferenzen stabilisiert werden.

Mit der Zunahme und Diversifizierung der Einwanderung entstanden *in den 1980ern* neue sozialstrukturelle Probleme für die amerikanische Gesellschaft. Gegenüber der alten Einwanderung kurz nach der Jahrhundertwende hatte sich der Modus der Integration eines Großteils der neuen Einwanderung geändert: Für die euroamerikanische Einwanderung war es noch typisch, sich durch die Armut der innerstädtischen Ghettos langsam in die Vorstädte ökonomisch und sozial nach oben zu arbeiten und dabei einen Großteil ihrer besonderen Lebensweise aufzugeben. Seit Mitte der 1980er wurde deutlich sichtbar, wie ein Großteil, insbesondere der asiatischen Einwanderung, direkt als Mittelklasse in die Vorstädte "einwandert" und dort eine große, oft nicht besonders stark akkulturierte Gruppe bildet. Damit entstanden nicht nur neue Formen von Überfremdungsängsten in der amerikanischen Gesellschaft, sondern es traten innerhalb der Soziologie auch das Timing und die strukturellen Bedingungen von Einwanderung zur Erklärung von verschiedenen Integrationsverläufen in den Vordergrund. Ein weiteres wichtiges Problem wurde insbesondere im Kontext von "rational choice"-Theorien thematisiert und zwar wie die Mobilisierung innerhalb von ethnischen Gruppen gesichert werden kann und wie dann der Verpflichtungscharakter aufrechtzuerhalten ist.

Die Analyse von Rasse als eigenständige Ungleichheitsdimension wurde insofern ausgebaut, als "rassische Projekte" – in der Perspektive von Omi und Winant[981] – als zentrales Strukturmerkmal in der amerikanischen Gesellschaft beschrieben wurden. Die Einteilung einer Gesellschaft in Rassen wird hier primär als Mittel zur Erhaltung ökonomischer oder politischer Ungleichheit gesehen. Auf diese Art und Weise eingeführt, wurde Rasse jedoch als Kategorie zu einer Art "Selbstläufer", der wieder neue Interessen generiert.

---

981 Vgl. Omi und Winant, *Racial Formation in the United States: From the 1960s to the 1990s*, und Kapitel 4.4.2 in diesem Buch, Exkurs: "Racial Formation in the United States".

Gegen Ende *der 1980er und Anfang der 1990er Jahre* wurden besonders die Unterschiede in den Mitgliedschaftskonfigurationen verschiedener ethnischer und rassischer Gruppen herausgearbeitet. Alejandro Portes' und Rubén G. Rumbauts "modes of incorporation" etwa stellten einen Versuch dar, die unterschiedlichen Verlaufsformen von Integrationsprozessen zu beschreiben. Auch in den 1990ern setzte sich das Spannungsverhältnis zwischen Ungleichheitsbeschreibungen, die einen Faktor als dominierend ansehen und multifaktoriellen Modellen fort. So ist das weiterhin prominente Konzept der "racial formation" von Michael Omi und Howard Winant stark an politischen und ökonomischen Kontexten orientiert, während etwa Milton Yingers Beschreibung von Ethnizität ein relativ breites Faktorenbündel und deren Interaktionen in Betracht zieht.

Zusammenfassend lässt sich sagen, dass sowohl die Rassen- als auch die Ethnizitätsperspektive in sehr ähnlicher Weise die Komplexität der Mitgliedschaftsstruktur der amerikanischen Gesellschaft abzubilden versuchen. Bis in die 1920er galt Rasse – Ethnizität als Konzept gab es noch nicht – als ein unmittelbares Kollektiv, das alle anderen Mitgliedschaften bestimmt. Zwischen 1920 und 1944 wurden Rasse und Ethnizität zunehmend als eine Mitgliedschaft unter anderen gesehen. Die Lebensweise war nicht mehr automatischer Ausdruck einer Gruppentradition, sondern entstand in der Wechselwirkung mit anderen Mitgliedschaften. In der Dekade nach 1945 erschienen Rasse und Ethnizität als typische Mitgliedschaftskonfiguration. Rasse war jedoch bestimmt durch den Zwangscharakter dieser Konfiguration und die Separierung des gesamten Mitgliedschaftssets von der amerikanischen Gesellschaft als Ganzes. In den 1960er Jahren analysierte die "race and ethnic relations"-Forschung Mitgliedschaften unter sozialstrukturellen, kulturellen, demographischen und Verpflichtungsaspekten, wobei die Wechselwirkung zwischen ethnischen Gruppen und Klassen als zentraler Ungleichheitsprozess analysiert wurde. Staatsbürgerschaft bezeichnet dabei den Steuerungsmechanismus von Mitgliedschaftskonfigurationen. Zwischen 1968 und 1980 wurden Rasse und Ethnizität als wichtiger politischer Mobilisierungsmechanismus beschrieben. Parallel betonte man die kulturellen Aspekte von Rasse und Ethnizität wieder stärker, gegen Ende der 1970er kam es zu einer "Wiederentdeckung" der Ökonomie. In den 1980ern wurden diese drei Analysestränge fortgeführt, und seit Ende der 1980er treten als Syntheseversuch die Analysen zu "modes of incorporation" hinzu.

Der Begriff der Mitgliedschaftsstruktur einer Gesellschaft bezieht sich auf die verschiedenen Mitgliedschaften einer Person, z.B. in Familien, Betrieben oder politischen Parteien. Unter allen möglichen Mitgliedschaften ist die Mitgliedschaft in einer rassischen oder ethnischen Gruppe nur eine unter vielen. Die Mitgliedschaftsstruktur kann unter vier verschiedenen Aspekten analysiert werden: (1) der sozialstrukturelle Aspekt bezieht sich auf die tatsächlichen Austauschprozesse zwischen den Mitgliedern eines Kollektivs und der Position dieses Kollektivs im Gesamtgefüge der Gesellschaft; (2) der kulturelle Aspekt beschreibt die Symbole, Vorstellungen, Werte einer Gruppe; (3) der demographische Aspekt bezieht sich auf die Größe eines Kollektivs sowie dessen tatsächliche Verwandtschaftsstruktur; (4) der Verpflichtungscharakter eines Kollektives kennzeichnet die "Bindekraft", die dieses Kollektiv gegenüber seinen Mitgliedern entwickelt.

6.1.3 Rasse, Ethnizität und Gesellschaft: Die Konstitution gesamtgesellschaftlicher Mitgliedschaft

Die letzte zu Beginn der Arbeit gestellte systematische Leitfrage lautet: Wie wird jeweils die Gesellschaftsformation als Ganzes beschrieben, die den Rahmen der Strukturierung ethnischer und rassischer Gefüge bildet? Grob lässt sich die Entwicklung in der amerikanischen Soziologie unter diesem Aspekt in zwei Phasen aufteilen: Seit den 1920ern bis Ende der 1960er Jahre beherrschte der Begriff der Assimilation die Diskussion, während seit den 1970er Jahren bis in die 1990er der Begriff des Multikulturalismus dominiert, wobei sich beide Modelle ausdifferenzieren.

Rasse und Ethnizität als Komponenten der Gesamtgesellschaft

Schon in der berühmten *Green Bible*[982] von 1921 widmeten Robert E. Park und Ernest W. Burgess dem Thema Assimilation als soziologischem Grundprozess einen ganzen Abschnitt. Der Prozess der Angleichung bezog sich auf zwei zu dieser Zeit parallel existierende Aufteilungen der amerikanischen Gesellschaft, der nach Schwarz und Weiß – zu dieser Zeit noch nicht völlig dichotomisiert, da Mulatten oder Mischlinge noch als Gruppen thematisiert wurden –, und der Aufteilung in eine multiple Rassenstruktur, von Iren und Hebräern bis zu Deutschen und Polen. Beide Einteilungen wurden zusammen mit einer dominierenden, das politische Geschick der Nation bestimmenden angelsächsischen Rasse gedacht. In einer Welt, in der solche multiplen Gruppenformationen – als Rassen verstanden – ultrastabile Einheiten bildeten, war Assimilation eine Prozesskategorie, die in ihrer Dynamik der entstehenden modernen amerikanischen Gesellschaft der Zwischenkriegszeit erheblich angemessener war. In der damaligen Diskussion war Assimilation direkt an das Konzept der Amerikanisierung gebunden, der Erwerb der englischen Sprache und der amerikanischen Lebensweise wurden als Assimilationsprozesse untersucht. Park und Burgess verstanden allerdings unter Assimilation eher einen "melting pot" à la Zangwill und nicht die reine Anpassung an ein angelsächsisches Ideal. Die inzwischen oft zitierte Idee des "cultural pluralism" von Horace Kallen wurde zwar zur Kenntnis genommen, ihr wurde aber kaum soziologische Plausibilität zugeschrieben. Auch die von Kallen als stabil imaginierten kulturellen Gruppen erschienen der soziologischen Analyse genauso kontrafaktisch, wie die Vorstellung von stabilen biologischen Einheiten; interessanter schien es, die Entstehung eines neuen Typs des amerikanischen Bürgers zu beobachten: Eine Gesellschaft, die zumindest teilweise mit spezifischen Traditionen gebrochen hatte, musste sich nun gleichsam neu erschaffen.

In den 1940ern und 1950ern setzte sich, insbesondere in dem Werk von Warner, diese Dominanz des Assimilationsbegriffs fort, fast nostalgisch bemerkte Warner das Verschwinden der vielen Einwandererkulturen. Diese Auflösung der europäischen Rassen innerhalb der amerikanischen Gesellschaft war der unmittelbar beobachtbare, offensichtliche Beweis für die Unsinnigkeit eines im Glauben an biologisch verankerte Kulturunterschiede operierenden, wissenschaftlichen Rassismus. Erklärungsbedürftig war für Warner, wie auch für Myrdal, warum Afroamerikaner nicht assimiliert werden. Innerhalb einer zur Assimilation driftenden amerikanischen Gesellschaft stellten Afroamerikaner eine Art "A-

---

[982] Siehe Park und Burgess, *Introduction to the Science of Sociology*.

nomalie" dar. Warner entwickelte zur Beschreibung dieser Formation das Klassen-Kasten-Modell, das auch Myrdal anwandte. Myrdal verwies, auf dieses strukturelle Argument aufbauend, darauf, dass die amerikanische Gesellschaft als demokratisches Projekt in Bezug auf Afroamerikaner gewissermaßen noch nicht zu sich gekommen sei. Nach dem Krieg meldeten sich zwar auch Stimmen, die darauf hinwiesen, dass die Situation von Afroamerikanern in der amerikanischen Gesellschaft keine zufällige Anomalie sei, sondern die logische Folge von z.B. wirtschaftlichen Interessen. Aber auch diese Kritiken an Warner und Myrdal stellten nicht in Frage, dass Assimilation der gewollte, ja "natürliche" Endzustand auch für Afroamerikaner in der amerikanischen Gesellschaft sei.[983]

Erst in den *1960ern* Jahren begannen sich im Feld der "race and ethnic relations"-Forschung neue Modelle durchzusetzen. Nicht nur Afroamerikaner schienen als gesellschaftliche Großgruppe in der amerikanischen Gesellschaft stabil zu sein, vielmehr zeigte sich – besonders in den Großstädten – eine Vielzahl weiterer stabiler ethnischer Gruppen. Das Modell eines fortschreitenden Assimilationsprozesses, mit der Gruppe der Afroamerikaner als Anomalie, wurde als zu einfach befunden. Besonders wichtig ist in dieser Phase sicherlich Gordon, der drei Grundmodelle der amerikanischen Gesellschaft beschrieb: "anglo conformity", "melting pot" und "cultural pluralism". Die Pointe von Gordons Buch war, dass er alle drei Prozesse in unterschiedlicher Weise in den USA am Werk sah. Gerade im politischen System ist die Idee der angelsächsischen Demokratie, also "anglo conformity", dominant. In vielen Alltagsdingen wie Nahrungsmitteln, Gerätschaften etc. gilt eher eine kreatives "melting pot"-Modell und in einigen wenigen Bereichen ethnischer und rassischer Organisationen dominiert der "cultural pluralism". Für Gordon finden also Prozesse der Angleichung, Neuschöpfung und Trennung gleichzeitig in der amerikanischen Gesellschaft statt, die Frage ist hier nicht die nach einem "Entweder-Oder" hinsichtlich dieser Prozesse, sondern soziologisch relevant ist das jeweilige historische "Mischungsverhältnis" aller drei Abläufe. Wenn aber ständig alle drei Prozesse stattfinden, so werden diese Beschreibungen – als jeweils einzelne Metaphern – für Beschreibung der Gesamtgesellschaft unplausibel.

Ein Versuch, gewissermaßen jenseits dieser Prozesse, gesamtgesellschaftliche Mitgliedschaft zu beschreiben, war Talcott Parsons' Konzept der Staatsbürgerschaft. Wie lassen sich all diese sich trennenden, angleichenden und neu bildenden Gruppen als in einer Gesellschaft zusammengefügt – Parsons nennt dies Inklusion – vorstellen? Als analytische Klammer, um verschiedene Mitgliedschaftsprozesse miteinander zu verbinden, schlug Parsons, auf T.H. Marshall rekurrierend, den Begriff "citizenship" vor. Parsons versuchte, Mitgliedschaftsglaube und Mitgliedschaftsstruktur in Bezug auf die (politisch verfasste) Gesamtgesellschaft miteinander zu verbinden. "Citizenship" hat dabei ein doppeltes Gesicht: Während das Konzept bezüglich der Unterscheidung zwischen Gesellschaften die Mitgliedschaft in einer Gesellschaft beschreibt, steuert "citizenship" in Bezug auf die vielen Mitgliedschaftsprozesse innerhalb der amerikanischen Gesellschaft deren internes Zusammenspiel. Parsons' pluralistisches Staatsbürgerschaftsmodell wurde später oft vereinfachend als Inklusion auf struktureller Ebene und bleibende Differenz auf kultureller Ebene verstanden; Parsons hatte dies zwar als einen möglichen stabilen Zustand moderner Gesellschaften beschrieben, aber keineswegs als den einzigen. In der vereinfachten "stabile Kultur – integrierte Struktur"-Interpretation bot staatbürgerliche Inklusion nicht mehr die Chance,

---

983 Besonders eindrücklich zeigt sich dies im Werk von Oliver Cox.

"anglo conformity", "melting pot" und "cultural pluralism" dynamisch und multidimensional zu verbinden, sondern es entstand eine vierte Version gesamtgesellschaftlicher Mitgliedschaft, in der wiederum zwischen den beiden Dimensionen "cultural pluralism" und "structural assimilation" unterschieden wurde. Auch wenn dies natürlich einen Fortschritt gegenüber eindimensionalen Assimilationsmodellen bedeutete, sind in einer parsonianischen Perspektive des Konzepts der Staatbürgerschaft noch viele andere Formen des "Ungleich-Seins" möglich; doch nicht zuletzt im Nachklang der politischen Erfolge der Bürgerrechtsbewegung schien strukturelle Inklusion bei kultureller Differenz eine Formel, die die amerikanische Gesellschaft plausibel beschreibt. Ende der 1960er Jahre waren Afroamerikaner zum Modell der Rasse geworden, und die dominierende Konfliktlinie in der amerikanischen Gesellschaft wurde zwischen Weiß und Schwarz gesehen.

In den *1970ern und 1980ern* war die kulturelle Binnendifferenzierung nach Herkunftsgruppen der imaginierte "richtige" Zustand der amerikanischen Gesellschaft. Unter dem Dach des Multikulturalismus wurde Assimilation als etwas notwendig Zwanghaftes angesehen. Die fast automatische Implementierung von "affirmative action"-Programmen in der Folge der Bürgerrechtsgesetzgebung weist diesen Prozess der Umdefinition zum Multikulturalismus auch in der Gesamtgesellschaft aus: "Cultural pluralism" mutierte zum Multikulturalismus und begann die soziologische Analyse zu dominieren. In einigen Perspektiven ging dabei die Unterscheidung zwischen Struktur und Kultur verloren: In seiner starken Form bedeutet Multikulturalismus die Stabilisierung von Parallelgesellschaften; in der schwachen Form wird zumindest teilweise eine Annäherung zwischen den Gruppen mitgedacht.

Ein Assimilationsmodell, das "anglo conformity" beinhaltet, wurde kaum noch direkt vertreten; allerdings standen viele liberale Modelle, die insbesondere auf universale Persönlichkeitsrechte Wert legten, unter diesem Verdacht. Weiterhin blieb die tatsächliche oder unterstellte Ungleichbehandlung im Rechtssystem eines der größten Probleme für die Loyalität von Mitgliedern gegenüber der Gesamtgesellschaft, da sie den zentralen Steuerungsmechanismus der Staatsbürgerschaft direkt in Frage stellte. Skandalierte Ungleichbehandlung durch Polizisten waren deshalb immer wieder der Anlass für Gewalttätigkeiten.[984] Im Anschluss an die Selbstdefinition der Afroamerikaner erschienen Konflikte in der amerikanischen Gesellschaft zunehmend als Großgruppenkonflikte zwischen "Rassen". Die Selbstbeschreibung der amerikanischen Gesellschaft verfestigte sich in den 1980ern im Fünfeck zwischen Afroamerikanern, Euroamerikanern, Hispanics, amerikanischen Indianern und Asiaten.

In den *1990ern* begann sich die Dominanz multikultureller Perspektiven langsam aufzulösen. Gerade die intensive Beschäftigung mit kulturellen Mustern hatte gezeigt, dass von absolut getrennt analysierbaren Kulturen in den USA nicht gesprochen werden konnte. Einstellungen und Lebensweisen, die alle Amerikaner miteinander verbinden, traten wieder ins Blickfeld. Indem starke multikulturalistische Programme desavouiert wurden, kam es zu einem "Neo-Assimilationismus", in dem Assimilation als multidimensional und abgestufter Prozess interpretiert wurde.

---

984 In den historischen Kapiteln wurde etwa auf Watts, Kalifornien 1965, Liberty City Florida, 1980, oder Los Angeles, Kalifornien, 1992, verwiesen; vgl. auch Randall Kennedy, "Racial Trends in the Administration of Criminal Justice", in *America Becoming: Racial Trends and Their Consequences Vol 1*, hrsg. von Neil J. Smelser, William J. Wilson und Mitchell Faith, 1–20. Washington, D.C., 2001, S. 1.

Die Frage der Mitgliedschaft in der amerikanischen Gesellschaft stellte sich in den 1990er Jahren verstärkt unter der neuen Perspektive der Globalisierung. Hier sind Mitgliedschaften nicht mehr ausschließlich auf den nationalstaatlichen Raum bezogen, sondern grenzübergreifende Gruppen, ebenso wie die Idee der Menschheit, werden verstärkt zum Bezugspunkt.

Zusammenfassend lässt sich festhalten, dass es die Begriffe Assimilation und Multikulturalismus sind, mit denen versucht wurde, die amerikanische Gesellschaft in ihrem Verhältnis zu ethnischen und rassischen Binnengruppen zu beschreiben; diese beiden Begriffe sind dabei verbunden mit zwei Phasen der amerikanischen Geschichte: Zwischen 1920 und 1944 galt die Assimilation der zahlreichen in den USA lebenden Rassen quasi als unvermeidlich. Mit der verstärkten Fokussierung soziologischer Analyse auf Afroamerika-ner wurden diese als eine Art Anomalie beschrieben. Auch in der Nachkriegszeit dominierte der Assimilationismus. In dieser Zeit wurde das amerikanische Kastensystem zu Fall gebracht und die rechtliche Diskriminierung von Afroamerikanern weitgehend abgeschafft. Parallel hierzu setzte sich die Integration der verschiedenen Immigran-tengruppen fast völlig durch. In den 1960er Jahren wurde Assimilation als multidimen-sionaler Prozess beschrieben (Angleichung, Neuschöpfung und Trennung). Die Stabilität der Gruppe der Afroamerikaner und das "ethnic revival" wurde in den 1970ern und 1980ern in der Perspektive des Multikulturalismus interpretiert. In der Zeit des Multikul-turalismus wurde die Dominanz weißer beziehungsweise angelsächsischer Kulturdefini-tionen desavouiert. Parallel hierzu entdeckten die strukturell fast völlig aufgelösten ethnischen Gruppen der Euroamerikaner wieder ihre spezifische Identität. In den 1990ern kam es verstärkt zur Kritik des Multikulturalismus und die integrierenden Aspekte der amerikanischen Gesellschaft wurden wichtiger.

Die fünf in Tabelle 4 beschriebenen Gesellschaftsmodelle bilden ein Kontinuum zwischen Assimilation im Sinne der Anpassung an eine angelsächsische Mehrheit und starkem Multikulturalismus mit der Implikation von strukturell und kulturell getrennten Gruppen innerhalb einer Gesellschaft. Allgemein kann gesagt werden: So wie eine Extremdefinition von Assimilation soziologisch nicht sinnvoll ist, so gilt dies auch für den Multikulturalismus.

Tabelle 4: Die logische Struktur verschiedener Gesellschaftsmodelle[985]

Bezeichnung des Modells	Ausgangspunkt	=>	Idealgesellschaft
1. Assimilation ("anglo-saxon dominance")	$A+B+C$	=>	A
2. Assimilation ("melting pot")	$A+B+C$	=>	D
3. Inkorporation	$IA+B+C$	=>	$IA+IB+IC$
4. Multikulturalismus ("cultural pluralism"; schwach)	$A+B+C$	=>	$A_{bc}+B_{ac}+C_{ab}$
5. Multikulturalismus ("cultural pluralism"; stark)	$A+B+C$	=>	$A+B+C$

A: dominante ethnische oder rassische Gruppe; *B, C:* andere ethnische oder rassische Gruppen; *D:* eine neue kulturelle und sozialstrukturelle Gruppe; A_{bc}: eine Gruppe, die zwar viele Merkmale der Ursprungsgruppe hat, aber mit den Merkmalen anderer Gruppen eine neue soziale Form bildet; *I*: Partizipation an wichtigen gesellschaftlichen Institutionen; *Inkorporation*: strukturelle Assimilation gepaart mit kulturellem Pluralismus.

Es ist wenig überzeugend zu implizieren, es gäbe total getrennte sozialstrukturelle und kulturelle Mitgliedschaftsstrukturen innerhalb einer Gesellschaft; dies ist, wie oben festgestellt, nicht einmal zwischen Nationalstaaten möglich. Damit verweisen Assimilation und Multikulturalismus auf zwei Extremvarianten der Konzeptionalisierung von Gesellschaft: Gesellschaft als ein monolithischer Block auf der einen Seite und Gesellschaft als eine Ansammlung total separierter Teilgesellschaften auf der anderen.[986]

Übersicht zur Entwicklung der Begriffe Rasse und Ethnizität

Aus den in der Geschichte der "race and ethnic relations"-Forschung entwickelten Ideen und Konzepten wurde auf den vorangegangenen Seiten das Modell der abstammungsorientierten Mitgliedschaft entwickelt. Tatsächlich sind sich die verschiedenen Ansätze der "race and ethnic relations"-Forschung hinsichtlich der Begriffe Rasse und Ethnizität in den USA so ähnlich, dass sich ihre Entwicklung seit den 1920er Jahren auch als die schrittweise Entfaltung oder Ausarbeitung einer gemeinsamen Perspektive lesen lässt. Auch wenn viele Texte immer wieder die Unterschiede zwischen einer Rasse- und einer Ethnizitätsperspektive betonen, so zeigt das hier entwickelte Modell doch die großen Gemeinsamkeiten, die praktisch alle Ansätze der amerikanischen "race and ethnic relations"-Forschung teilen (siehe Tabelle 5).

---

985 Die Darstellung basiert teilweise auf der Formulierung in Bahr, Chadwick und Stauss, *American Ethnicity*, S. 531.
986 Vgl. hierzu ausführlicher Kapitel 6.2.2 in diesem Buch.

Tabelle 5: Soziologische Perspektiven abstammungsorientierter Mitgliedschaft in den verschiedenen Phasen der amerikanischen Gesellschaft

Phase	Mitgliedschaftsglaube	Mitgliedschaftsstruktur	gesamtgesellschaftliche Mitgliedschaft
1920–1944	Rassen sind biologisch gegebene Kollektive, diese biologische Grundlage wird jedoch fragwürdig. Ethnizität wird von der quasinatürlichen Mitgliedschaft in einem Einwanderungskollektiv zur Mitgliedschaft, die sich in einer bestimmten Lebensweise und der Teilhabe an ethnischen Organisationen ausdrückt.	Ethnizität und Rasse werden zunehmend als eine Mitgliedschaft unter anderen gesehen, die Lebensweise ist nicht mehr automatischer Ausdruck einer Gruppentradition, sondern entsteht in der Wechselwirkung mit anderen Mitgliedschaften, etwa ökonomischen und rechtlichen Strukturen.	Assimilation ist unvermeidlich: Die amerikanische Gesellschaft teilt sich in Rassen, über die Dimensionen von Weiß bis Schwarz und die verschiedenen Einwandererrassen.
1945–1954	Rasse ist vor allem ein biologischer Abstammungsglaube in der Bevölkerung. Ethnizität wird weiter als kulturelles und sozialstrukturelles Phänomen gedacht.	Strukturell werden Rasse und Ethnizität als typische Mitgliedschaftskonfiguration gesehen, Rasse ist jedoch bestimmt durch den Zwangscharakter dieser Konfiguration und die Separierung des gesamten Mitgliedschaftssets.	Assimilation als Prozess, den alle Gruppen durchlaufen, nur Afroamerikaner bilden in dieser Hinsicht eine "Anomalie".
1955–1968	Rasse ist eine besondere "Erfahrung", kulturelle Ressource und dient zur Identifikation. Ethnischer Mitgliedschaftsglaube kann über strukturelle Teilhabe, gemeinsame Lebensweise, Identifikation und Glaube an ein historisches Kollektiv entstehen.	Mitgliedschaften werden unter sozialstrukturellen, kulturellen, demographischen und Verpflichtungsaspekten analysiert; Wechselwirkung zwischen ethnischen Gruppen und Klassen gelten als zentrale Ungleichheit. Staatsbürgerschaft wird als Steuerungsmechanismus von Mitgliedschaftskonfigurationen definiert.	Assimilation wird als multidimensionaler Prozess beschrieben (Angleichung, Neuschöpfung und Trennung), Staatsbürgerschaft als Inklusion, die kulturelle Differenz und strukturelle Integration ermöglicht.
1969–1980	Rasse ist durch die feste Kopplung von Identifikation, kulturellen Symbolen und Erfahrungen des historischen Kollektivs mit körperlichen Merkmalen definiert. Ethnizität wird zum schwachen Symbol, das praktisch keine kulturellen oder sozialstrukturellen Implikationen mehr hat.	Rasse und Ethnizität werden zum wichtigen politischen Mobilisierungsmechanismus. Zu Beginn dieser Phase werden die kulturellen Aspekte von Rasse und Ethnizität wieder stärker betont, gegen Ende kommt es zu einer Wiederentdeckung der Ökonomie.	Getrennte kulturelle Gruppen als "Normalzustand" werden zum Ausgangspunkt des Multikulturalismus. Starke multikulturalistische Programme fallen hinter die in der Nachkriegszeit entwickelte Struktur und Kultur zurück.
1981–1989	Ethnizität (und Rasse) impliziert als abstammungsorientierter Mitgliedschaftsglaube die Bevorzugung der Eigengruppe.	Die zunehmende Diversifizierung der Einwanderung wird analysiert und der Blick auf Rasse als politisches Projekt zugespitzt.	Multikulturalismus und Rasse: beides verbindet sich in den Großgruppenkonflikten im Fünfeck zwischen Weißen, Schwarzen, Asiaten, Hispanics und Indianern.
1990–2000	Rasse als Zugehörigkeit zur Gruppe der Afroamerikaner verliert an Eindeutigkeit. Ethnische Abstammung ist frei wählbar und doch authentisch.	Verschiedene Pfade der Inkorporation werden beschrieben.	"Starker" Multikulturalismus wird desavouiert.

Der abstammungsorientierte Mitgliedschaftsglaube teilt sich in den Glauben an ein historisches Kollektiv oder eine Schicksalsgemeinschaft, den Glauben an verschiedene symbolische Ausdrucksformen rassischer oder ethnischer Mitgliedschaft, den Grad der Identifikation und den Glauben an den Grad biologischer Verbundenheit. Die vier Aspekte des Mitgliedschaftsglaubens lassen sich, mit leichten Veränderungen, auch auf andere Mitgliedschaften anwenden: Immer wird an ein spezifisch-konstituiertes Kollektiv geglaubt, das sich symbolisch verkörpert und in unterschiedlicher Weise die Identifikation der Mitglieder fördert, sowie mit der Körperlichkeit der Mitglieder verbunden ist. So kann ein Ehepaar als Kleinstkollektiv etwa als über Liebe konstituiert, durch den Ehering symbolisiert, mit tendenzieller Treueverpflichtung gedacht werden, wobei die Beteiligten meist als jeweils gegengeschlechtlich gesehen werden.

Auch die Mitgliedschaftsstruktur kann unter verschiedenen Aspekten analysiert werden: einem sozialstrukturellen Aspekt, einem kulturellen Aspekt, einem Verpflichtungsaspekt und einem demographischen Aspekt. Als Strukturmerkmal der Mitgliedschaft ist insbesondere der Grad des Verpflichtungscharakters (oder "commitment"), den ein Kollektiv hat, relevant. Der Verpflichtungsaspekt der Mitgliedschaftsstruktur ist dabei nicht zu verwechseln mit dem Mitgliedschaftsglauben. Der Mitgliedschaftsglaube kann sehr stark sein, bei gleichzeitiger sehr geringer Verpflichtung gegenüber einem strukturell abgrenzbaren Kollektiv. Als Hinweis zur Begrifflichkeit ist weiterhin wichtig, dass in der oben herausgearbeiteten Mitgliedschaftsperspektive der im engeren Sinne definitorische Aspekt einer ethnischen und rassischen Gruppe immer der abstammungsorientierte Mitgliedschaftsglaube ist. Wie allerdings die verschiedenen Aspekte der Mitgliedschaft verwendet wurden, um zwischen Rasse und Ethnizität zu unterscheiden, ist Gegenstand des nächsten Abschnitts.

6.1.4 Zur Dynamik der unterschiedlichen Verwendung der Begriffe Rasse und Ethnizität

Eine der Motivationen zur Entwicklung des Ethnizitätskonzepts in der amerikanischen "race and ethnic relations"-Forschung war, den Rassebegriff zu umgehen. Da in den 1920er und 1930er Jahren immer klarer wurde, dass ein wissenschaftlicher Rassebegriff nicht haltbar war, wurde versucht, Gruppengemeinsamkeiten über Kultur und nicht über Vererbung zu erklären. Seine Verbreitung in der Soziologie – und dann zeitverzögert auch in der amerikanischen Öffentlichkeit – fand der Begriff Ethnizität allerdings erst, als er sozusagen komplementär zu Rasse definiert wurde. Rasse stand nach dem Zweiten Weltkrieg besonders für Afroamerikaner, die als nur schwer assimilierbar angesehen wurden, und Ethnizität wurde für die europäischen Immigrantengruppen verwendet, die sich auf dem Weg zur Assimilation befanden.

Zur Verwendungshäufigkeit der Begriffe Rasse und Ethnizität

Rasse war und ist der in der "race and ethnic relations"-Forschung dominierende Begriff, während Ethnizität erheblich seltener verwendet wird. Dies zeigt die quantitative Analyse von Zeitschriftenartikeln, die die Begriffe Rasse und/oder Ethnizität verwenden. Abbildung 9 zeigt die Verwendung in soziologischen Zeitschriften innerhalb des hier untersuchten Zeitraums von 1920 bis ins Jahr 2000. Da hier nur das Vorkommen der Begriffe in Titel oder Abstract gewertet wurde, handelt es sich im Diagramm vor allem um Artikel, in denen die Autoren die Begriffe Rasse oder Ethnizität für zentral oder zumindest für sehr wichtig hielten.[987] Bis zum Beginn der 1950er Jahre dominierte der Rassebegriff stark, der Begriff der Ethnizität bildete sich erst heraus.

Abbildung 9: Entwicklung der Verwendungshäufigkeit der Begriffe Rasse oder Ethnizität in Zeitschriftenaufsätzen zu "race and ethnic relations" (Anteile der Zeitschriftenartikel in wichtigen Periodika pro fünf Jahre)

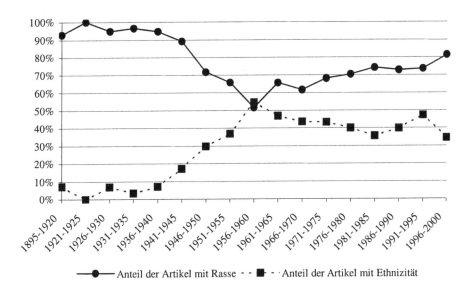

Die zu Beginn der 1920er noch fast unhinterfragte, über Abstammung definierte Mitgliedschaft in der Gruppe der Afroamerikaner und Immigranten legte in der Soziologie die Verwendung des Begriffs Rasse nahe. Die Desavouierung des biologischen Rassebegriffs führte zu einer Zurückhaltung in der Verwendung des Begriffs bis etwa Mitte der 1960er. Dies wurde gestützt durch Syntheseversuche, etwa von Gordon, die Ethnizität zur theoretischen Hauptkategorie machten und Rasse als einen Spezialfall darstellten. Mitte der 1960er meint Rasse, meist ausschließlich bezogen auf Afroamerikaner, eine besonders starke Verknüpfung von Aussehen und gesellschaftlicher Situation. In dieser Zeit wurde der Begriff auch wieder öfter in der Soziologie verwendet. Der hohe Anteil der Verwendung des Rassebegriffs hat also zwei unterschiedliche inhaltliche Begründungen: Vor dem Zweiten Weltkrieg ist er Ausdruck eines ungebrochenen, meist biologischen Verständnisses, der unhinterfragten Gegebenheit von Rassen in der Soziologie; seit den 1960ern steht der Rassebegriff für den Versuch, die Erfahrung der untrennbaren Verknüpfung von Aussehen, Kultur und Identifikation in der amerikanischen Gesellschaft, in der Soziologie widerzuspiegeln.

---

987 Zu Definition und Suchstrategie siehe Kapitel 1.2.2 in diesem Buch.

Interessanterweise verwenden nur 98 der erfassten 1161 Texte zwischen 1896 und 2000 sowohl das Konzept Rasse als auch das der Ethnizität an wichtiger Stelle. Sieht man einmal von der gebetsmühlenartigen Verwendung von Wendungen wie "racial and ethnic groups" in vielen Artikeln ab, so verwenden tatsächlich nur 8 % der Artikel der "race and ethnic relations"-Forschung beide Begriffe gleichzeitig in prominenter Weise. Ein erster Anstieg dieses Artikeltyps ist in den 1960er mit ca. 8 % zu verzeichnen, dieser Anteil steigt dann kontinuierlich bis heute an; in den 1990er Jahren betrug er knapp 20 %.[988] Dies verweist auf die Zunahme einer kombinierten Rasse- und Ethnizitätsperspektive, wenn auch auf niedrigem Niveau. Diese Zunahme spiegelt die inhaltliche Annäherung beider Begriffe wider. Betrachtet man die Publikationen für den gesamten untersuchten Zeitraum, so bedeutet dies umgekehrt, dass sich über 90 % der Artikel entweder hauptsächlich an dem Begriff Rasse *oder* an dem Begriff der Ethnizität orientieren. Hierin schlagen sich zwei Aspekte nieder: (1) vor dem Zweiten Weltkrieg wurde praktisch ausschließlich nur die Rassenperspektive verwendet, und (2) nach dem Zweiten Weltkrieg ist der Begriff Rasse insbesondere mit Afroamerikanern und der Begriff Ethnizität mit Einwanderern verbunden, so dass die inhaltliche Entscheidung für eine Studie über eine der beiden Gruppen implizit auch das zu verwendende Konzept nahe legt. Da der Hauptgegenstand der "race and ethnic relations"-Forschung nach dem Zweiten Weltkrieg Afroamerikaner waren und sind, überwiegen im Untersuchungszeitraum die Texte mit dem Begriff Rasse mit 880 Artikeln, gegenüber 379 Artikeln mit der prominenten Verwendung des Begriffs Ethnizität.[989]

Zur Unterscheidung der Begriffe Rasse und Ethnizität in der Geschichte der "race and ethnic relations"-Forschung

Für die Soziologen, die in den *1920er und 1930er* Jahren zum ersten Mal den Begriff der ethnischen Gruppe mit dem Bezug auf europäische Immigrantengruppen ausarbeiteten, lag der Erkenntnisgewinn darin, die biologistischen Konnotationen von Rasse zu vermeiden. Der jeweilige Mitgliedschaftsglaube war historisch entstanden, nicht gebunden an für immer feststehende biologische Merkmale eines Kollektivs. Dies zeigt sich insbesondere an den Arbeiten von Louis Wirth und den anderen Autoren der Chicago School. Etwas später, *nach 1944*, in der Folge von Myrdal, taucht das gleiche Argument prominent auch in Bezug auf Afroamerikaner auf, für die jedoch Myrdal den Rassebegriff nicht als wissenschaftlich angemessene Kategorie gelten ließ. Der Rassebegriff konnte in der Perspektive der damaligen Soziologie deshalb nicht zum Erkenntnisfortschritt dienen, weil dem biologisch begründeten Mitgliedschaftsglauben in der Bevölkerung kein biologisch erkennbarer Prozess gegenüberstand, der naturwissenschaftlich-biologisch Mitgliedschaft in Rassen erklären konnte – einzig die gemeinsame historische Erfahrung aus der Sklaverei konnte als Erklärung dienen. Rasse und Ethnizität basierten in gleicher Weise auf einem Blutsverwandtschafts*glauben* in der Bevölkerung, der aber nur geringen analytischen Wert für die Soziologie hatte.

---

988 Die vollständige Entwicklung des Anteils der Artikel, in denen prominent Rasse und Ethnizität verwendet werden, ist: 1895–1920 0.00%; 1921–1930 1.04%; 1930–1940 0.87%; 1941–1950 3.62%; 1951–1960 4.23%; 1961–1970 8.45%; 1971–1980 10.78%; 1981–1990 11.11%; 1991–2000 19.57%.
989 Aufgrund der Doppelzählung von 98 Artikeln, die beide Konzepte verwenden, übersteigt die einfache Summe beider Gruppen die oben angegebene Zahl von 1161.

Warner baute sowohl ethnischen als auch rassischen Mitgliedschaftsglauben in seine soziologische Perspektive ein: Ethnischer Mitgliedschaftsglaube bezog sich eher auf veränderliche bzw. assimilierbare Gruppen, Rasse war gleichsam eine allgemeinere bzw. "grundlegendere" Mitgliedschaft, und über Rassengrenzen hinweg waren Menschen schwerer assimilierbar. Wenn – so sein Beispiel – die Bewohner von Yankee City an unterschiedliche Rassen glaubten, macht dies Assimilation problematisch, befördert wird die Assimilation, wenn Rassengleichheit vorliegt. Zur Herausarbeitung der Definition von Rasse und Ethnizität habe ich mich hier auf den Mitgliedschaftsglauben von Gruppenmitgliedern beschränkt. Seltener verbunden mit den Begriffen Rasse und Ethnizität kamen ähnliche Aspekte natürlich auch in der Vorurteilsforschung vor: Insbesondere für das gesamtgesellschaftliche Zusammenleben relevant war aus dieser Perspektive nicht nur der Mitgliedschaftsglaube, sondern auch die Mitgliedschaftsunterstellung.[990]

In den 1960ern lieferte Gordon in gewisser Weise die erste voll ausgearbeitete ethnische Mitgliedschaftstheorie der amerikanischen Gesellschaft. Für ihn war der Mitgliedschaftsglaube hinsichtlich einer Rasse neben Religion und Nationalität ein Bestimmungsmerkmal für die Mitgliedschaft in einer ethnischen Gruppe. Hier hatte sich also das Verhältnis zwischen Rasse und Ethnizität umgekehrt gegenüber der an Warner orientierten Soziologie der 1950er; der Mitgliedschaftsglaube in Bezug auf eine Rasse wurde zum Spezialfall des Mitgliedschaftsglaubens in Bezug auf eine ethnische Gruppe. In den 1960ern wuchs im Zuge der Bürgerrechtsbewegung das Selbstbewusstsein der Afroamerikaner, zu Beginn der 1970er war dann für viele im Rahmen der "race and ethnic relations"-Forschung Arbeitenden die Betonung der Besonderheit rassischen Mitgliedschaftsglaubens besonders wichtig. Zentrales Argument war hier die historische Erfahrung der Sklaverei von Afroamerikanern. Damit war die Idee verbunden, dass Rasse und Ethnizität als zwei unterschiedliche Konzepte zu behandeln seien. Der Rassebegriff wurde voll mit der Gruppe der Afroamerikaner identifiziert; in der starken kulturellen Definition dieser Gruppe übernahm der Rassebegriff in der Soziologie die in der Ethnizitätsperspektive entwickelten nichtbiologischen Beschreibungsmodi. Über den Umweg der Gruppe der Afroamerikaner wurde damit auch der Begriff der Rasse für die Soziologie entbiologisiert.

Zu Beginn der 1970er sind alle vier Typen der Relationierung von Rasse und Ethnizität in der amerikanischen Soziologie ausgebildet: (1) Ursprünglich sollte das Ethnizitätskonzept den Begriff Rasse ersetzen, (2) mit Warner wird dann Ethnizität als Binnenstruktur von Rassen gesehen, (3) verbunden mit dem Namen Gordon[991] ist die Idee Rasse als ein Element einer ethnischen Gruppe anzusehen, und (4) mit der Betonung der Besonderheit von Afroamerikanern kann gesagt werden, dass Rasse und Ethnizität zwei unterschiedliche Konzepte sein sollen. Trotz aller begrifflichen Grabenkämpfe sind die Definitionen des wissenschaftlichen Rassebegriffs und des wissenschaftlichen Ethnizitätsbegriffs austauschbar, beide beziehen sich auf einen auf Abstammung beruhenden Mitgliedschaftsglauben, bestehend aus einer Kombination aus einem Glauben an ein historisches Kollektiv, gemeinsamen kulturellen Äußerungen und der Identifikation mit einer Gruppe.

---

990 Eine der klassischen Studien der Soziologiegeschichte, die genau diesen Aspekt betont, ist Wirth, *The Ghetto*. Die "fantastic conception", die andere vom Judentum haben, ist dabei für ihn ein ebenso wichtiger Bestimmungsgrund für die Situation einer jüdischen Gruppe wie deren Selbstbild.
991 Aufgetaucht ist diese Idee natürlich schon früher, besonders prominent sicher bei Cox, *Caste, Class, and Race*.

Die zwei zentralen Unterschiede, die argumentativ für eine Trennung beider Begriffe in Anschlag gebracht werden, sind die historische Erfahrung und das Aussehen. Die Besonderheit der historischen Erfahrung wird insbesondere in der Sklaverei gesehen. Die daraus folgende unterstellte hohe Identifikation der Mitglieder und die ausgeprägten kulturellen Äußerungen bei einer Rasse machen diese dann weniger assimilierbar. Mit dem ethnischen Selbstbewusstsein der vermehrt einwandernden Schwarzen nimmt der Anteil der Afroamerikaner zu, für die der spezifische, in der Sklaverei wurzelnde historische Mitgliedschaftsglaube keine Bedeutung mehr hat. Damit schwächt sich ein als konstitutiv für den rassischen Mitgliedschaftsglauben gesehenes Element zunehmend ab.

Probleme entstehen auch mit der Konvention zu behaupten, Rasse sei über ein biologisches Merkmal sozial konstruiert, Ethnizität dagegen über ein kulturelles.[992] Historisch war diese Form der Definition entstanden, weil es in der Soziologie – im Unterschied zur amerikanischen Bevölkerung – nicht mehr möglich war zu behaupten, dass sich mit der Zugehörigkeit zu einer ethnischen Gruppe auch bestimmte, eindeutige körperliche Merkmale verbinden. Der starke Glaube an die "one-drop rule" schlug dann gleichsam in die Soziologie zurück und es schien möglich, zumindest Afroamerikaner auch über ihr Aussehen zu definieren. Diese Definition fällt aber im analytischen Niveau hinter Myrdal zurück, der schon darauf hinweist, dass es kein eindeutiges biologisches Merkmal gibt, das Afroamerikaner bestimmt.[993] In Bezug auf ethnische Gruppen übersieht diese Konvention auch die Argumente von Barth und Gans: Mitgliedschaftsglaube, bezogen auf eine ethnische Gruppe, muss gar nicht durch seinen kulturellen Inhalt bestimmt sein, sondern einfache Marker können schon ethnischen Mitgliedschaftsglauben generieren und tatsächliche kulturelle Unterschiede sind, streng genommen, gar nicht notwendig. Der in manchen neueren Veröffentlichungen gegangene Weg, Rasse über sozial unterstellte körperliche Unterschiede zu definieren, ist ebenso problematisch, da in der amerikanischen Gesellschaft diese körperlichen Merkmale auch bei ethnischen Gruppen unterstellt werden. Der Siegszug der wissenschaftlich wenig überzeugenden Definition von Rassen über körperliche Merkmale ist wohl nur damit zu erklären, dass physische Merkmale als dauerhafter angesehen wurden als kulturelle; so konnte schon in der Definition ein Hinweis auf die hohe Stabilität als rassisch definierter Gruppen enthalten sein.

Letztendlich ist das einzige Merkmal, welches Rasse von Ethnizität unterscheidet, dass Rasse als besonders dauerhaft bzw. stabil beschrieben wird. Gegen dieses letzte Unterscheidungsargument wenden sich historische Arbeiten *seit Ende der 1980er*. In ihnen wird festgestellt, dass aus Rassen ethnische Gruppen werden können und umgekehrt. So wurden aus den Rassen der Iren und Juden ethnische Gruppen, oder es werden – mit der neuen Einwanderung seit den 1970ern – ethnischen Gruppen wie etwa den Hispanics rassenähnliche Merkmale zugeschrieben. Die Ultrastabilität der Rassenzugehörigkeit ist also eine spezifische Form des Mitgliedschaftsglaubens, die mit bestimmen Phasen der amerikanischen Gesellschaftsentwicklung einhergeht und als universelles Definitionskriterium für Rasse nicht geeignet ist.

---

992 Wie oben bemerkt, gibt Warner schon just diese Form der Definition, vgl. Warner und Srole, *The Social Systems of American Ethnic Groups*, S. 285; ähnlich auch Wilson, *Power, Racism, and Privilege: Race Relations in Theoretical and Sociohistorical Perspectives*, S. 6.
993 Bzw. es auch gar kein biologisches Merkmal geben kann, wie auch schon in den 1940ern eloquent nachgewiesen wurde. Vgl. Montagu, *Man's Most Dangerous Myth: The Fallacy of Race*.

Abbildung 10 zeigt die Entwicklung der amerikanischen Forschung zu Afroamerikanern und Immigrantengruppen in der amerikanischen Soziologie. Die Trennung zu Beginn bedeutet, dass der Begriff Ethnizität weitgehend für europäische Immigrantengruppen und der Begriff Rasse weitgehend für Afroamerikaner verwendet wurde. Da jedoch mit der Entbiologisierung des Rassebegriffs beide Konzepte auf ähnliche Weise definiert werden mussten, begann auf der Seite der Soziologie eine Bewegung des Ineinanderfließens beider Begriffe.

Betrachtet man die Entwicklung des Begriffspaares Rasse/Ethnizität, so trug paradoxer Weise die Einführung des Ethnizitätsbegriffs zur Stabilisierung des Rassebegriffs bei, der ja eigentlich desavouiert werden sollte. Indem eine Betonung "weicher" historisch-kultureller und identifikatorischer Prozesse im ethnischen Mitgliedschaftsglauben immer weiter ausgearbeitet wurde und später sogar Mitgliedschaft in einer ethnischen Gruppe zur freien Wahl und Selbststilisierung mutierte, blieb es dem Rassebegriff vorbehalten, das Stabile, das Unwandelbare und vor allem das im Aussehen liegende "Natürliche" des Mitgliedschaftsglaubens zu verkörpern. So taucht durch die Hintertür, in der Unterscheidung zwischen Rasse und Ethnizität, die eigentlich überwunden geglaubte Unterscheidung von Kollektiven in kulturelle und natürliche Gruppen in neuem Gewand wieder auf. Diesen Bewegungen auf konzeptioneller, wissenschaftlicher Ebene steht eine erstaunliche Konstanz in der Alltagsbeschreibung von Mitgliedschaft in rassischen und ethnischen Gruppen gegenüber. Untersuchungen wie die von Waters haben gezeigt, dass selbst der so wählbare ethnische Mitgliedschaftsglaube in Alltagsbegründungen aus einem Blutsverwandtschaftsglauben und Vererbungsideen besteht, die eine feinsinnige Unterscheidung zwischen Natur und Kultur nicht vornehmen. Ganz im Sinne von Rassenlehren à la Madison Grant wird zwar unterstellt, dass Afroamerikaner irgendwie primitiver, naturnäher seien, doch die differenzierten, kulturell hoch stehenden Lebensäußerungen von Euroamerikanern liegen diesen andererseits genauso "im Blut" und sind insofern ebenfalls "natürlich".

Abbildung 10: Entwicklung der soziologischen Perspektiven auf Afroamerikaner und Immigrantengruppen von ca. 1945 bis 2000

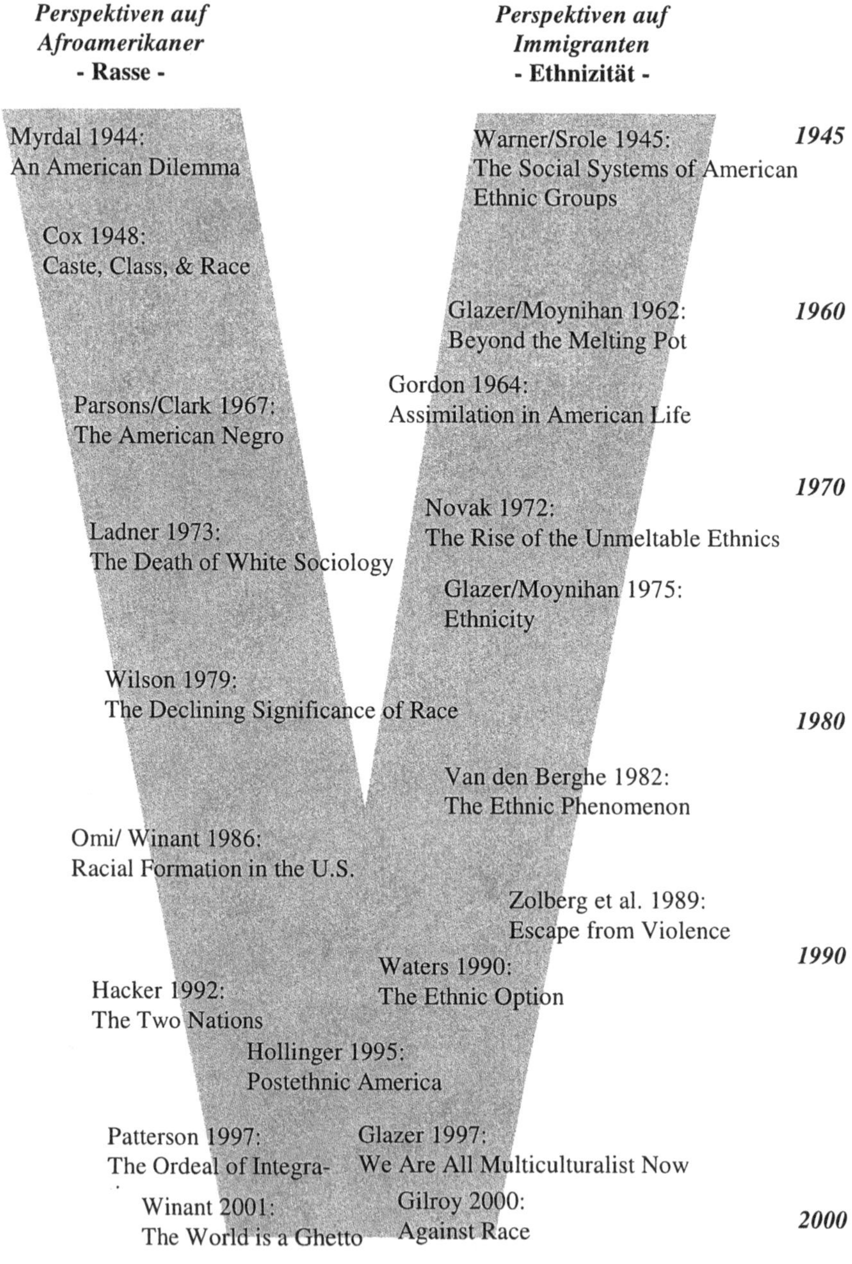

Perspektiven auf Afroamerikaner - Rasse -	Perspektiven auf Immigranten - Ethnizität -	
Myrdal 1944: An American Dilemma	Warner/Srole 1945: The Social Systems of American Ethnic Groups	*1945*
Cox 1948: Caste, Class, & Race		
	Glazer/Moynihan 1962: Beyond the Melting Pot	*1960*
Parsons/Clark 1967: The American Negro	Gordon 1964: Assimilation in American Life	
		1970
Ladner 1973: The Death of White Sociology	Novak 1972: The Rise of the Unmeltable Ethnics	
	Glazer/Moynihan 1975: Ethnicity	
Wilson 1979: The Declining Significance of Race		*1980*
	Van den Berghe 1982: The Ethnic Phenomenon	
Omi/Winant 1986: Racial Formation in the U.S.		
	Zolberg et al. 1989: Escape from Violence	*1990*
Hacker 1992: The Two Nations	Waters 1990: The Ethnic Option	
	Hollinger 1995: Postethnic America	
Patterson 1997: The Ordeal of Integra-	Glazer 1997: We Are All Multiculturalist Now	
Winant 2001: The World is a Ghetto	Gilroy 2000: Against Race	*2000*

Der gesellschaftliche Wandel und die Veränderungen in den Ansätzen der "race and ethnic relations"-Forschung in den USA hinterlassen einen erstaunlichen Eindruck der Ungleichzeitigkeit: Während auf der empirischen Seite oft mit großer Klarheit die Situation von Afroamerikanern und Immigrantengruppen nachgezeichnet und damit die Unterschiedlichkeit, aber auch die Dynamik dieser Gruppen demonstriert wird, bleiben die theoretischen Probleme des Feldes relativ konstant. Theoretische Innovationen werden etwa im Dekadenrhythmus gemacht, wobei sich grundlegende Perspektiven nur wenig verändern. Soziologische Werke wie die von Myrdal oder Warner und Srole sind somit im doppelten Sinne Zeitkapseln: Sie halten fest, dass die Aussage, es hätte sich nichts geändert, an der Situation von Afroamerikanern und Immigrantengruppen ebenso falsch ist, wie die Annahme, nach dem Zweiten Weltkrieg hätten sich in den soziologischen Perspektiven auf diese Gruppen größere Veränderungen ergeben.[994]

6.2 Rasse oder Ethnizität? Probleme abstammungsorientierter Mitgliedschaft

Begegnungen zwischen als rassisch oder ethnisch bezeichneten Gruppen durchdringen als Grunderfahrungen gleichermaßen Gesellschaft und Soziologie der USA.

> Paralleling their chronic prominence as social problem conditions in American *society*, the processes reflected in the encounters of racial, ethnic and religious minorities with the white, Anglo-Saxon, Protestant "host" society have traditionally constituted a major concern in American *sociology*. Such group relationships are so inextricably a part of the American experience, that their influence permeates every substantive field of sociological inquiry.[995]

Diese Erfahrungen – wie auch die soziologischen Reflexionen darüber – sind zwangsläufig Kinder ihrer Zeit. Diese geradezu schlicht anmutende Annahme war auf jeder Seite dieses Buches zu erkennen. Problematisch wurden die Werke der "race and ethnic relations"-Forschung immer dann, wenn die eigene Zeitverbundenheit vernachlässigt wurde und Konzepte dazu dienen sollten, unverrückbare, ahistorische Wahrheiten zu produzieren. Die auf längere Sicht wichtigen Werke waren sich ihrer Zeitgebundenheit immer bewusst und arbeiteten mit und in ihrer Zeit und nicht gegen sie oder gar losgelöst von ihr. Die wenigen "großen Klassiker" des Feldes – wie etwa Myrdals *American Dilemma* – beschäftigten sich direkt mit den Problemen der amerikanischen Gesellschaft, so wie es auch die "kleinen Klassiker" taten – die sich nur in ihrem Bereich größere Bekanntheit erschlossen (wie etwa die Werke von Gordon oder Glazer und Moynihan).

Gemäß dem im vorigen Abschnitt vorgestellten Modell hat die amerikanische "race and ethnic relations"-Forschung zur Beschreibung der Begriffe Rasse und Ethnizität Aspekte des Mitgliedschaftsglaubens, der Mitgliedschaftsstruktur und der gesamtgesellschaftlichen Mitgliedschaft herausgearbeitet. Im Folgenden sollen nun im Lichte dieses Modells noch einmal fünf zentrale Ergebnisse der Arbeit besonders hervorgehoben werden:

---

994 Zum Bild soziologischer Klassiker als Zeitkapsel vgl. Thomas F. Pettigrew, *Racial Discrimination in the United States*, New York, 1975, S. 131.
995 Bash, *Sociology, Race, and Ethnicity: A Critique of American Ideological Intrusions Upon Sociological Theory*, S. 28.

(1) Die Begriffe Ethnizität und Rasse sind für die amerikanische Bevölkerung und für den überwiegenden Teil der "race and ethnic relations"-Forschung weitgehend austauschbare Begriffe geworden.

(2) Rasse und Ethnizität bezeichnen multiple und situative Prozesse, die sich auf Mitgliedschaftskonfigurationen beziehen und meist nicht auf ein Kollektiv.

(3) Obwohl Rassen sozialstrukturell immer weniger Gemeinsamkeiten aufweisen, stabilisiert sich rassischer Mitgliedschaftsglaube zum Teil noch über die Unterstellung, dass Rassen nicht assimilierbar seien.

(4) Soziologisch angemessene Beschreibungen der amerikanischen Gesellschaft führen dazu, dass sich die Konzepte Assimilation und Multikulturalismus annähern.

(5) Angesichts der Demokratisierung der amerikanischen Gesellschaft ist es heute aus soziologischer Perspektive nicht mehr sinnvoll, über Afroamerikaner als eine Rasse zu sprechen, da sie gerade im Hinblick auf ihre zunehmende Assimilation zur ethnischen Gruppe geworden sind.

Die Punkte 1 bis 3, die sich überwiegend auf Probleme des abstammungsorientierten Mitgliedschaftsglaubens und der Mitgliedschaftsstruktur beziehen, werden im folgenden Kapitel diskutiert (6.2.1). Danach gehe ich auf die Punkte 4 und 5 ein, die insbesondere mit einigen Aspekten gesamtgesellschaftlicher Mitgliedschaft korrespondieren (6.2.2).

6.2.1 Probleme von Mitgliedschaftsglaube und Mitgliedschaftsstruktur

Widersprüche und Diffusitäten in den soziologischen Definitionsversuchen der Begriffe Rasse und Ethnizität waren ein Ausgangspunkt dieses Buches. Aus der Sicht der Mitgliedschaftsperspektive sind diese Probleme unter anderem auf drei Aspekte zurückzuführen, die mit drei der eben genannten Ergebnisse dieser Arbeit korrespondieren:

(1) Die Nichtbeachtung abstammungsorientierten Mitgliedschaftsglaubens als Definitionskriterium von Rasse und Ethnizität führte auch dazu, dass die weitgehende Austauschbarkeit der Begriffe Rasse und Ethnizität – für die amerikanische Bevölkerung und für den überwiegenden Teil der "race and ethnic relations"-Forschung – übersehen wurde.

(2) Rasse und Ethnizität sind vielschichtige und situationsgebundene Prozesse und beziehen sich meist nur auf ein Mitgliedschaftssyndrom; die Unterstellung, dass Rasse und Ethnizität immer mit einem Kollektiv korrespondieren, führt in die Irre.

(3) Rassischer Mitgliedschaftsglaube stabilisiert sich zum Teil noch über die Unterstellung, dass Rassen nicht assimilierbar seien, obwohl Rassen sozialstrukturell immer weniger Gemeinsamkeiten aufweisen.

Der abstammungsorientierte Mitgliedschaftsglaube als Definitionskriterium von Rasse und Ethnizität

In diesem Buch wurde der abstammungsorientierte Mitgliedschaftsglaube im Zusammenhang mit einem als Schicksalsgemeinschaft vorgestellten historischen Kollektiv, persönlicher Identifikation und spezifischen kulturellen Symbolen als Definition für Rasse und Ethnizität bestimmt. Einige Probleme in der Beschreibung dieser Aspekte sollen im Folgenden angesprochen werden.

Zentral für den Rasse- wie den Ethnizitätsbegriff ist der *Abstammungsglaube*. Er stellt – im van den Bergh'schen Sinne – eine leicht verständliche Information zur Verfügung, die es ermöglicht, Mitgliedschaften zu erleichtern und zu stabilisieren. Damit ziehen Rasse und Ethnizität ihre Plausibilität als Konzepte aus derselben Quelle. Beide können mit dem Abstammungsglauben besonders leicht erhöhte Solidaritätsanforderungen begründen. Darüber hinaus ergeben sich aus dem Abstammungsglauben zwei Aspekte, die besonders hohe Relevanz für die Akteure haben: Er lässt das Mitglied an der Gruppenehre teilhaben und suggeriert ein gemeinsames Interesse – zumindest das am Erhalt der Gruppe. Die Arbeiten von Waters zeigen, dass Abstammungsglaube zwar im Normalfall als zugeschriebenes Merkmal definiert wird, dass er aber in der amerikanischen Gesellschaft erworben werden kann. In der Soziologie ist es also wichtig, zwischen der Selbstbeschreibung von Gruppen, die einen gemeinsamen Abstammungsglauben hegen und der soziologischen Analyse zu unterscheiden. Während Zugehörigkeit in einer ethnischen oder rassischen Gruppe als eindeutig und authentisch zugeschriebenes Merkmal erfahren werden kann, ist es andererseits möglich, dass strukturell dieses Merkmal aus einem Set von Abstammungen erworben wird.

Dieser teilweise erworbene Charakter des Abstammungsglaubens hat Folgen für die *Identifikation* mit einer Gruppe. Hohe Identifikationen beruhen auf einer Authentizitätsunterstellung, die für alle Identitätsforderungen gilt. Authentizität und Wahl sind gemeinsam nur schwer zu theoretisieren. Oft wird mit dem Begriff der Wahl z.B. mitgedacht, dass die Bindung an das gewählte Objekt schwach sei. In der sozialen Welt ist dies meist ganz und gar nicht der Fall, gerade für moderne Menschen impliziert die von ihnen getroffene Wahl extrem hohe Loyalitätsanforderungen, da jedes Eingeständnis einer falschen Wahl sofort auf sie selbst zurückschlägt. Bindungen, an denen wir nicht "selbst schuld" sind, können hingegen mit vermeintlich geringerem Identitätsrisiko gekappt werden, was dann oft als Emanzipationsakt beschrieben wird. Es muss also bei jeder Beschreibung von rassischer und ethnischer Zugehörigkeit immer darauf geachtet werden, dass die Stärke einer Bindung nicht notwendigerweise mit dem Grad ihrer Wählbarkeit korreliert.

Wie schon des Öfteren betont, muss sich der *Glaube an kulturelle Gemeinsamkeiten* in keiner Weise auf tatsächliche Gemeinsamkeiten in größerem Umfang stützen. Es genügt völlig, wenn einige wenige *Symbole* als ethnisch oder rassisch erkannt werden. Da der ethnische oder rassische Mitgliedschaftsglaube insbesondere eine innere Einstellung ist, kann darüber hinaus jede beliebige Handlung als ethnisch oder rassisch interpretiert werden; dabei ist es nicht unüblich, etwa von der typisch irischen Art, einen Truthahn zuzubereiten, zu sprechen oder von der typisch afroamerikanischen Art, z.B. Alex Haleys *Roots* zu lesen. Wie so oft in der Soziologie ist es also die "innere Einstellung", die wirklich darüber entscheidet, welche Handlung als spezifisch ethnisch oder rassisch zu sehen ist. Wenn in analytischer Perspektive vergessen wird, dass äußerlich feststellbare kulturelle Gemeinsamkeiten nur *ein* Indikator hierfür sind, besteht immer die Gefahr der Fehleinschätzung von Mitgliedschaften.

Gerade im amerikanischen Kontext ist von zentraler Bedeutung für ethnische und rassische Mitgliedschaft, was Gordon historische Identifikation genannt hat und was in dem hier dargestellten Modell als *Glaube an ein historisches Kollektiv* bezeichnet wird. Dieser Glaube bestätigt sich insbesondere im Darüber-Reden, aber auch durch Berichte oder Deklarationen etwa in Massenmedien. Diese Darstellungen verstärken unwillkürlich den Mitgliedschaftsglauben einer Person. Wichtig ist, dass der Glaube an ein historisches Kollektiv per Definition gar nicht an die eigene Erfahrung gebunden ist; es genügt völlig daran zu glauben, dass frühere Mitglieder dieses Kollektivs eine beschriebene Erfahrung machten. Diese Erfahrung wird dann trotzdem als konstitutiv für die eigene Mitgliedschaft in einer rassischen oder ethnischen Gruppe empfunden. In dieser Dimension sagt also der Wegfall etwa aktueller Diskriminierungserfahrungen kaum etwas über Diskriminierungserfahrungen als Bestandteil des Mitgliedschaftsglaubens aus.

In allen vier Aspekten ist der abstammungsorientierte Mitgliedschaftsglaube von hoher Flexibilität, sowohl in Bezug auf eine spezifische Situation, wie auch in Bezug auf historische Veränderungen. Aus diesen Aspekten des Mitgliedschaftsglaubens in rassischen und ethnischen Gruppen können wir einige der *Probleme der Definition von Rasse und Ethnizität*, wie sie zu Beginn des Buches kurz skizziert wurden, etwas begreiflicher machen. Es ist in dieser Perspektive völlig verständlich, dass Soziologinnen und Soziologen auf die intuitive Plausibilität der Begriffe Rasse und Ethnizität rekurrieren, weil der gemeinsam gehegte Mitgliedschaftsglaube der amerikanischen Bevölkerung tatsächlich einer der wenigen Aspekte ist, der zur Definition von Rasse und Ethnizität herangezogen werden kann. Diese "geglaubte Gemeinsamkeit" hat sich in der Geschichte der USA in unterschiedlicher Weise sowohl auf historisch-kollektive, symbolische, identifikatorische und biologische Momente bezogen. Gemeinsam war allen, in unterschiedlichen Mischungsverhältnissen, eben nur der Glaube daran, dass diese über Abstammung generierte Mitgliedschaft tatsächlich besteht. Ebenso verständlich wie der Bezug auf einen intuitiven Common Sense ist auch das zu Beginn des Buches beschriebene Ineinanderfließen der Begriffe Rasse und Ethnizität in verschiedenen Definitionen. Aus soziologischer Sicht ist ein biologischer Rassebegriff nicht haltbar; es bleibt also kaum eine andere Möglichkeit, als Rasse – ebenso wie Ethnizität – über Identifikationen, geglaubte gemeinsame Kultur und ein geglaubtes historisches Kollektiv zu definieren. Der Abstammungslaube wie auch der Glaube daran, dass sich die gemeinsame Herkunft in physischen Differenzen ausdrücken kann, findet sich in der amerikanischen Bevölkerung sowohl gegenüber Rassen als auch ethnischen Gruppen. Definitionen, die versuchen, das Ineinanderfließen und teilweise sogar die Auswechselbarkeit der Begriffe Rasse oder Ethnizität zu beschreiben, sind weniger Ausdruck unsauberer Definitionsstrategien, als vielmehr Folge des tatsächlichen Mitgliedschaftsglaubens in der amerikanischen Gesellschaft.

Rasse und Ethnizität als Mitgliedschaftskonfigurationen

Ethnische und rassische Mitgliedschaften sind nur eine Form von Mitgliedschaften unter vielen in der US-amerikanischen Gesellschaft. Moderne Gesellschaften sind durch eine *große Menge überlappender Mitgliedschaften* gekennzeichnet. Von der kleinsten Gruppe bis hin zur Gesamtgesellschaft können diese Mitgliedschaften immer in verschiedenem Grade ethnische oder rassische Charakteristika aufweisen. Solche ethnischen und rassischen Charakteristika können situativ in unterschiedlicher Weise abgerufen werden. Den meisten Amerikanern steht ein Satz von ethnischen und rassischen Zugehörigkeiten zur Verfügung: Jemand kann "Bostonian", von der Ostküste, Deutsch-Amerikaner gemäß der Abstammung väterlicherseits oder jüdisch mütterlicherseits sein. Genauso ist ein New Yorker vorstellbar, der auch von der Ostküste kommt, aber in einem bestimmten Kontext Jamaikaner und in einem anderen Afroamerikaner ist. Natürlich sind jeweils bestimmte Mitgliedschaften besonders bedeutsam für das Leben eines Amerikaners, aber wie alle anderen

Mitgliedschaften auch, multiplizieren sich ethnische und rassische Mitgliedschaften in modernen Gesellschaften.

Alle diese "Abstammungen" können in der Mitgliedschaftsstruktur der amerikanischen Gesellschaft eine wichtige Rolle spielen. Abstammung hat dabei hauptsächlich zwei Funktionen: (1) als Kriterium der Allokation von Mitgliedschaften und (2) als Chance zum Erwerb spezifischer Lebensweisen und der Bindung an eine Gruppe über Sozialisationsprozesse. Zur Zuordnung zu einem tatsächlichen oder vorgestellten – historisch gedachten – Kollektiv wurde der Abstammungsglaube in der amerikanischen Gesellschaft des 20. Jahrhunderts immer verwendet, während der Erwerb einer spezifischen Lebensweise oder einer Bindung an eine Gruppe über den hier betrachteten Zeitraum hinweg variierte. Die Vielschichtigkeit von gesellschaftlichen Mitgliedschaften wurde gerade in den Beschreibungen von Ethnizität oft zum Problem, einerseits im Sinne der Relationierung von Ethnizität und Rasse zu anderen Mitgliedschaften, andererseits im Bezug auf Ethnizität und Rasse als Kollektive.[996]

Rasse oder Ethnizität können als Metapher dafür gesehen werden, dass bestimmte *Mitgliedschaftskonfigurationen* als typisch für bestimmte Personen gelten. Inwieweit diese Muster tatsächlich konsistent mit einer spezifischen Rasse oder Ethnizität gekoppelt sind, ist dabei eine empirische Frage. Schon W.E.B. Du Bois verweist in seiner frühen Studie *The Philadelphia Negro* darauf, dass man – in dieser Hinsicht – kaum von einem Kollektiv von Afroamerikanern in Philadelphia reden kann, sondern dass es sich hier um eine heterogene Kategorie von Menschen handelt, die sich zwar nach Lebenslagen gruppieren lassen, deren Lebenslagen sich aber innerhalb der Gruppe Afroamerikaner so stark unterscheiden, dass hier kaum von *einer* Gruppe zu sprechen ist. Diese Heterogenität hat sich im hier betrachteten Zeitraum weiter erhöht. Ende der 1990er galten nur ein Drittel der Afroamerikaner noch als arm oder lebten in Ghettos. Damit scheint die Suggestion einer gemeinsamen, diskriminierten ökonomischen Situation aller Afroamerikaner fragwürdig. Auch wenn immer wieder z.B. die Unterschiede in den durchschnittlichen Einkommen von Afroamerikanern und Euroamerikanern ausgewiesen werden, bedeutet dies nicht, dass daraus schon eine sozialstrukturelle Gleichheit innerhalb der beiden Gruppen abgeleitet werden kann. Genauso wenig wie die Aussage "der Durchschnittslohn von Frauen ist niedriger als der von Männern" impliziert, dass alle Frauen denselben Ort in der gesellschaftlichen Mitgliedschaftsstruktur einnehmen. Rassische und ethnische Mitgliedschaften können auch auf ein Syndrom verweisen, d.h. auf eine Konfiguration von Merkmalen, die nur in Teilen kausal miteinander verknüpft sind, aber trotzdem in typischen Kombinationen auftreten. Gerade der Glaube an ein historisches Kollektiv ist in den USA meist mit analytisch von Rasse und Ethnizität zu trennenden Formationen wie Religion, Sprache, Sklaverei, politische Entwicklung oder Migration verbunden. Es sind auch oft diese strukturellen Wurzeln, die zur Stabilität von Differenzen beitragen. Diese in Relation zu Rasse und Ethnizität primären Prozesse haben aber ebenfalls Eigendynamiken, die teilweise dazu führen, dass vorhandene strukturelle Grundlagen wegfallen. Als Beispiel sei hier die Sprache genannt: Mit der wichtigen

---

996 Dabei ist zu bedenken, dass schon in ihrer grammatischen Funktion als Kollektivbezeichnungen beide Begriffe, Rasse und Ethnizität, nicht gleichwertig sind. Ethnizität ist eine Eigenschaft einer Person oder einer Gruppe, ein zugehöriges Kollektiv wird im Normalfall als ethnische Gruppe bezeichnet. Eine Rasse kann Eigenschaft sowohl einer Gruppe als auch einer Person sein, steht darüber hinaus jedoch auch für ein Kollektiv von Menschen. Rasse suggeriert also eine erheblich stärkere Bindung zwischen individueller Eigenschaft und Kollektiv als Ethnizität.

Ausnahme von einigen Gruppen innerhalb der Hispanics ist die Muttersprache praktisch aller ethnischen Gruppen Englisch. Sprachdifferenzen, die einst eindeutiges Bestimmungskriterium für viele ethnische und rassische Mitgliedschaften waren, sind in den USA kaum noch existent. Subjektiv ist die Ursprungssprache durchaus noch relevant – so besuchen viele Amerikaner Schulen, auf denen die Sprache der eigenen ethnischen Gruppe gelehrt wird – dieser Schulbesuch geht aber meist nur mit einem rudimentären Spracherwerb einher.

Für die Analyse der Mitgliedschaftskonfigurationen von Menschen in der amerikanischen Gesellschaft ist es notwendig, so weit wie möglich alle Bereiche innerhalb einer Gesellschaft abzudecken, wie dies auch in der "race and ethnic relations"-Forschung geschah. In solchen sehr breiten Perspektiven ist es dann nur erwartbar, dass Uneinigkeit darüber besteht, was wohl die wichtigsten Dimensionen oder zentralen Faktoren sind, die rassische oder ethnische Ungleichheit stabilisieren oder entstehen lassen. Bei diesen Beschreibungen der wichtigsten Dimensionen sind zwei Gesichtspunkte zu unterscheiden: Einerseits forschen Soziologen zu einem gegebenen Zeitpunkt über die Situation von rassischen und ethnischen Gruppen, um dann den entscheidenden Faktor z.B. für Einkommensunterschiede zu isolieren. Es ist nur logisch, dass diese entscheidenden Faktoren sich im Zeitverlauf ändern oder zumindest ändern können: Somit können konkurrierende Beschreibungen einfach die wechselnde Bedeutung bestimmter Faktoren in verschiedenen historischen Phasen widerspiegeln. Die zweite Möglichkeit der Zuspitzung auf eine spezifische Dimension beschreiten modellhafte Beschreibungen, wenn etwa historische Prozesse unter einem bestimmten Aspekt – etwa dem der Macht – reformuliert werden. Auch hier ist die Perspektive der Autoren notwendig zeitgebunden: Dabei zeigt sich, dass sich die Plausibilität verschiedener Modelle innerhalb der Soziologie wie auch in der amerikanischen Öffentlichkeit über den Zeitverlauf ändert. Natürlich sind nicht alle Widersprüche in der Beschreibung von Rasse und Ethnizität auf die Unterschiede in der historischen Situation zurückzuführen. Bezieht man diesen Aspekt jedoch mit ein, so ist es weit weniger erstaunlich, dass sich die verschiedenen Ansätze der amerikanischen "race and ethnic relations"-Forschung zu einem relativ kohärenten Bild der Mitgliedschaftsstruktur der amerikanischen Gesellschaft vereinigen lassen.

Schon eben wurde angesprochen, dass es nicht notwendig ist, *Rasse und Ethnizität als ein Kollektiv* zu sehen. Ein Kollektiv kann dadurch gekennzeichnet sein, dass die Mitglieder in dichten *Austauschbeziehungen* zueinander stehen, bereits Gordon weist darauf hin, dass dies für rassische und ethnische Gruppen im Normalfall nicht zutrifft. Innerhalb ethnischer Gruppen gibt es sozialstrukturell isolierte Netzwerke von Austauschbeziehungen: zum einen insbesondere hinsichtlich der Schichtunterschiede innerhalb einer ethnischen Gruppe – meist sind hier die Beziehungen innerhalb einer Schicht erheblich dichter als über Schichtgrenzen hinweg –, zum anderen bilden in Bezug auf das Siedlungsgebiet dichte Austauschbeziehungen abgrenzbare Kollektive innerhalb einer Rasse oder ethnischen Gruppe. Bezogen auf ethnische Kollektive wäre dann z.B. zu fragen: Umfasst das betreffende ethnische Kollektiv der Polen die Polen in einem Stadtteil Chicagos, die polnischen Enklaven in allen Städten der USA oder gar alle polnischen Einwanderer? Soziologisch sinnvoll ist wohl die Sichtweise, dass Kollektive Gruppen von Menschen mit *gemeinsamen Zielen oder Werten* darstellen. Somit kann dann z.B. in Bezug auf ethnische Parteien oder ethnische Organisationen von einem Kollektiv gesprochen werden. Aber auch so definierten Kollektiven gehören dann meist auch nicht alle Menschen an, die zu einer bestimmten ethnischen Gruppe oder Rasse gehören. Nur in historischen Ausnahmesituationen, wie etwa während der Hochzeit der amerikanischen Bürgerrechtsbewegung, ist eine fast vollständige Deckungsgleichheit zwischen der Kategorie der Afroamerikaner und dem sozial-bewegten Kollektiv festzustellen.

Rassische und ethnische Gruppen sind also oft keine Kollektive, sondern einfach nur eine *Kategorie*. Eine Kategorie, wie etwa Geschlecht,[997] impliziert nicht gemeinsames Handeln, als Attribut ist sie aber trotzdem oft zur Allokation von Mitgliedschaft relevant. Kategorien sind keine hinreichende Bedingung zur Konstitution eines Kollektivs, sei es im Sinne geglaubter Gemeinsamkeiten, gemeinsamer Werte oder gar Austauschbeziehungen. Die Zwischenstellung, die ethnische und rassische Gruppen hier einnehmen, lässt sich wieder besonders gut mit Weber formulieren. Rasse und Ethnizität werden insbesondere zur Propagierung von Gruppen*handeln* verwendet, d.h. eine ursprünglich kategoriale Einteilung wird mit dem Ziel verwendet, Mitgliedschaften und Kollektive entstehen zu lassen. Rasse und Ethnizität sind also im permanenten Übergang von Kategorie zu Kollektiv angesiedelt und in manchen historischen Situationen werden sie dann auch tatsächlich zum Kollektiv. In der heutigen amerikanischen Gesellschaft stellen rassische und ethnische Gruppen im sozialstrukturellen Sinne nur in Ausnahmefällen Kollektive dar, da es weder Organisationen, Austauschstrukturen, gemeinsame Lebenslagen oder politische Ziele gibt, die zumindest den überwiegenden Teil von Menschen einer bestimmten Rasse oder Ethnizität umfassen. Dies widerspricht allerdings eklatant dem rassischen und ethnischen Mitgliedschaftsglauben praktisch aller Amerikaner. Auf die sich hier ergebende wichtige Differenz zwischen Mitgliedschaftsstruktur und dem oben dargestellten Mitgliedschaftsglauben soll nun ausführlicher eingegangen werden.

Zur Dynamik von Mitgliedschaftsglaube und Mitgliedschaftsstruktur

Tatsächliche Kollektive sind in sozialstruktureller Sicht mit Rasse und Ethnizität nur schwer zu verbinden. Im Sinne des von den Individuen gehegten Mitgliedschaftsglaubens ändert sich das Bild jedoch gänzlich. Hier werden Ethnizität und Rasse zu einer Bezeichnung, die dem Einzelnen sinnvoll einen sozialen Ort geben. Rasse und Ethnizität werden in der amerikanischen Gesellschaft zumindest teilweise als relevanter Einfluss eines vorgestellten Kollektivs auf die eigene Lebenssituation erfahren. Besonders drastisch sind diese Verortungen im Bereich politischer und kultureller Äußerungen. Hier sind Rasse und Ethnizität Zugehörigkeiten mit hoher Bedeutung, die aber nur in den Grenzfällen hoher politischer Mobilisierung bzw. starker subkultureller Abgrenzung zum dominierenden Faktor der Mitgliedschaftsbestimmung werden.

Die stabilste und "problematischste" Großgruppenkategorie in den USA bilden Afroamerikaner. In der Phase nach dem Zweiten Weltkrieg wurde der Begriff Rasse teilweise

---

[997] Zu dieser Unterscheidung vgl. Talcott Parsons und Edward A. Shils (Hg.), *Toward a General Theory of Action*, Cambridge, Mass., 1976 [1951], S. 193–195. Parsons und Shils weisen auch auf eine weitere Art von Kategorie hin: interdependente Mengen. Beispiel wäre ein perfekter Markt im Sinne ökonomischer Theorie. Interdependente Mengen von Menschen weisen zwar Verhaltensregelmäßigkeiten auf, sind aber selbst kein Kollektiv, da keine Solidarität vorliegt. Diese reinen ökologischen Interaktionsmengen existieren nur als Grenzfall eines Kollektivs, da Austauschbeziehungen immer nur auf dem Hintergrund anderer Mechanismen, Macht-, Vertrags- oder Solidaritätsbeziehungen, denkbar sind, ist hier empirisch der Übergang zum Kollektiv immer gegeben.

fast ein Synonym für Afroamerikaner. Die in Bezug auf Afroamerikaner fest im abstammungsorientierten Mitgliedschaftsglauben der amerikanischen Bevölkerung verankerte "one-drop rule" stabilisierte bis heute durch alle Integrationsbemühungen hindurch die Vorstellung der Un-Assimilierbarkeit von Afroamerikanern bei gleichzeitig vorhandener weitgehender struktureller Assimilation. Historisch führte die "one-drop rule" dazu, dass die Variationsbreite des Aussehens der afroamerikanischen Bevölkerung stark erhöht wurde, während sie einen homogenisierenden Effekt auf das Aussehen hinsichtlich äußerer Merkmale wie Hautfarbe, Haar und Nasenbreite bei der weißen Bevölkerung hatte. Nach dem Zweiten Weltkrieg setzten verschiedene Prozesse ein, die die Variationsbreite des Aussehens unter Weißen erhöhten und damit auch die Unsicherheit in der Kategorisierung. Eine wichtige Entwicklung war die Erhöhung der Einwanderung aus der Karibik, Nordafrika und aus Indien. Menschen aus Indien sind zwar als Asiaten kategorisiert, verbinden aber oft "europäische" Gesichtszüge mit sehr dunkler Hautfarbe. Menschen aus Nordafrika und der Karibik stammen meist aus Gebieten, in denen die "one-drop rule" nicht gilt und sehen sich selbst als Weiße mit leicht afroamerikanischen Zügen.[998] Auch in der amtlichen Feststellung der Rasse wird die "one-drop rule" aufgeweicht: Im Zensus kann seit dem Jahr 2000 "mixed race" als Herkunft angegeben werden. Auch in diesem Sinne löst sich also der "Rassencharakter" von Afroamerikanern auf. Das Entstehen des "ethnic racial pentagon" hat zwar einerseits einer weiteren "Rassifizierung" der amerikanischen Bevölkerung Vorschub geleistet, die wahrgenommene Variationsbreite dieser Gruppen hat aber ebenfalls zugenommen, was eine eindeutige Zuordnung vieler Menschen fast unmöglich macht und die weitere Anwendung der "one-drop rule" mehr und mehr verhindert. Mit dem zunehmenden Glauben an die "Mischbarkeit" von Afroamerikanern steigt auch die Vorstellung von deren Assimilierbarkeit.

Der Unterschied zwischen Rasse und Ethnizität besteht also in der Rigidität der Anwendung der oben genannten Merkmale des abstammungsorientierten Mitgliedschaftsglaubens. Diese Rigidität kann sich aber im historischen Ablauf verändern, deshalb ist es auch möglich, dass manche Gruppen den Status der ethnischen bzw. rassischen Zugehörigkeit wechseln, wie dies auch in der Geschichte der amerikanischen Gesellschaft geschehen ist. Mitgliedschaft ist ein Kategorisierungsproblem in dem Sinne, als Handelnde in verschiedenen Situationen erfolgreich bestimmen können müssen, zu welcher ethnischen oder rassischen Gruppe ein bestimmtes Gegenüber gehört. Die Struktur moderner Gesellschaften fordert, dass zumindest in der Generationenabfolge die Möglichkeit eines erfolgreichen "type-switches" zwischen verschiedenen Mitgliedschaften besteht. Historisch sind diese Übergänge normalerweise organisiert durch das Entstehen und das Akzeptieren von Mischlingsgruppen wie etwa Kreolen oder Mulatten. Wenn eine Gesellschaft solche Möglichkeiten unterbindet, produziert dies nicht nur große persönliche Spannungen und Kosten, sondern führt darüber hinaus zu starken Verwerfungen und Trennlinien innerhalb der Gesellschaft selbst.

Während also typische Mitgliedschaftskonfigurationen kaum noch mit den Großgruppenbezeichnungen der amerikanischen Gesellschaft in Einklang zu bringen sind, löst sich der eindeutige Abstammungsglaube, gerade in Bezug auf Afroamerikaner, nur sehr langsam auf. Differenzen zwischen Mitgliedschaftsglaube und Mitgliedschaftsstruktur werden

---

998 Ist das Aussehen nach amerikanischen Standards jedoch zu schwarz, werden diese Menschen von Weißen zu Schwarzen.

insbesondere dann problematisch, wenn rassische und ethnische Kategorien im politischen System verwendet werden: Wenn sozialstrukturell keine *gemeinsamen* Problemlagen vorliegen, ist es schwierig, produktive Antworten auf solche Herausforderungen, etwa für *alle* Afroamerikaner zu finden. Die einzigen politischen Ziele, die immer direkt auf die eigene Wählergruppe durchschlagen, sind solche, die an die jeweilige rassische oder ethnische Mitgliedschaftsbezeichnung gebunden sind. Wenn strukturell die Gruppenbezeichnung die einzige Gemeinsamkeit einer Gruppe darstellt, so stellt nur die administrative Verknüpfung jeder Maßnahme mit dieser Kategorie einen wirklichen politischen Erfolg sicher. Dies führt dazu, dass die Integration ethnischer und rassischer Gruppen ins politische System eine Stabilisierung dieser Gruppen bewirkte, egal ob diese Gruppen sozialstrukturell als abgrenzbarer Teil der amerikanischen Gesellschaft bestehen oder nicht.

Bei allen Problemen, die mit dem abstammungsorientierten Mitgliedschaftsglauben verbunden sind, verweist dieses Konzept auf ein heute nicht wegzudenkendes Merkmal der amerikanischen Gesellschaft. Ethnische und rassische Mitgliedschaften sind insofern besonders wichtig in ihr, als Zugehörigkeiten hier grundsätzlich eine gewisse Fragilität unterstellt wird. Kultur, immer auch im Sinne von Lebensstil, muss in einer hoch individualisierten, als jung imaginierten Gesellschaft gleichsam persönlich als ethnische oder rassische Identität permanent reproduziert werden. Ethnischer und rassischer Mitgliedschaftsglaube in der amerikanischen Gesellschaft ist also immer auch ein individueller und individualisierender Akt der Selbstdefinition. Gleichzeitig suggeriert Rasse und Ethnizität die Zugehörigkeit zu einem Kollektiv. In den Beschreibungen, was Menschen immer wieder dazu treibt, in den Kategorien Rasse oder Ethnizität zu denken, sind Diskussionen über Moderne, Exil, Diaspora prominent.[999] Hier werden dann Rasse und Ethnizität aus dem Bedürfnis des entwurzelten Menschen nach Gemeinschaft in der Moderne diskutiert. Diese allgemeine Diskussion um Gemeinschaften übersieht, dass Ethnizität und Rasse nur einen ganz bestimmten Typus von Gemeinschaftsglauben meinen, den abstammungsorientierten. Entfremdung und Entwurzelung mag Menschen in Gemeinschaften treiben, und dies geschieht auch in modernen Gesellschaften in Form von Sekten, Parteien oder anderen Bünden. Aus der Entfremdungsangst der Moderne folgt aber nicht notwendigerweise der ethnische Mitgliedschaftsglaube, ebenso wie dieser vorliegen mag bei Menschen, die nie eine Entfremdungskrise erlebt haben. Hier muss die Soziologie vorsichtig sein, nicht in dem Drang, ein Phänomen zu verstehen, dessen eigene Selbstüberhöhung einfach zu reproduzieren.

6.2.2 *Rasse und Ethnizität in einer demokratischen Gesellschaft*

Die bis jetzt geschilderten Probleme des Mitgliedschaftsglaubens und der Mitgliedschaftsstruktur spiegeln sich in der Beschreibung gesamtgesellschaftlicher Mitgliedschaft wider. Hinsichtlich dieser gesamtgesellschaftlichen Mitgliedschaft sollen zwei Entwicklungen noch einmal kurz hervorgehoben werden: (1) Die Perspektiven von Assimilation und Multikulturalismus konvergieren, wenn innerhalb dieser Perspektiven die Strukturdynamiken der amerikanischen Gesellschaft beschrieben werden. (2) Angesichts des Wandels der amerikanischen Gesellschaft ist es heute nicht mehr zweckmäßig, aus soziologischer Perspekti-

---

999 Einschlägige, besonders kluge Beispiele sind hier etwa Gilroy, *Against Race: Imaging Political Culture Beyond the Color Line*, Kapitel 9 oder Patterson, *Ethnic Chauvinism: The Reactionary Impulse*, S. 263ff.

ve über Afroamerikaner als eine Rasse zu sprechen, da sie gerade im Hinblick auf ihre zunehmende Assimilation zur ethnischen Gruppe geworden sind. Dies steht im Widerspruch zur Renaissance des aus soziologischer Sicht redundanten Begriffs der Rasse in der amerikanischen Soziologie und Gesellschaft.

Assimilation vs. Multikulturalismus

Die sowohl in der Soziologie wie in weiten Kreisen der amerikanischen Gesellschaft meistdiskutierten Konzepte zur gesamtgesellschaftlichen Mitgliedschaft sind *Assimilation und Multikulturalismus*. Der Begriff Assimilation meint in seiner schlichtesten Ausprägung "a linear process of progressive adjustment to American life" und wurde gleichermaßen heftig kritisiert.[1000] Multikulturalismus im Sinne des Bildes einer amerikanischen Gesellschaft, die aus kulturell und strukturell getrennten Einheiten besteht, ist ebenso soziologisch fragwürdig. Beide Bilder sind für die in diesem Buch beschriebenen Prozesse unpassend, deshalb werden sie in dieser extremen Form in der "race and ethnic relations"-Forschung auch kaum verwendet. Die meisten soziologischen Konzepte zur Relation zwischen ethnischen und rassischen Gruppen und der Gesamtgesellschaft definieren immer nur bestimmte Grade von Assimilation oder Multikulturalismus. Dies ist etwa in der jüngeren Diskussion zur Assimilation zu beobachten.[1001] Hier wird verstärkt versucht, Mitgliedschaftskonfigurationen und Arten des Mitgliedschaftsglaubens in einer Gesellschaft mit ihren unterschiedlichen Dynamiken und Verlaufsformen in Bezug auf rassische bzw. ethnische Mitgliedschaft zu beschreiben. Solche gruppenspezifischen "modes of incorporation"[1002] haben dann natürlich unterschiedliche Implikationen in Bezug auf die Situation einer spezifischen Gruppe, was allgemeine Aussagen zu Assimilation oder der Stabilisierung von ethnischen Gruppen in einer multikulturellen Situation sehr schwierig macht.

Mit der Ausarbeitung soziologischer Konzepte von Multikulturalismus und Assimilation beziehen sich diese zunehmend auf dasselbe Set von Prozessen. Vier Prozessbeschreibungen seien beispielhaft genannt:

(1) Assimilation oder Multikulturalismus sind immer graduell und keine einfachen Dichotomien, weder Angleichung noch Trennung sind vollständig, autonome Gruppen pflegen immer auch Austausch mit der umgebenden Gesellschaft, und völlig integrierte Gruppen widmen sich durchaus ihren verbliebenen, meist symbolischen Besonderheiten.

(2) Die Mitgliedschaft in einer Gesellschaft ist immer mehrdimensional, damit sind Assimilation ebenso wie Multikulturalismus niemals eindimensionale Prozesse. Sie können sich unterscheiden nach verschiedenen Sphären gesellschaftlicher Mitgliedschaft, wie etwa der Ökonomie oder der Politik. Die Entwicklung von Mitgliedschaftskonfigurationen innerhalb einzelner Gruppen kann sich auch im Rhythmus oder in der Verlaufsform unterscheiden.

(3) Da Multikulturalismus und Assimilation sich auf Gruppenprozesse beziehen, verschiebt sich die Mitgliedschaftsstruktur einer Gesellschaft hauptsächlich durch intergenera-

---

1000 Vgl. zusammenfassend hierzu Ruben G. Rumbaut, "Paradoxes (and Orthodoxies) of Assimilation", *Sociological Perspectives* 40, 1997: 483–511, S. 483.
1001 Brubaker nennt diese Entwicklung, die er seit Mitte der 1990er beobachtet, "Neo-Assimilationismus". Vgl. Brubaker, "The Return of Assimilation?", S. 537.
1002 Vgl. Portes und Rumbaut, *Immigrant America*, S. 83-93.

tionalen Wandel; was in der einen Generation noch ein stabiles kulturelles Muster sein mag, kann in der nächsten schon nur noch als Residuum vorhanden sein, oder umgekehrt.

(4) Assimilation und Multikulturalismus sind wechselseitige Prozesse, die die Mitgliedschaftskonfiguration der Mehrheit wie auch der Minderheit verändern. Damit verändert sich immer die Struktur der Mitgliedschaften der Gesamtgesellschaft, oder wie Brubaker schreibt, Veränderungen in der Mitgliedschaft sind immer: "a shift from one mode of heterogeneity ... to another mode of heterogeneity."[1003]

Egal, ob man von der Perspektive des Multikulturalismus oder der Assimilation ausgeht, die Analyse der amerikanischen Gesellschaft zeigt immer die Abfolge verschiedener Formen der Heterogenität, die sich weder auf die Formel der "vielen Einheiten" noch der "einheitlichen Vielen" bringen lässt.

Genauso wenig ist es möglich, die Differenz zwischen Assimilation und Multikulturalismus mit dem Gegensatz Universalismus vs. Partikularismus gleichzusetzen. Wenn man etwa multikulturelle Ideen in ihrem oft partikularen Charakter etwas genauer betrachtet, implizieren die unterstellten partikularen Konzepte Rasse und Ethnizität einen eigenartigen Universalismus in unterschiedlicher Hinsicht. In Bezug auf eine rassische oder ethnische Gruppe kommt es zu einer Art "interner" Universalisierung. Sie wird hervorgerufen durch die Annahme, dass alle Angehörigen einer ethnischen oder rassischen Gruppe gleich sind. Die Vorstellung eigener rassischer und ethnischer Mitgliedschaft impliziert aber ebenso eine "externe" Universalisierung, da dem rassischen und ethnischen Weltbild die Annahme innewohnt, dass alle Menschen irgendeiner rassischen oder ethnischen Gruppe angehören. Wenn aber alle Menschen jeweils eine Rasse oder Ethnizität als differentia specifica besitzen, dann impliziert dies ein genus proximum, das für alle gilt, etwa die Idee der Menschheit. Multikulturelle Vorstellungen haben also schon auf dieser abstrakten Ebene sowohl partikulare wie universale Implikationen. Andersherum tragen universalistische Ideen in ihrer Verwirklichung auch zu einer Partikularisierung bei, wie sich an der Diskussion um die Werte der amerikanischen Verfassung kurz zeigen lässt.

Der Sozialhistoriker Philip Gleason bemerkt zu Recht, dass seit den 1990er Jahren die von ihm vertretene myrdalianische Interpretation der amerikanischen Geschichte – die Werte der amerikanischen Verfassung sind grundsätzlich gut und "nur" unzureichend verwirklicht – von einer anderen eingeholt wird, die davon ausgeht, dass Rassismus, Ethnozentrismus oder Sexismus konstitutiv für die amerikanische Gesellschaft sind. In dieser Lesart steht z.B. die Sklaverei nicht mehr im Widerspruch zu den universalistischen Idealen der Verfassung, sondern ist Ausdruck einer "countertradition", ohne welche die amerikanische Verfassung nicht denkbar war bzw. ist. Einerseits haben beide Sichten, wie Gleason selbst bemerkt, etwas von dem "das Glas ist halb voll bzw. das Glas ist halb leer"-Widerspruch, andererseits sind beide aus soziologischer Sicht defizitär.[1004] Die Idee einer "countertradition" impliziert, dass es Kräfte vor oder neben den abstrakten Werten der Verfassung gibt, die es zu bekämpfen gilt und die dann letztendlich besiegbar sein werden. Die Meinung, Exklusion und Ungleichheit wären einfach der Ausdruck einer defizitären Umsetzung von Idealen, suggeriert, dass es auch eine nicht-defizitäre Umsetzung gäbe. Leider ist die Dialektik von Universalismus und Partikularismus erheblich heimtückischer. Eine Verfassung kann immer nur mit dem Vorgefundenen verwirklicht werden, insofern ist

---

1003 Brubaker, "The Return of Assimilation?", S. 543.
1004 Vgl. Gleason, "Sea Change in the Civic Culture in the 1960s", S. 112.

sie notwendig immer partikular.[1005] Eine demokratische Gesellschaft zeichnet sich allerdings dadurch aus, dass es möglich ist, als ungerecht empfundene Partikularität zu skandalieren und möglichst auch zu verändern. So wie sich das, was als ungerecht empfunden wird, im Laufe der Geschichte ändert, so wird es auch nie eine perfekte Umsetzung der Werte einer Verfassung geben können. Allein in der Umsetzung liegt auch immer schon der Ursprung der eigenen skandalösen Partikularität, die gewissermaßen von den "gutmeinenden Umsetzern" notwendigerweise mitproduziert wird. Damit ist die amerikanische Verfassungswirklichkeit weder Ausdruck einer dunklen Gegentradition noch eines handwerklichen "Umsetzungsfehlers", sondern einfach die zeitgebundene partikulare Verwirklichung von durchaus universal gemeinten Ideen. In einer demokratischen Gesellschaft kann dieser Prozess der "Verwirklichung", Verbesserung und Veränderung niemals enden, so dass die Idee, es gäbe einen Endpunkt der Entwicklung einer demokratischen Gesellschaft, selbst undemokratisch anmutet.

Assimilation als die Angleichung aller unter dem Dach ewig gleicher universaler Regeln ist also ebenso unmöglich wie das partikulare Verhaften in vermeintlich autonomen Teilen eines multikulturellen Mosaiks. Die oft zitierten Gegensätze zwischen Assimilation und Multikulturalismus stellen aus soziologischer Sicht eine Rahmung für die Probleme der amerikanischen Gesellschaft dar, die dazu neigt, unproduktiv zu wirken. In der Suggestion, dass diese Schlagworte auf soziologisch angemessene Beschreibungen einer Gesellschaft verweisen, verstellen diese Konzepte eher den Blick auf Problemlösungen, als sie zu öffnen.

Rasse oder Ethnizität?

Ist Rasse als Konzept in der Soziologie überhaupt notwendig? Mit dieser Frage – gestellt mit einem Zitat von Orlando Patterson – begann das Vorwort dieser Arbeit. Wie lässt sich diese Frage nun nach dem Durchgang durch die Wissenschafts- und Gesellschaftsgeschichte der USA seit den 1920ern beantworten?

Kurz gesagt ist es heute – angesichts des Wandels der amerikanischen Gesellschaft – nicht mehr sinnvoll, aus soziologischer Perspektive über Afroamerikaner als Rasse zu sprechen. Bei der Rekonstruktion historischer Prozesse in der amerikanischen Gesellschaft zeigt sich, dass als unassimilierbar definierte Rassen in assimilierbare ethnische Gruppen übergehen. Allein dieser Prozess führt die Idee der Un-Assimilierbarkeit ad absurdum. Un-Assimilierbarkeitsideen sind ein Extremfall abstammungsorientierten Mitgliedschaftsglaubens, der in der amerikanischen Gesellschaft nur in Zeiten sehr rigider Mitgliedschaftsstrukturen stabilisierbar war. Rassen sind damit, wenn man den Begriff überhaupt verwenden will, ein historischer Spezialfall der ethnischen Binnenstruktur der amerikanischen Gesellschaft. Durch die sozialstrukturelle Mutation der Afroamerikaner von der "Rassen-Kaste" zur ethnischen Gruppe wird der Rassebegriff für die aktuelle Beschreibung der amerikanischen Gesellschaft obsolet. Dies steht allerdings im Widerspruch zur ständigen

---

1005 Folgendes Gedankenspiel kann diesen Punkt verdeutlichen: Ein Tisch mag abstrakt noch so schön und vollkommen gedacht sein – wenn er zur stabilen, verwendbaren Realität eines Esstisches werden soll, muss er spezifisch realisiert werden, also bspw. in weißem Kunststoff mit praktischen Klappbeinen. Im Prozess der Verwirklichung des Tisches müssen also Entscheidungen getroffen werden, die die universalistische Idee des Tisches notwendigerweise partikularisieren.

Zunahme der Verwendung dieses Begriffs in der amerikanischen Gesellschaft und Soziologie. Die Gründe, die in der "race and ethnic relations"-Forschung dafür angeführt werden, Rasse als Konzept beizubehalten, lassen sich in drei Gruppen ordnen: (1) Rasse folgt aus dem Vorhandensein von Rassismus, (2) Rasse hat einen besonderen Symbolwert, (3) Rasse repräsentiert eine besondere historische Erfahrung.

Eines der zentralen Argumente für die Unterscheidung zwischen Rasse und Ethnizität wird mit der Verwendung des Konzepts des *Rassismus*[1006] geliefert. Die mit Rassismus verbundene Diskriminierung von (einzelnen) Rassen wird dabei als Grund für die Unausweichlichkeit dieser Kategorisierung genommen. In diesem Blickwinkel ist dann der Unterschied zwischen Ethnizität und Rasse, dass Ethnizität, zumindest von außen betrachtet, mehr oder minder wählbar ist, während Rasse als unausweichliches Schicksal dem Individuum aufgezwungen wird. Rassismus bedeutet, aus der unterstellten Abstammung aus einem Kollektiv zugleich alle anderen Mitgliedschaften eines Individuums ableiten zu wollen. Dass solche Vorstellungen gerade gegenüber Afroamerikanern in der amerikanischen Gesellschaft vorkommen, ist nicht zweifelhaft. Nun waren aber – wie zu Beginn der Arbeit gezeigt – bis in die 1930er Jahre hinein auch europäische Immigrantengruppen Rassen und insofern auch Opfer von rassistischen Vorstellungen. Gruppen, die Opfer von Rassismus wurden, müssen also nicht Rassen bleiben, sondern können zu ethnischen Gruppen werden. Genauso sind Vorstellungen der über Generationen stabilen kulturellen und/oder biologischen Minderwertigkeit einer Gruppe – so eine gängige Definition von Rassismus – auch gegenüber ethnischen Gruppen anzutreffen. Weder müssen also Opfer rassistischer Vorstellungen Rassen bleiben, noch müssen sie überhaupt Rasse sein. Die historische Analyse der amerikanischen Gesellschaft zeigt, dass Rassismus kein hinreichender Grund dafür ist anzunehmen, dass es Rassen geben muss.

Darüber hinaus ist es aus rein begrifflichen Überlegungen problematisch, aus dem Vorhandensein von Rassismus schließen zu wollen, dass Rassen existieren. Es gleicht dem Argument, dass es Hexen gegeben haben müsse, da es eine Inquisition gegeben hat. Soziologisch sind solche Aussagen wenig sinnvoll. Mit seinem berühmten Satz – dass, wenn Menschen eine Situation als real definieren, diese Situation in ihren Folgen real werde[1007] – meinte Thomas eben gerade nicht, dass menschliche Vorstellungen automatisch zur Realität werden. Auch wenn rassistisches Denken davon ausgeht, dass Rassen existieren, ist soziologisch einzig der Rassismus das reale Phänomen. Menschen "sind" nicht kulturell oder biologisch minderwertig, nur weil andere Menschen dies glauben. Diese Denkfigur, die man salopp wohl als "konstruktivistischen Fehlschluss" bezeichnen könnte, hat jedoch drastische Folgen, da damit wieder Rasse als Konzept legitimiert wird – ein Konzept, das vorher Biologen und Anthropologen so mühsam als wissenschaftliches Konzept desavouiert hatten.[1008] Damit soll natürlich nicht gesagt werden, dass die Rassenvorstellungen der amerikanischen Bevölkerung kein legitimer Gegenstand von soziologischen Untersu-

---

1006 Zur ausführlichen Diskussion, was unter Rassismus zu verstehen ist, vgl. Kapitel 2.2.1, *Exkurs: Der Kampf gegen den wissenschaftlichen Rassismus* in diesem Buch.
1007 "If men define situations as real, they are real in their consequences." Aus William Isaac Thomas und Dorothy Swaine Thomas, *The Child in America: Behavior Problems and Programs*, New York, 1928 zitiert nach Lewis A. Coser, *Masters of Sociological Thought: Ideas in Historical and Social Context*, New York, 1977 [1971], S. 521.
1008 Zur ausführlichen Diskussion der Folgen dieses Fehlschlusses zwischen Rassismus und Rasse vgl. Bob Carter, *Realism and Racism : Concepts of Race in Sociological Research*, London, 2000.

chungen sind, ganz im Gegenteil, sorgfältige Untersuchungen dieses Typs sind notwendig und werden auch zahlreich durchgeführt. Es soll nur darauf hingewiesen werden, dass aus dem Vorhandensein der Rassenidee in der amerikanischen Bevölkerung nicht folgt, dass der Begriff Rasse schon notwendig zur soziologischen Analysekategorie werden muss.

Der Begriff Rasse hat gerade in der amerikanischen Gesellschaft einen *hohen Symbolwert*. Die größten Probleme im gesellschaftlichen Diskurs über Rasse speisen sich aus dem unterschiedlichen Symbolwert, den Rasse für unterschiedliche Gruppen in den USA hat. Grob gesprochen tendieren Weiße eher dazu, eine farbenblinde Gesellschaft zu wünschen, afroamerikanische Gruppen werden deshalb von Weißen oft als Rassenzugehörigkeit zelebrierende Veranstaltungen empfunden. Für viele Afroamerikaner ist "Rassenzugehörigkeit" gleichbedeutend mit ethnischer Zugehörigkeit. Vorschläge von Weißen, nicht mehr von Rasse zu sprechen, haben in diesem Kontext eine ähnliche Wirkung, wie einem Amerikaner irischer Abstammung das "Irisch-Sein" verbieten zu wollen. Die Tradition in der amerikanischen Diskussion, Rasse mit Afroamerikanern gleichzusetzen, hat zu der Unterstellung geführt, dass hinter einer Kritik am Rassebegriff auch immer eine Kritik am "Afroamerikanisch-Sein" stehe. Wichtig wäre hier zu sehen, dass die Stärke einer afroamerikanischen Identität nicht vom Konzept der Rasse abhängt. Besonders beeindruckend ist hier wiederum die jüdische Gemeinde in den USA. Hier hat die erfolgreiche Re-Definition einer Rasse zur ethnischen Gruppe stattgefunden. Einerseits wurden damit erfolgreich "Un-Assimilierbarkeits"-Vorstellungen durch die Trennung vom Rassebegriff desavouiert, andererseits ist die jüdische Gemeinde weiterhin als ethnische Gruppe besonders stabil und eine wichtige Identitätsressource.

Ein eher sozialstrukturell-historisches Argument verweist auf die *historische Belastung* von Afroamerikanern durch die Sklaverei und Jim Crow und versucht damit den Begriff der Rasse zu rechtfertigen. Leiden und Diskriminierung in der Geschichte dieser Gruppe ist sicher ein wichtiger Aspekt, daraus folgt jedoch nicht zwangsläufig, dass der Begriff Rasse zu verwenden sei. Ganz im Gegenteil, dies würde ja im Umkehrschluss bedeuten, dass ethnische Gruppen weniger gelitten hätten oder leiden wie Rassen – ein Blick über die Grenzen der USA lässt eine solche Idee unplausibel erscheinen.[1009] Im Falle der Afroamerikaner wird es darüber hinaus auch sozialstrukturell immer problematischer, diese historische Besonderheit mit dem Begriff Rasse zu verbinden: Durch den immer größeren Anteil von Schwarzen in den USA, die erst seit den 1970er Jahren eingewandert sind, wird die Gleichung Schwarzer gleich Abkömmling von Sklaven immer realitätsferner.

Der Durchgang der Argumente für den Rassebegriff hat nicht viel Überzeugendes zu Tage gefördert. Wenn also nicht viel zu verlieren ist durch die Entscheidung gegen einen Rassebegriff in der Soziologie, so ist zu fragen, welchen Gewinn diese Entscheidung mit sich brächte. Die Hauptargumente gegen den Rassebegriff beziehen sich wiederum auf drei Felder: (1) Rasse als politisch missbrauchtes Konzept der Aufwertung der eigenen und der Verfolgung anderer Rassen, (2) der Wahn von Rassen als biologische Gruppen, (3) Rasse als implizite Zuschreibung von Un-Assimilierbarkeit.

Unabhängig davon, ob sie kulturell oder biologisch begründet wurde, war Rasse in der Geschichte der USA immer ein *Konzept, das eindeutige Über- und Unterordnungen* implizierte bzw. rechtlich festschrieb. Auch wenn man mit Fug und Recht darauf hinweisen kann, dass der Glaube an die Höherwertigkeit der weißen Rasse zumindest in den Einstel-

---

1009 Vgl. Hollinger, *Postethnic America: Beyond Multiculturalism*, S. 135ff.

lungsumfragen nur noch von einer Minderheit geteilt wird, so schwingt diese Idee bei der Verwendung des Rassebegriffs weiterhin mit. Seine immense Sprengkraft erlangte der wissenschaftliche Rassismus – im Kontext der rassischen Diskriminierungen in der amerikanischen Gesellschaft – durch das Konzept der Rasse als *feste biologische Gruppe*. Dieser Glaube an die erbliche und kulturelle Ultrastabilität von Gruppen ist jedoch biologisch nicht haltbar. Mit dieser wissenschaftlichen Desavouierung eines biologischen Rassebegriffs ging jedoch kaum eine Verminderung des biologischen Abstammungsglaubens in der Bevölkerung einher, so dass jede Verwendung des Rassebegriffs in der amerikanischen Öffentlichkeit diese Vorstellungen auch weiterhin impliziert. Auch in soziologischen Konzepten, die weder eindeutig politisch motiviert waren, noch dem wissenschaftlichen Rassismus entsprangen, wie etwa die Perspektive von Warner, stand das Konzept der Rasse meist für eine unterstellte *Un-Assimilierbarkeit*. Diese persönliche und kollektive Un-Assimilierbarkeit drückt sich am deutlichsten in der erst langsam an Plausibilität abnehmenden "one-drop rule" aus. Mit der Auflösung dieser letzten Vorstellung ultrastabiler Gruppen hat in der Soziologie auch diese Implikation des Rassebegriffs nichts mehr zu suchen, auch wenn diese Vorstellung in der amerikanischen Gesellschaft durchaus weiter besteht.

Nun wird gegen diese Einwände oft angeführt, dass der wissenschaftliche Begriff der Rasse dies alles ja "gar nicht so meinen" würde. Begriffe sind aber, gerade wenn sie aus der Alltagssprache übernommen werden, wie trojanische Pferde. Sie tragen verdeckt "in ihrem Bauch" auch Ungewolltes in das Begriffssystem der "race and ethnic relations"-Forschung. Soziologie hat zur Aufgabe, diese Bedeutungen aufzunehmen und zu klären und sie nicht einfach "wegzudefinieren". Dieses Problem kann also nicht dadurch umgangen werden, indem man peinlichst genau und durchdacht den Begriff neu definiert. So notwendig und unumgänglich eine präzise Definition ist, sie hindert den Begriff selbst nicht daran, weiter die Bedeutungsinhalte und Emotionen zu transportieren, die er im allgemeinen Sprachgebrauch hat.[1010] Mit einem Verzicht auf den Begriff Rasse als soziologische Analysekategorie lässt sich zumindest teilweise vermeiden, den oben kurz referierten Vorstellungen Vorschub zu leisten.

Das im engeren Sinne soziologische Argument gegen die Verwendung eines Rassebegriffs zielt jedoch in eine ganz andere Richtung. Wie schon Parsons Mitte der 1970er Jahre bemerkte,[1011] sind Afroamerikaner sozialstrukturell zu einer ethnischen Gruppe geworden. Mag es noch bis in die Nachkriegszeit hinein sinnvoll gewesen sein, hinsichtlich der damals bestehenden kastenartigen sozialstrukturellen Trennung zwischen Schwarz und Weiß von Rassen zu sprechen, so sind heute solche Trennlinien schlichtweg nicht mehr deckungsgleich mit der Gruppe der Afroamerikaner. Dies soll nicht bedeuten, dass es nicht Ghettos von Hispanics oder Afroamerikanern gäbe, für die eine Beschreibung in einer Kastenterminologie zutreffend ist. Durch die nachhaltige Demokratisierung der amerikanischen Gesellschaft ist es aber soziologisch irreführend, Großgruppen in der amerikanischen Gesellschaft noch als Rassen zu bezeichnen. Betrachtet man die einst unterstellten Besonderheiten des Rassebegriffs – politische Verfolgung, körperliches Aussehen und strukturelle Un-Assimilierbarkeit – so treffen diese für Afroamerikaner, Asiaten oder Hispanics heute

---

1010 Ausführlich zu diesem Punkt Bash, *Sociology, Race, and Ethnicity: A Critique of American Ideological Intrusions Upon Sociological Theory*, S. 57ff.
1011 Vgl. Parsons, "Some Theoretical Considerations on the Nature and Trends of Change of Ethnicity".

in den USA schlicht kaum noch zu. Aus soziologischer Sicht fasst der Begriff der Ethnizität im Jahre 2000 einfach die aktuellen gesellschaftlichen Probleme von Großgruppen in der amerikanischen Gesellschaft besser als der Rassebegriff.

Geradezu erstaunlich mutet an, dass nach einem Durchgang durch die amerikanische Soziologiegeschichte der Vorschlag von Max Weber zur Definition einer ethnischen Gruppe immer noch höchste Plausibilität hat. Ja, es scheint sogar so zu sein, dass Webers Insistieren auf der Irrelevanz der Kategorie Rasse und deren Subsumierung unter den Ethnizitätsbegriff für die USA im Jahr 2000 erheblich angemessener ist, als es für die Gesellschaft Amerikas war, die Weber selbst noch erlebte – dies weil die Demokratisierung und Modernisierung seit den 1920ern riesige Fortschritte gemacht hat. Rasse verweist auf eine Definition von gesellschaftlichen Problemen, die der modernen amerikanischen Gesellschaftsformation nicht mehr adäquat sind, damit gibt es für die "race and ethnic relations"-Forschung keinen Grund, diesen Begriff beizubehalten.

Wer die zeitgebundene Begrifflichkeit soziologischer Forschung – hier am Beispiel der Begriffe Rasse und Ethnizität dargestellt – nicht akzeptiert und trotzdem weiterhin den Rassebegriff ohne seinen zeitlichen Hintergrund interpretieren und verwenden will, läuft Gefahr, bestenfalls leere Worthülsen zu produzieren, im schlechtesten Fall aber falsche Analysen und Problemdefinitionen zu geben. Gerade soziologische Analysen haben die Aufgabe in der Beschreibung aktueller Gesellschaftsformationen auch begrifflich flexibel, problemorientiert und zeitbezogen zu arbeiten.

Zu diesem Schluss kommt Robert Bierstedt in seiner auch heute noch anregend zu lesenden Rede als Präsident der Eastern Sociological Society 1959. In seiner Reflexion darüber, was denn die Soziologie als Fach vorantreibe, die eigene methodische und konzeptionelle Diskussion oder das Interesse an den akuten Problemen der Zeit, votiert er bei allem Respekt vor Ersterem für das Letztere. Sein Vortrag endet mit den Worten:

> "It is not the lofty sails but the unseen wind that moves the ship." It is not the methods and the concepts that move our sociology along, but memory and desire – the memory that other men in other times have also asked questions about society and the desire that our answers, in our time, will be better than theirs.[1012]

Das Bild ist insofern treffend, als es Methoden und Konzepte – also die Segel – sind, die es ermöglichen, das Boot der Wissenschaft im Wind der Zeitprobleme zu steuern. Die Geschichte der "race and ethnic relations"-Forschung zeigt, dass gute Soziologie beides vermag: sauber die Segel zu setzen und den Wind der Zeiten aufzunehmen. So gewinnt das Boot der Soziologie nicht nur an Fahrt, sondern hält auch Kurs.

1012 Bierstedt, "Sociology and Humane Learning", S. 9.

Anhänge

A.1

Tabelle 6: Zusammensetzung der Bevölkerung der USA nach Rasse und Hispanics 1850–2000 (nach Zensusdaten)

Lesebeispiele: Im Jahre 1990 lebten ca. 28.475.000 Afroamerikaner in den USA.
Im Jahre 1990 waren ca. 7,4 % der im Ausland geborenen amerikanischen Bevölkerung Afroamerikaner.
Im Jahre 1990 waren ca. 4,9 % der Afroamerikaner im Ausland geboren.

	gesamt	Weiße		andere Rassen gesamt		Schwarze		Indianer, Eskimos, Aleuten[1]		Asian and Pacific Islander		andere Rassen[3,9]		Hispanics		Weiße nicht Hispanic
	1000	1000	%	1000	%	1000	%	1000	%	1000	%	1000	%	1000	%	1000
2000																
gesamt	281.422	211.461	75,1	69.961	24,9	34.658	12,3	2.476	0,9	10.642	3,8	22.185	7,9	35.306	12,6	246.116
gesamt[10]	274.100	–	–	–	–	35.500	13,0	–	–	–	–	–	–	32.800	12,0	–
native[10]	245.700	–	–	–	–	33.300	13,6	–	–	–	–	–	–	20.000	8,1	–
foreign born[10]	28.400	–	–	–	–	2.200	7,8	–	–	–	–	–	–	12.800	45,1	–
foreign born %	10,4%					6,2%								39,0%		
1990*																
gesamt	248.710	199.827	80,4	48.883	19,7	29.931	12,0	2.015	0,8	7.227	2,9	9.710	3,9	21.900	8,8	188.425
native	228.943	189.804	82,9	39.138	17,1	28.475	12,4	1.968	0,9	2.668	1,2	6.027	2,6	14.058	6,1	182.257
foreign born	19.767	10.023	50,7	9.745	49,3	1.455	7,4	47	0,2	4.559	23,1	3.684	18,6	7.842	39,7	6.167
foreign born %	8,0%	5,0%		19,9%		4,9%		2,3%		63,1%		37,9%		35,8%		3,3%
1980*																
gesamt	226.546	189.035	83,4	37.511	16,6	26.482	11,7	1.534	0,7	3.726	1,6	5.768	2,6	14.604	6,5	180.603
native	212.466	179.711	84,6	32.755	15,4	25.667	12,1	1.496	0,7	1.544	0,7	4.048	1,9	10.431	4,9	173.649
foreign born	14.080	9.324	66,2	4.756	33,8	815	5,8	38	0,3	2.183	15,5	1.719	12,2	4.173	29,6	6.954
foreign born %	6,2%	4,9%		12,7%		3,08%		2,49%		58,6%		29,8%		28,6%		3,9%

	gesamt	Weiße		andere Rassen gesamt		Schwarze		Indianer, Eskimos, Aleuten[1]		Asian and Pacific Islander		andere Rassen[3,9]		Hispanics		Weiße nicht Hispanic
	1000	1000	%	1000	%	1000	%	1000	%	1000	%	1000	%	1000	%	1000
1970*																
gesamt	203.210	178.119	87,7	25.091	12,4	22.539	11,1	761	0,4	1.526	0,8	265	0,1	9.073	4,5	169.653
native	193.591	169.385	87,5	24.205	12,5	22.286	11,5	746	0,4	982	0,5	192	0,1	7.270	3,8	162.597
foreign born	9.619	8.734	90,8	886	9,2	253	2,6	14	0,2	544	5,7	73	0,8	1.802	18,7	7.056
foreign born %	4,7%	4,9%		3,5%		1,1%		1,9%		35,7%		27,6%		19,9%		4,1%
1960*[5]																
gesamt	179.326	158.838	88,6	20.488	11,4	18.849	10,5	546	0,3	891	0,5	202	0,1	–	–	–
native	169.588	149.544	88,2	20.044	11,8	18.724	11,0	–	–	607	0,4	–	–	–	–	–
foreign born	9.738	9.294	95,4	444	4,6	125	1,3	–	–	284	2,9	–	–	–	–	–
foreign born %	5,4%	5,9%		2,2%		0,7%				31,9%						
1960*[5]																
gesamt	178.467	158.461	88,8	20.006	11,2	–	–	–	–	–	–	–	–	–	–	–
native	168.806	149.181	88,4	19.624	11,6	–	–	–	–	–	–	–	–	–	–	–
foreign born	9.661	9.279	96,1	382	3,9	–	–	–	–	–	–	–	–	–	–	–
foreign born %	5,4%	5,9%		1,9%												
1950[6]																
gesamt	150.216	134.478	89,5	15.738	10,5	15.045	10,0	342	0,2	320	0,2	48	0.0	–	–	–
native	139.869	124.383	88,9	15.486	11,1	–	–	–	–	–	–	–	–	–	–	–
foreign born	10.347	10.095	97,6	252	2,4	–	–	–	–	–	–	–	–	–	–	–
foreign born %	6,9%	7,5%		1,6%												
1940																
gesamt	131.669	118.215	89,8	13.454	10,2	12.866	9,8	334	0,3	255	0,2	–	–	1.861	1,4	116.354
native	120.074	106.796	88,9	13.279	11,1	12.782	10,6	329	0,3	168	0,1	–	–	1.433	1,2	105.363
foreign born	11.595	11.419	98,5	176	1,5	84	0,7	4	0,0	87	0,8	–	–	428	3,7	10.991
foreign born %	8,8%	9,7%		1,3%		0,7%		1,3%		34,3%				23,0%		9,5%
1930																
gesamt	122.775	110.287	89,8	12.488	10,2	11.891	9,7	332	0,3	265	0,2	–	–	–	–	–
native	108.570	96.303	88,7	12.268	11,3	11.793	10,9	329	0,3	146	0,1	–	–	–	–	–
foreign born	14.204	13.983	98,5	221	1,6	99	0,7	3	0,0	119	0,8	–	–	–	–	–
foreign born %	11,6%	12,7%		1,8%		0,8%		1,1%		44,8%		–		–		

	gesamt	Weiße		andere Rassen gesamt		Schwarze		Indianer, Eskimos, Aleuten[1]		Asian and Pacific Islander		andere Rassen [3,9]		Hispanics		Weiße nicht Hispanic
	1000	1000	%	1000	%	1000	%	1000	%	1000	%	1000	%	1000	%	1000
1920																
gesamt	105.711	94.821	89,7	10.890	10,3	10.463	9,9	244	0,2	182	0,2	–	–	–	–	–
native	91.790	81.108	88,4	10.682	11,6	10.389	11,3	238	0,3	54	0,1	–	–	–	–	–
foreign born	13.921	13.713	98,5	208	1,5	74	0,5	6	0,1	128	0,9	–	–	–	–	–
foreign born %	*13,2%*	*14,5%*		*1,9%*		*0,7%*		*2,6%*		*70,2%*						
1910																
gesamt	91.972	81.732	88,9	10.240	11,1	9.828	10,7	266	0,3	147	0,2	–	–	–	–	–
native	78.456	68.386	87,2	10.070	12,8	9.787	12,5	263	0,3	20	0,0	–	–	–	–	–
foreign born	13.516	13.346	98,7	170	1,3	40	0,3	2	0,0	127	0,9	–	–	–	–	–
foreign born %	*14,7%*	*16,3%*		*1,7%*		*0,4%*		*1,0%*		*86,6%*						
1900																
gesamt	75.995	66.809	87,9	9.185	12,1	8.834	11,6	237	0,3	114	0,2	–	–	–	–	–
native	65.653	56.595	86,2	9.058	13,8	8.814	13,4	235	0,4	9	0,0	–	–	–	–	–
foreign born	10.341	10.214	98,8	128	1,2	20	0,2	2	0,0	105	1,0	–	–	–	–	–
foreign born %	*13,6%*	*15,3%*		*1,4%*		*0,2%*		*0,9%*		*92%*						
1890*[7]																
gesamt	62.948	55.101	87,5	7.847	12,5	7.489	11,9	248	0,4	110	0,2	–	–	–	–	–
1890*[7]																
gesamt	62.622	54.984	87,8	7.638	12,2	7.470	11,9	59	0,1	110	0,2	–	–	–	–	–
native	53.373	45.862	85,9	7.511	14,1	7.450	13,9	58	0,1	3	0,0	–	–	–	–	–
foreign born	9.250	9.122	98,6	128	1,4	20	0,2	1	0,0	107	1,2	–	–	–	–	–
foreign born %	*14,8%*	*16,6%*		*1,7%*		*0,3%*		*2,1%*		*97,2%*						
1880																
gesamt	50.156	43.403	86,5	6.753	13,5	6.580	13,1	66	0,1	106	0,2	–	–	–	–	–
native	43.476	36.843	84,7	6.633	15,3	6.567	15,1	65	0,2	1	0,0	–	–	–	–	–
foreign born	6.680	6.560	98,2	120	1,8	14	0,2	2	0,0	104	1,6	–	–	–	–	–
foreign born %	*13,3%*	*15,1%*		*1,8%*		*0,2%*		*2,7%*		*98,9%*						

	gesamt		Weiße		andere Rassen gesamt		Schwarze		Indianer, Eskimos, Aleuten[1]		Asian and Pacific Islander		andere Rassen[3,9]		Hispanics		Weiße nicht Hispanic
	1000		1000	%	1000	%	1000	%	1000	%	1000	%	1000	%	1000	%	1000
1870[8]																	
gesamt	38.558		33.589	87,1	4.969	12,9	4.880	12,7	26	0,1	63	0,2	–	–	–	–	–
native	32.991		28.096	85,2	4.896	14,8	4.870	14,8	25	0,1	1	0,0	–	–	–	–	–
foreign born	5.567		5.494	98,7	74	1,3	10	0,2	1	0,0	63	1,1	–	–	–	–	–
foreign born %	14,4%		16,4%		1,5%		0,2%		4,4%		99,2%						
1860[8]																	
gesamt	31.443		26.923	85,6	4.521	14,4	4.442	14,1	44	0,1	35	0,1	–	–	–	–	–
native	27.305		22.826	83,6	4.479	16,4	4.435	16,2	–	–	–	–	–	–	–	–	–
foreign born	4.139		4.097	99,0	42	1,0	7	0,2	–	–	–	–	–	–	–	–	–
foreign born %	13,2%		15,2%		0,9%		0,2%										
1850[8]																	
gesamt	23.192		19.553	84,3	3.639	15,7	3.639	15,7	–	–	–	–	–	–	–	–	–
native	20.948		17.313	82,7	3.635	17,4	3.635	17,4	–	–	–	–	–	–	–	–	–
foreign born	2.245		2.241	99,8	4	0,2	4	0,2	–	–	–	–	–	–	–	–	–
foreign born %	9,7%		11,5%		0,1%		0,1%										

* Stichprobendaten
– Nicht zutreffend bzw. nicht erhoben
1) Von 1950 bis 1970, Eskimos und Aleuten in "Andere Rassen" eingeschlossen.
2) 1950 und 1960, Hawaianer in "Andere Rassen" eingeschlossen.
3) Der Zensus 1950 war der erste Zensus, in dem die Frage nach der Rasse eine separate Kategorie "Andere Rassen" einschloss.
4) Die Schätzungen von 1940 der Bevölkerung mit "Hispanic origin" und Weiß, also nicht "Hispanic origin" basieren auf einer 5 %-Stichprobe der weißen Bevölkerung mit Spanisch als Muttersprache.
5) 1960 ist die Bevölkerung von Alaska und Hawaii (858.940) im ersten Datenblock einschlossen und im zweiten ausgeschlossen. Teile der Zahlen für Minderheiten basieren auf Stichprobenschätzungen.
6) 1950 basieren Teile der Zahlen für Minderheiten auf Stichprobenschätzungen.
7) 1890 ist die Bevölkerung der "Indian Territories" und "Indian Reservations" (325.464) im ersten Datenblock eingeschlossen und im zweiten ausgeschlossen. Daten über den Geburtsort wurden nicht erhoben.
8) Zahlen für 1850, 1860 und 1870 unterstellen, dass die ehemalige bzw. aktuelle Sklavenpopulation im Land geboren ist.
9) 2000 gaben 15.359.073 Befragte "Andere Rassen" und 6.826.228 "Zwei oder mehrere Rassen" als Antwort.
10) Nur Zivilpersonen, die nicht in Institutionen leben, und Streitkräfte.
Quelle: Basierend auf Campbell J. Gibson and Emily Lennon. 1999. *Historical Census Statistics on the Foreign-born Population of the United States: 1850-1990 (Population Division Working Paper No. 29)* Washington, D.C., Table 8 und United States Census Bureau. 2001. *Census 2000 Brief: Overview of Race and Hispanic Origin*. Washington, Table 1. Teilweise eigene Berechnungen.

A.2

Tabelle 7: Phasen der Sozialpolitik 1865–1990 nach Skocpol

Einflussfaktoren auf die Sozialpolitik	*Civil War-Ära 1865–1900*	*Maternalistische Ära 1900–1920*	*"New Deal"-Ära 1930–1950*	*Ära der "Wohlfahrts"-Kontroversen 1960–1990*
Hauptinnovation oder Erweiterungen	Bundes- oder Staatszuwendungen für Unionssoldaten und Überlebende.	Materialistische Regelungen, Zuwendungen und Dienste (auf Staats- und Bundesebene).	Social Security Act (Versicherung für nicht in der Landwirtschaft Erwerbstätige); öffentliche Hilfe wurde den Staaten überlassen.	War on Poverty; Food Stamps, Social Security /SSI Verbesserung, Medicare and Medicaid, AFDC Ausweitung.
Politische Akteure	Parteipolitiker, männliche Wähler, Veteranenvereinigungen.	Professionelle Reformer, Verbände von Ehefrauen.	FDR und die Demokratische Partei, New Deal Reformer, verschiedene Protestbewegungen.	Civil Rights und Black Power Gruppen; Social Security- Administration und Altenverbände.
Institutioneller Kontext	Patronage Demokratie, Wähler-Wettstreit, republikanische Hegemonie.	Überparteiliche öffentliche Meinung, Mobilisierung über Staatsgrenzen hinweg, Gerichte akzeptierten einen Teil der Gesetze.	Verstärkte Ausrichtung der Wähler gegenüber und innerhalb der Demokratischen Partei, Kompromisse des Kongresses mit der starken Exekutive.	Liberale Hegemonie in den 1960ern, Ausweitung von "advocacy groups" und "issue networks", konservative Wende unter Republikanern.
"ehrenhaft Begünstigte"	"Saviors of the Union".	Mütter und ihre Kinder.	Lohnempfänger und deren Abhängige (unverschuldet Arbeitslose, aber nur in den 1930ern).	Alte, teilw. Arme, später Stimmung gegen "nonworkers" und "welfare mothers".

Einflussfaktoren auf die Sozialpolitik	Die Situation von Afroamerikanern			
	Civil War-Ära 1865–1900	Maternalistische Ära 1900–1920	"New Deal"-Ära 1930–1950	Ära der "Wohlfahrts"- Kontroversen 1960–1990
Erwerbstätigkeit und regionale Stellung	Ehemalige Sklaven, nun Farmpächter; überwiegend im Süden, ausgenommen wenige freie Schwarze im Norden.	Farmpächter im Süden; langsam zunehmender Zustrom von Migranten als ungelernte Arbeitskräfte in nördlichen Städten.	Oft Farmpächter oder in der Dienstleistung; einige in ungelernten Industrieberufen; weitere Abwanderung aus dem Süden.	Massive Abwanderung aus dem Süden in urbane Gebiete insbesondere im Norden; zwei Drittel blieben Arbeiterklasse oder arm.
Politische Rechte	Das Recht für die Union zu kämpfen gegen Ende des Krieges; erwarben Wahlrecht und verloren es wieder.	Gewaltsamer Ausschluss von Wahlen und Bürgerrechten im Süden.	Schwarze im Süden können weder wählen noch sich sicher organisieren; Norden beginnt seit 1936 demokratisch zu wählen.	Afroamerikaner bekamen Wahlrecht überall im Land, "black officials" werden in Süden und Norden gewählt.
Den "ehrenhaft Begünstigten" zugehörig?	Ja: schwarze Unionsveteranen und Überlebende, nein: die meisten ehemaligen Sklaven des Südens.	Schwarze des Nordens waren nur in geringem Maße ausgeschlossen; Schwarze des Südens waren praktisch völlig ausgeschlossen.	Meist aus der Sozialversicherung ausgeschlossen (Agrar- und Dienstleistungsberufe nicht abgedeckt); im Süden meist ganz ausgeschlossen.	Unterprivilegierte Afroamerikaner von der Kontroverse über Wohlfahrt staatliche Maßnahmen insbesondere für Arme betroffen.

Nach Skocpol, 1995, S. 152–153 (unter besonderer Berücksichtigung der Afroamerikaner)

Ausgewählte und verwendete Literatur

L.1 Liste der ausführlich besprochenen Literatur

Die nachfolgende Liste enthält Werke, die ausführlicher und beispielhaft in den einzelnen Kapiteln besprochen wurden. Wenn nicht anders vermerkt, handelt es sich bei den Titeln um Monographien oder Sammelbände, Zeitschriftenartikel sind mit (A) und Beiträge in Sammelbänden mit (S) gekennzeichnet. **Fett gedruckte Titel wurden in Exkursen dargestellt**. Die nachfolgende Literaturliste (L.2) enthält die genauen bibliographischen Angaben der hier aufgeführten Bücher, sowie der weiteren im Buch verwendeten Literatur. Wie in Kapitel 1.2.2 dargestellt, wurden erheblich mehr Bücher wie aufgeführt ausgewertet.

Kapitel 2: 1920–1944

1. Daniels 1920: America Via the Neighborhood (Americanization Studies).
2. Park/ Burgess 1921: Introduction to the Science of Sociology.
3. Thomas / Park / Miller 1921: Old World Traits Transplanted (Americanization Studies).
4. Park 1922: The Immigrant Press and Its Control (Americanization Studies).
5. Park 1926: "Our Racial Frontier on the Pacific". (S)
6. Wirth 1928: The Ghetto.
7. Johnson 1934: Shadow of the Plantation.
8. Warner 1936: "American Class and Caste". (A)
9. Dollard 1937: Caste and Class in a Southern Town.
10. Frazier 1939: The Negro Family in the United States.
11. Davis/ B.B. Gardner / M. R. Gardner/ Warner 1941: Deep South.
12. Montagu 1942: Man's Most Dangerous Myth.
13. Drake / Cayton 1945: Black Metropolis.

Kapitel 3: 1945–1968

14. **Myrdal 1944: An American Dilemma.**
15. **Warner/ Srole 1945: The Social Systems of American Ethnic Groups.**
16. Cox 1948: Caste, Class, and Race.
17. Blumer 1958: "Race Prejudice as a Sense of Group Position". (A)
18. Kroeber / Parsons 1958: "The Concepts of Culture and of Social System". (A)
19. **Glazer/ Moynihan 1963: Beyond the Melting Pot.**
20. **Gordon 1964: Assimilation in American Life.**
21. **Parsons/ Clark 1966: The Negro American.**
22. Van den Berghe 1967: Race and Racism.
23. Meranto 1970: The Kerner Report Revisited.

Kapitel 4: 1969–1989

24. Barth 1969: Ethnic Groups and Boundaries. (S)
25. Bonacich 1972: "A Theory of Ethnic Antagonism". (A)
26. Ladner 1973: The Death of White Sociology.
27. Greeley 1974: Ethnicity in the United States.
28. **Glazer/ Moynihan 1975: Ethnicity.**
29. Francis 1976: Interethnic Relations.
30. Gans 1979: "Symbolic Ethnicity". (S)
31. Taylor 1979: "Black Ethnicity and the Persistence of Ethnogenesis". (A)
32. **Wilson 1979: The Declining Significance of Race.**
33. Thernstrom 1980: Harvard Encyclopedia of American Ethnic Groups.
34. **Van den Berghe 1981: The Ethnic Phenomenon.**
35. Hechter / Friedman / Appelbaum 1982: "A Theory of Ethnic Collective Action". (A)
36. George 1984: American Race Relations Theory.
37. **Omi/ Winant 1986: Racial Formation in the United States.**
38. Smith 1986: The Ethnic Origins of Nations.
39. Wilson 1987: The Truly Disadvantaged.
40. Jaynes / Williams 1989: A Common Destiny.
41. Thompson 1989: Theories of Ethnicity.

Kapitel 5: 1990–2000

42. Alba 1990: Ethnic Identity.
43. Portes / Rumbaut 1990: Immigrant America.
44. Williams 1990: Hierarchical Structures and Social Value.
45. Waters 1990: Ethnic Options.
46. Davis 1991: Who Is Black?
47. Hacker1992: Two Nations.
48. Gilroy 1993: The Black Atlantic.
49. Herrnstein/ Murray 1994: The Bell Curve.
50. Russell 1994: After the Fifth Sun.
51. Sowell 1994: Race and Culture.
52. Yinger 1994: Ethnicity.
53. Hollinger 1995: Postethnic America.
54. Patterson 1997: The Ordeal of Integration.
55. Jacobson 1998: Whiteness of a Different Color.
56. Hall / Lindholm 1999: Is America Breaking Apart?
57. Gilroy 2000: Against Race.
58. Smelser / Wilson / Mitchell 2001: America Becoming.
59. Etzioni 2001: The Monochrome Society.
60. Winant 2001: The World Is a Ghetto.

L.2 Verwendete Literatur

Aby, Stephen H. 1997. *Sociology: A Guide to Reference and Information Sources*. Englewood, Colo.: Libraries Unlimited.
Adorno, Theodor W., Else Frenkel-Brunswik, Daniel J. Levinson und R. Nevitt Sanford. 1950. *The Authoritarian Personality*. New York: Harper.
Aguirre, Adalberto, Jr. und Jonathan H. Turner. 1995. *American Ethnicity: the Dynamics and Consequences of Discrimination*. New York: McGraw-Hill.
Alba, Richard D. 1990. *Ethnic Identity: The Transformation of White America*. New Haven: Yale University Press.
Alba, Richard D. 1992. "Ethnicity". In *Encyclopedia of Sociology*, hrsg. von Edgar F. Borgatta und Marie L. Borgatta, 575–584. New York: Macmillan Publishing Company.
Alexander, Jeffrey C. 2001. "Theorizing the 'Modes of Incorporation': Assimilation, Hyphenation, and Multiculturalism as Varieties of Civil Participation". *Sociological Theory*, 19, 3 (2001): 237–249.
Allport, Gordon W. 1979 [1954]. *The Nature of Prejudice*. Reading, Mass.: Addison-Wesley Pub. Co.
American Anthropological Association. 2000. *Response to OMB Directive 15: Race and Ethnicity Standards for Federal Statistics and Administrative Reporting*: www.aaanet.org (10/18/2002).
Appadurai, Arjun. 1990. "Disjuncture and Difference in the Global Economy". In *Global Culture: Nationalism, Globalization and Modernity*, hrsg. von Mike Featherstone, 295-310. London: Sage.
Appiah, Anthony K. 1995. "The Color of Money". *Transition*, 0, 66 (1995): 66–90.
Appiah, Anthony K. 1998. "Afterword: How Shall We Life as Many?" In *Beyond Pluralism: the Conception of Groups and Group Identities in America*, hrsg. von Wendy F. Katkin, Ned C. Landsman und Andrea Tyree, 243–259. Urbana: University of Illinois Press.
Appiah, Anthony K. und Henry Louis Gates (Hg.). 2000. *Encarta Africana: The Encyclopedia of the African and African American Experience (CD-Version)*. Redmond, Wa.: Microsoft.
Appleby, Joyce, Lynn Hunt und Margaret Jacob. 1994. *Telling the Truth About History*. New York: Norton.
Aptheker, Herbert. 1946. *The Negro People in America*. New York: International Publishers.
Archdeacon, Thomas J. 1983. *Becoming American: An Ethnic History*. New York: The Free Press.
Auerbach, Susan (Hg.). 1994. *Encyclopedia of Multiculturalism*. New York: Marshall Cavendish.
Bahr, Howard M., Mathias Bös, Gary Caldwell und Laura Maratou-Alipranti. 2002. "International Migration and Inequality". In *Changing Structures of Inequality: A Comparative Perspective*, hrsg. von Yannick Lemel und Heinz-Herbert Noll, 275–332. Montréal-Kingston: McGill-Queen's University Press.
Bahr, Howard M., Bruce A. Chadwick und Joseph H. Stauss. 1979. *American Ethnicity*. Lexington, Mass.: Heath.
Bahr, Howard M., Theodore J. Johnson und M. Ray Seitz. 1971. "Influential Scholars and Works in the Sociology of Race and Minority Relations, 1944–1968". *The American Sociologist*, 6, Nov. (1971): 296–298.
Baker, Lee D. 1998. *From Savage to Negro: Anthropology and the Construction of Race, 1896–1954*. Berkeley: University of California Press.
Banton, Michael P. 1983. *Racial and Ethnic Competition*. Cambridge: Cambridge University Press.
Banton, Michael P. 1998 [1987]. *Racial Theories*. Cambridge: Cambridge University Press.
Barbujani, Guido. 2001. "Race: Genetic Aspects". In *International Encyclopedia of the Social & Behavioral Sciences*, hrsg. von Neil J. Smelser, 12694–12700. Amsterdam: Elsevier.
Barth, Fredrik. 1969. *Ethnic Groups and Boundaries. The Social Organization of Culture Difference. (Results of a Symposium Held at the University of Bergen, 23rd to 26th February 1967.)*. Bergen, London: Universitetsforlaget, Allen & Unwin.

Bash, Harry H. 1979. *Sociology, Race, and Ethnicity: A Critique of American Ideological Intrusions Upon Sociological Theory*. New York: Gordon and Breach.

Basu, Dipannita. 2001. "The Color Line and Sociology". In *The Politics of Social Science Research: "Race", Ethnicity, and Social Change*, hrsg. von Peter Ratcliffe, 18–40. New York: Palgrave.

Bazermann, Charles. 1988. *Shaping Written Knowledge: The Genre and Activity of the Experimental Article in Science*. Madison, Wis.: University of Wisconsin Press.

Beck-Gernsheim, Elisabeth. 1999. *Juden, Deutsche und andere Erinnerungslandschaften: Im Dschungel der ethnischen Kategorien*. Frankfurt a.M.: Suhrkamp.

Bell, Daniel. 1975. "Ethnicity and Social Change". In *Ethnicity: Theory and Experience*, hrsg. von Nathan Glazer und Daniel P. Moynihan, 141–174. Cambridge, Mass.: Harvard University Press.

Bernard, William S. 1980. "Immigration: History of U.S. Policy". In *Harvard Encyclopedia of American Ethnic Groups*, hrsg. von Stephan Thernstrom, Ann Orlov und Oscar Handlin, 486–495. Cambridge, Mass.: Harvard University Press.

Bernard, William S. (Hg.). 1971. *Americanization Studies: The Acculturation of Immigrant Groups into American Society*. Montclair, N.J.: Patterson Smith.

Bettelheim, Bruno und Morris Janowitz. 1964 [1950]. *Social Change and Prejudice, Including Dynamics of Prejudice*. New York: Free Press of Glencoe.

Bierstedt, Robert. 1960. "Sociology and Humane Learning". *American Journal of Sociology*, 25, 1 (1960): 3–9.

Blackwell, James E. und Morris Janowitz (Hg.). 1974a. *Black Sociologists: Historical and Contemporary Perspectives*. Chicago: The University of Chicago Press.

Blackwell, James E. 1974b. "Preface". In *Black Sociologists: Historical and Contemporary Perspectives*, hrsg. von James E. Blackwell und Morris Janowitz, vii–ix. Chicago: The University of Chicago Press.

Blalock, Hubert M. 1982. *Race and Ethnic Relations*. Englewood Cliffs, N.J.: Prentice-Hall.

Bloom, Leonard. 1948. "Concerning Ethnic Research". *American Sociological Review*, 13, 2 (1948): 171–182.

Blumer, Herbert. 1958. "Race Prejudice as a Sense of Group Position". *The Pacific Sociological Review*, 1, 1 (1958): 3–7.

Boas, Franz. 1905. "The Negro and the Demands of Modern Life". *Charities*, 15, October 7, 1905 (1905): 85–88.

Bok, Sissela. 1995. "Introduction". *Daedalus, "An American Dilemma Revisited"*, 124, 1 (1995): 1–13.

Bonacich, Edna. 1972. "A Theory of Ethnic Antagonism: The Split Labor Market". *American Sociological Review*, 37, 5 (1972): 547–559.

Bonacich, Edna. 1976. "Advanced Capitalism and Black/White Race Relations in the United States: A Split Labor Market Interpretation". *American Sociological Review*, 41, 1 (1976): 34–51.

Borgatta, Edgar F. und Rhonda J. V. Montgomery (Hg.). 2000. *Encyclopedia of Sociology*. Detroit: Macmillan Reference USA.

Borjas, George J. 1990. *Friends or Strangers: The Impact of Immigrants on the U.S. Economy*. New York: BasicBooks.

Bös, Mathias. 2002. "Reconceptualizing Modes of Belonging: Advancements in the Sociology of Ethnicity and Multiculturalism." In *Advances in Sociological Knowledge over Half a Century*, hrsg. von Nikolai Genov, 254-283. Paris: International Social Science Council.

Bös, Mathias. 2003. "Sozialwissenschaften und Civil-Rights-Bewegung in den USA: Der Einfluß von Gunnar Myrdals 'An American Dilemma' 1944 bis 1968". In *Zeitperspektiven. Studien zu Kultur und Gesellschaft. Beiträge aus der Geschichte, Soziologie, Philosophie und Literaturwissenschaft*, hrsg. von Uta Gerhardt, 104-142. Stuttgart: F. Steiner Verlag.

Breckinridge, Sophonisba P. 1921. *New Homes for Old*. New York: Harper & Brothers.

Brown, Francis J. und Joseph S. Roucek (Hg.). 1952 [1945]. *One America: The History, Contributions, and Present Problems of Our Racial and National Minorities*. New York: Prentice-Hall.

Brubaker, William R. 2001. "The Return of Assimilation? Changing Perspectives on Immigration and Its Sequels in France, Germany, and the United States". *Ethnic & Racial Studies*, 24, 4 (2001): 531–548.

Brubaker, William R. 1989. *Immigration and the Politics of Citizenship in Europe and North America*. Lanham, Washington, D.C.: University Press of America.

Bryce-Laporte, Roy S. 1972. "Black Immigrants: The Experience of Invisibility and Inequality". *Journal of Blacks Studies*, 3, 1 (1972): 29–56.

Burger, Chief Justice Warren E. 1971. *Griggs v. Duke Power Co.*: 401 U.S. 424.

Burma, John H. 1946. "Humor as a Technique in Race Conflict". *American Sociological Review*, 11, 6 (1946): 710–715.

Calhoun, Craig J. 1997. *Nationalism*. Minneapolis: University of Minnesota Press.

Camarillo, Albert M. und Frank Bonilla. 2001. "Hispanics in a Multicultural Society: A New American Dilemma". In *America Becoming Vol. 1*, hrsg. von Neil J. Smelser, William J. Wilson und Faith Michels, 103–134. Washington, D.C.: National Research Council.

Campbell, Ernest Q. und Thomas F. Pettigrew. 1959. *Christians in Racial Crisis: A Study of Little Rock's Ministry*. Washington, D.C.: Public Affairs Press.

Carter, Bob. 2000. *Realism and Racism: Concepts of Race in Sociological Research*. London: Routledge.

Cashmore, Ellis. 2001. "Black Culture: Scholarly Interest, or Unhealthy Obsession? (Review Article)". *Ethnic and Racial Studies*, 24, 2 (2001): 318–321.

Castles, Stephen und Mark J. Miller. 1993. *The Age of Migration: International Population Movements in the Modern World*. New York: Guilford Press.

Chapoulie, Jean-Michel. 1996. "Everett Hughes and the Chicago Tradition". *Sociological Theory*, 14, 1 (1996): 3–29.

Claghorn, Kate H. 1971 [1923]. *The Immigrant's Day in Court (Americanization Studies)*. Montclair, N.J.: Patterson Smith.

Clark, Kenneth B. 1988 [1955]. *Prejudice and Your Child*. Middletown, Conn.: Wesleyan University Press.

Clayton, Obie, Jr. (Hg.). 1996. *An American Dilemma Revisited: Race Relations in a Changing World*. New York: Russell Sage Foundation.

Clemens, Elisabeth S., Walter W. Powell, Kris McIlwaine und Dina Okamoto. 1995. "Careers in Print: Books, Journals, and Scholary Reputations". *American Journal of Sociology*, 101, 2 (1995): 433–494.

Cohen, Jean L. und Andrew Arato. 1992. *Civil Society and Political Theory*. Cambridge, Mass.: The MIT Press.

Cohen, Rosalie (Hg.). 1996. *Teaching Social Change. Course Designs, Syllabi & Instructional Materials*. Washington, D.C.: American Sociological Association: Teaching Resources Center.

Commons, John R. 1967 [1907]. *Races and Immigrants in America*. New York: A. M. Kelley.

Connell, Robert W. 1997. "Why Is Classical Theory Classical?" *American Journal of Sociology*, 102, 6 (1997): 1511–1557.

Cornell, Stephen E. und Douglas Hartmann. 1998. *Ethnicity and Race: Making Identities in a Changing World*. Thousand Oaks, Calif.: Pine Forge Press.

Coser, Lewis A. 1975. "Presidential Address: Two Methods in Search of a Substance". *American Sociological Review*, 40, 6 (1975): 691–700.

Coser, Lewis A. 1977 [1971]. *Masters of Sociological Thought: Ideas in Historical and Social Context*. New York: Harcourt Brace Jovanovich.

Cox, Oliver C. 1970 [1948]. *Caste, Class, and Race: A Study in Social Dynamics*. New York: Modern Reader Paperbacks.

Cunnigen, Donald (Hg.). 1997. *Teaching Race and Ethnic Relations: Syllabi and Instructional Materials*. Washington, D.C.: American Sociological Association: Teaching Resources Center.

Daniels, John. 1920. *America Via the Neighborhood*. New York: Harper & Brothers.

Daniels, Roger. 1981. "The Melting Pot: A Content Analysis". *Reviews in American History*, 9, 4 (1981): 428–433.
Daniels, Roger. 1990. *Coming to America: A History of Immigration and Ethnicity in American Life*. New York: Harper.
Davis, Allison und John Dollard. 1946 [1940]. *Children of Bondage: the Personality Development of Negro Youth in the Urban South*. Washington, D.C.: American Council on Education.
Davis, Allison, Burleigh B. Gardner, Mary R. Gardner und W. Lloyd Warner. 1941. *Deep South: A Social Anthropological Study of Caste and Class*. Chicago: The University of Chicago Press.
Davis, F. James. 1991. *Who Is Black? One Nation's Definition*. University Park: The Pennsylvania State University Press.
Davis, Kingsley. 1943. "Review: The Status System of a Modern Community". *American Journal of Sociology*, 48, 4 (1943): 511–513.
Davis, Michael M. 1921. *Immigrant Health and the Community*. New York: Harper & Brothers.
Dizard, Jan E. 1990. "Review: Race-Ethnicity and Society". *Contemporary Sociology*, 19, 5 (1990): 670–671.
Dollard, John. 1988 [1937]. *Caste and Class in a Southern Town*. Madison: The University of Wisconsin Press.
Dollard, John, Leonard W. Doob, Neal E. Miller, Orval H. Mowrer und Robert R. Sears. 1939. *Frustration and Aggression*. New Haven: Yale University Press.
Drake, Joseph T. 1966. "Review: The Negro American". *Social Forces*, 45, 2 (1966): 303.
Drake, St. Clair und Horace R. Cayton. 1993 [1945]. *Black Metropolis: a Study of Negro Life in a Northern City*. Chicago: The University of Chicago Press.
Drake, St. Clair. 1966. "The Social and Economic Status of the Negro in the United States". In *The Negro American*, hrsg. von Talcott Parsons und Kenneth B. Clark, 3–46. Boston: Houghton Mifflin.
Du Bois, William E. B. 1903. *The Souls of Black Folk: Essays and Sketches*. Chicago: A. C. McClurg & Co.
Du Bois, William E. B. 1908. *The Negro American Family*. Atlanta, Ga.: Atlanta University Press.
Du Bois, William E. B. 1915. *The Negro*. Oxford: Oxford University Press.
Du Bois, William E. B. 1940. "The Concept of Race". In *The Oxford W.E.B. Du Bois Reader*, hrsg. von Eric J. Sundquist, 76–96. Oxford: Oxford University Press.
Du Bois, William E. B. und Isabel Eaton. 1996 [1899]. *The Philadelphia Negro: A Social Study*. Philadelphia: University of Pennsylvania Press.
Dumenil, Lynn. 1995. *The Modern Temper: American Culture and Society in the 1920s*. New York: Hill & Wang.
Duncan, Beverly und Otis Dudley Duncan. 1968. "Minorities and the Process of Stratification". *American Sociological Review*, 33, 3 (1968): 356–364.
Duster, Troy. 1988. "From Structural Analysis to Public Policy". *Contemporary Sociology*, 17, 3 (1988): 287–290.
Easterlin, Richard A. 1980. "Immigration: Economical and Social Characteristics". In *Harvard Encyclopedia of American Ethnic Groups*, hrsg. von Stephan Thernstrom, Ann Orlov und Oscar Handlin, 476–486. Cambridge, Mass.: Harvard University Press.
Eckard, E. W. 1947. "How Many Negroes 'Pass'?" *American Journal of Sociology*, 52, 6 (1947): 498–500.
Elder, Glen H., Jr. 1970. "Group Orientations and Strategies in Racial Change". *Social Forces*, 48, 4 (1970): 445–461.
Ellison, Ralph W. 1998 [1973/1964]. "An American Dilemma: A Review". In *The Death of White Sociology*, hrsg. von Joyce A. Ladner, 81–95. New York: Vintage Books.
Encyclopaedia of the Social Sciences. 1935. New York: The Macmillan Company.
Erickson, Peter. 1997. "Review: The Black Atlantic". *African American Review*, 31, 3 (1997): 506–508.
Etzioni, Amitai. 2001. *The Monochrome Society*. Princeton: Princeton University Press.

Fairchild, Halford H. et.al. (Hg.). 1992. *Discrimination and Prejudice: An Annotated Bibliography*. San Diego, Calif.: Westerfield Enterprises.

Fanon, Frantz. 1965 [1961]. *The Wretched of the Earth*. New York: Grove Press.

Farley, Reynolds und Albert Hermalin. 1972. "The 1960s: A Decade of Progress for Blacks?" *Demography*, 9, 3 (1972): 353–370.

Farley, Reynolds. 1977. "Trends in Racial Inequality: Have the Gains of the 1960s Disappeared in the 1970s?" *American Journal of Sociology*, 42, 2 (1977): 189–208.

Farley, Reynolds. 1991. "The New Census Question About Ancestry: What Did It Tell Us?" *Demography*, 28, 3 (1991): 411–429.

Fay, Robert. 2000. "NAACP Legal Defense and Educational Fund". In *Encarta Africana: The Encyclopedia of the African and African American Experience (CD-Version)*, hrsg. von Anthony K. Appiah und Henry Louis Gates. Redmond, Wa.: Microsoft.

Feagin, Joe R. 1981. "Review: The Ethnic Phenomenon". *Contemporary Sociology*, 10, 6 (1981): 835–836.

Feagin, Joe R. und Clairece Booher Feagin. 1996 [1978]. *Racial and Ethnic Relations*. Upper Saddle River, N.J.: Prentice Hall.

Ferrante, Joan und Prince Brown, Jr. 1999. "Classifying People by Race". In *Race and Ethnic Conflict: Contending Views on Prejudice, Discrimination, and Ethnoviolence*, hrsg. von Fred L. Pincus und Howard J. Ehrlich, 14–23. Boulder, Colo.: Westview Press.

Ferrante, Joan und Prince Brown, Jr. (Hg.). 1998. *The Social Construction of Race and Ethnicity in the United States*. New York: Longman.

Ferree, Myra M. und Elaine J. Hall. 1990. "Visual Images of American Society: Gender and Race in Introductory Sociology Textbooks". *Gender and Society*, 4, 4 (1990): 500–533.

Finzsch, Norbert, James O. Horton und Lois E. Horton. 1999. *Von Benin Nach Baltimore: Die Geschichte Der African Americans*. Hamburg: Hamburger Edition (Hamburger Institut für Sozialforschung).

Fischer, David H. 1989. *Albion's Seed: Four British Folkways in America*. New York: Oxford University Press.

Fisher Fishkin, Shelley. 1995. "Interrogating 'Whiteness', Complicating 'Blackness': Remapping American Culture". *American Quarterly*, 47, 3 (1995): 428–466.

Fishman, Joshua A. 1980. "Ethnic Community Mother Tongue Schools in the U.S.A.: Dynamics and Distributions". *International Migration Review*, 14, 2 (1980): 235–247.

Fishman, Joshua A. 1985. *The Rise and Fall of the Ethnic Revival: Perspectives on Language and Ethnicity*. New York: Mouton.

Francis, Emerich K. 1976. *Interethnic Relations: An Essay in Sociological Theory*. New York: Elsevier.

Franklin, John H. (als chairman des Advisory Board). 1998. *One America in the 21st Century: Forging a New Future. The President's Initiative in Race, the Advisory Board's Report to the President*. Washington, D.C.: http://clinton3.nara.gov/Initiatives/OneAmerica/america.html (29.6.2002).

Franklin, John H. und Alfred A. Moss, Jr. 1994. *From Slavery to Freedom: A History of African Americans*. New York: Mc.Graw-Hill.

Frazier, Edward Franklin. 1939. *The Negro Family in the United States*. Chicago: The University of Chicago Press.

Frazier, Edward Franklin. 1940. *Negro Youth at the Crossways: Their Personality Development in the Middle States*. Washington, D.C.: American Council on Education.

Frazier, Edward Franklin. 1947. "Sociological Theory and Race Relations". *American Journal of Sociology*, 12, 3 (1947): 265–271.

Frazier, Edward Franklin. 1949. "Race Contacts and the Social Structure". *American Sociological Review*, 14, 1 (1949): 1–11.

Frazier, Edward Franklin. 1957 [1949]. *The Negro in the United States*. New York: Macmillan.

Frazier, Edward Franklin. 1980 [1931]. "The Changing Status of the Negro Family". In *The Sociology of Race Relations: Reflection and Reform*, hrsg. von Thomas F. Pettigrew, 99–108. New York: The Free Press.
Gans, Herbert J. 1999 [1979]. "Symbolic Ethnicity". In *Making Sense of America: Sociological Analyses and Essays*, hrsg. von Herbert J. Gans, 167–202. Lanham, Md.: Rowman & Littlefield.
Gavit, John P. 1922. *Americans by Choice*. New York: Harper & Brothers.
George, Hermon, Jr. 1984. *American Race Relations Theory: A Review of Four Models*. Lanham: University Press of America.
Georges, Eugenia. 1990. *The Making of a Transnational Community: Migration, Development, and Cultural Change in the Dominican Republic*. New York: Columbia University Press.
Gerhardt, Uta. 1993. "Talcott Parsons' Sociology of National Socialism". In *Talcott Parsons on National Socialism*, hrsg. von Uta Gerhardt, 1–77. New York: de Gruyter.
Gerhardt, Uta. 1999. "National Socialism and the Politics of the Structure of Social Action". In *Agenda for Sociology*, hrsg. von Bernhard Barber und Uta Gerhardt, 87–166. Baden-Baden: Nomos.
Gerhardt, Uta. 2001. *Idealtypus: Die methodische Grundlegung der modernen Soziologie*. Frankfurt am Main: Suhrkamp.
Gerhardt, Uta. 2002. *Soziologie und Gesellschaft: Aufsätze zu Georg Simmel, Max Weber, Talcott Parsons und der Diskussion heute*. Heidelberg, unveröffentlichtes Manuskript.
Gibson, Campbell J. und Emily Lennon. 1999. *Historical Census Statistics on the Foreign-born Population of the United States: 1850-1990 (Population Division Working Paper No. 29)* Washington, D.C.: United States Printing Office
Gillman, Joseph M. 1924. "Statistics and the Immigration Problem". *American Journal of Sociology*, 30, 1 (1924): 29–48.
Gilroy, Paul. 1993. *The Black Atlantic: Modernity and Double Consciousness*. Cambridge, Mass.: Harvard University Press.
Gilroy, Paul. 2000. *Against Race: Imaging Political Culture Beyond the Color Line*. Cambridge, Mass.: Harvard University Press.
Glaser, Daniel. 1958. "Dynamics of Ethnic Identification". *American Sociological Review*, 23, 1 (1958): 31–40.
Glazer, Nathan. 1956. "Sociology of Ethnic Relations". In *Sociology in the United States of America: a Trend Report*, hrsg. von Hans Lennart Zetterberg, 123–126. Paris: UNESCO.
Glazer, Nathan. 1983. "Affirmative Discrimination: For and Against". In *Ethnic Dilemmas, 1964–1982*, hrsg. von Nathan Glazer, 159–181. Cambridge, Mass.: Harvard University Press.
Glazer, Nathan. 1987. *Affirmative Discrimination: Ethnic Inequality and Public Policy*. Cambridge, Mass.: Harvard University Press.
Glazer, Nathan und Daniel P. Moynihan. 1995 [1963]. *Beyond the Melting Pot: the Negroes, Puerto Ricans, Jews, Italians, and Irish of New York City*. Cambridge, Mass.: MIT Press.
Glazer, Nathan und Daniel P. Moynihan. 1975a. "Introduction". In *Ethnicity: Theory and Experience*, hrsg. von Nathan Glazer und Daniel P. Moynihan, 1–26. Cambridge, Mass.: Harvard University Press.
Glazer, Nathan und Daniel P. Moynihan (Hg.). 1975b. *Ethnicity: Theory and Experience*. Cambridge, Mass.: Harvard University Press.
Gleason, Philip. 1996 [1983]. "Identifying Identity: A Semantic History". In *Theories of Ethnicity*, hrsg. von Werner Sollors, 460–488. New York: New York University Press.
Gleason, Philip. 2001. "Sea Change in the Civic Culture in the 1960s". In *E Pluribus Unum? Contemporary and Historical Perspectives on Immigrant Political Incorporation*, hrsg. von Gary Gerstle und John H. Mollenkopf, 109–142. New York: Russell Sage.
Goering, John. 2001. "An Assessment of President Clinton's Initiative on Race". *Ethnic & Racial Studies*, 24, 3 (2001): 472–484.
Gordon, Leonard. 1989. "Racial Theorizing: Is Sociology Ready to Replace Polemic Causation Theory with a New Polemic Model?" *Sociological Perspectives*, 32, 1 (1989): 129–136.

Gordon, Milton M. 1947. "Kitty Foyle and the Concept of Class as Culture". *American Journal of Sociology*, 53, 3 (1947): 210–217.
Gordon, Milton M. 1964 [1955]. *Assimilation in American Life: The Role of Race, Religion, and National Origins*. New York: Oxford University Press.
Gordon, Milton M. 1995. "Review: Ethnicity: Source of Strength? Source of Conflict?" *Contemporary Sociology*, 24, 4 (1995): 339–341.
Gossett, Thomas F. 1997 [1963]. *Race: The History of an Idea in America*. New York: Oxford University Press.
Greeley, Andrew M. 1969. *Why Can't They Be Like Us? Facts and Fallacies About Ethnic Differences and Group Conflicts in America*. New York: Institute of Human Relations Press, American Jewish Committee.
Greeley, Andrew M. 1974a. *Ethnicity in the United States: A Preliminary Reconnaissance*. New York: Wiley.
Greeley, Andrew M. 1974b. "Political Participation among Ethnic Groups in the United States: A Preliminary Reconnaissance". *American Journal of Sociology*, 80, 1 (1974b): 170–204.
Greeley, Andrew M. 1975. "Ethnicity and Racial Attitudes: The Case of the Jews and the Poles". *American Journal of Sociology*, 80, 4 (1975): 909–933.
Greeley, Andrew M. 1990. "The Crooked Lines of God". In *Authors of Their Own Lives: Intellectual Autobiographies by Twenty American Sociologists*, hrsg. von Bennett M. Berger, 133–151. Berkeley: University of California Press.
Greeley, Andrew M. 1991. "Review: Ethnic Identity". *Political Science Quarterly*, 106, 4 (1991): 754–756.
Greeley, Andrew M. und William C. McCready. 1975. "The Transmission of Cultural Heritages: The Case of the Irish and the Italians". In *Ethnicity: Theory and Experience*, hrsg. von Nathan Glazer und Daniel P. Moynihan, 209–235. Cambridge, Mass.: Harvard University Press.
Hacker, Andrew. 1995 [1992]. *Two Nations: Black and White, Separate, Hostile, Unequal*. New York: Ballantine Books.
Hall, John R. 1988. "Social Organization and Pathways of Commitment: Types of Communal Groups, Rational Choice Theory, and the Kanter Thesis". *American Sociological Review*, 53, 5 (1988): 679–692.
Hall, John A. und Charles Lindholm. 2001 [1999]. *Is America Breaking Apart?* Princeton: Princeton University Press.
Handlin, Oscar. 1957. *Race and Nationality in American Life*. Boston: Little, Brown and Company.
Handlin, Oscar. 1979 [1951]. *The Uprooted: The Epic Story of the Great Migrations That Made the American People*. Boston: Little, Brown and Company.
Harvey, Lee. 1987. *Myths of the Chicago School of Sociology*. Aldershot: Avebury.
Healey, Joseph F. 1998. *Race, Ethnicity, Gender, and Class: The Sociology of Group Conflict and Change*. Thousand Oaks, Calif.: Pine Forge Press.
Hechter, Michael. 1975. *Internal Colonialism: The Celtic Fringe in British National Development, 1536–1966*. Berkeley: University of California Press.
Hechter, Michael, Debra Friedman und Malka Appelbaum. 1982. "A Theory of Ethnic Collective Action". *International migration review*, 16, 2 (1982): 412–434.
Henshel, Richard L. 1971. "Ability to Alter Skin Color: Some Implications for American Society". *American Journal of Sociology*, 76, 4 (1971): 734–742.
Herrmann, Dietrich. 1996. *"Be an American": Amerikanisierungsbewgung und Theorien zur Einwanderungsintegration*. Frankfurt am Main: Campus.
Herrnstein, Richard J. und Charles Murray. 1994. *The Bell Curve: Intelligence and Class Structure in American Life*. New York: Free Press.
Herskovits, Melville J. 1941. *The Myth of the Negro Past*. New York: Harper & Brothers.
Hill, Mark E. 2000. "Color Differences in the Socioeconomic Status of African American Men: Results of a Longitudinal Study". *Social Forces*, 78, 4 (2000): 1437–1460.

Hinkle, Roscoe C. 1980. *Founding Theory of American Sociology 1881–1915*. Boston: Routledge & Kegan Paul.

Hirschman, Charles. 1991. "What Happened to the White Ethnics?" *Contemporary Sociology*, 20, 2 (1991): 180–183.

Hofstadter, Richard. 1992 [1944]. *Social Darwinism in American Thought*. Boston: Beacon Press.

Hollinger, David A. 1995. *Postethnic America: Beyond Multiculturalism*. New York: BasicBooks.

Hollingshead, August B. 1950. "Cultural Factors in the Selection of Marriage Mates". *American Sociological Review*, 15, 5 (1950): 619–627.

Horowitz, Donald L. 2001. *The Deadly Ethnic Riot*. Berkley: University of California Press.

Horton, Hayward D., Beverlyn L. Allen, Cedric Herring und Melvin E. Thomas. 2000. "Lost in the Storm: The Sociology of the Black Working Class, 1850 to 1990". *American Sociological Review*, 65, 1 (2000): 128–137.

Hughes, Everett C. 1963. "Race Relations and the Sociological Imagination". *American Sociological Review*, 28, 6 (1963): 879–890.

Hughes, Everett C. 1966. "Anomalies and Projections". In *The Negro American*, hrsg. von Talcott Parsons und Kenneth B. Clark, 694–708. Boston: Houghton Mifflin.

Hutchinson, John und Anthony D. Smith. 1996. *Ethnicity*. Oxford: Oxford University Press.

Huxley, Julian S. und A. C. Haddon. 1935. *We Europeans: A Survey of 'Racial' Problems*. London: Jonathan Cape.

Ianni, Francis A. 1957. "Residential and Occupational Mobility as Indices of the Acculturation of an Ethnic Group". *Social Forces*, 36, 1 (1957): 65–72.

Ignatiev, Noel. 1995. *How the Irish Became White*. New York: Routledge.

Institute of Race Relations (Hg.). verschiedene Jahrgänge. "Sage Race Relations Abstracts". Beverly Hills, Calif.: Sage Publications.

Irvine, Russell W. 1992. "Review: The Disuniting of America". *Journal of Negro Education*, 61, 3 (1992): 439–440.

Isajiw, Wsevolod W. 1996. "Review: Ethnicity: Source of Strength? Source of Conflict?" *International Migration Review*, 30, 1 (1996): 335–337.

Jackson, Walter A. 1990. *Gunnar Myrdal and America's Conscience: Social Engineering and Racial Liberalism, 1938–1987*. Chapel Hill: The University of North Carolina Press.

Jacobson, Matthew F. 1998. *Whiteness of a Different Color: European Immigrants and the Alchemy of Race*. Cambridge, Mass.: Harvard University Press.

Jaret, Charles. 1982. "A Survey of Recent Race and Ethnic Relations Texts". *Contemporary Sociology*, 11, 2 (1982): 143–147.

Jaret, Charles (Hg.). 1995. *Issues in U.S. Immigration: Resources and Suggestions for High School Teachers and College Instructors*. Washington, D.C.: American Sociological Association: Teaching Resources Center.

Jaynes, Gerald D. und Robin M. Williams, Jr. (Hg.). 1989. *A Common Destiny: Blacks and American Society*. Washington, D.C.: National Research Council.

Jenkins, Richard. 1997. *Rethinking Ethnicity: Arguments and Explorations*. London: Sage.

Johnson, Charles S. 1930. *The Negro in American Civilization*. New York: H. Holt and Company.

Johnson, Charles S. 1934. *Shadow of the Plantation*. Chicago: The University of Chicago Press.

Johnson, Charles S. 1935. "Incidence Upon the Negroes". *American Journal of Sociology*, 40, 1935 (1935): 737–745.

Johnson, Charles S. 1941. *Growing up in the Black Belt: Negro Youth in the Rural South*. Washington, D.C.: American Council on Education.

Johnson, Guy B. 1933. "The Negro and the Depression in North Carolina". *Social Forces*, 12, 1933 (1933): 103–115.

Johnson, Michael P. und Ralph R. Sell. 1976. "The Cost of Being Black: A 1970 Update (in Research Note)". *American Journal of Sociology*, 82, 1 (1976): 183–190.

Johnson, William A. et.al. 1998. *The Sociology Student Writer's Manual*. Upper Saddle River, N.J.: Prentice Hall.

Jones, Robert Alun. 1983. "The New History of Sociology". *Annual Review of Sociology*, 9 (1983): 447–469.
Jones, Maldwyn A. 1992 [1960]. *American Immigration*. Chicago: The University of Chicago Press.
Kahlenberg, Richard D. 1996. *The Remedy: Class, Race, and Affirmative Action*. New York: BasicBooks.
Kallen, Horace M. 1996 [1915]. "Democracy Versus the Melting-Pot: A Study of American Nationality". In *Theories of Ethnicity*, hrsg. von Werner Sollors, 67–92. New York: New York University Press.
Kalmijn, Matthijs. 1993. "Trends in Black/White Intermarriage". *Social Forces*, 72, 1 (1993): 119–146.
Katznelson, Ira. 1972. "Comparative Studies of Race and Ethnicity: Plural Analysis and Beyond". *Comparative Politics*, 5, 1 (1972): 135–154.
Keen, Mike F. 1999. *Stalking the Sociological Imagination*: J. Edgar Hoover's FBI Surveillance of American Sociology. Westport, Conn.: Greenwood Press.
Kennedy, Randall. 2001. "Racial Trends in the Administration of Criminal Justice". In *America Becoming: Racial Trends and Their Consequences Vol. 2*, hrsg. von Neil J. Smelser, William J. Wilson und Mitchell Faith, 1–20. Washington, D.C.: National Research Council.
Keyssar, Alexander. 2000. *The Right to Vote: The Contested History of Democracy in the United States*. New York: Basic Books.
Kilson, Martin. 1975. "Blacks and Neo-Ethnicity in American Political Life". In *Ethnicity: Theory and Experience*, hrsg. von Nathan Glazer und Daniel P. Moynihan, 236–266. Cambridge, Mass.: Harvard University Press.
Kingston, Raymond S. und Herbert W. Nickens. 2001. "Racial and Ethnic Differences in Health: Recent Trends, Current Patterns, Future Directions". In *America Becoming Vol. 2*, hrsg. von Neil J. Smelser, William J. Wilson und Faith Michels, 253–310. Washington, D.C.: National Research Council.
Kinloch, Graham C. 1994. "Sociology's Academic Development as Reflected in Journal Debates". In *International Handbook of Contemporary Developments in Sociology*, hrsg. von Raj P. Mohan und Arthur S. Wilke, 277–289. Westport, Conn.: Greenwood Press.
Kivisto, Peter. 1995. *Americans All: Race and Ethnic Relations in Historical, Structural, and Comparative Perspectives*. Belmont, Calif.: Wadsworth Pub. Co.
Kivisto, Peter. 2001. "Theorizing Transnational Immigration: A Critical Review of Current Efforts". *Ethnic and Racial Studies*, 24, 4 (2001): 549–577.
Klinkner, Philip A. und Rogers M. Smith. 1999. *The Unsteady March: The Rise and Decline of Racial Equality in America*. Chicago: The University of Chicago Press.
Kolb, William L. 1948. "The Sociological Theories of Edward Alsworth Ross". In *An Introduction to the History of Sociology*, hrsg. von Harry Elmer Barnes, 819–832. Chicago: University of Chicago Press.
König, Matthias. 2000. "The Polish Peasant in Europe and America". In *Hauptwerke der Soziologie*, hrsg. von Dirk Kaesler und Ludgera Vogt, 470–477. Stuttgart: Alfred Kröner Verlag.
Köpping, Klaus-Peter. 1983. *Adolf Bastian and the Psychic Unity of Mankind: The Foundations of Anthropology in Nineteenth Century Germany*. St. Lucia: University of Queensland Press.
Kroeber, Alfred L. und Talcott Parsons. 1958. "The Concepts of Culture and of Social System". *American Sociological Review*, 23, 5 (1958): 582–583.
Kuper, Leo und M. G. Smith (Hg.). 1969. *Pluralism in Africa*. Berkeley: University of California Press.
Kymlicka, Will. 1998 [1995]. *Multicultural Citizenship: A Liberal Theory of Minority Rights*. New York: Oxford University Press.
Ladner, Joyce A. (Hg.). 1998 [1973]. *The Death of White Sociology: Essays on Race and Culture*. New York: Vintage Books.
Lam, David. 1993. "Comment on Preston and Campbell's 'Differential Fertility and the Distribution of Traits'". *American Journal of Sociology*, 98, 5 (1993): 1033–1039.

Latham, Michael E. 2000. *Modernization as Ideology: American Social Science and "Nation Building" in the Kennedy Era*. Chapel Hill: The University of North Carolina Press.
Lavender, Abraham D. und John M. Forsyth. 1976. "The Sociology of Minority Groups as Reflected by Leading Sociological Journals". *Ethnicity*, 3, 1976 (1976): 388–398.
Leiserson, William M. 1971 [1924]. *Adjusting Immigrant and Industry (Americanization Studies)*. Montclair, N.J.: Patterson Smith.
Lestschinsky, Jakob. 1937 [1934]. "Ghetto". In *Encyclopaedia of the Social Sciences*, hrsg. von Edwin R.A. Seligman, 646–650. New York: The Macmillan Company.
Levinson, David. 1994. *Ethnic Relations: A Cross-Cultural Encyclopedia*. Santa Barbara, Calif.: ABC-CLIO.
Lewis, David L. 1993. *W.E.B. Du Bois: Biography of a Race 1868–1919*. New York: Henry Holt and Company.
Lewis, David L. 2000. *W.E.B. Du Bois: The Fight for Equality and the American Century, 1919–1963*. New York: Henry Holt and Company.
Lewis, Read. 1937 [1934]. "Americanization". In *Encyclopaedia of the Social Sciences*, hrsg. von Edwin R.A. Seligman, 33–34. New York: The Macmillan Company.
Library of Congress. 2000. *Subject Headings*. Washington, D.C.: Catalog Distribution Service.
Lieberson, Stanley. 1980. *A Piece of the Pie: Blacks and White Immigrants since 1880*. Berkeley: University of California Press.
Lieberson, Stanley und Mary C. Waters. 1990 [1988]. *From Many Strands: Ethnic and Racial Groups in Contemporary America*. New York: Russell Sage Foundation.
Light, Ivan. 1990. "Review: From Many Strands". *Social Forces*, 68, 3 (1990): 992–993.
Lind, Michael. 1996. "Mongrel America". *Transition*, 0, 69 (1996): 194–208.
Lindner, Rolf. 2000. "Street Corner Society". In *Hauptwerke der Soziologie*, hrsg. von Dirk Kaesler und Ludgera Vogt, 464–468. Stuttgart: Alfred Kröner Verlag.
Lipset, Seymour M. und Everett C. Ladd, Jr. 1972. "The Politics of American Sociologists". *American Journal of Sociology*, 78, 1 (1972): 67–104.
Lipset, Seymour M. und Neil J. Smelser (Hg.). 1961. *Sociology, the Progress of a Decade: A Collection of Articles*. Englewood Cliff, N.J.: Prentice Hall.
Litt, Edgar. 1975. "Review: Ethnicity: Theory and Experience". *Political Science Quarterly*, 90, 3 (1975): 569–570.
Lundberg, Georg A. 1947. "The Senate Ponders Social Science". *Scientific Monthly*, 64, 5 (1947): 397–411.
Lyman, Stanford M. 1972. *The Black American in Sociological Thought: New Perspectives on Black America*. New York: Putnam.
Lynd, Robert S. und Helen M. Lynd. 1930 [1929]. *Middletown: A Study in Contemporary American Culture*. New York: Harcourt, Brace and Company.
Lynd, Robert S. und Helen M. Lynd. 1937. *Middletown in Transition. A study in cultural conflicts*. New York: Harcourt, Brace and Company.
MacDonald, Michael P. 1999. *All Souls: a Family Story from Southie*. Boston: Beacon Press.
MacIver, Robert M. 1971 [1948]. *The More Perfect Union: A Program for the Control of Inter-Group Discrimination in the United States*. New York: Hafner.
Madsen, Richard. 1986. "Review: Canarsie". *American Journal of Sociology*, 92, 2 (1986): 470–473.
Magill, Frank N. und Héctor L. Delgado (Hg.). 1994. *Survey of Social Science: Sociology Series*. Pasadena, Calif.: Salem Press.
Malešević, Siniša. 2002. "Rational Choice Theory and the Sociology of Ethnic Relations: A Critique". *Ethnic and Racial Studies*, 25, 2 (2001): 193–212.
Marcson, Simon. 1944. "Ethnic and Class Education". *Journal of Negro Education*, 13, 1 (1944): 57–63.
Marger, Martin. 2000. *Race and Ethnic Relations: American and Global Perspectives*. Belmont, Calif.: Wadsworth.

Martindale, Don. 1976. "American Sociology before World War II". *Annual Review of Sociology*, 2 (1976): 121–143.
Massey, Douglas S. 2001. "Residential Segregation and Neighborhood Conditions in U.S. Metropolitan Areas". In *America Becoming Vol. 1*, hrsg. von Neil J. Smelser, William J. Wilson und Faith Michels, 391–434. Washington, D.C.: National Research Council.
Massey, Douglas S. und Nancy A. Denton. 1987. "Trends in the Residential Segregation of Blacks, Hispanics, and Asians: 1970–1980". *American Sociological Review*, 52, 6 (1987): 802–825.
Massey, Douglas S. und Nancy A. Denton. 1993. *American Apartheid: Segregation and the Making of the Underclass*. Cambridge, Mass.: Harvard University Press.
Maurer, Heinrich H. 1917. "The Earlier German Nationalism in America". *American Journal of Sociology*, 22, 4 (1917): 519–543.
McCord, William M. 1967. "Review: The Negro American". *The Journal of Southern History*, 33, 2 (1967): 273–275.
McGuire, Carson. 1950. "Social Stratification and Mobility Patterns". *American Sociological Review*, 15, 2 (1950): 195–204.
McKee, James B. 1993. *Sociology and the Race Problem: The Failure of a Perspective*. Urbana, Ill.: University of Illinois Press.
Meranto, Philip J. 1970. *The Kerner Report Revisited: Final Report and Background Papers*. Urbana: Institute of Government and Public Affairs University of Illinois.
Merton, Robert K. 1967. "On the History and Systematics of Sociological Theory". In *On Theoretical Sociology*, hrsg. von Robert King Merton, 1–37. New York: Free Press.
Metzger, L. Paul. 1971. "American Sociology and Black Assimilation: Conflicting Perspectives". *American Journal of Sociology*, 76, 4 (1971): 627–647.
Mills, C. Wright. 1942. "Review: The Social Life of a Modern Community". *American Sociological Review*, 7, 2 (1942): 263–271.
Mintz, Beth. 1996. *Political Sociology: Syllabi and Instructional Materials*. Washington, D.C.: American Sociological Association: Teaching Resources Center.
Mirowsky II, John und Ross E. Catherine. 1980. "Minority Status, Ethnic Culture, and Distress: A Comparison of Blacks, Whites, Mexicans, and Mexican Americans". *American Journal of Sociology*, 86, 3 (1980): 479–495.
Model, Suzanne. 1992. "Review: Hierarchical Structures and Social Value". *Social Forces*, 71, 2 (1992): 541–542.
Mogey, J. M. 1947. "Review of the 'Yankee Series' Vol. 1–3". *Man*, 47, January (1947): 16–17.
Monroe, Paul. 1897. "An American System of Labor Pensions and Insurance". *American Journal of Sociology*, 2, 4 (1897): 501–514.
Montagu, Ashley. 1997 [1942]. *Man's Most Dangerous Myth: The Fallacy of Race*. New York: Columbia University Press.
Moynihan, Daniel P. 1988. "Foreword". In *Caste and Class in a Southern Town*, von John Dollard, vii-xii. Madison: The University of Wisconsin Press.
Moynihan, Daniel P. 1966. "Employment, Income, and the Ordeal of the Negro Family". In *The Negro American*, hrsg. von Talcott Parsons und Kenneth B. Clark, 134–159. Boston: Houghton Mifflin.
Münz, Rainer und Peter H. Schuck. 1997. *Paths to Inclusion: The Integration of Migrants in the United States and Germany*. New York: Berghahn Books.
Murchison, John P. 1980 [1935]. "Some Major Aspects of the Economic Status of the Negro". In *The Sociology of Race Relations: Reflection and Reform*, hrsg. von Thomas F. Pettigrew, 94–98. New York: The Free Press.
Myrdal, Gunnar. 1998 [1944]. *An American Dilemma: The Negro Problem and Modern Democracy Vol. 1+2*. New Brunswick, N.J.: Transaction Publishers.
Nagel, Joane. 1988. "Review: Racial Formation in the United States". *American Journal of Sociology*, 93, 4 (1988): 1025–1027.

National Center for Health Statistics. 2001. *Report of the Panel to Evaluate the U.S. Standard Certificates.* Washington, D.C.: National Printing Office.
Newman, William M. 1982. "Review: The Ethnic Phenomenon, the Ethnic Myth". *Social Forces*, 61, 1 (1982): 291–293.
Norton, Mary B., David M. Katzmann, Paul D. Escott, Howard P. Chucadoff, Thomas G. Paterson, William M. Tuttle, Jr. und William J. Brophy. 1999. *A People and a Nation: A History of the United States, Volume B since 1865.* Boston: Houghton Mifflin.
Novak, Michael. 1972. *The Rise of the Unmeltable Ethnics: Politics and Culture in the Seventies.* New York: Macmillan.
Odum, Howard W. 1910. *Social and Mental Traits of the Negro: Research into the Conditions of the Negro Race in Southern Towns, a Study in Race Traits, Tendencies and Prospects.* New York: Columbia University Press.
Odum, Howard W. 1951. *American Sociology: The Story of Sociology in the United States through 1950.* New York: Longmans, Green and Co.
Odum, Howard W. 1971 [1947]. *The Way of the South: Toward the Regional Balance of America.* New York: The Macmillan Company.
Omi, Michael A. 2001. "The Changing Meaning of Race". In *America Becoming Vol. 1*, hrsg. von Neil J. Smelser, William J. Wilson und Faith Michels, 243–263. Washington, D.C.: National Research Council.
Omi, Michael und Howard Winant. 1994 [1986]. *Racial Formation in the United States: From the 1960s to the 1990s.* New York: Routledge.
Opler, Morris E. 1945. "Anthropology Applied to American Problems. Review of the Social Systems of American Ethnic Groups". *Scientific Monthly*, 61, 5 (1945): 392–394.
Park, Robert E. 1922. *The Immigrant Press and Its Control.* New York: Harper & Brothers.
Park, Robert E. 1950. *Race and Culture.* Glencoe, Ill.: The Free Press.
Park, Robert E. 1950 [1926]. "Our Racial Frontier on the Pacific". In *Race and Culture*, hrsg. von Robert E. Park, 138–151. Glencoe, Ill.: The Free Press.
Park, Robert E. 1950 [1937]. "The Race Relations Cycle in Hawaii". In *Race and Culture*, hrsg. von Robert E. Park, 189–195. Glencoe, Ill.: The Free Press.
Park, Robert E. und Ernest W. Burgess. 1921. *Introduction to the Science of Sociology.* Chicago: The University of Chicago Press.
Park, Robert E. und Herbert A. Miller. 1921. *Old World Traits Transplanted.* New York: Harper & Brothers.
Parsons, Talcott. 1964 [1951]. *The Social System.* Glencoe, Ill.: Free Press.
Parsons, Talcott. 1966a. "Full Citizenship for the Negro American? A Sociological Problem". In *The Negro American*, hrsg. von Talcott Parsons und Kenneth B. Clark, 709–754. Boston: Houghton Mifflin.
Parsons, Talcott. 1966b. "Introduction: Why 'Freedom Now', Not Yesterday". In *The Negro American*, hrsg. von Talcott Parsons und Kenneth B. Clark, xix–xxviii. Boston: Houghton Mifflin.
Parsons, Talcott. 1975. "Some Theoretical Considerations on the Nature and Trends of Change of Ethnicity". In *Ethnicity: Theory and Experience*, hrsg. von Nathan Glazer und Daniel P. Moynihan, 53–83. Cambridge, Mass.: Harvard University Press.
Parsons, Talcott. 1999 [1955]. "Social Strains in America". In *The Talcott Parsons Reader*, hrsg. von Bryan S. Turner, 207–219. Malden, MA: Blackwell.
Parsons, Talcott und Bernhard Barber. 1948. "Sociology, 1941–46". *American Journal of Sociology*, 53, 4 (1948): 245–257.
Parsons, Talcott und Kenneth B. Clark (Hg.). 1966. *The Negro American.* Boston: Houghton Mifflin.
Parsons, Talcott und Edward A. Shils (Hg.). 1976 [1951]. *Toward a General Theory of Action.* Cambridge, Mass.: Harvard University Press.
Patterson, James T. 2001. *Brown v. Board of Education: A Civil Rights Milestone and Its Troubled Legacy.* New York: Oxford University Press.
Patterson, Orlando. 1977. *Ethnic Chauvinism: The Reactionary Impulse.* New York: Stein and Day.

Patterson, Orlando. 1983. "The Nature, Causes, and Implications of Ethnic Identification". In *Minorities: Community and Identity*, hrsg. von Charles Fried, 25–50. Berlin: Springer Verlag.
Patterson, Orlando. 1997. *The Ordeal of Integration: Progress and Resentment in America's "Racial" Crisis*. Washington, D.C.: Civitas/Counterpoint.
Pedraza-Bailey, Silvia. 1981. "Review: The Sociology of Race Relations". *Contemporary Sociology*, 10, 5 (1981): 682–683.
Petersen, William. 1958. "A General Typology of Migration". *American Journal of Sociology*, 23, 3 (1958): 256–266.
Pettigrew, Thomas F. (Hg.). 1975. *Racial Discrimination in the United States*. New York: Harper & Row.
Pettigrew, Thomas F. 1980a. "The Changing – Not Declining – Significance of Race". *Contemporary Sociology*, 9, 1 (1980a): 19–21.
Pettigrew, Thomas F. 1985. "New Black-White Patterns: How Best to Conceptualize Them?" *Annual Review of Sociology*, 11 (1985): 329–346.
Pettigrew, Thomas F. (Hg.). 1980b. *The Sociology of Race Relations: Reflection and Reform*. New York: Free Press.
Pinto, Leonard J. 1966. "Review: Assimilation in American Life". *American Journal of Sociology*, 71, 4 (1966): 461–462.
Piore, Michael J. 1979. *Birds of Passage: Migrant Labor and Industrial Societies*. Cambridge: Cambridge University Press.
Pleck, Elizabeth. 2001. "Kwanzaa: The Making of a Black Nationalist Tradition, 1966–1990". *Journal of American Ethnic History*, 2001, Summer (2001): 3–28.
Polsgrove, Carol. 2001. *Divided Minds: Intellectuals and the Civil Rights Movement*. New York: W.W. Norton.
Porter, Judith R. 1989. "Review: Racial Theories". *Contemporary Sociology*, 18, 4 (1989): 520–521.
Porter, Judith R. und Robert E. Washington. 1979. "Black Identity and Self-Esteem: A Review of Studies of Black Self-Concepts, 1968–1978". *Annual Review of Sociology*, 5 (1979): 53–74.
Portes, Alejandro. 1996. *The New Second Generation*. New York: Russell Sage Foundation.
Portes, Alejandro und Rubén G. Rumbaut. 1990. *Immigrant America: A Portrait*. Berkeley: University of California Press.
Powdermaker, Hortense. 1993 [1939]. *After Freedom: a Cultural Study in the Deep South*. Madison: The University of Wisconsin Press.
Preston, Samuel H. und Cameron Campbell. 1993. "Differential Fertility and the Distribution of Traits". *American Journal of Sociology*, 98, 5 (1993): 997–1019.
Preyer, Gerhard und Mathias Bös (Hg.). 2002. *Borderlines in a Globalized World. New Perspectives in a Sociology of the World-System*. Dordrecht: Kluwer Academic Publishers.
Price, Charles A. 1969. "The Study of Assimilation". In *Migration*, hrsg. von John A. Jackson, 181–237. London: Cambridge University Press.
Price, Charles A. 1980. "Methods of Estimating the Size of Groups". In *Harvard Encyclopedia of American Ethnic Groups*, hrsg. von Stephan Thernstrom, Ann Orlov und Oscar Handlin, 1033–1044. Cambridge, Mass.: Harvard University Press.
Reckwitz, Andreas. 2001. "Multikulturalismustheorien und der Kulturbegriff: Vom Homogenitätsmodell zum Modell kultureller Interferenz". *Berliner Journal für Soziologie*, 11, 2 (2001): 179–200.
Record, Wilson. 1974. "Response of Sociologists to Black Studies". In *Black Sociologists: Historical and Contemporary Perspectives*, hrsg. von James E. Blackwell und Morris Janowitz, 368–401. Chicago: The University of Chicago Press.
Reimers, David M. 1998. *Unwelcome Strangers: American Identity and the Turn against Immigration*. New York: Columbia University Press.
Rieder, Jonathan. 1985. *Canarsie: The Jews and Italians of Brooklyn against Liberalism*. Cambridge, Mass.: Harvard University Press.
Ringer, Benjamin B. und Elinor R. Lawless. 1989. *Race-Ethnicity and Society*. New York: Routledge.

Robbins, Richard. 1974. "Charles S. Johnson". In *Black Sociologists: Historical and Contemporary Perspectives*, hrsg. von James E. Blackwell und Morris Janowitz, 56–84. Chicago: The University of Chicago Press.
Robertson, Roland. 1992. *Globalization: Social Theory and Global Culture*. London: Sage.
Rose, Peter I. 1968. *The Subject Is Race*. New York: Oxford University Press.
Rose, Peter I. 1999. "Toward a More Perfect Union: The Career and Contribution of Robin M. Williams, Jr." *The American Sociologist*, 30, 2 (1999): 78–91.
Ross, Dorothy. 1991. *The Origins of American Social Science*. Cambridge: Cambridge University Press.
Ross, Edward A. 1910. "Moot Points in Sociology. II. Social Laws". *American Journal of Sociology*, 9, 1 (1903): 105–123.
Ross, Edward A. 1920. *The Principles of Sociology*. New York: The Century co.
Rumbaut, Ruben G. 1997. "Paradoxes (and Orthodoxies) of Assimilation". *Sociological Perspectives*, 40, 3 (1997): 483–511.
Russell, James W. 1994. *After the Fifth Sun: Class and Race in North America*. Englewood Cliffs, N.J.: Prentice Hall.
Sandefuhr, Gary D., Molly Martin, Jennifer Eggerling-Boeck, Susan E. Mannon und Ann M. Meier. 2001. "An Overview of Racial and Ethnic Demographic Trends". In *America Becoming Vol. 1*, hrsg. von Neil J. Smelser, William J. Wilson und Mitchell Faith, 40–102. Washington, D.C.: National Research Council.
Schermerhorn, Richard A. 1949. *These Our People: Minorities in American Culture*. Boston: D.C. Heath.
Schermerhorn, Richard A. 1978 [1970]. *Comparative Ethnic Relations: A Framework for Theory and Research*. Chicago: The University of Chicago Press.
Schermerhorn, Richard A. 1981. "American Diversity: a Panorama". *Contemporary Sociology*, 10, 5 (1981): 617–620.
Schlesinger, Arthur M. 1921. "The Significance of Immigration in American History". *American Journal of Sociology*, 27, 1 (1921): 71–85.
Schlesinger, Arthur M., Jr. 1998 [1991]. *The Disuniting of America: Reflections on a Multicultural Society*. New York: W.W. Norton.
Schmidley, A. Dianne und Campbell Gibson. 1999. *Profile of the Foreign-Born Population in the United States: 1997*. (Current Population Reports, Series P23-195.) Washington, DC: U.S. Government Printing Office.
Schnapper, Dominique. 2001. "Race: History of the Concept". In *International Encyclopedia of the Social & Behavioral Sciences*, hrsg. von Neil J. Smelser, 12700–12703. Amsterdam: Elsevier.
Schneider, David M. 1968. *American Kinship: A Cultural Account*. Englewood Cliffs, N.J.: Prentice Hall.
Schuman, Howard. 1972. "Two Sources of Antiwar Sentiment in America". *American Journal of Sociology*, 78, 3 (1972): 513–536.
Schuman, Howard und Charlotte Steeh. 1992. "Young White Adults: Did Racial Attitudes Change in the 1980s?" *American Journal of Sociology*, 98, 2 (1992): 340–367.
Schuman, Howard, Charlotte Steeh, Lawrence Bobo und Maria Krysan. 1997 [1985]. *Racial Attitudes in America: Trends and Interpretations*. Cambridge, Mass.: Harvard University Press.
Scotch, Norman A. 1963. "Medical Anthropology". *Biennial Review of Anthropology*, 3 (1963): 30–68.
Shils, Edward A. 1948. *The Present State of American Sociology*. Glencoe, Ill.: Free Press.
Sigler, Jay A. (Hg.). 1987. *International Handbook on Race and Race Relations*. New York: Greenwood Press.
Simpson, George E. und J. Milton Yinger. 1985. *Racial and Cultural Minorities: An Analysis of Prejudice and Discrimination*. New York: Plenum Press.
Sitkoff, Harvard. 1993 [1981]. *The Struggle for Black Equality, 1954–1992*. New York: Hill and Wang.

Skocpol, Theda. 1995. "African Americans in U.S. Social Policy". In *Classifying by Race*, hrsg. von Paul E. Peterson, 129–155. Princeton, N.J.: Princeton University Press.

Small, Albion W. 1915. "What Is Americanism?" *American Journal of Sociology*, 20, 4 (1915): 433–486.

Smedley, Audrey. 1999. *Race in North America: Origin and Evolution of a Worldview*. Boulder, Colo.: Westview Press.

Smelser, Neil J. 1990. "External Influences on Sociology". In *Sociology in America*, hrsg. von Herbert J. Gans, 49–60. Newbury Park: Sage.

Smelser, Neil J., William J. Wilson und Faith Mitchell. 2001a. "Introduction". In *America Becoming Vol.1*, hrsg. von Neil J. Smelser, William J. Wilson und Faith Mitchell, 1–20. Washington, D.C.: National Research Council.

Smelser, Neil J., William J. Wilson und Faith Mitchell (Hg.). 2001b. *America Becoming: Racial Trends and Their Consequences Vol. 1+2*. Washington, D.C.: National Research Council.

Smith, Anthony D. 1981. *The Ethnic Revival*. Cambridge: Cambridge University Press.

Smith, Anthony D. 1986. *The Ethnic Origins of Nations*. Oxford: Blackwell Publishers.

Smith, James P. 2001. "Race and Ethnicity in the Labor Market: Trends over the Short and Long Term". In *America Becoming Vol. 2*, hrsg. von Neil J. Smelser, William J. Wilson und Faith Michels, 52–97. Washington, D.C.: National Research Council.

Smith, Rogers M. 1997. *Civic Ideals: Conflicting Visions of Citizenship in U.S. History*. New Haven: Yale University Press.

Sollors, Werner. 1981. "Theory of American Ethnicity, Or: '? S Ethnic?/Ti and American/Ti, De or United (W) States S S1 and Theor?'" *American Quarterly*, 33, 3 (1981): 257–283.

Sollors, Werner. 1986. *Beyond Ethnicity: Consent and Descent in American Culture*. New York: Oxford University Press.

Sollors, Werner (Hg.). 1996. *Theories of Ethnicity: A Classical Reader*. New York: New York University Press.

Sollors, Werner (Hg.). 2000. *Interracialism: Black-White Intermarriage in American History, Literature, and Law*. New York: Oxford University Press.

Southern, David W. 1987. *Gunnar Myrdal and Black-White Relations: The Use and Abuse of An American Dilemma, 1944–1969*. Baton Rouge: Louisiana State University Press.

Sowell, Thomas. 1994. *Race and Culture: A World View*. New York: Basic Books.

Speek, Peter A. 1921. *A Stake in the Land*. New York: Harper & Brothers.

Stanfield, John H. (Hg.). 1993. *A History of Race Relations Research: First-Generation Recollections*. Newbury Park, Calif.: Sage.

Stanfield, John H. und Rutledge M. Dennis. 1993. *Race and Ethnicity in Research Methods*. Newbury Park, Calif.: Sage Publications.

Staples, Robert. 1976. *Introduction to Black Sociology*. New York: McGraw-Hill.

Steinberg, Stephen. 1999. "Review: Whiteness of a Different Color". *American Journal of Sociology*, 105, 3 (1999): 889–890.

Steinberg, Stephen. 2001 [1981]. *The Ethnic Myth: Race, Ethnicity, and Class in America*. Boston: Beacon Press.

Sumner, William G. 1907 [1906]. *Folkways: A Study of the Sociological Importance of Usages, Manners, Customs, Mores, and Morals*. Boston: Ginn.

Sundquist, Eric J. (Hg.). 1996. *The Oxford W.E.B. Du Bois Reader*. Oxford: Oxford University Press.

Swain, Carol M. 2001. "Affirmative Action: Legislative History, Judicial Interpretations, Public Consensus". In *America Becoming Vol. 1*, hrsg. von Neil J. Smelser, William J. Wilson und Faith Michels, 318–347. Washington, D.C.: National Research Council.

Tabulation Working Group Interagency Committee for the Review of Standards for Data on Race and Ethnicity. 1999. *Draft Provisional Guidance on the Implementation of the 1997 Standards for Federal Data on Race and Ethnicity*. Washington D.C.: Executive Office of the President, Office of Management and Budget.

Taeuber, Irene B. 1966. "Migration and Transformation: Spanish Surname Populations and Puerto Ricans". *Population Index*, 32, 1 (1966): 3–34.
Taylor, Ronald L. 1979. "Black Ethnicity and the Persistence of Ethnogenesis". *American Journal of Sociology*, 84, 6 (1979): 1401–1423.
Thernstrom, Stephan. 1965. "Yankee City" Revisited: The Perils of Historical Naïveté". *American Sociological Review*, 30, 2 (1965): 234–242.
Thernstrom, Stephan, Ann Orlov und Oscar Handlin (Hg.). 1980. *Harvard Encyclopedia of American Ethnic Groups*. Cambridge, Mass.: Harvard University Press.
Thernstrom, Stephan und Abigail M. Thernstrom. 1997. *America in Black and White: One Nation, Indivisible*. New York: Simon & Schuster.
Thomas, Dorothy Swaine und Richard S. Nishimoto. 1974 [1946]. *The Spoilage*. Berkeley: University of California Press.
Thomas, William I. 1896. "The Scope and Method of Folk-Psychology". *American Journal of Sociology*, 1, 4 (1896): 434–445.
Thomas, William Isaac, Robert Ezra Park und Herbert Adolphus Miller. 1971 [1921]. *Old World Traits Transplanted (Americanization Studies)*. Montclair, N.J.: Patterson Smith.
Thomas, William Isaac und Dorothy Swaine Thomas. 1928. *The Child in America: Behavior Problems and Programs*. New York: Knopf.
Thomas, William Isaac und Florian Znaniecki. 1958 [1918-1920]. *The Polish Peasant in Europe and America*. New York: Dover Publications.
Thompson, Frank V. 1920. *Schooling of the Immigrant (Americanization Studies)*. New York: Harper & Brothers.
Thompson, Richard H. 1989. *Theories of Ethnicity: A Critical Appraisal*. New York: Greenwood Press.
Thorton, Russel. 2001. "Trends among American Indians in the United States". In *America Becoming Vol. 1*, hrsg. von Neil J. Smelser, William J. Wilson und Faith Michels, 135–169. Washington, D.C.: National Research Council.
Trager, Helen G. und Marian Radke-Yarrow. 1952. *They Learn What They Live: Prejudice in Young Children*. New York: Harper.
Tumin, Melvin M. 1970 [1968]. "Some Social Consequences of Research on Racial Relations". In *Americans from Africa*, hrsg. von Peter Isaac Rose, 435–451. New York: Atherton Press.
Turner, Jonathan H. und Royce Singleton Jr.. 1978. "A Theory of Ethnic Oppression: Toward a Reintegration of Cultural and Structural Concepts in Ethnic Relations Theory". *Social Forces*, 56, 4 (1978): 1001–1018.
Turner, Jonathan H., Royce Singleton Jr. und David Musick. 1984. *Oppression: A Socio-History of Black-White Relations in America*. Chicago: Nelson-Hall.
Turner, Stephen P. und Jonathan H. Turner. 1990. *The Impossible Science: an Institutional Analysis of American Sociology*. Newbury Park: Sage.
Udry, J. Richard. 1977. "The Importance of Being Beautiful: A Reexamination and Racial Comparison". *American Journal of Sociology*, 83, 1 (1977): 154–160.
Ueda, Reed. 1980. "Naturalization and Citizenship". In *Harvard Encyclopedia of American Ethnic Groups*, hrsg. von Stephan Thernstrom, Ann Orlov und Oscar Handlin, 734–748. Cambridge, Mass.: Harvard University Press.
Ueda, Reed. 1994. *Postwar Immigrant America: A Social History*. Boston: Bedford Books of St. Martin's Press.
United States Census Bureau. 1999. *Statistical Abstracts of the United States: 20th Century Statistics*. Washington, D.C.: National Printing Office.
United States Census Bureau. 2001. *Census 2000 Brief: Overview of Race and Hispanic Origin*. Washington, D.C.: National Printing Office.
United States Department of Commerce. 2002. *Measuring America: The Decennial Censuses from 1790 to 2000*. Washington, D.C.: United States Printing Office.

United States Immigration Commission. 1911. *Statement and Recommendations Submitted by Societies and Organizations Interested in the Subject of Immigration*. Washington.
Van den Berghe, Pierre L. 1967. *Race and Racism: A Comparative Perspective*. New York: Wiley.
Van den Berghe, Pierre L. 1987 [1981]. *The Ethnic Phenomenon*. New York: Praeger.
Van den Berghe, Pierre L. 1989. *Stranger in Their Midst*. Niwot, CO: University Press of Colorado.
Van den Berghe, Pierre L. 1995. "Review: Ethnicity: Source of Strength? Source of Conflict?" *Social Forces*, 73, 3 (1995): 1181–1182.
Van Valey, Thomas L., Wade Clark Roof und Jerome E. Wilcox. 1977. "Trends in Residential Segregation: 1960–1970". *American Journal of Sociology*, 82, 4 (1977): 826–844.
Wacker, R. Fred. 1983. *Ethnicity, Pluralism, and Race: Race Relations Theory in America before Myrdal*. Westport, Conn.: Greenwood Press.
Wallerstein, Immanuel M. 1974. *The Modern World-System*. New York: Academic Press.
Ware, Caroline F. 1937 [1934]. "Ethnic Communities". In *Encyclopaedia of the Social Sciences*, hrsg. von Edwin R.A. Seligman, 607–613. New York: The Macmillan Company.
Warner, W. Lloyd. 1936. "American Class and Caste". *American Journal of Sociology*, 42, 2 (1936): 234–237.
Warner, W. Lloyd. 1959. *The Living and the Dead: A Study of the Symbolic Life of Americans*. New Haven: Yale University Press.
Warner, W. Lloyd, Buford Helmholz Junker und Walter A. Adams. 1941. *Color and Human Nature: Negro Personality Development in a Northern City*. Washington, D.C.: American Council on Education.
Warner, W. Lloyd und Josiah O. Low. 1947. *The Social System of the Modern Factory. The Strike: A Social Analysis*. New Haven: Yale University Press.
Warner, W. Lloyd und Paul S. Lunt. 1941. *The Social Life of a Modern Community*. New Haven: Yale University Press.
Warner, W. Lloyd und Paul S. Lunt. 1942. *The Status System of a Modern Community*. New Haven: Yale University Press.
Warner, W. Lloyd und Leo Srole. 1945. *The Social Systems of American Ethnic Groups*. New Haven: Yale University Press.
Washington, Booker T. 1995 [1966]. "Atlanta Cotton States and International Exposition Address 1895". In *African-American Social Political Thought 1850–1920*, hrsg. von Howard Brotz, 356–359. New Brunswick: Transaction Publishers.
Waters, Mary C. 1990. *Ethnic Options: Choosing Identities in America*. Berkeley: University of California Press.
Waters, Mary C. und Karl Eschenbach. 1995. "Immigration and Ethnic and Racial Inequality in the United States". *Annual Review of Sociology*, 21 (1995): 419–46.
Weber, Max. 1985 [1922]. *Wirtschaft und Gesellschaft*. Tübingen: J.C.B. Mohr.
Weinberg, Meyer. 1990. *Racism in the United States: A Comprehensive Classified Bibliography*. New York: Greenwood Press.
Wenzel, Uwe und Mathias Bös. 1997. "Immigration and the Modern Welfare State: The Case of USA and Germany". *new community*, 23, 4 (1997): 537–548.
Westie, Frank R. 1965. "The American Dilemma: An Empirical Test". *American Sociological Review*, 30, 4 (1965): 527–538.
White, Michael J., Ann E. Biddlecom und Shenyang Guo. 1993. "Immigration, Naturalization, and Residential Assimilation among Asian-Americans in the 1980s". *Social Forces*, 72, 1 (1993): 93–117.
Whyte, William F. 1943. "A Slum Sex Code". *American Journal of Sociology*, 49, 1 (1943): 24–31.
Whyte, William F. 1993 [1943]. *Street Corner Society: The Social Structure of an Italian Slum*. Chicago: The University of Chicago Press.
Wiercinski, Andrzej. 1962. "The Racial Analysis of Human Populations in Relation to Their Ethnogenesis". *Current Anthropology*, 3, 1 (1962): 2–19.

Williams, Brackette F. und Drexel G. Woodson. 1993. "Hortense Powdermaker in the Deep South". In *After Freedom*, von Hortense Powdermaker, ix-xl. Madison: The University of Wisconsin Press.

Williams, Richard E. 1990. *Hierarchical Structures and Social Value: The Creation of Black and Irish Identities in the United States*. Cambridge: Cambridge University Press.

Williams, Robin M. 1964. "Review: Beyond the Melting Pot". American Sociological Review, 29, 2 (1964): 292–293.

Williams, Robin M. 1975. "Race and Ethnic Relations". Annual Review of Sociology, 1 (1975): 125–164.

Williams, Vernon J. 1989. *From a Caste to a Minority: Changing Attitudes of American Sociologists toward Afro-Americans, 1896–1945*. New York: Greenwood Press.

Williams, Vernon J. 1996. *Rethinking Race: Franz Boas and His Contemporaries*. Lexington, Ky.: The University Press of Kentucky.

Wilson, William J. 1973. *Power, Racism, and Privilege: Race Relations in Theoretical and Sociohistorical Perspectives*. New York: The Free Press.

Wilson, William J. 1974. "The New Black Sociology: Reflections on the 'Insiders and Outsiders' Controversy". In *Black Sociologists: Historical and Contemporary Perspectives*, hrsg. von James E. Blackwell und Morris Janowitz, 322–338. Chicago: The University of Chicago Press.

Wilson, William J. 1980 [1978]. *The Declining Significance of Race: Blacks and Changing American Institutions*. Chicago: The University of Chicago Press.

Wilson, William J. 1990 [1987]. *The Truly Disadvantaged: The Inner City, the Underclass, and Public Policy*. Chicago: The University of Chicago Press.

Wilson, William J. 1996. *When Work Disappears: The World of the New Urban Poor*. New York: Knopf.

Winant, Howard. 2000. "Race and Race Theory". Annual Review of Sociology, 26 (2000): 169–85.

Winant, Howard. 2001. *The World Is a Ghetto: Race and Democracy since World War II*. New York: Basic Books.

Wirth, Louis. 1927. "The Ghetto". American Journal of Sociology, 34, 3 (1927): 57–71.

Wirth, Louis. 1948. "Consensus and Mass Communication". American Sociological Review, 13, 1 (1948): 1–15.

Wirth, Louis. 1950. "Problems and Orientations of Research in Race Relations in the United States". The British Journal of Sociology, 1, 1 (1950): 117–125.

Wirth, Louis. 1982 [1928]. *The Ghetto*. Chicago: The University of Chicago Press.

Wolff, Kurt H. 1946. "Notes toward a Sociocultural Interpretation of American Sociology". American Sociological Review, 11, 5 (1946): 545–553.

Woodward, C. Vann. 1974 [1955]. *The Strange Career of Jim Crow*. New York: Oxford University Press.

Wortham, Anne. 1995. "Review: Race and Culture". Contemporary Sociology, 24, 5 (1995): 589–591.

Wrong, Dennis H. 1998. "The Influence of Sociological Ideas on American Culture". In *The Modern Condition: Essays at Century's End*, hrsg. von Dennis H. Wrong, 131–145. Stanford, CA: Stanford University Press.

Wrong, Dennis H. 2001. "Diversity: Catchword and Reality". The Hedgehog Review, 3, 1 (2001): 7–23.

Yinger, J. Milton. 1985. "Ethnicity". Annual Review of Sociology, 11 (1985): 151–180.

Yinger, J. Milton. 1994. *Ethnicity: Source of Strength? Source of Conflict?* Albany: State University of New York Press.

Zangwill, Israel. 1932. The Melting-Pot: Drama in Four Acts. New York: The Macmillan Company.

Zaretsky, Eli. 1996 [1918-1920]. "The Polish Peasant in Europe and America. A Classic Work of Immigration History". In *The Polish Peasant in Europe and America*, hrsg. von Eli Zaretsky. Urbana: University of Illinois Press.

Zhou, Min. 2001. "Contemporary Immigration and the Dynamics of Race and Ethnicity". In *America Becoming Vol. 1*, hrsg. von Neil J. Smelser, William J. Wilson und Mitchell Faith, 200–242. Washington, D.C.: National Research Council.

Ziegler, Benjamin M. (Hg.). 1953. *Immigration: An American Dilemma*. Boston: Heath.

Zolberg, Aristide R., Astri Suhrke und Sergio Aguayo. 1989. *Escape from Violence: Conflict and the Refugee Crises in the Developing World*. Oxford: Oxford University Press.